일주일 만에 합격하는

OK PMP

Project Management Professional

PMBOK® 6판 기준 시험대비용

| 강신봉, 김정수, 차기호 지음 |

BM 성안당
www.cyber.co.kr

간행사

2016년 7월 1일에 (사)피엠전문가협회가 출범하여 이제 3년차가 되어 가고 있습니다. 본 협회는 프로젝트관리에 대한 지식과 경험의 전파를 통해 국가 경제 발전과 기업 경쟁력 향상에 기여한다는 취지를 갖고 출범하여 교육과 컨설팅, 세미나와 컨퍼런스 개최 등 다양한 활동을 펼쳐오고 있습니다.

본 협회의 전문가들은 한국의 여러 프로젝트 산업 분야에서 현장 경험을 쌓은 데에 더해서 학문적인 깊이를 갖추어 이론과 실제를 겸비한 진정한 전문가들입니다. 그동안 본 협회 소속 전문가들의 활동이 주로 발표와 같이 한 장소에 모인 제한된 청중을 대상으로 한 것인데 비해, 저술 활동은 훨씬 광범위한 독자들을 대상으로 하는 것으로 지식의 전파라는 점에서 공간과 시간의 제약을 넘어서는 일이라고 하겠습니다. 이런 점에서 이번 OK PMP 수험서의 발간을 통해 본 협회의 학술 활동이 또 하나의 지평을 열었다는 데에 성취감과 함께 큰 자부심을 느끼고 있습니다.

본 수험서는 미국 PMBOK 6판을 기준으로 저술한 책입니다. 미국 PMI의 지식체계서인 PMBOK에 기반한 프로젝트관리 교육은 국내에서 광범위하게 이루어지고 있으며, 수험서도 여러 저자들에 의해 출간되고 있습니다. 다양한 수험서들은 그 내용과 질적인 수준도 천차만별로 독자들의 선택이 쉽지 않습니다. 본 수험서는 국내 프로젝트관리 분야를 선도하는 〈피엠전문가협회〉의 산업전문가이며 박사학위 소지자 3인이 지혜와 경험을 모아 저술한 책으로, 이론과 실제를 아우르는 내용과 구성이 독자들의 학습에 현명한 길잡이 역할을 해 줄 것으로 생각합니다.

수험서의 발간을 위해 지난 6개월 동안 바쁜 시간을 쪼개어 저술에 몰두해 주신 세 분의 저자들에게 축하와 함께 격려의 말씀을 드리며, 앞으로도 계속해서 발표와 저술 활동을 통해 한국의 프로젝트 산업 발전에 기여해 주실 것을 기대하는 바 입니다.

김 승 철
(사)피엠전문가협회 회장
홈페이지: http://www.icpm.or.kr

머리말

이 책은 글로벌 프로젝트관리 자격증(PMP)을 준비하는 수험서이다. PMP 자격증을 얻기 위해 필요한 PMBOK® Guide 6th edition(이하 PMBOK)을 기준으로 수험생들이 이해하기 쉬운 용어로 정리하였고, 시험에 출제는 되지만 PMBOK에 나오지 않는 내용을 핵심 요약으로 정리하여 불필요한 시간을 줄이려고 노력하였다. 시험공부를 단기간에 준비하여 한 번에 합격하고 싶은 수험생들을 위해 최종 정리를 하는 목적으로 만들었기 때문에 이 책으로 마무리하여 정확한 개념을 얻길 기원한다.

이 책은 세 파트로 구성되었다. 첫 번째 파트는 프로젝트관리 개요와 프레임워크로 기본적으로 수험생이 알아야 하는 내용과 이번 6판부터 많은 부분을 차지하고 있는 애자일 접근방식에 대한 기본적인 내용을 따로 정리하였고, 특히 수험공부를 효과적/효율적으로 하기 위한 PMI-isms를 정리하여 불필요한 시간 낭비를 줄이려고 노력하였다.

두 번째 파트는 10개의 지식영역이다. 대부분 지식영역을 ITO(Inputs-Tools & Techniques-Outputs) 구조로 설명하는 책들만 있기 때문에 이 책 역시 그 범주를 넘어서지는 못하지만 이해를 돕기 위해 프로젝트의 진행에 따라 전체 49개 프로세스를 연결하려는 시도와 각 지식영역마다 다른 프로세스와 연관된 부분을 큰 그림으로 볼 수 있도록 만든 것이 특징이다.

세 번째 파트는 최신 경향에 맞추어 만든 시험문제이다. 물론 각 지식영역마다 이해를 돕기 위해 지식영역의 끝에 필요한 기본적인 문제도 수록하고 있지만 마지막 200문제는 수험생들에게 합격을 할 수 있는 지침서를 제공하고 있어서 본인의 최종 실력을 확인할 수 있도록 하였다. 최근 시험 경향이 계산문제가 많이 줄어들었고 단순 암기식 문제에서, 다양한 프로젝트 상황에서 프로젝트관리자가 해야 할 최선의 방안 혹은 첫 번째로 해야 하는 업무들에 대해 묻는 상황 문제가 예전보다 더 많이 나오고 있고(60~70%), 새로운 애자일 접근 방식의 구체적인 방식까지 나올 것으로 예상하기 때문에 가장 유사한 문제를 만들어 시험을 치를 때 당황하지 않도록 하였다. 특히 상황 문제에 접근하는 방법은 수험생들에게 새로운 지침이 될 수 있다고 믿는다.

마지막으로 부록에는 지금까지 배운 내용 중 핵심 내용을 5개의 프로세스 그룹으로, 총 49개의 프로세스가 어떻게 서로 유기적으로 연결되어 진행되는지에 대한 프로세스 맵핑을 담아 타 교재와 차별화를 두었다.

결국 공부는 언제나 그렇듯이 수험생들이 직접 해야 한다. 아무리 좋은 교재, 좋은 선생이 가르쳐도 수험생이 하지 않으면 좋은 결과를 얻기는 어렵다. 이 책을 통해 많은 수험생들이 최종 요약을 하는 마음으로 정리하여 합격을 한다면 교재를 집필하고 감수한 (사)피엠전문가협회 집필진은 더할 나위 없는 기쁨을 얻을 것이다. 추가로 협회의 카페를 통해 지속적으로 변화하고 있는 PMP자격증 시험의 최신 정보를 지속적으로 올려 수험생과 의사소통 할 것을 약속한다.

(사)피엠전문가협회 집필진 일동
카페 주소: http://cafe.naver.com/icpmorkr

PMP 시험안내

1 미국의 공인 프로젝트관리 자격증(pmi.org)

- 전세계적으로 인정을 받고 요구되는 PMP 자격인증은 프로젝트관리자가 프로젝트를 성공적으로 이끌기 위해 필요한 프로젝트관리 지식, 경험, 기술을 보유하고 있음을 경영진과 고객, 동료에게 입증합니다.
- 숙련된 프로젝트관리자에 대한 수요가 시급함에 따라, PMP 자격인증을 보유한 종사자들은 프로젝트팀을 성공적으로 이끌고 프로젝트 결과를 달성하기 위해 필요한 전문 기술을 제공하기에 매우 유리한 입장입니다.
- PMP는 특히 프로젝트 지휘 및 지시 경험을 가지고 프로젝트관리자 역할을 수행하는 개인의 역량을 인정합니다. PMP 자격인증은 해마다 세계적인 인정을 얻으며, 자격증을 갖춘 개인은 비자격자보다 더 높은 급여를 받아 왔습니다.
- 현재 국내 PMP 자격 보유자 수는 약 13,000명이 있고 자격을 인정해 주는 회사가 점점 늘어나고 있는 실정입니다
- 시험은 특별한 일정이 있는 것이 아니고 본인이 일정을 결정할 수 있으며 시험 장소인 프로매트릭에 접속하여 일정을 정합니다. 하지만 일정이 언제나 있는 것이 아니기 때문에 미리 일정을 잡아야 합니다.

2 자격 조건

카테고리	교육 이수	프로젝트 수강 교육시간	프로젝트 경험	총 질문
A	학사학위 이상	35hrs	3년, 4500hrs	200문항
B	학사학위 미만	35hrs	5년, 7500hrs	

① 특징: 4지 선다, 총 200문항 중 25문제는 dummy(총 4시간). 25문제는 채점에 들어가지 않으며 어떤 문제인지 모릅니다.
② 한글로 신청 가능, 컴퓨터로 응시
③ 시험 종료 버튼 후 즉시 합격여부 판단 가능(114~121/175: 예상 합격 기준)
④ 1년에 총 3번까지만 응시(모두 불합격 시 1년 동안 응시 못함)
⑤ PMP자격 유효기간은 3년, 60PDU 확보해야 유지
⑥ 응시료: 회원가입비($139) + 회원 응시료($405), 재응시료($275)
⑦ 신분증: 최근에는 시험을 치르기 위해 꼭 여권을 가지고 가야 합니다.

❸ 문제 구성

① 감시 및 통제(Monitoring and Controlling): 25%
② 실행(Executing): 30%
③ 착수(Initiating): 13%
④ 기획(Planning): 24%
⑤ 종료(Closing): 8%

※ ①more difficult ~⑤less difficult

❹ PMP 자격인증 절차

신청서 제출
작성 개시일로부터 90일 이후 마감

신청서 검토
영업일 5일(온라인 제출 시)

신청 비용 지불
비용 지불을 완료해야 시험일정 예약 가능

검증 절차
(검증에 선정된 경우에 한함)
90일 이내에 검증 자료를 제출해야 함
PMI는 검증 자료를 수령일로부터 5~7일 내에 검토함
(성공적인 검증 완료 이후 시험 자격 유효 기간 Eligibility Period가 시작됨)

다지 선다형 시험 응시 자격
유효 기간은 시험 신청서 승인일로부터 1년
1년 기간 내에 3번까지의 시험 응시 기회가 주어짐

자격 주기
자격 주기는 시험을 합격하여 자격을 인증받은 날로부터 시작됨

자격 인증 유지 3년
3년 이내에 전문성 개발 단위 60PDU를 획득하고 보고해야 함

자격 갱신
60PDU를 획득 보고하고 갱신 비용을 지불하면 갱신 절차를 완료

자격 유예(정지) 1년
시험 합격일로부터 만 3년이 되는 날까지 자격인증 유지 및 갱신에 필요한 CCR 요건을 충족하지 않은 경우

자격 만료
유예(정지) 기간 마지막 날까지 자격인증 유지 및 갱신에 필요한 CCR 요건을 충족하지 않은 경우 다시 자격인증을 받으려면 재응시해야 함

5 PMI 회원 가입

▶ PMP 시험비용은 PMI회원이 405불, 비회원은 555불입니다. 회원가입비가 139불이므로 회원가입을 하게 되면 가격이 조금 저렴합니다. 회원가입을 유도하기 위한 정책이니 모두 회원가입부터 해주시기 바랍니다. 또한 재신청 시 회원가격이 저렴하고 여러 가지 자료(PMBOK 영문, 한글PDF 등)들을 무료로 받을 수 있고, 관련 월간매거진(PMI Today, PM network)도 우편으로 배송받을 수 있는 장점이 있습니다.

① PMI 웹페이지에(www.pmi.org) 접속하여 오른쪽 상단 메뉴에서 〈Join〉 click

② 상단메뉴 〈Membership〉이 자동적으로 활성화 되며 아래로 내려가면 〈Join Now〉 click

③ Join Today의 〈Individual Member〉 click

④ 〈Add to Cart〉 click

⑤ 〈Checkout〉 click을 하게 되면 Login 페이지로 이동하여 New User의 〈Create an Account〉 click

⑥ 개인정보를 기입하는 페이지로 이동하여 관련 정보 모두 입력한 후 〈Submit〉 click

⑦ Postal service를 이용하여 월간매거진을 받아 볼 수 있으며 Air mail service는 그냥 Pass로 한 후 카드결재 하면 됩니다.

6 PMP 신청 (유료 회원 가입 후 진행)

▶ 시험 신청은 조금 복잡하기 때문에 미리 준비해야 할 사항이 있습니다. 첫 번째로 프로젝트 경력을 적어야 합니다. 가능하면 가장 최근의 프로젝트 경력을 적는 것이 바람직하며 하루에 8시간, 일주일에 40시간을 초과하지 않도록 미리 계산을 해두는 것이 좋습니다.

① 회원으로 로그인 후 (https://certification.pmi.org)로 접속하여 〈Apply for PMP Credential〉 click

② 주소 추가 〈Add Home Address〉, 〈Add Work Address〉 click 후 정보 입력/수정, E-mail과 전화번호도 확인

③ 최종 학력 입력(학사 이상인 경우 최소 4,500시간 이상, 36개월 이상, 35PDU 이상 교육에 대한 조건을 원하는데, 프로젝트 경력은 약 4,500~5,000시간으로 프로젝트 기간은 36~45개월을 입력하는 것이 좋습니다. 일반적으로 프로젝트 기간은 약 1~2년 정도가 적절하므로 프로젝트를 최소 3~4번은 진행하는 것으로 적는 것이 좋습니다.

④ 프로젝트 경력(Eligibility Worksheet)을 입력할 때는 Required와 Still Need가 같지만 Qualified를 모두 기입하여 Still Need를 0으로 만들어야 합니다

⑤ 〈PM Experience〉를 click하여 위의 정보를 바탕으로 입력하고 〈PM Education〉은 받은 교육을 적어 주면 됩니다. 〈PM Experience〉는 경력을 검증하기 위한 직속 상관의 신상 정보를 원하는데, 아직까지 직접 연락 받았다는 이야기는 듣지 못했으니 본인의 상관 이름을 그대로 적어도 무방합니다.

⑥ 〈Domain Areas〉를 적을 때는 실행이 제일 큰 시간으로 착수와 종료는 시간 배분을 작게 해주세요. 계획과 통제는 중간 정도로 기입해 주세요.

⑦ 3년 이상의 기간을 요하므로 이 과정을 ②~④번 반복해서 작성하는 것이 좋습니다. 위의 ④번에서 Still Need가 0이 될 때까지 진행합니다.

⑧ 〈PM Education〉은 영문 수료증의 내용을 그대로 기입합니다. (Optional Information)은 그냥 넘어 가세요. 통계 목적으로 사용한다고 합니다.

⑨ Certi에 들어갈 영문명을 적고 약관에 동의하면 됩니다. 〈Review and Submit〉에 모두 녹색으로 되어 있다면 〈Submit Application〉을 Click

⑩ 약 1주일 후 검토가 끝나면 결제 안내 메일이 오게 되고 결제하면 됩니다.

7 PMP 신청 (결제 안내 메일을 받은 후)

▶ 결제 메일에는 시험 신청이 된 날과 1년 안에 시험을 신청하라는 내용이 있습니다. 무작위로 Audit에 걸릴 수도 있습니다. (통계상 약 10% 정도입니다.)

① PMI.org에 로그인을 하면 시험 비용을 지불하라는 메시지가 뜹니다. 안내를 따라 진행할 때 CBT와 PBT 및 Audit에 대한 안내가 나오면 〈Next〉 click

② 그룹 테스트 번호는 〈No〉에 check

③ 우리 나라는 CBT를 제공하므로 CBT testing에 〈Yes〉 check

④ 필요한 정보를 모두 입력할 때 주의사항: Language Aid에 〈Yes〉 Check 후 〈Korean〉 선택

⑤ Special Accommodations에 〈No〉 check

⑥ Pay by Voucher에 〈No〉 check

⑦ Company Code에 〈No〉 check

⑧ 위의 사항들을 모두 입력한 후 결제하면 됩니다.

8 PMP 신청 (결제 후)

▶ 결제 후에는 Audit에 걸리지 않을 경우 Eligibility Letter를 받게 됩니다. 그 메일에는 다음과 같은 내용이 포함되어 있어야 합니다.

① You are eligible to take the PMI credential examination
② PMI Identification Code: 1134779E1 (이 번호가 있어야 시험을 예약할 수 있습니다. 재시험인 경우 뒤가 숫자 2로 변합니다.)
③ Language Aid: Korean (한글 신청이 안 되었다면 재확인합니다.)
④ 이제 Code가 있으므로 시험 신청이 가능합니다.
⑤ 시험 예약은 (hhttp://www.prometric.com/PMI)에 접속하여 해야 합니다. 시험 신청 후 1개월 이내에 일정 변경 및 취소 시 미화 70불, 예약일 2일 이내에 일정 변경/취소를 하면 시험 비용은 환불되지 않습니다. (목표일을 미리 잡고 최선을 다해서 공부하는 것이 바람직합니다.)
⑥ 시험은 평일에만 볼 수 있으며 오전과 오후로 나뉘어 신청할 수 있고, 시험 장소는 한미교육위원단으로 Prometric에 자세한 정보가 있으니 참조하시기 바랍니다.

9 Audit 처리 방법

▶ Audit 메일을 받으면 Audit Form을 다운 받아서 제출 일자까지 제출하면 되는데, 개인적인 일로 늦게 되면 미리 연락해서 타당한 이유를 설명하고 제출 가능한 일정을 적어 보내면 가능합니다.

① PMI.org에 로그인을 하면 Audit의 데드라인을 알려 주고 audit에 대한 소개가 나오는데, 3가지를 검증해야 합니다. 학력, 프로젝트 경험, 프로젝트 관련 교육
② 학력은 졸업한 학교로부터 영문으로 졸업장을 받으면 됩니다. (인터넷으로 받으실 수 있습니다.)
③ 프로젝트 관련 교육은 받은 교육 영문 수료증이면 아무 문제 없습니다.
④ 프로젝트 수행 경력인데 맨 처음 입력할 때 기입했던 내용을 PDF로 다운 받아서 (시험 신청 시 적어 놓은 것을 PMI 웹 페이지에서) 출력한 후 시험 신청 시 적어 놓았던 상관에게 가서 자필로 영문 내용을 모두 채운 후 최종 사인을 받으면 됩니다.
⑤ 이 문서들을 봉투에 넣고 밀봉한 자리에 다시 사인을 또 한 번 받고 DHL로 미국에 보내면 일주일 안에 결과가 나옵니다. (일반적으로 프로젝트를 여러 개로 나누었을 경우 한 사람의 상관으로 하는 것이 편합니다.)

※ 만일 프로젝트를 4개로 하였을 경우 각 봉투에 따로 따로 프로젝트 수행 경력을 넣고 (봉투 4개) 다른 큰 봉투에 4개의 봉투와 교육 영문 수료증, 졸업장을 같이 넣어 하나의 봉투로 만든 후 한 번에 보내면 됩니다.

CONTENTS

PART 1 PMP 핵심 기본 내용

Chapter 01 프로젝트관리 개요 및 프레임워크
1.1 프로젝트, 프로젝트관리, 운영관리 ································· 17
1.2 지침서 구성요소 ·· 18
1.3 프로젝트에 영향을 미치는 환경 ··································· 24
1.4 프로젝트 조직 시스템 및 조직 구조 유형 ······················· 25
1.5 프로젝트관리자의 역량 ·· 27

Chapter 02 애자일 기법 소개
2.1 애자일 접근방식이란? ·· 30
2.2 스크럼 진행방식 및 절차 ·· 31
2.3 사용자 스토리, 스토리 추정하기, 진행 측정 방법 ············· 32

Chapter 03 PMI-isms
3.1 PMI-isms ··· 36
3.2 ITO 살펴 보기 ··· 37
| 예상 문제 | ··· 39

PART 2 10개 지식영역

Chapter 04 프로젝트 통합관리(Project Integration Management)
4.1 프로젝트헌장 개발(Develop Project Charter) ·················· 52
4.2 프로젝트관리 계획서 개발(Develop Project Management Plan) ········· 56
4.3 프로젝트작업 지시 및 관리(Direct and Manage Project Work) ········· 60
4.4 프로젝트지식 관리(Manage Project Knowledge) ·············· 65
4.5 프로젝트작업 감시 및 통제(Monitor and Control Project Work) ········ 68
4.6 통합 변경통제 수행(Perform Integrated Change Control) ········ 72
4.7 프로젝트 또는 단계 종료(Close Project or Phase) ············ 77
| 예상 문제 | ··· 82

Chapter 05 프로젝트 범위관리(Project Scope Management)
5.1 범위관리 계획수립(Plan Scope Management) ················· 91
5.2 요구사항 수집(Collect Requirements) ···························· 94
5.3 범위 정의(Define Scope) ·· 99

5.4 작업분류체계 작성(Create Work Breakdown Structure) ················· 102
5.5 범위 확인(Validate Scope) ················· 106
5.6 범위 통제(Control Scope) ················· 109
| 예상 문제 | ················· 113

Chapter 06 프로젝트 일정관리(Project Schedule Management)

6.1 일정관리 계획수립(Plan Schedule Management) ················· 124
6.2 활동 정의(Define Activities) ················· 127
6.3 활동순서 배열(Sequence Activities) ················· 130
6.4 활동기간 산정(Estimate Activity Durations) ················· 134
6.5 일정 개발(Develop Schedule) ················· 139
6.6 일정 통제(Control Schedule) ················· 146
| 예상 문제 | ················· 152

Chapter 07 프로젝트 원가관리(Project Cost Management)

7.1 원가관리 계획수립(Plan Cost Management) ················· 161
7.2 원가 산정(Estimate Costs) ················· 164
7.3 예산 책정(Determine Budget) ················· 167
7.4 원가 통제(Control Costs) ················· 172
| 예상 문제 | ················· 179

Chapter 08 프로젝트 품질관리(Project Quality Management)

8.1 품질관리 계획수립(Plan Quality Management) ················· 190
8.2 품질관리(Manage Quality) ················· 195
8.3 품질 통제(Control Quality) ················· 200
| 예상 문제 | ················· 204

Chapter 09 프로젝트 자원관리(Project Resource Management)

9.1 자원관리 계획수립(Plan Resource Management) ················· 216
9.2 활동자원 산정(Estimate Activity Resources) ················· 221
9.3 자원 확보(Acquire Resources) ················· 225
9.4 팀 개발(Develop Team) ················· 229
9.5 팀 관리(Manage Team) ················· 235
9.6 자원 통제(Control Resources) ················· 239
| 예상 문제 | ················· 244

Chapter 10 프로젝트 의사소통관리(Project Communication Management)

    10.1 의사소통관리 계획수립(Plan Communications Management) ·············· 254
    10.2 의사소통관리(Manage Communications) ·············· 260
    10.3 의사소통 감시(Monitor Communications) ·············· 265
    | 예상 문제 | ·············· 269

Chapter 11 프로젝트 리스크관리(Project Risk Management)

    11.1 리스크관리 계획수립(Plan Risk Management) ·············· 280
    11.2 리스크 식별(Identify Risks) ·············· 285
    11.3 정성적 리스크 분석 수행(Perform Qualitative Risk Analysis) ·············· 290
    11.4 정량적 리스크 분석 수행(Perform Quantitative Risk Analysis) ·············· 295
    11.5 리스크 대응 계획수립(Plan Risk Responses) ·············· 300
    11.6 리스크 대응 실행(Implement Risk Responses) ·············· 306
    11.7 리스크 감시(Monitor Risks) ·············· 309
    | 예상 문제 | ·············· 313

Chapter 12 프로젝트 조달관리(Project Procurement Management)

    12.1 조달관리 계획수립(Plan Procurement Management) ·············· 325
    12.2 조달 수행(Conduct Procurements) ·············· 333
    12.3 조달 통제(Control Procurements) ·············· 339
    | 예상 문제 | ·············· 345

Chapter 13 프로젝트 이해관계자 관리(Project Stakeholder Management)

    13.1 이해관계자 식별(Identify Stakeholders) ·············· 356
    13.2 이해관계자 참여 계획수립(Plan Stakeholder Engagement) ·············· 362
    13.3 이해관계자 참여 관리(Manage Stakeholder Engagement) ·············· 366
    13.4 이해관계자 참여 감시(Monitor Stakeholder Engagement) ·············· 370
    | 예상 문제 | ·············· 374

PART 3   최종점검 모의고사 200제

    최종점검 모의고사 200제 ·············· 380

CHAPTER 14 | 정답 및 해설 | ·············· 436

PART 1

PMP 핵심 기본 내용

PMBOK는 미국의 PMI(Project Management Institute)에서 프로젝트관리의 지식체계를 정리한 지침서(Guide)이다. 지침서의 목적은 프로젝트관리와 관련된 용어를 제공하여 모든 이해관계자들이 공통으로 사용할 수 있도록 하고, 모범적 실무 사례로 정리한 프로젝트관리에 대한 내용들을 공급하여 모든 프로젝트에 적용할 수 있게 한 것이다. PMP 자격 시험은 PMBOK의 내용을 기본으로 하고 있지만 모든 문제가 PMBOK에서 출제되는 것이 아니기 때문에 PMBOK에서 다루지 않은 내용들 중 꼭 필요한 애자일 기법에 대해 현재 가장 많이 사용하고 있는 SCRUM 방식 및 기본적인 애자일 기법에 대해 설명하였고, PMP 시험을 치를 때 필요한 기본적인 사고 방식에 대해 필요한 내용만 정리하여 수험생들이 당황하지 않도록 하였다.

CHAPTER 01 | 프로젝트관리 개요 및 프레임워크
CHAPTER 02 | 애자일 기법 소개
CHAPTER 03 | PMI-isms

CHAPTER 01

프로젝트관리 개요 및 프레임워크

1.1 프로젝트, 프로젝트관리, 운영관리

1.2 지침서 구성요소

1.3 프로젝트에 영향을 미치는 환경

1.4 프로젝트 조직 시스템 및 조직 구조 유형

1.5 프로젝트관리자의 역량

핵심용어

프로젝트관리(Project Management), 프로젝트 거버넌스(Project Governance), 프로젝트 생애주기(Project Life Cycle), 프로젝트관리 정보시스템(Project Management Information System), 교훈(Lessons Learned), 기본규칙(Ground Rules), 기업환경요인(Enterprise Environmental Factors), 선례정보(Historical Information), 조직 프로세스 자산(Organizational Process Assets), 포트폴리오(Portfolio), 프로그램(Program), 프로세스(Process), 프로젝트관리 시스템(Project Management System), 프로젝트관리오피스(PMO; Project Management Office), 프로젝트관리팀(Project Management Team)

시험출제경향

1. 다양한 프로젝트 생애주기에 대한 장·단점을 이해한다.
2. 교훈의 중요성과 프로젝트에 미치는 영향력을 파악한다.
3. 프로젝트관리에서 프로젝트 거버넌스 프레임워크가 미치는 영향을 이해한다.
4. 조직 구조 유형별 프로젝트관리자의 역할과 권한 수준을 이해한다.
5. PMO의 유형과 특징을 이해한다.

1.1 프로젝트, 프로젝트관리, 운영관리

> **프로젝트(Project)의 정의**
> 고유한 제품, 서비스 또는 결과물을 산출하기 위해 한시적으로 투입하는 노력이다.

고유하다는 의미는 각 프로젝트별로 고유한 특징(팀원이 다르거나 최종 산출물이 다르거나 등)이 있어 모든 프로젝트가 조금씩 서로 다르다는 것을 뜻하고, 한시적이라는 의미는 언제나 시작과 끝이 있다는 것으로 프로젝트의 목표를 완성하면 종료한다는 뜻이다.

■ **프로젝트의 착수는 다양한 이유에 의해서 진행한다.**

법적 규제를 해결하거나 이해관계자의 요구사항을 충족시키기 위해서, 혹은 비즈니스 가치를 높이거나 신기술을 얻기 위해서 등 다양한 이유로 진행한다. 그냥 아무런 이유 없이 시작하는 프로젝트는 존재하지 않는다.

> **프로젝트관리(Project Management)의 정의**
> 프로젝트 요구사항 충족을 위해 지식, 기술, 도구 및 기법 등을 프로젝트 활동에 적용하는 것이다.

고객의 요구사항을 만족시키기 위해 프로젝트관리자는 모든 역량을 동원하여 요구사항을 만족시키고 결국 프로젝트 성공 확률을 높이는 것이 주된 목적이다.

■ **프로젝트, 프로그램, 포트폴리오 및 운영관리 간 관계**

포트폴리오는 조직의 전략적인 방향과 언제나 일치하도록 지원하는 역할을 한다. 이 포트폴리오 아래에는 서브 포트폴리오, 프로그램 혹은 프로젝트가 존재할 수 있고, 프로그램은 서브 프로그램 혹은 연관된 프로젝트들로 구성되어 있는 것이 특징으로 단일 프로젝트로 관리하기 어려운 경우에 사용한다. 만일 프로젝트의 자원이 프로그램 혹은 포트폴리오에 속해 있는 프로젝트의 경우 동일 자원을 사용하기 때문에 상호 협력해야 한다.

■ **프로그램관리, 포트폴리오관리 및 운영관리**

프로그램관리는 각 프로그램 목표를 달성하기 위해 모든 역량을 적용하여 개별적으로 관리할 때 얻지 못하는 가치를 얻는 것이고, 포트폴리오관리는 조직의 전략적 목표를 달성하기 위해 하위의 그룹들을 우선순위화 하고 관리 및 통제하여 조직을 최적의 상황으로 유지하는 것을 말한다. 운영관리는 지속적인 상품 또는 서비스를 지속적으로 생산하여 비즈니스를 효율적으로 관리하는 것을 말한다.

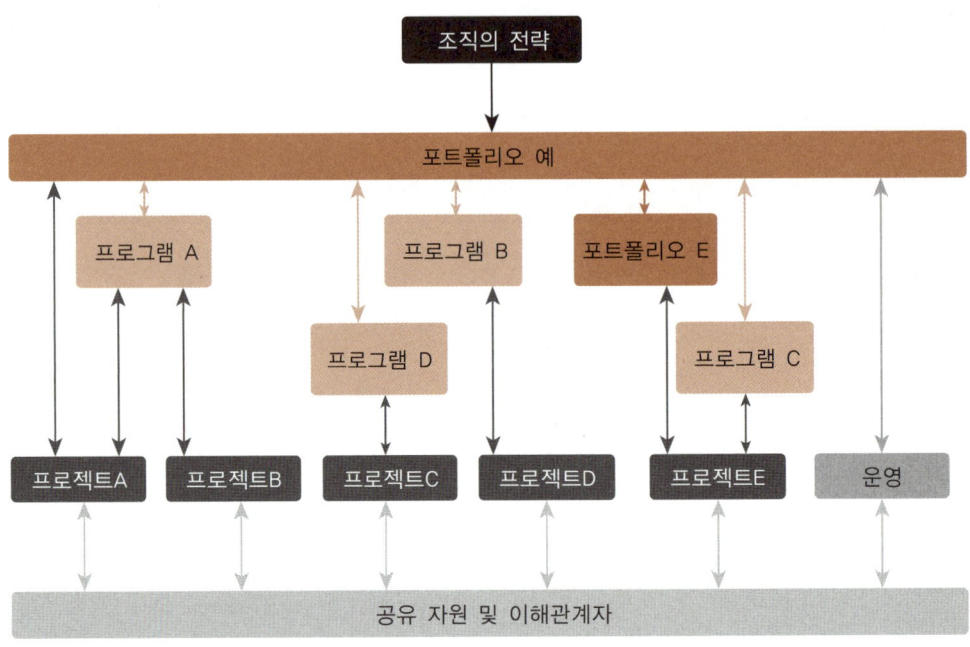

▲ 포트폴리오, 프로그램, 프로젝트 및 운영 업무

1.2 지침서 구성요소

> **지침서 구성요소**
>
> 프로젝트 생애주기, 프로젝트 단계, 단계 심사, 프로젝트관리 프로세스, 프로젝트관리 프로세스 그룹, 프로젝트 지식영역으로 구성되어 있다.

- **프로젝트 생애주기:** 프로젝트 시작부터 끝까지 진행하는 일련의 단계로 순차적으로 진행하거나 반복적 혹은 중첩도 가능하다. 예측형, 반복형, 점증형, 애자일, 혼합형이 있으며, 유연하게 관리할 때 효과가 크다.
    - 예측형(Predictive): 폭포수 모델이라고 하며, 처음부터 자세한 계획을 모두 세울 수 있을 만큼 프로젝트 범위가 명확할 때 적용한다.
    - 반복적(Iterative): 초기에 범위를 결정하지만 반복적인 주기를 통해 구체화되면서 제품을 개발한다.
    - 점증적(Incremental): 정해진 기간 안에 기능을 추가해 가면서 완성한다.
    - 적응형(Adaptive) 혹은 애자일(Agile): 반복적이면서 점증적인 것을 의미하며, 언제나 반복을 시작하기 전에 범위를 정의하고 시작하는 것이 특징이다.
    - 혼합형: 예측형과 적응형을 같이 사용하는 것으로, 프로젝트 상황에 따라 프로젝트를 진행하면서 필요에 따라(요구사항이 정확하면 예측형으로, 계속 바뀌면 적응형으로) 바꾸어 사용한다.

- **프로젝트 단계:** 프로젝트를 관리하기 쉽게 나눈 단계로 한 가지 이상의 인도물이 완성되면 끝나고 반복 혹은 중첩되기도 한다(예 1단계, 2단계…).

- **단계 심사:** 프로젝트를 구성하고 있는 여러 개의 단계에서 해당 단계가 끝나면 다음 단계로 갈 수 있는지 핵심 이해관계자들과 결정을 내리기 위해 검토하는 과정으로 불필요한 진행을 막는 것이 핵심이다. 해당 단계를 다시 진행하기도 하고 프로젝트를 그 상태에서 중단하기도 한다.

- **프로젝트관리 프로세스:** 한 가지 이상의 투입물로 한 가지 이상의 산출물을 만드는 일련의 체계적인 프로젝트 활동을 말한다. 프로세스는 한 번만 사용(예 프로젝트헌장 개발)하기도 하고, 필요에 따라 주기적으로 수행(예 조달 수행)하기도 하며, 때로 지속적으로 수행(예 감시 및 통제 프로세스) 하는 경우도 있다

투입물	도구 및 기법	산출물
1. 투입물 A 2. 투입물 B	1. 기법 A 2. 도구 B	1. 산출물 A 2. 산출물 B

▲ 예시 프로세스: 투입물, 도구 및 기법, 산출물

- **프로젝트관리 프로세스 그룹:** 프로젝트 목표를 달성하기 위해서 업무를 진행하는 방식 혹은 절차로, 프로젝트 단계와는 전혀 다른 개념이다. 프로젝트를 진행할 때 여러 개의 단계로 나뉜다면 그 단계마다 다섯 개의 프로세스 그룹이 각각 돌고 있다고 생각하고, 프로젝트를 단지 한 개의 단계로 보면 단 한 번만 진행한다고 생각한다. 이 개념은 어떤 산출물을 만들 때도 똑같이 적용된다. 즉, 업무를 진행할 때는 이 다섯 개의 프로세스 그룹으로 진행한다고 생각하면 되는데, 예를 들면 프로젝트헌장을 작성할 때도 이 다섯 개의 프로세스 그룹으로 개발이 되는 것이다. 다섯 개의 프로세스 그룹의 내용은 아래와 같다.

프로세스	내용
착수 프로세스 그룹	승인을 받아 새로운 단계 또는 새로운 프로젝트를 정의하고 시작하는 프로세스이다.
기획 프로세스 그룹	목표를 세우고 그 목표를 달성하기 위한 활동을 정의하는 프로세스이다.
실행 프로세스 그룹	프로젝트관리 계획서대로 작업을 진행하는 프로세스이다.
감시 및 통제 프로세스 그룹	계획 대비 실적 차이를 확인하고 차이가 많이 나면 시정 조치를 취하여 원래 계획을 유지하려는 프로세스이다.
종료 프로세스 그룹	프로젝트 또는 단계를 공식적으로 종료하는 프로세스이다.

다섯 개의 프로세스 그룹은 다음 그림처럼 연관이 되어 있다.

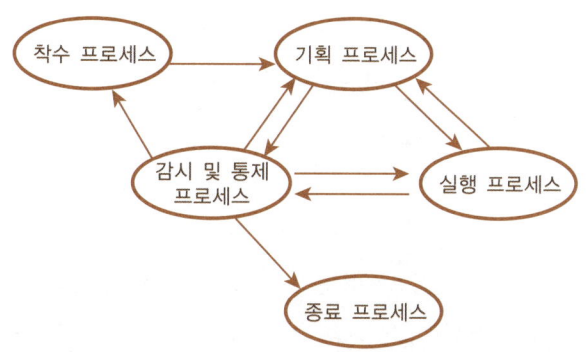

그림에서 보듯이 착수를 시작한 후 계획을 세우고 그 계획대로 실행을 하게 되는데, 계획대비 실행의 차이를 확인하는 것이 감시 프로세스라면 원래 계획대로 돌아갈 수 있도록(차이가 클 경우) 시정조치를 취하는 것이 통제 프로세스의 의미이다. 정상적으로 작업을 진행하여 아무런 문제가 없다면 종료 프로세스로 보내지지만 잘못 되었다면 다시 계획 혹은 실행 프로세스로 보내져 재작업을 하게 된다. 또한 변경할 내용이 많다면 처음부터 프로젝트를 다시 시작한다는 의미로 착수 프로세스로도 보내어 질 수 있다.

- **프로젝트관리 지식영역:** 총 10개의 지식영역으로 구성되어 있으며 프로젝트관리자가 꼭 알아야 할 내용을 담고 있다. 각 지식영역은 서로 유기적으로 맞물려 있고 다섯 개의 프로세스 그룹과 연동하여 총 49개의 프로세스로 나뉘어져 있으며, 각각의 프로세스는 투입물과 도구 및 기법, 산출물 등으로 설명하고 있고, 각각의 지식영역에 대한 상세한 내용은 뒤에서 자세하게 언급한다. 지금까지 설명한 10개의 지식영역과 다섯 개의 프로세스 그룹으로 연결된 총 49개의 프로세스는 다음과 같다.

■ 프로젝트관리 프로세스 그룹과 지식영역 간 연결 관계

지식영역	프로젝트관리 프로세스 그룹				
	착수 프로세스	계획 프로세스	실행 프로세스	감시 및 통제 프로세스	종료 프로세스
4. 프로젝트 통합관리	4.1 프로젝트 헌장 개발	4.2 프로젝트관리 계획서 개발	4.3 프로젝트작업 지시 및 관리 4.4 프로젝트지식 관리	4.5 프로젝트작업 감시 및 통제 4.6 통합 변경통제 수행	4.7 프로젝트 또는 단계 종료
5. 프로젝트 범위관리		5.1 범위관리 계획수립 5.2 요구사항 수집 5.3 범위 정의 5.4 WBS 작성		5.5 범위 확인 5.6 범위 통제	
6. 프로젝트 일정관리		6.1 일정관리 계획수립 6.2 활동 정의 6.3 활동 순서 배열 6.4 활동기간 산정 6.5 일정 개발		6.6 일정 통제	
7. 프로젝트 원가관리		7.1 원가관리 계획수립 7.2 원가 산정 7.3 예산 책정		7.4 원가 통제	
8. 프로젝트 품질관리		8.1 품질관리 계획수립	8.2 품질관리	8.3 품질 통제	
9. 프로젝트 자원관리		9.1 인적자원관리 계획수립 9.2 활동자원 산정	9.3 자원 확보 9.4 팀 개발 9.5 팀 관리	9.6 자원 통제	
10. 프로젝트 의사소통관리		10.1 의사소통관리 계획수립	10.2 의사소통 관리	10.3 의사소통 감시	

11. 프로젝트 리스크관리		11.1 리스크관리 계획수립 11.2 리스크 식별 11.3 정성적 리스크 분석 수행 11.4 정량적 리스크 분석 수행 11.5 리스크 대응 계획수립	11.6 리스크 대응 실행	11.7 리스크 감시	
12. 프로젝트 조달관리		12.1 조달관리 계획수립	12.2 조달 수행	12.3 조달 통제	
13. 프로젝트 이해관계자 관리	13.1 이해관계자 식별	13.2 이해관계자 참여 계획수립	13.3 이해관계자 참여 관리	13.4 이해관계자 참여 감시	

위에서 설명한 지침서 구성요소 간의 관계를 그림으로 나타내면 다음과 같다. 프로젝트 생애주기를 단계로 나누고, 각 단계 사이에는 단계 심사를 하여 불필요한 낭비를 막게 했다. 각 단계에서는 다섯 개의 프로세스 그룹이 돌고 있고, 10개의 지식영역에는 다섯 개의 프로세스 그룹 중 일부 혹은 전부 프로세스가 있음을 나타낸다.

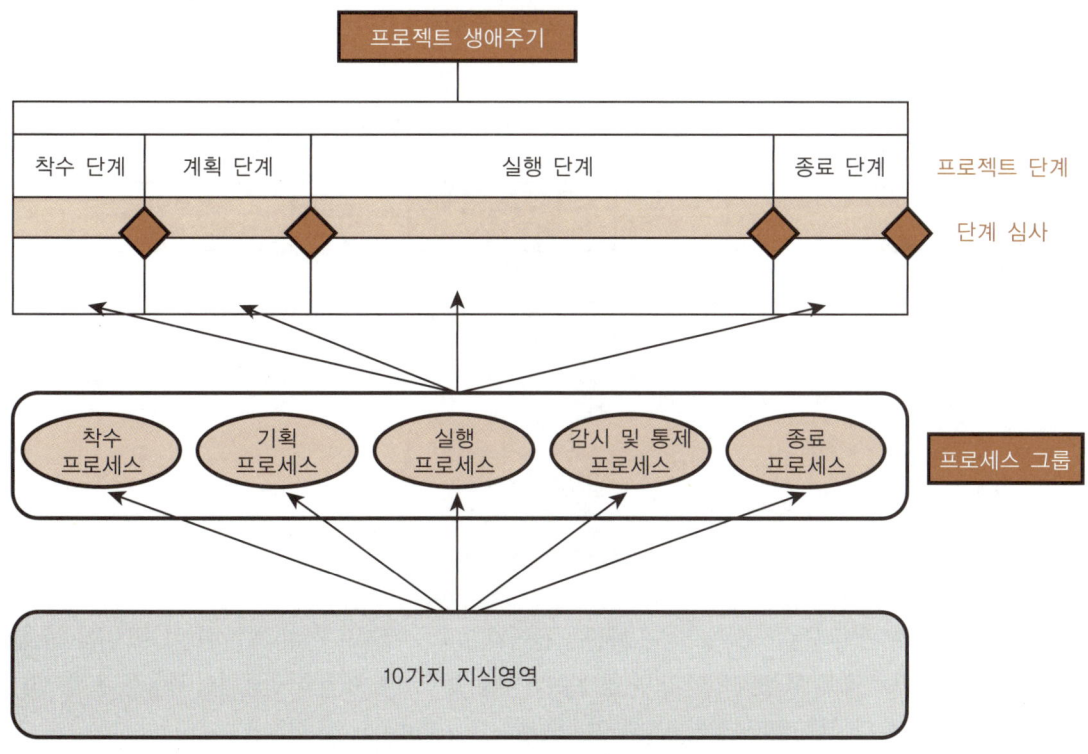

▲ 지침서 구성요소 간 상관관계

- **프로젝트관리 데이터 및 정보:** 프로젝트 생애주기 동안에 많은 양의 정보가 발생하는데, 이를 세 가지로 나누어 관리한다.

작업성과 데이터	프로젝트를 실행하는 동안 얻은 데이터로 실제 측정값이다. 이 데이터의 값으로는 현재 상태가 좋은지 확인할 수 없다.
작업성과 정보	작업성과 데이터가 기준 대비 좋은지 혹은 나쁜지를 확인하기 위해 다양한 감시 및 통제 프로세스 그룹으로 보내어져 확인한 결과이다.
작업성과 보고서	작업성과 정보를 바탕으로 필요하다면 시정조치 혹은 의사결정 등을 담은 보고서이다.

프로젝트관리에 사용되는 여러 가지의 프로세스 간 프로젝트 정보의 흐름은 다음과 같다.

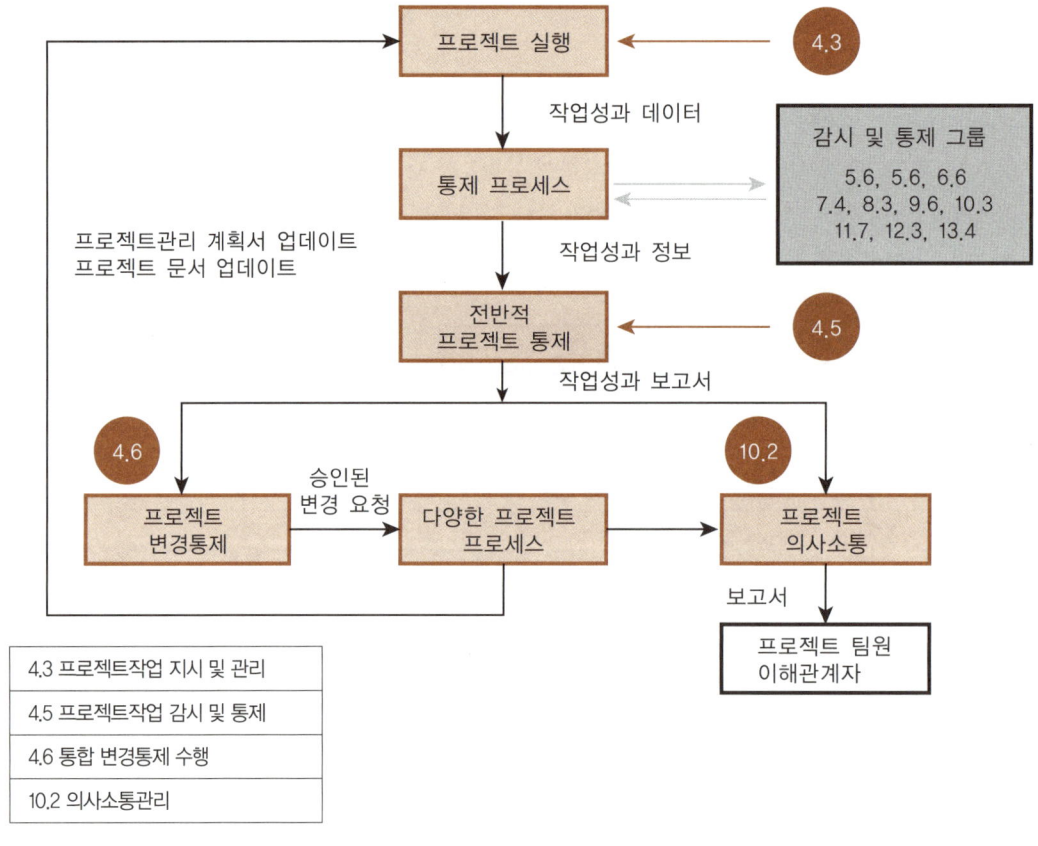

▲ 프로젝트 데이터, 정보 및 보고서 전달 경로

- **조정:** 프로젝트관리자는 프로젝트 성공 확률을 높이기 위해 프로젝트 상황 혹은 복잡도에 따라 적절한 프로젝트관리 프로세스, 프로젝트 단계 및 생애주기 등을 결정한다. 이러한 선택적인 활동을 조정이라 하고 조직의 문화 및 다양한 거버넌스를 고려하여 결정한다.

- **프로젝트관리 비즈니스 문서:** 두 가지 비즈니스 문서가 있고 프로젝트 생애주기 동안 반복적으로 개발하고 유지한다.

프로젝트 비즈니스 문서	용어 정의
프로젝트 비즈니스 케이스	프로젝트의 시작을 승인하기 위해 필요한 경제적 타당성 연구자료를 말한다.
프로젝트 편익관리 계획서	프로젝트의 산출물인 제품 혹은 서비스로 얻을 편익을 극대화하기 위해 수행하는 프로세스를 정의한 문서이다.

비즈니스 케이스의 개발 및 유지의 책임은 프로젝트 스폰서에게 있지만 확인하고 감독하고 필요시 권고사항을 제시할 책임은 프로젝트관리자에게 있다.

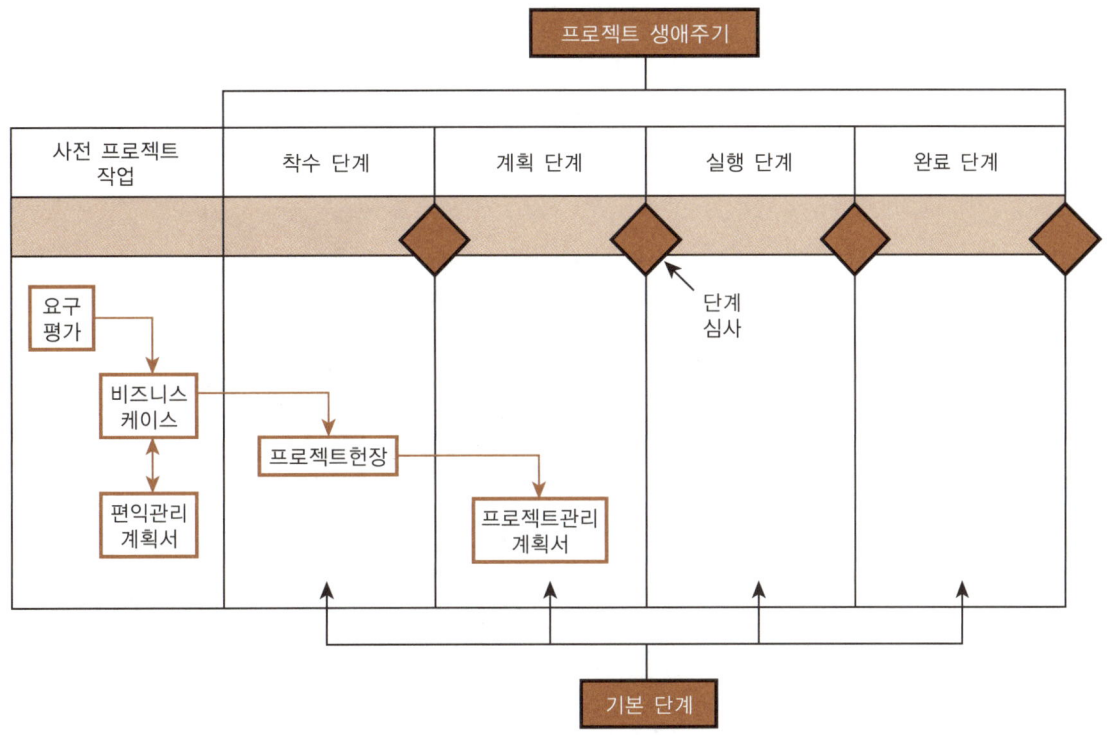

▲ 요구사항 평가와 중대한 비즈니스/프로젝트 문서의 상호관계

■ **프로젝트 성공 척도:** 프로젝트가 종료될 때 프로젝트를 성공적으로 끝냈는지 확인하기 위해 필요한 내용으로 삼중 제약조건 등으로 정의하는 것이 일반적이지만 최근의 추세는 목표 달성을 고려하여 성공 여부를 측정해야 할 필요가 있다고 믿는다. 이를 위해 측정 가능한 목표를 선정하여 이해관계자와 시각을 일치시켜야 하는데, 다음 세 가지 질문으로 확인할 수 있다. 프로젝트의 성공 결과는 어떤 모습이고, 어떻게 측정하며, 성공에 영향을 미치는 요인은 무엇인가? 또한, 재무적 측정치를 이용하여 간단하게 결정하는 방법도 생각할 수 있다.

1.3 프로젝트에 영향을 미치는 환경

- **프로젝트에 영향을 미치는 환경:** 프로젝트가 시작되어 종료될 때까지 여러 가지 요인으로부터 긍정적이거나 부정적인 영향을 받는다. 프로젝트 선정, 프로젝트 목표 수립, 프로젝트관리 계획수립 프로세스에서 프로젝트에 영향을 주는 요인들을 고려해야 하는데, 크게 기업환경요인(EEF, Enterprise Environmental Factors)과 조직 프로세스 자산(OPA, Organizational Process Assets)으로 분류하고 있다.

기업환경요인은 프로젝트의 외부 혹은 기업의 외부 환경에 있으면서 프로젝트에 영향을 줄 수 있는 요인들로 프로젝트팀이 따라야만 하는 요인이다. 반면, 조직 프로세스 자산은 조직 내부에 존재하며 프로젝트에 영향을 줄 수 있는 요인들로, 사용하면 도움이 되지만 강제적으로 사용할 의무는 없는 요인이다. 각각은 모든 지식영역에서 프로젝트 상황에 따라 다른 형태로 나타나며 아래 그림처럼 분류할 수 있다.

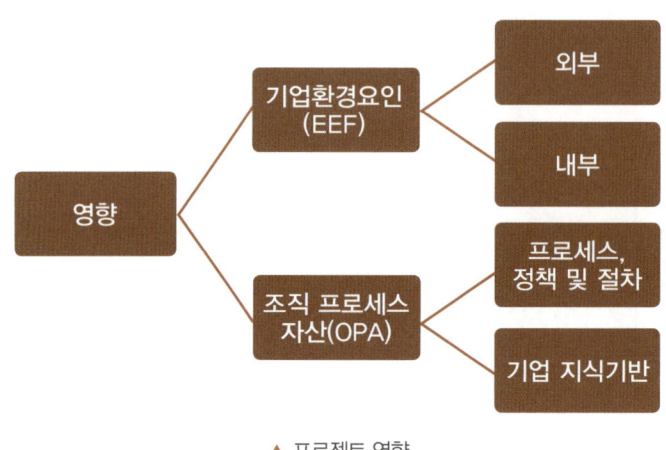

▲ 프로젝트 영향

다시 한번 주의 깊게 살펴 보면 기업환경요인은 외부와 내부로 나누는데, 외부 기업환경요인은 법적 규제사항, 시장 여건 및 산업 표준 등에 따른 요인이다. 내부 기업환경요인은 조직 내에 존재하지만 프로젝트 외부에 있어서 프로젝트팀이 무조건 따라야만 하는 요인으로, 조직 문화, 조직 거버넌스, 조직에서 공통적으로 사용하고 있는 시스템으로, 예를 들어 작업승인 시스템, 형상관리 시스템 등을 뜻한다.

조직 프로세스 자산은 크게 프로세스 정책 및 절차와 기업 지식기반으로 나눈다. 프로세스 정책 및 절차는 프로젝트를 진행할 때 사용했던 조직의 표준 프로세스 및 절차 혹은 템플릿 등을 생각할 수 있는데, 이러한 것들은 무조건 사용하는 것이 아니라 조정해서 사용하면 프로젝트팀에게 도움을 줄 수 있다는 것이고, 기업 지식기반들은 일종의 조직 지식저장소로 프로젝트를 진행하면서 얻은 내용들을 저장하여 모든 조직원들이 사용할 수 있도록 정보를 공유한 것이 특징이며 형상관리 지식저장소, 선례 정보 및 교훈 지식저장소 등을 포함한다. 자세한 내용은 각 지식영역의 프로세스의 투입물 등을 살펴보면 도움이 된다.

1.4 프로젝트 조직 시스템 및 조직 구조 유형

- **조직 시스템:** 프로젝트관리자는 프로젝트를 수행할 때 조직 구조와 조직 지배 구조를 확인하고 프로젝트에 대한 최종 책임자와 권한이 어디에 속해 있는지 확인하며, 본인의 권한 밖에 있는 업무에 대해 도움을 청할 개인 혹은 조직을 사전에 파악하고 있어야 한다. 조직 시스템에 영향을 주는 구성 요소로 관리 요소, 거버넌스 프레임워크, 조직 구조 유형 등이 있다.

> **시스템(System)의 정의**
> 구성 요소 단독으로는 달성할 수 없는 결과를 산출하기 위한 여러 구성요소들의 집합체이다.

조직 시스템은 주변 환경의 변화에 따라 변화하고 발전하며, 조직의 효율과 지속적인 경쟁력은 조직 시스템의 동적 역량에 따라 영향을 받는데 최종 책임은 조직의 경영진에게 있다. 일반적으로 조직 시스템의 변화가 프로젝트에 영향을 주므로 프로젝트관리자는 프로젝트의 목표 설정, 관리 계획수립 시 조직 시스템을 항상 고려해야 한다.

- **조직 거버넌스 프레임워크:** 조직에서 권한을 행사하는 기본체계로 여러 요소(예 규칙, 정책, 절차, 규범 등)로 구성하고 있으며, 조직의 목표를 설정한 후 리스크관리를 통해 최적의 성과를 달성하는 다양한 상황에 영향을 준다.

> **거버넌스(Governance)의 정의**
> 조직 구성원의 행동을 결정하고, 행동에 영향을 주기 위해 준비된 조직 내 모든 계층의 조직적, 구조적 합의사항이다.

- **포트폴리오, 프로그램 및 프로젝트의 거버넌스:** PMI에서 출간된 실무사례 지침서(Governance of Portfolios, Programs, and Projects: A Practice Guide)가 있어 참고하면 좋다.
- **프로젝트 거버넌스:** 조직의 전략적 목표, 운영상의 목표를 성취하기 위해 프로젝트팀이 따라야 하는 기본체계를 의미하며, 다양한 상황에 따라 적절하게 변경하여 적용할 수 있다.
- **관리요소:** 조직의 핵심 기능이나 기준을 구성하는 요소로, 조직 거버넌스 프레임워크에 따라 조정되어 사용하며 다음의 특성들이 일부 예이다.
  예 업무 수행에 필요한 권한 및 전문 기술, 행동 규율, 조직의 목표 및 명확한 의사소통 채널 등
- **조직 구조 유형:** 내부 여건과 주변 환경을 고려하여 사용 가능하고 최적화 할 수 있는 조직 형태를 구성하는 것이 좋다. 조직 구조 유형은 아래 표에 정리하였다. 조직 구조 유형은 여건의 변화에 따라 지속적으로 변경하는 것이 좋다.

■ 조직 구조 유형과 프로젝트의 관계

조직구조 유형	프로젝트 특성					
	작업 그룹 정렬 기준	PM*권한	PM*의 역할	자원 가용성	프로젝트 예산관리 책임	프로젝트관리 행정 담당
유기적 또는 단순	유연함, 같이 작업	없거나 매우 적음	임시직 코디네이터	없거나 매우 적음	소유주 운영자	없거나 매우 적음
기능조직 (중앙집중식)	담당 업무 (제조, 개발)	없거나 매우 적음	임시직 코디네이터	없거나 매우 적음	기능조직 관리자	임시직
타 부서	제품, 생산프로세스, 포트폴리오, 프로그램, 지리적 위치 고객유형	없거나 매우 적음	임시직 코디네이터	없거나 매우 적음	기능조직 관리자	임시직
약한 매트릭스	직무	낮음	임시직 코디네이터	낮음	기능조직 관리자	임시직
중간 매트릭스	직무	낮음~보통	임시직 업무의 일환	낮음~보통	혼합	임시직
강한 매트릭스	직무별, PM 직무	보통~높음	정규직 담당업무	보통~높음	PM*	정규직
프로젝트 기반(복합, 하이브리드)	프로젝트	매우 높음	정규직 담당업무	매우 높음	PM*	정규직
가상	노드가 있는 네트워크 구조	낮음~높음	정규직, 임시직	혼합	혼합	정규직, 임시직
하이브리드	다른 유형 혼합	혼합	혼합	혼합	혼합	혼합
PMO**	다른 유형 혼합	매우 높음	정규직 담당업무	매우 높음	PM*	정규직

PM*: 프로젝트관리자(Project Manager)

PMO**: 포트폴리오, 프로그램 또는 프로젝트관리 오피스 또는 조직

■ **조직 구조 선정 요인**: 최적의 조직 구조로 운영할 때 프로젝트 효과가 크기 때문에 조직의 목표와 여건을 고려하여 의사결정권자가 결정을 한다. 다음은 고려해야 할 요인의 일부 예이다.

예 조직 목표와의 연계성 수준, 통제 및 효과의 범위, 최종 책임, 실행 효율 및 명확한 의사소통 등

■ **프로젝트관리오피스(PMO)**: 프로젝트 수행과정에서 프로젝트를 지원하는 업무를 수행하거나, 프로젝트를 직접 관리한다. PMO는 프로그램, 포트폴리오에 대해서도 지원하거나 통제, 지시하기도 하며 그 기능과 통제 수준은 조직의 선택에 따라 결정된다.

프로젝트관리오피스(PMO)의 정의

프로젝트 거버넌스 프로세스를 표준화 하고 자원, 방법론, 도구, 기법 등을 자산화 하고 지원하는 조직 구조이다.

조직에 따라 PMO의 역할과 기능을 아래와 같이 세 가지 유형으로 구분할 수 있다.

▣ PMO의 유형과 기능

PMO 유형	주요 기능, 역할	통제 수준
지원형	표준 양식(템플릿), 모범 실무사례, 교육 훈련, 정보 등 조직에 축적된 자산을 제공한다. 프로젝트 지식 저장소를 관리한다.	낮음
통제형	프로젝트에서 사용할 표준 양식, 프로세스, 프레임워크 등을 지원하고 준수하도록 관리한다. - 프로젝트관리 프레임워크, 방법론 - 표준 문서 양식, 도구 - 프로젝트 거버넌스 프레임워크	보통
지시형	프로젝트를 직접 관리하고 통제한다. PMO가 PM을 선임하고 프로젝트 진행 보고를 받는다.	높음

1.5 프로젝트관리자의 역량

■ **프로젝트관리자의 역할:** 프로젝트관리자는 리더십을 발휘하여 프로젝트 착수부터 종료까지 프로젝트의 목표를 달성하려고 노력하는 역할을 하여 프로젝트를 성공하도록 이끌어야 하기 때문에 팀에 대한 책임감, 프로젝트관리 지식과 기술지식, 프로젝트에 대한 이해 및 경험이 충분히 있어야 한다.

프로젝트관리자의 정의

프로젝트관리자란 프로젝트 목표를 달성하기 위해 선임된 팀의 책임자이다.

■ **프로젝트관리자의 역량:** 프로젝트관리자는 세 가지 핵심 기술의 역량을 향상시켜야 한다.

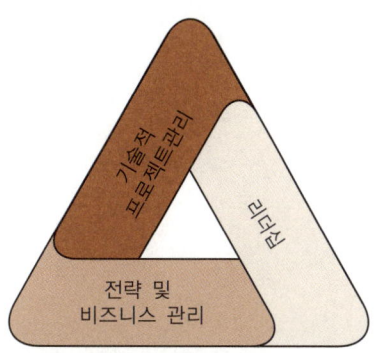

▲ PMI 역량 삼각형 (Talent triangle)®

첫 번째로 기술적 프로젝트관리는 프로젝트관리 지식영역으로 프로젝트의 목표를 세우고, 계획을 만들고, 그 계획대로 실행을 하여 프로젝트를 완료하는 프로젝트관리의 하드 스킬 영역을 뜻한다. 두 번째로 전략적 프로젝트관리는 비즈니스 결과물을 개선하는 영역을 말하며, 조직의 전략적인 목표와 프로젝트의 연계성을 확인하는 영역으로 비즈니스의 최상 가치를 얻는 것을 고려한다. 마지막으로 리더십 영역은 프로젝트 목표를 달성하기 위해 팀을 이끄는 소프트 스킬 능력을 말한다. 이러한 능력에는 협상, 의사소통, 동기부여, 대인관계 기술과 같은 역량을 포함한다.

- **리더십과 관리의 비교:** 리더십은 팀원들이 스스로 일을 할 수 있도록 이끄는 것이라면, 관리는 일을 하도록 지시하는 것으로 프로젝트관리자는 두 가지 방법을 적절하게 적용해야 한다. 다양한 리더십 유형과 개인적 특성들이 있으므로 프로젝트관리자는 여러 상황에서 적합하게 사용할 수 있는 리더십 유형과 기본 이상의 능력을 소유해야 한다.

- **통합 수행:** 프로젝트관리자는 통합을 수행할 때 두 가지 역할을 하는데, 첫 번째는 조직의 전략적인 방향과 프로젝트 목표가 일치하도록 노력을 해야 하고, 두 번째는 프로젝트에서 사용하는 프로세스와 지식 및 인적 자원 통합을 통해 프로젝트 핵심 영역에 집중하도록 해야 한다.

CHAPTER 02

애자일 기법 소개

2.1 애자일 접근방식이란?
2.2 스크럼 방식 진행방식 및 절차
2.3 사용자 스토리, 스토리 추정하기, 진행 측정 방법

2.1 애자일 접근방식이란?

> **애자일(Agile) 접근방식**
>
> 변경 주도적 혹은 가치 주도적(Change-driven or Value-driven) 방식이라고 부르며, 작고 반복적인 주기를 통해 제품이나 서비스를 개발하는 방법으로 초기에 요구사항이 불명확하거나 기술적인 위험이 큰 프로젝트에 적용하는 방식이다.

1990년대 중반부터 가벼운 개발방법론으로 불리며 주로 IT영역에서 사용하던 이 방법은 급변하고 있는 오늘날의 프로젝트 환경에서 기존에 사용하던 폭포수 모델의 적용이 더 이상 효과가 없음을 나타낼 때 등장하였다. 1994년 DSDM(Dynamic Systems Development Method)학회에서 소개된 DSDM 접근방식은 아래 그림과 같다.

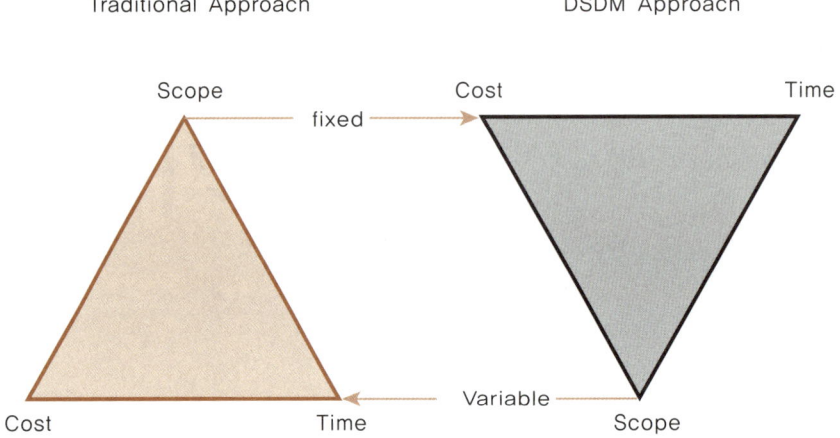

전통적인 접근방식은 프로젝트 초기에 범위를 결정하면 수정하지 않고 고정된 상태로 진행하다 보니 고객의 변경 요청이 들어오거나, 예상하지 못한 일이 발생하면 기존의 범위 외에 추가적인 일을 하게 되고, 이 결과로서 프로젝트 일정과 예산이 항상 늘어나는 현상이 발생하였다. 이를 막기 위해 DSDM 접근방식은 일정과 예산을 고정 상태로 유지하면서 프로젝트를 진행할 때 빈번하게 발생하는 고객의 변경 요청 혹은 예상하지 못한 일들이 발생할 경우 우선순위를 정해 불필요한 업무를 하지 않는 것을 고려한 접근방식이다. 이러한 방식을 택한 이유는 막상 프로젝트가 종료된 시점에서 살펴 보니 프로젝트 초기에 생각하고 있었던 여러 기능들 중 약 50%에 해당하는 기능들이 거의 사용하지 않는 것으로 밝혀졌기 때문이다. 따라서 DSDM 접근 방식을 사용할 때는 고객과의 협력을 중요하게 생각해야 한다.

이러한 접근방식을 시작으로 다양한 여러 방법(Methods)들이 출현하다가 2001년 이 분야의 전문가 17명이 한 자리에 모여 소프트웨어 개발 선언문(Manifesto)을 발표하면서 애자일이란 용어를 본격적으로 사용하게 되었다. 애자일 방식은 현재까지 약 60여 가지 방법들이 출현했지만 그 중에서도 PMBOK에 나오는 여러 가지 애자일에 대한 내용들은 주로 스크럼과 XP(Extreme Program)의 방법론과 도구 및 기법들을 설명한 것이 대부분이므로 간단히 요약하여 설명하겠다.

애자일 방법 중 하나인 스크럼 방식은 다른 방법론들과 달리 어느 정도 사용하는 규정이나 절차가 정리되어 있어 배우기 쉽고 적용하기가 수월하다 보니 가장 많이 알려져 있고, PMBOK의 여러 영역에서 많이 출현하고 있어 아래와 같이 설명하려 한다.

2.2 스크럼 진행방식 및 절차

- **스크럼 역할:** 제품 책임자, 스크럼 마스터와 개발팀으로 구성되어 있다. 제품 책임자는 고객 혹은 다양한 이해관계자로부터 프로젝트에서 무엇을 개발할지, 어떤 순서로 개발할지를 결정하는 책임자이다. 스크럼 마스터는 개발팀이 스크럼 방식을 따를 수 있도록 가이드 역할을 해주고, 개발팀이 개발에 집중할 수 있도록 외부의 공격으로부터 팀을 보호하고 업무를 방해하는 요소를 제거하여 적절하게 일 할 수 있도록 도움을 주는 조력자의 역할을 한다. 개발팀은 제품 책임자가 요구한 것을 자기 조직화(Self-organizing)하여 정해진 기간 안에 완수할 수 있도록 노력하는 팀원으로 구성되어 있다. 자기 조직화의 의미는 스크럼 마스터의 지시를 통해 업무를 진행하는 것이 아니라 팀원들끼리 해야 할 일을 결정하고 협의를 통해 진행하는 것을 의미한다.

- **스크럼 산출물:** 제품 백로그, 스프린트 백로그, 제품 증분(Product Increment)으로 구성하고 있다. 제품 백로그는 고객을 대표하여 제품 책임자가 우선순위를 결정한 목록이고, 스프린트 백로그는 개발팀이 제품 백로그에서 우선순위가 높은 업무 중 스프린트 기간 내에 진행할 수 있는 일부 업무를 가지고 와서 세분화 해놓은 목록이다. 제품 증분이란 스프린트 기간 안에 한 일에 대해서 매 스프린트 주기가 끝나면 동작하는 증가분을 보여주어야 한다.

- **스크럼 프로세스:** 스프린트, 일일(Daily) 스크럼 미팅, 스프린트 계획, 리뷰 및 회고로 구성하고 있다. 스프린트는 반복(Iteration) 주기를 말하며 스크럼에서만 사용하는 용어이다. 1~4주 단위의 반복적인 개발 기간을 말한다. 일일 스크럼 미팅은 모든 팀원들이 일어서서 진행하는 미팅으로 15분 안에 모두 끝내는 것으로 한다. 미팅에서는 스크럼 마스터가 어제 한 일과 오늘 할 일, 그리고 현재 문제점에 대해서만 간단히 물어 본다. 불필요한 회의 시간 낭비를 방지하기 위해 만들어 놓았다. 스프린트 계획은 각 스프린트 시작 전에 스프린트에 대한 목표를 설정하고 제품 백로그에서 가지고 온 항목을 세분화 하고 담당자를 선정하는데 약 4~8시간이 소요된다. 스프린트 리뷰는 각 스프린트에서 개발팀이 만든 작업 결과물을 이해관계자와 함께 확인하는 미팅으로 약 4시간을 소요하는 것으로 하였다. 스프린트 회고는 각 스프린트 동안 잘된 점, 아쉬웠던 점, 개선할 사항 등을 1~2시간 토론한다.

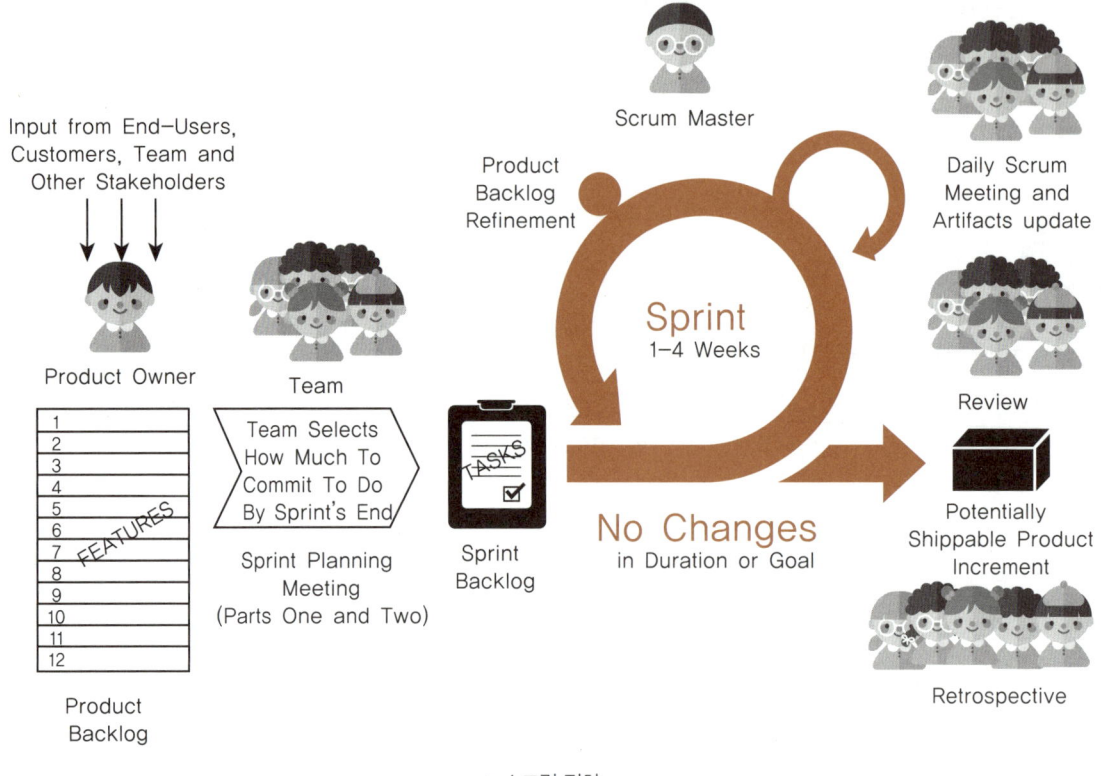

▲ 스크럼 절차

- **스크럼 절차:** 위의 그림에서처럼 제품 책임자는 고객의 요구사항을 모두 수집한 후 우선순위화를 정한 제품 백로그를 작성한다. 개발팀은 제품 백로그에서 스프린트 기간 안에 할 수 있는 우선순위가 높은 일부를 가지고 와서 스프린트 백로그로 세분화 하는 작업을 하고 이를 스프린트 반복 주기 동안 완료하기 위해 노력하며, 모두 완료하였을 경우 리뷰를 통해 제품의 증분을 완료한다. 스프린트 기간 동안 스프린트 마스터는 매일 미팅을 하는데, 세 가지 질문을 하면서 개발팀들이 스프린트 규정이나 절차를 따를 수 있도록 도움을 주고 업무에 몰두할 수 있도록 외부의 공격을 차단하는 역할을 한다. 만일 중간에 잘못된 부분이 있으면 제품 백로그를 지속적으로 더 완성도 높게 수정하는 역할도 한다. 마지막으로 회고를 통해 스크럼 방식이 더 잘 되는 방법을 찾아 본다.

2.3 사용자 스토리, 스토리 추정하기, 진행 측정 방법

- **사용자 스토리:** XP에서 소개된 실천 방법으로 사용자 언어로 쓰여진 기능 설명을 말한다. 일반적으로 기존에 '요구사항 정의서'대로 개발하는 방식을 탈피하여 제품 백로그를 작성할 때 사용하는데, 관행적으로 종이 카드에 서술 형태로 기록하고 대화를 통해 세부사항을 구체화하며 테스트를 통해 세부사항을 문서화 하고 전달한다. 작성 형식은 〈사용자 역할〉로서, 〈기능〉이 필요하다. 왜냐하면 〈기능의 가치와 목적〉이기 때문이다 라고 적는다. 예를 들면 〈도서관의 방문자〉로서 〈도서를 검색하는 기능〉이 필요하다.

왜냐하면 〈관내에서 보거나 빌리고 싶은 책이 있는지 여부, 또 그 책의 위치에 대해 알고〉 싶기 때문이다 라고 적는다. 사용자 스토리를 사용하는 이유는 고객과의 미팅에서 전문적이고 기술적인 용어를 사용할 경우 발생할 수 있는 오류를 방지하기 위함이다. 고객과 눈높이를 맞추어 협업을 할 경우 성공 확률이 높아지기 때문이며, 구두로 의사소통을 할 경우 모든 사람들이 쉽게 이해하고 향후 발생할 오류를 줄일 수 있는 기회를 제공하기 때문이다.

- **스토리 추정하기:** 사용자 스토리를 이용할 경우 개발팀 전체가 스토리를 추정한다. 스토리 추정이란 스토리의 복잡도, 작업량 혹은 작업 기간에 대한 상대적 측정치를 말하며, 비교를 통해 대략적인 크기를 추정할 때 정확도가 높기 때문에 사용하는 방법으로 피보나치 수열을 이용한 카드를 사용하여 결정한다. 개발팀이 반복주기를 통해 얻은 스토리 점수의 합으로 개발팀의 속도를 알 수 있다는 것이 장점이다. 최소한 반복주기를 두 세 번 지켜본 후에 결정한다.

- **진행 상황을 나타내는 번다운 차트, 번업 차트:** 진행상황을 시각화 하고 언제 완료되는지 예상할 수 있도록 도와주는 역할을 한다. 번다운 차트는 프로젝트에 남아 있는 업무의 양을 알 수 있는 반면, 번업 차트는 전달된 기능을 보여주면서 변경된 범위의 양을 알 수 있도록 해 준다. 속도 측정은 스토리를 완전히 끝내기 전에는 속도 계산에 포함하지 않는 것을 원칙으로 한다.

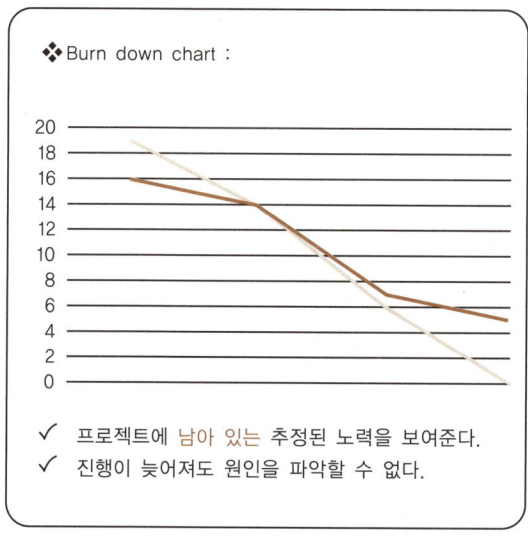

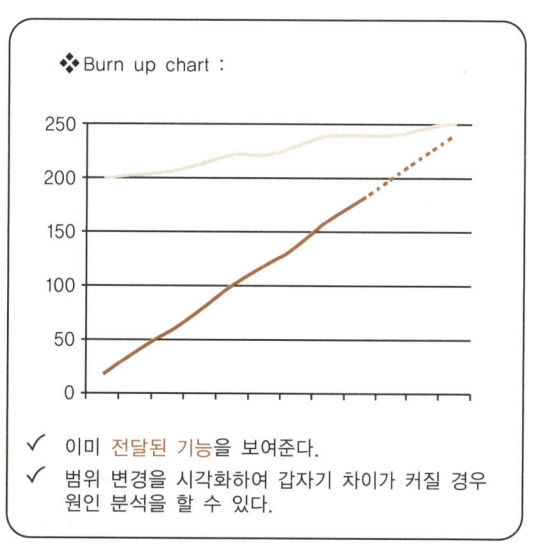

MEMO

CHAPTER

03

PMI-isms

3.1 PMI-isms
3.2 ITO 살펴 보기

3.1 PMI-isms

PMI-isms는 PMP 자격증 시험을 볼 때 수험생들이 기본적으로 숙지해야 하는 내용이다. PMBOK는 프로젝트관리자를 위한 지침서이기 때문에 문제를 바라보는 시각에 따라 다르게 답이 나올 수 있어서 많은 수험생들이 혼란을 겪는다. 특히 상황 문제를 접할 때 많은 수험생들이 문제의 상황에 자기의 감정을 이입하여 푸는 경향이 있다 보니 많은 오류를 범한다. 이러한 부분을 조금이나마 해소하기 위해 문제를 바라 볼 때 어떻게 생각을 하고 시험을 준비해야 하는지 정리하였으니 꼭 시험 전에 다시 한 번 더 확인하여 실수를 줄이길 바란다.

- 프로젝트관리자는 글로벌 프로젝트의 굉장히 큰 프로젝트를 관리하고 있다(수 백 명의 팀원과 수 천 억 원의 예산을 다루고 있다).
- 조직은 프로젝트관리의 성숙도가 높아서 체계적으로 프로젝트를 선택하고 프로젝트 전에 비즈니스 케이스를 검증한 후 프로젝트를 시작하며, 항상 조직의 전략적인 방향과 프로젝트의 진행상황이 일치하는지 프로젝트관리자는 반복적으로 확인한다.
- 모든 프로젝트는 프로젝트헌장을 가지고 있고 PMBOK에서 명시된 모든 지식영역의 계획을 세우고 있으며, 모두 문서화 하는 것을 기본으로 하고 있다.
- 팀원으로 참여할 경우 본인의 업무를 완료하였을 때 보상이 주어져야 한다.
- 어떤 경우라도 Gold Plating은 받아 들여서는 안 된다.
- 프로젝트관리자는 리스크를 관리하는 것이 프로젝트의 시간과 경비를 절약하는 것임을 깨달아 프로젝트관리 계획에 리스크를 반영하여 프로젝트 예산과 기간을 결정해야 한다.
- 프로젝트관리 계획은 현실적이어야 하고 모든 팀원들이 가능하다고 생각할 수 있는 정도로 만들어져야 한다. 어떠한 경우라도 강압적인 계획이나 팀원들의 휴일근무 등을 이용하여 프로젝트를 완료해서는 안 된다.
- 프로젝트관리자는 프로젝트 생애주기 동안 팀 빌딩 및 팀 업적과 관련된 활동에 많은 시간을 사용한다.
- 리스크는 팀 회의에서 가장 큰 의제로 다루어져 한다(프로젝트 진행 성과는 다른 방법(CII) PMIS 프로젝트관리 정보시스템)으로 체크한다).
- 프로젝트관리자는 조달관리 과정에서 계약의 결정권은 없지만 적극적으로 참여하여 계약서 내용을 이해하고 있어야 한다. 특히 조달관리의 주체는 구매자이다.
- 고객의 최종 인수가 있을 때까지 프로젝트는 완료되었다고 할 수 없다.

3.2 ITO 살펴 보기

PMBOK의 모든 지식 영역은 ITO 구조를 이용하여 설명하고 있다. 따라서 ITO 구조에 대한 내용을 이해하고 많이 나오는 내용들의 공통점을 발견한다면 쉽게 흐름을 파악할 수 있고 전체적인 흐름을 이해하는 데도 많은 도움을 줄 것이다.

투입물(Inputs)이란 산출물(Outputs)을 얻기 위해 필요로 하는 것이 무엇(What)인가? 에 해당하는 내용이다. 도구와 기법(Tools and Techniques)은 투입물을 어떻게 이용하여 산출물을 만들 수 있는 방법(How)을 말한다. 예를 들어 간단한 웹 사이트를 만든다고 가정하자. 물론 산출물은 웹 사이트 자체가 될 것이고, 투입물은 웹 사이트를 만들기 위해 필요한 인적 자원, 웹 사이트에 들어가는 정보 및 디자인 등이 될 것이고, 도구와 기법은 만드는 방법(예 html, 플래시, 워드프로세스 등)이 될 것이다. 따라서 학습을 할 때 산출물을 만들기 위해 필요한 투입물은 무엇이고, 어떤 도구와 기법을 사용해야 하는지 생각하면서 정리하면 기억에 오래 남는다.

ITO와 관련된 내용들을 정리해 보면 다음과 같다.

- 기업환경요인과 조직 프로세스 자산은 모든 기획 프로세스에 투입물로 사용된다. 앞 장에서 설명하였듯이 여러 가지 산출물을 얻기 위해 필요한 것이 바라보는 시각에 따라 다르게 접근할 수 있기 때문에 중요한 투입물을 제외한 모든 가능성이 있는 내용을 포함하기 위해 사용하며, 기업환경요인은 프로젝트팀이 싫어도 꼭 사용해야만 하는 것들을 모은 것, 조직 프로세스 자산은 프로젝트팀이 사용하면 도움이 되지만 강제성은 없는 것으로 접근하면 된다.

- 프로젝트관리의 특징 중 하나가 점진적 구체화이므로 프로세스를 진행하게 되면 유기적으로 맞물려 있는 여러 프로세스가 같이 변한다. 따라서 모든 프로세스 후에는 프로젝트관리 계획서, 기업환경요인, 조직 프로세스 자산 혹은 프로젝트 문서 등을 프로젝트 상황에 맞게 모두 업데이트 해야 한다. 특히 이번 6판에서는 업데이트 하는 모든 문서를 크게 프로젝트관리 계획서와 프로젝트 문서로 나누어 관리하는 것이 특징인데, 수험생들은 업데이트 하는 모든 문서를 외울 필요 없이(너무 많아서 외우기도 어렵고 외울 필요도 없다) 왜 업데이트 해야 하는지를 이해하면 된다. 업데이트 하는 모든 내용들은 일부 예에 불과하다.

- 소프트 스킬(대인관계, 동기 부여, 의사소통 등) 및 데이터 수집 방법 등 여러 가지 기법들이 나오는 것은 중요한 것만 중간 중간에 따로 정리를 해 놓았다. 이러한 기법들은 주로 상황 문제로 나오는 경향이 강하기 때문에 실전 문제를 통해 습득하면 좋을 것 같다. 소프트 스킬은 각각의 장·단점을 반드시 알고 있어야 상황 문제에서 어떤 스킬을 사용하는 것이 바람직한지 묻기 때문에 미묘한 차이점에 대해서도 파악하여야 한다.

많이 사용하는 ITO는 다음과 같다.

- **프로젝트관리 계획서 업데이트(Project Management Plan Updates)**: 프로젝트관리 계획을 만들기 위해서는 여러 보조 영역의 계획들이 반복적으로 업데이트 되어 계획 프로세스에서 기준선을 정

할 때까지 점진적으로 구체화 된다. 또한 기준선 설정 후에도 변경이 발생할 경우 변경과 관련된 여러 가지 지식 영역들의 보조 계획들을 점검해야 하고 기준선의 변화도 확인해야 하므로 항상 산출물(Outputs)로 나올 수 있다.

- 조직 프로세스 자산 업데이트(Organizational Process Assets Updates): 프로세스가 완료된 후에 교훈으로 얻은 내용(예 새로운 프로세스, 신기술 등) 중 다음 프로젝트 혹은 단계에서 사용할 수 있는 것을 총칭하여 조직 프로세스 자산 업데이트라고 한다. 특히 교훈 관리대장은 잘된 점과 잘못된 점 등을 같이 적어 놓아 같은 실수를 반복하지 않도록 조직의 학습 방법을 개선하는 것도 포함된다.

- 기업환경요인 업데이트(Enterprise Environmental Factors Updates): 프로세스가 완료된 후에 얻은 내용 중 기업환경요인을 업데이트 할 수 있는 예로는 자원 확보(9.3), 팀 개발(9.4), 팀 관리(9.5), 자원 통제(9.6)가 있다. 산출물로 나온다.

- 프로젝트 문서 업데이트(Project Document Updates): 프로세스가 완료된 후에 바꾸어야 하는 프로젝트 문서들은 각 프로세스별로 조금씩 다르고 상호 영향력이 미치는 모든 문서를 업데이트 하는 것이 필요하며 항상 산출물로 나온다. 산출물로 적혀 있는 것 외에도 얼마든지 있을 수 있으며 각각에 대해 왜 업데이트를 해야 하는지 생각해야 기억에 남는다.

- 전문가 판단(Expert judgment): 프로젝트 통합관리의 전체 프로세스의 도구와 기법에 모두 사용되고 다른 지식영역에서도 도구와 기법에 자주 나온다. 이는 모든 프로세스에서 세부 정보를 제공할 수 있는 집단 혹은 개인을 의미하고 더 나아가서 컨설턴트, 경험이 많은 이해관계자, 전문가 및 기술협회 등을 통칭하여 언급한다.

- 회의(Meetings): 투입물을 이용하여 산출물을 만들어 내기 위해 필요한 이해관계자들과 함께 논의하고 처리하기 위해 행하는 방법으로 도구와 기법에서 사용한다. 직접 대면, 가상, 공식 또는 비공식 회의 방식 등이 있다.

예상문제 ▶▶ 1~3장 프로젝트관리 개요 및 프레임워크

01 반도체 개발은 경쟁이 치열하고 먼저 개발을 한 회사가 많은 이익을 가지고 간다고 한다. 투자 금액이 너무 많이 들어가지만 개발이 성공할 경우 짧은 시간 안에 투자 금액을 모두 회수한다고 하니 신제품 개발을 위해 프로젝트관리 기법을 잘 사용하는 것이 효과적이라고 알려져 있다. 당신은 프로젝트관리자로서 경험이 많아 반도체 신제품 개발에 투입이 되었는데, 당신이 프로젝트를 선정하기 위해 꼭 확인해야 하는 경제성 분석기법 중 가장 중요한 요인은 무엇인가?

A. IRR(내부 수익률)
B. Payback Period(투자 회수 기간)
C. NPV(순현재 가치)
D. PV(현재 가치)

> **해설**
> IRR(Internal Rate of Return, 내부 수익률)은 NPV를 0으로 만드는 이자율을 말하므로 IRR은 높을수록 좋다. Payback Period(투자 회수 기간)는 프로젝트에 투자한 돈을 회수하는 기간을 말하며 짧을수록 좋다. 문제에서 짧은 시간 안에 투자 금액을 모두 회수한다고 했기 때문에 투자 회수 기간이 짧은 프로젝트를 선택해야 한다.
>
> 정답: B

02 작업성과 데이터를 가장 잘 설명한 것은 무엇인가?

A. 프로젝트 범위에 변경을 열거하고 정책에 가능한 변경을 목록화 하고 강압적인 변경을 구술하고 필요하면 전반적인 프로젝트 예산을 조정하는 것을 말한다.
B. 인도물의 상태, 스케줄의 진행, 발생된 원가 등을 가리킨다.
C. 진행 중인 프로젝트를 완료시키고, 프로젝트관리 계획에서 명시된 것처럼 서비스를 실행하고 결과를 생성하도록 도와준다.
D. 미래의 프로젝트 성과물을 수정하고 부정적인 리스크 결과를 감소시키고 변경·요청이 실행된 것을 증명한다.

> **해설**
> 작업성과 데이터는 프로젝트작업의 활동을 수행하는 동안 식별된 실제 관찰 및 측정 데이터를 말한다.
>
> 정답: B

03 당신은 회사 홈페이지를 갱신하기 위해 외부 업체와 계약을 맺고 진행 중이다. 이 계약은 금액이 그리 크지 않기 때문에 한 사람의 팀원이 맡기로 하였다. 계약에 의해 정기적으로 진행한 업무에 대해 금액을 지불하기로 되어 있는데 일반적으로 누가 책임을 지고 지불해야 하는가?

A. 회사의 지불 시스템
B. 프로젝트의 기능 부서장
C. 프로젝트 스폰서
D. 회사 대표

> **해설**
> 작은 프로젝트의 경우는 회사의 지불 시스템(기업환경요인)을 이용해서 외부 업체에게 금액을 지불하면 되고, 프로젝트관리팀은 정해진 대로 지불이 되는지에 대한 검토 및 승인만 하면 된다.
>
> 정답: A

04 당신은 기능조직에서 일하고 있는 프로젝트관리자이다. 팀원들과 프로젝트에서 만들어 내야 할 산출물 목록을 작성하는 데 기능조직을 맡고 있는 책임자가 이 목록 중 몇 개의 산출물에 대해 동의하지 않는다고 연락을 했다. 또한 기능조직의 책임자는 프로젝트의 계획이 승인되지도 않았는데 지금 당장 프로젝트를 착수하라고 한다. 프로젝트관리자로서 당신은 지금 무엇을 해야만 하는가?

A. 시키는 대로 시작한다.
B. 업무를 시작하기 전에 기능조직의 책임자와 모든 문제를 해결한다.
C. 프로젝트관리자로서 계획을 완료한 후에 시작하겠다고 한다.
D. 동의하지 않는 산출물이 큰 문제를 야기시키지 않는다면 시작한다.

> **해설**
> 기능조직에서 일하고 있는 프로젝트관리자는 기능조직 책임자의 명을 받아 프로젝트를 진행하기 때문에 결정권이 없다. 기능조직 책임자에게 승인되지 않은 계획대로 일할 경우 발생할 영향력을 먼저 설명할 필요는 있지만 보기에는 없다. 따라서 일단 시키는 대로 시작하는 것이 맞다.
>
> 정답: A

05 건설회사에서 새로운 프로젝트를 진행할 예정이다. 다음 중 프로젝트관리자가 가져야 할 스킬 중 가장 중요한 것은?

A. 의사소통능력
B. 협상과 동기부여능력
C. 팀 빌딩과 인적자원관리능력
D. 문제해결능력

> **해설**
> 일반적으로 프로젝트관리자는 리더십과 관련된 여러 가지 능력을 가지고 있는 사람이어야 하지만 그 중에서도 제일 중요한 능력은 의사소통능력이다. 특히 건설 프로젝트에서는 여러 회사, 여러 부서의 사람들로 구성된 인력들이 정해진 일정대로 업무를 실행해야 하므로 특히 의사소통능력이 절실하다.
>
> 정답: A

06 프로젝트 계획단계에서 팀원들과 기준선을 설정한 후 이해관계자들과 리뷰 미팅을 하고 있었을 때 갑자기 핵심 이해관계자 한 명이 비즈니스 케이스를 확인한 결과 BCR은 1.2가 된다고 이야기 했다. BCR 1.2의 의미는 무엇인가?

A. 초기 투자 금액이 1일 경우 순이익이 1.2가 된다는 의미이다.
B. 초기 투자 금액이 1일 경우 매출이 1.2가 된다는 의미이다.
C. 순이익이 1일 경우 초기 투자 금액이 1.2가 된다는 의미이다.
D. 매출이 1일 경우 초기 투자 금액이 1.2가 된다는 의미이다.

> **해설**
> BCR이 1.2라는 의미는 초기 투자 금액이 1일 경우 매출은 1.2이고, 순이익이 0.2라는 의미이다.
>
> 정답: B

07 당신은 경직된 조직 문화에서 프로젝트관리자로 새로 임명되었다. PMO는 매트릭스 조직에서 프로젝트관리자로 성공하기 위해서는 팀 빌딩이 중요하다고 하였다. 팀 빌딩은 언제 하는 것인가?

A. 착수단계와 종료단계
B. 착수단계와 계획단계
C. 실행단계와 종료단계
D. 전 단계

> **해설**
> 팀 빌딩은 착수단계부터 종료단계에 이르기까지 전 단계에 걸쳐 지속적으로 하는 것이 중요하다.
>
> 정답: D

08 그동안 진행하던 스마트 어항 개발이 종료단계가 시작될 때 갑자기 프로젝트관리자가 퇴사를 하는 상황이 발생하였고 스폰서는 당신을 급하게 투입하였다. 스폰서는 당신에게 대부분 핵심 문서는 모두 모아졌기 때문에 이를 바탕으로 프로젝트 팀원을 평가하라는 요청을 받았다. 당신은 현재 어느 프로세스 그룹에 있는가?

A. 기획 프로세스 그룹

B. 실행 프로세스 그룹

C. 감시 및 통제 프로세스 그룹

D. 종료 프로세스 그룹

> **해설**
>
> 프로젝트 팀원들의 평가는 팀 관리에서 진행하기 때문에 실행 프로세스 그룹에서 실행한다. 물적 자원에 대한 통제만 자원통제 프로세스(감시 및 통제 프로세스 그룹)에서 진행한다.
>
> 정답: B

09 프로젝트 생애주기를 결정하라는 스폰서의 요청에 따라 당신은 팀원들과 토론을 하고 있었다. 팀원 한 명이 범위가 명확하지 않고 변경이 많을 것으로 예상하고 있지만 핵심 고객들이 해외에 있어서 협업이 어려울 것으로 예상한다고 말했다. 이러한 상황에서 당신이 선택할 최선의 생애주기는 무엇인가?

A. 예측형(Predictive) 생애주기

B. 반복형(Iterative) 생애주기

C. 점증형(Incremental) 생애주기

D. 적응형 혹은 애자일 생애주기

> **해설**
>
> 변경이 많을 것으로 예측하기 때문에 예측형은 아니다. 핵심 고객들과 협업을 할 수도 없는 상황이 되므로 반복 주기가 끝날 때마다 산출물을 꼭 만들어서 보여줄 필요는 없다고 판단되므로 점증형 혹은 적응형도 상관없다.
>
> 정답: B

10 프로젝트팀이 새로운 제품을 생산하기 위해 일하고 있다. 그들은 프로젝트헌장을 작성하는 데 어려움을 겪고 있다. 지금 현재 상태를 잘 묘사한 것은?

A. 팀은 프로젝트의 목표와 성공 측정기준을 식별하지 못했다.

B. 팀은 프로세스에 따라 일을 하는 것이지 프로젝트는 아니다.

C. 프로젝트가 언제 끝날지 정해 놓지 않아서 난감한 것이다.

D. 팀은 프로젝트의 최종 산출물을 정확히 예견할 수 없으므로 애자일 방식으로 진행해야 한다.

> **해설**
> 제품을 생산하는 것은 운영업무에 속하기 때문에 프로젝트에서 일하는 것은 아니다.
>
> 정답: B

PART 2

10개 지식영역

Part 2는 PMBOK에 있는 10개의 지식영역에 대한 내용이다. 각 지식영역은 프로젝트관리자가 꼭 알아야 하는 내용으로 5개의 프로세스 그룹에 속해 있는 총 49개의 프로세스에 대해서 ITO 구조로 설명을 해 놓았다. 출제되는 시험 문제의 많은 부분이 49개의 프로세스가 어떻게 연결되어 있는지 물어 보는 상황 문제에 중점을 두고 있기 때문에 단편적인 지식보다는 전체를 엮어서 생각할 수 있는 능력이 필요하다. 이를 위해 각 지식영역을 공부하면서 연결되어 있는 다른 지식영역의 프로세스도 같이 공부해야 효과가 더 클 것이다.

CHAPTER 04 | 프로젝트 통합관리(Project Integration Management)
CHAPTER 05 | 프로젝트 범위관리(Project Scope Management)
CHAPTER 06 | 프로젝트 일정관리(Project Schedule Management)
CHAPTER 07 | 프로젝트 원가관리(Project Cost Management)
CHAPTER 08 | 프로젝트 품질관리(Project Quality Management)
CHAPTER 09 | 프로젝트 자원관리(Project Resource Management)
CHAPTER 10 | 프로젝트 의사소통관리(Project Communication Management)
CHAPTER 11 | 프로젝트 리스크관리(Project Risk Management)
CHAPTER 12 | 프로젝트 조달관리(Project Procurement Management)
CHAPTER 13 | 프로젝트 이해관계자 관리(Project Stakeholder Management)

CHAPTER 04

프로젝트 통합관리
(Project Integration Management)

프로젝트 통합관리에서 통합의 의미는 모든 것을 하나로 합쳐서 최적화하는 것을 의미한다. 모든 것이란 나머지 지식영역을 의미하는 것이고, 최적화한다는 것은 시스템적으로 바라보고 조정하는 것을 말하는 것이므로, Chapter 4의 프로세스들은 다른 지식영역의 모든 프로세스를 통합하는 상위 개념의 프로세스로 구성되어 있어야 한다. 따라서 프로젝트 통합관리는 다른 지식영역과 달리 5개 프로세스 그룹에 적어도 한 개 이상의 프로세스가 존재하는 유일한 지식영역이다.

4.1 프로젝트헌장 개발(Develop Project Charter)
4.2 프로젝트관리 계획서 개발(Develop Project Management Plan)
4.3 프로젝트작업 지시 및 관리(Direct and Manage Project Work)
4.4 프로젝트지식 관리(Manage Project Knowledge)
4.5 프로젝트작업 감시 및 통제(Monitor and Control Project Work)
4.6 통합 변경통제 수행(Perform Integrated Change Control)
4.7 프로젝트 또는 단계 종료(Close Project or Phase)

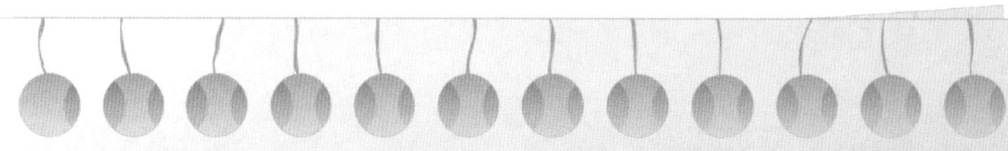

핵심용어

프로젝트 통합관리(Project Integration), 프로젝트헌장(Project Charter), 프로젝트관리 정보시스템(Project Management Information System), 프로젝트관리 계획서(Project Management Plan), 형상관리 시스템(Configuration Management System), 변경통제위원회(Change Control Board), 변경통제 도구(Change Control Tools)

시험출제경향

1. 프로젝트헌장과 프로젝트관리 계획서에 포함되는 내용 및 의미를 파악한다.
2. 프로젝트지식 관리의 중요성 및 조직 프로세스 자산에 업데이트 하는 방법을 확인한다.
3. 변경 요청이 발생할 경우 진행되는 절차 및 담당자의 역할과 권한에 대해 학습한다.
4. 통합 변경통제 수행을 실행할 때 여러 가지 상황별 절차 및 이해관계자의 역할과 책임을 숙지한다.

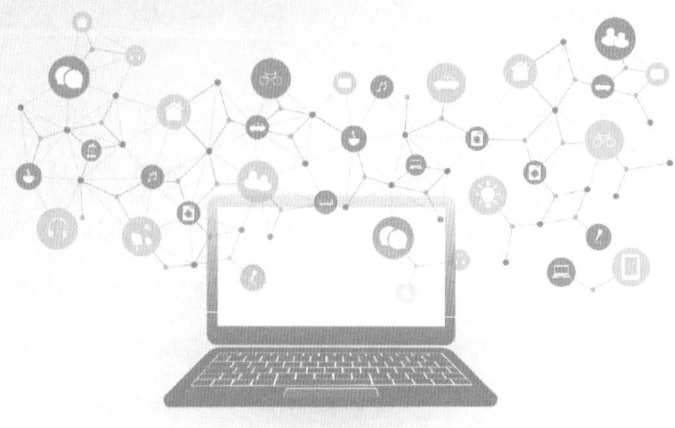

■ 통합관리 주요 내용

- 통합관리는 프로젝트관리자가 다른 모든 지식 영역을 통합하고 관리하기 때문에 최종적인 책임이 프로젝트관리자에게 있는 고유한 영역이다. 이는 다른 모든 지식 영역이 유기적으로 서로 맞물려 있기 때문이며, 각 프로세스 그룹의 프로세스들 간 연결은 반복적으로 진행되는 것이 특징이다.
- 통합관리에는 다음과 같은 프로세스를 수행한다.
  - 프로젝트의 산출물이 프로젝트관리 계획서에 명시한대로 만들어졌는지 확인하는 절차
  - 프로젝트를 진행하면서 사용하거나 얻은 지식을 체계적으로 관리하는 방법
  - 주요 변경에 관한 통합적인 변경관리 절차 및 의사결정 방법
  - 진행 성과에 대해 필요한 적절한 조치 수행 및 이해관계자와의 의사소통 방법
  - 프로젝트를 공식적으로 종료하는 절차 등

■ 통합관리 영역의 추세와 실무 사례

- 프로젝트관리자의 업무가 확대되어 통합할 정보의 양이 많아지면 자동화 된 도구(예 PMIS)를 이용하여 관리하고, 이해관계자와 효과적이고 효율적인 의사소통을 위해 시각적인 관리 도구를 활용하는 것이 바람직하다.
- 프로젝트지식 관리는 프로젝트 생애주기를 통해 관리하며, 프로젝트 성공 확률을 높이기 위해 여러 가지 복합적인 방법론을 효과적으로 사용한다.

■ 조정 고려사항

- 프로젝트관리자는 일률적인 방법을 모든 프로젝트에 적용하기보다는 프로젝트에 따라 다르게 접근한다. 특히 프로젝트 생애주기, 개발 생애주기(예 애자일 혹은 폭포수 모델 등) 및 프로젝트의 복잡성과 조직 문화에 따른 관리 접근 방식에 대해 생각한다.
- 지식 관리, 변경 관리, 교훈 사용 방법, 편익과 관련한 측정 방법 및 측정 시기 등을 고려한다.

■ 애자일/적응형 환경에 대한 고려사항

- 애자일 접근 방식은 팀원들이 주도적으로 제품 계획 및 실행을 직접 통제하도록 팀에게 위임하므로 프로젝트관리자는 이러한 환경을 구축하는 데 노력한다.
- 팀원들의 협업적 접근방식을 위해 편중된 팀원들의 전문성보다 팀원들 모두가 상호 협력할 수 있는 기술 기반을 보유한다.

▣ 통합관리 프로세스의 기능

프로세스 그룹	프로세스	내용
착수	4.1 프로젝트헌장 개발	프로젝트를 공식적으로 승인하는 첫 번째 문서이며, 프로젝트관리자에게 조직의 자원을 사용할 수 있고 예산을 집행할 수 있는 권한을 부여하는 내용의 문서를 개발하는 프로세스

프로세스 그룹	프로세스	내용
착수	4.1 프로젝트헌장 개발	프로젝트를 공식적으로 승인하는 첫 번째 문서이며, 프로젝트관리자에게 조직의 자원을 사용할 수 있고 예산을 집행할 수 있는 권한을 부여하는 내용의 문서를 개발하는 프로세스
실행	4.3 프로젝트작업 지시 및 관리	프로젝트 목표 달성을 위해 프로젝트관리 계획서에 정의된 작업을 지시 및 수행하고, 승인된 변경 요청을 이행하는 프로세스
	4.4 프로젝트지식 관리	프로젝트 목표를 달성하기 위해 기존 지식을 활용하고 새로운 지식을 만들어가는 프로세스
감시 및 통제	4.5 프로젝트작업 감시 및 통제	프로젝트관리 계획서에 명시된 성과 목표를 달성하기 위해 프로젝트 진행 상황을 추적 및 검토하고 보고하는 프로세스
	4.6 통합 변경통제 수행	모든 변경 요청을 검토하여 승인 및 거절하며 그 결과를 이해관계자에게 전달하는 프로세스
종료	4.7 프로젝트 또는 단계 종료	프로젝트나 단계를 공식적으로 완료하기 위해 필요한 모든 활동을 종결하는 프로세스

> **바뀐 프로세스**
>
> 4.4 프로젝트지식 관리 프로세스가 추가되었다. 이 프로세스가 추가된 의미는 프로젝트 성공 확률을 높이기 위해 프로젝트를 진행하면서 얻은 지식 및 교훈을 조직에 전파시켜 프로젝트 진행 중에 발생한 실수는 더 이상 반복되지 않도록 하고 좋은 점은 상호 학습을 통해 조직의 역량을 높이기 위함이다.

■ 통합관리 프로세스 개요

프로세스	투입물	도구 및 기법	산출물
4.1 프로젝트 헌장 개발	1) 비즈니스 문서 2) 협약 3) 기업환경요인 4) 조직 프로세스 자산	1) 전문가 판단 2) 데이터 수집 3) 대인관계 및 팀 기술 4) 회의	1) 프로젝트헌장 2) 가정사항 기록부
4.2 프로젝트관리 계획서 개발	1) 프로젝트헌장 2) 다른 프로세스의 산출물 3) 기업환경요인 4) 조직 프로세스 자산	1) 전문가 판단 2) 데이터 수집 3) 대인관계 및 팀 기술 4) 회의	1) 프로젝트관리 계획서
4.3 프로젝트작업 지시 및 관리	1) 프로젝트관리 계획서 2) 승인된 변경 요청 3) 기업환경요인 4) 조직 프로세스 자산	1) 전문가 판단 2) 프로젝트관리 정보시스템 3) 회의	1) 인도물 2) 작업성과 데이터 3) 이슈 기록부 4) 변경 요청 5) 프로젝트관리 계획서 업데이트 6) 프로젝트 문서 업데이트 7) 조직 프로세스 자산 업데이트

프로세스	투입물		도구 및 기법	산출물
4.4 프로젝트지식 관리	1) 프로젝트관리 계획서 2) 프로젝트 문서 3) 인도물	4) 기업환경요인 5) 조직 프로세스 자산	1) 전문가 판단 2) 지식 관리 3) 정보관리 4) 대인관계 및 팀 기술	1) 교훈 관리대장 2) 프로젝트관리 계획서 업데이트 3) 조직 프로세스 자산 업데이트
4.5 프로젝트작업 감시 및 통제	1) 프로젝트관리 계획서 2) 프로젝트 문서 3) 작업성과 정보 4) 협약	5) 기업환경요인 6) 조직 프로세스 자산	1) 전문가 판단 2) 데이터 분석 3) 의사결정 4) 회의	1) 작업성과 보고서 2) 변경 요청 3) 프로젝트관리 계획서 업데이트 4) 프로젝트 문서 업데이트
4.6 통합 변경통제 수행	1) 프로젝트관리 계획서 2) 프로젝트 문서 3) 작업성과 보고서 4) 변경 요청	5) 기업환경요인 6) 조직 프로세스 자산	1) 전문가 판단 2) 변경통제 도구 3) 데이터 분석 4) 의사결정 5) 회의	1) 승인된 변경 요청 2) 프로젝트관리 계획서 업데이트 3) 프로젝트 문서 업데이트
4.7 프로젝트 또는 단계 종료	1) 프로젝트헌장 2) 프로젝트관리 계획서 3) 프로젝트 문서 4) 수용된 인도물	5) 비즈니스 문서 6) 협약 7) 조달 문서 8) 조직 프로세스 자산	1) 전문가 판단 2) 데이터 분석 3) 회의	1) 프로젝트 문서 업데이트 2) 최종 제품, 서비스 또는 결과물 인계 3) 최종 보고서 4) 조직 프로세스 자산 업데이트

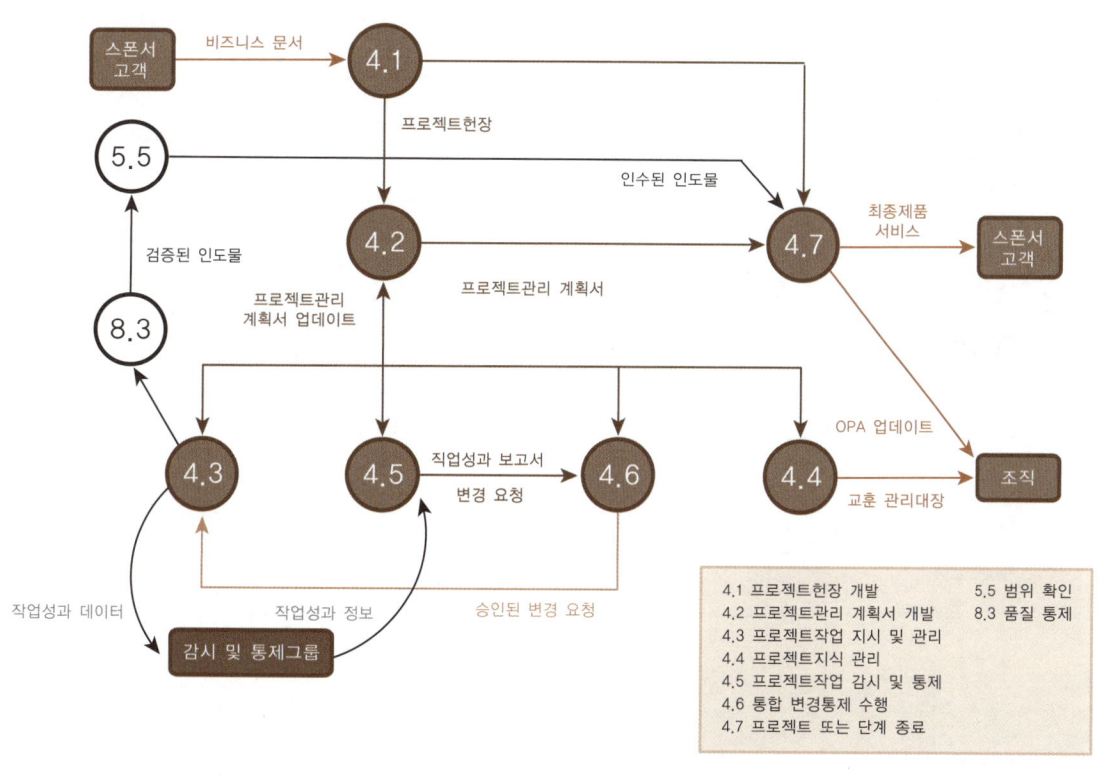

▲ 통합관리 프로세스 흐름도

프로젝트헌장 개발(Develop Project Charter)

> **프로세스 정의**
>
> 프로젝트 채택을 공식적으로 승인하고 프로젝트관리자에게 조직의 자원을 사용할 수 있는 권한과 프로젝트 예산을 집행할 수 있는 권한을 부여하는 내용의 문서를 개발하는 프로세스이다.

> **프로세스 기능**
>
> - 프로젝트헌장은 프로젝트 시작과 함께 작성하는 것이 바람직하며 작성하는 사람은 누가 작성해도 무방하나(프로젝트관리자 혹은 스폰서 등) 프로젝트헌장을 발행(Issue)하는 사람은 스폰서 혹은 프로젝트 착수자이다.
> - 프로젝트헌장은 조직의 전략적인 목표와 언제나 일치해야 하고 승인 시 프로젝트가 공식적으로 개시되며 발행한 후에 따로 업데이트 할 필요는 없다.
> - 프로젝트헌장은 프로젝트를 시작할 때 작성하므로 초기에 많은 데이터가 정확하지 않아 상위레벨로 예산과 일정 등을 작성하는 것이 특징이다.
> - 프로젝트헌장은 계약으로 간주하지 않는다.

■ 프로젝트헌장 개발 프로세스의 투입물, 도구 및 기법, 산출물

	항목	
투입물	1) 비즈니스 문서 　• 비즈니스 케이스 　• 편익관리 계획서 2) 협약 3) 기업환경요인 4) 조직 프로세스 자산	1) Business Documents 　• Business Case 　• Benefits Management Plan 2) Agreements 3) Enterprise Environmental Factors 4) Organizational Process Assets
도구 및 기법	1) 전문가 판단 2) 데이터 수집 　• 브레인스토밍 　• 핵심전문가 그룹 　• 인터뷰 3) 대인관계 및 팀 기술 　• 갈등 관리 　• 촉진 　• 회의 관리 4) 회의	1) Expert Judgment 2) Data Gathering 　• Brainstorming 　• Focus Groups 　• Interviews 3) Interpersonal and Team Skills 　• Conflict Management 　• Facilitation 　• Meeting Management 4) Meetings
산출물	1) 프로젝트헌장 2) 가정사항 기록부	1) Project Charter 2) Assumption Log

> **TIP**
>
> 일반적으로 프로젝트를 시작할 때 프로젝트관리자는 프로젝트를 선정하는 여러 가지 재무적인 방법을 사용하는데, 자세한 계산은 필요하지 않지만 정확한 개념은 알아야 한다.

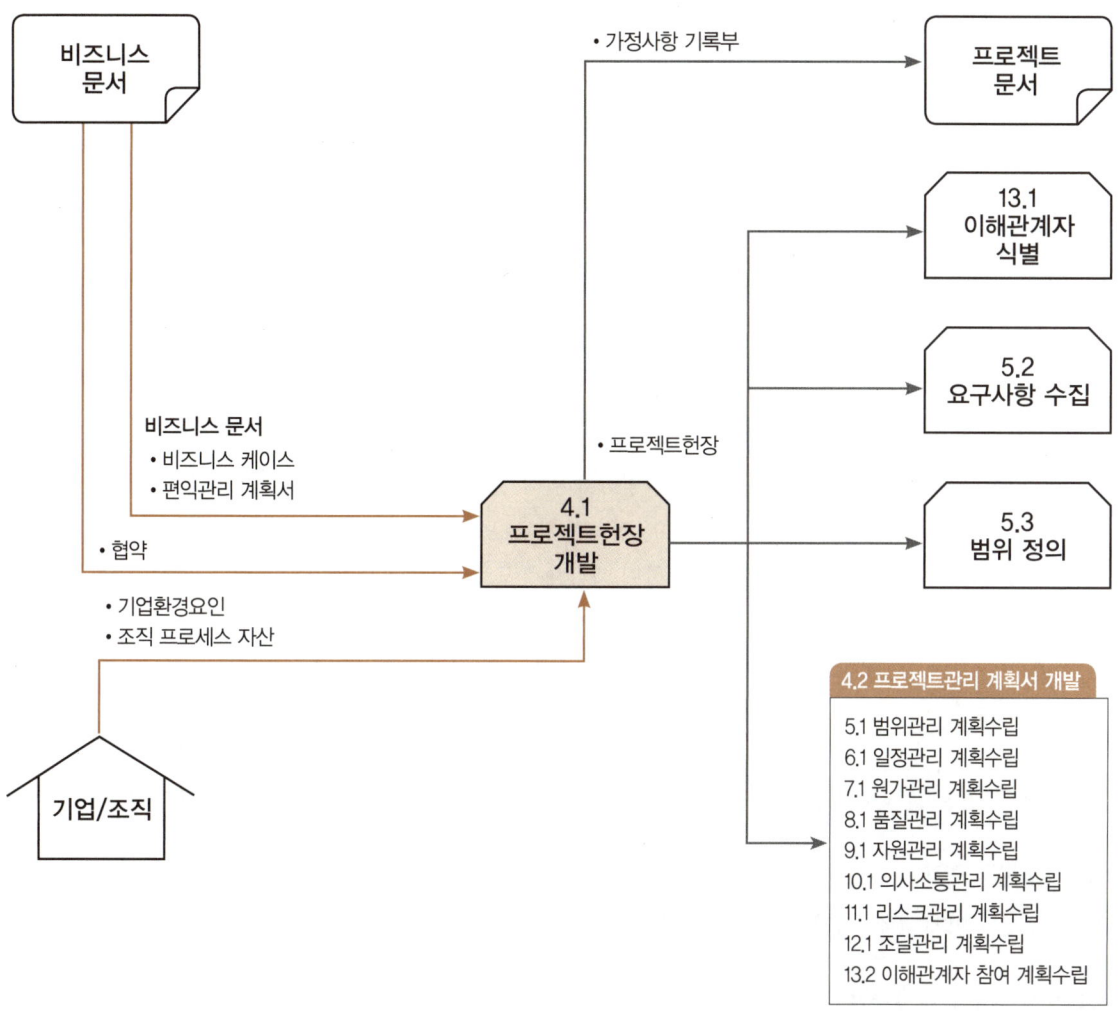

▲ 프로젝트헌장 개발 프로세스의 정보 흐름도

> **프로세스 해설**
> - 프로젝트헌장은 상위 수준의 정보가 있기 때문에 이를 근거로 핵심 이해관계자를 식별하여 모든 요구사항을 수집한다. 요구사항을 정의하고, 우선순위화 하고, 문서화 하고, 프로젝트에서 꼭 필요한 것과 필요하지 않은 것을 정의하는 범위 정의 프로세스에서는 최종 인도물을 고객이 인수하는 기준도 포함한다.
> - 프로젝트헌장의 상위 수준의 정보는 프로젝트의 목적에 맞는 계획을 수립하기 위해 필요하므로 다른 보조 지식영역의 모든 계획을 포함한 프로젝트관리 계획서 개발 프로세스의 투입물로 사용한다.
> - 가정사항 기록부는 프로젝트헌장을 작성할 때 필요한 가정 및 제약 사항을 관리하는 문서이므로 수정/보완 후 프로젝트 문서로 정리한다.

4.1.1 프로젝트헌장 개발 : 투입물

(1) 비즈니스 문서

비즈니스 케이스와 편익관리 계획서로 구성되어 있고, 비즈니스 문서는 프로젝트 이전에 개발한 것을 사용하고 주기적으로 검토하며 언제라도 비즈니스가 나빠질 경우에는 프로젝트를 중단할 수 있다.

- **비즈니스 케이스**: 프로젝트의 정당성을 판별하기 위해 필요한 정보가 있는 문서로 프로젝트 타당성 검토 및 범위 설정에 필요한 근거(예 시장 수요, 경쟁력 확보, 법적 요구 사항 등)가 있다. 일반적으로 프로젝트관리 활동을 승인하기 위한 기초로 사용하며 책임자는 프로젝트 스폰서이다.
- **편익관리 계획서**: 프로젝트의 편익을 극대화시키기 위해 필요한 방법 및 절차 등을 기술한 문서로 재무적 가치, 조직의 전략적인 목표와의 연계성, 편익 실현을 위한 기간 등을 포함한다.

(2) 협약

외부 프로젝트일 경우 계약서로 사용하며, 주로 프로젝트의 초기 의도를 정의하려고 사용한다.

(3) 기업환경요인

정부 또는 업계 표준, 법적 및 규제 요구사항 등을 사용한다.

(4) 조직 프로세스 자산

조직에서 사용하고 있는 템플릿, 선례정보 등을 참조한다.

4.1.2 프로젝트헌장 개발 : 도구와 기법

(1) 전문가 판단

조직의 전략, 편익관리, 기간 및 예산 산정 등에 해당하는 전문지식을 가지고 있는 개인 혹은 그룹 등을 말한다.

(2) 데이터 수집

프로젝트헌장 개발을 위해 필요한 데이터를 수집하는 방법을 말한다(데이터 수집 방법 참조).

> **전문가 TIP**
>
> **데이터 수집 방법**
> - 벤치마킹(Benchmarking): 유사한 조직의 사례를 비교하여 부족한 부분을 식별하고 개선책을 만드는 방법이다.
> - 브레인스토밍(Brainstorming): 다양한 아이디어를 창출하여 취합하는 데 사용하는 기법으로 참석자들의 창의적인 사고를 활용하는 것이 중요하다.
> - 점검 기록지(Check Sheets): 잠재된 품질 문제를 식별하기 위해 사용하는 효과적인 수집방법을 말하고, 특히 속성 데이터를 얻을 때 효과적이며 집계기록지라고도 한다.
> - 점검목록(Checklists): 자체 경험을 바탕으로 미리 만들어 놓은 표준화 된 목록이다.
> - 핵심전문가 그룹(Focus Groups): 선별된 이해관계자와 해당 주제 전문가들로 구성된 집단이 일대일 인터뷰보다 자연스러운 대화 분위기를 조성하도록 고안된 대화식 토론 방법이다.
> - 인터뷰(Interviews): 직접 대화를 통해 이해관계자로부터 정보를 구하는 공식적 또는 비공식적 정보수집 방법을 말한다.
> - 시장 조사(Market Research): 업계 및 특정 판매자 역량을 검토하는 업무를 말한다.
> - 설문조사(Questionnaires and Surveys): 수많은 응답자에게 질문을 보내 짧은 시간에 정보를 수집하는 기법으로 응답자가 분산되어 있거나 다양한 응답자가 존재할 때 사용하면 좋다.
> - 통계적 표본추출(Statistical Sampling): 모집단에서 대상 표본을 뽑아 품질을 검증하기 위해 사용되며 품질관리 계획서에 따라 빈도와 크기를 결정한다.

(3) 대인관계 및 팀 기술

프로젝트헌장을 개발할 때 발생하는 이해관계자들 사이에 상충된 내용을 처리하는 기술을 말한다. 다음과 같은 방법들을 사용한다.

- 갈등 관리: 이해관계자들의 상충조건을 조율하는 관리방법이다.
- 촉진: 성공적인 해결 방법을 얻기 위해 촉진자가 참가자들의 공감대를 형성하여 프로세스에 따라 진행을 원활하게 하여 결론을 도출하는 방법이다.
- 회의관리: 회의 의제를 준비해서 관련된 사람들을 모아 진행하고 회의 진행 후에 회의록을 이해관계자에게 전달하는 일을 포함한다.

(4) 회의

프로젝트헌장 개발에 포함되는 여러 가지 정보를 식별하기 위해 핵심 이해관계자와 회의를 진행하여 결정한다.

4.1.3 프로젝트헌장 개발 수립: 산출물

(1) 프로젝트헌장
- 프로젝트 타이틀
- 프로젝트의 목적 또는 정당성
- 측정 가능한 프로젝트 목표 및 관련 성공 기준
- 상위 수준 요구사항
- 가정 및 제약 사항
- 상위 수준 프로젝트 설명 및 경계
- 상위 수준 리스크
- 요약 마일스톤 일정
- 요약 예산
- 핵심 이해관계자 목록
- 프로젝트 승인 요구사항(프로젝트 성공의 구성 요건, 프로젝트 성공 결정권자, 프로젝트 종료 승인권자)
- 선임된 프로젝트관리자, 책임 및 권한 수준
- 프로젝트헌장을 승인하는 스폰서 또는 기타 주체의 이름과 권한

(2) 가정사항 기록부

프로젝트의 생애주기를 통해 모든 가정 및 제약 사항을 기록하기 위해 사용한다(예를 들어 프로젝트 실행 전에 C++ 개발 엔지니어를 뽑아야 한다 등).

4.2 프로젝트관리 계획서 개발(Develop Project Management Plan)

프로세스 정의

모든 지식 영역의 계획을 하나의 통합 프로젝트관리 계획서에 취합하여 프로젝트의 실행과 통제를 관리하는 프로세스이다.

프로세스 기능

- 모든 프로젝트작업을 수행하는 방법과 방식을 정의한 문서로 프로젝트 범위, 원가, 일정 및 품질 목표 간 균형을 확보하는 것이 중요하다.
- 프로젝트관리 계획서는 프로젝트를 실행, 감시, 통제 및 종료하는 방법을 기술하며 점진적으로 구체화되는 특성이 있기 때문에 프로젝트가 진행됨에 따라 정확도는 점점 높아진다.
- 프로젝트관리 계획서는 기준선의 역할을 한다. 기준선을 정의하기 전에는 업데이트가 가능하지만 기준선으로 결정한 후에는 (4.6)통합 변경통제 수행 프로세스 절차에 따라 변경이 가능하다.

■ 프로젝트관리 계획서 개발 프로세스의 투입물, 도구 및 기법, 산출물

	항목	
투입물	1) 프로젝트헌장 2) 기타 프로세스의 산출물 3) 기업환경요인 4) 조직 프로세스 자산	1) Project Charter 2) Outputs from Other Processes 3) Enterprise Environmental Factors 4) Organizational Process Assets

도구 및 기법	1) 전문가 판단
	2) 데이터 수집
	  • 브레인스토밍
	  • 점검목록
	  • 핵심전문가 그룹
	  • 인터뷰
	3) 대인관계 및 팀 기술
	  • 갈등 관리
	  • 촉진
	  • 회의 관리
	4) 회의
		1) Expert Judgment
		2) Data Gathering
		  • Brainstorming
		  • CheckLists
		  • Focus Groups
		  • Interviews
		3) Interpersonal and Team Skills
		  • Conflict Management
		  • Facilitation
		  • Meeting Management
		4) Meetings

산출물	1) 프로젝트관리 계획서	1) Project Management Plan

> **TIP**
> 프로젝트관리 계획을 구성하고 있는 요소 중 하나라도 변경이 되면, 그 변경이 다른 영역에 미치는 영향력을 팀원들과 같이 분석한 후 프로젝트관리 계획을 업데이트하여 정확도를 향상 시킨다.

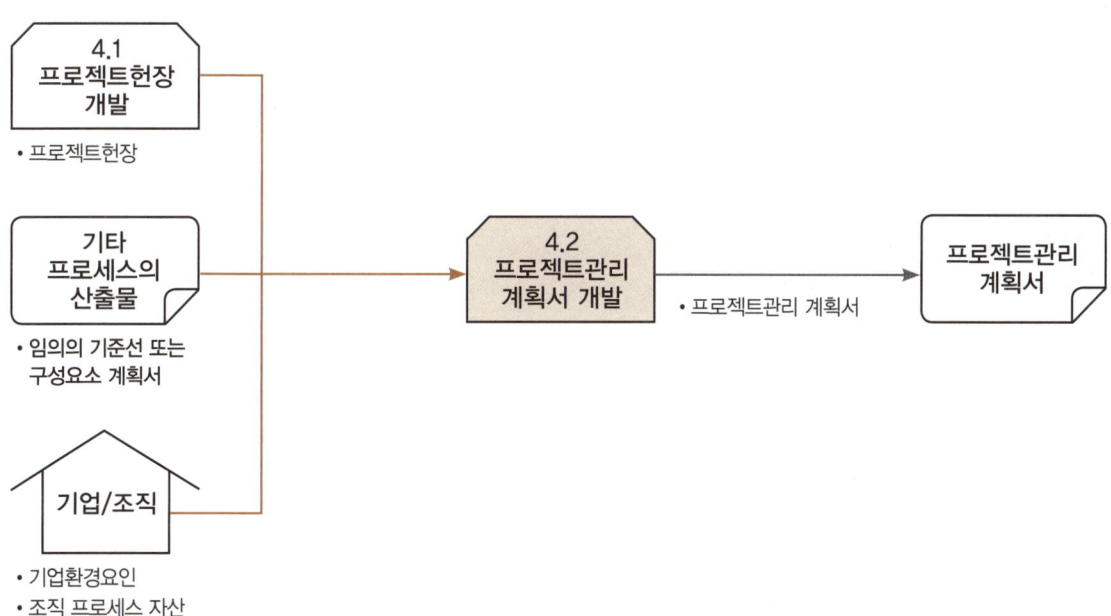

▲ 프로젝트관리 계획서 개발 프로세스의 정보 흐름도

> **프로세스 해설**
>
> 프로젝트관리 계획서가 프로젝트관리 계획서의 투입물이 되는 것은 모든 보조 지식 영역의 계획 및 기준선을 수정/보완할 때 프로젝트관리 계획서를 반복적으로 업데이트 한다는 의미이다.

4.2.1 프로젝트관리 계획서 개발: 투입물

(1) 프로젝트헌장

프로젝트의 상위 수준 정보를 포함하고 있어 이를 기준으로 프로젝트관리 계획을 만들기 시작한다.

(2) 기타 프로세스의 산출물

다른 모든 보조 지식 영역의 계획서와 기준선 및 산출물들을 의미하며 프로젝트관리 계획서를 지속적, 반복적으로 업데이트 하기 위해 사용한다.

(3) 기업환경요인

정부 또는 업계 표준 및 규제 요구사항을 준수한다.

(4) 조직 프로세스 자산

템플릿, 선례 정보 및 포트폴리오, 프로그램 및 프로젝트 거버넌스 프레임워크를 참조한다.

4.2.2 프로젝트관리 계획서 개발: 도구와 기법

(1) 전문가 판단

프로젝트 요구사항을 충족시키기 위해 수행 할 모든 계획활동과 연관이 되어 있는 전문지식을 가지고 있는 개인 혹은 그룹을 말한다.

(2) 데이터 수집

브레인스토밍, 점검목록, 핵심전문가 그룹, 인터뷰 등을 사용한다.

(3) 대인관계 및 팀 기술

이해관계자들의 공감을 조율하고 팀원들의 의견을 수렴하여 하나의 방향으로 진행할 수 있도록 갈등관리 및 촉진 기법을 사용한다.

(4) 회의

프로젝트 착수회의(Kick-off Meeting)는 기획의 종료 및 실행의 시작 단계일 때 시작하는 것이 기본이다.

그러나 소규모 프로젝트의 경우, 한 팀이 기획과 실행을 모두 수행할 경우, 착수 직후 기획 프로세스 그룹에서 실행하고, 대규모 프로젝트의 경우, 기획을 전문적으로 해주는 팀이 있을 경우, 실행 프로세스 그룹의 프로세스에서 진행하기도 한다.

4.2.3 프로젝트관리 계획서 개발 : 산출물

(1) 프로젝트관리 계획서

프로젝트를 진행하는 방법을 기술한 문서로 기준선(범위 기준선, 일정 기준선, 원가 기준선)과 모든 보조관리 계획서 및 프로젝트관리에 필요한 모든 정보를 포함한다. 보조관리 계획서는 프로젝트의 요구사항에 따라 결정되며 일부 예시는 다음과 같다.

- 범위관리 계획서: 범위를 정의하고 감시 및 통제하는 방법과 범위 변경을 프로젝트에 반영하는 방법을 정의한다.
- 요구사항관리 계획서: 요구사항을 수집하고, 분석하고, 문서화 및 추적하는 방법을 정의한다.
- 일정관리 계획서: 일정을 개발하고, 분석하고, 감시 및 통제하는 방법과 변경을 통제하는 방법을 정의한다.
- 원가관리 계획서: 원가를 추정하는 방법과 성과를 모니터링하고 추적 및 변경을 통제하는 방법을 정의한다.
- 품질관리 계획서: 조직의 품질 정책을 구현하는 방법을 정의하고 품질 보증, 품질 통제 방법 및 표준을 정의한다.
- 자원관리 계획서: 자원을 분류하는 방법, 배정 및 관리하는 방법을 정의한다.
- 의사소통관리 계획서: 프로젝트의 모든 정보를 수집하고 배포할 방법과 시기 및 정보를 보관하는 방법을 정의한다.
- 리스크관리 계획서: 리스크를 식별하고 분석하고 대응하는 방법을 결정하고 책임과 역할, 프로세스의 시행시기를 정의한다.
- 조달관리 계획서: 외부 업체와 계약을 할 때 필요한 진행 절차 및 관리 방안에 대해 정의한다.
- 이해관계자 참여 계획서: 이해관계자들의 참여 수준과 영향력을 분석하여 프로젝트 의사결정 및 실행에 참여할 방법을 정의한다.

(2) 추가 구성 요소

보조관리 계획서의 산출물로 생성하는 것에 기타 다른 구성요소도 있다.

- 변경관리 계획서: 프로젝트 생애주기에서 발생하는 변경 요청에 대해 진행하는 절차를 정의하고 통합되는 방법을 결정한다.
- 형상관리 계획서: 프로젝트 제품, 서비스 또는 결과물의 정보를 기록하고 업데이트 하는 방법을 정의한다.
- 성과측정 기준선: 범위, 일정, 원가 기준선을 통합한 계획서로 계획 대비 실행 결과를 관리하기 위해 사용한다.
- 프로젝트 생애주기 및 개발 방식: 프로젝트의 시작부터 종료까지의 전체 일정이 생애주기이며, 개발 방식으로는 예측형, 반복적, 애자일 또는 혼합형 방식 등이 있다.

■ 프로젝트관리 계획서와 프로젝트 문서

프로젝트관리 계획서	프로젝트 문서	
1. 범위관리 계획서	1. 활동 속성	19. 품질 통제 측정치
2. 요구사항관리 계획서	2. 활동 목록	20. 품질 매트릭스
3. 일정관리 계획서	3. 가정사항 기록부	21. 품질 보고서
4. 원가관리 계획서	4. 산정 기준서	22. 요구사항 문서
5. 품질관리 계획서	5. 변경사항 기록부	23. 요구사항 추적 매트릭스
6. 자원관리 계획서	6. 원가 산정치	24. 자원분류체계(RBS)
7. 의사소통관리 계획서	7. 원가 예측치	25. 자원 달력
8. 리스크관리 계획서	8. 기간 산정치	26. 자원 요구사항
9. 조달관리 계획서	9. 이슈 기록부	27. 리스크 관리대장
10. 이해관계자 참여 계획서	10. 교훈 관리대장	28. 리스크 보고서
11. 변경관리 계획서	11. 마일스톤 목록	29. 일정 데이터
12. 형상관리 계획서	12. 실물 자원배정표	30. 일정 예측
13. 범위 기준선	13. 프로젝트 달력	31. 이해관계자 관리대장
14. 일정 기준선	14. 프로젝트 의사소통	32. 팀 헌장
15. 원가 기준선	15. 프로젝트 일정	33. 테스트 및 평가 문서
16. 성과측정 기준선	16. 프로젝트 일정 네트워크 다이어그램	
17. 프로젝트 생애주기 기술서	17. 프로젝트 범위 기술서	
18. 개발 방식	18. 프로젝트팀 배정표	

4.3 프로젝트작업 지시 및 관리(Direct and Manage Project Work)

프로세스 정의

프로젝트관리 계획서에 정의한 계획과 방법에 따라 작업을 실행하고, 변경통제위원회에서 승인된 변경사항을 수행하는 프로세스이다.

프로세스 기능

- 프로젝트 단계별 인도물을 관리하여 성공 확률을 높이고 승인된 변경사항을 수행한다.
- 계획대로 작업을 완수한 산출물이 인도물이 되며 실행 과정에서 얻은 작업성과 데이터가 모든 보조 지식영역의 통제 프로세스로 보내져 작업성과 정보가 된다.

■ 프로젝트작업 지시 및 관리 프로세스의 투입물, 도구 및 기법, 산출물

	항목	
투입물	1) 프로젝트관리 계획서 • 임의의 구성요소 2) 프로젝트 문서 • 변경사항 기록부 • 교훈 관리대장 • 마일스톤 목록 • 프로젝트 의사소통 • 프로젝트 일정 • 요구사항 추적 매트릭스 • 리스크 관리대장 • 리스크 보고서 3) 승인된 변경 요청 4) 기업환경요인 5) 조직 프로세스 자산	1) Project Management Plan • Any Component 2) Project Documents • Change Log • Lessons Learned Register • Milestone List • Project Communications • Project schedule • Requirements Traceability Matrix • Risk Register • Risk Report 3) Approved Change Requests 4) Enterprise Environment Factors 5) Organizational Process Assets
도구 및 기법	1) 전문가 판단 2) 프로젝트관리 정보시스템 3) 회의	1) Expert Judgment 2) Project Management Information System 3) Meetings
산출물	1. 인도물 2. 작업성과 데이터 3. 이슈 기록부 4. 변경 요청 5. 프로젝트관리 계획서 업데이트 • 임의의 구성요소 6. 프로젝트 문서 업데이트 • 활동 목록 • 가정사항 기록부 • 교훈 관리대장 • 요구사항 문서 • 리스크 관리대장 • 이해관계자 관리대장 7. 조직 프로세스 자산 업데이트	1. Deliverables 2. Work Performance Data 3. Issue Log 4. Change Requests 5. Project Management Plan Updates • Any Component 6. Project Document Updates • Activity List • Assumption Log • Lessons Learned Register • Requirements Documentation • Risk Register • Stakeholder Register 7. Organizational Process Assets Updates

> **TIP**
> 많은 프로세스에서 변경 요청을 하면 변경통제 절차에 따라 진행하고 최종적으로 (4.6)통합 변경통제 수행 프로세스의 산출물인 승인된 변경 요청이 (4.3)프로세스의 투입물이 된다.

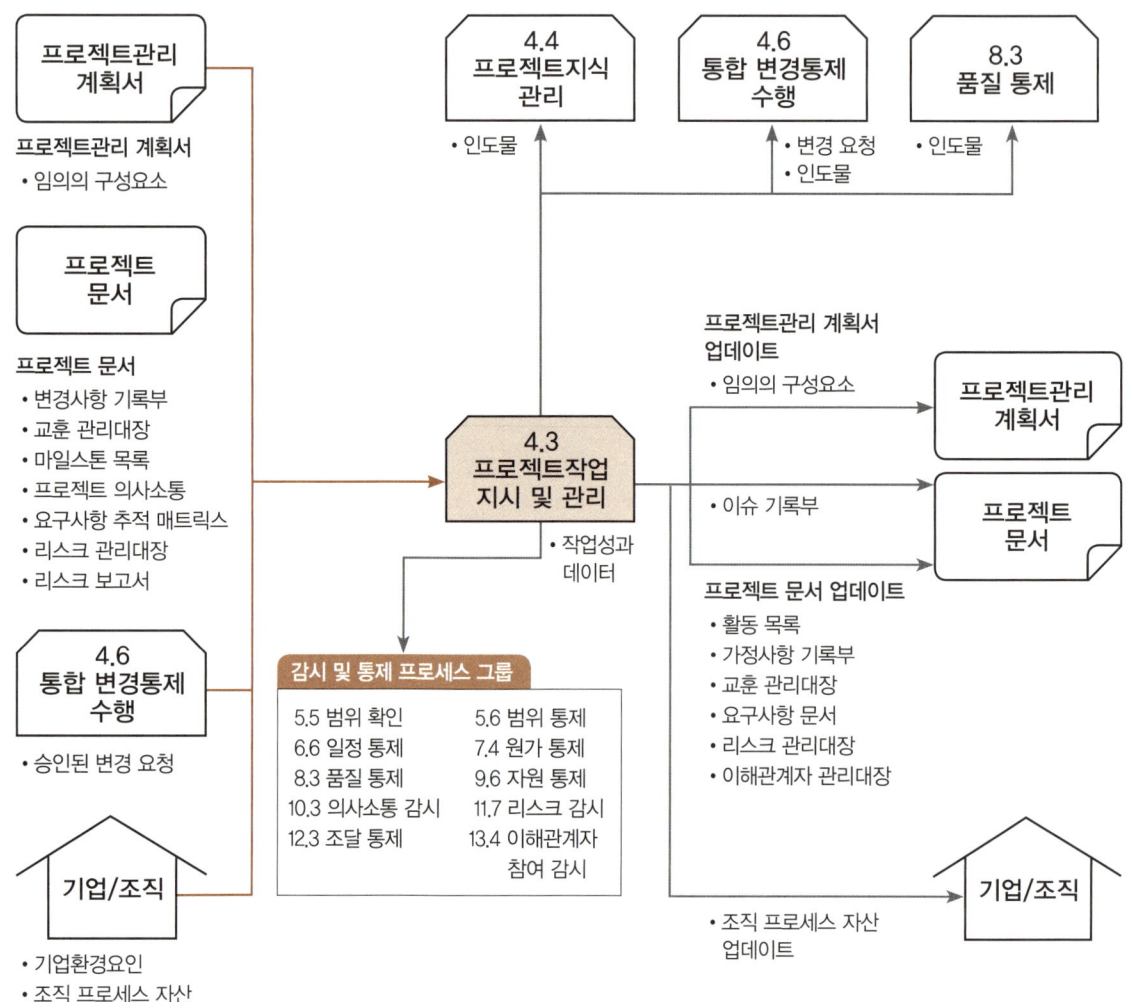

▲ 프로젝트작업 지시 및 관리 프로세스의 정보 흐름도

프로세스 해설

- 인도물은 품질 기준을 충족했는지 확인하기 위해 (8.3)품질 통제 프로세스로, 인도물을 얻을 때 발생한 교훈 및 지식 관리 방법을 확보하기 위해서는 (4.4)프로젝트지식 관리 프로세스로 각각 투입을 한다.
- 기준선 설정 후에 발생하는 변경 요청에 대해서는 (4.6)프로세스로 투입되어 변경통제위원회의 결정을 기다린다.
- 작업성과 데이터들은 여러 보조 지식영역의 감시 및 통제그룹을 통해서 작업성과 정보를 만들기 위한 투입물로 사용한다.
- 이슈 기록부와 진행하면서 수정한 프로젝트 문서 및 조직 프로세스 자산은 모두 업데이트 할 때마다 기록을 남긴다.

4.3.1 프로젝트작업 지시 및 관리: 투입물

(1) 프로젝트관리 계획서
작업을 진행하기 위한 모든 방법과 절차가 있다.

(2) 프로젝트 문서
프로젝트작업 지시 및 관리를 위해 필요한 문서가 있고 아래는 일부 예이다.
- 변경사항 기록부: 모든 변경 요청이 변경사항 기록부에 있다.
- 교훈 관리대장: 성과를 개선하고 실수를 줄이기 위해 확인한다.
- 마일스톤 목록: 중요 일정들을 알려준다.
- 프로젝트 의사소통: 프로젝트 진행 중에 발생한 여러 가지 정보 등을 제공한다.
- 프로젝트 일정: 프로젝트 시작일과 종료일을 포함한다.
- 요구사항 추적 매트릭스: 이해관계자의 요구사항 진행 여부를 통해 충족할 인도물을 확인하고 최종 결과에 집중할 수 있다.
- 리스크 관리대장: 프로젝트 실행에 영향을 주는 위협과 기회에 대한 정보를 제공한다.
- 리스크 보고서: 식별된 리스크에 대한 요약 정보를 제공한다.

(3) 승인된 변경 요청
(4.6)통합 변경통제 수행 절차에 따라 변경통제위원회에서 승인한 요청을 말하며 시정조치, 예방조치 또는 결함수정이 이에 속한다. 승인된 변경 요청에 따라 프로젝트관리 계획서나 변경과 관련한 다른 프로젝트 영역의 문서도 업데이트 한다.

(4) 기업환경요인
기반 시설 및 이해관계자 리스크 한계선에 대한 정보가 필요하다.

(5) 조직 프로세스 자산
조직의 표준 정책, 과거 프로젝트에서 생성된 정보 및 성과측정 데이터베이스 등을 참조한다.

4.3.2 프로젝트작업 지시 및 관리: 도구와 기법

(1) 전문가 판단
업계의 기술 지식과 프로젝트의 핵심 영역(원가, 일정, 조달관리 등), 법률 및 규정 등에 전문지식을 가지고 있거나 교육을 받은 개인 혹은 그룹을 말한다.

(2) 프로젝트관리 정보시스템

프로젝트를 진행하면서 발생하는 여러 가지 데이터 및 지식들을 저장해 놓은 시스템을 말하며 일정 소프트웨어 도구, 작업 승인 시스템, 형상관리 시스템, 정보 수집 및 배포 시스템 등을 포함하고 있다.

(3) 회의

애자일의 경우 각 주기가 끝나면 반복회의를 하거나 스크럼 데일리 미팅, 리뷰 회의 등을 진행한다.

4.3.3 프로젝트작업 지시 및 관리: 산출물

(1) 인도물

프로젝트 실행을 통해 얻은 산출물이다.

(2) 작업성과 데이터

프로세스 결과에 대한 기초 데이터로 실제 측정치이다.

(3) 이슈 기록부

프로젝트작업 중 발생한 모든 이슈를 기록하고 추적하는 문서이다.

(4) 변경 요청

기준선의 수정을 공식적으로 제안하는 것으로 이해관계자 누구나 변경을 요청할 수 있다.

- 시정조치: 작업의 성과를 계획과 맞추기 위해 취하는 조치이다.
- 예방조치: 미래 성과를 계획과 맞추기 위해 취하는 조치이다.
- 결함 수정: 부적합한 것을 수정하는 조치이다.
- 업데이트: 바뀐 내용을 프로젝트 문서에 반영하는 조치이다.

(5) 프로젝트관리 계획서 업데이트

작업을 실행하면서 변경 요청을 요구할 수 있고, 변경통제 프로세스를 거쳐 업데이트 한다.

(6) 프로젝트 문서 업데이트

작업 수행과정의 결과로 프로젝트 문서를 업데이트 하며 그 일부 예는 다음과 같다(예 활동 목록, 가정사항 기록부, 교훈 관리대장, 요구사항 문서, 리스크 관리대장, 이해관계자 관리대장 등).

(7) 조직 프로세스 자산 업데이트

작업을 실행하면서 얻어진 조직 프로세스 자산을 업데이트 한다.

4.4 프로젝트지식 관리(Manage Project Knowledge)

> **프로세스 정의**
>
> 프로젝트 목표를 달성하기 위해 기존 지식을 활용하고 프로젝트 진행을 통해 얻은 새로운 지식을 활용할 수 있도록 관리하는 프로세스이다.

> **프로세스 기능**
>
> - 기존 지식 및 교훈을 활용하여 프로젝트 성공 가능성을 높이고 이를 통해 새로운 교훈을 얻어 다른 프로젝트 혹은 다른 조직을 지원할 수 있다.
> - 조직 관점에서 지식관리는 프로젝트에 참여하는 모든 이해관계자들의 지식, 경험 등을 프로젝트 생애주기를 통해 반드시 활용하도록 하자는 것이다.
> - 지식관리의 핵심은 신뢰하는 환경구축이 중요하고 명시적 지식(단어를 통해 설명할 수 있는 지식)과 암묵적 지식(경험 및 노하우 등) 모두를 공유하는 활동이다.

■ 프로젝트지식 관리 프로세스의 투입물, 도구 및 기법, 산출물

	항목	
투입물	1) 프로젝트 문서 　• 모든 구성요소 2) 프로젝트 문서 　• 교훈 관리대장 　• 프로젝트팀 배정표 　• 자원분류체계 　• 공급자 선정기준 　• 이해관계자 관리대장 3) 인도물 4) 기업환경요인 5) 조직 프로세스 자산	1) Project Management Plan 　• All Components 2) Project Documents 　• Lessons Learned Register 　• Project Team Assignments 　• Resource Breakdown Structure 　• Source Selection Criteria 　• Stakeholder Register 3) Deliverables 4) Enterprise Environment Factors 5) Organizational Process Assets
도구 및 기법	1) 전문가 판단 2) 지식 관리 3) 정보 관리 4) 대인관계 및 팀 기술 　• 적극적 경청 　• 촉진 　• 리더십 　• 네트워킹 　• 정치적 인식	1) Expert Judgment 2) Knowledge Management 3) Information Management 4) Interpersonal and Team Skills 　• Active Listening 　• Facilitation 　• Leadership 　• Networking 　• Political Awareness
산출물	1) 교훈 관리대장 2) 프로젝트관리 계획서 업데이트 　• 임의의 구성요소 3) 조직 프로세스 자산 업데이트	1) Lessons Learned Register 2) Project Management Plan Updates 　• Any Component 3) Organizational Process Assets Updates

> **TIP**
>
> 현업에서 제일 중요한 내용인데 조직에 전달이 잘 안 되는 이유는 실수를 용납하지 않기 때문이다. 실수를 용납하고 이를 조직의 프로세스 자산으로 등록하여 같은 실수를 하지 않도록 하는 것이 핵심이다.

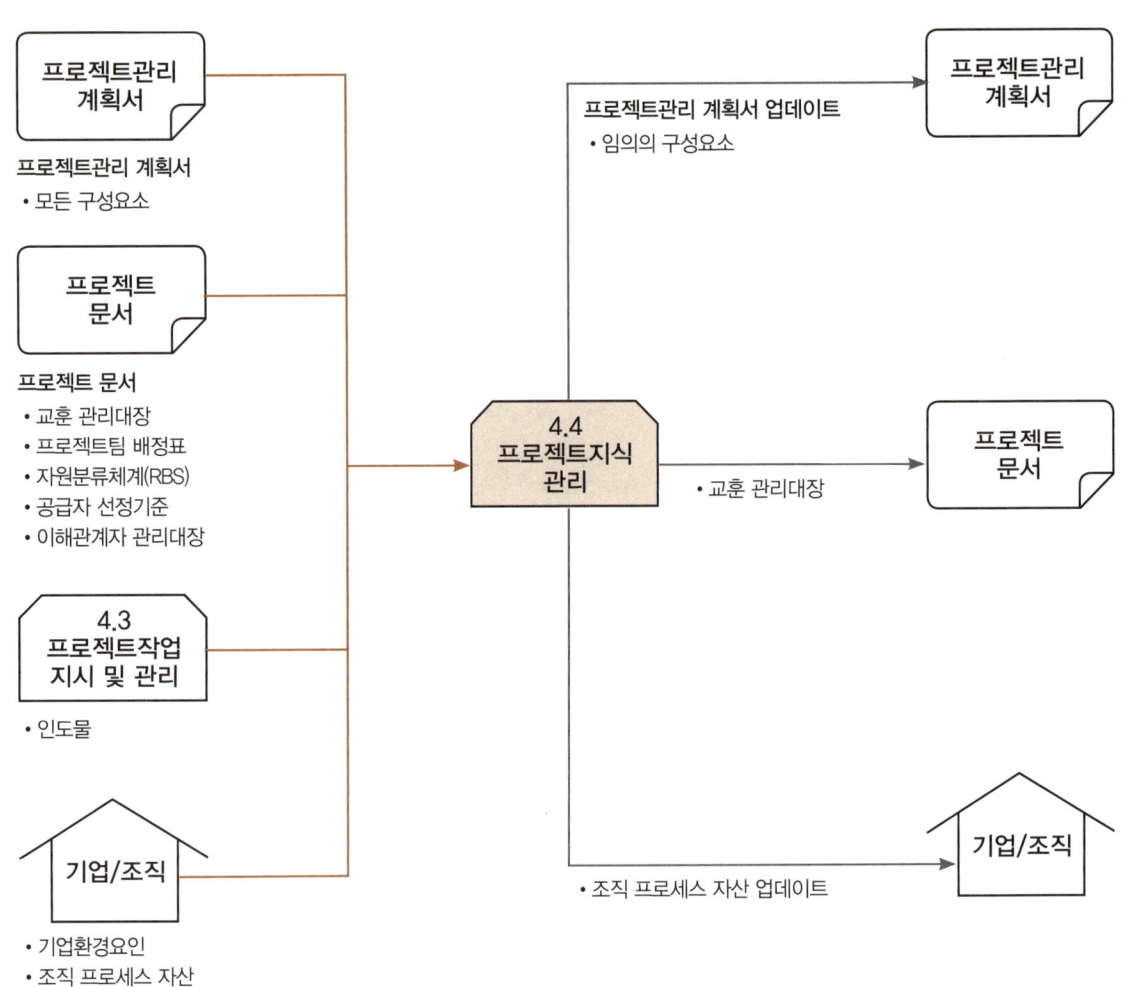

▲ 프로젝트지식 관리 프로세스의 정보 흐름도

> **프로세스 해설**
>
> 프로젝트지식 관리 프로세스는 프로젝트를 진행하면서 얻은 여러 가지 내용들을 여러 이해관계자들과 지식을 공유하는 프로세스이므로 임의의 구성요소가 바뀌면 프로젝트관리 계획서를 업데이트 하고, 발생한 교훈 및 조직 프로세스 자산 등도 따로 저장해야 지식 공유가 가능하다.

4.4.1 프로젝트지식 관리: 투입물

(1) 프로젝트관리 계획서
계획서의 모든 요소를 통해 습득할 수 있다.

(2) 프로젝트 문서
모든 문서를 통해 얻을 수 있고 다음은 일부 예이다.
- 교훈 관리대장: 실무적으로 효과적인 사례에 대한 정보를 제공한다.
- 프로젝트팀 배정표: 프로젝트에서 필요한 팀원들의 역량 및 경험 등에 대한 정보를 알 수 있다.
- 자원분류체계: 팀 구성에 대한 정보를 통해 얻을 수 있는 지식이 무엇인지 확인할 수 있다.
- 이해관계자 관리대장: 식별된 이해관계자에 대한 정보가 있어 그들이 보유하고 있는 지식이 무엇인지 파악할 수 있다.

(3) 인도물
프로젝트를 완료하기 위해 필요한 산출물이므로 작업 중 얻을 수 있는 새로운 지식을 예측할 수 있다.

(4) 기업환경요인
설비 및 자원의 지리적 분포 혹은 법적, 규제 요구사항 및 제약 사항을 고려한다.

(5) 조직 프로세스 자산
조직의 표준 정책, 인사행정, 조직의 정보 공유 절차 등을 참조한다.

4.4.2 프로젝트지식 관리: 도구와 기법

(1) 전문가 판단
지식 및 정보 관리, 조직의 학습 및 정보 관리 도구 등에 대해 전문지식을 가지고 있거나 교육을 받은 개인 혹은 그룹을 말한다.

(2) 지식관리
협업을 통해 얻을 수 있는 지식을 통합할 수 있어야 하며 이를 위해 SNS, 실무사례 커뮤니티, 핵심 전문가 포럼 등이 여기에 속한다. 제일 효과적인 방법은 대면 교류이다.

(3) 정보관리
명시적 지식을 공유하기 위해 사용하며 교훈 관리대장, 프로젝트관리 정보시스템이 이에 해당한다.

(4) 대인관계 및 팀 기술

프로젝트 지식은 프로젝트를 진행하면서 상호 간에 교류를 통해 학습하는 경우가 많기 때문에 적극적 경청, 촉진, 리더십, 네트워킹, 정치적 인식 등 다양한 방식을 이용하여 얻는다.

4.4.3 프로젝트지식 관리: 산출물

(1) 교훈 관리대장

작업 중 발생한 좋은 점, 나쁜 점을 자세한 설명과 함께 문서화하며 프로젝트 생애주기 전반에 걸쳐 업데이트 한다. 프로젝트가 끝나면 조직 프로세스 자산으로 정보가 이전되어 다른 프로젝트를 위해 사용한다.

(2) 프로젝트관리 계획서 업데이트

새로운 지식이 생기면 프로젝트관리 계획서와 조직 프로세스 자산에 업데이트 한다.

(3) 조직 프로세스 자산 업데이트

새로운 지식을 얻으면 문서화 하고 다른 프로세스 및 절차 개선에 이용 가능할 수 있도록 업데이트 한다.

4.5 프로젝트작업 감시 및 통제(Monitor and Control Project Work)

프로세스 정의

프로젝트관리 계획서대로 프로젝트가 진행되고 있는지 비교 및 검토하고 필요시 변경 요청을 하는 프로세스이다.

프로세스 기능

- 각 지식영역의 성과를 계획과 비교하여 이슈가 있다면 해결하기 위해 시정조치를 취하고 이를 기준으로 미래의 종합 성과를 예측한다.
- 감시 대상은 프로젝트관리 영역 전체이며 통제에는 시정조치, 예방조치 결정, 재계획 또는 후속 조치를 포함한다.

■ 프로젝트작업 감시 및 통제 프로세스의 투입물, 도구 및 기법, 산출물

	항목	

투입물	1) 프로젝트관리 계획서
	• 임의의 구성요소
	2) 프로젝트 문서
	  • 가정사항 기록부
	  • 산정 기준서
	  • 원가 예측치
	  • 이슈 기록부
	  • 교훈 관리대장
	  • 마일스톤 목록
	  • 품질 보고서
	  • 리스크 관리대장
	  • 리스크 보고서
	  • 일정 예측
	3) 작업성과 정보
	4) 협약
	5) 기업환경요인
	6) 조직 프로세스 자산
		1) Project Management Plan
		• Any Component
		2) Project Documents
		  • Assumption Log
		  • Basis of Estimates
		  • Cost Forecasts
		  • Issue Log
		  • Lessons Learned Register
		  • Milestone List
		  • Quality Reports
		  • Risk Register
		  • Risk Report
		  • Schedule Forecasts
		3) Work Performance Information
		4) Agreements
		5) Enterprise Environment Factors
		6) Organizational Process Assets

도구 및 기법	1) 전문가 판단
	2) 데이터 분석
	  • 대안 분석
	  • 비용-편익 분석
	  • 획득가치 분석
	  • 원인 분석
	  • 추세 분석
	  • 차이 분석
	3) 의사결정
	4) 회의
		1) Expert Judgment
		2) Data Analysis
		  • Alternatives Analysis
		  • Cost-benefit Analysis
		  • Earned values Analysis
		  • Root cause Analysis
		  • Trend Analysis
		  • Variance Analysis
		3) Decision Making
		4) Meetings

산출물	1) 작업성과 보고서
	2) 변경 요청
	3) 프로젝트관리 계획서 업데이트
	  • 임의의 구성요소
	4) 프로젝트 문서 업데이트
	  • 원가 예측치
	  • 이슈 기록부
	  • 교훈 관리대장
	  • 리스크 관리대장
	  • 일정 예측
		1) Work Performance Reports
		2) Change Requests
		3) Project Management Plan Updates
		  • Any Component
		4) Project Document Updates
		  • Cost Forecasts
		  • Issue Log
		  • Lessons Learned Register
		  • Risk Register
		  • Schedule Forecasts

> **TIP**
> 투입물로 작업성과 정보를 사용하는데 이는 다른 보조 지식영역의 감시 및 통제 프로세스 그룹의 산출물이다.

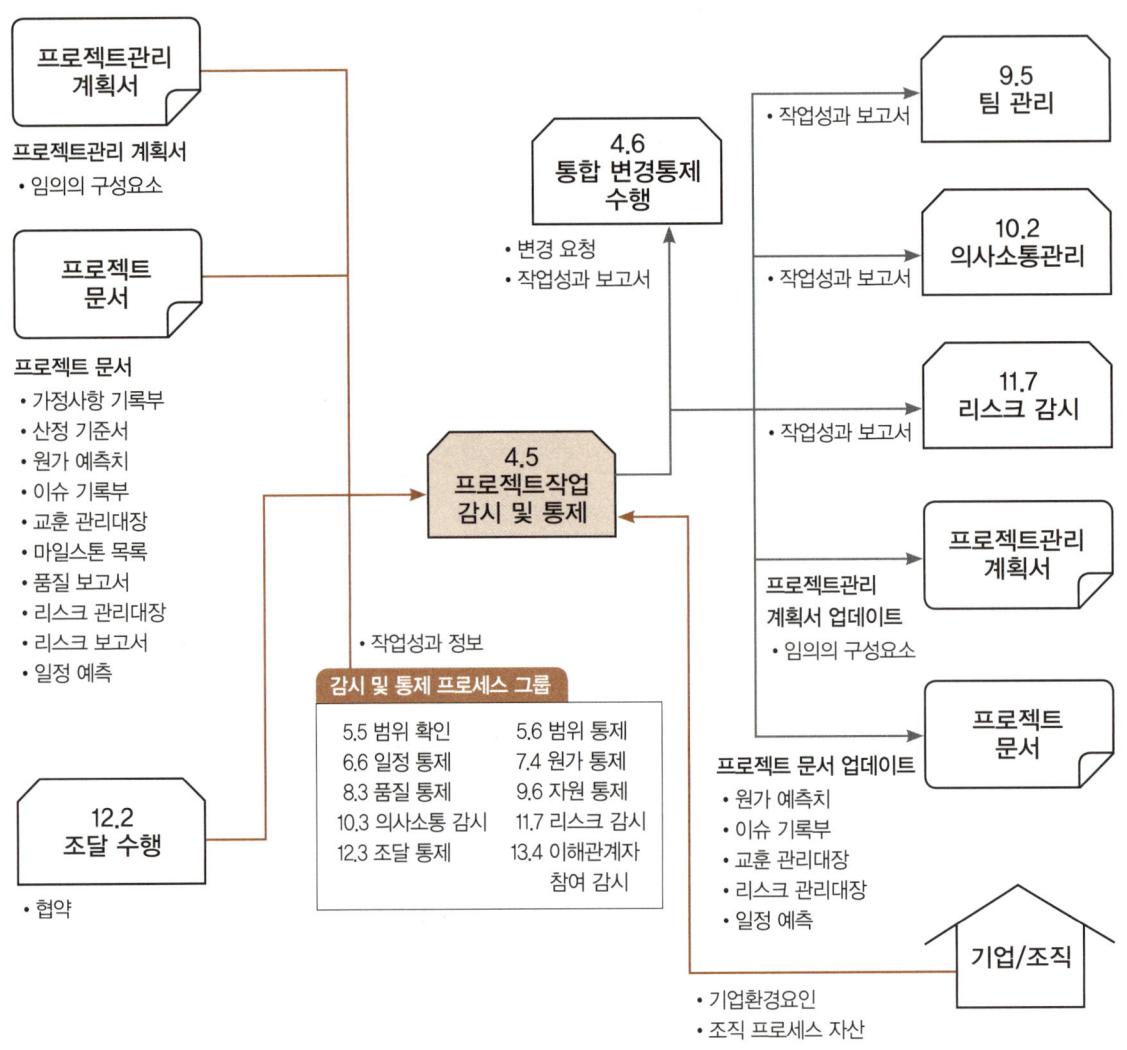

▲ 프로젝트작업 감시 및 통제 프로세스의 정보 흐름도

프로세스 해설

- 작업성과 보고서를 통해 팀원의 추가 투입 혹은 해산 시점 조정을 위해서는 (9.5)팀 관리 프로세스로, 이해관계자와 정보 공유를 위해서는 (10.2)의사소통관리로, 위험 대응 계획 수행을 확인하기 위해서는 (11.7)리스크 감시 프로세스의 투입물로 각각 사용한다.
- 기준선 설정 후 변경 요청이 발생할 경우는 (4.6)통합 변경통제 수행 프로세스를 거친다.
- 모든 보조 지식 영역의 임의의 구성요소가 바뀐 경우는 그 내용을 프로젝트관리 계획서에 업데이트 하고 수정/보완한 문서들 역시 모두 업데이트 한다.

4.5.1 프로젝트작업 감시 및 통제: 투입물

(1) 프로젝트관리 계획서
프로젝트작업 감시 및 통제를 위한 계획이 필요하다.

(2) 프로젝트 문서
아래는 프로젝트 문서의 일부 예이다.
- 가정사항 기록부: 프로젝트에 영향을 미치는 가정 및 제약사항이 있다.
- 산정 기준서: 산정에 대한 방법 및 차이가 발생할 경우 대응 절차가 필요하다.
- 이슈 기록부: 발생한 이슈가 있고 이를 해결할 책임자 및 진행상황에 대한 정보를 포함한다.
- 리스크 보고서: 개별 리스크에 대한 정보를 제공한다.

(3) 작업성과 정보
프로젝트 실행에서 얻어진 작업성과 데이터가 보조 지식영역의 통제 프로세스를 거치면서 계획 대비 현재 상황에 대한 프로젝트 성과를 판단하는 정보를 제공한다.

(4) 협약
조달 계약서에 따라 판매자와 구매자가 조달 정책을 준수하는지 확인할 수 있다.

(5) 기업환경요인
이해관계자의 기대사항과 리스크 한계선 및 정부의 산업 표준 등을 확인한다.

(6) 조직 프로세스 자산
감시 및 보고 방법, 조직의 지식 기반 등을 참조한다.

4.5.2 프로젝트작업 감시 및 통제: 도구와 기법

(1) 전문가 판단
다음 분야(획득가치 분석, 데이터 해석 및 맥락화, 기간 및 원가 산정 기법, 리스크관리, 계약관리 등)의 전문지식을 가지고 있거나 교육을 받은 개인 혹은 그룹을 말한다.

(2) 데이터 분석
- 대안 분석: 차이가 발생할 때 다른 조치를 선정하기 위해 사용한다.
- 비용-편익 분석: 차이가 발생할 때 비용 측면에서 최상의 시정조치를 결정하도록 정보를 제공한다.
- 획득가치 분석: 범위, 일정 및 비용 성과의 통합적인 관점을 제공한다.

- **원인분석**: 문제의 주요한 원인을 파악하는 데 주력한다. 주로 편차의 원인 및 중점 영역을 식별하기 위해 사용한다.
- **추세 분석**: 과거 결과를 기준으로 미래의 성과를 예측하기 위해 사용한다.
- **차이 분석**: 계획과 실제 성과 사이 편차를 검토하며 각 지식 영역에서 특정 변수를 기준으로 수행 가능하다.

(3) 의사결정

다양한 방법으로 의사결정을 한다(예 만장일치, 과반수 또는 다수결 방식 등).

(4) 회의

대면, 가상, 공식 또는 비공식 회의 등을 이용하며 모든 이해관계자들이 회의에 참석 가능하다.

4.5.3 프로젝트작업 감시 및 통제: 산출물

(1) 작업성과 보고서

프로젝트관리의 모든 영역을 종합적으로 분석하고 정리한 보고서(예 획득가치 그래프, 번다운 차트 등)로써 의사소통관리 계획서에 명시한대로 이해관계자에게 의사결정, 조치결정 등을 포함한 자료를 배포한다.

(2) 변경 요청

계획 대비 실제 결과를 비교하여 차이가 크면 변경 요청을 절차대로 진행한다.

(3) 프로젝트관리 계획서 업데이트

식별된 변경을 절차대로 진행하여 승인을 받으면 프로젝트관리 계획서에 반영한다.

(4) 프로젝트 문서 업데이트

원가 예측치, 이슈 기록부, 교훈 관리대장, 리스크 관리대장, 일정 예측 등을 업데이트 한다.

4.6 통합 변경통제 수행(Perform Integrated Change Control)

> **프로세스 정의**
>
> 모든 변경 요청을 검토해서 최적화 된 프로젝트관리 계획서를 유지하며, 이러한 사항들을 이해관계자와 의사소통 하는 프로세스이다.

> **프로세스 기능**
>
> - 프로젝트 내에서 발생한 변경 요청에 대해 변경통제위원회에서 승인 혹은 기각과 같은 통합된 방식으로 결정한 후 이해관계자들에게 그 결과를 알린다.
> - 변경 요청은 프로젝트 생애주기 전반에 걸쳐 이해관계자들이 제기한다.
> - 프로젝트 기준선이 설정된 후에는 통합 변경통제 수행 프로세스를 거친다.
> - 구두로 요청할 수도 있지만 프로젝트관리자는 변경 사항을 문서화 하고 관리하며 최종 책임자로서 역할을 한다.
> - 고객 또는 스폰서가 변경통제위원회에 포함되지 않으면 향후 변경통제위원회의 승인 후 그들의 승인을 요구한다.

변경 요청 통제를 위해 프로젝트관리자가 할 일

- 가능하면 빨리 프로젝트의 명확한 요구사항을 얻어야 한다.
- 많은 시간을 사용하여 프로젝트의 리스크를 충분히 식별한다.
- 일정과 원가의 예비비를 확보한다.
- 변경 요청 통제에 대한 프로세스와 절차를 확보한다.
- 변경 요청을 하기 위한 프로세스와 템플릿을 작성한다.
- 변경 요청이 많을 경우 비즈니스 케이스를 다시 평가한다.
- 지나친 변경 요청이 있을 경우 프로젝트를 중단 혹은 새로운 프로젝트로 시작하는 것을 고려한다.
- 단지 승인된 변경만을 기준선에 적용해야 한다.
- 변경 요청의 영향력을 평가하기 위해서는 다음의 전제 조건이 필요하다.
    1) 현실적인 프로젝트관리 계획
    2) 완벽한 프로젝트 범위

통합 변경통제 수행 절차

1) 이해관계자로부터 변경 요청을 접수한다.
2) 프로젝트관리자는 변경 요청의 영향력을 팀원들과 분석한다.
3) 영향력 분석결과와 대안을 마련하여 변경통제위원회에 상신한다.
4) 변경통제위원회는 변경을 승인 혹은 기각 결정을 내린다.
5) 프로젝트관리자는 변경관리 기록부에 변경상태(내려진 결정)를 업데이트 하고, 승인을 한 경우는 실행하고 기각한 경우는 변경으로 인해 영향을 받는 이해관계자에게 의사소통관리 계획서대로 소통한다.
6) 필요시 프로젝트관리 계획(기준선 포함), 프로젝트 문서 등을 업데이트 한다.

■ 통합 변경통제 수행 프로세스의 투입물, 도구 및 기법, 산출물

	항목	
투입물	1) 프로젝트관리 계획서 　• 변경관리 계획서 　• 형상관리 계획서 　• 범위 기준선 　• 일정 기준선 　• 원가 기준선 2) 프로젝트 문서 　• 산정 기준서 　• 요구사항 추적 매트릭스 　• 리스크 보고서 3) 작업성과 보고서 4) 변경 요청 5) 기업환경요인 6) 조직 프로세스 자산	1) Project Management Plan 　• Change Management Plan 　• Configuration Management Plan 　• Scope Baseline 　• Schedule Baseline 　• Cost Baseline 2) Project Documents 　• Basis of Estimates 　• Requirements Traceability Matrix 　• Risk Report 3) Work Performance Reports 4) Change Requests 5) Enterprise Environment Factors 6) Organizational Process Assets
도구 및 기법	1) 전문가 판단 2) 변경통제 도구 3) 데이터 분석 　• 대안 분석 　• 비용-편익 분석 4) 의사결정 　• 투표 　• 독단적 의사결정 　• 다기준 의사결정 분석 5) 회의	1) Expert Judgment 2) Change Control Tools 3) Data Analysis 　• Alternatives Analysis 　• Cost-benefit Analysis 4) Decision Making 　• Voting 　• Autocratic Decision Making 　• Multicriteria Decision Analysis 5) Meetings
산출물	1) 승인된 변경 요청 2) 프로젝트관리 계획서 업데이트 　• 임의의 구성요소 3) 프로젝트 문서 업데이트 　• 변경사항 기록부	1) Approved Change Requests 2) Project Management Plan Updates 　• Any Component 3) Project Document Updates 　• Change Log

> **TIP**
> 프로젝트를 진행하면서 고객의 변경 요청은 피할 수 없다. 변경 요청이 일어나지 않도록 방지하는 것이 중요하고 변경 요청이 일어날 때 진행하는 절차 및 관리 방법을 계획 단계에서 마련한다.

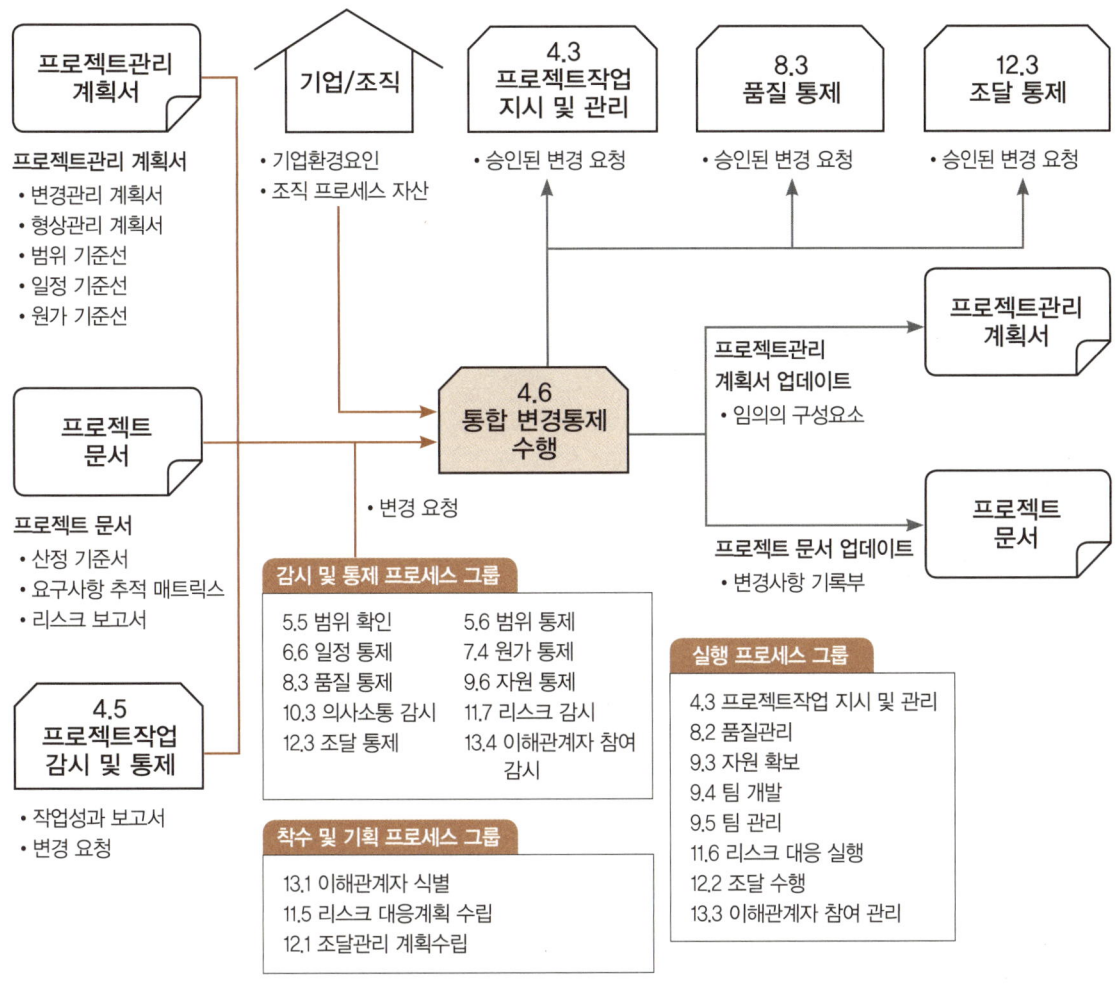

▲ 통합 변경통제 수행 프로세스의 정보 흐름도

> **프로세스 해설**
> - 변경통제위원회로부터 승인된 변경 요청은 다시 (4.3)프로젝트작업 지시 및 관리 프로세스의 투입물이 되고, 결함 수정을 위해서는 (8.3)품질 통제 프로세스로, 계약 변경 시에는 (12.3)조달 통제 프로세스로 각각 투입을 한다.
> - 모든 보조 지식영역의 일부를 수정/보완 할 경우 프로젝트관리 계획서에 반영하여 업데이트 한다.

4.6.1 통합 변경통제 수행: 투입물

(1) 프로젝트관리 계획서

통합 변경통제 수행과 관련된 절차와 지침서가 있다(❿ 변경관리 계획서, 형상관리 계획서, 범위 기준선, 일정 기준선, 원가 기준선 등).

(2) 프로젝트 문서

일부 문서가 통합 변경통제 수행에 필요할 수 있다.

- 산정 기준서: 여러 가지 산정 기준을 도출한 방법이 기술되어 있어 변경으로 인해 영향을 받는다.
- 요구사항 추적 매트릭스: 범위 변경이 일어날 경우 영향을 평가하기 위해 사용한다.
- 리스크 보고서: 변경으로 인해 발생하는 리스크에 대한 정보를 제시한다.

(3) 작업성과 보고서

프로젝트 종합성과를 반영하여 승인 혹은 기각을 결정하기 위해 사용한다.

(4) 변경 요청

모든 프로세스에서의 변경 요청을 받아 승인 혹은 기각을 결정할 수 있다.

(5) 기업환경요인

조직의 거버넌스 프레임워크, 계약 체결 및 구매 제약 사항 등이 해당된다.

(6) 조직 프로세스 자산

변경 승인 및 변경 인가서 발행 절차 등을 참조하여 프로젝트 상황에 맞게 조정한다.

4.6.2 통합 변경통제 수행: 도구 및 기법

(1) 전문가 판단

법규 및 조달, 형상관리, 리스크관리 등의 전문지식을 가지고 있거나 교육을 받은 개인 혹은 그룹을 말한다.

(2) 변경통제 도구

형상관리와 변경관리를 위해 수동 또는 자동 도구를 사용할 수 있다.

- 형상 통제는 인도물과 프로세스 모두의 사양과 관련이 있지만 변경통제는 기준선에 대한 변경을 관리한다.
- 다음과 같은 형상관리 활동을 지원한다: 형상 항목 식별, 형상 항목 상태 기록 및 보고, 형상 항목 검증 및 감사 수행을 진행한다.

(3) 데이터 분석

다양한 데이터 분석을 통해 변경통제를 실행한다(예 대안 분석, 비용-편익 분석).

(4) 의사결정

투표(만장일치, 과반수 또는 다수결 방식) 및 다양한 방식(독단적 혹은 다기준)의 의사결정 방식을 이용한다.

(5) 회의

변경 요청을 검토하여 승인, 기각 혹은 연기를 결정하는 변경통제위원회와 함께 진행하는 변경통제 회의를 진행하며, 회의에서는 변경으로 인한 영향력을 평가하고 대안을 제시한다.

4.6.3 통합 변경통제 수행: 산출물

(1) 승인된 변경 요청

변경 요청이 변경통제위원회의 결정에 따라 승인될 경우 (4.3)프로젝트작업 지시 및 관리 프로세스를 통해 실행한다.

(2) 프로젝트관리 계획서 업데이트

변경이 발생할 경우 변경사항 기록부를 업데이트 하고 프로젝트관리 계획서도 업데이트 한다.

(3) 프로젝트 문서 업데이트

프로젝트 진행 중 발생하는 모든 변경사항과 관련된 내용을 변경사항 기록부에 업데이트 한다.

4.7 프로젝트 또는 단계 종료(Close Project or Phase)

프로세스 정의
프로젝트 또는 단계 종료에 대한 모든 활동을 완료하고 공식 승인을 획득하는 프로세스이다.

프로세스 기능
- 프로젝트관리 계획서에 따라 진행 된 작업이 완료되어 고객에게 프로젝트 결과물을 인계하고 팀 자원을 해산한다.
- 프로젝트의 종료는 프로젝트의 전체 진행을 종료하는 것을 의미하며, 고객과 외부 계약을 진행할 때는 고객에게 인도물을 전해주고 승인 받는 것을 의미한다.

프로젝트 또는 단계의 종료 시 포함 될 내용은 다음과 같다.

- 스폰서/고객에게 최종 인도물을 전달하고 공식적인 승인을 얻는다.
- 외부 프로젝트일 경우는 계약 종료를 완료한다.
- 기록물을 정리하여 보관한다.
- 최종 교훈을 얻어내고 지식 기반에 업데이트 한다.
- 팀원을 해체한다.
- 프로젝트에 대해 고객으로부터 피드백을 받아야 한다.

■ 프로젝트 또는 단계 종료 프로세스의 투입물, 도구 및 기법, 산출물

	항목	

투입물	1) 프로젝트헌장
	2) 프로젝트관리 계획서
	   • 모든 구성요소
	3) 프로젝트 문서
	   • 가정사항 기록부
	   • 산정 기준서
	   • 변경사항 기록부
	   • 이슈 기록부
	   • 교훈 관리대장
	   • 마일스톤 목록
	   • 프로젝트 의사소통
	   • 품질 통제 측정치
	   • 품질 보고서
	   • 요구사항 문서
	   • 리스크 관리대장
	   • 리스크 보고서
	4) 수용된 인도물
	5) 비즈니스 문서
	   • 비즈니스 케이스
	   • 편익관리 계획서
	6) 협약
	7) 조달 문서
	8) 조직 프로세스 자산
		1) Project Charter
		2) Project Management Plan
		   • All Components
		3) Project Documents
		   • Assumption Log
		   • Basis of Estimate
		   • Change Log
		   • Issue Log
		   • Lessons Learned Register
		   • Milestone List
		   • Project Communications
		   • Quality Control Measurements
		   • Quality Reports
		   • Requirements Documentation
		   • Risk Register
		   • Risk Report
		4) Accepted Deliverables
		5) Business Documents
		   • Business Case
		   • Benefits Management Plan
		6) Agreements
		7) Procurement Documentation
		8) Organizational Process Assets

도구 및 기법	1) 전문가 판단
	2) 데이터 분석
	   • 문서 분석
	   • 회귀 분석
	   • 추세 분석
	   • 차이 분석
	3) 회의
		1) Expert Judgment
		2) Data Analysis
		   • Document Analysis
		   • Regression Analysis
		   • Trend Analysis
		   • Variance Analysis
		3) Meetings

산출물	1) 프로젝트 문서 업데이트
	   • 교훈 관리대장
	2) 최종 제품, 서비스 또는 결과물 인계
	3) 최종 보고서
	4) 조직 프로세스 자산 업데이트
		1) Project Document Updates
		   • Lessons Learned Register
		2) Final Product, Service, or Result Transition
		3) Final Report
		4) Organizational Process Assets Updates

> **TIP**
> 프로젝트 또는 단계 종료 프로세스 완료 전에 고객과 합의에 따라 중단되는 경우에도 적용되며, 그 시점까지 진행한 결과를 정리한 후 절차에 따라 완료한다.

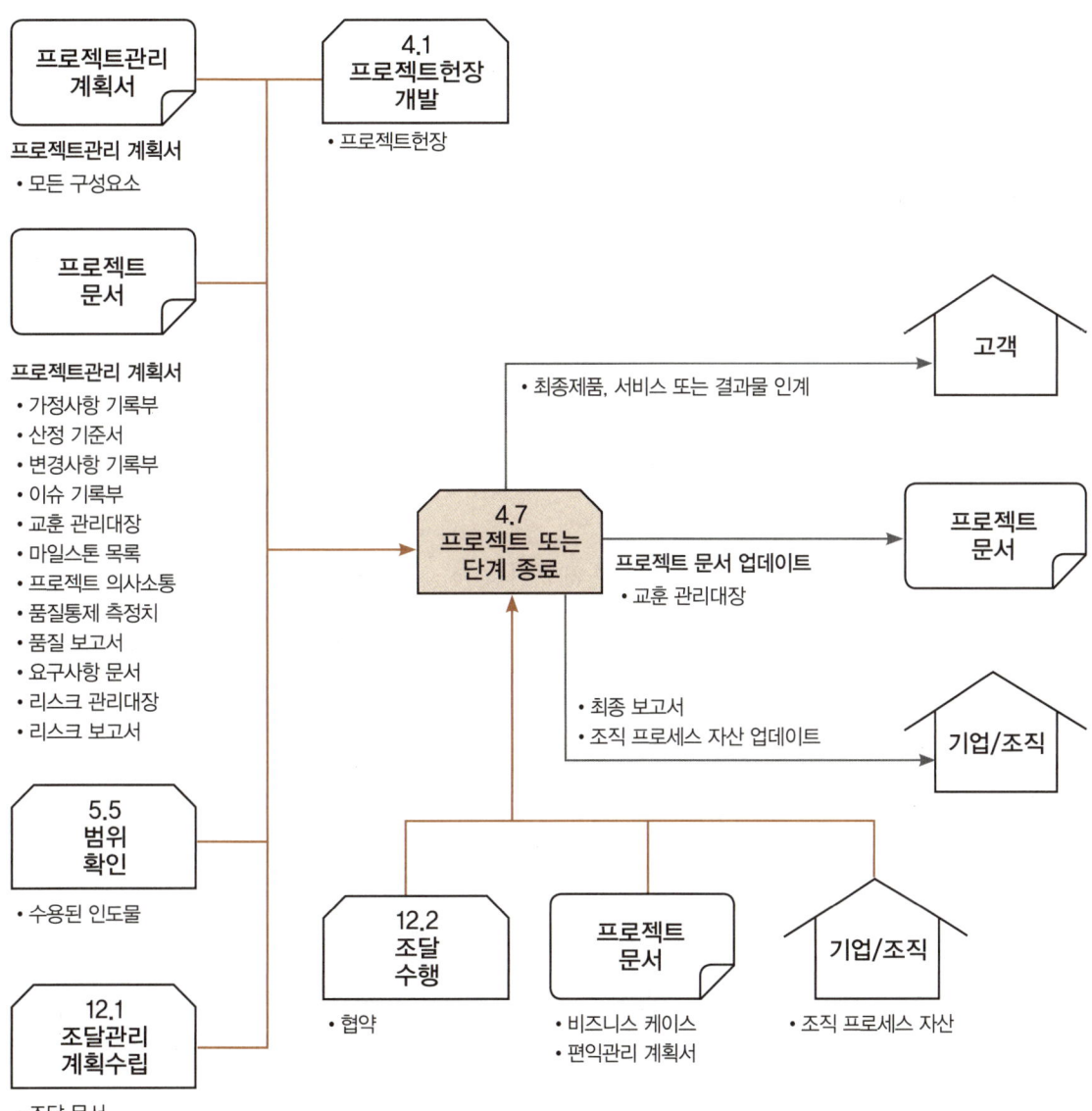

▲ 프로젝트 또는 단계 종료 프로세스의 정보 흐름도

> **프로세스 해설**
>
> - 최종제품, 서비스 또는 결과물은 고객의 승인을 받기 위해 고객에게 보내고 최종 보고서는 작성하여 지식 저장소로 보낸다.
> - 교훈 관리대장은 프로젝트 문서로 정리되어 향후 조직 프로세스 자산으로 업데이트 한다.

4.7.1 프로젝트 또는 단계 종료: 투입물

(1) 프로젝트헌장
프로젝트 종료 후의 프로젝트 성공에 대한 기준 및 승인할 사람을 알 수 있다.

(2) 프로젝트관리 계획서
목표한 것을 계획대로 모두 이행했는지 파악할 수 있다.

(3) 프로젝트 문서
목표한 것을 완료하였는지 알기 위해 확인해야 하는 문서로 가정사항 기록부, 변경사항 기록부, 이슈 기록부, 품질 보고서, 리스크 보고서 등을 참조한다.

(4) 수용된 인도물
승인된 인도물을 정리하여 최종 확인을 받아야 하며 인수확인서 등을 포함한다.

(5) 비즈니스 문서
프로젝트를 시작할 때 프로젝트 타당성을 입증하기 위해 사용한 비즈니스 케이스와 편익관리 계획서가 프로젝트 종료 시점에 이루어졌는지, 그 결과를 확인하기 위해 필요하다.

(6) 협약
계약으로 이루어진 외부 프로젝트의 경우 계약 종료와 관련된 요구사항이 있다.

(7) 조달 문서
계약을 종료할 때 필요한 문서 모음을 말하며 계약변경 문서, 지불 기록 및 검사 결과 등을 포함하고 이를 바탕으로 향후 계약에서 평가 기준으로 활용한다.

(8) 조직 프로세스 자산
프로젝트 종료 또는 단계 종료와 관련한 절차나 요구사항 및 다른 프로젝트의 유사 샘플을 참조한다.

4.7.2 프로젝트 또는 단계 종료: 도구 및 기법

(1) 전문가 판단
관리통제, 감사, 법규 및 조달 등의 전문지식을 가지고 있거나 교육을 받은 개인 혹은 그룹을 말한다.

(2) 데이터 분석
- 문서 분석: 진행하면서 얻은 모든 문서를 평가하여 향후 개선을 위해 필요한 지 식별하는 기법이다.
- 회귀분석: 프로젝트 변수들의 상호관계를 분석하는 방법이다.

- 추세 분석: 조직에서 사용한 모델을 확인하여 향후 조정을 수행하기 위해 활용한다.
- 차이 분석: 계획과 최종 결과의 차이를 확인하여 향후 조직의 지표를 개선하는 데 사용 가능하다.

(3) 회의

프로젝트가 종료될 경우 이해관계자들과 같이 회의를 거쳐 종료 시 빠진 부분이 없도록 하며 최종 교훈 정리를 한 후 팀원을 해산한다.

4.7.3 프로젝트 또는 단계 종료: 산출물

(1) 프로젝트 문서 업데이트

종료 시 모든 문서를 최종본으로 마무리하며 교훈 관리대장을 정리한다.

(2) 최종 제품, 서비스 또는 결과물 인계

프로젝트를 통해 산출된 최종 제품, 서비스 또는 결과물을 정리하여 운영 조직으로 인계한다.

(3) 최종 보고서

프로젝트를 완료할 경우 작성하는 보고서이며 다음과 같은 내용을 포함할 수 있다.

- 핵심 요약
- 범위를 만족시켰다는 입증 자료
- 품질 측정기준을 만족시키는 품질 검증 자료
- 원가 및 일정 목표에 대한 실제 자료
- 리스크 요약 보고서
- 프로젝트 결과물이 비즈니스 계획서대로 이루어졌는지 확인 자료 등

(4) 조직 프로세스 자산 업데이트

프로젝트를 진행하면서 얻어진 프로젝트 문서, 운영과 관련한 문서, 교훈과 지식 등은 많은 정보를 담고 있어 조직 프로세스 자산으로 업데이트 한다.

예상문제 ▶▶ 4장 프로젝트 통합관리

01 프로젝트팀은 전기 자전거를 개발하는 프로젝트를 진행하고 있다. 프로젝트관리자인 당신은 팀원들과 착수단계에서 해야 할 일을 모두 다 완료하였다. 다음에 할 일은 무엇인가?

A. 범위 기술서를 작성한다.
B. 착수단계 미팅을 진행한다.
C. 프로젝트관리 계획을 작성하기 시작한다.
D. 킥 오프 미팅을 한다.

> **해설**
> 착수단계에서 할 일을 모두 완료하였으므로 이해관계자들과 같이 다음 단계로 갈 수 있는지 확인해야 하는 단계 미팅을 진행한 후에 승인을 받고 프로젝트관리 계획을 작성하는 것이 순서이다. 킥 오프 미팅은 일반적으로 계획단계가 완료되었을 때 진행하는 미팅이다.
>
> 정답: B

02 당신은 다섯 단계(분석, 디자인, 개발, 테스트, 실행)로 나누어 놓은 프로젝트를 맡아서 일하고 있었는데, 테스트 단계에서 스폰서의 기대치를 맞추지 못했다. 이 실패 때문에 스폰서는 프로젝트를 취소해 버렸고 종료 절차를 밟으라고 요청 받은 상태이다. 당신이 해야 할 다음 행동 중 최선은 무엇인가?

A. 스폰서에게 범위를 재조정해 달라고 요청하고 취소를 거두어 달라고 한다.
B. 다시 만들어서 스폰서의 기대치를 맞추는지 재테스트 한다.
C. 프로젝트와 연관된 계약 내용들을 조사하고 문제가 될 것을 정리한다.
D. 프로젝트 파일과 문서들을 모으고 교훈을 정리하기 시작한다.

> **해설**
> 프로젝트가 중간에 취소되었거나 완료되었을 때는 '프로젝트 또는 단계 종료' 프로세스를 따라 진행한다. 이 프로세스는 현재까지 진행된 프로젝트 파일을 업데이트 하고 모든 문서를 모은 후 교훈을 정리하면 무난하다. 또한 계약과 관련해서는 공식적인 문서를 이용해 판매자에게 통보를 해야 하나 문제로부터 계약과 관련한 어떠한 내용도 발견할 수가 없으므로 C는 정답에서 제외한다.
>
> 정답: D

03 당신은 회사가 새로운 사무실을 구하는 프로젝트를 6개월 전에 성공적으로 완료시켰다. 그런데 갑자기 이삿짐 업체에서 전화가 와서 미처 청구하지 못한 금액을 달라고 한다. 당신이 취해야 할 최선의 행동은 무엇인가?

A. 질문을 받은 내용에 대한 답을 찾기 위해 프로젝트의 조달 종료 프로세스를 찾아 본다.

B. 구매부서에서 일괄 지급되므로 연락해 보라고 한다.

C. 논쟁이 있으면 법무팀으로 직접 연락해서 해결해야 된다고 전해준다.

D. 프로젝트가 끝나면 더 이상 관여할 수가 없다고 정중하게 이야기 한 후 끊는다.

> **해설**
>
> '조달 종료' 프로세스는 공식적으로 모든 계약서의 내용을 하나씩 완료하는 과정을 말하고 있는데, 이 과정에 분명 금액을 지급하고 영수증을 받아 최종적으로 업체와의 계약을 종결하는 과정 중에 무언가 잘못이 있었음을 의미한다. 해결방안을 찾기 위해 다시 조달 종료 프로세스를 확인하는 것이 최선의 방안이다.
>
> 정답: A

04 프로젝트 완료보고서는 '프로젝트 혹은 단계 종료' 프로세스에서 만들어진다. 다음 중 어느 내용이 프로젝트 완료보고서에 대해 제일 정확한 표현인가?

A. 교훈은 다른 프로젝트에 의한 미래 사용을 위해 지식 데이터베이스에 전달되어지는 프로젝트 완료보고서이다.

B. 프로젝트 완료보고서는 공식적으로 프로젝트 인도물의 공식적인 승인을 말한다.

C. 프로젝트 완료보고서는 공식적으로 프로젝트 인도물을 기능 그룹으로 전달해 준다.

D. 프로젝트 완료보고서는 프로젝트의 끝뿐만 아니라 프로젝트 단계의 끝을 알려준다.

> **해설**
>
> 교훈은 프로젝트 완료보고서 중 하나이지 그 자체는 아니므로 A는 정답이 아니다. 프로젝트 완료보고서는 '프로젝트 또는 단계 종료'의 산출물로 프로젝트의 공식적인 완료를 나타내는 문서이고, 프로젝트 인도물을 기능 그룹으로 전달해 주는 문서이다.
>
> 정답: C

05 프로젝트의 스폰서가 프로젝트헌장에 막 사인을 했다. 프로젝트관리자로서 팀원들과 다음에 진행할 업무는 무엇인가?

A. 작업패키지를 완료하기 시작한다.

B. 프로젝트 범위를 입증해야 한다.

C. 범위 변경 조절을 실행한다.

D. 프로젝트관리 계획을 만들기 시작한다.

> **해설**
> 스폰서가 프로젝트헌장에 사인을 하고 발행(Issue)을 한 후에 프로젝트관리자는 팀원들과 이해관계자를 식별한 후 프로젝트관리 계획을 만들어야 한다. 보기에는 이해관계자를 식별하는 업무를 언급하지 않았기 때문에 프로젝트관리 계획을 팀원들과 같이 개발하는 것이 맞다.
>
> 정답: D

06 환경 오염과 관련한 프로젝트의 관리자로서 당신은 정부 기관의 담당자와 만나 추가적으로 세 개의 변경 요청을 하는 것에 동의하여 문서로 정리한 후 잠정적으로 승인을 받았다. 그런데 자세히 확인해 보니 변경 요청을 할 경우, 추가적인 환경 조사가 이루어지지 않으면 변경 요청은 진행할 수 없다는 것을 알았을 때 당신이 취해야 하는 최선의 행동은 무엇인가?

A. 프로젝트 범위에 환경 조사를 포함시켜야 한다. 왜냐하면 문서화되고 승인이 된 변경 요청을 완료할 필요가 있기 때문이다.

B. 환경 조사가 추가적인 예산이 필요한지, 필요하다면 우발사태 예비비를 사용할 수 있는지 확인해야 한다.

C. 세 개의 변경 요청의 실행을 지연시키지 않도록 하기 위해 환경 조사에 대해 즉각적으로 진행하라고 팀에게 지시한다.

D. 환경조사를 진행하거나 실행하지 않는다. 왜냐하면 문서화는 되었지만 아직 승인 받기 전이기 때문이다.

> **해설**
> 변경 요청이 발생하면 '통합 변경통제 수행'의 프로세스와 절차에 따라 승인을 요청하고 CCB에 의해서 승인 혹은 거절되는 절차를 따르는 것이 일반적이다. 현재 프로젝트관리자로서 세 개의 변경 요청을 문서로 만들어 잠정적으로 승인을 받았다고 하지만 아직 CCB에 정식으로 보내지 않았다고 판단된다. 따라서 빠뜨린 부분을 추가하여 공식적인 절차를 따라야 하고 최종 승인 결과를 얻기 전까지는 실행해서는 안 된다.
>
> 정답: D

07 어떤 제약 조건은 팀 멤버를 선발할 때 프로젝트관리자의 능력으로 할 수 없도록 만들 수 있다. 노동조합이 있는 환경에서 다음 중 어느 제약 조건이 팀 멤버를 선발할 때 가장 큰 영향을 주는 요소인가?

A. 조직 구조
B. 경제적인 상황
C. 개인적인 인간관계
D. 단체교섭

해설

노동조합이 있는 환경에서는 단체교섭권을 가지고 있는 노동조합의 역할과 책임에 따라 팀 멤버를 선발할 수 있다. 다른 선택들은 간접적으로 영향을 줄 수 있지만 직접적으로 팀 멤버를 선발할 때 영향력을 행사할 수는 없다.

정답: D

08 스마트 자전거를 개발하는 프로젝트관리자로 현재 실행단계를 시작하고 있었다. 기술적인 부분도 완전하게 이해하지 못하고 있고 프로젝트관리자의 역량도 부족한 상태에서 프로젝트는 계속 일정을 지키지 못하고 있을 때, 팀원 한 명이 협업을 통해 지식을 공유하자고 한다. 다음 어떤 방법이 가장 바람직할까?

A. 조직 프로세스 자산을 모두 읽어 보게 한다.
B. 리스크 관리대장을 모두에게 회람하여 관련된 리스크를 식별하라고 요청한다.
C. 실무 사례를 공유하거나 SNS(Social Network System)를 이용해 문제가 생길 때마다 정보를 공유하고 같이 해결하자고 한다.
D. 프로젝트관리 정보시스템(PMIS)에 모든 정보를 올려 놓자고 한다.

해설

지식을 공유하기 위해 모두 필요하지만 협업을 통해 즉각적으로 도움이 되는 것은 실무 사례 공유 혹은 SNS를 이용하여 즉각적으로 문제를 해결하는 것이 바람직하다.

정답: C

09 프로젝트 계획단계를 진행하고 있는 상황에서 핵심 이해관계자인 전략개발실 팀장은 프로젝트 일정을 1년에서 2달 앞당기라는 이야기를 하였다. 경쟁사와 제품 출시를 앞다투는 상황이라 고민하고 있던 당신은 이 상황에서 어떻게 해야 할까?

A. 전략개발실 팀장의 요청이므로 일단 수락한 후에 일정을 당길 수 있는 방법을 팀원들과 같이 찾는다.

B. 통합 변경통제 절차대로 진행을 해야 하니 변경 요청서를 제출하라고 요청한다.

C. 스폰서가 포함된 CCB(변경통제위원회)에 상신하여 해결해 달라고 요청한다.

D. 갑자기 2달을 앞당길 경우 발생할 영향력을 분석하여 보고한다.

> **해설**
>
> 아직 계획단계를 완료하지 않았기 때문에 기준선도 없고 변경 요청을 해야 할 이유도 없다. 요청을 받아들여 팀원들과 같이 방법을 찾아야 한다. 영향력을 분석하여 보고하는 것도 계획을 만들고 변경 요청이 있을 경우에 진행하므로 정답에서 제외한다.
>
> 정답: A

10 무선 블루투스 스피커를 개발하고 있는 프로젝트는 현재 계획단계에 있고 프로젝트관리자는 갑자기 다른 사이트로 보내졌다. 당신은 경력이 있는 프로젝트관리자로 타 회사에서 새로 입사를 하였는데, 갑자기 스폰서는 팀원들과 프로젝트관리 계획서를 개발하라고 한다. 당신이 이 상황에서 제일 먼저 해야 할 행동은 무엇인가?

A. PMO로부터 유사 프로젝트관리 계획서를 요청한다.

B. 이해관계자 관리대장을 통해 핵심 이해관계자와 팀원들을 파악한다.

C. 비즈니스 케이스를 점검하고 아무 문제가 없으면 팀원들과 프로젝트관리 계획서를 개발한다.

D. 프로젝트헌장을 통해 개략적인 프로젝트 내용 및 상위 정보를 알아야 한다.

> **해설**
>
> 프로젝트는 시작했고 착수단계 이후 계획단계에 있다. 기존에 프로젝트관리자는 인수인계도 없이 떠났다. 제일 먼저 시작해야 할 일은 프로젝트헌장을 통해 프로젝트의 내용에 대해서 먼저 파악할 필요가 있다.
>
> 정답: D

CHAPTER

05

프로젝트 범위관리
(Project Scope Management)

프로젝트 범위는 프로젝트의 산출물인 제품, 서비스 또는 결과를 제공하기 위해 수행하는 작업이라고 PMBOK에서 정의하였다. 즉 프로젝트를 성공적으로 완료하기 위해서 하는 모든 일을 의미하며, 또한 하기로 한 일만 하는 것을 뜻한다. 그러나 만일 프로젝트를 시작할 때 범위를 정확하게 결정하지 않으면 지속적으로 수정/보완을 하며 결국 프로젝트는 실패할 확률이 높아진다. 따라서 프로젝트 범위관리는 프로젝트에서 해야 할 모든 일을 정의하고 불필요한 일을 하지 않도록 막으며, 프로젝트의 종료 시점에 고객과의 마찰을 줄이기 위해 프로젝트 범위에 들어가는 것과 혹은 들어가지 않는 것에 대한 분명한 경계선을 갖춰야만 한다.

5.1 범위관리 계획수립(Plan Scope Management)
5.2 요구사항 수집(Collect Requirements)
5.3 범위 정의(Define Scope)
5.4 작업분류체계 작성(Create WBS)
5.5 범위 확인(Validate Scope)
5.6 범위 통제(Control Scope)

핵심용어

범위 기준선(Scope Baseline), 요구사항 추적 매트릭스(Requirements Traceability Matrix), 범위 추가(Scope Creep), 작업분류체계(Work Breakdown Structure), 작업분류체계 사전(WBS Dictionary), 작업패키지(Work Package), 통제 단위(Control Account)

시험출제경향

1. 프로젝트 범위와 제품 범위의 차이에 대해 학습한다.
2. 프로젝트 범위 기술서에 포함되는 내용을 숙지한다.
3. WBS의 장점과 작성하는 방법 등에 대해서 살펴본다.
4. 범위 기준선의 의미와 구성요소를 숙지한다.
5. 범위 확인과 품질 통제의 차이에 대해 학습한다.
6. 범위 추가(Scope Creep)의 의미와 방지할 수 있는 방안을 조사한다.

■ 범위관리 주요 내용

범위관리에서 '범위'는 두 가지로 나눈다.

- 제품 범위: 제품, 서비스 또는 결과의 특성을 나타내는 기능을 말한다.
- 프로젝트 범위: 그러한 제품을 제공하기 위해 수행하는 일련의 작업을 의미한다. 따라서 프로젝트 범위가 제품 범위를 포함하는 것으로 생각할 수 있다.

생애주기에 따라 범위관리는 다르게 관리한다.

- 예측형 방식: 프로젝트를 시작할 때 인도물을 정의하며 범위 변경을 통해 관리하는 것이 특징이다.
- 적응형 또는 애자일 방식: 반복 주기를 거쳐 인도물을 개발하며 항상 반복을 시작할 때 각 반복에 대한 자세한 범위를 정의하므로 지속적인 이해관계자의 참여가 필요하다.
- 예측형 방식에서 범위 기준선은 승인된 버전의 프로젝트 범위 기술서, 작업분류체계, 작업분류체계 사전으로 구성하고 있지만 적응형 또는 애자일 방식에서는 백로그(제품 요구사항 및 사용자 스토리 포함)를 사용하여 현재 요구사항만을 반영한다.

■ 범위관리 영역의 추세와 실무사례

- 비즈니스 분석 전문가와의 협업을 통해 비즈니스 요구사항을 식별하고 그 요구사항을 해결하기 위한 방안을 찾아 문서화하며, 프로세스의 마지막 단계에서는 시간 경과에 따라 편익을 측정하고 그 결과를 수신자에게 인계하는 요구사항 종료가 따른다.
- 요구사항 관련 활동은 비즈니스 분석가의 책임이고 프로젝트관리자는 그러한 활동이 적절하게 수행하도록 할 책임이 있다. 프로젝트관리자는 비즈니스 분석가와 협업적인 파트너 관계를 유지하는 것이 바람직하다.

■ 조정 고려사항

프로젝트관리자는 요구사항관리 시스템 및 지침이 없다면 마련해야 하고 개발 방식을 결정하며 요구사항이 불명확하지 않도록 관리한다. 또한 조직의 거버넌스 정책, 절차 및 지침도 따른다.

■ 애자일/적응형 환경에 대한 고려사항

초기 단계에서 범위를 정의하기가 어려워 합의에 이르는데 시간을 많이 할애 한다면 요구사항을 구체화하기 위해 프로토타입 혹은 릴리스 버전을 제작 및 검토하는 방식도 고려한다.

■ 범위관리 프로세스의 기능

프로세스 그룹	프로세스	내용
기획	5.1 범위관리 계획수립	범위를 정의하고 확인하고 통제하는 방법을 작성하는 프로세스
	5.2 요구사항 수집	프로젝트 목표 달성을 위해 이해관계자로부터 요구사항을 식별하고 문서화 하는 프로세스
	5.3 범위 정의	프로젝트와 제품에 대해 상세 범위를 정의하고 문서화 하는 프로세스
	5.4 작업분류체계 작성	프로젝트 인도물을 더 작고 관리 가능한 요소로 나누는 프로세스
감시 및 통제	5.5 범위 확인	완료된 프로젝트 인수물을 고객이 공식적으로 인수하는 프로세스
	5.6 범위 통제	범위 기준선에 대한 변경을 감시 및 통제하는 프로세스

■ 범위관리 프로세스 개요

프로세스	투입물	도구 및 기법	산출물
5.1 범위관리 계획수립	1) 프로젝트헌장 2) 프로젝트관리 계획서 3) 기업환경요인 4) 조직 프로세스 자산	1) 전문가 판단 2) 데이터 분석 3) 회의	1) 범위관리 계획서 2) 요구사항관리 계획서
5.2 요구사항 수집	1) 프로젝트헌장 2) 프로젝트관리 계획서 3) 프로젝트 문서 4) 비즈니스 문서 5) 협약 6) 기업환경요인 7) 조직 프로세스 자산	1) 전문가 판단 2) 데이터 수집 3) 데이터 분석 4) 의사결정 5) 데이터 표현 6) 대인관계 및 팀 기술 7) 배경도 8) 프로토타입	1) 요구사항 문서 2) 요구사항 추적 매트릭스
5.3 범위 정의	1) 프로젝트헌장 2) 프로젝트관리 계획서 3) 프로젝트 문서 4) 기업환경요인 5) 조직 프로세스 자산	1) 전문가 판단 2) 데이터 분석 3) 의사결정 4) 대인관계 및 팀 기술 5) 제품 분석	1) 프로젝트 범위 기술서 2) 프로젝트 문서 업데이트
5.4 작업분류체계(WBS) 작성	1) 프로젝트관리 계획서 2) 프로젝트 문서 3) 기업환경요인 4) 조직 프로세스 자산	1) 전문가 판단 2) 분할	1) 범위 기준선 2) 프로젝트 문서 업데이트
5.5 범위 확인	1) 프로젝트관리 계획서 2) 프로젝트 문서 3) 검증된 인도물 4) 작업성과 데이터	1) 검사 2) 집단 의사결정 기법	1) 수용된 인도물 2) 작업성과 정보 3) 변경 요청 4) 프로젝트 문서 업데이트
5.6 범위 통제	1) 프로젝트관리 계획서 2) 프로젝트 문서 3) 작업성과 데이터 4) 조직 프로세스 자산	1) 데이터 분석	1) 작업성과 정보 2) 변경 요청 3) 프로젝트관리 계획서 업데이트 4) 프로젝트 문서 업데이트

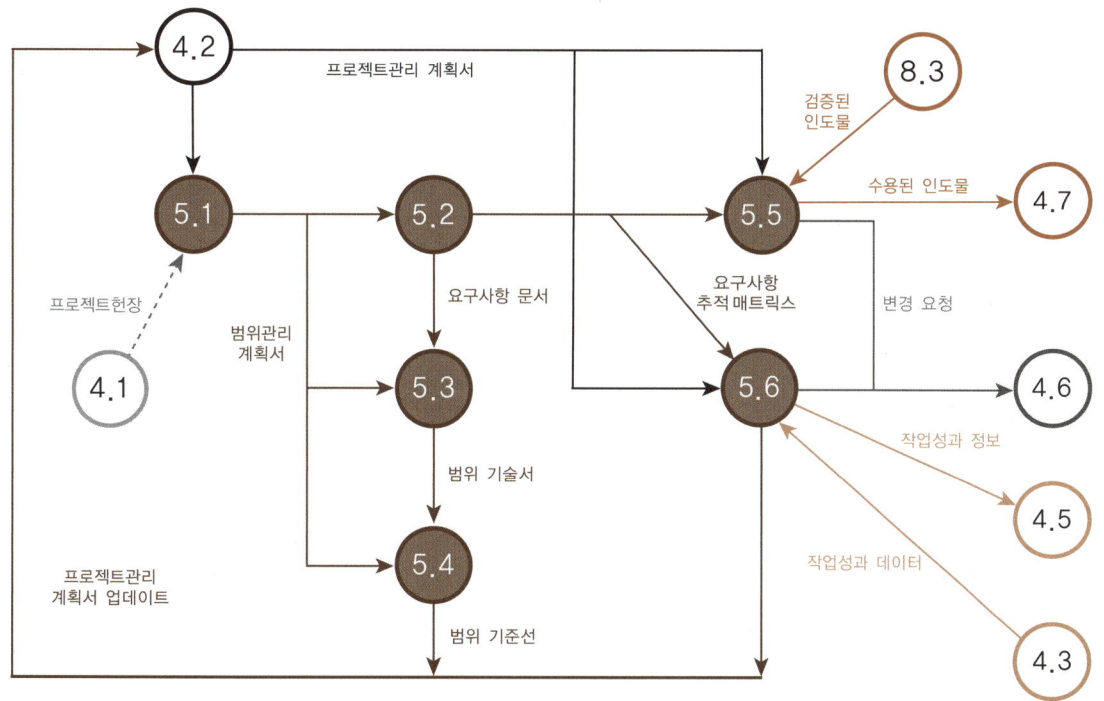

5.1 범위관리 계획수립　4.1 프로젝트헌장 개발
5.2 요구사항 수집　　　4.2 프로젝트관리 계획서 개발
5.3 범위 정의　　　　　4.3 프로젝트작업 지시 및 관리
5.4 작업분류체계 작성　4.5 프로젝트작업 감시 및 통제
5.5 범위 확인　　　　　4.6 통합 변경통제 수행
5.6 범위 통제　　　　　4.7 프로젝트 또는 단계 종료
　　　　　　　　　　　 8.3 품질 통제

범위관리 계획수립(Plan Scope Management)

프로세스 정의

프로젝트 혹은 제품의 범위를 정의하고 확인하고 통제하는 방법을 작성하는 프로세스이다.

프로세스 기능

- 프로젝트헌장에 명시된 상위 레벨의 정보와 프로젝트관리 계획서에 포함된 정보 등을 이용하여 적합한 범위관리 계획을 작성한다.
- 이해관계자의 요구사항을 관리하기 위한 요구사항관리 계획서도 같이 작성한다.
- 수요자와 공급자 모두가 만족할 수 있는 완료에 대한 정의가 필요하다.
- 적응형 또는 애자일 생애주기에서는 제품 백로그가 현재 요구사항을 반영하고 있는지 확인한다.

■ 범위관리 계획수립 프로세스의 투입물, 도구 및 기법, 산출물

	항목	

투입물	1) 프로젝트헌장
	2) 프로젝트관리 계획서
	  • 품질관리 계획서
	  • 프로젝트 생애주기 기술서
	  • 개발 방식
	3) 기업환경요인
	4) 조직 프로세스 자산
		1) Project Charter
		2) Project Management Plan
		  • Quality Management Plan
		  • Project Life Cycle Description
		  • Development Approach
		3) Enterprise Environmental Factors
		4) Organizational Process Assets

도구 및 기법	1) 전문가 판단
	2) 데이터 분석
	  • 대안 분석
	3) 회의
		1) Expert Judgment
		2) Data Analysis
		  • Alternatives Analysis
		3) Meetings

산출물	1) 범위관리 계획서 2) 요구사항관리 계획서	1) Scope Management Plan 2) Requirements Management Plan

> **TIP**
> 프로젝트 범위관리는 일정 및 원가관리와 밀접하게 연관되어 있기 때문에 범위 변경 시 다른 부분의 영향력을 함께 고려한다.

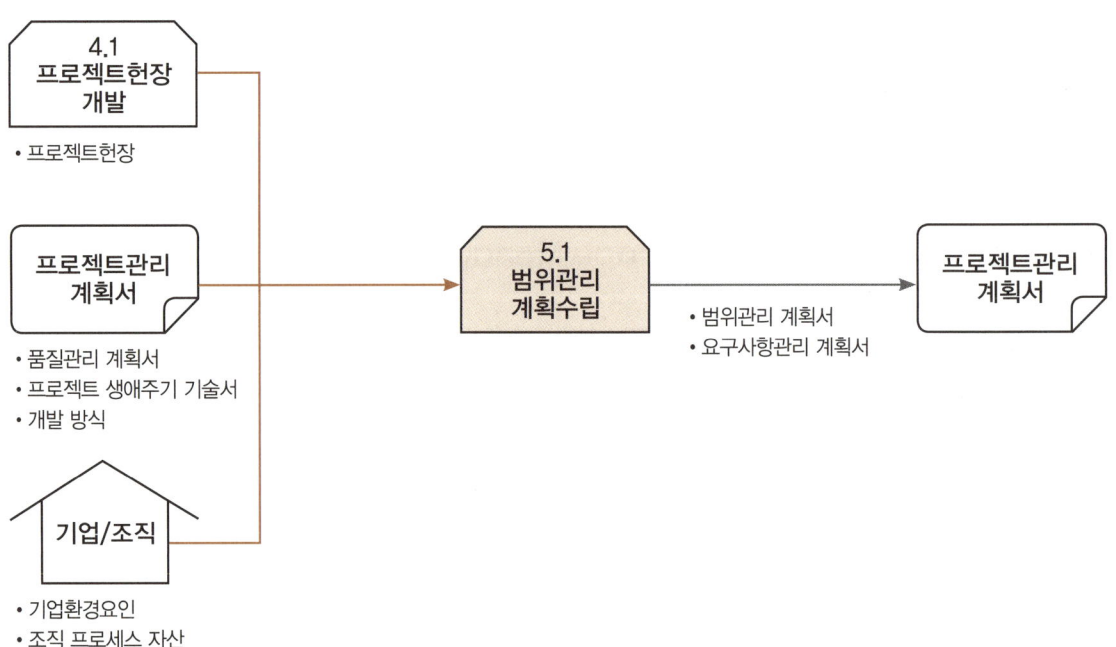

▲ 범위관리 계획수립 프로세스의 정보 흐름도

> **프로세스 해설**
>
> 범위관리 계획서와 요구사항관리 계획서 모두 프로젝트관리 계획서의 일부 구성요소이므로 수정/보완 후 프로젝트관리 계획서를 업데이트 한다.

5.1.1 범위관리 계획수립: 투입물

(1) 프로젝트헌장

프로젝트헌장에 명시된 상위수준의 요구사항으로부터 프로젝트 범위를 결정한다.

(2) 프로젝트관리 계획서

다음은 프로젝트관리 계획서의 일부 예이다.

- 품질관리 계획서: 조직의 품질 정책에 따라 프로젝트 범위를 관리하는 방식이 다르다.
- 프로젝트 생애주기 기술서: 프로젝트가 진행되는 단계에 따라 범위가 일부 영향을 받는다.
- 개발 방식: 어떤 방식(예측형, 적응형 혹은 애자일)을 사용할 지를 미리 정의한다.

(3) 기업환경요인

조직의 문화, 인사 행정 정책, 시장 여건 등을 반영한다.

(4) 조직 프로세스 자산

선례정보 및 교훈 저장소 등을 참조한다.

5.1.2 범위관리 계획수립: 도구와 기법

(1) 전문가 판단

과거 유사한 프로젝트, 전문분야 및 응용분야의 정보 등의 전문지식을 가지고 있거나 교육을 받은 개인 혹은 그룹 등을 말한다.

(2) 데이터 분석

여러 가지 요구사항 수집 방법을 이용하여 다양한 요구사항을 수집하고 프로젝트 범위를 구체화 시키고 범위 확인 및 범위 통제 방법을 평가하기 위해 다양한 방법들을 비교/분석할 수 있는 대안 분석 기법을 사용한다.

(3) 회의

범위관리 계획서를 개발하기 위해 필요한 스폰서, 프로젝트관리자, 팀원, 모든 이해관계자들이 참석하여 진행한다.

5.1.3 범위관리 계획수립: 산출물

(1) 범위관리 계획서

범위를 정의, 개발, 감시, 통제 및 확인하는 방법 및 지침을 적은 문서로 다음 사항 등을 포함한다.

- 범위 기술서를 개발하는 프로세스
- 범위 기술서에서 작업분류체계(WBS)를 만드는 프로세스
- 범위 기준선을 승인 받고 유지하는 프로세스
- 프로젝트 인도물을 고객에게 인수하는 방법을 정의하는 프로세스

(2) 요구사항관리 계획서(Requirements Management Plan)

프로젝트의 요구사항을 수집, 분석, 정의하고 문서화 하는 관리 방법을 기술한 문서로 프로젝트관리 계획서의 일부분이며 다음 사항 등을 포함한다.

- 요구사항의 우선순위를 결정하는 프로세스
- 형상관리 활동(변경 요청 시 진행하는 절차 및 승인하는 권한 수준 등)
- 추적 매트릭스에 포함할 속성을 반영하기 위한 추적 구조 등

5.2 요구사항 수집(Collect Requirements)

프로세스 정의

프로젝트 목표 달성을 위해 이해관계자로부터 요구사항을 식별하고 문서화한다.

프로세스 기능

- 이해관계자로부터 요구사항을 프로젝트 초기에 식별하여야 한다.
- 요구사항 수집 방법이 많은 이유는 가능하면 초기에 요구사항을 빠뜨리지 않기 위함이다.
- 요구사항이 프로젝트 범위가 되고, 프로젝트 범위를 결정해야 작업할 업무를 결정할 수 있다.

■ 요구사항 수집 프로세스의 투입물, 도구 및 기법, 산출물

	항목	

투입물	1) 프로젝트헌장
	2) 프로젝트관리 계획서
	  • 범위관리 계획서
	  • 요구사항관리 계획서
	  • 이해관계자 참여 계획서
	3) 프로젝트 문서
	  • 가정사항 기록부
	  • 교훈 관리대장
	  • 이해관계자 관리대장
	4) 비즈니스 문서
	  • 비즈니스 케이스
	5) 협약
	6) 기업환경요인
	7) 조직 프로세스 자산
		1) Project Charter
		2) Project Management Plan
		  • Scope Management Plan
		  • Requirements Management Plan
		  • Stakeholder engagement plan
		3) Project Documents
		  • Assumption Log
		  • Lessons Learned Register
		  • Stakeholder Register
		4) Business Documents
		  • Business Case
		5) Agreements
		6) Enterprise Environmental Factors
		7) Organizational Process Assets

도구 및 기법	1) 전문가 판단
	2) 데이터 수집
	  • 브레인스토밍
	  • 인터뷰
	  • 핵심전문가 그룹
	  • 설문지 및 설문조사
	  • 벤치마킹
	3) 데이터 분석
	  • 문서 분석
	4) 의사결정
	  • 투표
	  • 다기준 의사결정 분석
	5) 데이터 표현
	  • 친화도
	  • 마인드매핑
	6) 대인관계 및 팀 기술
	  • 명목집단기법
	  • 관찰/대화
	  • 촉진
	7) 배경도
	8) 프로토타입
		1) Expert Judgment
		2) Data Gathering
		  • Brainstorming
		  • Interviews
		  • Focus Groups
		  • Questionnaires and Surveys
		  • Benchmarking
		3) Data Analysis
		  • Document Analysis
		4) Decision Making
		  • Voting
		  • Multicriteria Decision Analysis
		5) Data Representation
		  • Affinity Diagrams
		  • Mind Mapping
		6) Interpersonal and Team Skills
		  • Nominal Group Technique
		  • Observation/Conversation
		  • Facilitation
		7) Context Diagram
		8) Prototypes

산출물	1) 요구사항 문서 2) 요구사항 추적 매트릭스	1) Requirements Documentation 2) Requirements Traceability Matrix

> **TIP**
> 요구사항 수집을 위한 다양한 도구 및 기법에 대해 깊이 알아야 하고 장·단점에 대해 숙지하여 여러 가지 상황에서 어떤 도구 혹은 기법을 사용해야 하는지 파악할 수 있어야 한다.

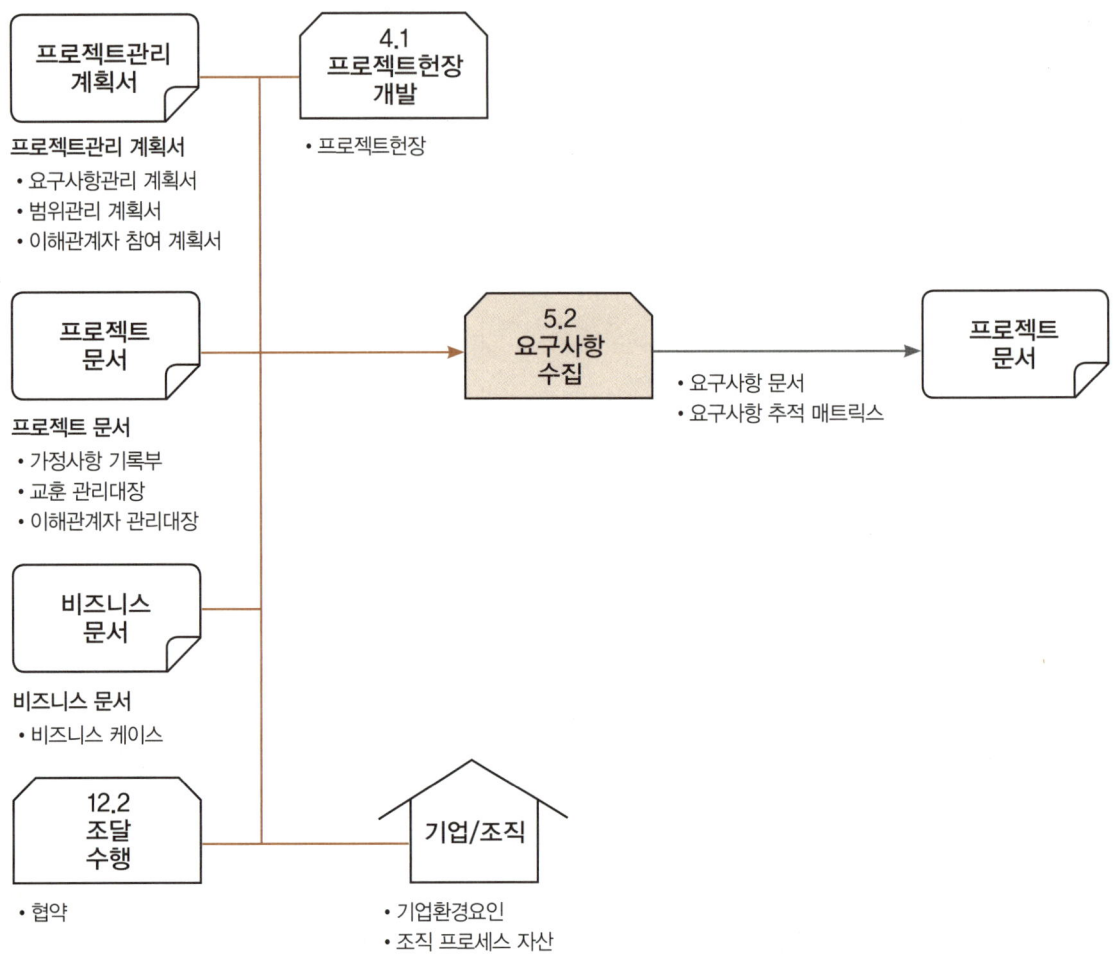

▲ 요구사항 수집 개발 프로세스의 정보 흐름도

> **프로세스 해설**
>
> 요구사항 문서는 요구사항을 수집하여 하나의 문서로 정리한 후 프로젝트 범위를 결정하기 위해 사용하고, 요구사항 추적 매트릭스는 범위 확인과 통제를 위한 기준으로 사용하므로 프로젝트 문서에 저장한다.

5.2.1 요구사항 수집: 투입물

(1) 프로젝트헌장

프로젝트 상위 수준의 요구사항이 있어 이를 통해 상세한 요구사항을 도출한다.

(2) 프로젝트관리 계획서

프로젝트관리 계획서를 구성하는 일부 요소를 사용할 수 있다.

- 범위관리 계획서: 요구사항으로부터 범위를 정의하고 개발하는 방법에 대한 정보를 제공한다.
- 요구사항관리 계획서: 요구사항을 수집, 우선순위화, 문서화 하는 방법에 대한 정보를 제공한다.
- 이해관계자 참여 계획서: 이해관계자의 참여수준 및 의사소통 요구사항을 파악하기 위해 필요하다.

(3) 프로젝트 문서
- 가정사항 기록부: 이해관계자의 요구사항에 영향을 줄 수 있는 내용이 있다.
- 교훈 관리대장: 효과적인 요구사항 수집 방법에 대한 정보를 제공한다.
- 이해관계자 관리대장: 요구사항의 정보를 제공하는 이해관계자를 식별할 수 있다.

(4) 비즈니스 문서
비즈니스 요구사항을 충족시키기 위한 비즈니스 케이스가 있다.

(5) 협약
프로젝트 및 제품에 대한 요구사항 등을 포함한다.

(6) 기업환경요인
인사 행정 정책 및 시장 여건 등을 활용한다.

(7) 조직 프로세스 자산
선례정보 및 교훈 저장소를 참조한다.

5.2.2 요구사항 수집: 도구와 기법

(1) 전문가 판단
요구사항 도출/분석/문서, 도식화 기법 등의 전문지식을 가지고 있거나 교육을 받은 개인 혹은 그룹 등을 말한다.

(2) 데이터 수집
브레인스토밍, 인터뷰, 핵심전문가 그룹, 설문지 및 설문조사, 벤치마킹 등을 프로젝트 상황에 따라 적절하게 사용한다.

(3) 데이터 분석
프로젝트를 진행하면서 사용한 모든 관련 문서를 검토 및 평가하는 방법인 문서 분석을 진행한다(예 제안요청서, 비즈니스 계획서, 협약 등).

(4) 의사결정
투표를 통해서 결정하거나 독단적 혹은 다기준 의사결정 분석 등을 이용한다.

(5) 데이터 표현
- **친화도**: 많은 아이디어를 유사한 그룹으로 나누어 검토와 분석을 진행하는 방법이다.
- **마인드매핑**: 일종의 시각화 된 브레인스토밍 방법으로 핵심 개념들을 상호 관련 또는 통합하는 방식으로 정리한다.

(6) 대인관계 및 팀 기술
- **명목집단기법**: 브레인스토밍을 통해 나온 아이디어들 중 우선순위 결정을 위해 투표 절차를 거치는 심층 브레인스토밍 방법으로 네 단계로 구성되어 있다.
  ① 개인별로 의견을 적는다.
  ② 중재자가 모든 의견을 기록한다.
  ③ 각 의견에 대해 토론한다.
  ④ 우선순위를 결정하기 위해 투표한다. 필요하면 투표는 여러 번 할 수 있다.
- **관찰/대화**: 각자의 환경에서 관찰자가 실무진들이 일 하는 모습을 옆에서 바라보는 방법이며, 제품 사용자들이 요구사항을 명확하게 설명하는 데 어려움을 느낄 경우 유용하다.
- **촉진**: 주요 이해관계자가 모여 요구사항을 정확하게 정의할 수 있도록 집중토론 세션에 사용하는 것이 특징으로, 애자일 방식에서는 사용자의 입장으로 설명하는 사용자 스토리를 사용한다.

(7) 배경도
범위 모델의 예로 비즈니스 시스템과 함께 사용하는 인적 자원과 비즈니스 시스템의 상호작용 방법을 도식화 한 제품 범위도를 말한다.

(8) 프로토타입
제품의 모형을 제공하여 고객이 놓칠 수 있는 요구사항에 대한 피드백을 조기에 얻을 수 있다.

5.2.3 요구사항 수집: 산출물

(1) 요구사항 문서
프로젝트의 비즈니스 요구를 충족할 수 있도록 이해관계자로부터 수집한 요구사항들을 기술한 문서로 점진적으로 구체화 되는 것이 특징이며, 최종적으로는 범위 기준선이 될 수 있도록 명확하고, 추적 가능하고, 완전하며, 일관되고, 수용 가능한 수준이어야 한다. 또한, 다양한 유형으로 분류하여 관리하는 것이 바람직하다(예 해결책 요구사항, 비즈니스 요구사항, 품질 요구사항 등).

(2) 요구사항 추적 매트릭스
프로젝트 목표를 달성하기 위해 필요한 각 요구사항을 연결하여, 생애주기 전반에 요구사항이 어떻게 진행되고 있는지 알 수 있도록 해준다. 최종적으로 제품 범위에 대한 변경을 관리하는 데 유용한 체계를 제공한다. 요구사항 추적 매트릭스에는 다음과 같은 속성을 포함할 수 있다(예 식별자, 요구사항에 대한 설명, 소유자, 우선순위, 버전, 현재 상태, 인수 기준 등).

5.3 범위 정의(Define Scope)

> **프로세스 정의**
> 프로젝트 혹은 제품에 대한 상세한 설명을 개발하는 프로세스이다.

> **프로세스 기능**
> - 범위가 명확하게 결정이 되어야 일정 및 예산 편성이 가능하다.
> - 범위는 점진적으로 구체화되어 최종 프로젝트 요구사항을 선별하고 이를 바탕으로 상세히 설명하는 기술서를 개발한다.
> - 결과물의 범위와 인수기준을 설명할 수 있어야 한다.
> - 적응형 또는 애자일 방법에서는 하나의 반복주기에 대해서 범위를 상세히 결정하고, 다음 반복주기에 대한 기획은 현재 프로젝트 범위와 인도물에 대한 작업을 진행 하면서 수행한다.

▣ 범위 정의 프로세스의 투입물, 도구 및 기법, 산출물

	항목	
투입물	1) 프로젝트헌장 2) 프로젝트관리 계획서 • 범위관리 계획서 3) 프로젝트 문서 • 가정사항 기록부 • 요구사항 문서 • 리스크 관리대장 4) 기업환경요인 5) 조직 프로세스 자산	1) Project Charter 2) Project Management Plan • Scope Management Plan 3) Project Documents • Assumption Log • Requirements Documentation • Risk Register 4) Enterprise Environment Factors 5) Organizational Process Assets
도구 및 기법	1) 전문가 판단 2) 데이터 분석 • 대안 분석 3) 의사결정 • 다기준 의사결정 분석 4) 대인관계 및 팀 기술 • 촉진 5) 제품 분석	1) Expert Judgment 2) Data Analysis • Alternatives Analysis 3) Decision Making • Multicriteria Decision Analysis 4) Interpersonal and Team Skills • Facilitation 5) Product Analysis
산출물	1) 프로젝트 범위 기술서 2) 프로젝트 문서 업데이트 • 가정사항 기록부 • 요구사항 문서 • 요구사항 추적 매트릭스 • 이해관계자 관리대장	1) Project Scope Statement 2) Project Documents Updates • Assumption Log • Requirements Documentation • Requirements Traceability Matrix • Stakeholder Register

> **TIP**
> 프로젝트 범위 기술서에는 프로젝트 범위와 관련한 모든 내용들을 포함하고, 이해관계자의 기대사항을 관리하기 위해 프로젝트 범위에 포함하는 것과 포함하지 않는 것에 대한 경계선도 있어야 향후 발생할 수 있는 논쟁을 막을 수 있다.

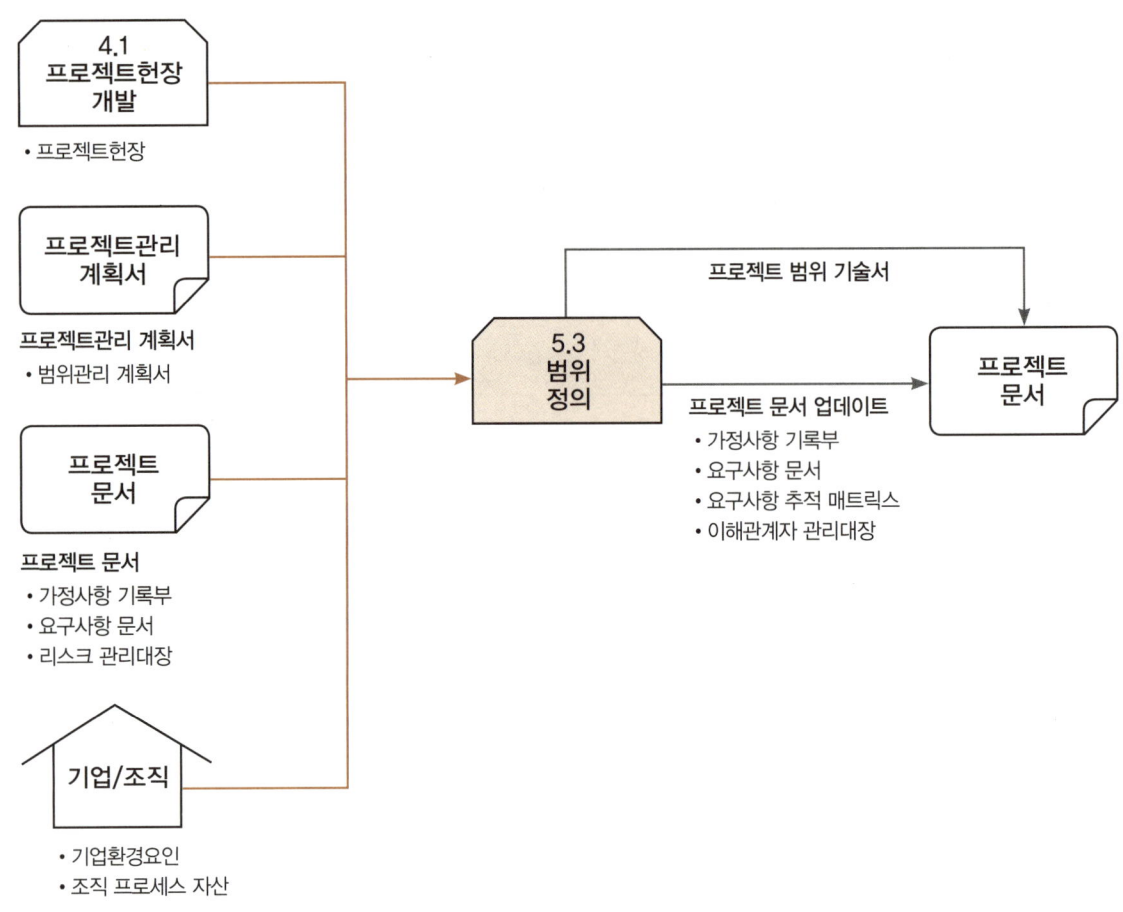

▲ 범위 정의 프로세스의 정보 흐름도

> **프로세스 해설**
> 범위 기술서는 최종적으로 완료하여야 할 작업분류체계(WBS)를 만들기 위한 투입물로, 프로젝트 문서로 저장하고 기타 다른 문서들도 수정/보완하여 프로젝트 문서로 업데이트 한다.

5.3.1 범위 정의: 투입물

(1) 프로젝트헌장
상위 수준의 정보가 있어 이를 근거로 상세하게 프로젝트 범위를 정의한다.

(2) 프로젝트 계획서
프로젝트 범위를 정의, 확인, 통제하는 방법이 범위관리 계획서에 있다.

(3) 프로젝트 문서
- 가정사항 기록부: 범위에 영향을 미칠 수 있는 가정과 제약조건을 포함한다.
- 요구사항 문서: 최종 요구사항들을 범위에 통합한다.
- 리스크 관리대장: 범위에 영향을 미칠 수 있는 대응전략을 포함한다.

(4) 기업환경요인
조직의 문화나 인사 행정 정책 등을 확인한다.

(5) 조직 프로세스 자산
프로젝트 범위 기술서에 대한 정책, 절차 및 템플릿 등을 참조한다.

5.3.2 범위 정의: 도구와 기법

(1) 전문가 판단
유사 프로젝트의 전문지식 혹은 경험을 가지고 있거나 교육을 받은 개인 혹은 그룹을 말한다.

(2) 데이터 분석
여러 가지 상황을 검토하는 대안 분석 기법을 사용한다.

(3) 의사결정
범위를 구체화하기 위해 의사결정 매트릭스를 사용하는 다기준 의사결정 분석 방법을 사용한다.

(4) 대인관계 및 팀 기술
프로젝트 경계에 범위가 포함되는지를 논의하기 위해 참석자 간에 공감대를 형성할 필요가 있어 촉진 기법을 사용한다.

(5) 제품 분석
제품과 서비스를 정의하기 위해 다양한 질문과 답변 구성을 포함한다(예 제품 분해, 시스템 분석, 가치 분석, 가치 엔지니어링 등).

5.3.3 범위 정의: 산출물

(1) 프로젝트 범위 기술서

프로젝트에서 진행할 범위와 관련된 모든 내용을 포함한 문서로 제품 범위 명세서, 프로젝트의 인도물 및 인도물을 만들기 위한 작업, 인도물을 고객이 인수할 때의 기준 및 절차까지 상세하게 적는다. 또한, 기준선을 제공하는 역할도 하기 때문에 변경 요청이 들어올 경우 프로젝트 범위인지 아닌지를 구분할 수 있어야 한다. 프로젝트 범위 기술서는 프로젝트헌장을 구체화한 것이다.

(2) 프로젝트 문서 업데이트

이 프로세스의 결과로 프로젝트 문서를 업데이트 하며 그 일부 예는 다음과 같다(예 가정사항 기록부, 요구사항 문서, 요구사항 추적 매트릭스, 이해관계자 관리대장 등).

5.4 작업분류체계 작성(Create Work Breakdown Structure)

프로세스 정의
프로젝트 인도물과 작업을 더 작고 관리 가능한 요소로 세분화 하는 프로세스이다.

프로세스 기능
- 작은 범위로 분할하는 것이 일정 및 예산을 더 정확하게 예측할 수 있다.
- 인도물을 산출하기 위해 수행할 작업의 전체 범위를 계층 구조로 나눈 체계이다.
- 작업분류체계의 최소 단위를 작업패키지라고 하고, 프로젝트에서 해야 할 모든 일들을 빠뜨리지 않는다.

■ 작업분류체계 작성 프로세스의 투입물, 도구 및 기법, 산출물

	항목	
투입물	1) 프로젝트관리 계획서 　• 범위관리 계획서 2) 프로젝트 문서 　• 프로젝트 범위 기술서 　• 요구사항 문서 3) 기업환경요인 4) 조직 프로세스 자산	1) Project Management Plan 　• Scope Management Plan 2) Project Documents 　• Project Scope Statement 　• Requirements Documentation 3) Enterprise Environmental Factors 4) Organizational Process Assets
도구 및 기법	1) 전문가 판단 2) 분할	1) Expert Judgment 2) Decomposition

	항목	
산출물	1) 범위 기준선 2) 프로젝트 문서 업데이트 　• 가정사항 기록부 　• 요구사항 문서	1) Scope Baseline 2) Project Documents Updates 　• Assumption Log 　• Requirements Documentation

> **TIP**
> - 작업분류체계에서 잘 빠지는 부분이 의사소통관리, 이해관계자관리, 리스크관리 등이 있다. 만일 빠지게 되면 추가 일정 및 예산이 편성되어야 하니 주의한다.
> - 지나친 분할은 자원과 시간의 비효율을 야기한다.
> - 작업분류체계는 이해관계자와 의사소통의 수단으로 사용되고 개발하는 과정은 팀 빌딩 역할도 한다.

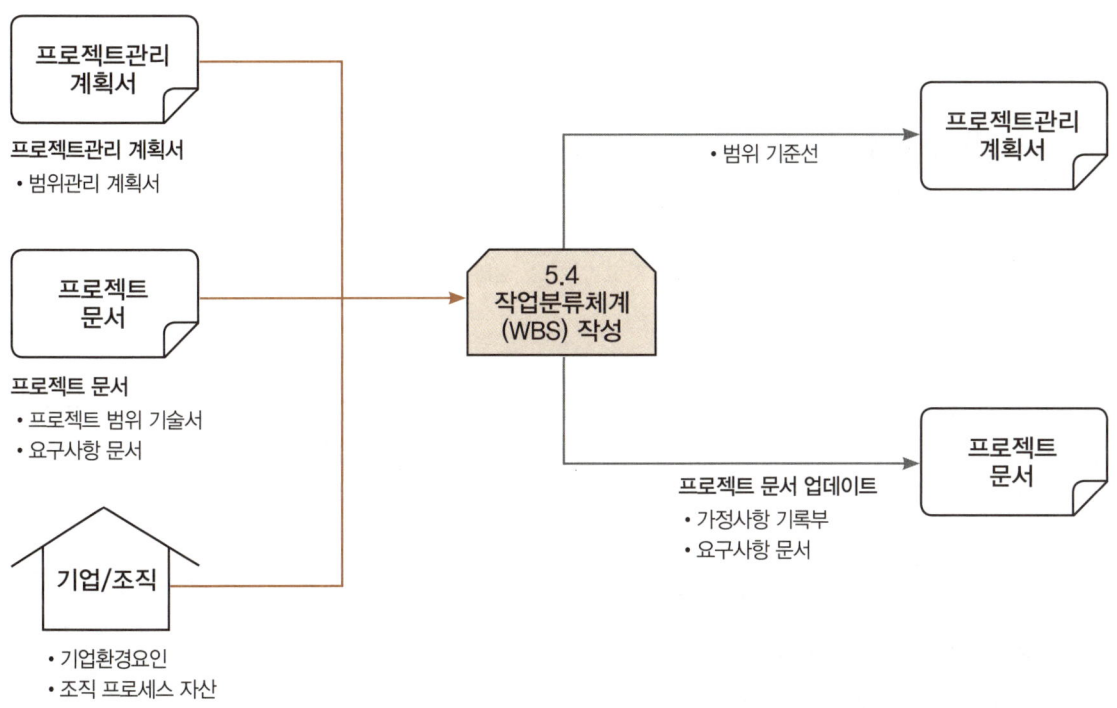

▲ 작업분류체계 작성 프로세스의 정보 흐름도

> **프로세스 해설**
> - 범위 기준선은 프로젝트관리 계획서의 핵심 구성요소이다.
> - 가정사항 기록부 및 요구사항 문서들도 작업분류체계를 작성할 때 변경이 될 경우 프로젝트 문서로 업데이트 한다.

5.4.1 작업분류체계(WBS) 작성: 투입물

(1) 프로젝트관리 계획서
프로젝트 범위 기술서를 작업분류체계로 작성하는 방법 등에 대한 정보를 제공한다.

(2) 프로젝트 문서
- 프로젝트 범위 기술서: 프로젝트 범위에 들어가는 것과 들어가지 않는 기준이 있다.
- 요구사항 문서: 요구사항들을 우선순위화 한 목록이다.

(3) 기업환경요인
각각의 프로젝트별 특성과 관련이 있는 산업 분야별 작업분류체계 표준이 있을 수 있다.

(4) 조직 프로세스 자산
과거 프로젝트가 사용하였던 작업분류체계(WBS)에 대한 정책, 절차 및 템플릿 등을 참조한다.

5.4.2 작업분류체계(WBS) 작성: 도구와 기법

(1) 전문가 판단
유사 프로젝트의 전문지식 혹은 경험을 가지고 있거나 교육을 받은 개인 혹은 그룹을 말한다.

(2) 분할
프로젝트 범위를 더 작고 관리하기 쉬운 요소로 나누는 작업을 말한다. 원가와 기간을 산정할 수 있을 정도로 논리적으로 나누지만 너무 자세하게 나누는 것은 비효율적이다. 일반적으로 다음과 같은 활동이 따른다.

- 인도물을 식별하고 분석하는 활동
- 상위 수준 WBS를 상세한 하위 수준으로 분할하는 활동
- 식별코드를 적용하여 WBS 구성요소에 할당하는 활동
- 인도물의 분할 수준이 적합한지 확인하는 활동 등

작업분류체계(WBS)를 작성하는 방법으로는 하향식 접근법, 조직별 지침 사용, WBS 템플릿 사용 등과 같은 방법이 있고, 때로 해야 할 작업들을 먼저 나열한 후 그룹핑 하는 상향식 접근법을 사용한다.

애자일 방식을 사용하는 경우 주제(epic)를 사용자 스토리로 세분한다. 일반적으로 인도물의 합의가 도출되지 않을 경우 WBS 개발은 합의될 때까지 기다리는 연동기획 기법을 사용한다.

5.4.3 작업분류체계(WBS) 작성: 산출물

(1) 범위 기준선

승인된 버전의 범위 기술서, 작업분류체계 및 작업분류체계 사전으로 구성되어 있으며, 프로젝트관리 계획서의 구성요소 중 하나이다. 이 범위 기준선은 변경통제 절차를 통해서만 수정 가능하며, 다음의 요소들을 포함한다.

- 프로젝트 범위 기술서
- 작업분류체계(WBS)
- 작업패키지: 통제 단위(Control Account)의 일부분으로 WBS의 최하위 수준의 단위이다.
- 기획 패키지: WBS에서 통제 단위 아래, 작업패키지 위에 위치하며 상세한 일정활동은 없지만 내용은 파악된 구성요소이다.
- 작업분류체계 사전: 작업분류체계(WBS)의 각 구성요소와 관련된 상세한 정보를 제공하는 문서로 다음의 정보를 포함한다.
  - WBS 식별코드
  - 명확한 작업 설명
  - 필요한 자원 및 원가 산정치
  - 일정 활동 및 일정 마일스톤
  - 협약 정보 등

(2) 프로젝트 문서 업데이트

- 가정사항 기록부: 작업분류체계를 작성할 때 추가된 가정 또는 제약사항이 있다.
- 요구사항 문서: 승인된 변경사항을 포함한다.

작업분류체계(WBS)의 장점

- 프로젝트 범위 안의 모든 내용이 빠지지 않도록 도와준다.
- 팀 멤버들에게 프로젝트관리 계획에 대한 내용을 전달해주고 개별 작업에 대한 영향력을 상기시켜준다.
- 프로젝트팀과 이해관계자들 사이의 의사소통 및 협동에 영향력을 부여한다.
- 산출물에 대한 이해관계자들의 기대를 관리한다.
- 리스크 식별 시 참고(RBS로 사용)한다.
- 변경 요청 시 기준을 제공한다.
- 자원, 예산, 기간을 산정하는 데 근본을 공급(bottom-up 산정)한다.
- 팀의 몰입을 향상(팀 빌딩) 시킨다.

5.5 범위 확인(Validate Scope)

프로세스 정의
스폰서나 고객으로부터 인도물의 공식적인 승인을 받는 프로세스이다.

프로세스 기능
- (8.3)품질 통제 프로세스에서 작업을 정확하게 진행한 검증된 인도물은 (5.5)범위 확인 프로세스에서 공식적인 인수절차에 따라 스폰서 혹은 고객의 승인을 받는다.
- 품질 통제 프로세스를 먼저 수행하는 것이 일반적이지만 동시에 병행할 수도 있다.

■ 범위 확인 프로세스의 투입물, 도구 및 기법, 산출물

	항목	
투입물	1) 프로젝트관리 계획서 • 범위관리 계획서 • 요구사항관리 계획서 • 범위 기준선 2) 프로젝트 문서 • 교훈 관리대장 • 품질 보고서 • 요구사항 문서 • 요구사항 추적 매트릭스 3) 검증된 인도물 4) 작업성과 데이터	1) Project Management Plan • Scope Management Plan • Requirements Management Plan • Scope Baseline 2) Project Documents • Lessons Learned Register • Quality Reports • Requirements Documentation • Requirements Traceability Matrix 3) Verified Deliverables 4) Work Performance Data
도구 및 기법	1) 검사 2) 의사결정 • 투표	1) Inspection 2) Decision Making • Voting
산출물	1) 수용된 인도물 2) 작업성과 정보 3) 변경 요청 4) 프로젝트 문서 업데이트 • 교훈 관리대장 • 요구사항 문서 • 요구사항 추적 매트릭스	1) Accepted Deliverables 2) Work Performance Information 3) Change Requests 4) Project Document Updates • Lessons Learned Register • Requirements Documentation • Requirements Traceability Matrix

TIP
정확한 제품 혹은 서비스를 납품하기보다는 고객이 인수할 만한 제품 혹은 서비스를 납품하는 것이 중요하며, 고객이 공식적인 인수를 하였을 때 작업은 최종 완료된다.

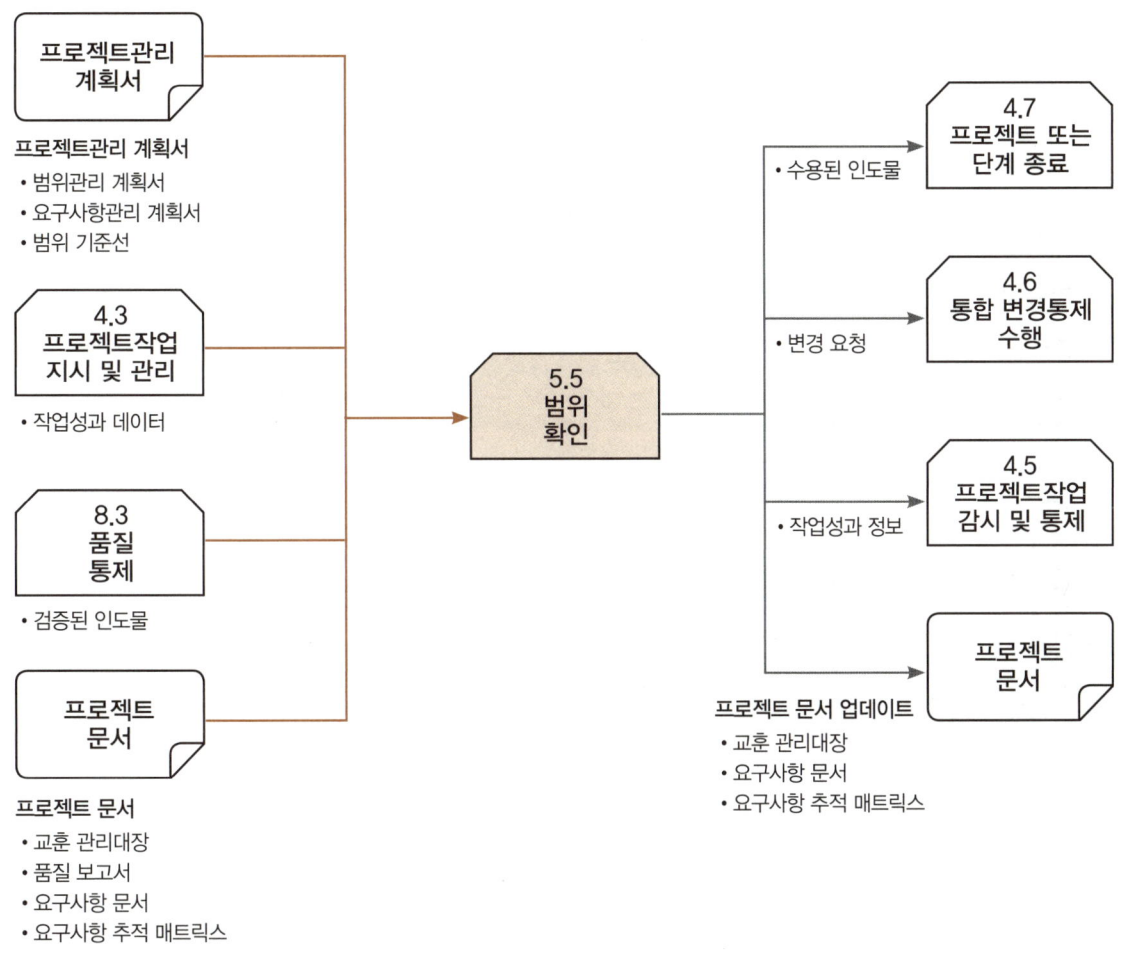

▲ 범위 확인 프로세스의 정보 흐름도

> **프로세스 해설**
> - 수용된 인도물은 고객이 공식적인 승인을 한 것이므로 (4.7)프로젝트 또는 단계 종료로 보내고, 변경 요청이 있는 경우는 공식적인 절차에 따라 (4.6)통합 변경통제 수행 프로세스로 투입한다.
> - 작업성과 정보는 (4.5)프로젝트작업 감시 및 통제 프로세스로 투입되어 작업성과 보고서를 작성한다.

5.5.1 범위 확인: 투입물

(1) 프로젝트관리 계획서

- 범위관리 계획서: 인도물의 공식적인 인수 방법 및 절차가 있다.
- 요구사항관리 계획서: 프로젝트 요구사항을 확인하는 방법이 있다.
- 범위 기준선: 변경 요청 시 실제 결과와 비교할 수 있는 기준이다.

(2) 프로젝트 문서

- 교훈 관리대장: 초반에 얻은 교훈을 적용한다.
- 품질 보고서: 품질 통제 프로세스의 결과인 검증된 인도물에 대한 정보가 있다.
- 요구사항 문서: 변경 요청이 필요한지 판단하기 위한 기준을 제공한다.
- 요구사항 추적 매트릭스: 요구사항을 확인하는 방법에 대한 정보가 있다.

(3) 검증된 인도물

품질 통제 프로세스를 통해 얻은 검증된 인도물로 정확도를 확인한다.

(4) 작업성과 데이터

범위 확인을 위한 가공되지 않은 데이터이다(예 요구사항 준수 정도, 부적합 건수 등).

5.5.2 범위 확인: 도구와 기법

(1) 검사

인도물이 정확하게 인수기준을 만족시키는지 확인하는 절차이다. 검토, 제품 검토 또는 검토회의(Walkthrough)로 부른다.

(2) 의사결정

범위 확인이 어려울 경우 참여한 이해관계자들이 결론에 도달하기 위해 투표를 한다.

5.5.3 범위 확인: 산출물

(1) 수용된 인도물

스폰서 또는 고객이 인수기준을 만족하여 공식적으로 승인한 인도물이다.

(2) 작업성과 정보

인수된 인도물, 인수되지 않은 인도물 등 프로젝트 진척에 대한 정보를 제공하며 문서화하여 이해관계자에게 전달한다.

(3) 변경 요청

인수되지 않은 인도물의 경우는 결함이 있어 변경 요청이 불가피하다. 모든 변경 요청은 (4.6)통합 변경 통제 수행 프로세스를 거쳐 공식적으로 처리한다.

(4) 프로젝트 문서 업데이트

제품 완료 시 제품을 정의하거나 상태를 보고하는 모든 문서를 포함하며 요구사항 문서 및 요구사항 추적 매트릭스 등을 업데이트 한다. 검증된 프로젝트 문서에 대해서는 고객이나 스폰서로부터 서명을 받는 형태의 승인이 필요할 수 있다.

5.6 범위 통제(Control Scope)

프로세스 정의
범위 기준선의 변경을 관리하는 프로세스이다.

프로세스 기능
- 프로젝트 전반에 걸쳐 범위 기준선과 실제 진행상황을 비교 분석하여 필요한 시정 및 예방조치 활동을 통해 통제한다.
- 변경은 피할 수 없으므로 모든 프로젝트에 변경통제 프로세스를 적용하여 관리한다.
- 모든 보조 지식 영역의 통제 프로세스와 밀접하게 연결되어 있다.

■ 범위통제 프로세스의 투입물, 도구 및 기법, 산출물

	항목	

투입물	1) 프로젝트관리 계획서
	  • 범위관리 계획서
	  • 요구사항관리 계획서
	  • 변경관리 계획서
	  • 형상관리 계획서
	  • 범위 기준선
	  • 성과측정 기준선
	2) 프로젝트 문서
	  • 교훈 관리대장
	  • 요구사항 문서
	  • 요구사항 추적 매트릭스
	3) 작업성과 데이터
	4) 조직 프로세스 자산
		1) Project Management Plan
		  • Scope Management Plan
		  • Requirements Management Plan
		  • Change Management Plan
		  • Configuration Management Plan
		  • Scope Baseline
		  • Performance Measurement Baseline
		2) Project Documents
		  • Lessons Learned Register
		  • Requirements Documentation
		  • Requirements Traceability Matrix
		3) Work Performance Data
		4) Organizational Process Assets

도구 및 기법	1) 데이터 분석
	  • 차이 분석
	  • 추세 분석
		1) Data Analysis
		  • Variance Analysis
		  • Trend Analysis

산출물	1) 작업성과 정보
	2) 변경 요청
	3) 프로젝트관리 계획서 업데이트
	  • 범위관리 계획서
	  • 범위 기준선
	  • 일정 기준선
	  • 원가 기준선
	  • 성과측정 기준선
	4) 프로젝트 문서 업데이트
	  • 교훈 관리대장
	  • 요구사항 문서
	  • 요구사항 추적 매트릭스
		1) Work Performance Information
		2) Change Requests
		3) Project Management Plan Updates
		  • Scope Management Plan
		  • Scope Baseline
		  • Schedule Baseline
		  • Cost Baseline
		  • Performance Measurement Baseline
		4) Project Documents Updates
		  • Lessons Learned Register
		  • Requirements Documentation
		  • Requirements Traceability Matrix

TIP
통제 안 되는 수준의 작은 프로젝트 범위 확장을 범위 추가(Scope creep)라고 하며, 적절하게 관리해야 성공확률이 높아진다.

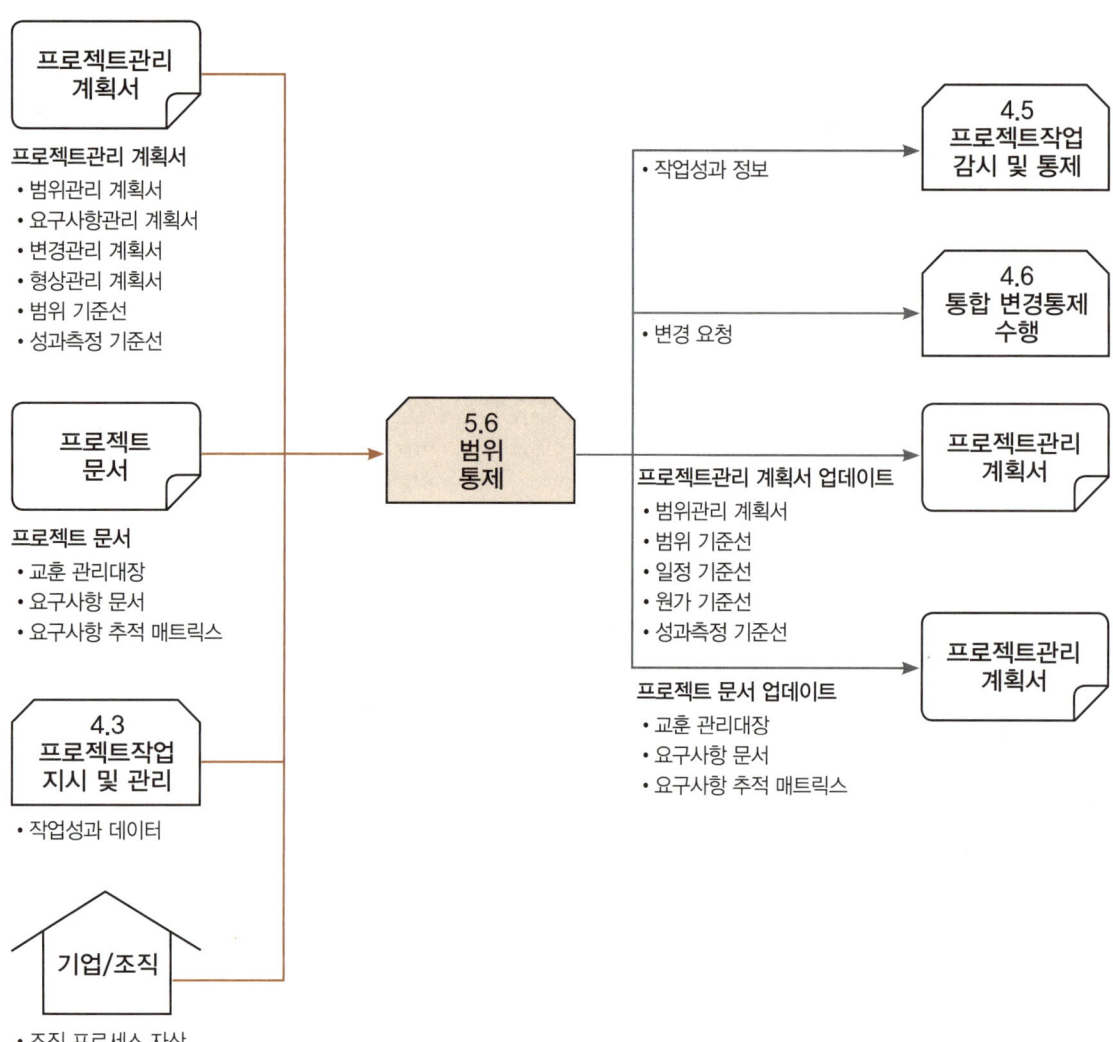

▲ 통합 변경통제 수행 프로세스의 정보 흐름도

프로세스 해설
- 변경 요청이 있는 경우는 공식적인 절차에 따라 (4.6)통합 변경통제 수행 프로세스로 투입하고, 작업성과 정보는 (4.5)프로젝트작업 감시 및 통제 프로세스로 투입하여 작업성과 보고서를 작성한다.
- 보조 계획서나 문서들을 수정/보완한 경우 프로젝트관리 계획서와 프로젝트 문서로 모두 업데이트 한다.

5.6.1 범위 통제: 투입물

(1) 프로젝트관리 계획서
- 범위관리 계획서: 범위를 통제하는 방법 및 절차를 포함한다.
- 요구사항관리 계획서: 요구사항을 관리하는 방식을 제공한다.
- 변경관리 계획서: 변경을 관리하는 프로세스가 정의되어 있다.
- 형상관리 계획서: 구성 가능한 관리 항목과 공식적인 변경 통제를 필요로 하는 항목 등에 대해 변경을 통제하는 프로세스를 정의한다.
- 범위 기준선: 실제 결과와 비교를 위해 필요하다.
- 성과측정 기준선: 획득가치 분석을 위해 사용한다.

(2) 프로젝트 문서
- 교훈 관리대장: 초반에 얻은 교훈을 사용한다.
- 요구사항 문서: 합의 된 요구사항과 비교를 위해 필요하다.
- 요구사항 추적 매트릭스: 범위 기준선에서 벗어난 정도를 확인한다.

(3) 작업성과 데이터
범위 통제를 위해 가공되지 않은 데이터이다(예 접수된 변경 요청 횟수, 수용된 요청 횟수 등).

(4) 조직 프로세스 자산
기존의 공식적 및 비공식적 범위, 통제 관련 정책, 절차 및 지침 등을 참조한다.

5.6.2 범위 통제: 도구 및 기법

(1) 데이터 분석
차이 분석 혹은 추세 분석을 사용한다. 차이 분석은 기준선과 실제 결과의 차이가 통제 가능한지 여부를 확인하는 방법이고, 추세 분석은 이러한 차이가 시간이 지나 어떻게 변할지를 판별하는 방법이다.

5.6.3 범위 통제: 산출물

(1) 작업성과 정보
범위 기준선과 비교하여 범위 차이가 일정이나 원가에 미치는 영향 등에 대한 정보를 포함한다.

(2) 변경 요청
프로젝트 성과를 분석하여 필요하다면 변경 요청을 한다. 모든 변경 요청은 (4.6)통합 변경통제 수행 프로세스를 거쳐 공식적으로 처리된다.

(3) 프로젝트관리 계획서 업데이트

변경이 발생하면 변경사항 기록부를 업데이트 하고 프로젝트관리 계획서도 업데이트 한다(예 범위관리 계획서, 범위 기준선, 일정 기준선, 원가 기준선, 성과측정 기준선 등).

(4) 프로젝트 문서 업데이트

- 교훈 관리대장: 진행하면서 발생한 장·단점 등을 업데이트 한다.
- 요구사항 문서: 추가 혹은 변경된 요구사항에 따라 기존 요구사항 문서가 바뀔 수 있다.
- 요구사항 추적 매트릭스: 업데이트 한 요구사항 문서에 따라 정보를 업데이트 한다.

예상문제 ▶▶ 5장 프로젝트 범위관리

01 프로젝트의 경험은 많았지만 프로젝트관리자로서 경험이 없는 당신에게 스폰서가 범위 관리에 대해서 무엇을 해야 하는지 물었다. 아래의 설명 중 옳지 않은 것은 무엇인가?

A. 요구조건을 모을 때는 프로젝트 핵심 팀원뿐만 아니라 이해관계자 모두로부터 확보한다.
B. 고객의 요구사항만을 진행하고 더 이상 해주지 않아야 한다.
C. 프로젝트의 범위에 들어가는지 아닌지를 지속적으로 결정할 필요가 있다.
D. 간단한 범위 변경은 핵심 팀원들과 미팅 후 모두 동의해야 해 줄 수 있다.

> **해설**
> 프로젝트 범위는 이해관계자의 요구사항으로 시작해서 완성된다. 특히 고객의 요구사항 만을 진행하는 것이 원칙이고, 추가적인 일은 해주지 않는 것을 원칙(Gold Plating)으로 하고, 범위에 포함하는지를 범위 기준선을 결정하기 전까지는 계속 확인할 필요는 있다. 범위 변경에 대한 책임은 프로젝트관리자에게 있지만 팀원들과 협의를 통해서 결정을 하는 것이지 모두 동의할 필요는 없다.
>
> 정답: D

02 프로젝트 팀원을 포함한 핵심 이해관계자들과 함께 프로젝트 범위관리 계획서를 작성하고 있는 중이다. 다음 중 프로젝트 범위관리 계획서에 포함하지 않아도 되는 것은 무엇인가?

A. 프로젝트 범위를 단계별로 개발하고 점진적으로 구체화 하는 방법
B. 프로젝트 범위에 포함되는 핵심 결과물
C. WBS를 만드는 방법
D. 프로젝트 범위를 결정하는 방법

> **해설**
> 프로젝트 범위관리 계획서에는 범위를 관리하는 방법이나 절차가 들어 있다. 프로젝트에 포함할지 여부에 대한 결정하는 방법이나 절차가 있는 것이지 그 결과물을 기록할 이유는 없다. 최종 결과물은 범위 기술서에 포함된다.
>
> 정답: B

03 당신은 팀원들과 함께 이해관계자의 요구조건을 모두 확보하기 위해 여러 가지 도구를 사용하려고 준비 중이었다. 갑자기 스폰서가 사무실을 방문해 모든 요구조건을 수집하는 것도 중요하지만 다 해 줄 수 없으니 우선순위를 매길 수 있는 방법을 찾아 보라고 요청하였다. 아래의 방법 중 당신이 선택해야 하는 방법은 무엇인가?

A. 친화도(Affinity Diagram)

B. 브레인스토밍(Brainstrorming)

C. 명목집단법(Nominal Group Technique)

D. 마인드 맵핑(Mind Mapping)

> **해설**
>
> 친화도는 관련 있는 항목들을 묶음 형식으로 분류하는 것이고, 브레인스토밍은 자유 분방하게 요구사항을 많이 얻기 위해 개발된 방법이다. 또한 마인드 맵핑은 요구사항을 많이 확보하기 위해 하나의 요구사항으로부터 또 다른 요구사항을 얻기 위해 개발된 방법이다. 모두 우선순위를 결정할 수는 없다. 명목집단법은 브레인스토밍 이후에 좋은 아이디어를 최종적으로 결정하기 위해 팀원들이 우선 순위를 정해 결정하는 방법이다.
>
> 정답: C

04 팀원들과 이해관계자의 요구사항을 토대로 최종 프로젝트 범위 기술서를 만들었다. 다음 중 범위 기술서에 포함되지 않는 것은 무엇인가?

A. 인수 기준, 가정, 제약 조건

B. 제품의 스펙

C. 프로젝트에서 해야 할 모든 일과 프로젝트에 포함하지 못하는 일

D. 이해관계자가 요청했지만 프로젝트에 최종 포함되어지지 않는 범위

> **해설**
>
> 범위 기술서는 범위와 관련된 내용을 모두 담고 있는 문서로 제품의 스펙, 인수 기준, 프로젝트에서 제외 할 항목 등을 적은 문서이다. 이해관계자의 요구사항을 정리한 요구사항 목록에는 있지만 최종적인 범위 기술서에 모든 요구사항을 포함할 필요는 없다.
>
> 정답: D

05 프로젝트 계획단계에서 당신은 프로젝트 핵심 팀원들과 WBS를 작성하고 있었을 때 스폰서가 들어와서 작업분류체계(WBS)를 MECE적으로 해야 한다고 했다. 스폰서가 말한 MECE는 무엇일까?

A. 논리적으로 나눌 수 있을 때까지 나누라는 의미이다.

B. 빠짐없이 중복되지 않게 하라는 의미이다.

C. 너무 자세하게 나누게 될 경우 시간적으로 손해를 많이 보므로 적절하게 분할하라는 의미이다.

D. 점진적으로 구체화되니 시작부터 너무 신경 쓰지 않아도 된다는 의미이다.

> **해설**
>
> WBS를 MECE(Mutually Exclusive Collectively Exhaustive)로 나누라는 의미는 WBS 안에는 프로젝트에서 해야 할 모든 범위가 있어야 하기 때문에 WBS를 개발할 때 빠짐없이 중복되지 않아야 놓치지 않는다는 뜻이다.
>
> 정답: B

06 3개국에서 동시에 진행하고 있는 프로젝트를 총괄하고 있는 당신은 스폰서에게 발표를 할 때 진행 성과를 통제 단위(Control Account)로 할 예정이라고 이야기 했다. 통제 단위를 설명한 것 중 잘못된 것은?

A. 성과 측정을 위해 획득가치와 비교되고 통합되어질 수 있다.

B. 하나 또는 그 이상의 작업패키지를 포함할 수 있다.

C. 하나의 작업패키지가 여러 개의 통제 단위에 포함될 수도 있다.

D. 범위나 원가 혹은 일정을 쉽게 통제하기 위해 지정된 임의의 요소이다.

> **해설**
>
> 통제 단위는 조직도와 WBS가 만나는 지점을 말하며, 프로젝트관리자가 관리를 편하게 하려고 만들어 놓은 것으로 여러 개의 작업패키지가 하나의 통제 단위에 포함될 수 있다. 만일 하나의 작업패키지가 여러 개의 통제 단위에 포함이 된다면 작업패키지를 더 분할해야 하는 것이 맞다.
>
> 정답: C

07 프로젝트를 실행하는 동안 한 명의 팀원이 프로젝트관리자를 찾아와 자기는 프로젝트에서 자기가 해야 할 일이 무엇인지 모르겠다고 말했다. 다음 중 어떤 문서에 작업패키지의 자세한 설명이 들어 있는가?

A. WBS 사전
B. 활동 목록
C. 프로젝트 범위 기술서
D. 범위관리 계획서

해설

WBS의 최소 단위인 작업패키지에 대한 상세한 내용은 WBS 사전에 있다.

정답: A

08 프로젝트 팀원들과 이해관계자를 모두 모아 WBS를 작성하려고 할 때 팀원 한 명이 바쁜 시간을 이용하여 WBS를 개발할 필요가 있는지 물었다. 그 팀원은 지난 프로젝트에서는 PMO로부터 유사한 프로젝트의 WBS를 받아 프로젝트관리자가 혼자서 작성해도 프로젝트가 성공했다고 말한다. 프로젝트관리자로서 당신은 어떻게 답하겠는가?

A. 새로 시작하는 프로젝트라 PMO로부터 유사 프로젝트에 대한 정보를 얻지 못했으니 참석하라고 한다.
B. PMO로부터 유사 프로젝트에 대한 정보를 받았지만 스폰서가 참석하니 같이 참석해야 된다고 한다.
C. 모든 이해관계자와 같이 WBS를 작성하는 것이 팀 빌딩에 효과가 있기 때문이라고 한다.
D. 모든 이해관계자와 같이 WBS를 작성해야 해야 할 모든 일을 빠뜨리지 않기 때문이라고 한다.

해설

팀 빌딩을 위해 WBS를 꼭 해야 할 필요는 없다. WBS를 작성할 때 모든 이해관계자가 참석해야 프로젝트 팀에서 해야 할 모든 일을 WBS에 넣을 수 있기 때문이다.

정답: D

5장 프로젝트 범위관리

09 한 명의 이해관계자가 프로젝트에 범위를 추가하겠다고 프로젝트관리자인 당신에게 연락을 취했다. 당신은 범위 추가와 관련하여 문서로 작성해서 제출할 경우 변경 통제 프로세스를 거쳐 진행하려고 한다. 범위의 추가와 관련해서 평가가 완료되었을 때 당신이 다음에 할 일은 무엇인가?

A. 또 다른 변경 추가가 있는지 물어보고 더 이상 변경 추가를 할 수는 없다고 한다.

B. 통합 변경통제 프로세스를 완료한다.

C. 변경의 영향력에 대해서 이해관계자와 이야기를 하고 영향력에 대한 책임을 부과 시킨다.

D. 범위 추가가 갑자기 발생한 원인에 대해서 파악하고 더 이상 그런 일이 일어나지 않도록 주의 한다.

> **해설**
>
> 추가된 범위를 하나의 변경 요청으로 보았고 팀원들과 평가를 한 후 필요시 CCB(변경통제위원회)에 상신하는 통합 변경통제 프로세스를 진행하면 된다. 결정도 나지 않은 상태에서 영향력에 대한 책임을 부과하거나 원인 파악을 할 필요는 없다.
>
> 정답: B

10 프로젝트관리자는 WBS를 나누는 작업은 논리적으로 측정 가능하고 자세하게 분할해야 한다고 팀원들에게 이야기 했다. 팀원 중 한 명이 얼마만큼 자세하게 분할하는 것이 바람직한지 당신에게 물었을 때 설명한 것 중 잘못된 것은 무엇인가?

A. 논리적으로 더 자세하게 나누어질 수 없을 때까지 나눈다.

B. 한 사람에 의해서 행해질 수 있을 때까지 나눈다.

C. 현실적으로 산정 가능할 때까지 나눈다.

D. 의미 있는 결론을 얻을 때까지 나눈다.

> **해설**
>
> WBS를 분할할 때 너무 자세하게 하는 것 역시 안 좋지만 잘못된 것이라 할 수는 없다. 꼭 분할을 하여 WBS의 최소 단위인 작업패키지를 만들지만, 그 작업패키지가 반드시 인적 자원의 수와 연관될 필요는 없다.
>
> 정답: B

MEMO

CHAPTER

06

프로젝트 일정관리
(Project Schedule Management)

일정계획을 개발한다는 것은 프로젝트의 복잡성과 상황에 따라 접근하는 방식이 달라야 한다. 현실적으로 불가능한 계획을 만들거나 형식적인 계획을 만드는 것은 단순히 시간 낭비에 불과하다. 따라서 역량이 있는 프로젝트관리자는 팀원들과 함께 프로젝트의 규모 및 복잡성에 맞는 적합한 일정계획을 세우고, 일정대로 팀원들이 작업을 마무리 짓겠다는 약속을 받은 후 지속적인 모니터링을 통해 일정 계획이 잘 지켜지는지 확인을 해야 하며, 만일 일정 계획이 늦어질 경우 시정조치를 취해 원래 계획을 유지하는 것이 일정관리의 핵심 내용이다.

6.1 일정관리 계획수립(Plan Schedule Management)
6.2 활동 정의(Define Activities)
6.3 활동순서 배열(Sequence Activities)
6.4 활동기간 산정(Estimate Activity Durations)
6.5 일정 개발(Develop Schedule)
6.6 일정 통제(Control Schedule)

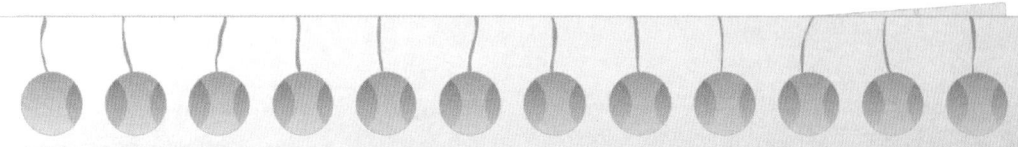

핵심용어

마일스톤(Milestone), 여유시간(Float), 네트워크 다이어그램(Network Diagram), 선도 및 지연(Lead and Lag), 주공정법(Critical Path Method), 통제 단위(Control Account), 자원 평준화(Resource Leveling), 일정 단축(Schedule Compression), 일정 기준선(Schedule Baseline)

시험출제경향

1. 마일스톤(Milestone)을 사용하는 목적 및 의미를 이해한다.
2. 여유시간(Float)의 종류와 계산방법에 대해서 학습한다.
3. 여러 가지 일정 단축방법에 대해서 차이점을 명확하게 숙지한다.
4. 자원 평준화 및 자원 최적화 방법의 차이를 이해한다.
5. 일정 기준선의 의미와 통제 방법에 대해서 학습한다.
6. 애자일/적응형 환경에 맞는 애자일 릴리즈 기획에 대해서 학습한다.

■ 일정관리 주요 내용

프로젝트 일정을 만들기 위해서는 제일 먼저 작업을 진행할 방법과 시기를 상세히 기술한 일정 계획서를 작성하고, 어떤 방법(주 공정 혹은 애자일 접근방식 등)을 사용할지 결정한 후에 우리가 원하는 일정 모델(막대차트, 네트워크 다이어그램 등)을 얻기 위해 프로젝트 관련 데이터(활동, 기간, 자원, 의존관계 등)를 데이터 일정계획 도구에 입력하면 된다. 항상 프로젝트 일정은 프로젝트의 상황을 정확하게 파악하여 유연성을 유지하도록 개발한다. 이러한 일정계획 개요에 대한 내용을 도식화 하였다.

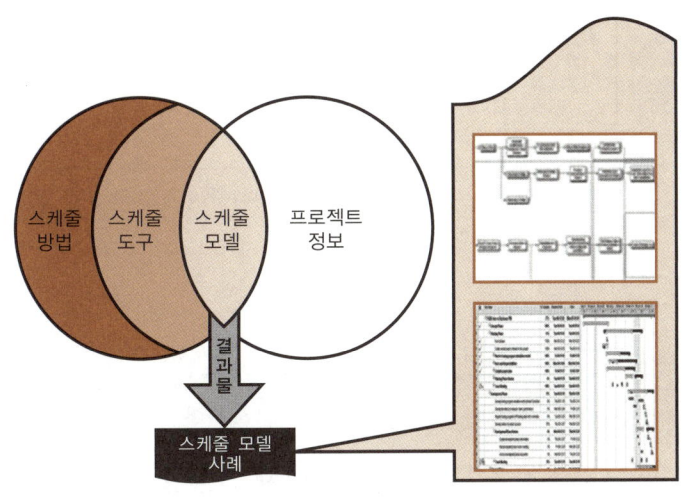

▲ 일정계획 개요

■ 일정관리 영역의 추세와 실무사례

- 급변하는 글로벌 시장에서는 불확실성이 증가하기 때문에 적응형 계획수립을 이용하여 계획을 만들어도, 작업을 시작하고 나서 우선순위가 변경되는 것을 인정한다.
- 다음은 새로운 프로젝트 일정계획 방법의 예이다.
  - 백로그를 사용한 반복형 일정계획: 연동 기획(Rolling Wave Planning)의 한 형태로 사용자 스토리 방식으로 요구사항을 수집하고 우선순위화 하여 백로그를 만드는 계획방법이며, 고객에게 점증적 가치를 제공하기 위해 사용하거나 상호 의존관계가 없는 많은 기능들을 동시에 개발할 때 사용하는 방식이다. 장점은 생애주기 동안 언제든지 변경할 수 있다.
  - 주문형 일정계획: 칸반 시스템을 이용한 방식으로 팀의 효율성을 높이기 위해 요구량과 처리량의 균형을 잡기 위한 방법으로 점진적으로 제품을 만들어가는 프로젝트와 크기 및 범위가 비교적 비슷하거나 범위별로 묶는 작업에 주로 사용한다. 린(Lean) 생산방식의 제약이론의 개념을 기반으로 개발하였다.

▲ 칸반 시스템 샘플

■ 조정 고려사항
- **생애주기 접근방식**: 생애주기 동안 적절한 접근방식을 다각적으로 분석한다.
- **자원 가용성**: 일정에 영향을 미치는 요인들의 상관 관계를 분석한다.
- **프로젝트 차원**: 프로젝트 상황에 따라 어떤 통제 수준으로 관리하는지 파악한다.
- **기술 지원**: 프로젝트 일정에 대한 정보를 이해관계자들과 공유하기 위해 사용할 기술을 말한다.

■ 애자일/적응형 환경에 대한 고려사항
짧은 주기로 작업을 수행하고 결과를 신속하게 피드백 하는 방법을 사용한다. 칸반 시스템을 같이 사용할 경우 더 효과적이며, 대규모 조직에서는 예측형 접근방식 혹은 적응형 방식을 혼합하는 하이브리드 형태를 채택하기도 한다. 어떤 방식을 사용하더라도 프로젝트관리자의 역할이 바뀌는 것은 아니지만 중요한 것은 다양한 접근방식의 장·단점을 학습하여 효과적으로 적용하는 것이다.

▣ 일정관리 프로세스의 기능

프로세스 그룹	프로세스	내용
기획	6.1 일정관리 계획수립	프로젝트 일정을 기획, 개발, 관리, 실행 및 통제에 필요한 정책이나 절차 등을 수립하고 문서화 하는 프로세스
	6.2 활동 정의	작업분류체계(WBS)의 최소 단위인 작업패키지를 완료하기 위한 일련의 활동을 식별하고 문서화 하는 프로세스
	6.3 활동순서 배열	프로젝트 활동들의 수행순서를 정의하는 프로세스
	6.4 활동기간 산정	산정된 자원을 기반으로 각 활동 수행 기간을 산정하는 프로세스
감시 및 통제	6.5 일정 개발	활동순서, 자원, 기간, 제약 조건을 분석하여 프로젝트 일정을 개발하는 프로세스
	6.6 일정 통제	일정 기준선과 현재 진척상황을 비교하고 일정 기준선의 변경을 관리하는 프로세스

바뀐 프로세스

Ch. 9 프로젝트 인적자원관리가 프로젝트 자원관리로 이름이 바뀌면서 기존에 있던 활동자원 산정 프로세스가 Ch. 9.2로 이동하였다. 아마도 기존 PMBOK 5th edition에서는 인적 자원을 감시 및 통제하는 프로세스가 없다 보니 자원관리로 이름을 바꾸어 자원통제 프로세스를 추가하였는데, 그러다 보니 활동자원 산정 프로세스가 일정관리보다는 자원관리에 속하는 것이 옳다고 판단한 것으로 생각한다.

■ 일정관리 프로세스 개요

프로세스	투입물	도구 및 기법	산출물
6.1 일정관리 계획수립	1) 프로젝트헌장 2) 프로젝트관리 계획서 3) 기업환경요인 4) 조직 프로세스 자산	1) 전문가 판단 2) 데이터기법 3) 회의	1) 일정관리 계획서
6.2 활동 정의	1) 프로젝트관리 계획서 2) 기업환경요인 3) 조직 프로세스 자산	1) 전문가 판단 2) 분할 3) 연동 기획 4) 회의	1) 활동 목록 2) 활동 속성 3) 마일스톤 목록 4) 변경 요청 5) 프로젝트관리 계획서 업데이트
6.3 활동순서 배열	1) 프로젝트관리 계획서 2) 프로젝트 문서 3) 기업환경요인 4) 조직 프로세스 자산	1) 선후행도형법(PDM) 2) 의존관계 결정 및 통합 3) 선도 및 지연 4) 프로젝트관리 정보시스템	1) 프로젝트 일정 네트워크 다이어그램 2) 프로젝트 문서 업데이트
6.4 활동기간 산정	1) 프로젝트관리 계획서 2) 프로젝트 문서 3) 기업환경요인 4) 조직 프로세스 자산	1) 전문가 판단 2) 유사 산정 3) 모수 산정 4) 3점 산정 5) 상향식 산정 6) 데이터 분석 7) 의사결정 8) 회의	1) 기간 산정치 2) 산정 기준서 3) 프로젝트 문서 업데이트
6.5 일정 개발	1) 프로젝트관리 계획서 2) 프로젝트 문서 3) 협약 4) 기업환경요인 5) 조직 프로세스 자산	1) 일정 네트워크 분석 2) 주공정법 (CPM) 3) 자원 최적화 4) 데이터 분석 5) 선도 및 지연 6) 일정 단축 7) 프로젝트관리 정보시스템 8) 애자일 릴리즈 기획	1) 일정 기준선 2) 프로젝트 일정 3) 일정 데이터 4) 프로젝트 달력 5) 변경 요청 5) 프로젝트관리 계획서 업데이트 6) 프로젝트 문서 업데이트
6.6 일정 통제	1) 프로젝트관리 계획서 2) 프로젝트 문서 3) 기업환경요인 4) 조직 프로세스 자산	1) 데이터 분석 2) 주공정법 3) 프로젝트관리 정보시스템 4) 자원 최적화 5) 선도 및 지연 6) 일정 단축	1) 작업성과 정보 2) 일정 예측치 3) 변경 요청 4) 프로젝트관리 계획서 업데이트 5) 프로젝트 문서 업데이트

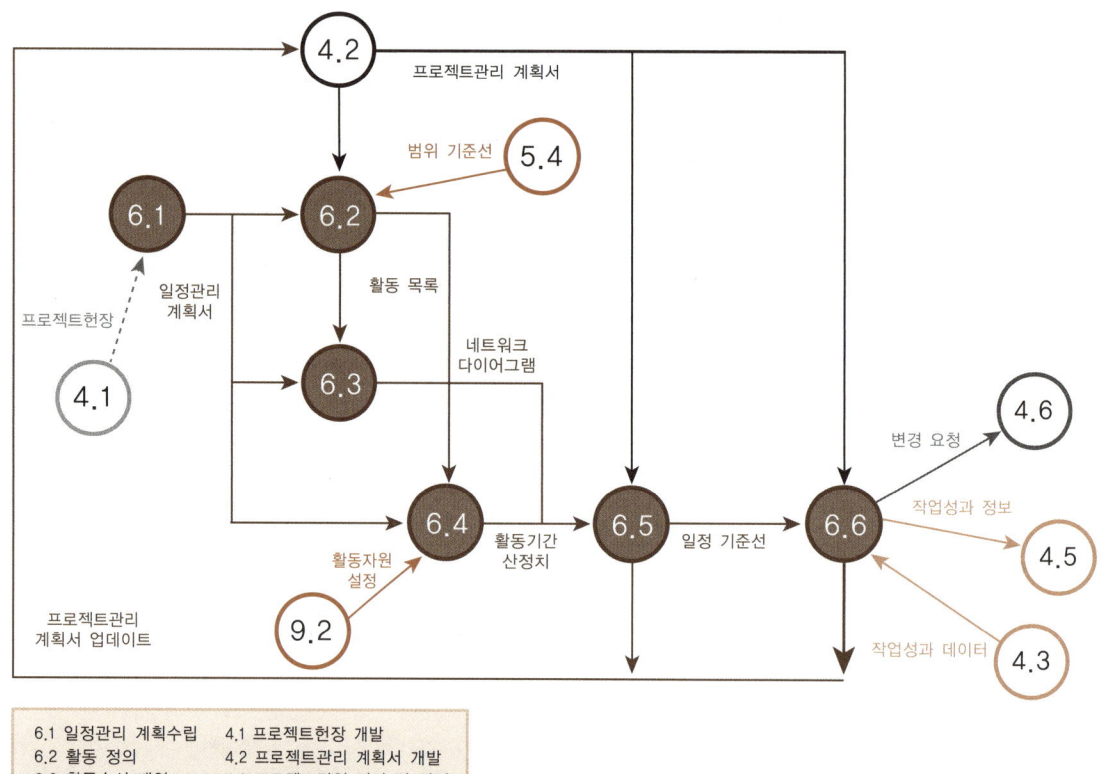

▲ 일정관리 프로세스 흐름도

일정관리 계획수립(Plan Schedule Management)

프로세스 정의

프로젝트의 일정을 기획하고, 수립하고, 확인하고, 통제하는 방법을 작성하는 프로세스이다.

프로세스 기능

- 프로젝트헌장에 명시된 상위 수준의 일정, 일정에 대한 가정 및 제약조건 등을 참조하여 일정을 관리하는 방법 및 절차에 대한 내용을 작성한다.
- 현실적으로 지킬 수 있는 계획을 개발하여 계획대로 완료하는 것이 중요하기 때문에 일정계획을 개발하는 것보다 일정성과를 감시 및 통제하는 것이 더 의미가 있다.
- 적응형 또는 애자일 생애주기에서 다양한 도구 및 기법 등을 이용하여 프로젝트 상황에 맞는 일정을 개발할 필요가 있다.

■ 일정관리 계획수립 프로세스의 투입물, 도구 및 기법, 산출물

	항목	
투입물	1) 프로젝트헌장 2) 프로젝트관리 계획서 • 범위관리 계획서 • 개발 방식 3) 기업환경요인 4) 조직 프로세스 자산	1) Project Charter 2) Project Management Plan • Scope Management Plan • Development Approach 3) Enterprise Environmental Factors 4) Organizational Process Assets
도구 및 기법	1) 전문가 판단 2) 데이터 분석 3) 회의	1) Expert Judgment 2) Data Analysis 3) Meetings
산출물	1) 일정관리 계획서	1) Schedule Management Plan

> **TIP**
> - 프로젝트 일정관리는 산술적인 계산문제와 일정을 줄이기 위한 일정 단축방법에 대해 깊이 있는 이해가 필요하다.
> - 주 공정 경로의 물리적인 의미를 정확하게 숙지한다.
> - 일정관리는 원가관리, 품질관리, 조달관리와 밀접하게 연결이 되어 있기 때문에 항상 변경 요청이 들어오면 팀원들과 다른 영역에 미치는 영향력 분석을 하는 것이 필요하다.

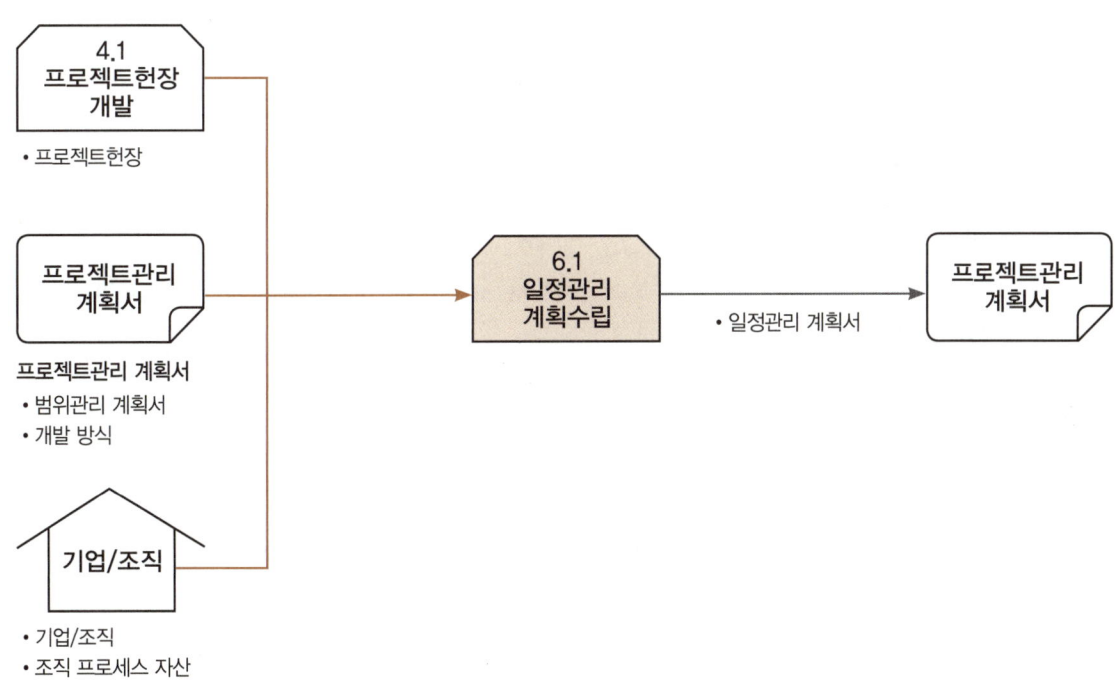

▲ 일정관리 계획수립 프로세스의 정보 흐름도

> **프로세스 해설**
> 일정관리 계획서는 프로젝트관리 계획서의 일부 구성요소이므로 개발 후 프로젝트관리 계획서를 업데이트 한다.

6.1.1 일정관리 계획수립: 투입물

(1) 프로젝트헌장
프로젝트헌장에 명시된 마일스톤 일정을 참조한다.

(2) 프로젝트관리 계획서
- 범위관리 계획서: 범위를 어떻게 정의하고 개발하는지에 대한 방법이 필요하다.
- 개발 방식: 어떤 방식(예측형, 적응형 혹은 애자일)을 사용할 지를 미리 정의하고 산정 기법, 사용할 일정도구, 일정 통제 기법을 정의한다.

(3) 기업환경요인
조직에서 사용하는 일정계획 소프트웨어 및 특정 요구사항을 충족시키기 위해 필요한 지침 혹은 기준 등을 사용한다.

(4) 조직 프로세스 자산
선례정보 및 교훈 저장소, 템플릿과 양식, 감시 및 보고 방법 등을 참조한다.

6.1.2 일정관리 계획수립: 도구와 기법

(1) 전문가 판단
일정 개발, 관리 및 통제, 계획 방법론 및 소프트웨어 등의 전문지식을 가지고 있거나 교육을 받은 개인 혹은 그룹을 말한다.

(2) 데이터 분석
프로젝트 상황에 따라 사용할 일정 방법론, 일정관리 도구 등을 프로젝트 전반에 걸쳐 검토하기 위한 대안 분석 기법을 사용한다.

(3) 회의
회의를 통해 일정관리 계획을 수립할 수 있고 스폰서, 프로젝트관리자, 팀원, 모든 이해관계자들이 참석 가능하다.

6.1.3 일정관리 계획수립: 산출물

(1) 일정관리 계획서

일정을 개발, 감시 및 통제하는 방법 및 지침을 적은 문서로 통제 한계선을 명시하여 혼란을 방지하고 다음 사항 등을 포함한다.

- **프로젝트 일정 모델 개발**: 일정 개발 방법론, 일정계획 도구를 지정한다.
- **릴리즈 및 반복(Iteration)기간**: 적응형 또는 애자일 접근 방식으로 진행할 때 반복주기를 결정한다. 일반적으로 1~4주 정도이다. 반복주기 기간에는 우선순위화 하여 범위 추가를 최대한 줄이는 장점이 있다.
- **통제 한계선**: 일정 성과 감시에 필요한 통제 한계선을 지정한다(예 각 작업일보다 5%가 늦어질 경우 상급자에게 보고 등).
- **성과측정 규칙**: 획득가치관리(EVM)를 이용하여 정량적으로 측정한다.
- **기타**: 활동기간의 정확도 수준, 측정 단위, 조직 절차 연계 및 보고 형식 등이 있다.

6.2 활동 정의(Define Activities)

프로세스 정의

작업분류체계(WBS)의 최소 단위인 작업패키지를 완료하기 위해 행하는 일련의 활동을 정의하는 프로세스이다.

프로세스 기능

- 활동을 정의하는 방법은 분할(Decomposition)이고 일정과 자원을 산정하거나 통제의 목적으로 활용한다.
- 현업에서 작업패키지와 활동을 같이 진행하기 때문에 최소 단위를 활동으로 착각하는 경우가 많다.
- 프로젝트 규모가 클 경우 프로젝트관리자가 작업패키지까지 관리하기 힘들면 통제 단위(Control Account) 수준으로 진척도를 관리한다.

■ 활동 정의 프로세스의 투입물, 도구 및 기법, 산출물

	항목	
투입물	1) 프로젝트관리 계획서 • 일정관리 계획서 • 범위 기준선 2) 기업환경요인 3) 조직 프로세스 자산	1) Project Management Plan • Schedule Management Plan • Scope Baseline 2) Enterprise Environmental Factors 3) Organizational Process Assets

	항목	
도구 및 기법	1) 전문가 판단 2) 분할 3) 연동 기획 4) 회의	1) Expert Judgment 2) Decomposition 3) Rolling Wave Planning 4) Meetings
산출물	1) 활동 목록 2) 활동 속성 3) 마일스톤 목록 4) 변경 요청 5) 프로젝트관리 계획서 업데이트 　• 일정 기준선 　• 원가 기준선	1) Activity List 2) Activity Attributes 3) Milestone List 4) Change Requests 5) Project Management Plan Updates 　• Schedule Baseline 　• Cost Baseline

> **TIP**
>
> 활동 정의 프로세스는 (5.4)작업분류체계 작성 프로세스로의 작업패키지로부터 만들어져 (6.5)일정 개발 프로세스의 투입물로 상호 밀접하게 연결되어 있다.

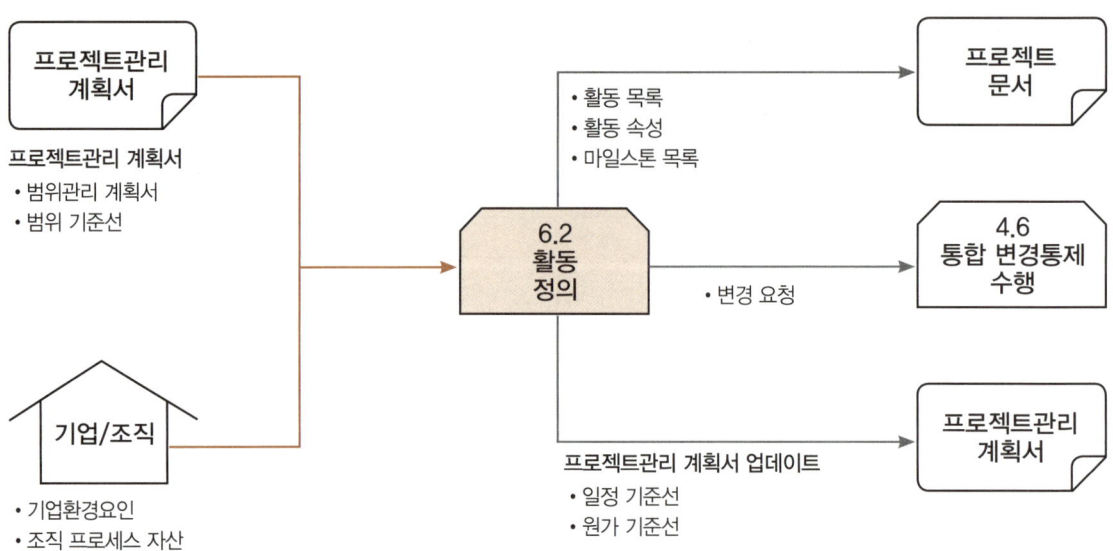

▲ 활동 정의 프로세스의 정보 흐름도

> **프로세스 해설**
>
> • 활동 정의가 완료되면 활동 목록, 활동 속성과 중요한 일정을 정리한 마일스톤 목록이 나오는데 프로젝트 문서로 등록이 된다. 이 문서들은 일정 개발을 완료하기 위한 프로세스의 투입물로 사용한다.
> • 변경 요청이 발생하면 (4.6)통합 변경통제 수행 프로세스로 공식적인 절차를 따른다.
> • 일정 기준선, 원가 기준선이 수정/보완되면 프로젝트관리 계획서를 업데이트 한다.

6.2.1 활동 정의: 투입물

(1) 프로젝트관리 계획서
- 일정관리 계획서: 일정 방법 및 필요한 상세도 수준을 정의하고 개발하는 방법에 대한 정보를 제공한다.
- 범위 기준선: 범위 기술서, 작업분류체계, 작업분류체계 사전으로 구성되어 있어 활동을 정의할 수 있다.

(2) 기업환경요인
출간된 상용정보 및 프로젝트관리 정보시스템(PMIS)을 사용한다.

(3) 조직 프로세스 자산
선례정보 및 교훈 저장소, 표준화 된 프로세스 및 템플릿과 양식 등을 참조한다.

6.2.2 활동 정의: 도구와 기법

(1) 전문가 판단
과거 유사한 프로젝트를 수행한 전문지식을 가지고 있거나 교육을 받은 개인 혹은 그룹 등을 말한다.

(2) 분할
프로젝트 범위와 인도물을 세분화 하는 방법으로 분할 작업에 팀원들이 참여하여야 정확도가 향상된다.

(3) 연동 기획
가까운 미래는 상세하게 계획을 수립하고 먼 미래는 상위 수준으로 개략적인 계획을 수립하는 반복적 기획기법으로 점진적 구체화의 한 형태이다.

(4) 회의
다양한 회의(대면, 가상, 공식 또는 비공식 등)를 통해 활동을 정의한다.

6.2.3 활동 정의: 산출물

(1) 활동 목록
작업패키지를 완료하기 위한 일련의 활동을 열거한 목록으로 각 활동에 대한 작업 범위명세서와 활동 식별자를 포함하며 반복적인 계획을 하는 연동 기획 또는 애자일 기법에서는 지속적으로 업데이트 한다.

(2) 활동 속성
각 활동에 대한 상세 내용을 포함한다(예 활동식별자, 활동 설명, 선·후행활동, 논리적 관계 등).

(3) 마일스톤 목록

마일스톤은 프로젝트에서 중요한 지점 또는 사건을 말하며 기간은 0으로 나타낸다. 마일스톤 차트는 모든 마일스톤이 열거되어 있어 주로 경영자에게 발표할 때 많이 사용한다.

(4) 변경 요청

기준선이 결정된 후 빠뜨린 작업 혹은 수정된 작업 등이 있을 경우 변경 요청을 제기한다.

(5) 프로젝트관리 계획서 업데이트

변경 요청을 통해 일정 기준선 혹은 원가 기준선 등을 수정하면 프로젝트관리 계획서를 업데이트 한다. 언제나 일정 기준선을 수정하면 원가 기준선도 검토하여 필요시 수정한다.

6.3 활동순서 배열(Sequence Activities)

프로세스 정의

프로젝트 활동들의 관계를 식별하여 정의하는 프로세스이다.

프로세스 기능

- 활동 사이의 논리적 연관관계를 이용하여 최적의 효율적인 순서를 찾아야 한다.
- 각 활동을 완료하기 위한 기간의 총합은 중첩되는 활동이 있을 수 있으므로 프로젝트 전체 일정은 아니다.
- 시작과 종료를 제외한 활동은 선행활동과 후행활동이 반드시 있어야 하며, 어떤 경우라도 활동 관계를 루프로 만들지 않아야 한다.
- 선도 혹은 지연이 필요할 수도 있으며 규모가 큰 프로젝트의 경우 일정 개발 소프트웨어를 사용하면 편리하다.

■ 활동순서 배열 프로세스의 투입물, 도구 및 기법, 산출물

	항목	

투입물	1) 프로젝트관리 계획서
	  • 일정관리 계획서
	  • 범위 기준선
	2) 프로젝트 문서
	  • 활동 속성
	  • 활동 목록
	  • 가정사항 기록부
	  • 마일스톤 목록
	3) 기업환경요인
	4) 조직 프로세스 자산
		1) Project Management Plan
		  • Schedule Management Plan
		  • Scope Baseline
		2) Project Documents
		  • Activity Attributes
		  • Activity List
		  • Assumption Log
		  • Milestone List
		3) Enterprise environment Factors
		4) Organizational Process Assets

도구 및 기법	1) 선후행 도형법 2) 의존관계 결정 및 통합 3) 선도 및 지연 4) 프로젝트관리 정보시스템	1) Precedence Diagramming Method 2) Dependency Determination and Integration 3) Leads and Lags 4) Project Management Information System
산출물	1) 프로젝트 일정 네트워크 다이어그램 2) 프로젝트 문서 업데이트 　• 활동 속성 　• 활동 목록 　• 가정사항 기록부 　• 마일스톤 목록	1) Project Schedule Network Diagrams 2) Project Documents Updates 　• Activity Attributes 　• Activity List 　• Assumption Log 　• Milestone List

> **TIP**
>
> 활동순서에 따라 프로젝트 일정은 차이가 발생한다. 또한 활동자원에 따라 기간도 변하기 때문에 한 번에 프로젝트 일정을 개발하기는 어렵고 점진적으로 구체화하여 최종 일정 개발을 해야 한다.

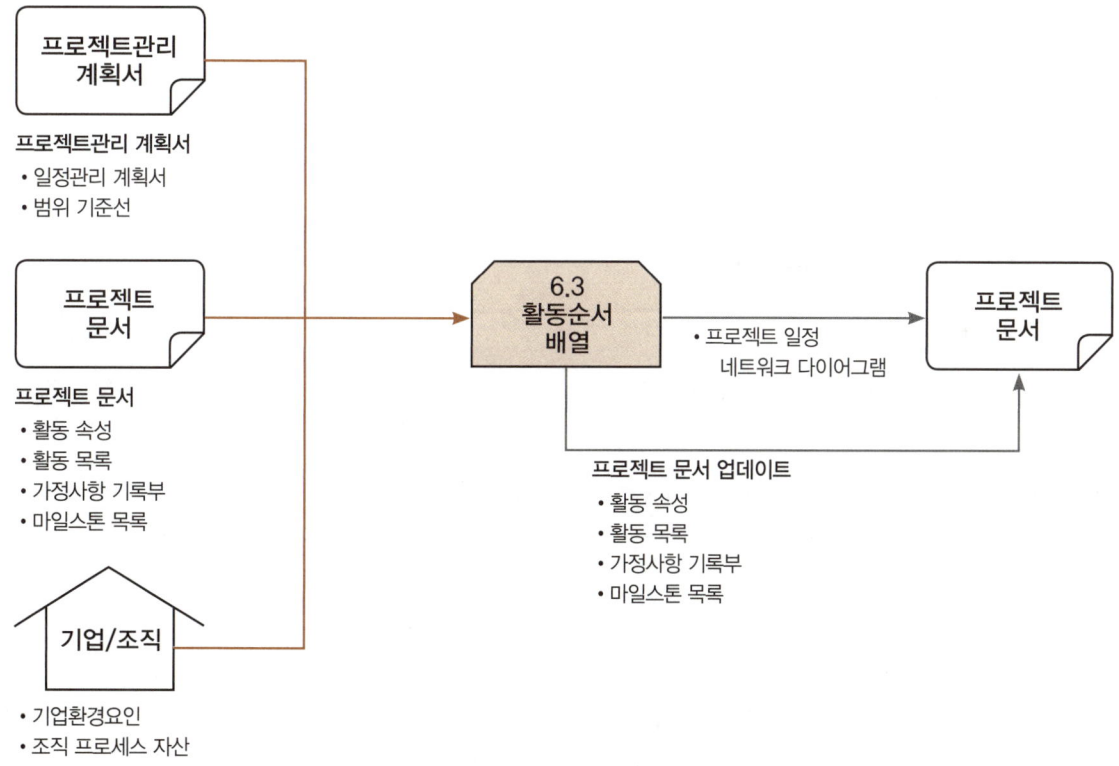

▲ 활동순서 배열 프로세스의 정보 흐름도

> **프로세스 해설**
>
> • 프로젝트 활동들의 연관관계가 완료되면 프로젝트 일정 네트워크 다이어그램으로 나타난다.
> • 활동순서를 배열하는 과정에서 활동 속성, 활동 목록, 가정사항 기록부, 마일스톤 목록 등을 수정/보완하여 업데이트 한다.

6.3.1 활동순서 배열: 투입물

(1) 프로젝트관리 계획서
- 일정관리 계획서: 활동순서 배열과 관련한 기준 등을 제공한다.
- 범위 기준선: 작업패키지 및 활동순서 배열과 관련한 제약 또는 가정 사항에 대한 정보를 제공한다.

(2) 프로젝트 문서
- 활동 속성: 선행활동과 후행활동 및 선도 혹은 지연에 대한 정보를 제공한다.
- 활동 목록: 모든 활동이 일정한 순서로 있기 때문에 활동 간의 의존관계 및 제약조건 등을 사용한다.
- 가정사항 기록부: 가정 및 제약 사항에 따라 활동순서 배열에 영향을 미칠 수 있고 리스크도 식별 가능하다.
- 마일스톤 목록: 특정 활동순서에 영향을 줄 수 있는 마일스톤을 미리 파악할 수 있다.

(3) 기업환경요인
조직의 작업승인 시스템이 여기에 해당하며 프로젝트관리 정보시스템(PMIS)의 한 부분이다.

(4) 조직 프로세스 자산
기존 사용한 활동 계획수립 정책, 절차 및 지침 등을 참조한다.

6.3.2 활동순서 배열: 도구와 기법

(1) 선후행 도형법
일정 모델 중 하나의 방법으로 활동을 노드로 표시하고 다음 네 종류로 구분하여 연관관계 유형을 결정한다.

- 종료-시작관계(FS): 선행활동이 끝나면 후행활동을 시작한다.
  - 예 문서편집이 끝나면 프린트할 수 있다.
- 종료-종료관계(FF): 선행활동이 끝나야 후행활동이 끝난다.
  - 예 문서작성이 끝나야 문서편집을 마칠 수 있다.
- 시작-시작관계(SS): 선행활동을 시작해야 후행활동을 시작할 수 있다.
  - 예 콘크리트를 부어야 평탄화 작업을 시작한다.
- 시작-종료관계(SF): 선행활동을 시작해야 후행활동이 종료되며 현실에서 거의 발생하지 않는다.
  - 예 새로운 윈도우10이 나오고 몇 년 지나서 윈도우8을 제거한다.

※ 주의 사항: 2개의 활동이 동시에 두 가지 논리적 관계로 연결 가능하다.

▲ 선후행도형법(PDM) 관계 샘플

(2) 의존관계 결정 및 통합

다음 네 종류의 의존관계가 있다.

- **의무적 의존관계**: 법적 혹은 계약과 같이 미리 정해진 물리적인 관계를 의미하며 Hard Logic이라고도 한다(예 기초공사가 끝나야 지상건물을 세울 수 있다).
- **임의적 의존관계**: 여러 가지 순서로 모두 가능하기 때문에 팀에서 결정하며 Soft Logic이라고도 한다 (일정 개발 시 공정중첩단축법(Fast Tracking)을 사용할 경우 여러 가지 순서를 검토하기 때문에 문서화 한다).
- **외부적 의존관계**: 프로젝트팀의 통제를 벗어난 활동들로 구성되어 있는 관계를 말한다(예 외부 업체에서 벽돌을 납품해야 건물을 올릴 수 있다).
- **내부적 의존관계**: 프로젝트팀의 통제 안에서 결정하는 선·후행 관계를 포함한다.

※ 주의 사항: 2개의 의존관계가 동시에 사용 가능하다(예 샘플이 나와야 샘플 테스트를 하는 경우 내부적/의무적 의존관계에 있다고 한다).

(3) 선도 및 지연

선행활동이 끝나기 전에 후행활동을 미리 할 수 있도록 하는 것을 선도라 하고, 선행활동이 끝나고 일정 기간이 지나야 할 경우 지연이라고 한다(예 선도의 경우는 샘플이 나오기 전에 샘플 테스트를 할 수 있도록 장비 모니터링을 하는 것이고, 지연의 경우는 콘크리트 양생기간과 같은 경우에 적용한다).

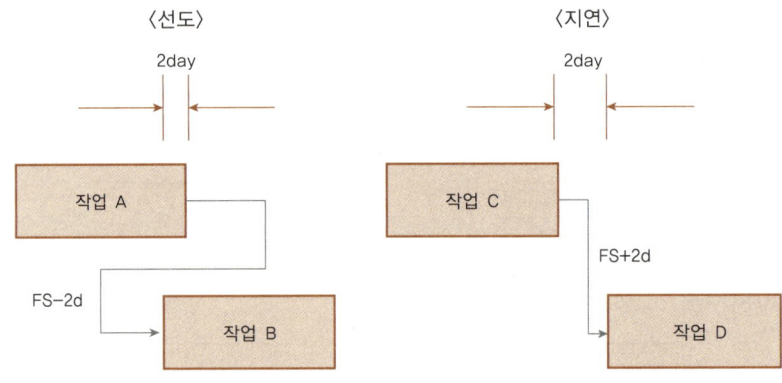

▲ 선도 및 지연 샘플

(4) 프로젝트관리 정보시스템(PMIS)

일정계획 소프트웨어를 포함한다.

6.3.3 활동순서 배열: 산출물

(1) 프로젝트 일정 네트워크 다이어그램

프로젝트 일정활동 사이의 논리적 관계를 나타낸 도표로 하나의 선행활동이 여러 활동으로 나뉘기도 하고, 여러 활동이 하나로 합쳐질 수도 있지만 활동의 loop가 존재하면 안 된다.

(2) 프로젝트 문서 업데이트

이 프로세스의 결과로 프로젝트 문서가 업데이트 되며 그 일부 예는 다음과 같다(예 활동 속성, 활동 목록, 가정사항 기록부, 마일스톤 목록 등).

6.4 활동기간 산정(Estimate Activity Durations)

프로세스 정의

산정된 자원으로 각 활동을 완료하기 위해 필요한 활동수행 기간을 산정하는 프로세스이다.

프로세스 기능

- (9.2)활동자원 산정 프로세스와 연동하여 활동기간 산정을 구하며 다양한 정보를 사용한다(예 자원 요구사항, 프로젝트 달력, 자원 달력 등).
- 기간 산정치는 점진적으로 구체화되는 과정으로 프로젝트 상황에 맞게 다양한 기법(예 유사 산정, 모수 산정, 3점 산정 등)을 이용하여 산정치의 정확도를 높인다.
- 투입된 자원의 스킬에 따라 산정기간을 다르게 적용하지만 자원할당에 상관없이 결정하는 업무도 있다.

■ 활동기간 산정 프로세스의 투입물, 도구 및 기법, 산출물

	항목	

투입물	1) 프로젝트관리 계획서
	  • 일정관리 계획서
	  • 범위 기준선
	2) 프로젝트 문서
	  • 활동 속성
	  • 활동 목록
	  • 가정사항 기록부
	  • 교훈 관리대장
	  • 마일스톤 목록
	  • 프로젝트팀 배정표
	  • 자원분류체계(RBS)
	  • 자원 달력
	  • 자원 요구사항
	  • 리스크 관리대장
	3) 기업환경요인
	4) 조직 프로세스 자산
		1) Project Management Plan
		  • Schedule Management Plan
		  • Scope Baseline
		2) Project Documents
		  • Activity Attributes
		  • Activity List
		  • Assumption Log
		  • Lessons Learned Register
		  • Milestone List
		  • Project Team Assignments
		  • Resource Breakdown Structure
		  • Resource Calendars
		  • Resource Requirements
		  • Risk Register
		3) Enterprise Environmental Factors
		4) Organizational Process Assets

도구 및 기법	1) 전문가 판단
	2) 유사 산정
	3) 모수 산정
	4) 3점 산정
	5) 상향식 산정법
	6) 데이터 분석
	  • 대안 분석
	  • 예비 분석
	7) 의사결정
	8) 회의
		1) Expert Judgment
		2) Analogous Estimating
		3) Parametric Estimating
		4) Three-point Estimating
		5) Bottom-up Estimating
		6) Data Analysis
		  • Alternatives Analysis
		  • Reserve Analysis
		7) Decision Making
		8) Meetings

산출물	1) 기간 산정치
	2) 산정 기준서
	3) 프로젝트 문서 업데이트
	  • 활동 속성
	  • 가정사항 기록부
	  • 교훈 관리대장
		1) Duration Estimates
		2) Basis of Estimates
		3) Project Documents Updates
		  • Activity Attributes
		  • Assumption Log
		  • Lessons Learned Register

> **TIP**
> 기간을 산정할 때는 수확체감의 법칙, 자원의 수(#), 기술 발전, 팀원의 동기부여에 따라 다르게 산정 가능하기 때문에 모든 데이터와 가정사항을 참조하여 산정하여야만 정확도가 증가한다.

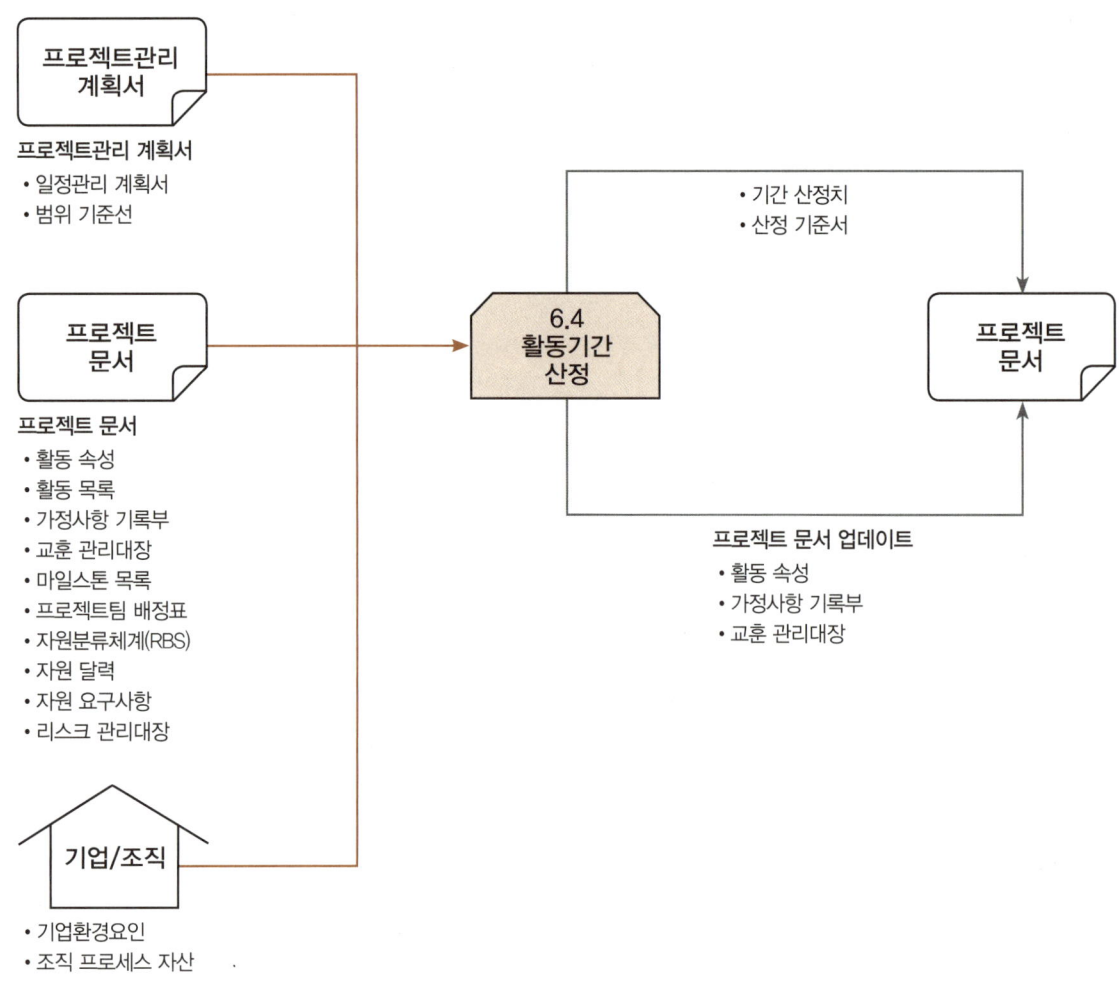

▲ 활동기간 산정 프로세스의 정보 흐름도

> **프로세스 해설**
> - 활동기간 산정이 끝나면 기간 산정치와 산정 기준서는 프로젝트 문서로 등록이 되고 다른 정보가 바뀔 때마다 점진적으로 구체화되어 활동순서와 함께 일정 개발 프로세스의 투입물이 된다.
> - 활동기간 산정을 통해 활동 속성, 가정사항 기록부 및 교훈 관리대장 등을 수정/보완하여 업데이트 한다.

6.4.1 활동기간 산정: 투입물

(1) 프로젝트관리 계획서

- 일정관리 계획서: 활동기간 산정에 사용되는 방법과 관련된 기준(예 정확도 수준 등)에 대한 정보를 제공한다.
- 범위 기준선: 산정에 필요한 기술정보가 작업분류체계 사전에 있다.

(2) 프로젝트 문서

- 활동 속성, 활동 목록, 가정사항 기록부, 교훈 관리대장, 마일스톤 목록, 프로젝트팀 배정표, 자원분류체계(Resource Breakdown Structure), 자원 달력, 자원 요구사항, 리스크 관리대장 등을 참조한다.
- 프로젝트팀 배정표: 활동을 잘 할 수 있는 적임자들을 배정한다.
- 자원 요구사항: 지식이나 기량이 부족한 사람이 배정되면 추가 요구사항(예 교육 및 의사소통 등)이 증가하여 산정이 지연된다.

(3) 기업환경요인

기간 산정치 데이터베이스, 출간된 상용 정보 및 팀원이 일 하는 위치 등이 있다.

(4) 조직 프로세스 자산

선례 기간 정보, 프로젝트 달력 등을 활용한다.

6.4.2 활동기간 산정: 도구와 기법

(1) 전문가 판단

산정 분야 및 적용 또는 응용 분야 전문지식을 가지고 있거나 교육을 받은 개인 혹은 그룹을 말한다.

(2) 유사 산정

과거 유사한 경험 혹은 선례 데이터를 활용하여 기간이나 원가를 산정하는 방법으로 상세한 정보가 제한적일 때 사용하기 때문에 정확도는 낮지만 시간과 비용이 적게 드는 장점이 있다. 다른 산정기법과 연동하여 사용하기도 하며 경험이 많거나 실제 내용과 비슷하면 신뢰도가 높아진다.

(3) 모수 산정

실적 데이터를 기반으로 통계적 알고리즘을 이용하여 계산하는 방법이다. 예를 들어 한 층을 올리는 데 3일이면 10층을 올릴 경우 30일이 소요된다. 산정하는 실적 데이터가 정확할수록 정확도는 높아지고 다른 산정기법과 연동하여 사용할 수 있다.

(4) 3점 산정

산정의 불확실성을 줄이기 위해 개발한 산정기법으로 3개의 시나리오로 나누어 산정하는 방법이며 PERT(Program Evaluation Review Technique)라고도 한다. 삼각분포와 베타분포 두 가지로 나누어 계산할 수 있다(* 시험에서 가중치를 적용했다는 얘기가 나오면 베타분포를 이용하여 구한다). 이 기법은 정확도가 높고 모든 산업 군에서 적용가능하기 때문에 출제 빈도가 상당히 높다.

$tE = (tO + tM + tP)/3$ (삼각분포)

$tE = (tO + 4tM + tP)/6$ (베타분포)

where tE = 기댓값, tO = 낙관치, tM = 보통치, tP = 비관치

(5) 상향식 산정법

작업분류체계를 완성한 후 하위 수준의 모든 구성요소를 합하여 기간이나 원가를 산정하기 때문에 시간이 오래 걸리는 단점이 있지만 정확도는 다른 기법에 비해 상당히 높다. 정확도를 높이기 위해서는 더 구체적으로 세분화한다. 서로 중복되어 작업을 할 수도 있기 때문에 총합이 전체 프로젝트 일정은 아니다.

(6) 데이터 분석

- 대안 분석: 여러 가지 대안을 찾아본다(예 제작, 임대 또는 구매 결정 등).
- 예비 분석: 우발사태 예비비와 관리 예비비의 양을 결정하기 위해 필요하다.
    - 우발사태 예비비: 일정 기준선에 포함시키고 예측 가능한 리스크(Known-unknown)와 연관되며 필요에 따라 전체 기간에 일정 비율을 추가할 수 있다. 개별 활동과 분리하여 관리한다.
    - 관리 예비비: 관리통제 목적으로 사용하며 일정 기준선에 포함하지 않는다. 예측 불가능한 리스크(Unknown-unknown)에 대비하여 준비한 것이지만 만일 사용하면 일정 기준선에 포함한다.

(7) 의사결정

애자일 기반 프로젝트에서 '손가락 거수법'을 사용할 수 있다. 주먹은 강한 부정이고 손가락을 하나씩 펼 때마다 긍정으로 간주하는 방법이다. 손가락이 3개 미만이면 의견을 피력하는 과정을 통해 다시 반복적인 과정을 거쳐 모두 동의할 때까지 계속 진행하는 방식이다.

(8) 회의

애자일 기반 프로젝트에서 회의는 반복(Iteration)되는 첫 날에 회의를 하고 제품 책임자와 팀, 프로젝트 관리자가 참여한다.

6.4.3 활동기간 산정: 산출물

(1) 기간 산정치

활동을 수행하기 위해 정량적으로 평가한 수치이다. 지연은 기간 산정치에 포함하지 않으며 범위를 구간으로 나타내기도 한다(예 2주±2일 등).

(2) 산정 기준서

무엇을 기준으로 기간 산정치를 정하였는지 명확한 기준이 필요하다. 다음은 문서에 포함하는 상세정보의 예이다.

- 산정치 기준을 기술한 문서
- 가정 및 제약 사항을 기술한 문서
- 산정치 허용 수준(예 10% 이내)
- 최종 산정치의 신뢰도 수준
- 산정치에 영향을 미치는 리스크 문서

(3) 프로젝트 문서 업데이트

- 활동 속성: 활동기간 산정치를 포함한다.
- 가정사항 기록부: 기간 산정을 하는 과정에서 적용한 가정사항(예 엔지니어의 기량 및 가용성 등) 및 제약 조건을 업데이트 한다.
- 교훈 관리대장: 산출할 때 적용했던 좋은 방법 등을 업데이트 한다.

6.5 일정 개발(Develop Schedule)

프로세스 정의

활동자원, 활동기간, 활동순서 및 제약조건 등을 분석하여 프로젝트 일정을 개발하는 프로세스이다.

프로세스 기능

- 프로젝트 일정 개발은 반복적으로 진행하며 승인된 프로젝트 일정(일정 기준선)을 수립하고 기준선 수립 후에는 변경통제위원회의 승인을 얻어야 수정 가능하다.
- 일정 기준선을 수립하기 위해서 언제나 일정 단축기법이 적용되어야 하며 자원 요구사항, 제약조건, 자원 달력 등을 고려하여 충돌을 막는다.
- 주 공정 경로는 제약 조건에 따라 양수, 0, 음수로 나타낸다.

■ 일정 개발 프로세스의 투입물, 도구 및 기법, 산출물

	항목	
투입물	1) 프로젝트관리 계획서 　• 일정관리 계획서 　• 범위 기준선 2) 프로젝트 문서 　• 활동 속성 　• 활동 목록 　• 가정사항 기록부 　• 산정 기준서 　• 기간 산정치 　• 교훈 관리대장 　• 마일스톤 목록 　• 프로젝트 일정 네트워크 다이어그램 　• 프로젝트팀 배정표 　• 자원 달력 　• 자원 요구사항 　• 리스크 관리대장 3) 협약 4) 기업환경요인 (EEF) 5) 조직 프로세스 자산 (OPA)	1) Project Management Plan 　• Schedule Management Plan 　• Scope Baseline 2) Project Documents 　• Activity Attributes 　• Activity List 　• Assumption Log 　• Basis of Estimates 　• Duration Estimates 　• Lessons Learned Register 　• Milestone List 　• Project Schedule Network Diagrams 　• Project Team Assignments 　• Resource Calendars 　• Resource Requirements 　• Risk Register 3) Agreements 4) Enterprise Environmental Factors 5) Organizational Process Assets

	항목	
도구 및 기법	1) 일정 네트워크 분석 2) 주공정법 3) 자원 최적화 4) 데이터 분석 　• 가정형 시나리오 분석 　• 시뮬레이션 5) 선도 및 지연 6) 일정 단축 7) 프로젝트관리 정보시스템 8) 애자일 릴리즈 기획	1) Schedule Network Analysis 2) Critical Path Method 3) Resource Optimization 4) Data Analysis 　• What-if Scenario Analysis 　• Simulation 5) Leads and Lags 6) Schedule Compression 7) Project Management Information System 8) Agile release Planning
산출물	1) 일정 기준선 2) 프로젝트 일정 3) 일정 데이터 4) 프로젝트 달력 5) 변경 요청 6) 프로젝트관리 계획서 업데이트 　• 일정관리 계획서 　• 원가 기준선 7) 프로젝트 문서 업데이트 　• 활동 속성 　• 가정사항 기록부 　• 기간 산정치 　• 교훈 관리대장 　• 자원 요구사항 　• 리스크 관리대장	1) Schedule Baseline 2) Project Schedule 3) Schedule Data 4) Project Calendars 5) Change Requests 6) Project Management Plan Updates 　• Schedule Management Plan 　• Cost Baseline 7) Project Documents Updates 　• Activity Attributes 　• Assumption Log 　• Duration Estimates 　• Lessons Learned Register 　• Resource Requirements 　• Risk Register

> **TIP**
> 일정을 단축하기 위한 여러 가지 도구나 기법 등의 장·단점을 정확히 이해하여야 한다.

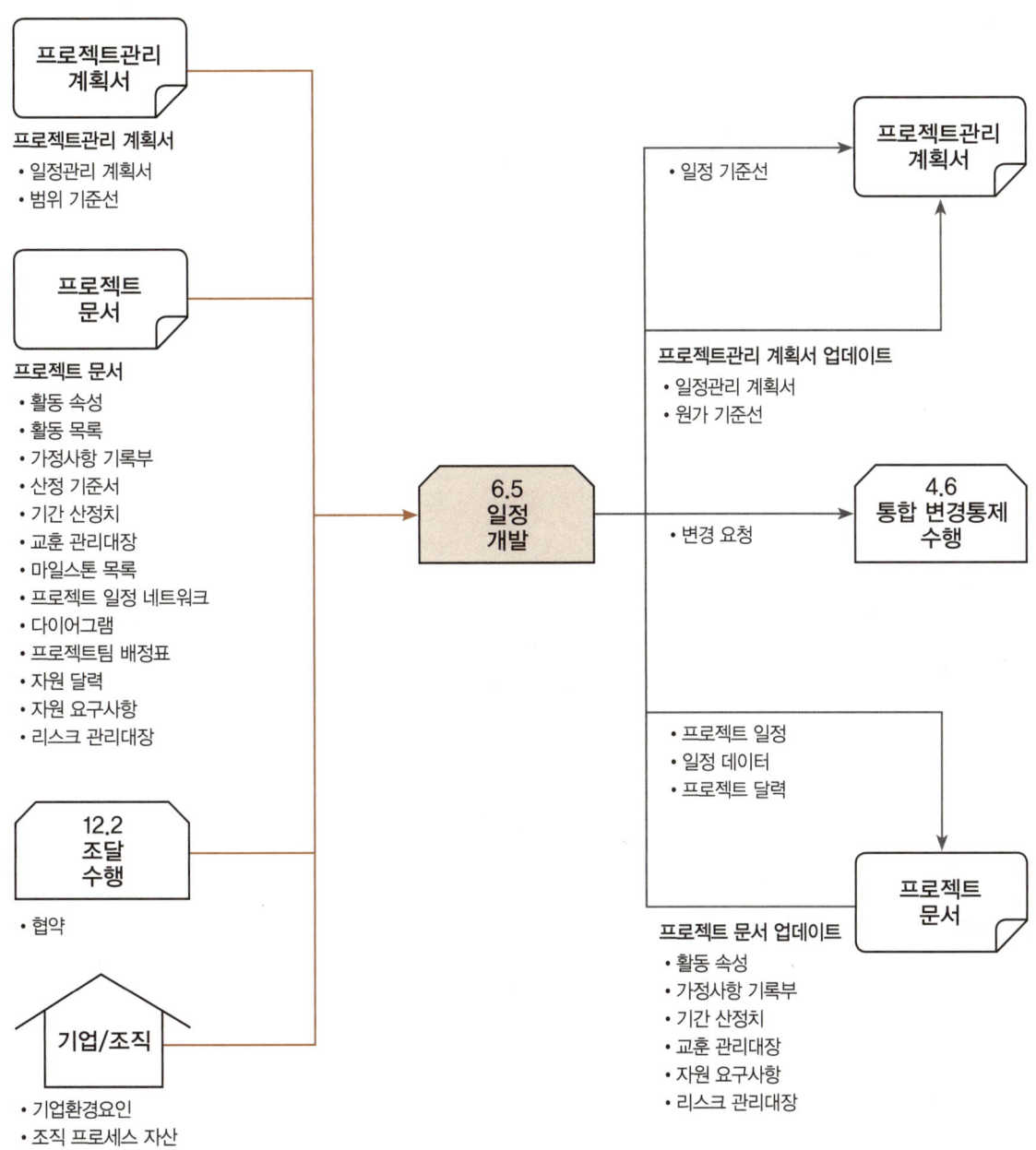

▲ 일정 개발 프로세스의 정보 흐름도

> **프로세스 해설**
>
> - 일정 기준선은 프로젝트관리 계획서를 구성하고 있는 요소이다.
> - 일정관리 계획서와 원가 기준선은 수정/보완하여 프로젝트관리 계획서를 업데이트 한다.
> - 변경 요청은 공식적인 (4.6)통합 변경통제 수행 프로세스로 투입한다.
> - 프로젝트 일정, 일정 데이터, 프로젝트 달력 등은 프로젝트 문서에 저장되고 활동 속성, 가정사항 기록부, 기간 산정치, 교훈 관리대장, 자원 요구사항, 리스크 관리대장 등은 수정/보완하여 업데이트 한다.

6.5.1 일정 개발: 투입물

(1) 프로젝트관리 계획서
- 일정관리 계획서: 일정 개발을 위한 절차 및 사용도구 등을 제공한다.
- 범위 기준선: 작업분류체계와 작업분류체계 사전에 인도물에 대한 자세한 정보와 가정 및 제약사항, 일정 마일스톤 등이 존재한다.

(2) 프로젝트 문서
- 활동 속성: 활동에 대한 상세정보가 있다.
- 활동 목록: 일정 모델에 포함할 활동들의 목록이 필요하다.
- 가정사항 기록부: 일정 개발에 영향을 미칠 수 있는 요인을 확인한다.
- 산정 기준서: 기간 산정치의 명확한 근거가 필요하다.
- 교훈: 초기에 얻은 교훈이 있다면 적용한다.
- 마일스톤 목록: 중요한 일정들이 적혀 있다.
- 프로젝트 일정 네트워크 다이어그램: 선·후행활동 간의 논리적 관계를 확인한다.
- 프로젝트팀 배정표: 각 활동을 수행할 팀원을 정리하였다.
- 자원 달력: 자원 가용성에 대한 정보가 있다.
- 자원 요구사항: 각 활동에 필요한 자원의 유형과 수량을 알아야 한다.
- 리스크 관리대장: 식별된 모든 리스크가 있어 일정 모델에 영향을 미치는 요소를 알 수 있고 필요시 일정 예비비에 반영한다.

(3) 협약
일정 개발 과정에 공급업체가 요구하는 정보가 있다.

(4) 기업환경요인
정부 또는 산업 표준을 활용한다.

(5) 조직 프로세스 자산
일정 개발 방법론, 프로젝트 달력 등을 사용한다.

6.5.2 일정 개발: 도구와 기법

(1) 일정 네트워크 분석
네트워크 다이어그램을 보고 분석하는 방법으로 주로 경로가 수렴하거나 나뉘어지는 경우를 분석하여 일정 단축을 하는 방법으로 주공정법, 자원 최적화, 모델링 기법 등을 함께 사용한다.

(2) 주공정법(CPM)

- 프로젝트의 기간을 산정하는 하나의 방법으로, 이 중에서 제일 긴 경로를 주 공정 경로(Critical Path)라고 한다.
- 여러 개의 주 경로가 동시에 존재 가능하며, 주 공정 경로 상에 없는 활동이 늦어져 주 공정 경로보다 더 긴 시간이 필요할 경우 바뀔 수도 있다. 주 공정 경로보다 조금 짧은 경로를 준 주 공정 경로(Near Critical Path)라고 하며, 이 또한 여러 개가 존재 가능하다.
- 여유시간이 음수이면 현재 계획대비 늦어지고 있다는 의미로 해석하고 제약 조건에 따라 주 공정 경로는 양수, 0, 음수로 나타낸다.
- 총 여유(Total Float)는 전체 프로젝트 일정을 지연시키지 않고 가질 수 있는 여유시간을 말하며, 자유여유(Free Float)는 후행 활동의 Early Start를 지연하지 않고 가지는 여유시간을 의미한다.
- 자원 제약 사항을 고려하지 않았기 때문에 일정분석 시 자원평준화가 필요하다.

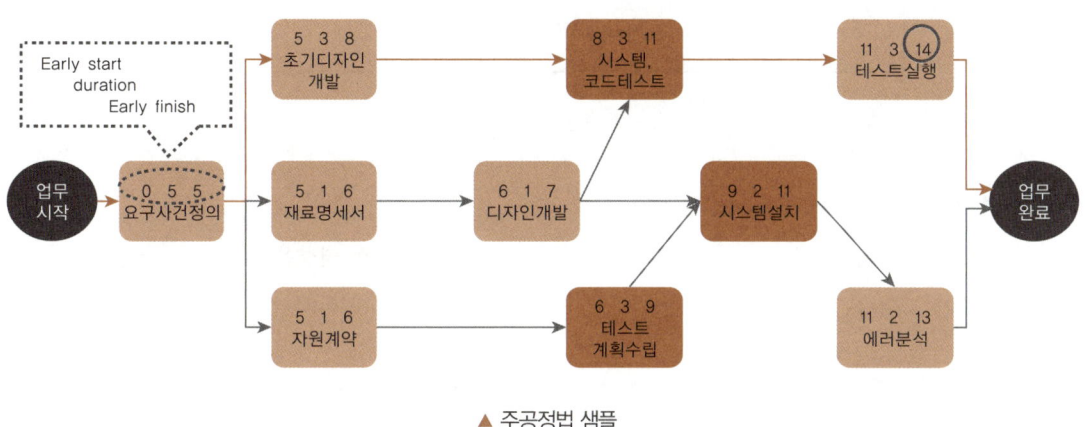

▲ 주공정법 샘플

- 주공정법에서 가장 긴 경로를 구하는 방식은 각 경로의 합을 따로 따로 모두 구한 후 제일 긴 경로를 구하면 된다. 위 그림에서는 전체 일정이 14일이 된다.

(3) 자원 최적화

여러 작업에 한정된 자원(희소자원 혹은 공유자원)을 동시에 투입할 수 없기 때문에 가용할 수 있는 능력 아래로 조정하는 기법으로 두 종류가 있다.

- **자원평준화**: 자원제약에 근거하여 일정을 조절하기 때문에 대부분의 경우 프로젝트 일정이 늦어진다.
- **자원평활화**: 자원제약에 근거하여 일정을 조절하여도 주 공정을 변경하지 않아 일정 지연이 발생하지 않기 때문에 자유여유와 총여유 안에서만 활동을 지연할 수 있도록 조정한다. 따라서 일부 자원이 최적화 안 될 수 있다.

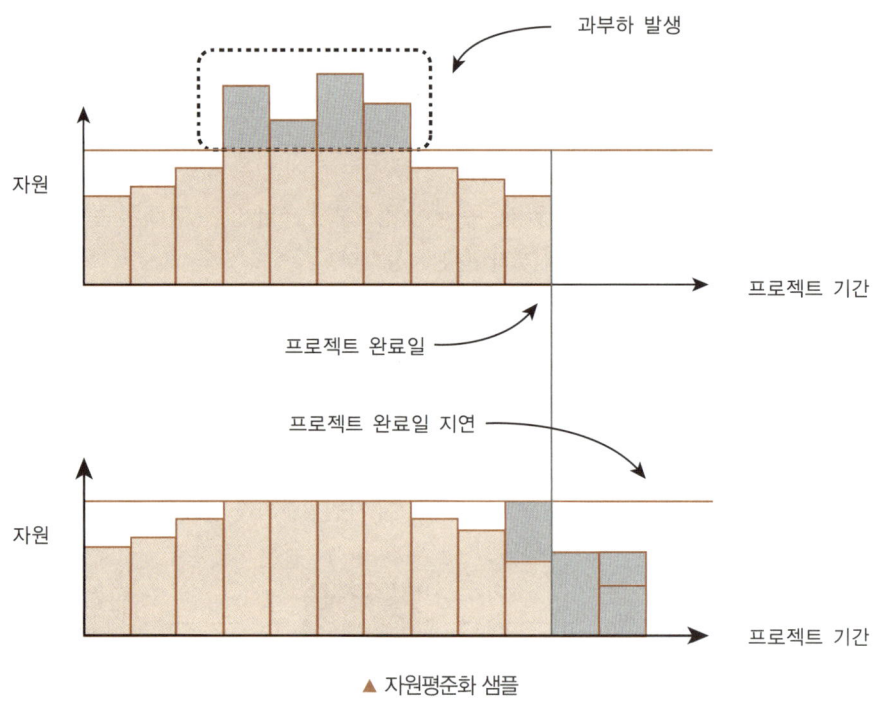

▲ 자원평준화 샘플

(4) 데이터 분석
- 가정형 시나리오 분석: 여러 가지 상황을 만들어 긍정적 또는 부정적 영향을 예측하는 방법이다.
- 시뮬레이션: 목표에 미칠 영향력을 분석하기 위해 컴퓨터를 이용하여 확률론적으로 구하는 방법이다 (예 몬테카를로 분석).

(5) 선도 및 지연
후행활동 시작 시간을 조정할 수 있는지 확인하는 방법으로 앞당길 수 있으면 선도, 늦추어야 하면 지연이다.

(6) 일정 단축
범위를 축소하지 않고 일정기간을 줄이는 방법이다.
- 공정압축법: 자원을 추가하여 기간을 단축하는 방법이라 추가 비용이 발생한다. 주 공정 경로 상에 있는 작업에 적용해야 효과가 있으며, 대안을 마련하지 않거나 원가상승에 기인하는 추가 비용을 지불하는 단점이 있다.
- 공정중첩단축법: 동시에 작업을 진행하여 일정을 단축하는 기법으로 실수할 경우 재작업을 초래하고 리스크가 증가하는 단점이 있다. 중첩이 이루어질 경우 프로젝트 일정을 단축하는 곳에만 적용한다. 선도를 사용하면 조율하는 업무량이 늘어나고 품질 관련 리스크가 증가하여 프로젝트 비용이 증가한다.

(7) 프로젝트관리 정보시스템
일정 개발을 만들기 위한 소프트웨어를 포함한다.

(8) 애자일 릴리즈 기획

전체 프로젝트 일정 개발을 위해 먼저 상위 수준의 릴리즈(Release) 일정표를 만들고 첫 번째 릴리즈에서 파생된 여러 개의 반복(Iteration)을 먼저 정한 후, 첫 번째 반복에서 여러 개의 기능으로 나누는 방식을 적용한다.

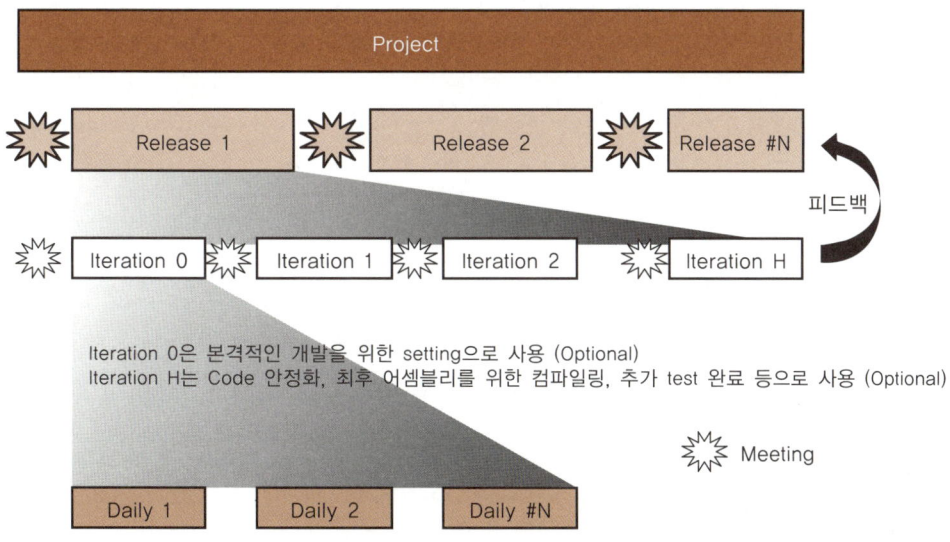

▲ 애자일 릴리즈 기획의 예

6.5.3 일정 개발: 산출물

(1) 일정 기준선

승인된 버전의 일정 개발 모델로 변경 요청을 할 경우에는 공식적인 (4.6)통합 변경통제 수행 프로세스를 진행하고, 감시 및 통제의 비교 기준으로 사용한다. 승인된 버전은 프로젝트관리 계획서의 한 요소이며 변경할 때마다 프로젝트관리 계획서를 업데이트 한다.

(2) 프로젝트 일정

여러 가지 일정 모델을 나타내는 산출물로 언제나 활동의 예정시작일과 예정종료일을 포함한다. 다음과 같은 형태로 사용한다.

- 막대차트: 일명 간트차트라고 하며 활동기간은 시작일과 종료일을 간단한 막대로 표시하여 정보를 제공한다. 계획대비 성과를 요약형태로 볼 수 있다.
- 마일스톤 차트: 주요 인도물에 대해서만 간단히 점 형태로 보여주기 때문에 주로 경영층에 보고할 때 사용한다.
- 프로젝트 일정 네트워크 다이어그램: 활동 간의 관계 및 상세한 일정을 알 수 있어 팀원끼리 의사소통에 많이 사용하며 주 공정 경로가 표시된다.

(3) 일정 데이터

일정 모델에 있는 일정과 관련한 모든 정보를 의미하며 마일스톤, 일정활동, 모든 가정 및 제약조건을 기술한 문서도 포함한다(예 기간별 자원 요구사항, 대안 일정, 적용된 예비 일정 등).

(4) 프로젝트 달력

일정 활동의 진행 가능 여부가 표시되어 있고 필요에 따라 여러 개를 사용하며 상황에 따라 업데이트가 가능하다.

(5) 변경 요청

변경 요청이 발생하면 공식적인 (4.6)통합 변경통제 수행 프로세스를 진행한다.

(6) 프로젝트관리 계획서 업데이트

- 일정관리 계획서: 일정을 개발하고 관리하는 방식에 대한 변경사항을 업데이트 한다.
- 원가 기준선: 원가와 관련한 승인 받은 변경사항을 업데이트 한다.

(7) 프로젝트 문서 업데이트

- 활동 속성: 일정 개발 진행 중에 발생한 자원 요구사항이 바뀐 경우 업데이트 한다.
- 가정사항 기록부: 일정 개발 결과로 나타난 정보를 업데이트 한다.
- 기간 산정치: 자원평준화 분석을 통해 자원 요구사항이 바뀐 경우 업데이트 한다.
- 교훈 관리대장: 새로 얻어진 교훈이 있다면 업데이트 한다.
- 자원 요구사항: 자원평준화 분석을 통해 자원 요구사항을 업데이트 한다.
- 리스크 관리대장: 일정 개발 결과로 추가된 혹은 제거된 리스크가 있다면 업데이트 한다.

6.6 일정 통제(Control Schedule)

프로세스 정의

일정 기준선에 대한 변경을 관리하는 프로세스이다.

프로세스 기능

- 프로젝트 전반에 걸쳐 일정 기준선과 실제 진행상황을 비교 분석하여 필요한 시정 및 예방조치 활동을 통해 통제한다.
- 일정 기준선 변경은 (4.6)통합 변경통제 수행 프로세스를 통해서 승인을 얻을 경우만 가능하다.
- 외부 업체와 계약을 통해 작업을 할 경우 일정 통제 방법으로 정기적인 마일스톤 현황 업데이트를 사용한다.

■ 일정 통제 프로세스의 투입물, 도구 및 기법, 산출물

	항목	
투입물	1) 프로젝트관리 계획서 　• 일정관리 계획서 　• 일정 기준선 　• 범위 기준선 　• 성과측정 기준선 2) 프로젝트 문서 　• 교훈 관리대장 　• 프로젝트 달력 　• 프로젝트 일정 　• 자원 달력 　• 일정 데이터 3) 작업성과 데이터 4) 조직 프로세스 자산	1) Project Management Plan 　• Schedule Management Plan 　• Schedule Baseline 　• Scope Baseline 　• Performance Measurement Baseline 2) Project Documents 　• Lessons Learned Register 　• Project Calendars 　• Project Schedule 　• Resource Calendars 　• Schedule Data 3) Work Performance Data 4) Organizational Process Assets
도구 및 기법	1) 데이터 분석 　• 획득 분석 　• 반복 번다운 차트 　• 성과 검토 　• 추세 분석 　• 차이 분석 　• 가정형 시나리오 분석 2) 주공정법 3) 프로젝트관리 정보시스템 4) 자원 최적화 5) 선도 및 지연 6) 일정 단축	1) Data Analysis 　• Earned Value Analysis 　• Iteration Burndown Chart 　• Performance Reviews 　• Trend Analysis 　• Variance Analysis 　• What-if Scenario Analysis 2) Critical Path Method 3) Project Management Information System 4) Resource Optimization 5) Leads and Lags 6) Schedule Compression
산출물	1) 작업성과 정보 2) 일정 예측 3) 변경 요청 4) 프로젝트관리 계획서 업데이트 　• 일정관리 계획서 　• 일정 기준선 　• 원가 기준선 　• 성과측정 기준선 5) 프로젝트 문서 업데이트 　• 가정사항 기록부 　• 산정 기준서 　• 교훈 관리대장 　• 프로젝트 일정 　• 자원 달력 　• 리스크 관리대장 　• 일정 데이터	1) Work Performance Information 2) Schedule Forecasts 3) Change Requests 4) Project Management Plan Updates 　• Schedule Management Plan 　• Schedule Baseline 　• Cost Baseline 　• Performance Measurement Baseline 5) Project Documents Updates 　• Lessons Learned Register 　• Basis of Estimates 　• Lessons Learned Register 　• Project Schedule 　• Resource Calendars 　• Risk Register 　• Schedule Data

> **TIP**
> - 일정 통제의 절차를 상황에 따라 명확하게 이해한다.
> - 일정이 계획보다 늦어지면 현재 상황을 파악하여 그 결과를 가지고 미래를 예측한다. 필요시 여러 가지 기법을 사용하여 원래 계획을 유지하려고 노력한다.
> - 애자일 접근법을 사용할 때는 다르게 접근한다.
> - 인도된 작업의 총량을 진행한 시간으로 나누어 원래 계획과 비교하여 현황을 파악한다.
> - 회고적 검토를 통해 필요시 수정한다.
> - 정해진 반복주기에 완료한 백로그의 스토리점수로 속도를 판정한다.
> - 프로젝트 일정의 변경 유무를 판별하여 변경 발생 시 실질적인 변경관리를 한다.

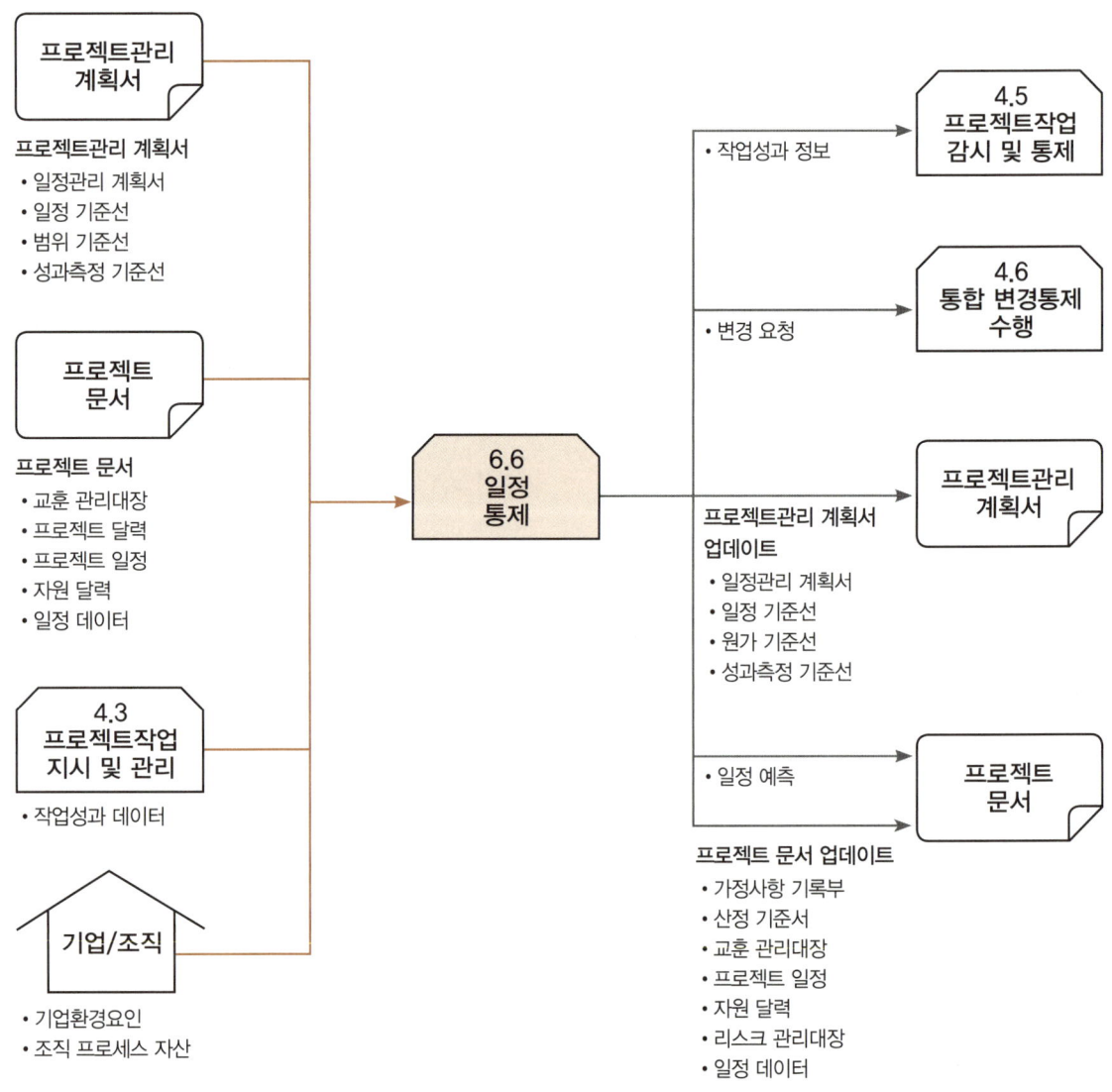

▲ 일정 통제 수행 프로세스의 정보 흐름도

> **프로세스 해설**
> - 작업성과 정보는 (4.5)프로젝트작업 감시 및 통제 프로세스로 투입되어 작업성과 보고서를 작성한다.
> - 변경 요청이 발생하면 공식적인 절차에 따라 (4.6)통합 변경통제 수행 프로세스로 투입한다.
> - 일정 통제 프로세스를 진행하면서 프로젝트관리 계획서의 일부 구성요소(일정관리 계획서, 일정 기준선, 원가 기준선, 성과측정 기준선)가 수정/보완되면 프로젝트관리 계획서를 업데이트 한다.
> - 일정 통제를 통해 미래의 일정을 예측하면 프로젝트 문서로 저장한다.
> - 일정 통제 중에 나오는 여러 가지 문서들은 수정/보완될 경우 모두 업데이트 한다.

6.6.1 일정 통제: 투입물

(1) 프로젝트관리 계획서
- 일정관리 계획서: 일정을 관리하는 총체적인 내용이 담겨 있다.
- 일정 기준선: 실제 결과와 비교하기 위해 사용한다.
- 범위 기준선: 범위와 관련한 인도물, 제약 조건 및 가정사항을 확인한다.
- 성과측정 기준선: 획득가치 분석을 사용할 때 필요하다.

(2) 프로젝트 문서
- 교훈 관리대장: 초반에 얻은 교훈을 사용한다.
- 프로젝트 달력: 일정 예측을 할 때 가용일을 확인하기 위해 사용한다.
- 프로젝트 일정: 기준일에 업데이트 한 최신 버전 일정을 가리킨다(예 원래 일정 기준선보다 2달 지연이 되었을 경우 프로젝트 일정은 2달 지연된 일정을 말한다).
- 자원 달력: 자원의 가용성 정보를 알려준다.
- 일정 데이터: 일정과 관련한 종합된 정보로 일정 추정 시 사용한다.

(3) 작업성과 데이터
일정 통제를 통해 얻어진 가공하지 않은 데이터를 말한다(예 실제 기간, 실제 달성률 등).

(4) 조직 프로세스 자산
기존의 공식/비공식 통제 절차 및 방침 등

6.6.2 일정 통제: 도구 및 기법

(1) 데이터 분석
획득가치 분석과 애자일 접근방식에서 반복적 번다운 차트 등을 사용한다.

- **획득가치 분석**: 일정 차이, 일정성과지수 등의 측정치를 사용하여 일정에 대한 진척도를 나타내는 기법이다.
- **반복 번다운(burn-down) 차트**: 백로그에서 완료할 작업을 기준으로 진행한 작업의 양을 표시하며 그 차이는 아직 하지 못한, 즉 남아 있는 작업을 의미한다.
- **반복 번업(burn-up) 차트**: 백로그에서 완료할 작업을 기준으로 추가 된 작업의 양을 알 수 있다.
- **성과 검토**: 일정 기준선과 현재의 상황을 비교 및 분석한다.
- **추세 분석**: 현재까지 성과를 그래프로 분석하여 향후 성과를 예측하기 위해 사용한다.
- **차이 분석**: 일정 기준선과 현재 성과에 차이가 날 때 그 원인과 정도를 파악하고, 이 차이가 완료일에 영향을 미치는 지 확인 후 필요시 시정조치나 예방조치를 취한다.
- **가정형 시나리오 분석**: 리스크를 가지고 있는 여러 가지 상황을 가정하여 일정 기준선에 영향을 미치는지 확인하기 위해 사용한다.

(2) 주공정법
주 공정 경로를 따라 진척도를 확인하고 준 주 공정 경로의 활동들도 평가하여 리스크를 식별 가능하게 한다.

(3) 프로젝트관리 정보시스템
프로젝트관리 정보시스템에 포함된 일정계획 소프트웨어를 이용하여 기준선 대비 현재 성과를 측정한다.

(4) 자원 최적화
자원 가용성과 일정을 모두 고려하여 활동에 적합한 지원을 계획한다.

(5) 선도 및 지연
늦어진 일정을 맞추기 위해 선도 및 지연 조정을 적용한다.

(6) 일정 단축
주 공정 경로에 남아 있는 작업에 공정압축법 혹은 공정중첩법을 이용한다.

6.6.3 일정 통제: 산출물

(1) 작업성과 정보
일정 기준선과 비교한 작업의 진행 정보에 대한 정보가 있다.

(2) 일정 예측
현재의 작업성과 정보를 근거로 획득가치 분석을 통해 향후 완료일을 예측한다.

(3) 변경 요청

일정 차이 분석을 통해 일정 기준선, 범위 기준선 및 다른 프로젝트관리 계획서의 일부 구성요소에 대해 변경 요청이 나온다. 공식적인 (4.6)통합 변경통제 수행 프로세스에 따라 진행한다.

(4) 프로젝트관리 계획서 업데이트

- 일정관리 계획서: 일정관리 방법에 대한 변경사항을 업데이트 한다.
- 일정 기준선: 일정 기준선에 영향을 주는 여러 요인으로 인한 변경 요청이 승인되면 업데이트 한다.
- 원가 기준선: 범위, 자원 또는 원가 산정치에 대한 변경 요청이 승인되면 업데이트 한다.
- 성과측정 기준선: 성과 차이가 많이 날 수 있는 여러 요인으로 인한 변경 요청이 승인되면 업데이트 한다.

(5) 프로젝트 문서 업데이트

- 가정사항 기록부: 일정 성과와 연관된 가정사항이 수정 가능하다.
- 산정 기준서: 일정 산정에 대한 기준이 바뀌면 업데이트 한다.
- 교훈 관리대장: 일정을 유지하기 위한 교훈들을 업데이트 한다.
- 프로젝트 일정: 변경사항을 반영한 일정으로 업데이트 한다.
- 자원 달력: 일정을 압축하기 위해 사용한 여러 가지 기법으로 인해 자원 가용성이 변하면 업데이트 한다.
- 리스크 관리대장: 일정을 압축할 때 발생하는 리스크 및 리스크 대응계획을 업데이트 한다.
- 일정 데이터: 일정과 관련한 다양한 정보를 말하며 필요에 따라 제공된 데이터를 가지고 새로운 네트워크 다이어그램을 만들거나 새로운 목표 일정을 개발할 수 도 있다.

예상문제 ▶▶ 6장 프로젝트 일정관리

01 스폰서의 요청대로 프로젝트 일정을 압축시킨 후에 검토를 해보니 주 공정 경로가 5개나 되었다. 이러한 상황은 프로젝트에 어떻게 영향을 미칠까?

A. 일정을 압축시켰기 때문에 발생한 것이므로 어쩔 수 없는 선택이었다.
B. 프로젝트 리스크가 높아진다.
C. 인적 자원에 대한 요구사항이 높아지므로 경력사원 위주로 선택한다.
D. 추가로 경비가 더 들어갈 것으로 예상한다.

> **해설**
> 일정을 압축할 경우 주로 발생하는 것은 추가 원가가 발생하게 되지만 활동의 순서를 통해서도 가능하다. 또한, 일정을 압축했다고 해도 꼭 주 공정 경로가 많아지는 것은 아니고, 만일 주 공정 경로가 5개가 되면 이 중 하나라도 늦어질 경우 전체 일정이 늦어지게 되므로 프로젝트 리스크가 높아진다.
>
> 정답: B

02 스폰서에게 발표할 때는 전체적인 일정표를 모두 보여 주기가 힘들기 때문에 마일스톤 형태로 보여주는 것이 일반적이다. 계획단계가 끝났다고 보여주는 마일스톤의 기간은 어느 정도면 될까?

A. 마일스톤 회의를 할 때 들어가는 회의 시간 정도로 산정한다.
B. 마일스톤 회의를 승인할 시간도 포함해야 하므로 일주일 정도로 산정한다.
C. 마일스톤은 기간이 없는 것으로 한다.
D. 마일스톤을 하나의 활동으로 보고 프로젝트관리자가 임의로 결정할 수 있다.

> **해설**
> 마일스톤의 기간을 물어 본 것이지 마일스톤 회의를 하는 것에 대한 기간을 물어 본 것은 아니다. 마일스톤은 기간을 '0'으로 표시한다.
>
> 정답: C

03 프로젝트관리자가 50층 주상복합을 만들기 위한 프로젝트에서 실행단계의 중간이 조금 지났을 때 획득가치 분석을 통해 현재의 속도로는 더 이상 계획을 맞출 방법이 없다는 것을 알게 되었다. 지금 상황에서 프로젝트관리자가 해야 할 첫 번째 행동은 무엇인가?

A. 계획을 맞출 수 없게 된 원인을 분석하여 더 이상 그런 상황이 일어나지 않도록 방지한다.

B. 고객과의 미팅을 통해 불필요한 업무를 줄여서 일정을 맞추겠다고 이야기한다.

C. 일정을 맞추기 위해 대안을 마련하고 스폰서에게 보고한다.

D. 팀원들을 독려하여 주말 근무를 통해 해결해 달라고 요청한다.

> **해설**
>
> 원인 분석을 하는 것도 중요하고 고객과 협력을 통해 불필요한 업무를 줄일 수 있다면 줄이는 것도 한 방법이다. 그러나 프로젝트관리자는 원래 계획한 일정을 맞추도록 노력하는 모습을 보이는 것이 첫 번째로 취할 행동이다. 또한 어떠한 경우라도 야근을 시키거나 주말 근무를 강요하는 것은 허락하지 않아야 한다.
>
> 정답: C

04 프로젝트를 진행하는 도중 외국에서 들어오기로 한 측정 장비가 일정이 변경되어 급하게 들어와야 하는 상황이 되었다. 원래 계획은 배편으로 되어 있었으나 급행료를 지불해서라도 들어와야 하기 때문에 항공편을 이용하기로 하였다. 이러한 상황은 무슨 기법을 설명하는 것인가?

A. 자원 평준화(Resource Levelling)

B. 공정압축법(Crashing)

C. 공정중첩단축법(Fast Tracking)

D. 선도(Lead)와 지연(Lag) 기법

> **해설**
>
> 자원 평준화 기법은 한 자원이 일정 기간에 과잉으로 업무가 주어질 경우 과잉 업무를 뒤로 미루는 방법이라 전체 일정이 늦어진다. 공정압축법은 일정을 줄이기 위해 추가 자원을 투입하는 방법인데 이럴 경우 추가 금액이 발생한다. 따라서 경비가 더 들어가는 경우는 공정압축법으로 생각하면 된다. 공정중첩법은 동시에 업무를 진행하기 때문에 재작업의 위험이 큰 기법이고, 선도와 지연은 업무를 조금 당기거나 뒤로 미루게 하는 방법이다.
>
> 정답: B

05 PMO가 신입 프로젝트관리자들에게 프로젝트 기간 산정에 대한 교육을 하고 있을 때, 다음과 같은 상황 중 가장 정확도가 높다고 생각하는 것은 무엇인지 물었을 때 최선의 답은 무엇일까?

A. 프로젝트 스폰서가 제시한 프로젝트 기간

B. 조직에서 이전에 종료한 유사 프로젝트로부터 구한 프로젝트 기간

C. 가중치를 적용한 3점 산정을 이용한 프로젝트 기간

D. 외부 전문업체에서 제시한 프로젝트 기간

> **해설**
>
> 스폰서가 제시한 프로젝트 기간은 일방적으로 제시한 일정에 불과하다. 또한 조직의 내부 사정을 정확하게 인지하지 못한 상태에서 외부 전문업체가 제시한 기간은 상당히 많은 가정을 내포한 일정이라 정확도가 높지 않을 것으로 생각한다. 제일 정확한 상향식 기간 산정 방법은 보기에 없고, 유사 프로젝트로부터 구한 유사 산정 방식은 짧은 시간 안에 구할 수 있지만 정확도가 높지는 않다. 가중치를 적용한 3점 산정을 이용한 프로젝트 기간이 보기 중에서는 제일 정확도가 높은 것으로 판단된다.
>
> 정답: C

06 스마트 오피스를 서울 근교의 10개 위성도시에 설치하는 프로젝트를 맡고 있는 당신은 현재 팀원들과 계획단계를 마무리 하고 단계 미팅을 하고 있는 중이다. 전체 일정에 대해서 설명을 하고 있는데, 핵심 이해관계자인 위성도시의 빌딩주가 주 공정 경로의 의미가 무엇인지 알려달라고 요청을 하였다. 다음 중 주 공정 경로의 의미를 정확하게 설명한 것은 무엇인가?

A. 주 공정 경로는 프로젝트에서 제일 긴 경로로 여러 개가 동시에 존재할 수 있다.

B. 주 공정 경로는 프로젝트에서 제일 짧은 경로이고 여러 개가 동시에 존재할 수 있다.

C. 주 공정 경로는 한 번 설정하면 바꿀 수 없고 바꾸려면 변경통제위원회의 승인을 얻어야만 한다.

D. 주 공정 경로는 한 번 설정하면 바꿀 수 있고 그럴 경우 변경통제위원회의 승인을 얻으면 된다.

> **해설**
>
> 주 공정 경로는 프로젝트 네트워크도에서 제일 긴 경로를 의미하며, 경로 상에 어떤 활동도 늦어지면 전체 일정이 늦어지는, 즉 활동에 여유시간이 포함되지 않은 경로로 여러 개가 동시에 존재도 하고 바뀔 수도 있지만 변경통제위원회의 승인과는 상관이 없다.
>
> 정답: A

07 WBS의 작업패키지를 만든 후 팀원들과 일정에 대한 산정을 하고 있었다. 갑자기 한 명의 팀원이 자기가 설치해야 하는 시스템은 지금까지 해 본 적이 없어서 기간 산정이 어렵다고 한다. 당신도 처음이라 어떻게 산정을 해야 할지 모르는 상황에서 당신은 팀원에게 비슷한 시스템을 설치하는 데 들어간 평균 노동시간을 사용하라고 했다. 이 방법은 무슨 방법의 예인가?

A. 유사 산정 기법
B. 모수 산정 기법
C. 가중치를 적용하지 않은 3점 산정 기법
D. 몬테카를로 기법

> **해설**
>
> 비슷한 시스템을 산정하는 데 들어간 시간을 이용하게 되면 유사 산정 기법이라 생각할 수 있지만 그 방법을 이용하여 최종적으로 평균 노동시간을 사용하여 일정을 산정하라고 했기 때문에 모수 산정 기법이 더 가깝다. 몬테카를로 분석은 시뮬레이션을 이용하는 방법이라 이 상황에는 적합하지 않다.
>
> 정답: B

08 스폰서로부터 프로젝트의 일정 압축을 지시 받고 팀원들과 주 공정 경로를 살펴 보고 있었다. 갑자기 팀원 한 명이 주 공정 경로만 살펴 보는 이유를 물었다. 다음 설명 중 가장 타당한 내용은 어느 것인가?

A. 주 공정 경로 상의 모든 활동 중 불필요한 활동을 제외해야 일정이 줄어 들기 때문이라고 한다.
B. 주 공정 경로 상의 모든 활동을 담당하고 있는 자원들을 확인해야 하기 때문이라고 한다.
C. 스폰서가 주 공정 경로만 줄여 달라고 요청을 했기 때문이라고 한다.
D. 스폰서가 모든 활동을 다시 분석해서 활동의 순서나 자원을 대체하라고 요청했기 때문이라고 한다.

> **해설**
>
> 불필요한 활동은 처음부터 일정 개발에 들어가서는 안 된다. 또한 프로젝트 일정을 압축하라고 할 때는 이 일정을 만들기 위해 자원 평준화 방법도 사용했다고 믿어지기 때문에 자원을 확인할 필요도 없다. 또한 주 공정 경로만 줄인다고 해서 일정이 줄어 들지는 않는다. 주 공정 경로의 일정을 조정할 경우 주 공정 경로가 바뀔 수 있기 때문이다. 스폰서의 요청대로 모든 일정을 다시 분석해서 일정 압축을 지시 받은 경우 주 공정 경로 상에 있는 활동을 분석하는 것이 압축하기 위한 제일 좋은 방법이기 때문이다.
>
> 정답: D

09 당신이 각 WBS를 분할하여 작업패키지를 만들고 작업 순서와 작업을 진행할 담당자와 작업의 기간을 만들어 일정을 만들었다. 스폰서는 이러한 일정이 잘못 되었다고 판단하여 다시 재작업하라고 요청한다. 그는 왜 그렇게 생각한 것일까?

A. 작업패키지를 완성한 후에 활동으로 분할하지 않았기 때문에 정확할 수 없다.

B. 작업을 진행할 담당자가 잘못 선정이 되었기 때문에 기간이 변할 것으로 예상했다.

C. 우발사태 예비 일정을 추가하지 않았기 때문이다.

D. 너무 성급하게 만들어 신뢰도가 떨어지기 때문이다.

> **해설**
> 작업패키지를 활동으로 분할하지 않아도 일정 차이가 많이 나지는 않는다. 아마 리스크관리 차원에서 전체 만들어진 작업패키지에 우발사태 예비 일정을 추가하지 않은 것으로 생각했다.
>
> 정답: C

10 당신은 쇼핑몰을 만들고 있는 프로젝트의 관리자로서 팀원들과 프로젝트를 더 빨리 완료하기 위해 공정압축법(Crashing)을 사용하기로 결정하여 모든 활동들과 관련된 비용을 검토하고 있었다. 다음 중 최선의 방법은 무엇인가?

A. 어떤 활동에 공정압축법을 적용할지 팀원들과 같이 결정한다.

B. 어떤 활동에 공정압축법을 적용할지 스폰서 혹은 경영진의 의견을 중요하게 생각한다.

C. 어떤 활동에 공정압축법을 적용할 때 발생할 수 있는 리스크의 영향력을 고려한다.

D. 어떤 활동에 공정압축법을 적용하면 비용이 효율적으로 적게 드는지 검토한다.

> **해설**
> 모두 틀렸다고 할 수 없지만 공정압축법을 적용할 때는 우선 주 공정 경로 상에 있는 활동을 중심으로 적용하는 것이 맞고 적용할 때 발생할 리스크의 영향력을 고려해야 한다.
>
> 정답: C

CHAPTER

07

프로젝트 원가관리
(Project Cost Management)

프로젝트 원가관리는 한정된 예산으로 프로젝트를 성공적으로 완료할 수 있도록 관리하는 영역이다. 예산을 책정하기 위해서는 프로젝트 범위를 세분화 시켜 진행할 업무에 대해 다양한 방법 및 도구를 이용하여 원가를 산정하고, 업무를 진행할 일정과 자원의 품질 및 등급까지 결정을 한 후 필요한 예비비를 추가하여 원가 기준선을 산정한다. 또한, 범위의 업무와 관련하여 내부에서 제작을 할지 혹은 외부에서 구매를 해야 하는 것이 좋은 지를 결정하는 업무도 프로젝트 원가에 영향을 미치기 때문에 조달영역과도 밀접하게 연관되어 있다. 이렇게 복잡한 상황을 직접 관리할 경우 실수할 확률이 높아져 현재 대부분 프로젝트를 진행할 때 시스템을 이용하여 관리하는 것이 원가관리 영역에서 중요한 요인이 되었다.

7.1 원가관리 계획수립(Plan Cost Management)
7.2 원가 산정(Estimate Costs)
7.3 예산 책정(Determine Budget)
7.4 원가 통제(Control Costs)

핵심용어

원가관리 계획서(Cost Management Plan), 예산 책정(Determine Budget), 예산(Budget), 원가 통제(Control Costs), 원가 합산(Cost Aggregation), 원가 산정(Estimate Costs), 원가 기준선(Cost Baseline), 자금한도 조정(Funding Limit Reconciliation), 우발사태 예비비(Contingency Reserve), 관리 예비비(Management Reserve), 획득가치관리(Earned Value Management)

시험출제경향

1. 원가관리 계획서에 포함하는 내용을 파악한다.
2. 원가를 산정하는 도구와 기법에 대해 장·단점을 정확히 이해하고 파악하여 프로젝트 상황에 적용하는 방법을 숙지한다.
3. 관리 예비비와 우발사태 예비비의 차이점을 검토하고 원가 기준선에 적용하는 방법 및 절차를 파악한다.
4. 애자일/적응형 환경처럼 초기에 프로젝트 범위가 완전하지 않을 때의 원가관리 방식에 대해서 이해한다.
5. 획득가치 분석기법의 물리적 의미를 이해하여 다양한 프로젝트 상황에서 종료 시 예상하는 원가 및 일정에 대해 계산할 수 있어야 한다.

- **원가관리 주요 내용**
  - 프로젝트 활동을 완료하기 위해서 필요한 자원의 역량(A급, B급 등)에 따른 원가 차이와 반복적으로 진행하는 활동을 고려한다.
  - 프로젝트 원가는 측정하는 사람에 따라 다르고, 같은 사람이 측정해도 시기에 따라 다르다는 것을 인정한다.

- **원가관리 영역의 추세와 실무사례**

  획득가치관리에 획득일정의 개념을 포함하는 추세로 획득가치의 물리적인 의미를 파악하였다면 쉽게 계산 가능하다.

- **조정 고려사항**
  - 원가관리 프로세스를 수행할 때 재무관리 시스템 및 데이터 저장소를 활용한다.
  - 원가 산정 및 예산 책정에 대한 정책, 절차 및 지침이 있는지 확인한다.
  - 원가 산정과 통제는 획득가치로 관리하는지 확인하고 애자일 방식의 경우 원가를 산정하고 예산을 책정할 지 미리 결정한다.

- **애자일/적응형 환경에 대한 고려사항**
  - 범위가 불완전하므로 상세하게 원가를 산정하는 것은 의미가 없다. 따라서 개략적인 산정을 통해 상위 수준의 예측치를 결정한 후, 변경이 발생할 때마다 쉽게 조정 가능해야 하고 반복적으로 상세한 산정치를 구하는 방법을 사용한다.

    ▫ **원가관리 프로세스의 기능**

프로세스 그룹	프로세스	내용
기획	7.1 원가관리 계획 수립	• 원가 산정 체계를 정립하여 원가관리를 착수하고, 원가 산정, 예산 편성 및 감시하며 통제하는 원가관리 수행을 위한 지침서를 개발하는 프로세스
	7.2 원가 산정	• 프로젝트 생애주기를 통해 필요한 다양한 작업을 완료하는데 투입하는 원가를 산정하는 프로세스
	7.3 예산 책정	• 작업패키지 혹은 작업패키지를 완료하기 위한 일련된 모든 활동에 대해 승인한 합산 원가와 우발사태 예비비를 포함한 원가 기준선을 결정하는 프로세스
감시 및 통제	7.4 원가 통제	• 원가 기준선과 비교한 원가성과를 감시하고 통제하면서 원가 기준선의 변경을 관리하는 프로세스

■ 프로젝트 원가관리 프로세스 개요

프로세스	투입물	도구 및 기법	산출물
7.1 원가관리 계획수립	1) 프로젝트헌장 2) 프로젝트관리 계획서 3) 기업환경요인 4) 조직 프로세스 자산	1) 전문가 판단 2) 데이터 분석 3) 회의	1) 원가관리 계획서
7.2 원가 산정	1) 프로젝트관리 계획서 2) 프로젝트 문서 3) 기업환경요인 4) 조직 프로세스 자산	1) 전문가 판단 2) 유사 산정 3) 모수 산정 4) 상향식 산정 5) 3점 산정 6) 데이터 분석 7) 프로젝트관리 정보시스템 8) 의사결정	1) 활동원가 산정치 2) 산정 기준서 3) 프로젝트 문서 업데이트
7.3 예산 책정	1) 프로젝트관리 계획서 2) 프로젝트 문서 3) 비즈니스 문서 4) 협약 5) 기업환경요인 6) 조직 프로세스 자산	1) 전문가 판단 2) 원가 합산 3) 데이터 분석 4) 선례정보 검토 5) 자금한도 조정 6) 자금 조달	1) 원가 기준선 2) 프로젝트 자금 요구사항 3) 프로젝트 문서 업데이트
7.4 원가 통제	1) 프로젝트관리 계획서 2) 프로젝트 문서 3) 프로젝트 자금 요구사항 4) 작업성과 데이터 5) 조직 프로세스 자산	1) 전문가 판단 2) 데이터 분석 3) 완료성과지수(TCPI) 4) 프로젝트관리 정보시스템	1) 작업성과 정보 2) 예산 예측치 3) 변경 요청 4) 프로젝트관리 계획서 업데이트 5) 프로젝트 문서 업데이트

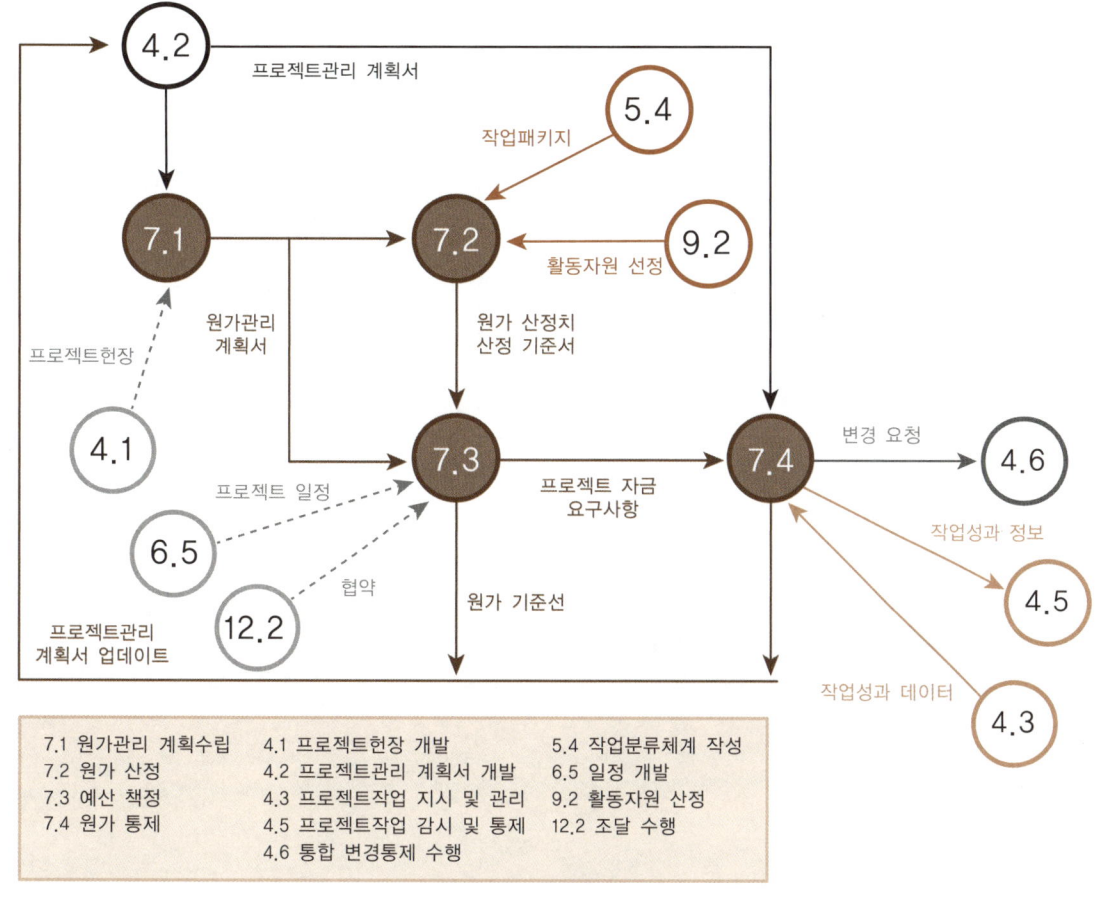

▲ 원가관리 프로세스 흐름도

7.1 원가관리 계획수립(Plan Cost Management)

프로세스 정의

프로젝트에 투입하는 원가를 산정, 예산 편성, 예산관리와 감시를 하면서 예산을 통제하는 방법을 정의하는 프로세스이다.

프로세스 기능

- 프로젝트 전 생애에 걸쳐 프로젝트 원가를 관리하는 방법에 대한 방향과 지침을 제시한다.
- 원가관리 프로세스의 체계를 제공하며, 프로젝트를 효과적으로 실행할 수 있게 한다.
- 원가관리를 위한 도구 및 기법을 원가관리 계획서 내에 문서화하여 활용한다.

■ 원가관리 계획수립 프로세스의 투입물, 도구 및 기법, 산출물

ITO	항목	
투입물	1) 프로젝트헌장 2) 프로젝트관리 계획서 　• 일정관리 계획 　• 리스크관리 계획서 3) 기업환경요인(EEF) 4) 조직 프로세스 자산(OPA)	1) Project Charter 2) Project Management Plan 　• Schedule Management Plan 　• Risk Management Plan 3) Enterprise Environmental Factors 4) Organizational Process Assets
도구 및 기법	1) 전문가 판단 2) 데이터 분석 3) 회의	1) Expert Judgment 2) Data Analysis 3) Meetings
산출물	1) 원가관리 계획서	1) Cost Management Plan

> **TIP**
> 원가관리 계획수립은 프로젝트를 수행하는 관련 프로세스들이 효과적으로 활용되도록 프로젝트 기획 단계에서 작업하며, 원가관리의 전반적인 프로세스의 체계를 정립한다.

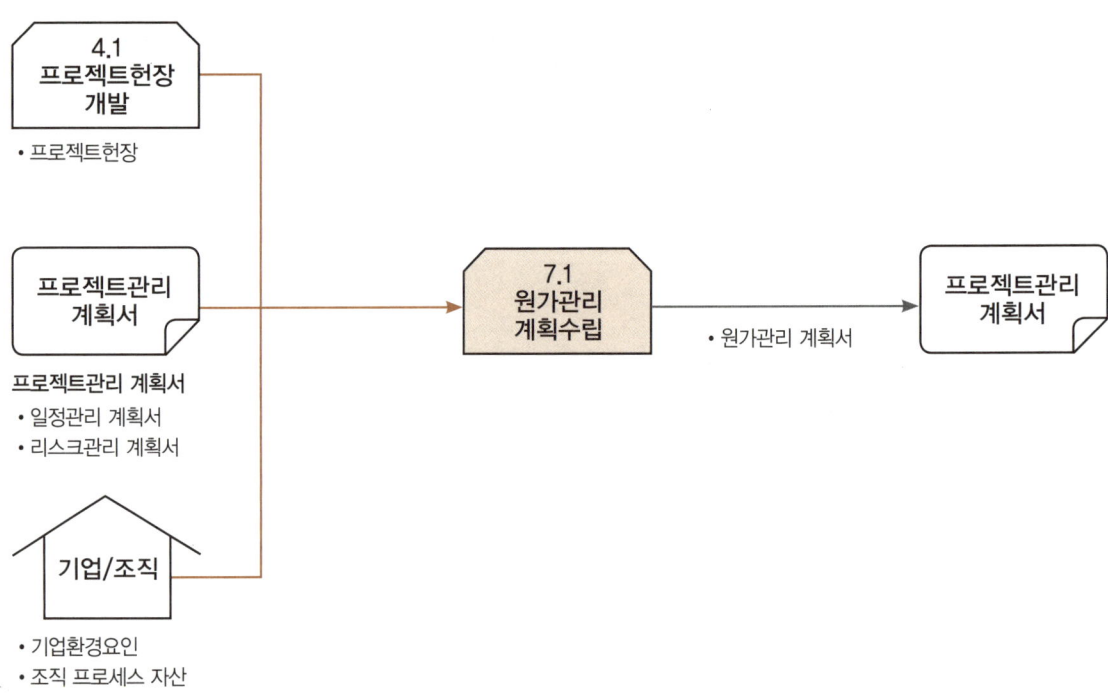

▲ 원가관리 계획수립 프로세스의 정보 흐름도

> **프로세스 해설**
> 원가관리 계획서는 프로젝트관리 계획서 구성의 한 요소이며, 원가관리를 위한 도구와 기법 등을 원가관리 계획서에 포함하며 업데이트 한다.

7.1.1 원가관리 계획수립: 투입물

(1) 프로젝트헌장
상위 레벨의 개략적인 예산과 원가관리에 필수적인 핵심 요구사항 등을 제공한다.

(2) 프로젝트관리 계획서
원가 산정 및 관리에 영향을 주는 일정을 관리하는 방법과 리스크와 관련된 정보를 제공하는 일정관리 계획서와 리스크관리 계획서가 각각 활용된다.

(3) 기업환경요인
조직의 문화체계, 시장 상황, 통화 환율 및 프로젝트관리 정보시스템의 활용도 등을 사용한다.

(4) 조직 프로세스 자산
재무관리 절차, 과거 교훈과 오류사례, 원가 관련 정보 데이터베이스, 원가 산정 관련 전략 및 정책 등을 사용한다.

7.1.2 원가관리 계획수립: 도구와 기법

(1) 전문가 판단
과거의 수행 경험을 가진 유사 프로젝트, 관련 산업분야와 전문분야 및 응용분야 정보, 원가 산정 및 예산 책정 및 획득가치관리(EVM) 기법을 활용한다.

(2) 데이터 분석
자금 조달을 전략적으로 접근하기 위해 여러 가지 대안을 분석한 후 최적의 조건을 사용한다.

(3) 회의
다양한 이해관계자를 초청하여 원가관리 계획서를 개발한다.

7.1.3 원가관리 계획수립: 산출물

(1) 원가관리 계획서
아래는 원가관리 계획서의 구성 요소들이다.
- 통제 단위, 정확도와 정밀도의 수준, 상한과 하한의 통제 한계선 등이 있다.
- 성과측정 규칙: 획득가치관리(EVM) 기법을 활용한다.
- 보고 형식과 추가 상세정보들을 포함한다.

7.2 원가 산정(Estimate Costs)

프로세스 정의

프로젝트 생애주기를 통해 필요한 다양한 작업을 완료하는 데 투입하는 원가를 산정하는 프로세스이다.

프로세스 기능

원가 산정은 프로젝트 수행에 필요한 자원들을 확정하고 프로젝트 생애 기간 동안에 수요에 따라 주기적으로 실행하며 비용이 청구되는 모든 자원에 대해 실행한다.

■ 원가 산정 프로세스의 투입물, 도구 및 기법, 산출물

ITO	항목	
투입물	1) 프로젝트관리 계획서 • 원가관리 계획서 • 품질관리 계획서 • 범위 기준선 2) 프로젝트 문서 • 교훈 관리대장 • 프로젝트 일정 • 자원 요구사항 • 리스크 관리대장 3) 기업환경요인(EEF) 4) 조직 프로세스 자산(OPA)	1) Project Management Plan • Cost Management Plan • Quality Management Plan • Scope Baseline 2) Project Documents • Lessons Learned Register • Project Schedule • Resources Requirements • Risk Register 3) Enterprise Environmental Factors 4) Organizational Process Assets
도구 및 기법	1) 전문가 판단 2) 유사 산정 3) 모수 산정 4) 상향식 산정법 5) 3점 산정 6) 데이터 분석 • 대안 분석 • 예비 분석 • 품질비용 7) 프로젝트관리 정보시스템 8) 의사결정 • 투표	1) Expert Judgment 2) Analogous Estimating 3) Parametric Estimating 4) Bottom-up Estimating 5) Three-point Estimating 6) Data Analysis • Alternatives Analysis • Reserve Analysis • Cost of Quality 7) Project Management Information System 8) Decision Making • Voting
산출물	1) 원가 산정치 2) 산정 기준치 3) 프로젝트 문서 업데이트 • 가정사항 기록부 • 교훈 관리대장 • 리스크 관리대장	1) Cost Estimates 2) Basis of Estimates 3) Project Documents Updates • Assumption Log • Lessons Learned Register • Risk Register

> TIP
> - 원가 산정치는 각 활동을 완료하는 데 소요되는 자원의 추정비용을 산정하며, 특정 시기에 파악된 정보를 바탕으로 추정한다.
> - 원가 산정을 정확하게 하기 위해서는 프로젝트 초기부터 종료 단계까지 다양한 대안을 지속적으로 조사하고 분석하여 적용한다.

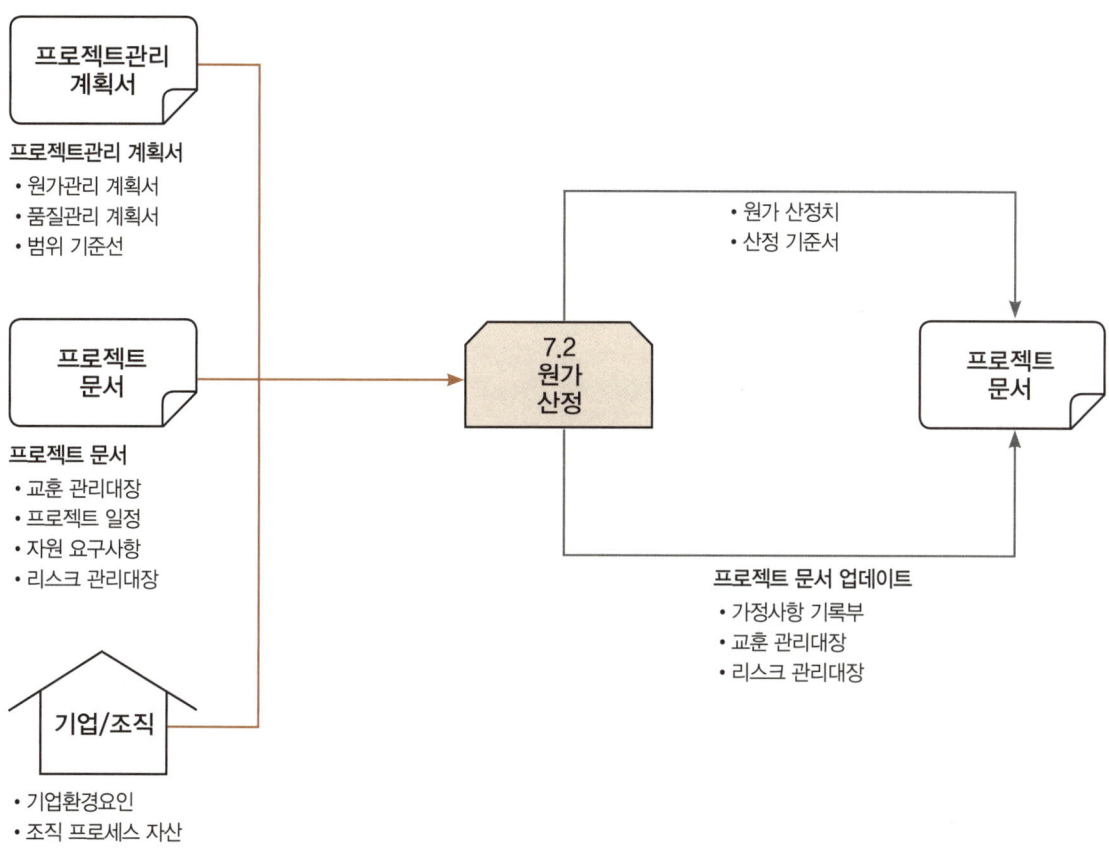

▲ 원가 산정 프로세스의 정보 흐름도

> 프로세스 해설
> 원가관리 계획서에 명시된 방법 및 절차대로 원가 산정이 완료되면 원가 산정치와 산정의 기준을 명시한 산정 기준서를 프로젝트 문서로 등록한다.

7.2.1 원가 산정: 투입물

(1) 프로젝트관리 계획서

- 원가관리 계획서: 원가 산정 방법 및 절차 등을 포함한다.
- 품질관리 계획서: 프로젝트가 원하는 품질 목표를 달성하기 위한 활동과 자원에 대한 정보를 제공한다.

- 범위 기준선: 범위 기술서에 자금 조달 제약과 관련한 내용이 있고, 원가를 산정하기 위해 필요한 작업분류체계(WBS)와 작업분류체계(WBS) 사전 등에 명시한 정보를 제공한다.

(2) 프로젝트 문서
작업을 완료하기 위해 필요한 프로젝트 일정과 작업패키지를 완료하기 위해 필요한 자원의 종류와 수량에 대한 정보를 제공하며, 추가로 교훈 관리대장과 리스크 관리대장을 참조한다.

(3) 기업환경요인
환율 및 인플레이션, 발간 된 일반 정보 및 주변 시장 여건 등의 조직에 영향을 미치는 요인들이 해당된다.

(4) 조직 프로세스 자산
과거 경험정보 및 데이터베이스, 원가 산정 기준 및 정책 등이 있다.

7.2.2 원가 산정: 도구와 기법

(1) 전문가 판단
과거 유사 프로젝트, 연관 산업분야의 활용 정보, 원가 산정 및 예산정책 등을 활용한 경험 및 조직의 전문적인 경험을 가진 개인이나 조직을 말한다.

(2) 유사 산정
현재 프로젝트와 유사한 과거의 프로젝트 수행 후의 결과치와 속성을 적용하여 원가를 산정하는 방식이다.

(3) 모수 산정
경험 데이터와 다른 여러 변수들의 통계치를 활용하여 계산하는 방식이다.

(4) 상향식 산정법
WBS의 최소 단위인 작업패키지 혹은 작업패키지를 완료하기 위한 일련의 활동들의 원가를 모두 합하여 계산하는 방식으로 높은 정확도가 보장되지만 오랜 시간이 소요되는 방식이다.

상기의 산정법을 비교 요약하면 아래 표와 같다.

정확도	개략 산정 (Rough Order of Magnitude)	예산 산정 (Budget Estimate)	상세 산정 (Definitive Estimate)
이용시기	• 프로젝트 타당성 분석 시 • 개념 계획수립 시	• 제안서 제출 시 • 기본 계획수립 시	• 계약 시 • 상세 계획수립 시
산정방법	유사 산정법	모수 산정법	상향식 산정법
오차범위	−25% ~ +75%	−10% ~ +25%	−5% ~ +10%

(5) 3점 산정

낙관치(O), 비관치(P) 및 최빈치(M)의 세 가지 산정치를 적용하여 아래의 공식으로 산출하는 방법이다.

- 예상원가(E) = (O + 4M + P) / 6

(6) 데이터 분석

원가 불확실성에 대비한 우발사태 예비비를 분석하거나 여러 가지 대안을 평가하는 방법(예 구매 혹은 제작) 및 품질비용 등을 원가 산정에 고려한다.

(7) 프로젝트관리 정보시스템

반복적으로 활용되는 원가 정보를 신속하게 반영할 수 있도록 소프트웨어를 포함하고 있는 PMIS를 사용한다.

(8) 의사결정

원가 산정치의 세밀한 분석과 정확도를 위해 팀원들을 참여 시켜 원가 산정을 평가하고 대안들을 결정할 때 투표를 통해 결정한다.

7.2.3 원가 산정: 산출물

(1) 원가 산정치

원가 추정치, 우발사태 예비비 및 관리 예비비 등을 수치적으로 평가하여 산정한다.

(2) 산정 기준서

원가 산정치를 산정한 근거를 제시하는 문서이며 모든 가정사항, 제약사항 및 리스크 등을 포함하고 있다.

(3) 프로젝트 문서 업데이트

원가 산정을 완료하면 이러한 과정 중에 발생한 교훈 및 변경된 리스크와 가정 등을 교훈 관리대장, 리스크 관리대장 및 가정사항 기록부에 업데이트 한다.

7.3 예산 책정(Determine Budget)

프로세스 정의

작업패키지 혹은 작업패키지를 완료하기 위한 일련된 모든 활동에 대해 승인한 합산 원가와 우발사태 예비비를 포함한 원가 기준선을 결정하는 프로세스이다.

프로세스 기능

프로젝트 결과를 감시하고 통제 하는 기준이 되는 원가 기준선을 확정하여 프로젝트 전 생애 동안 정해진 시점에 수행한다.

■ 예산 책정 프로세스의 투입물, 도구 및 기법, 산출물

ITO	항목	
투입물	1) 프로젝트관리 계획서 • 원가관리 계획서 • 자원관리 계획서 • 범위 기준선 2) 프로젝트 문서 • 산정 기준서 • 원가 산정치 • 프로젝트 일정 • 리스크 관리대장 3) 비즈니스 문서 • 비즈니스 케이스 • 편익관리 계획서 4) 협약 5) 기업환경요인(EEF) 6) 조직 프로세스 자산(OPA)	1) Project Management Plan • Cost Management Plan • Resource Management Plan • Scope Baseline 2) Project Documents • Basis of Estimates • Cost Estimates • Project Schedule • Risk Register 3) Business Documents • Business Case • Benefits Management Plan 4) Agreements 5) Enterprise Environmental Factors 6) Organizational Process Assets
도구 및 기법	1) 전문가 판단 2) 원가 합산 3) 데이터 분석 • 예비비 분석 4) 선례정보 검토 5) 자금한도 조정 6) 자금 조달	1) Expert Judgment 2) Cost Aggregation 3) Data Analysis • Reserve Analysis 4) Historical Information Review 5) Funding Limit Reconciliation 6) Financing
산출물	1) 원가 기준선 2) 프로젝트 자금 요구사항 3) 프로젝트 문서 업데이트 • 원가 산정치 • 프로젝트 일정 • 리스크 관리대장	1) Cost Baseline 2) Project funding Requirements 3) Project Documents Updates • Cost Estimates • Project Schedule • Risk Register

TIP

- 프로젝트 수행을 위한 모든 자금이 예산을 산정하는 데 포함된다.
- 원가 기준선에는 우발사태 예비비를 포함하고 관리 예비비는 포함하고 있지 않지만, 예상하지 못한 일로 인해 관리 예비비를 사용할 경우 승인을 받고 포함하며 사용하지 않은 우발사태 예비비는 원가 기준선에서 제외한다.

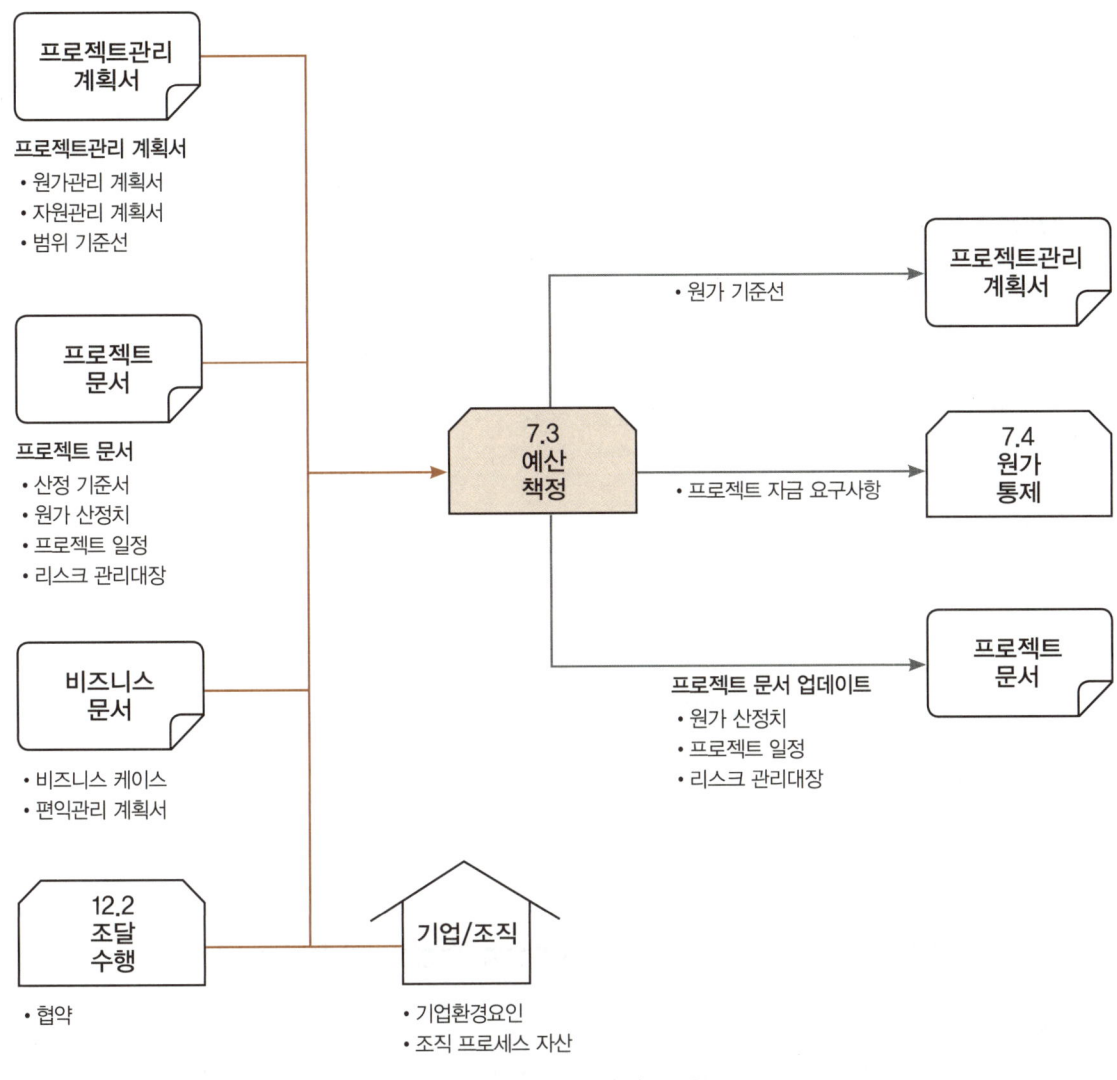

▲ 예산 책정 프로세스의 정보 흐름도

> **프로세스 해설**
>
> 원가 기준선은 프로젝트관리 계획서에 포함이 되고, 예산 책정 프로세스 후에 나오는 프로젝트 자금 요구사항은 원가 통제의 투입물로 들어가 기준을 제공하며, 원가 산정치와 프로젝트 일정 등은 프로젝트 문서에 업데이트 한다.

Chapter 07 프로젝트 원가관리 | 169

7.3.1 예산 책정: 투입물

(1) 프로젝트관리 계획서

프로젝트관리 계획서 안에 포함되어 있는 자원관리 및 원가관리 계획서와 범위 기준선을 활용한다.

(2) 프로젝트 문서

리스크 관리대장, 마일스톤 및 통제 단위에 대한 일정을 제공하는 프로젝트 일정, 산정치의 기준과 간접비 및 기타 비용의 포함 여부 등을 결정한 산정 기준서 및 원가 산정치 등의 문서가 필요하다.

(3) 비즈니스 문서

편익관리 계획서와 비즈니스 케이스 등의 문서를 포함한다.

(4) 협약

구매할 내용에 대한 정보를 제공한다.

(5) 기업환경요인

정부규제 및 조직에 영향을 미칠 수 있는 외부 요인들을 고려한다.

(6) 조직 프로세스 자산

조직이나 단체의 규정이나 절차와 시스템 등의 보유자산이 해당된다.

7.3.2 예산 책정: 도구 및 기법(Determine Budget: Tools and Techniques)

(1) 전문가 판단

과거의 수행 경험을 가진 유사 프로젝트, 관련 산업분야와 전문분야 및 응용분야 정보, 원가 산정 및 예산 책정 및 획득가치관리(EVM) 기법 등을 적용 가능한 개인이나 조직의 전문가를 활용한다.

(2) 원가 합산

작업분류체계(WBS)를 기준으로 각 작업패키지 혹은 각 활동들을 합산하는 방법이다.

(3) 데이터 분석

예상하기 어려운 프로젝트의 리스크를 고려하여 관리 예비비 산정을 위해 예비비 분석 방법을 사용한다.

(4) 선례정보 검토

수학적 모델 개발을 위해 검토하며 모수 산정 또는 유사 산정 개발에 도움을 제공한다.

(5) 자금한도 조정

프로젝트 자금을 집행할 때 작업에 필요한 날짜 제약을 프로젝트 일정에 적용하여 자금한도에 맞춰 지출을 조정한다.

(6) 자금 조달

프로젝트를 위해 필요한 자금을 조달하는 것을 말하며 외부에서 조달 할 경우 필요한 요구사항이 있을 수 있다.

7.3.3 예산 책정: 산출물

(1) 원가 기준선

승인된 프로젝트 예산으로 원가관리 성과 측정의 기준을 제공하며 변경통제 절차를 통해서만 변경할 수 있다. 원가 성과 측정은 획득가치관리(EMV) 기법을 활용한다.

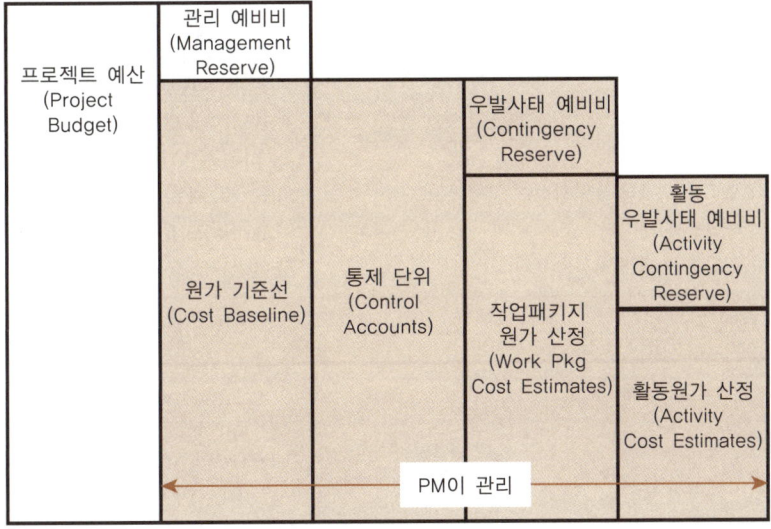

▲ 프로젝트 예산 구성요소

(2) 프로젝트 자금 요구사항

프로젝트관리 업무를 진행하면서 필요한 자금을 생애주기 동안 월별, 분기별, 연간 등의 주기로 자금 요구사항을 파악하여 관리하며 자금 요구사항에는 자금 출처를 포함한다.

(3) 프로젝트 문서 업데이트

추가한 정보를 기준으로 프로젝트 일정, 리스크 관리대장 및 원가 산정치 등의 문서를 업데이트 한다.

7.4 원가 통제(Control Costs)

> **프로세스 정의**
> 원가 기준선과 비교한 원가성과를 감시하고 통제하면서 원가 기준선의 변경을 관리하는 프로세스

> **프로세스 기능**
> 프로젝트 전 생애주기 동안 원가 기준선이 유지되며, 자금 요구사항에 따라 조정하면서 원가관리를 수행한다.

■ 원가통제 프로세스의 투입물, 도구 및 기법, 산출물

ITO	항목	
투입물	1) 프로젝트관리 계획서 • 원가관리 계획서 • 원가 기준선 • 성과측정 기준선 2) 프로젝트 문서 • 교훈 관리대장 3) 프로젝트 자금 요구사항 4) 작업성과 데이터 5) 조직 프로세스 자산(OPA)	1) Project Management Plan • Cost Management Plan • Cost Baseline • Performance Measurement Baseline 2) Project Documents • Lessons Learned Register 3) Project Funding Requirements 4) Work Performance Data 5) Organizational Process Assets
도구 및 기법	1) 전문가 판단 2) 데이터 분석 • 획득가치 분석 • 차이 분석 • 추세 분석 • 예비비 분석 3) 완료성과지수 4) 프로젝트관리 정보시스템	1) Expert Judgment 2) Data Analysis • Earned Value Analysis • Variance Analysis • Trend Analysis • Reserve Analysis 3) To-Complete Performance Index 4) Project Management Information System
산출물	1) 작업성과 정보 2) 원가 예측치 3) 변경 요청 4) 프로젝트관리 계획서 업데이트 • 원가관리 계획서 • 원가 기준선 • 성과측정 기준선 5) 프로젝트관리 계획서 업데이트 • 가정사항 기록부 • 산정 기준치 • 원가 산정치 • 교훈 관리대장 • 리스크 관리대장	1) Work Performance Information 2) Cost Forecasts 3) Change Requests 4) Project Management Plan Updates • Cost Management Plan • Cost Baseline • Performance Measurement Baseline 5) Project Documents Updates • Assumption Log • Basis of Estimates • Cost Estimates • Lessons Learned Register • Risk Register

> **TIP**
>
> 원가 통제의 중요성은 원가 기준선을 통제하고 관리하는 것이다. 해당 활동을 완료하는 데 필요한 자금의 지출관계를 분석하고 조정하는 것이 주요 업무이다.

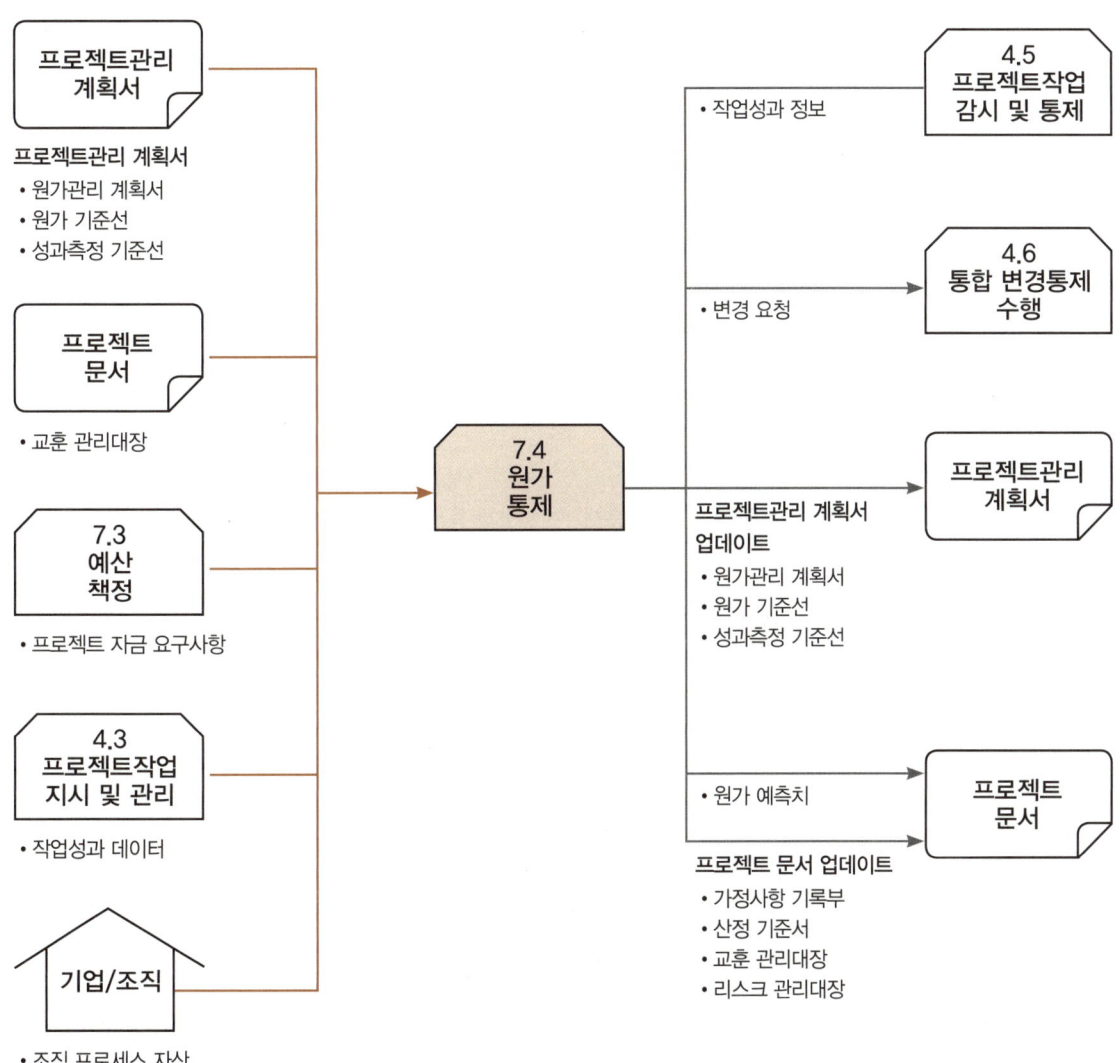

▲ 원가통제 프로세스의 정보 흐름도

> **프로세스 해설**
>
> 작업성과 데이터는 원가통제 프로세스를 거쳐 작업성과 정보로 바뀌고 변경 요청은 (4.6)통합 변경통제 수행에서 진행하며, 통제를 통해 바뀌어진 정보들은 프로젝트관리 계획서와 문서에 업데이트 한다.

7.4.1 원가 통제: 투입물

(1) 프로젝트관리 계획서
프로젝트 원가를 관리 및 통제하는 방법을 제공하는 원가관리 계획서, 실제 결과와 비교하기 위한 기준을 제공하는 원가 기준선 및 획득가치 분석을 위한 성과측정 기준선 등을 포함한다.

(2) 프로젝트 문서
원가관리와 관련한 교훈을 사용하기 위한 교훈 관리대장을 포함한다.

(3) 프로젝트 자금 요구사항
프로젝트관리 업무의 전 생애 동안 예상할 수 있는 지출과 부채를 포함한다.

(4) 작업성과 데이터
청구된 원가 및 지불된 원가, 절차상의 승인 등의 기본적인 정보이다.

(5) 조직 프로세스 자산
절차와 지침, 과거의 공식적, 비공식적 원가 통제 관련 정책 등의 원가통제 도구 등을 사용한다.

7.4.2 원가 통제: 도구 및 기법

(1) 전문가 판단
재무 분석과 획득가치 분석 기법들의 경험과 지식을 갖춘 전문가 등의 판단을 활용한다.

(2) 데이터 분석
- 획득가치 분석: 범위 기준선, 일정 기준선, 원가 기준선을 통합하여 프로젝트 현황을 객관적으로 평가하고, 프로젝트의 미래를 예측할 수 있는 분석방법이다.
  - 계획가치(PV, Planned Value): 계획되어 승인된 작업 예산이다.
  - 획득가치(EV, Earned Value): 완료된 작업의 초기 계획 예산을 획득가치라 한다.
  - 실제원가(AC, Actual Cost): 획득가치로 인식된 작업을 수행하는 데 투입된 원가이다.
- 차이 분석
  - 일정 차이(SV, Schedule Variance): 획득가치(EV)와 계획가치(PV)의 차이이다. 산정하는 방법은 SV=EV-PV이다. SV>0인 경우는 계획보다 일정이 앞서는 경우이고, SV<0인 경우는 계획보다 일정이 지연되고 있는 경우이다.
  - 원가 차이(CV, Cost Variance): 획득가치(EV)와 실제 투입된 비용(AC)의 차이이다. 산정방법은 CV=EV-AC이다. CV>0인 경우는 계획된 예산보다 절감되어 작업이 완료된 경우이고, CV<0인 경우는 비용초과의 경우이다.

- 일정성과지수(SPI, Schedule Performance Index): SPI는 프로젝트팀의 작업 효율을 나타내는 지수로 EV/PV로 산정한다. SPI〉1인 경우는 일정이 계획보다 앞서는 경우이고, SPI〈1인 경우는 일정이 지연되고 있는 상태이다.
- 원가성과지수(CPI, Cost Performance Index): CPI는 원가효율을 나타내는 지수로 EV/AC로 계산한다. CPI〉1인 경우는 계획보다 비용이 절감되고 있는 것이고, CPI〈1인 경우는 비용초과를 의미한다.
• 예측: 프로젝트 성과를 기준으로 완료시점예산(BAC)과 차이가 있는 완료시점추정치(EAC)를 예측할 수 있다. EAC를 예측하는 방법에는 다음과 같은 세 가지 방법이 있다.
  - 초기 계획대로 잔여 작업을 진행할 수 있는 경우: EAC=AC+(BAC−EV)
  - 지금까지의 비용효율(CPI)대로 잔여 작업을 진행하는 경우: EAC=BAC/CPI
  - 잔여 작업을 수행하는 데 일정효율이 영향을 미치는 경우: EAC=AC+[(BAC−EV)/(CPI×SPI)]

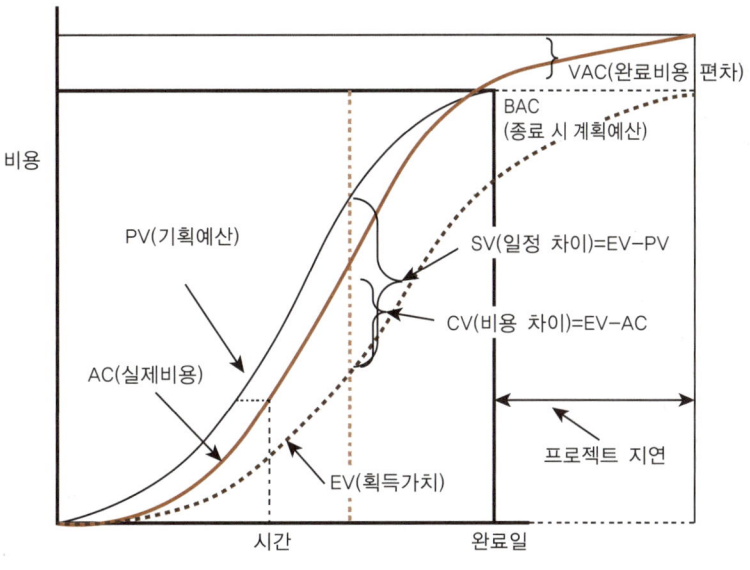

▲ 획득가치, 계획가치 및 실제원가

• 예비비 분석: 프로젝트 수행에 필요한 우발사태 및 관리 예비비를 분석하여 프로젝트에 필요한 예비비를 분석한다.

(3) 완료성과지수

완료성과지수(TCPI)는 어느 한 시점에서 원가 목표를 만족시키기 위해 잔여자원을 활용하여 완료해야 하는 원가성과의 기준이다. 미완료 작업에 대한 완료원가와 비교한 잔여예산의 비율로 나타낸다.

완료시점예산(BAC)과 완료시점 추정예산(EAC)에 근거한 완료성과지수(TCPI) 계산 방식은 아래와 같다.

- ■ BAC 근거: TCPI=(BAC − EV)/(BAC − AC)
- ■ EAC 근거: TCPI=(BAC − EV)/(EAC − AC)

■ 획득가치 계산요약

Data Element	Description
PV(Planned Value) 계획가치	• 진도측정 기준일 현재 작업의 계획예산 – 계획 진도율 * 초기예산(BAC)
EV(Earned Value) 획득가치	• 진도측정 기준일 현재 수행한 작업의 실제 성과 – 실제 진도율 * 초기예산(BAC)
AC(Actual Cost) 실투입비용	• 진도측정 기준일 현재 작업의 실제 지출비용
SV(Schedule Variance) 진도 차이	• SV=EV-PV • SV<0: 작업진도 지연, SV>0: 작업진도가 단축되어 빠름
CV(Cost Variance) 비용 차이	• CV=EV-AC • CV<0: 비용 초과, CV>0: 비용 절감
CPI(Cost Performance Index) 원가성과지수	• EV/AC: CPI<1: 비용 초과 (over Cost, overrun)
SPI(Schedule Performance Index) 일정성과지수	• EV/PV : SPI<1: 진도 지연
EAC(Estimate At Completion) 완료시점 추정예산	• 프로젝트 종료 시까지 투입 예상되는 총 투입비용 • BAC/CPI
BAC(Budgeted At Completion) 초기 실행예산	• 초기 계획한 전체 투입 예산
VAC(Variance At Completion) 완료 비용 차이	• 총 예상손익: BAC-EAC
ETC(Estimate To Completion) 잔여 투입비용	• 측정시점에서 프로젝트 종료까지 투입할 잔여 예상 비용 • EAC – AC(실 투입비용)
TCPI (To Complete Performance Index), 완료성과지수	• TCPI=(BAC-EV)/(BAC-AC), 완료시점 예산 기준 • TCPI=(BAC-EV)/(EAC-AC), 완료시점 예측치 기준

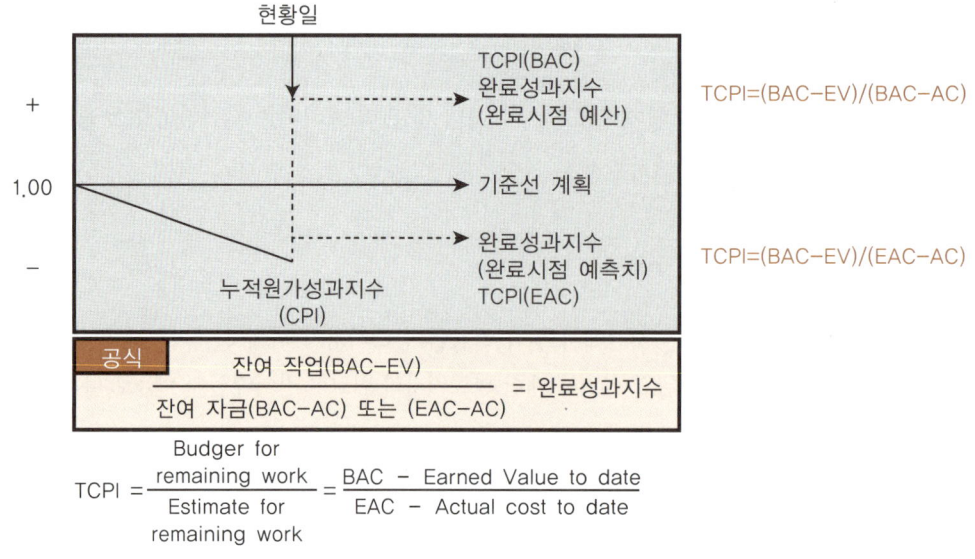

▲ 완료성과지수(TCPI)

(4) 프로젝트관리 정보시스템(PMIS)

획득가치 관리를 감시하고 도표를 이용하여 범위를 예측하기 위해 사용한다.

7.4.3 원가 통제: 산출물

(1) 작업성과 정보

프로젝트 수행성과를 원가 기준선과 비교하여 분석한 결과이다.

(2) 원가 예측치

현재까지의 작업 진행 속도를 기준으로 향후 프로젝트 완료 시에 투입되는 총 예측 원가를 말하며 이해관계자에게 통보한다.

(3) 변경 요청

프로젝트 성과를 분석한 결과와 비교하여 원가 기준선 또는 기타 구성요소에 대한 변경 요청이 있을 경우 통합 변경통제 수행 프로세스에 따라서 적절하게 처리한다.

(4) 프로젝트관리 계획서 업데이트

프로젝트관리 계획서 변경은 해당 조직의 변경통제 프로세스에 따라 처리하며 원가 기준선, 성과측정 기준선 및 원가관리 계획서 등의 문서를 업데이트 한다.

(5) 프로젝트 문서 업데이트

산정 기준서, 원가 산정치 가정사항 기록부, 리스크 관리대장과 교훈 관리대장 등의 문서가 해당 된다.

> **전문가 TIP**
>
> **1. 감가상각(Depreciation)을 반영**
>
> 감가상각은 요구사항에 정액법과 가속법을 적용한다.
>
> (1) 정액법
>   - (가) (취득 원가-잔존 가치) / 내용 연수
>   - (나) 균등 상각
>
> (2) 가속 상각(Accelerated Cost Recovery System)
>   - (가) 이중 체감법(DDB: double declining balance): 정액 상각률의 2배
>   - (나) 연수 합계법(SOY: sum of year 자리): N(N+1)/2, if n(내용연수)=3, 3(3+1)/2=6
>
> **2. 생애주기 원가(LCC: Life Cycle Costing)**
>
> - 생애주기 원가는 제품 및 프로젝트의 설계, 제조, 건설에 소요되는 원가에 판매 후 발생되는 운영 및 유지하는 데 소요되는 원가를 고려하며 사후 봉사, 철거 원가 등을 합산한 총원가(Total Cost)을 말한다.
> - 프로젝트 초기에 생애주기 원가를 평가하여 대안을 선택한다.
>
>   LCC = Development + Production + O&M(Operation & Maintenance) + Discard(Disposal) Costs

• 전문가 TIP

3. 현금 흐름 할인법(DCF: discounted cash flow)을 적용

현금 흐름 할인을 적용하는 여러 기법의 생애주기별 현금 흐름 할인 기반 원가 척도를 참고한다.

(1) 순현재 가치법(NPV: Net Present Value)
- 순현재 가치법은 미래의 모든 현금 흐름을 설정된 기대 수익률로 할인하여 투자 안의 기대 효용을 계산한다.
- 순현재 가치법의 계산식: NPV = 현가 이득 - 현가 비용
- 값이 양수 값이면 투자가 바람직하다고 판단한다.

(2) 내부 수익률법(IRR: Internal Rate of Return)
- 내부 수익률법은 투자(안)의 순현재 가치를 영(0)으로 만드는 할인율이다.
- 은행 이자율보다 IRR 이자율이 높으면 투자를 결정한다.

(3) 편익/비용 비율법(BCR: Benefit Cost Ratio)

공공사업의 경우 편익/비용 비율(공공의 혜택/원가비용) 값이 1 이상이면 투자가 바람직하다고 판단한다.

(4) 자산 수익률법(ROI: Return on Investment)

(현가 이득 - 현가 비용) / 현가 비용

(5) 손익 분기점 분석법(BEA: Break-even Analysis)

매출액과 총원가가 같아지는 생산량 혹은 진도를 파악하는 기법이다.

BEP(break-even point) = (고정비)/(한계 이익)

한계 이익 = 판매 가격 - 변동비

(6) 자본 회수 기간(Payback Period)

초기 투자한 금액을 회수하는 데 걸리는 기간을 말한다.

예상문제 ▶▶ 7장 프로젝트 원가관리(Project Cost Management)

01 현재 진행 중인 프로젝트의 총 계약공기가 50개월이다. 10개월이 지난 시점에서 실제 투입비용은 $45,000이고, 계획가치는 $40,000, 획득가치는 $35,000이다. 이 프로젝트의 일정과 비용은 어떤 상태에 있는지 바르게 설명한 것은?

A. 일정은 계획보다 지연되고, 비용은 계획보다 초과 지출되고 있다.

B. 일정은 계획보다 앞서고 있고, 비용은 계획보다 초과 지출되고 있다.

C. 일정은 계획보다 지연되고, 비용은 계획보다 절감되고 있다.

D. 일정은 계획보다 앞서고 있고, 비용도 계획보다 절감되고 있다.

> **해설**
>
> CPI=EV/AC=35,000/45,000=0.78, 따라서 비용은 22% 초과 투입되고 있고, SPI=EV/PV=35,000/40,000=0.88, 일정은 12% 지연되고 있다. 따라서 정답은 A이다.
>
> 정답 A

02 프로젝트 원가관리 프로세스는 산업 분야별로 다양한 경험을 통해서 각 조직이나 단체에 적합한 원가관리 프로세스를 적용한다. 일반적으로 가장 효율적으로 프로젝트관리 업무를 수행할 수 있는 원가관리 프로세스를 바르게 나열한 것은 다음 중 어느 것인가?

A. 예산 책정 → 예산 승인 → 원가 산정 → 원가 통제

B. 원가관리 계획수립 → 원가 산정 → 예산 책정 → 원가 통제

C. 예산 승인 → 원가관리 계획수립 → 예산 책정 → 원가 통제

D. 예산 승인 → 원가관리 계획수립 → 원가 감시 및 통제 → 예산 관리

> **해설**
>
> 프로젝트 원가관리 프로세스는 7.1 원가관리 계획수립, 7.2 원가 산정, 7.3 예산 책정, 7.4 원가 통제의 프로세스로 수행된다.
>
> 정답 B

03 국방산업 장비를 개발하는 프로젝트를 수행하고 있다. 특정 시점에서 진행상황을 분석한 결과, SPI=1.2, AC=$30,000, EV=48,000이다. 비용차이(CV)와 일정차이(SV)를 구하고, CPI를 계산하여 본 프로젝트의 예산 집행현황을 바르게 설명한 것은?

A. CV=−18,000, SV=−8,000, CPI=1.2, 프로젝트 예산을 초과하고 있다.

B. CV=−18,000, SV=−8,000, CPI=1.2, 프로젝트 예산을 절감하고 있다.

C. CV=18,000, SV=8,000, CPI=1.6, 프로젝트 예산을 절감하고 있다.

D. CV=18,000, SV=8,000 CPI=0.6, 프로젝트 예산을 초과하고 있다.

> **해설**
>
> SPI=EV/PV=$48,000/PV, 따라서 PV=$40,000
> CV=EV−AC=$48,000−$30,000=$18,000, SV=$48,000 − $40,000=$8,000
> CPI=EV/AC=$48,000/$30,000=1.6, CPI가 1.0 이상이므로 프로젝트 예산을 절감하고 있다.
>
> 정답 C

04 통신장비를 설치하는 프로젝트를 수행하고 있는 프로젝트관리자가 프로젝트 예산을 편성하기 위해 여러 가지 고민을 하고 있다. 프로젝트관리자는 프로젝트 예산을 프로젝트 원가관리 계획을 수립한 후에 편성하게 되었다. 최종 프로젝트 예산을 작성하기 위해 프로젝트에 참여하는 팀원들과 협의를 진행하고 있다. 이 최종 프로젝트 예산은 프로젝트의 생애주기 중 언제 작성하는 것이 가장 적합한가?

A. 프로젝트를 계약하고 착수하면서 작성한다.

B. 프로젝트를 착수하고 착수결과를 검토하여 기획단계에서 작성한다.

C. 프로젝트를 착수하고 기획한 후 실행단계에서 작성한다.

D. 프로젝트 전 생애주기 동안 상황을 고려하여 작성한다.

> **해설**
>
> 기획 프로세스에서 원가관리 계획수립, 원가 산정, 원가 책정을 하게 된다. 예산 책정에서 작업패키지와 각 활동에 대해 승인되어 합산된 원가 기준선을 결정하게 된다. 이후에 원가 통제는 감시 및 통제 프로세스 중 수행한다.
>
> 정답 B

▶▶ 7장 프로젝트 원가관리(Project Cost Management)

05 신약개발 프로젝트를 수행하고 있는 프로젝트관리자가 전체 공기 40개월 중에 10개월이 지난 시점에서 프로젝트의 진행상황을 파악하고 있다. 프로젝트관리자는 팀원들과 각 분야의 진척사항을 획득가치기법을 적용하여 파악 및 분석한 결과 SPI=0.8, CPI=1.1이다. 이 프로젝트의 진행현황을 바르게 설명한 것은?

A. 프로젝트 일정은 앞서가고 있고, 투입비용은 예산보다 초과되고 있다.
B. 프로젝트 일정은 지연되고 있고, 투입비용은 예산보다 초과되고 있다.
C. 프로젝트 일정은 앞서가고 있고, 투입비용은 예산보다 절감되고 있다.
D. 프로젝트 일정은 지연되고 있고, 투입비용은 예산보다 절감되고 있다.

> **해설**
> SPI와 CPI는 1이상 일 때 프로젝트의 진행상황이 좋다고 할 수 있다. 따라서 SPI=0.8은 프로젝트 일정이 계획보다 지연되고 있다. CPI=1.1은 프로젝트 투입비용이 당초 예산보다 절감되고 있다는 것을 알 수 있다.
>
> 정답 D

06 프로젝트의 원가 산정 시에 원가 산정 정확도를 비교하고 참고하여 적절한 산정 값을 적용한다. 예산 산정(Budget Estimate)에 해당하는 산정 방법과 오차 범위를 바르게 나타낸 것은?

A. 유사 산정법: −25%~+75%
B. 모수 산정법: −10%~+25%
C. 상향식 산정법: −5%~+10%
D. 유사 산정법: −15%~+50%

> **해설**
> 아래 표와 같이 예산 산정은 모수 산정법으로 오차 범위는 −10%~+25%이다.
>
> | 정확도 | 개략 산정
(Rough Order of Magnitude) | 예산 산정
(Budget Estimate) | 상세 산정
(Definitive Estimate) |
> |---|---|---|---|
> | 이용 시기 | • 프로젝트 타당성 분석 시
• 개념 계획수립 시 | • 제안서 제출 시
• 기본 계획수립 시 | • 계약 시
• 상세 계획수립 시 |
> | 산정 방법 | 유사 산정법 | 모수 산정법 | 상향식 산정법 |
> | 오차 범위 | −25%~+75% | −10%~+25% | −5%~+10% |
>
> 정답 B

07 프로젝트관리자가 원가 산정 업무를 수행하고 있다. 모수는 최종 산출물의 특성(Characteristics) 및 속성(Attributes)을 대표하는 요소이다. 건물 등의 연면적, 구조, 마감 형식, 설비 종류와 같은 목적물의 특성을 모수로 설정하고, 파라미터를 기반으로 하는 원가 산정 모델을 구축하여 원가를 예측하는 방법은 다음 중 어느 것인가?

A. 상향식 산정(Bottom-up Estimating)

B. 유사 산정(Analogous Estimating)

C. 전문가 판단(Expert Judgment)

D. 모수 산정(Parametric Estimating)

> **해설**
> 원가 산정 방법에는 모수 산정(Parametric Estimating), 유사 산정(Analogous Estimating), 전문가 판단(Expert Judgment) 및 상향식 산정(Bottom-up Estimating) 등이 있다. 최종 산출물의 특성(Characteristics) 및 속성(Attributes)을 대표하는 요소를 모수라고 한다. 건물의 연면적, 구조, 마감 형식, 설비 종류와 같은 목적물의 특성을 모수로 설정하고, 파라미터를 기반으로 하는 원가 산정 모델을 구축하여 원가를 예측하는 방법을 모수 산정법이라 한다.
>
> 정답 D

08 예산을 결정하고 원가 기준선을 결정하기 위해서는 원가관리 계획서를 이해하고 작성해야 한다. 다음 중 원가관리 계획서에 포함되어야 할 항목과 거리가 먼 것은?

A. 측정 단위, 정밀도 및 정확도 수준

B. 성과 보고 및 최종 투입예산 결과 보고

C. 원가 산정치를 수용할 수 있는 범위 설정

D. EVM(Earned Value Management)을 포함한 성과 측정 규칙 및 대상

> **해설**
> 프로젝트 착수 및 기획단계에서 작성하는 원가관리 계획서에는 측정 단위, 정밀도 및 정확도 수준, 원가 산정치를 수용할 수 있는 범위 설정, EVM(Earned Value Management)을 포함한 성과 측정 규칙 및 대상, 원가관리 보고 양식 및 빈도, 전략적인 자금 선택 절차, 환율 변경 절차 및 원가 기록 절차 등이 포함된다. 그러나 성과 보고 및 최종 투입예산 결과 보고는 프로젝트를 수행하면서 감시 및 통제 프로세스에서 수행하는 것이다.
>
> 정답 B

▶▶ 7장 프로젝트 원가관리(Project Cost Management)

09 프로젝트관리자가 폐수처리공장을 건설하는 프로젝트를 수주하여 계약을 진행하고, 프로젝트 착수를 준비하고 있다. 프로젝트를 수주하였지만 예산편성 단계에서부터 어려움을 겪고 있다. 왜냐하면 수주 시에 공사착수 시의 현장투입에 대한 비용을 충분히 고려하지 않았다. 그러나 현재는 계약공기를 이행하기 위하여 공사를 착수하기 위해 현장에 초기 투입을 준비하고 있다. 프로젝트를 수행하기 위해 착수단계에 현장가설 및 초기 설치비는 다음의 예산 항목 중 어디에 해당되는가?

A. 예산을 가변적으로 운영할 수 있으므로 변동비에 해당 된다.

B. 직접 인건비를 줄이는 방향으로 하는 간접비에 해당 된다.

C. 고정비에 해당 된다.

D. 초기 설치비와 관계없는 기회원가에 해당 된다.

> **해설**
> 원가의 유형은 아래와 같이 분류된다.
> 1) 원가 할당 방법에 따른 분류
>   - 직접비: 원가 발생 이유를 직접적으로 추적할 수 있는 원가, ex) 급여, 출장비, 인센티브 등
>   - 간접비: 원가 발생 이유를 직접적으로 추적할 수 없는 원가, ex) 관리비(전기세, 세금 등)
> 2) 업무수행의 변화에 따른 원가 형태
>   - 고정비: 조업도 수준과 무관하게 원가가 일정하게 발생하는 원가, ex) 프로젝트 착수 비용 등
>   - 변동비: 조업도에 따라 비례하여 발생하는 원가, ex) 재료비, 인건비 등
>
> 따라서, 고정비는 업무 진척에 관계없이 항상 일정하게 발생하는 원가를 말한다. 프로젝트 초기에 투입하여 프로젝트 기간 동안 계속 투입되어 발생하는 프로젝트 비용을 말한다.
>
> 정답 C

10 해외에서 발전소를 건설하고 있는 프로젝트관리자가 전혀 예상치 못한 상황에 처해 있다. 남아공의 희망봉을 돌아 해상운송을 하고 있는 설비가 해적들에게 강탈 당하여 프로젝트의 전체공기와 설치에 심각한 문제를 초래하게 되었다. 프로젝트관리자는 이에 대한 사전준비로 우발사태 예비비와 관리 예비비의 활용을 고려하고 있다. 이 경우에 처리될 수 있는 우발사태 예비비(Contingency Reserve)와 관리 예비비(Management Reserve)에 대한 설명으로 바르게 설명 되어진 것은?

A. 우발사태 예비비와 관리 예비비는 모두 원가 기준선에 포함되지 않는다.

B. 우발사태 예비비는 PM이 경영자의 승인하에 사용할 수가 있다.

C. 관리 예비비는 경영자의 승인 없이 PM이 활용하고 집행할 수 있는 예산이다.

D. 우발사태 예비비는 PM이 경영자의 승인 없이 집행 가능한 예산이고, 관리 예비비는 천재지변 등에 대응하기 위한 회사 및 경영자 측면의 활용 가능한 예비비이다.

해설

예비비에는 우발사태 예비비(Contingency Reserve)와 관리 예비비(Management Reserve)로 크게 구분한다. 우발사태예비비는 주로 프로젝트의 외부적 요인에 의해 우발적 사건이나 위험이 실제로 발생한 경우에 상황을 완화 또는 대처하기 위해 설정한 항목이며, 이와 같은 상황에서 비용 집행을 예산 내에서 처리하기 위한 재무적 완충 항목으로 PM이 경영자의 승인 없이 집행 가능한 예비비이다. 관리 예비비는 경영자(고객)가 유보하고 있는 항목이며, 사업이나 프로젝트가 예산 내에 완료되지 못하거나 요구사항 또는 방침의 변경에 따라 예산을 수정해야 할 경우에 대비하여 설정한다.

정답 D

CHAPTER

08

프로젝트 품질관리
(Project Quality Management)

프로젝트관리는 이해관계자의 요구사항과 기대사항을 파악하여 이를 충족시키기 위한 활동이다. 요구사항은 프로젝트에 대한 것과 프로젝트 결과물에 대한 것으로 분류할 수 있다. 프로젝트 결과물에 대한 요구사항은 프로젝트를 수행하여 산출하는 최종 결과물에 대한 것이고, 프로젝트 요구사항은 결과물에 대한 사항을 포함한 관리 활동을 의미한다. 품질관리는 프로젝트를 수행하는 과정과 완료 후에 요구사항의 충족 정도를 점검하고 확인하여 프로젝트를 성공적으로 수행할 수 있도록 하는 것이 핵심이다.

8.1 품질관리 계획수립(Plan Quality Management)
8.2 품질관리(Manage Quality)
8.3 품질 통제(Control Quality)

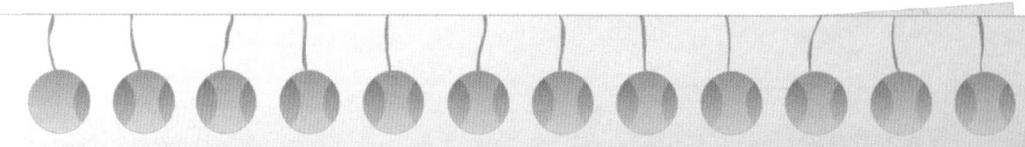

핵심용어

품질관리 계획수립(Plan Quality Management), 품질관리(Manage Quality), 품질 통제(Control Quality), 편익관리 계획서(Benefits Management Plan), 적합성(Conformance), 품질비용(Cost of Quality), 품질관리 시스템(Quality Management System), 품질감사(Quality Audits), 품질 매트릭스(Quality Metrics), 품질 정책(Quality Policy)

시험출제경향

1. 품질관리 계획서의 구성요소와 세부 내용을 이해한다.
2. 품질 매트릭스에 대해 이해하고 필요성을 설명한다.
3. 품질과 등급의 차이와 특징을 이해한다.
4. 품질관리(Manage Quality) 프로세스의 내용에 대해 이해한다.
5. 품질관리 7가지 도구의 특성을 이해한다.
6. 품질비용의 구분과 차이점들에 대해 이해한다.
7. 품질 통제의 기능과 검증된 인도물이 고객에게 인도되는 프로세스를 확인한다.

■ **품질관리 주요 내용**
- 품질관리는 프로젝트 이해관계자의 요구사항을 충족하기 위해 프로젝트 및 제품 품질 요구사항의 기획, 관리 및 통제에 관한 조직의 품질 정책을 반영하는 프로세스로 구성한다.
- 품질관리는 프로젝트 생애주기 전반에 걸쳐 수행한다. 품질 통제 프로세스에서는 프로젝트의 산출물이 당초의 허용치를 만족하는지 파악하고, 품질 요구사항을 충족하는지를 확인하고 시정조치 및 보완한다.

■ **품질관리 영역의 추세와 실무사례**
- 품질요구사항을 도출하여 품질관리계획을 수립하고, 품질요구사항이 충족하는지 품질 통제 프로세스에서 품질 기준과 품질지표별 측정값을 비교하여 확인한다.
- 고객만족은 요구사항을 정의, 파악 및 평가하여 관리함으로써 고객의 기대사항을 충족시키는 것이다. 애자일 환경에서는 프로젝트 전 생애에 걸쳐 팀 활동에 대한 이해관계자 참여를 통해 고객 만족을 유지해야 한다.
- 지속적 품질개선 활동은 슈와트(Shewhart)가 정의하고 데밍(Deming)이 발전시킨 PDCA(Plan-Do-Check-Act)인 계획-시행-점검-조치의 주기가 품질개선의 기본이다.
- 품질관리는 전사적 품질관리(TQM, Total Quality Management), 6-시그마, 린 6-시그마(LSS, Lean Six Sigma)와 같은 품질개선 전략을 참고하여 품질과 최종 제품, 서비스와 결과물의 품질을 향상 시킬 수 있도록 프로젝트 생애 동안 지속적으로 수행해야 한다.
- 성공적인 프로젝트를 달성하기 위해서는 모든 프로젝트 참여자들이 품질에 대한 책임을 인식하여야 한다. 품질관리 역량을 가진 적합한 자원을 공급할 책임은 경영진의 책임이다. 공급업체와의 상호 유익한 파트너십 또한 동반성장을 통한 품질관리기술의 성장을 통해 고객의 요구 및 기대사항에 부합하게 한다.

■ **조정 고려사항**
- 프로젝트관리자는 각 고유의 프로젝트 특성을 고려하여 프로젝트 품질관리 프로세스의 적용 방식을 해당 프로젝트에 맞게 조정하여 활용하게 된다.
- 주요 고려사항으로는 정책 준수 및 감사, 표준 및 규제 준수, 지속적 개선과 이해관계자의 참여를 위해서 협업적인 분위기를 조성하는 데 노력하여야 한다.

■ **애자일/적응형 환경에 대한 고려사항**
- 애자일 방식에서는 프로젝트 전반에 걸쳐 변경사항을 처리하기 위해 프로젝트 종료 시점 외에도 여러 번의 품질 및 검토 단계를 구축한다.
- 품질평가는 문제와 이슈의 근본 원인을 찾아 품질 개선을 위해 지속적으로 수행해야 한다.
- 애자일 방식은 반복적, 점증적 인도를 용이하게 하기 위해 활용하면서, 많은 프로젝트 인도물 요소를 통합하는 소규모 작업의 배치(batch)에 중점을 두고 수행한다.

■ 품질관리 프로세스의 기능

프로세스 그룹	프로세스	내용
기획	8.1 품질관리 계획 수립	프로젝트의 인도물이 품질 요구사항을 준수하고 있음을 증명하는 방법과 기법을 문서화 하는 프로세스
실행	8.2 품질관리	조직의 품질 정책을 프로젝트에 적용하여 품질관리 계획서를 실행 가능한 품질관리와 연관된 활동으로 변환하고 보증하는 프로세스
감시 및 통제	8.3 품질 통제	품질관리 계획서에 의거하여 품질관리 활동의 실행결과가 일치하는지를 감시 및 기록하고, 성과를 평가하여 프로젝트 산출물이 고객의 기대사항을 충족하는지 확인하는 프로세스

- 아래 그림은 프로젝트 품질관리 프로세스들의 상관관계를 개략적으로 표시한 것이다. 품질 관련 활동은 다양한 방법으로 중첩되고 상호 연관되어 활용된다.

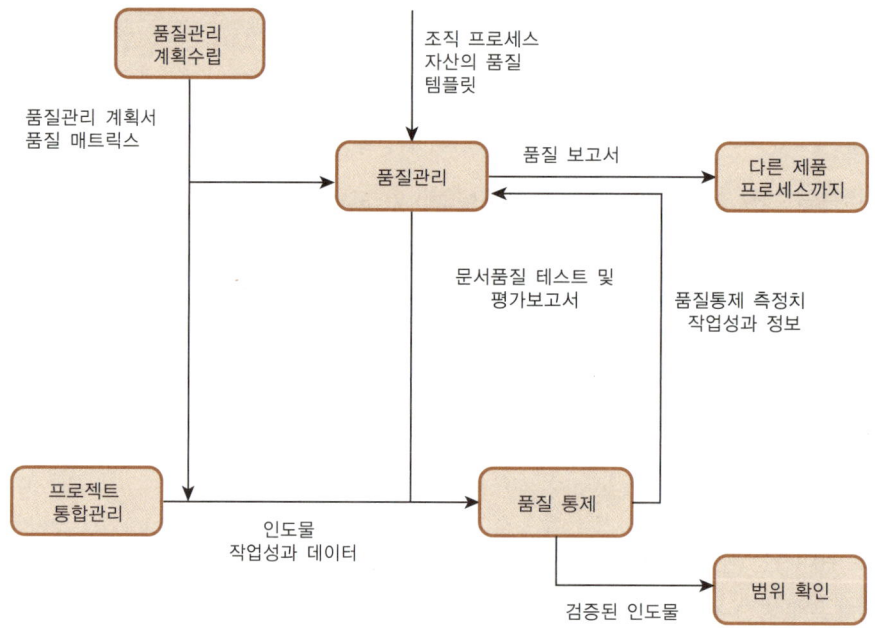

▲ 주요 프로젝트 품질관리 프로세스 상관 관계

■ 프로젝트 품질관리 프로세스 개요

프로세스	투입물	도구 및 기법	산출물
8.1 품질관리 계획수립	1) 프로젝트헌장 2) 프로젝트관리 계획서 3) 프로젝트 문서 4) 기업환경요인(EEF) 5) 조직 프로세스 자산(OPA)	1) 전문가 판단 2) 데이터 수집 3) 데이터 분석 4) 의사결정 5) 데이터 표현 6) 테스트 및 검사 계획수립 7) 회의	1) 품질관리 계획서 2) 품질 매트릭스 3) 프로젝트관리 계획서 업데이트 4) 프로젝트관리 문서 업데이트

프로세스	투입물	도구 및 기법	산출물
8.2 품질관리	1) 프로젝트관리 계획서 2) 프로젝트 문서 3) 조직 프로세스 자산(OPA)	1) 데이터 수집 2) 데이터 분석 3) 의사결정 4) 데이터 표현 5) 감사 6) DfX(Design for X) 7) 문제 해결 8) 품질개선 방법	1) 품질 보고서 2) 테스트 및 평가 문서 3) 승인된 변경 요청 4) 프로젝트관리 계획서 업데이트 5) 프로젝트 문서 업데이트
8.3 품질 통제	1) 프로젝트관리 계획서 2) 프로젝트 문서 3) 승인된 변경 요청 4) 인도물 5) 작업성과 데이터 6) 기업환경요인(EEF) 7) 조직 프로세스 자산(OPA)	1) 데이터 수집 2) 데이터 분석 3) 검사 4) 테스트/제품 평가 5) 데이터 표현 6) 회의	1) 품질 통제 측정치 2) 검증된 인도물 3) 작업성과 정보 4) 승인된 변경 요청 5) 프로젝트관리 계획서 업데이트 6) 프로젝트 문서 업데이트

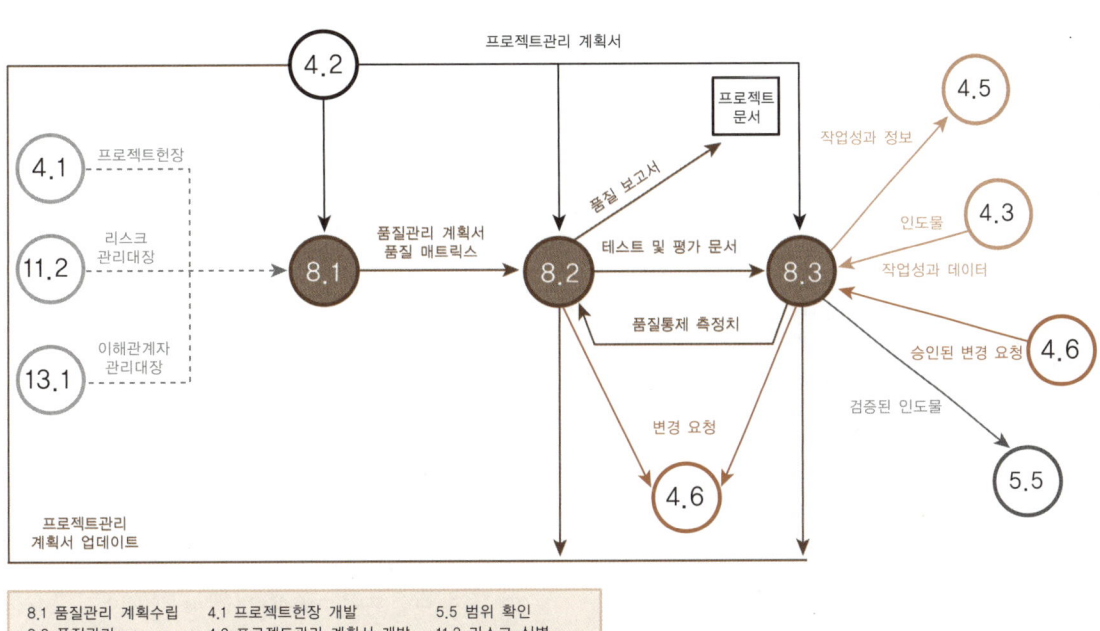

▲ 품질관리 프로세스 흐름도

8.1 품질관리 계획수립(Plan Quality Management)

> **프로세스 정의**
>
> 프로젝트와 인도물에 대한 품질 요구사항 및 관련 표준을 식별하여 요구사항과 표준을 준수하는지 확인하는 방법을 문서화 하는 프로세스이다.

> **프로세스 기능**
>
> - 프로젝트 생애 동안 모든 분야에서 품질을 관리하고 확인 및 검증하는 방법에 대한 가이드와 방법을 제시한다.
> - 프로젝트 수행 도중이나 이해관계자가 요청하는 시기에 품질관리 계획수립을 수행하여, 품질관리 계획서를 지속적으로 업데이트 한다.

■ 품질관리 계획수립 프로세스의 투입물, 도구 및 기법, 산출물

ITO	항목	
투입물	1) 프로젝트헌장 2) 프로젝트관리 계획서 3) 프로젝트 문서 4) 기업환경요인(EEF) 5) 조직 프로세스 자산(OPA)	1) Project Charter 2) Project Management Plan 3) Project Documents 4) Enterprise Environmental 5) Organizational Process Assets
도구 및 기법	1) 전문가 판단 2) 데이터 수집 3) 데이터 분석 4) 의사결정 5) 데이터 표현 6) 테스트 및 검사 계획수립 7) 회의	1) Expert Judgment 2) Data Gathering 3) Data Analysis 4) Decision Making 5) Data Representation 6) Test and Inspection Planning 7) Meetings
산출물	1) 품질관리 계획서 2) 품질 매트릭스 3) 프로젝트관리 계획서 업데이트 4) 프로젝트관리 문서 업데이트	1) Quality Management Plan 2) Quality Metrics 3) Project Management Plan Updates 4) Project Documents Updates

> **TIP**
>
> - 품질관리 계획수립은 다른 계획수립 프로세스와 상호 영향을 미치기 때문에 관련 프로세스와 병행하여 수행한다.
> - 다양한 프로젝트 혹은 여러 응용분야에서 활용하는 다른 품질관리 기법들을 같이 사용한다.

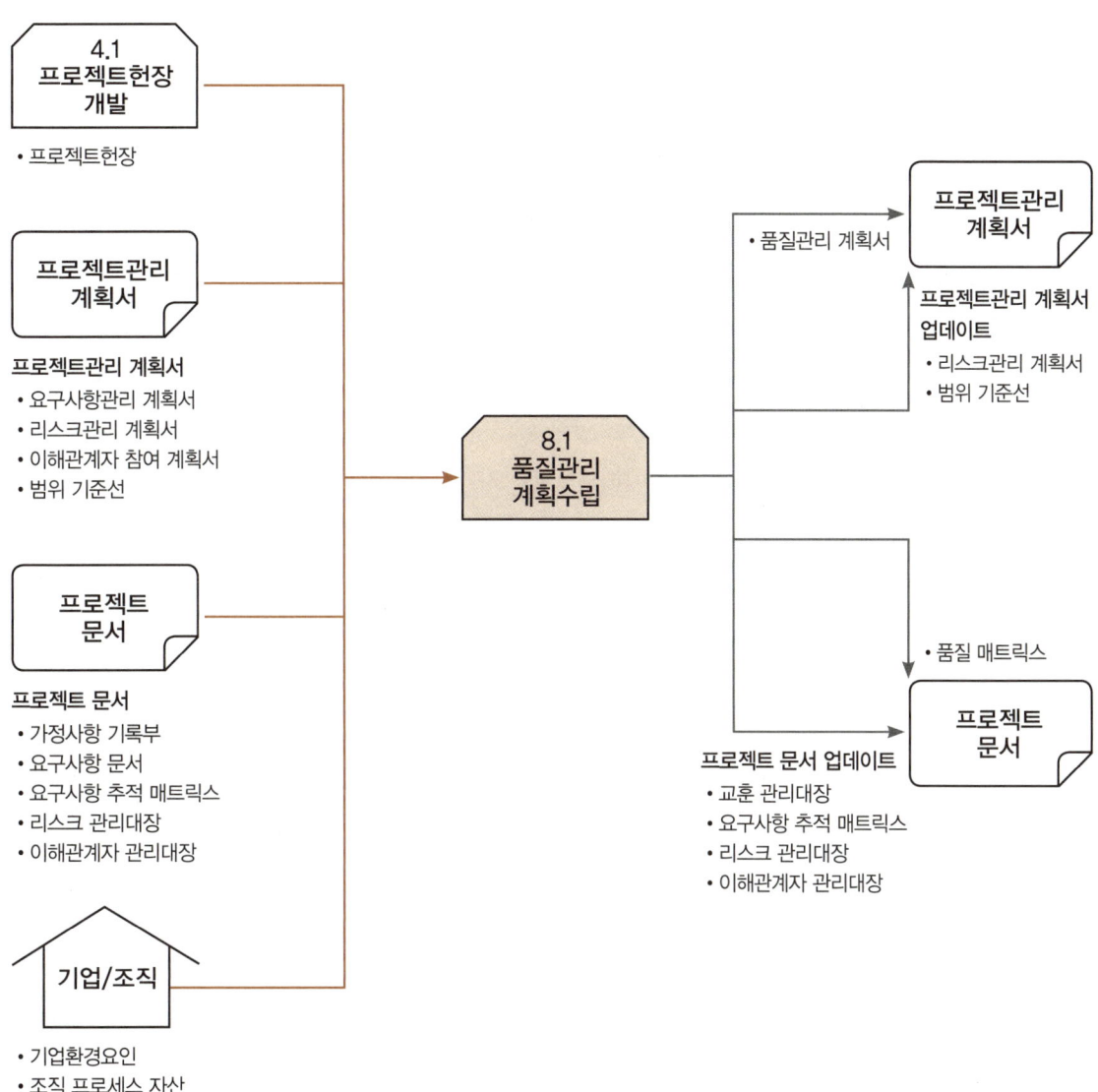

▲ 품질관리 계획수립 프로세스의 정보 흐름도

프로세스 해설

프로젝트 요구사항의 목적에 맞게 품질관리 계획을 작성하며, 프로젝트관리 계획서의 구성요소 중의 하나이다. 교훈 관리대장 등의 프로젝트 문서는 프로젝트 성과정보와 결과를 유사 프로젝트에 참고하기 위해 업데이트 한다.

8.1.1 품질관리 계획수립: 투입물

(1) 프로젝트헌장

개략적인 프로젝트에 대한 소개와 제품 명세를 확인한다. 프로젝트헌장에 있는 프로젝트 완료조건, 프로젝트 목표 등은 품질관리 계획서를 작성할 때 기준으로 참고한다.

(2) 프로젝트관리 계획서

- 요구사항관리 계획서: 요구사항의 식별, 분석, 통제 방법을 확인할 수 있다.
- 리스크관리 계획서: 프로젝트 리스크의 식별, 분석, 평가, 실행, 통제 활동을 위한 기준과 방법을 제공한다.
- 이해관계자 참여 계획서: 품질과 관련된 이해관계자의 기대사항을 문서화 하는 방법을 알 수 있다.
- 범위 기준선: 프로젝트 범위 기술서, WBS, WBS사전으로 구성되며, 프로젝트 산출물에 대한 상세한 기능, 성능에 대한 기준을 제시한다.

(3) 프로젝트 문서

- 가정사항 기록부: 프로젝트 품질 요구사항과 준수할 표준에 대한 모든 가정 및 제약사항을 제공한다.
- 요구사항 문서: 충족시켜야 하는 이해관계자 요구사항을 기술한다.
- 요구사항 추적 매트릭스: 제품 요구사항과 이를 충족하기 위한 인도물을 연결하여 표시하고, 개별 요구사항 충족 확인에 필요한 방법을 설명한다.
- 리스크 관리대장: 품질 요구사항과 관련된 리스크 목록과 원인, 발생확률, 영향도, 발생예상 시기 등의 상세 정보를 제공한다.
- 이해관계자 관리대장: 이해관계자 목록과 우선순위, 개별 정보를 제공하며, 품질관리 계획수립에 참고한다.

(4) 기업환경요인

정부 당국의 규정, 응용분야별 규칙, 표준과 지침, 지리적 분포, 조직 구조, 시장 여건, 프로젝트나 인도물의 작업 조건 또는 운영 조건, 문화적 체계와 인식 등이 주요 요인이다.

(5) 조직 프로세스 자산

정책, 조직의 품질관리 시스템, 점검기록지, 품질관리 템플릿, 선례 데이터베이스, 습득한 교훈 보관소 등이 해당된다.

8.1.2 품질관리 계획수립: 도구와 기법

(1) 전문가 판단

이 프로세스를 수행하는 데 필요한 주요 전문 지식과 기술은 품질 보증, 품질 통제, 품질 측정치, 품질 개선과 품질 시스템 등이다.

(2) 데이터 수집

- 벤치마킹: 과거의 좋은 프로젝트의 품질관리 계획서를 참고하여 프로젝트나 작업에 적용하면, 효과적이고 효율적으로 품질관리 계획수립 프로세스를 수행할 수 있다.
- 브레인스토밍: 여러 실무자, 전문가들이 모여 특정 주제에 대해 짧은 시간에 많은 새로운 아이디어를 도출하고 의사결정을 하는 회의 기법이다.
- 인터뷰: 이해관계자, 전문가 등과 직접 대화하여 아이디어를 수집하거나 의사결정에 필요한 의견을 모으는 방법이다. 좋은 결과를 얻기 위해서는 보안 유지에 대한 확신을 주고, 상호 신뢰할 수 있는 환경을 마련해야 한다.

(3) 데이터 분석

- 비용-편익 분석: 높은 품질을 얻기 위해서는 비용이 증가한다. 품질 개선으로 인한 편익의 수준과 소요 비용과의 관계를 확인하여 가장 적절한 비용과 편익의 비율을 분석한다.
- 품질비용: 예방비용, 평가비용, 실패비용(내부와 외부)으로 구분한다.
- 품질관리 실패를 줄이기 위한 최적의 품질비용(COQ)은 예방 및 평가 비용을 잘 조정하여 관리해야 한다.

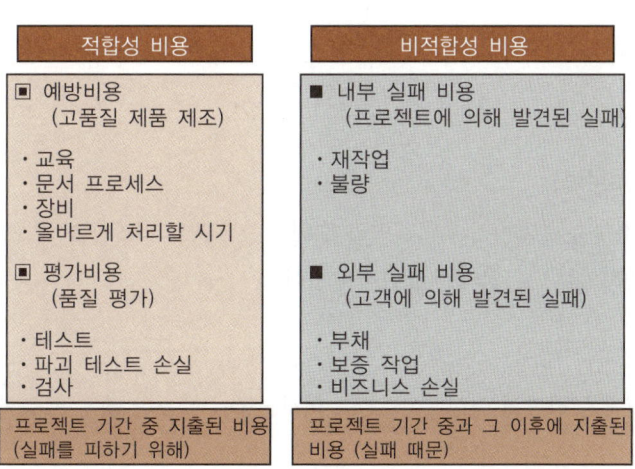

▲ 품질비용(COQ)

(4) 의사결정

의사결정을 할 때 영향을 주는 여러 요인들을 고려해야 한다. 이것을 다기준 의사결정 기법이라고 하고, 우선순위 결정 매트릭스 도구를 사용한다.

(5) 데이터 표현

품질관리 계획수립 프로세스를 수행할 때 사용할 수 있는 주요 데이터 표현 도구는 다음과 같다.

- 순서도: 투입물을 산출물로 변경하는 프로세스로 기호와 도형을 사용하여 일의 흐름을 보여주는 프로세스 흐름도이다. 플로우 차트(Flow Chart)나 프로세스 맵이라고도 한다. 순서도의 한 유형으로 SIPOC(Supplier, Input, Process, Output, Customer) 모델을 다음 그림에 표시하였다.

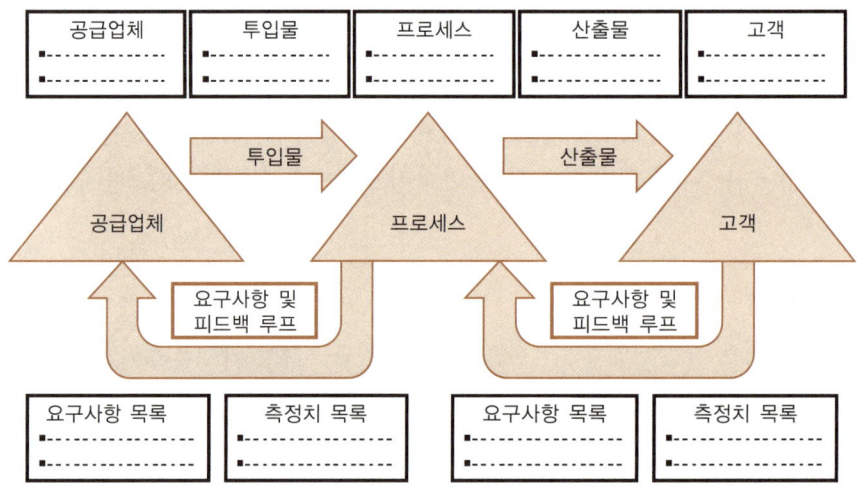

▲ SIPOC 모델

- 논리 데이터 모델: 과거 비즈니스 데이터를 비즈니스 용어로 기술하여 시각적으로 표현한 것이다.
- 매트릭스도: 매트릭스의 행과 열에 여러 원인, 요인과 목표와의 관계와 정도를 표현한다.
- 마인드 매핑: 정보와 정보 간의 관계를 시각적으로 표시한다.

(6) 테스트 및 검사 계획수립

이해관계자의 요구사항을 충족시키는지 확인하기 위해 프로젝트 결과물을 테스트하거나 검사하는 방법과 품질 목표를 충족시키는지 확인하는 방법을 수립한다.

(7) 회의

품질관리 계획서 개발을 하면서 아이디어 수집, 의사결정이 필요한 경우 프로젝트관리자, 프로젝트팀, 전문가, 이해관계자가 참여하는 회의를 한다.

8.1.3 품질관리 계획수립: 산출물

(1) 품질관리 계획서

품질 목표를 달성하기 위해 조직의 정책, 절차, 매뉴얼, 지침을 준수하는 방법을 정의한다. 프로젝트의 요구사항에 따라 개략적으로 작성하거나 상세하게 작성한다. 품질관리 계획서를 구성하는 주요 구성요소는 다음과 같다.

- 프로젝트와 관련된 품질 표준
- 프로젝트의 품질 목표
- 품질관리 참여자의 역할과 책임
- 품질 심사를 해야 하는 프로젝트 인도물과 프로세스
- 계획된 품질 통제 및 품질관리 활동
- 프로젝트에 사용할 품질 도구
- 프로젝트와 관련이 있는 주요 절차 등

(2) 품질 매트릭스

품질 요구사항을 충족하는지 검사하기 위한 속성과 측정 방법이다. 품질 매트릭스의 예는 완료된 작업패키지 수, 투입된 비용, 불량 건수 등 매우 다양하다.

(3) 프로젝트관리 계획서 업데이트

품질관리 계획수립 프로세스를 수행하면 프로젝트관리 계획서의 여러 구성요소를 변경할 수 있다. 리스크관리 계획서나 범위 기준선 등이 주요 대상이다.

(4) 프로젝트 문서 업데이트

교훈 관리대장, 요구사항 추적 매트릭스, 리스크 관리대장, 이해관계자 관리대장 등의 문서를 변경된 내용으로 업데이트 한다.

8.2 품질관리(Manage Quality)

> **프로세스 정의**
> 조직의 품질 전략이나 정책을 프로젝트에 반영하여 품질관리 계획을 실행할 수 있도록 품질 관련 활동으로 변환하는 프로세스이다.

> **프로세스 기능**
>
> - 품질관리는 품질 목표의 달성 확률을 높이고 비효율적인 프로세스와 품질 불량의 원인을 파악할 수 있다.
> - 품질관리는 품질 통제 프로세스의 데이터와 결과를 활용하여 프로젝트 전체의 품질 상태를 이해관계자에게 알린다.
> - 품질관리 프로세스는 프로젝트 전 생애에 걸쳐 지속적으로 수행된다.

■ 품질관리 프로세스의 투입물, 도구 및 기법, 산출물

ITO	항목	
투입물	1) 프로젝트관리 계획서 2) 프로젝트 문서 3) 조직 프로세스 자산(OPA)	1) Project Management Plan 2) Project Documents 3) Organizational Process Assets
도구 및 기법	1) 데이터 수집 2) 데이터 분석 3) 의사결정 4) 데이터 표현 5) 감사 6) DfX (Design for X) 7) 문제 해결 8) 품질개선 방법	1) Data Gathering 2) Data Analysis 3) Decision Making 4) Data Representation 5) Audits 6) Design for X 7) Problem Solving 8) Quality Improvement Methods
산출물	1) 품질 보고서 2) 테스트 및 평가 문서 3) 변경 요청 4) 프로젝트관리 계획서 업데이트 5) 프로젝트 문서 업데이트	1) Quality Reports 2) Test and Evaluation Documents 3) Change Requests 4) Project Management Plan Updates 5) Project Documents Updates

> **TIP**
>
> - 품질관리는 수행하는 프로젝트와 관계가 없는 업무에도 적용되므로 품질 보증보다 폭넓은 개념을 가진다.
> - 프로젝트관리에서 품질 보증은 해당 프로젝트에서 활용되는 해당 프로세스에 맞춘다.
> - 품질 보증은 해당 프로젝트의 품질관리 절차를 효율적으로 활용하기 위한 것이다. 프로젝트를 직접 수행하는 참여자들에게 최종 성과물이 이해관계자를 만족할 수 있도록 확신을 주기 위한 표준 이행 및 준수를 확증하는 것이다.
> - 품질관리에는 모든 품질 보증 활동이 해당되며, 최종 성과물의 설계 및 프로세스 개선 등과 관계가 있다.

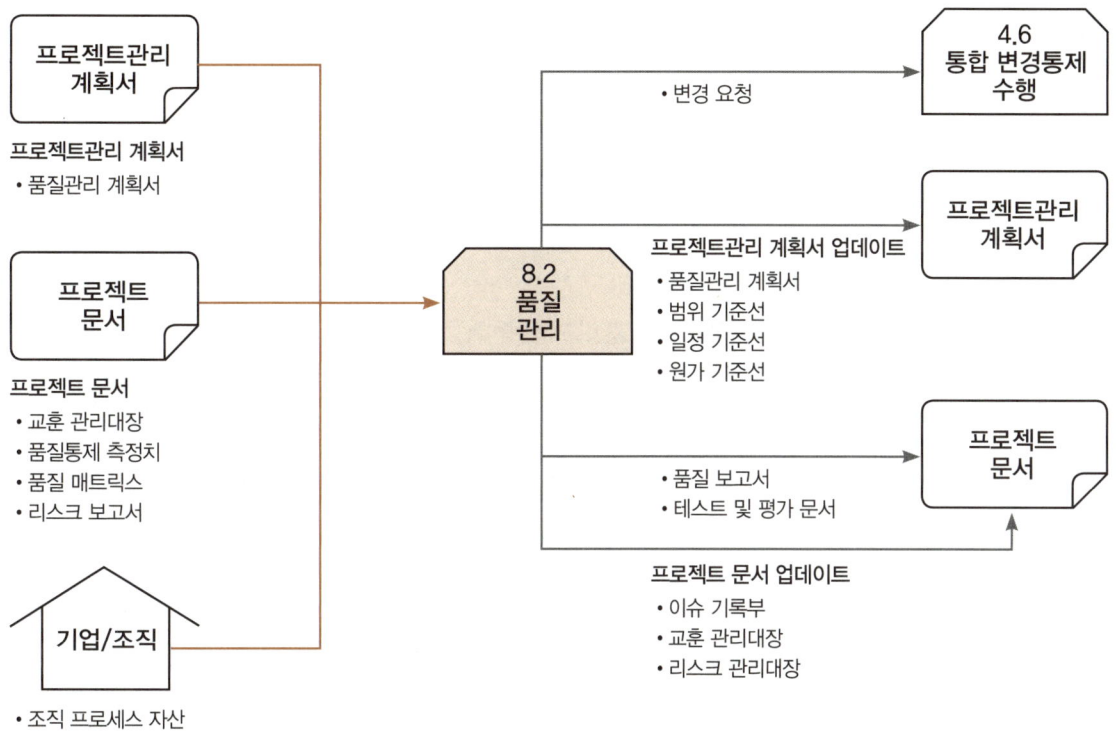

▲ 품질관리 프로세스의 정보 흐름도

> **프로세스 해설**
> 품질관리 계획서와 이슈 기록부를 업데이트 하고 품질 보고서와 테스트 및 평가 문서를 작성한다. 변경 요청은 통합 변경통제 수행 프로세스의 입력물로 투입된다.

8.2.1 품질관리: 투입물

(1) 프로젝트관리 계획서

품질관리 계획서는 프로젝트관리 계획서를 구성하는 한 구성요소이다. 품질관리 계획서에는 부적합 제품에 대한 시정조치 방법이 정의되어 있다.

(2) 프로젝트 문서

품질관리 활동에서 교훈 관리대장, 품질 통제 측정치, 품질 매트릭스, 리스크 보고서의 내용을 참고한다.

(3) 조직 프로세스 자산

정책과 절차, 조직의 품질관리 시스템, 점검기록지, 추적 매트릭스 등과 같은 품질 템플릿, 과거 프로젝트의 품질관리 정보, 유사 프로젝트의 교훈 등이 조직 프로세스 자산이다.

8.2.2 품질관리: 도구와 기법

(1) 데이터 수집

품질관리 프로세스에서는 데이터 수집을 위해 점검목록 기법을 주로 사용한다. 품질 점검목록은 범위 기준선에 정의된 인수 기준으로 정리할 수 있다.

(2) 데이터 분석

- 대안 분석: 다른 품질 옵션과 선택한 옵션을 비교하여 더 좋은 옵션을 선택한다.
- 문서 분석: 여러 품질문서(품질 보고서, 테스트 보고서, 성과 보고서, 차이 분석 등)를 분석한다.
- 프로세스 분석: 프로세스에서 발생하는 문제, 제약사항, 효과가 없는 것을 파악하여 개선할 수 있도록 한다.
- 원인 분석(RCA): 차이, 결함, 리스크를 유발하는 근본 원인을 식별할 때 사용하는 기법이다.

(3) 의사결정

의사결정을 할 때 영향을 주는 여러 요인들을 고려해야 하는데, 이때 다기준 의사결정 기법을 사용한다. 우선순위 결정 매트릭스는 다기준 의사결정에 사용하는 도구 중의 하나이다.

(4) 데이터 표현

- 친화도: 결함 원인들 중 관련이 많은 항목들을 모아 중점적으로 분석해야 할 그룹으로 분류한다.
- 인과관계도: 이시카와 도표 또는 물고기뼈(Fishbone) 도표라고 한다. 여러 요인과 잠재적 문제 또는 결과 간 연결 가능성을 표현한다.
- 순서도: 프로세스 내에 있는 일련의 과정으로 표시하며, 프로세스 맵이라고 한다.
- 히스토그램: 항목별로 발생 빈도를 보여주는 막대 차트이며, 많은 문제를 유발하는 요인을 식별할 때 사용한다.
- 매트릭스도: 매트릭스의 행과 열의 항목들 간의 상호관계와 영향 수준을 표시한다.
- 산점도: 두 요인 간의 관계를 표시할 때 사용한다. 예를 들면 활동 수와 불량 건수와의 관계를 산점도를 사용하여 관계를 파악할 수 있다.

(5) 감사

프로젝트 수행활동에서 조직과 프로젝트의 정책, 프로세스, 규정을 준수하는지 확인하는 프로세스이다. 조직 내부의 감사팀, PMO나 조직 외부의 팀이나 감사자가 독립적으로 수행한다.

(6) DfX(Degign for X)

제품의 설계 과정에서 특정 요소의 최적화를 위한 기술 지침이다. 여기서 X 대신 신뢰성, 조립, 비용, 서비스, 유용성 안전성, 품질 등을 사용할 수 있다. 예를 들면 신뢰성 향상 설계, 품질개선 설계 등이다.

(7) 문제 해결

문제 해결 방법에는 문제 정의, 근본 원인 분류, 해결책 준비, 최선의 결정, 해결책의 효과 확인 등이 있다.

(8) 품질 개선 방법

품질 개선 기회를 분석하고 평가할 때 PDCA(계획-시행-점검-조치, Plan-Do-Check-Act)와 6-시그마와 같은 품질개선 도구를 주로 사용한다.

8.2.3 품질관리: 산출물

(1) 품질 보고서

품질관리 문제와 이슈, 관련 프로세스와 제품개선을 위한 시정조치, 권고사항, 품질 통제의 결과 요약이 포함된다.

(2) 테스트 및 평가 문서

품질요구사항, 품질목표를 달성했는지 평가할 때 사용한다. 점검목록과 요구사항 추적 매트릭스를 포함시킬 수 있다.

(3) 변경 요청

품질관리 프로세스를 수행한 결과로 프로젝트관리 계획서 프로젝트 문서의 내용을 변경해야 할 경우도 있다. 이러한 변경은 통합 변경통제 수행 프로세스를 통해 처리한다.

(4) 프로젝트관리 계획서 업데이트

프로젝트관리 계획서의 구성 요소 중에서 주로 품질관리 계획서, 프로젝트 기준선(범위 기준선, 일정 기준선, 원가 기준선)이 업데이트 대상이다.

(5) 프로젝트 문서 업데이트

품질관리 프로세스를 수행하면 이슈 기록부, 교훈 관리대장, 리스크 관리대장의 내용을 변경해야 할 수 있다.

8.3 품질 통제(Control Quality)

프로세스 정의

품질 통제는 프로젝트 결과물이 이해관계자의 요구사항을 충족하는지 확인하고, 품질관리 활동이 계획에 따라 수행되는지 확인하는 프로세스이다.

프로세스 기능

- 품질 통제 프로세스에서는 프로젝트 최종 인도물이 주요 이해관계자가 최종 인수 조건으로 명시한 요구사항을 만족하는지를 검증해야 한다.
- 품질관리 활동의 수행결과를 감시하고 관리하면서 기록된 성과결과를 측정하여 평가한다.
- 프로젝트 산출물이 원래 명시한 기능을 발휘하고 있는지를 분명히 판별해야 한다.

■ 품질 통제 프로세스의 투입물, 도구 및 기법, 산출물

ITO	항목	
투입물	1) 프로젝트관리 계획서 2) 프로젝트 문서 3) 승인된 변경 요청 4) 인도물 5) 작업성과 데이터 6) 기업환경요인(EEF) 7) 조직 프로세스 자산(OPA)	1) Project Management Plan 2) Project Documents 3) Approved Change Requests 4) Deliverables 5) Work Performance Data 6) Enterprise Environmental Factors 7) Organizational Process Assets
도구 및 기법	1) 데이터 수집 2) 데이터 분석 3) 검사 4) 테스트/제품 평가 5) 데이터 표현 6) 회의	1) Data Gathering 2) Data Analysis 3) Inspection 4) Testing/Product Evaluations 5) Data Representation 6) Meetings
산출물	1) 품질 통제 측정치 2) 검증된 인도물 3) 작업성과 정보 4) 변경 요청 5) 프로젝트관리 계획서 업데이트 6) 프로젝트 문서 업데이트	1) Quality Control Measurements 2) Verified Deliverables 3) Work Performance Information 4) Change Requests 5) Project Management Plan Updates 6) Project Documents Updates

TIP

프로젝트의 산출물은 관련 표준, 요구사항, 규정 및 사양서를 준수해야 한다. 프로젝트관리자와 프로젝트팀은 프로젝트 전 생애에 걸쳐 품질 통제 프로세스를 수행한다.

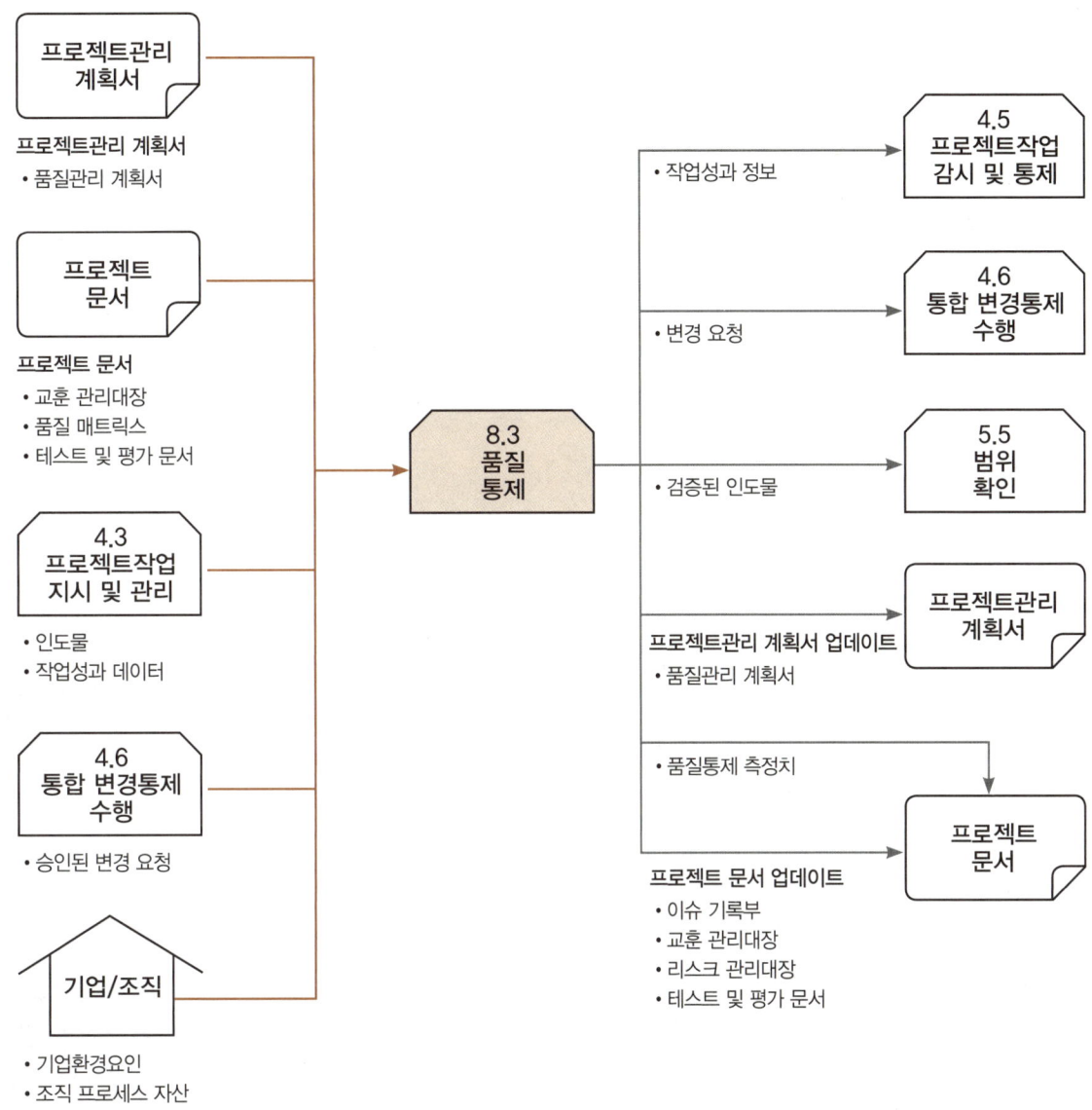

▲ 품질 통제 프로세스의 정보 흐름도

프로세스 해설

 (4.3)프로젝트작업 지시 및 관리에서 나온 인도물의 정확도를 확인하는 프로세스가 (8.3)품질 통제 프로세스에서 이루어져 품질 통제 측정치로 나오고, 이 결과물은 고객에게 인도하기 전에 (5.5)범위 확인 프로세스의 투입물로 전달되어 고객의 최종 승인을 얻어야 한다. (4.6)통합 변경통제 수행 프로세스에서 승인된 변경 요청이 투입물로 나오는 이유는 완전성에 대해 검토가 필요하기 때문에 다시 검사를 하기 위함이다.

8.3.1 품질 통제: 투입물

(1) 프로젝트관리 계획서
품질 통제를 위한 품질 지표와 기준, 수행 절차에 대한 설명이 있다.

(2) 프로젝트 문서
교훈 관리대장, 품질 매트릭스, 테스트와 평가 문서 등을 참고한다.

(3) 승인된 변경 요청
승인된 변경 요청이 프로젝트에 반영되었는지, 반영된 결과는 완전한지 확인한다.

(4) 인도물
인도물은 프로젝트작업 지시 및 관리 프로세스의 산출물로 프로젝트의 범위기술서와 WBS, WBS사전에 있는 사양을 기준으로 비교, 검토하여 확인한다.

(5) 작업성과 데이터
프로젝트작업 지시 및 관리 프로세스에서 인도물과 함께 산출된다. 통제 프로세스에서 목표나 기준과 비교하여 작업성과 정보의 기준으로 사용한다.

(6) 기업환경요인
품질 통제 프로세스에서 고려해야 하는 주요 기업환경요인은 프로젝트관리 정보시스템, 품질관리 소프트웨어를 사용, 정부 당국 규정, 응용분야별 규칙, 표준과 지침 등이다.

(7) 조직 프로세스 자산
품질 통제 프로세스에서 활용할 수 있는 주요 조직 프로세스 자산에는 품질 표준과 정책, 품질 템플릿, 이슈 및 결함 보고 절차와 의사소통 정책 등이 있다.

8.3.2 품질 통제: 도구 및 기법

(1) 데이터 수집
품질 통제 프로세스에서 활용할 수 있는 주요 데이터 수집 기법에는 점검목록(checklist), 점검기록지(check sheet), 통계적 표본추출, 설문지와 설문조사 등이 있다.

(2) 데이터 분석
성과 검토와 원인 분석(RCA) 등의 데이터 분석 기법을 사용하여 품질 통제 프로세스를 수행한다.

(3) 검사
산출된 결과물이 범위 기준선이나 표준을 준수하는지 평가한다. 이런 활동을 검사(Inspection), 검토

(Review), 동료검토(Peer Review), 감사(audit) 또는 검토회의(Walkthrough)라고 한다.

(4) 테스트와 제품 평가
프로젝트 결과물의 품질에 대한 객관적인 정보를 도출하기 위한 조사 활동이다.

(5) 데이터 표현
품질 통제 프로세스에서 사용하는 주요 데이터 표현 도구로는 인과관계도, 관리도, 히스토그램, 산점도 등이 있다.

8.3.3 품질 통제: 산출물

(1) 품질 통제 측정치
데이터 수집 활동에서 측정된 데이터를 정리한 문서이다. 정리 방법과 구성요소는 품질관리 계획서에 정의되어 있다.

(2) 검증된 인도물
프로젝트팀이나 품질관리 계획서에 명시된 담당자나 조직에 의해 품질 기준을 준수하는 것으로 확인된 인도물이다. 검증된 인도물은 범위 확인 프로세스에서 고객의 검사를 거쳐 인도된다.

(3) 작업성과 정보
작업성과 데이터를 목표나 기준, 표준과 비교한 결과이다. 작업성과 정보의 사례로 프로젝트 요구사항 이행, 거부 원인, 필요한 재작업, 시정 조치 권고사항, 검증된 인도물 목록, 품질 매트릭스 상태, 프로세스 조정 요구에 대한 정보 등을 들 수 있다.

(4) 변경 요청
품질 통제 프로세스를 수행한 후 프로젝트관리 계획서나 프로젝트 문서의 구성요소에 변경이 필요한 사항이 있는 경우에 프로젝트관리자는 변경 요청을 제출한다. 변경 요청은 통합 변경통제 수행 프로세스에서 처리한다.

(5) 프로젝트관리 계획서 업데이트
품질 통제 프로세스를 수행하면 품질관리 계획서를 변경해야 할 확률이 높다. 품질관리 계획서는 프로젝트관리 계획서의 일부이므로 통합 변경통제 프로세스에서 검토, 승인 후 프로젝트관리 계획서를 업데이트 한다.

(6) 프로젝트 문서 업데이트
이 프로세스에서 업데이트하는 주요 프로젝트 문서는 이슈 기록부, 교훈 관리대장, 리스크 관리대장, 테스트 및 평가 문서 등이 있다.

예상문제 ▶▶ 8장 프로젝트 품질관리(Project Quality Management)

01 주상복합 아파트를 건설하고 있는 프로젝트관리자는 전체 프로젝트에 대한 이해관계자의 요구사항을 분석하고 있다. 전체 이해관계자의 만족을 위해 품질관리에 대해 더 많은 신경을 쓰고 있다. 품질관리 성과를 효과적으로 달성하기 위해서 품질관리 프로세스가 순서대로 바르게 나열된 것은 어느 것인가?

A. 품질관리 계획수립, 품질관리, 품질 통제
B. 품질관리 계획수립, 품질 측정, 품질 통제
C. 품질 보증, 품질관리 계획수립, 범위 통제
D. 품질관리, 원가관리 계획수립, 품질 통제

> **해설**
>
> 품질관리 프로세스의 기능은 아래와 같다. PMBOK 제6판에서는 품질 보증이 품질관리로 변경되어 있다는 것을 유념하여야 한다.
>
> | 프로세스 그룹 | 프로세스 | 내용 |
> |---|---|---|
> | 기획 | 8.1 품질관리 계획수립 | 프로젝트의 인도물이 품질 요구사항을 준수하고 있음을 증명하는 방법과 기법을 문서화 하는 프로세스 |
> | 실행 | 8.2 품질관리 | 조직의 품질 정책을 프로젝트에 적용하여 품질관리 계획서를 실행 가능한 품질관리와 연관된 활동으로 변환하고 보증하는 프로세스 |
> | 감시 및 통제 | 8.3 품질 통제 | 품질관리 계획서에 의거하여 품질관리 활동의 실행 결과가 일치하는지를 감시 및 기록하고, 성과를 평가하여 프로젝트 산출물이 고객의 기대사항을 충족하는지 확인하는 프로세스 |
>
> 정답 A

02 프로젝트를 성공적으로 완수하기 위해서는 여러 가지 지식들이 요구된다. 품질관리는 고객의 요구사항을 만족시키는 것이 중요하다. 오늘날 프로젝트 품질관리는 수행 단계별로 리스크관리 관점에서 수행하게 된다. 프로젝트 수행 조직에서 품질관리 업무에 기여하게 되는데, 프로젝트 품질관리의 최종적인 책임은 누구에게 있는가?

A. 프로젝트관리 기술자 B. 팀원
C. 프로젝트관리자 D. 품질관리자

> **해설**
>
> 품질 계획수립 프로세스에 영향을 미치는 조직 프로세스 자산의 예로 조직의 품질 정책, 절차 및 지침, 선례 정보 데이터베이스, 과거 프로젝트에서 습득한 교훈, 품질 정책(Quality Policy) 등이 있다. 최고 경영진이 보증해야 하며, 품질과 관련한 수행 조직의 추진 방향을 설정, 수행 조직의 제품에 관한 품질 정책 등을 개발하게 된다. 프로젝트관리팀에서 프로젝트에 관한 품질관리를 수행하며, 이해관계자들이 프로젝트 품질 정책을 알 수 있도록 정보를 공유하면서 프로젝트의 품질관리 수행의 궁극적인 책임은 프로젝트관리자에게 있다.
>
> 정답: C

03 프로젝트에 참여하고 있는 품질관리자가 프로젝트관리 계획서의 하나인 품질관리 계획을 수립하고 있다. 품질관리자는 프로젝트헌장을 참고하고, 프로젝트관리 계획서를 검토하고 있다. 이 중에 프로젝트의 리스크를 식별, 분석, 평가, 실행, 감시 활동을 위한 기준과 방법을 제공하는 문서를 참고하게 된다. 다음 중 어느 문서가 이에 해당하는가?

A. 요구사항관리 계획서
B. 이해관계자 참여 계획서
C. 범위 기준선
D. 리스크관리 계획서

> **해설**
>
> 품질관리 계획수립 프로세스의 투입물로써 프로젝트관리 계획서가 있다. 프로젝트관리 계획서에 포함되는 문서는 요구사항관리 계획서, 리스크관리 계획서, 이해관계자 참여 계획서, 범위 기준선 등이 있다. 프로젝트 리스크의 식별, 분석, 평가, 실행, 감시 활동을 하기 위한 기준과 방법을 제공하는 문서는 리스크관리 계획서이다.
>
> 정답: D

04 프로젝트의 품질관리를 효과적으로 수행하기 위해서는 품질관리 비용을 적절히 조정하여 진행하여야 한다. 품질관리 실패를 줄이기 위한 최적의 품질비용(COQ)은 예방 및 평가비용을 잘 조정하여 관리해야 한다. 품질비용에는 적합성 비용과 비적합성 비용이 있다. 프로젝트의 진행 시점 중간에서 비적합성 비용 중에 고객에 의해 실패가 발견되어 고객으로부터 프로젝트 수행역량의 신뢰를 잃게 되는 일이 일어 났다. 이에 해당하는 프로젝트의 품질비용은 다음 중 어느 것인가?

A. 외부 실패 비용
B. 내부 실패 비용
C. 예방비용
D. 평가비용

> **해설**
> 품질비용에는 크게 적합성 비용과 비적합성 비용이 있고, 적합성 비용에는 예방비용과 평가비용이 있다. 그리고, 비적합성 비용에는 내부 실패 비용과 외부 실패 비용이 있다. 내부 실패 비용은 프로젝트 조직에 의해 발견된 실패이며, 외부 실패 비용은 고객에 의해 발견된 실패이다.
>
> 정답: A

05 프로젝트 참여자들이 신약개발 프로젝트를 수주하여 계약한 다음에 프로젝트 품질관리 계획서를 수립하고 있다. 품질관리 계획서의 산출물로 품질관리 계획서, 품질 매트릭스, 프로젝트관리 계획서 업데이트 및 프로젝트 문서 업데이트를 하게 된다. 이 중 품질관리 계획서에 포함되어야 하는 문서와 거리가 먼 것은?

A. 프로젝트의 품질 목표
B. 품질관리 참여자의 역할과 책임
C. 계획된 품질 통제 및 품질관리 활동
D. 품질관리 참여자의 성격과 특성

> **해설**
> 프로젝트의 품질 목표를 달성하기 위해서는 품질관리 계획을 수립하게 되고, 산출물로서 품질관리 계획서가 작성된다. 품질관리 계획서에는 조직의 정책, 절차, 매뉴얼, 지침을 준수하는 방법을 정의한다. 프로젝트의 요구사항에 따라 개략적으로 작성하거나 상세하게 작성한다. 품질관리 계획서를 구성하는 주요 구성요소로는 프로젝트와 관련된 품질 표준, 프로젝트의 품질 목표, 품질관리 참여자의 역할과 책임, 품질 심사를 해야 하는 프로젝트 인도물과 프로세스, 계획된 품질 통제 및 품질관리 활동, 프로젝트에 사용할 품질 도구 및 프로젝트와 관련이 있는 주요 절차 등이 있다.
>
> 정답: D

06 프로젝트 수행을 위해 품질관리자가 프로젝트 품질관리 활동을 수행하고 있다. 조직의 품질 전략이나 정책을 프로젝트에 반영하여 품질관리 계획을 실행할 수 있도록 품질 관련 활동으로 변화하는 프로세스가 실행되게 된다. 이 프로세스는 프로젝트 품질관리 프로세스 중에 어느 프로세스에 해당하는가?

A. 품질관리 계획수립
B. 품질관리
C. 품질 통제
D. 품질 보증

▶▶ 8장 프로젝트 품질관리(Project Quality Management)

> **해설**
>
> 프로젝트의 품질관리 프로세스에는 품질관리 계획수립, 품질관리 및 품질 통제의 프로세스로 진행된다. 품질관리 계획수립 프로세스는 프로젝트와 인도물에 대한 품질 요구사항 및 관련 표준을 식별하여 요구사항과 표준을 준수하는지 확인하는 방법을 문서화 하는 프로세스이다. 품질관리 프로세스는 조직의 품질 전략이나 정책을 프로젝트에 반영하여 품질관리 계획을 실행할 수 있도록 품질 관련 활동으로 변환하는 프로세스이다. 품질통제 프로세스는 프로젝트 결과물이 이해관계자의 요구사항을 충족하는지 확인하고, 품질관리 활동이 계획에 따라 수행되는지 확인하는 프로세스이다. 따라서 상기 문제의 해답은 품질관리 프로세스에 해당된다.
>
> 정답: B

07 프로젝트 품질관리계획을 수립하여 프로젝트 품질관리 업무를 수행하고 있다. 품질관리 업무를 수행하기 위해서 필요한 도구와 기법을 활용하고 있다. 품질관리를 하기 위한 도구와 기법에는 데이터 수집, 데이터 분석, 의사결정, 데이터 표현, 감사, DFX(Design for X), 문제 해결 및 품질 개선 방법 등이 있다. 품질관리자는 데이터 분석 업무를 진행하고 있다. 데이터 분석에 주로 사용하는 데이터 분석 기법과 거리가 먼 것은 다음 중 어느 것인가?

A. 대안 분석
B. 프로세스 분석
C. 원인 분석
D. 조직 분석

> **해설**
>
> 품질관리 업무를 수행하는 데 필요한 데이터 분석 기법으로는 대안 분석, 문서 분석, 프로세스 분석 및 원인 분석이 있다.
>
> | 분석 기법 | 내용 |
> |---|---|
> | 대안 분석 | 다른 품질 옵션과 선택한 옵션을 비교하여 더 좋은 옵션을 선택한다. |
> | 문서 분석 | 여러 품질문서(품질 보고서, 테스트 보고서, 성과 보고서, 차이 분석 등)를 분석한다. |
> | 프로세스 분석 | 프로세스에서 발생하는 문제, 제약사항, 효과가 없는 것을 파악하여 개선할 수 있도록 한다. |
> | 원인 분석(RCA) | 차이, 결함, 리스크를 유발하는 근본 원인을 식별할 때 사용하는 기법이다. |
>
> 정답: D

08 프로젝트 품질관리를 위해 품질관리자는 품질관리 계획서에 따라 품질관리 업무를 수행하면서 품질관리 도구 및 기업의 하나로 데이터 표현에 대해 다양한 표현 방법을 검토하고 있다. 이시카와 도표 또는 물고기 뼈(Fishbone) 도표라고 하는 여러 요인과 잠재적 문제와 결과 간 연결 가능성을 표현하는 데이터 표현을 무엇이라고 하는가?

A. 친화도
B. 순서도
C. 인과관계도
D. 히스토그램

해설

품질관리 업무를 수행하는 데 필요한 데이터 표현 방법에는 친화도, 인과관계도, 순서도, 히스토그램, 매트릭스도 및 산점도 등이 있다.

분석 기법	내용
친화도	결함 원인을 관련이 많은 항목들을 모아 그룹으로 분류하여 중점적으로 분석해야 할 그룹을 표시한다.
인과관계도	이시카와 도표 또는 물고기 뼈(Fishbone) 도표라고 한다. 여러 요인과 잠재적 문제 또는 결과 간 연결 가능성을 표현한다.
순서도	프로세스 내에 있는 일련의 과정으로 표시하며, 프로세스 맵이라고 한다.
히스토그램	항목별로 발생 빈도를 보여주는 막대 차트이며, 많은 문제를 유발하는 요인을 식별할 때 사용한다.
매트릭스도	매트릭스의 행과 열의 항목들 간의 상호관계와 영향 수준을 표시한다.
산점도	두 요인 간의 관계를 표시할 때 사용한다. 예를 들면 활동 수와 불량 건수와의 관계를 산점도를 사용하여 관계를 파악할 수 있다.

정답: C

09 품질관리 영역의 추세와 실무 사례로 보면, 품질 요구사항을 도출하여 품질관리계획을 수립하고, 품질 요구사항을 충족하는지 품질통제 프로세스에서 품질기준과 품질지표별 측정값을 비교하여 확인한다. 지속적인 품질개선 활동은 슈와트(Shewhart)가 정의하고 데밍(Deming)이 발전시킨 품질개선 주기가 품질개선의 기본이 된다. 이 항목과 순서를 바르게 표현한 것은?

A. PDCA(Plan-Do-Check-Act) 계획-시행-점검-조치
B. PCDA(Plan-Check-Do-Act) 계획-점검-시행-조치
C. PDAC(Plan-Do-Act-Check) 계획-시행-조치-점검
D. PACD(Plan-Act-Check-Do) 계획-조치-점검-시행

> > 8장 프로젝트 품질관리(Project Quality Management)

해설

품질관리 영역의 추세와 실무 사례는 품질 요구사항을 도출하여 품질관리계획을 수립하고, 품질 요구사항을 충족하는지 품질통제 프로세스에서 품질기준과 품질지표별 측정값을 비교하여 확인한다. 우선 고객만족은 요구사항을 정의, 파악 및 평가하여 관리함으로써 고객의 기대사항을 충족시키는 것이다. 애자일 환경에서는 프로젝트 전 생애에 걸쳐 팀 활동에 대한 이해관계자 참여를 통해 고객 만족을 유지해야 한다. 지속적 품질개선 활동은 슈와트(Shewhart)가 정의하고 데밍(Deming)이 발전시킨 PDCA(Plan-Do-Check-Act)인 계획-시행-점검-조치의 주기가 품질개선의 기본이다. 품질관리는 전사적 품질관리(TQM, Total Quality Management), 6-시그마, 린 6-시그마(LSS, Lean Six Sigma)와 같은 품질개선 전략을 참고하여 품질과 최종 제품, 서비스와 결과물의 품질을 향상 시킬 수 있도록 프로젝트 생애 동안 지속적으로 수행해야 한다. 따라서 지속적인 품질개선 활동을 위한 품질개선 주기는 PDCA가 정답이 된다.

정답: A

10 야외 영상가설 시설을 설치하는 프로젝트를 수행하고 있는 프로젝트관리자가 품질관리자와 프로젝트의 이해관계자의 만족도를 달성하기 위해 품질관리 도구와 툴을 어떻게 활용할 것인지를 품질관리자와 협의하고 있다. 프로젝트관리자와 협의한 내용을 바탕으로 품질관리자가 프로젝트 품질관리 계획을 수립하고 있다. 품질관리 계획을 수립하기 위해서는 데이터를 수집하여 활용해야 한다. 데이터를 수집하는 주요 기법에 대한 설명과 거리가 먼 것은?

A. 벤치마킹을 기법으로 보다 우수한 사례들을 활용한다.

B. 친화도 분석을 통하여 친밀한 것끼리 모아서 품질성향을 분석한다.

C. 브레인스토밍을 활용하여 창조적인 아이디어를 도출하여 진행한다.

D. 인터뷰를 하여 품질관리 효과를 달성할 수 있도록 자료를 수집한다.

해설

품질관리 계획을 수립하기 위한 도구 및 기업의 하나인 데이터 수집은 벤치마킹, 브레인스토밍 및 인터뷰가 주로 활용된다.

정답: B

MEMO

CHAPTER 09

프로젝트 자원관리
(Project Resource Management)

프로젝트 계획을 실행하기 위해서는 인적 자원과 물적 자원이 필요하다. 인적 자원을 팀 자원이라고도 하며, 프로젝트 수행에 직·간접적으로 참여하는 사람과 조직이다. 물적 자원은 장비, 자재나 설비, 재료 등이다. 프로젝트 자원관리는 필요한 자원의 식별, 확보, 관리하는 프로세스이다. 프로젝트관리자는 프로젝트를 수행하는 전 생애주기 동안 요구되는 자원을 적시에 적절한 방법과 비용으로 투입할 수 있도록 해야 한다. 프로젝트에 투입되는 자원은 프로젝트 수행 효율과 결과물의 품질에 중요한 영향을 미친다.

9.1 자원관리 계획수립(Plan Resource Management)
9.2 활동자원 산정(Estimate Activity Resources)
9.3 자원 확보(Acquire Resources)
9.4 팀 개발(Develop Team)
9.5 팀 관리(Manage Team)
9.6 자원 통제(Control Resources)

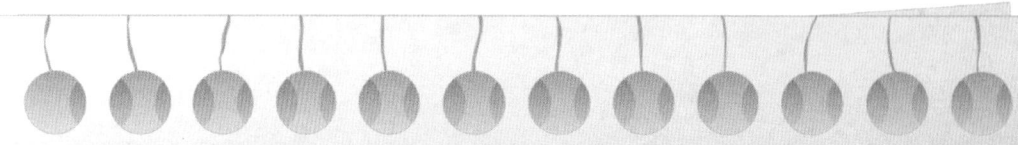

핵심용어

프로젝트 자원관리(Project Resource Management), 자원분류체계(RBS, Resource Breakdown Structure), 자원관리 계획서(Resource Management Plan), 자원관리자(Resource Manager), 자원 확보(Acquire Resources)

시험출제경향

1. 프로젝트 수행에 투입되는 자원의 유형과 특징을 이해한다.
2. 자원관리 계획서에 포함되어야 하는 구성요소를 이해한다.
3. 책임배정 매트릭스(RAM) 작성방법을 이해한다.
4. 프로젝트팀 개발을 위한 도구와 기법을 이해한다.
5. 협상 및 갈등 해결 방법의 종류와 각각의 특징을 이해한다.
6. 자원 통제에서 문제 해결 절차를 이해한다.

■ **자원관리 주요 내용**
- 프로젝트 자원은 팀 자원과 물적 자원으로 구분된다.
- 프로젝트팀은 범위, 일정, 원가 목표 달성에 필요한 각자의 역할과 책임을 가진 개인들로 형성된다. 프로젝트팀의 효율과 성과는 프로젝트관리자의 리더십 역량에 크게 영향을 받는다. 프로젝트를 수행하는 과정 동안 프로젝트 팀원을 계획과 실행 과정의 토론과 의사결정에 참여시키는 것이 좋다. 프로젝트 협의와 의사결정에 참여하면 팀원들의 소속감과 책임감이 향상된다.
- 프로젝트 자원관리를 위한 물적 자원 전체에 대해 자원을 관리하는 데 필요한 프로젝트관리자의 기량과 역량 수준의 차이가 다양하다.
- 프로젝트팀은 다음과 같은 프로젝트 환경적 요소에 영향을 받는다.
  - 프로젝트팀의 공간적 환경
  - 팀원들의 지리적 위치
  - 이해관계자와의 의사소통 체계
  - 프로젝트팀 내부, 외부의 정치적 상황
  - 프로젝트 주변의 문화적 특징

■ **자원관리 영역의 추세와 실무사례**
- 프로젝트의 관리방법이 의사결정 권한을 팀원에게 위임하고 팀워크를 통해 팀원 간 자율적 업무 협력과 실행을 강화 하는 방식으로 변화하고 있다.
  - 자원관리 방법: 프로젝트관리자는 린(Lean)관리 방식, JIT(Just In Time)관리, 카이젠(改善), 전사적 생산관리(TPM), 제약이론(TOC) 등의 방법을 통해 자원활용을 최적화 하고 있다.
  - 감성지능(EI): 프로젝트관리자는 자기관리, 자기인식 등의 내적 역량과 관계 관리의 외적 역량을 향상시키기 위한 개인의 감성지능 향상에 투자하고 있다.
  - 자율구성 팀: 짧은 기간 단위로 프로젝트를 실행하는 애자일 방식은 자율적인 프로젝트팀을 구성하여 진행한다. 효과적인 자율구성 팀은 분야별 전문가보다 환경변화에 적응가능한 일반 전문가로 편성하는 것이 유리하다.
  - 가상 팀/분산 팀: 프로젝트팀 구성원이 같은 장소에서 업무를 수행하지 않고 지리적으로 다른 위치에서 프로젝트를 수행한다. 정보통신기술을 기반으로 다양한 의사소통 도구를 이용하여 가상의 동일 공간을 구성하여 진행한다. 다양한 국적의 전문가로 구성된 프로젝트팀이 동일 장소에서 프로젝트에 참여하기 어려운 경우에 적절한 방법이다. 가상 팀이나 분산 팀의 관리에서는 의사소통이 원활하게 되도록 관리하는 것이 중요하다.

■ **조정 고려사항**
프로젝트관리자는 각 프로젝트의 환경이 다양하기 때문에 자원관리 프로세스를 적용할 때 아래와 같은 항목을 고려한다.

구분	내용
다양성	프로젝트팀의 구성이 다양한 원인을 확인한다.
물리적 위치	팀원과 물적 자원의 실제 위치를 확인한다.
산업 특화 자원	관련 산업에서 필요한 특별한 자원을 확인한다.
팀원의 확보	프로젝트 팀원의 확보 방안, 팀 자원의 프로젝트 참여 방식을 검토한다.
팀 관리	팀 개발을 위한 방안을 확인한다. 팀 개발과 현황을 관리하는 제도를 확인한다.
생애주기 접근 방식	다양한 생애주기 방식 중에 어떤 생애주기 방식을 사용할 것인지 확인한다.

■ 애자일/적응형 환경에 대한 고려사항

변동 가능성이 많은 대형 프로젝트에는 일반 전문가로 구성된 자율구성 팀과 같이 집중과 협업을 극대화하는 팀 구조가 효율적이다. 협업은 생산성을 향상시키고 문제를 쉽게 해결할 수 있도록 한다. 협력적인 팀은 특히 변동이 많고, 변화의 속도가 빠른 프로젝트를 더 효율적으로 수행할 수 있다. 협업을 통해서 집중적 업무처리가 가능하고 신속한 의사결정이 가능하다.

▣ 자원관리 프로세스의 기능

프로세스 그룹	프로세스	내용
기획	9.1 자원관리 계획 수립	물적 자원과 팀 자원을 산정, 확보, 관리하고 활용하는 방법을 정의하는 프로세스
	9.2 활동자원 산정	프로젝트작업을 수행하는 데 필요한 자재, 장비 또는 설비의 종류 및 수량과 팀 자원을 산정하는 프로세스
실행	9.3 자원 확보	프로젝트작업을 완료하는 데 필요한 팀원, 설비, 장비, 자재, 보급품 및 기타 자원을 확보하는 프로세스
	9.4 팀 개발	팀 워크를 개선하여 팀원 간의 협력과 역량을 향상하고 성공적인 팀 관리를 할 수 있는 여건을 구축하기 위한 프로세스
	9.5 팀 관리	프로젝트팀의 성과를 확인, 평가하여, 팀원들에게 피드백을 주면서 문제와 이슈를 해결하고, 팀의 변경사항 등의 팀을 관리하는 프로세스
감시 및 통제	9.6 자원 통제	프로젝트에 할당되고 배정된 물적 자원을 계획에 따라 투입, 사용하고 있는지 확인하고, 필요에 따라 시정조치를 수행하는 프로세스

▣ 자원관리 프로세스 개요

프로세스	투입물	도구 및 기법	산출물
9.1 자원관리 계획 수립	1) 프로젝트헌장 2) 프로젝트관리 계획서 3) 프로젝트 문서 4) 기업환경요인 5) 조직 프로젝트 자산	1) 전문가 판단 2) 데이터 표현 3) 조직론 4) 회의	1) 자원관리 계획서 2) 팀 헌장 3) 프로젝트 문서 업데이트

프로세스	투입물	도구 및 기법	산출물
9.2 활동자원 산정	1) 프로젝트관리 계획서 2) 프로젝트 문서 3) 기업환경요인 4) 조직 프로젝트 자산	1) 전문가 판단 2) 상향식 산정 3) 유사 산정 4) 모수 산정 5) 데이터 분석 6) 프로젝트관리 정보시스템 7) 회의	1) 자원 요구사항 2) 산정 기준서 3) 자원분류체계(RBS) 4) 프로젝트 문서 업데이트
9.3 자원 확보	1) 프로젝트관리 계획서 2) 프로젝트 문서 3) 기업환경요인 4) 조직 프로젝트 자산	1) 의사결정 2) 대인관계 및 팀 기술 3) 사전배정 4) 가상 팀	1) 실물 자원배정표 2) 프로젝트팀 배정표 3) 자원 달력 4) 변경 요청 5) 프로젝트관리 계획서 업데이트 6) 프로젝트 문서 업데이트 7) 기업환경요인 업데이트 8) 조직 프로세스 자산 업데이트
9.4 팀 개발	1) 프로젝트관리 계획서 2) 프로젝트 문서 3) 기업환경요인 4) 조직 프로젝트 자산	1) 동일 장소 배치 2) 가상 팀 3) 의사소통 기술 4) 대인관계 및 팀 기술 5) 인정과 보상 6) 교육 7) 개인 및 팀 평가 8) 회의	1) 팀 성과 평가서 2) 변경 요청 3) 프로젝트관리 계획서 업데이트 4) 프로젝트 문서 업데이트 5) 기업환경요인 업데이트 6) 조직 프로세스 자산 업데이트
9.5 팀 관리	1) 프로젝트관리 계획서 2) 프로젝트 문서 3) 작업성과 보고서 4) 팀 성과 평가서 5) 기업환경요인 6) 조직 프로젝트 자산	1) 대인관계 및 팀 기술 2) 프로젝트관리 정보시스템	1) 변경 요청 2) 프로젝트관리 계획서 업데이트 3) 프로젝트 문서 업데이트 4) 기업환경요인 업데이트
9.6 자원 통제	1) 프로젝트관리 계획서 2) 프로젝트 문서 3) 작업성과 데이터 4) 협약 5) 조직 프로세스 자산	1) 데이터 분석 2) 문제 해결 3) 대인관계 및 팀 기술 4) 프로젝트관리 정보시스템	1) 변경 요청 2) 프로젝트관리 계획서 업데이트 3) 프로젝트 문서 업데이트 4) 기업환경요인 업데이트 5) 조직 프로세스 자산 업데이트

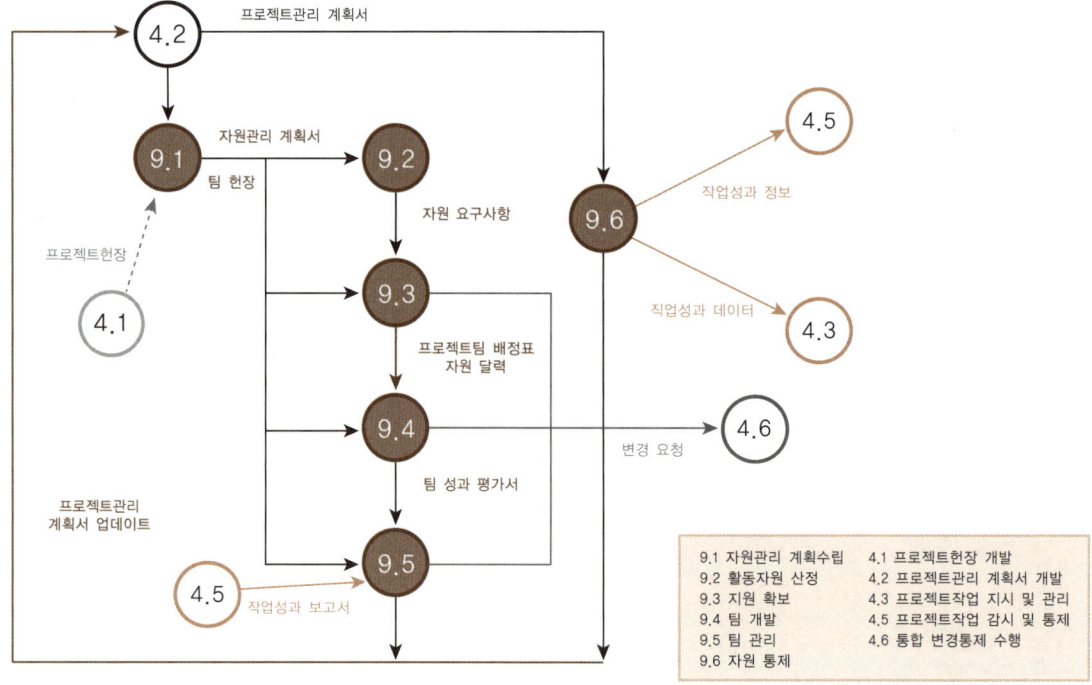

▲ 자원관리 프로세스 흐름도

9.1 자원관리 계획수립(Plan Resource Management)

프로세스 정의

프로젝트 수행에 필요한 팀 자원과 물적 자원을 산정, 확보, 관리하고, 통제하는 방법을 정의하는 프로세스이다.

프로세스 기능

- 프로젝트의 유형, 규모, 리스크 정도, 복잡성에 따라 프로젝트 자원을 효율적으로 관리하는 데 필요한 관리작업 방식과 수준을 정립하게 된다.
- 자원관리 계획수립 프로세스는 프로젝트 기획 단계에서 집중적으로 수행하며, 팀원 및 이해관계자 간에 합의된 시점에서 필요한 경우 수행한다.

■ 자원관리 계획수립 프로세스의 투입물, 도구 및 기법, 산출물

	항목	

투입물	1) 프로젝트헌장
	2) 프로젝트관리 계획서
	  • 품질관리 계획서
	  • 범위 기준선
	3) 프로젝트 문서
	  • 프로젝트 일정
	  • 요구사항 문서
	  • 리스크 관리대장
	  • 이해관계자 관리대장
	4) 기업환경요인
	5) 조직 프로세스 자산
		1) Project Charter
		2) Project Management Plan
		  • Quality Management Plan
		  • Scope Baseline
		3) Project Documents
		  • Project Schedule
		  • Requirements Documentation
		  • Risk Register
		  • Stakeholder Register
		4) Enterprise Environmental Factors
		5) Organizational Process Assets

도구 및 기법	1) 전문가 판단
	2) 데이터 표현
	  • 계층구조형 도표
	  • 책임배정 매트릭스
	  • 텍스트기반 도표
	3) 조직론
	4) 회의
		1) Expert Judgment
		2) Data Representation
		  • Hierarchical Charts
		  • Responsibility Assignment Matrix
		  • Text-oriented Formats
		3) Organizational Theory
		4) Meetings

산출물	1) 자원관리 계획서
	2) 팀 헌장
	3) 프로젝트 문서 업데이트
	  • 가정사항 기록부
	  • 리스크 관리대장
		1) Resource Management Plan
		2) Team Charter
		3) Project Documents Updates
		  • Assumption Log
		  • Risk Register

> **TIP**
>
> 자원 계획수립은 성공적인 프로젝트 완료를 위해 충분한 자원을 확보하기 위한 접근 방식을 결정하고 식별하는 데 사용된다. 프로젝트 자원에는 팀원, 공급업체, 자재, 장비, 서비스, 설비가 포함될 수 있다. 자원은 조직의 내부 자산과 외부에서 팀원을 확보할 수 있고, 프로젝트에 필요한 같은 자원을 여러 곳에서 경쟁하며 확보해야 하는 경우도 있다.

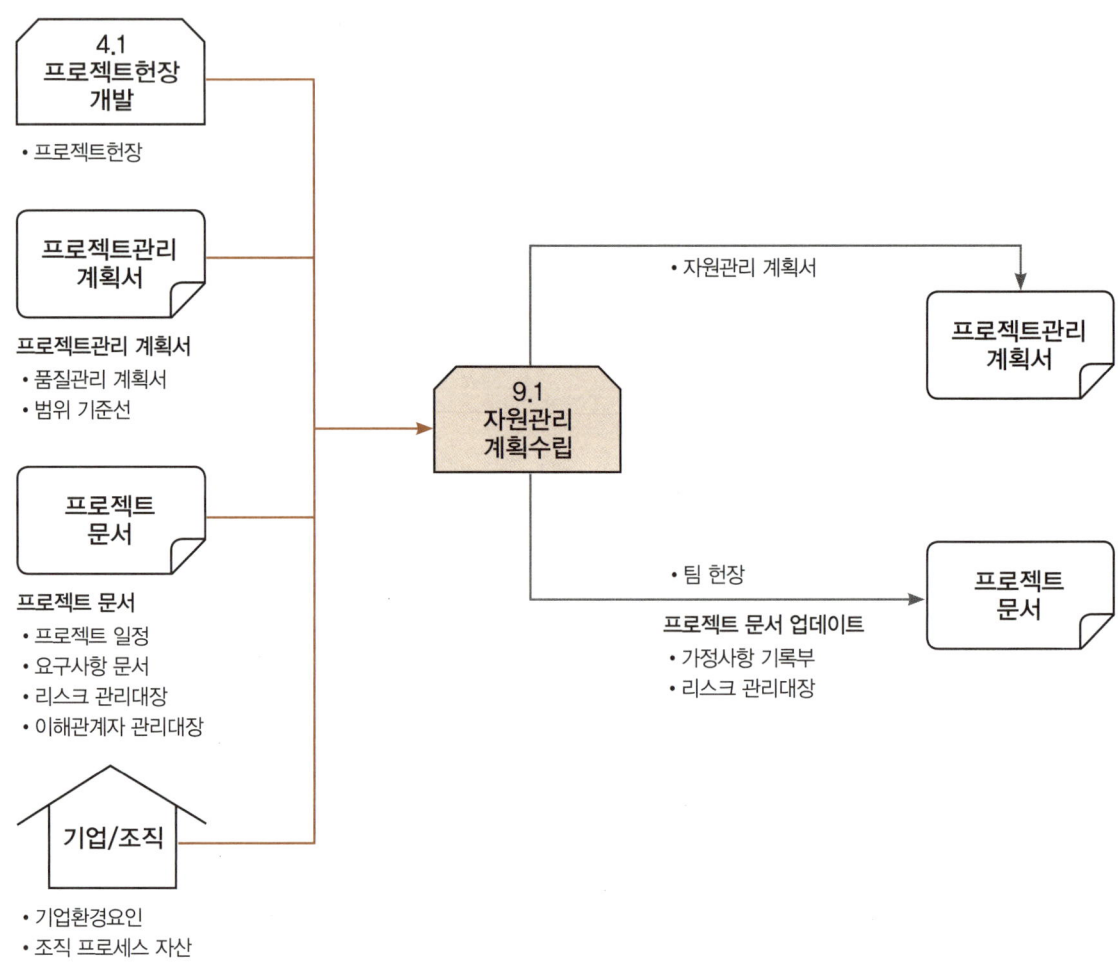

▲ 자원관리 계획수립 프로세스의 정보 흐름도

> **프로세스 해설**
>
> 프로젝트헌장, 품질관리 계획서, 범위 기준선 및 프로젝트 일정을 바탕으로 자원관리 계획을 수립한다. 자원관리 계획서는 프로젝트관리 계획서의 일부 구성요소이므로 개발 후 프로젝트관리 계획수립 프로세스의 투입물로 사용된다.

9.1.1 자원관리 계획수립: 투입물

(1) 프로젝트헌장

프로젝트헌장에 명시된 상위수준의 요구사항 중에 자원관리 계획수립에 고려하여 반영되어야 할 요소가 있다.

(2) 프로젝트관리 계획서

이 프로세스에서는 주로 품질관리 계획서와 범위 기준선의 구성요소를 참조한다.

(3) 프로젝트 문서

요구사항 문서, 리스크 관리대장 및 이해관계자 관리대장을 참조한다.

(4) 기업환경요인

조직의 문화와 구조, 설비 및 자원의 지리적 분포, 기존 자원 역량 및 가용성, 시장 여건 등을 고려한다.

(5) 조직 프로세스 자산

주로 인적 자원 정책 및 절차, 물적 자원관리 정책 및 절차, 안전 정책, 보안 정책, 자원관리 계획서 템플릿 및 유사 프로젝트에 관한 선례정보를 활용한다.

9.1.2 자원관리 계획수립: 도구 및 기법

(1) 전문가 판단

- 자원 협상과 인재 개발
- 필요한 예비 업무량 산정
- 조직 문화를 고려한 보고 요구사항 파악
- 자원 확보에 필요한 예산 소요기간 산정
- 자원 확보, 보유, 복귀 계획과 관련된 리스크의 식별
- 관련 정부와 노사의 규정 준수
- 자재와 보급품의 적시 확보를 위한 판매자와 물류 업무 관리

(2) 데이터 표현

팀원의 역할과 담당업무를 여러 형식으로 표시하여 명확하게 한다. 표시 방법은 계층구조, 매트릭스, 텍스트 형식으로 분류된다.

- **계층구조형 도표**: 전통적인 조직도 형식을 사용하여 직위와 관계를 하향식 표현 방식으로 표시한다.
- **작업분류체계(WBS)**: 조직분류체계(OBS), 자원분류체계(RBS)는 같은 분류체계 표현 기법이다.
- **책임배정 매트릭스(Responsibility Assignment Matrix)**: 각각의 작업패키지에 배정된 프로젝트 자원을 보여주는 책임배정 매트릭스(RAM)가 있다. 다음 표는 작업패키지 혹은 활동과 프로젝트 팀원 간의 관계를 보여준다.

■ 책임배정 매트릭스(RAM)

활동	철수	민동	민지	희망	초롱
현장 착수	A	R	I	I	I
요구사항 수집	I	A	R	C	C
변경 요청 제출	I	A	R	R	C
테스트 계획 개발	A	C	I	I	R
R=Responsible(담당), A=Accountable(책임), C=Consult(상담), I=Inform(알림)					

- **텍스트 기반 도표**: 팀원의 담당업무를 상세하게 기술해야 할 경우에는 텍스트 기반의 도표를 사용한다. 이 문서에는 담당업무, 권한, 역량, 자격 등의 정보를 요약된 형태로 기술한다. 텍스트 기반 도표의 사례로는 직무기술서, 역할-담당업무-권한 양식 등이 있다.

(3) 조직론
개인, 팀, 조직별로 업무 추진방식, 행동유형, 태도 등에 대한 특성과 정보를 공유한다.

(4) 회의
자원관리 계획수립과 관련된 회의를 수행한다.

9.1.3 자원관리 계획수립: 산출물

(1) 자원관리 계획서
자원관리 계획서는 프로젝트 자원의 분류, 배정, 관리, 복귀시키는 방법과 규정을 정의한다. 자원관리 계획서는 팀관리 계획서와 물적 자원관리 계획서로 나눌 수 있다.

- **자원 식별**: 필요한 팀 자원과 물적 자원을 식별하고 정량화 하는 방법이다.
- **자원 확보**: 프로젝트의 팀 자원과 물적 자원을 확보하는 방법에 대한 지침이다.
- **역할 및 담당업무**

구분	내용
역할	프로젝트에 배정된 팀원의 직위, 역할을 말한다.
권한	프로젝트 자원의 사용, 의사결정, 승인, 인도물 인수, 다른 사람에게 영향력을 행사할 권한을 말한다.
담당업무	결과물을 완성하기 위해 각 팀원에게 배정된 업무이다.
역량	주어진 프로젝트 환경에서 배정된 작업을 완수하는 데 필요한 기량과 능력이다.

- **프로젝트 조직도**: 프로젝트 팀원과 팀원 간의 소통과 보고 체계를 나타낸다.
- **프로젝트팀 자원관리**: 프로젝트팀 자원에 대한 정의, 확보, 관리, 복귀시키는 기준과 절차를 기술한다.
- **교육**: 프로젝트 팀원에 대한 교육 계획과 방법이다.

- 팀 개발: 프로젝트팀의 팀워크를 개발하는 방법을 수립한다.
- 자원 통제: 필요한 적정 물적 자원을 확보하고, 확보된 물적 자원이 프로젝트 요구에 맞게 최적화되도록 하는 방법을 활용한다.
- 인정 계획: 팀원에게 제공되는 인정과 보상에 대한 계획이다.

(2) 팀 헌장

팀 헌장은 팀 가치, 협약, 팀의 운영 지침을 규정하는 문서이다. 주요 구성요소는 팀 가치, 의사소통 지침, 의사결정 기준 및 프로세스, 갈등 해결 프로세스, 회의 지침, 팀 협약 등이다. 팀 헌장은 프로젝트 팀원들이 프로젝트에 참여하는 동안 지켜야 하는 규범이다.

(3) 프로젝트 문서 업데이트

자원관리 계획수립 프로세스를 수행하면 주로 가정사항 기록부, 리스크 관리대장 등을 업데이트 해야 한다.

9.2 활동자원 산정(Estimate Activity Resources)

프로세스 정의

프로젝트 작업을 수행하는 데 필요한 팀원 및 자재, 장비 또는 보급품의 종류와 수량을 산정하는 프로세스이다.

프로세스 기능

프로젝트를 완료하기 위해 필요한 자원의 수량, 특성 및 종류 등을 산정하여 문서화 한다. 프로젝트 생애주기 동안 필요한 경우 이 프로세스를 수행한다.

■ 활동자원 산정의 프로세스의 투입물, 도구 및 기법, 산출물

	항목	
투입물	1) 프로젝트관리 계획서 • 자원관리 계획서 • 범위 기준선 2) 프로젝트 문서 • 활동 속성 • 활동 목록 • 가정사항 기록부 • 원가 산정치 • 자원 달력 • 리스크 관리대장 3) 기업환경요인 4) 조직 프로세스 자산	1) Project Management Plan • Resource Management Plan • Scope Baseline 2) Project Documents • Activity Attributes • Activity List • Assumption Log • Cost Estimates • Resource Calendars • Risk Register 3) Enterprise Environmental Factors 4) Organizational Process Assets

도구 및 기법	1) 전문가 판단 2) 상향식 산정 3) 유사 산정 4) 모수 산정 5) 데이터 분석 　• 대안 분석 6) 프로젝트관리 정보시스템 7) 회의	1) Expert Judgment 2) Bottom-up Estimating 3) Analogous Estimating 4) Parametric Estimating 5) Data Analysis 　• Alternatives Analysis 6) Project Management Information System 7) Meetings
산출물	1) 자원 요구사항 2) 산정 기준서 3) 자원분류체계(RBS) 4) 프로젝트 문서 업데이트 　• 활동 속성 　• 가정사항 기록부 　• 교훈 관리대장	1) Resource Requirements 2) Basis of Estimates 3) Resource Breakdown Structure 4) Project Documents Updates 　• Activity Attributes 　• Assumption Log 　• Lessons Learned Register

> **TIP**
> - 프로젝트팀은 현지 관련 법령을 알고 있어야 하고, 필요한 경우 관련 지식을 현지 전문업체로부터 확보한다.
> - 특별한 프로젝트 환경이거나 전문적인 기술이나 공법에 대한 경험이 부족한 경우, 컨설턴트를 채용하여 활용한다.
> - 현지의 관련 법령을 이해하고 프로젝트를 수행하는 것이 효율적이고 더 효과적이므로, 필요한 경우 추가 비용을 투자한다.

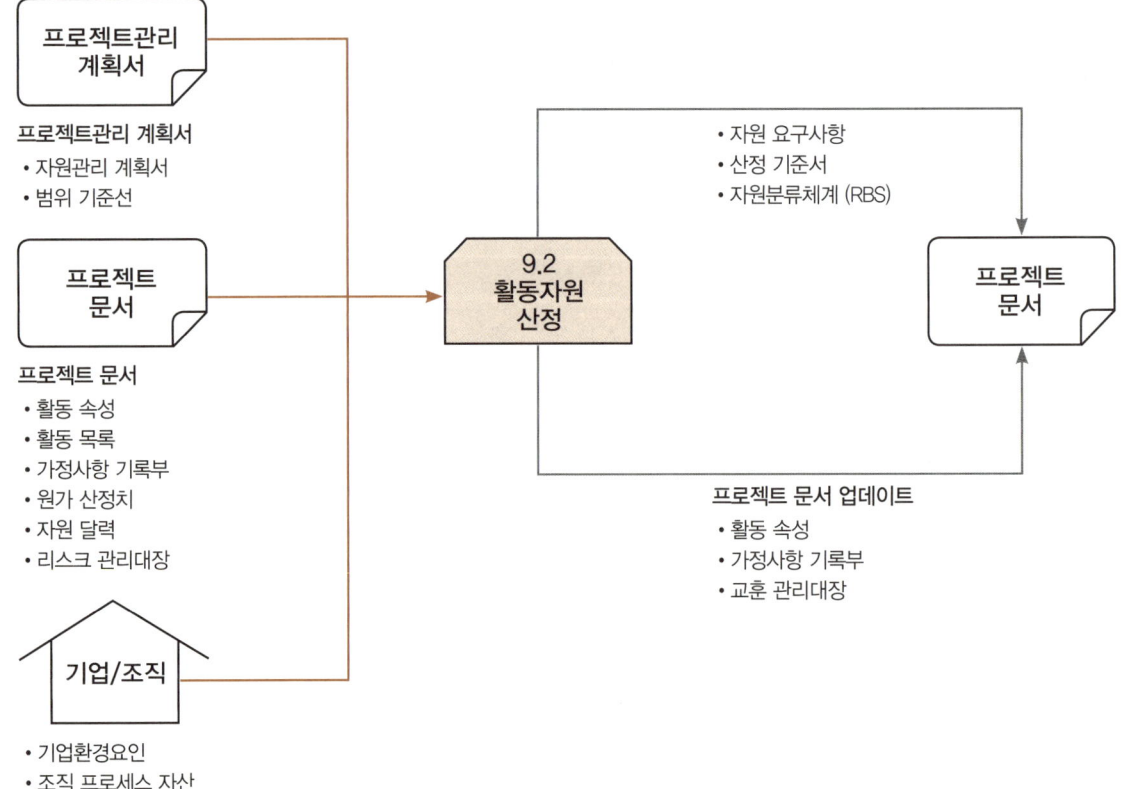

▲ 활동자원 산정 프로세스의 정보 흐름도

> **프로세스 해설**
>
> 활동자원 산정치는 일정 개발을 완료하기 위한 프로세스의 투입물로 사용된다. 활동자원을 산정하기 위해서 자원관리 계획서, 자원 달력 등을 투입한다.

9.2.1 활동자원 산정: 투입물

(1) 프로젝트관리 계획서

활동자원 산정 프로세스 수행을 위해 프로젝트관리 계획서의 자원관리 계획서와 범위 기준선 문서를 주로 참조한다.

(2) 프로젝트 문서

구분	내용
활동 속성	활동 목록의 각 활동에 필요한 팀 자원과 물적 자원의 역량, 기능, 성능 등의 제원 지표이다.
활동 목록	작업패키지 산출에 필요한 자원 종류와 수량이다.
가정사항 기록부	프로젝트 목표와 계획수립과정에서 가정한 조건과 제약사항을 기록한 문서이다. 팀 자원과 물적 자원의 특징과 수량에 영향을 주는 작업 방식에 대한 정보가 기술된다.
원가 산정치	활동 원가 산정 프로세스에서 산출한 문서로 원가 산정의 기준 정보를 제공한다.
자원 달력	프로젝트 인적, 물적 자원의 계획된 투입 일정을 표시한 문서이다. 인적 자원의 근무일, 투입일정, 주말과 공휴일이 표기된다. 프로젝트 수행기간에 팀 자원과 물적 자원을 투입하는 시기와 기간을 정의한다.
리스크 관리대장	프로젝트의 개별, 포괄적 리스크 목록과 대응계획, 담당자 등의 정보가 기록된다.

(3) 기업환경요인

자원 위치, 자원 가용성, 팀 자원의 역량, 조직문화, 공개된 산정 데이터 및 시장여건 등이 있다.

(4) 조직 프로세스 자산

팀원 배정 정책과 절차, 보급품 및 장비와 관련된 정책과 절차, 유사 프로젝트의 작업에 활용된 자원 유형에 대한 과거 수행 정보 등이다.

9.2.2 활동자원 산정: 도구와 기법

(1) 전문가 판단

자원 계획수립과 산정에 대한 전문지식과 경험이 필요하다.

(2) 상향식 산정법

활동 수행에 필요한 자원을 산정하고, 한 작업패키지를 산출하기 위해 수행하는 활동의 자원을 합산하여 작업패키지 단위의 자원 수요를 산정한다. 같은 방법으로 통제 단위, 프로젝트 결과물을 산출하는 데 필요한 전체 자원을 산정한다.

(3) 유사 산정

과거의 유사 프로젝트에 투입된 자원 데이터를 기준으로 현 프로젝트 수행에 필요한 자원 소요량을 산정한다. 유사 산정은 자원 소요량을 빠르게 산정할 수 있으며, 작업분류체계(WBS)의 모든 작업패키지를 도출할 수 없는 불확실성이 크거나 규모가 크고 장기 프로젝트의 경우에 사용하는 것이 좋다.

(4) 모수 산정

과거 프로젝트의 자원정보와 프로젝트 모수를 기반으로 활동에 필요한 자원 수량을 계산한다. 예를 들어 고속도로 100m를 건설하는 데 20명의 작업자가 필요하고 4주가 소요된다면, 400m의 고속도로를 8주에 완성해야 할 때 필요한 자원은 40명의 작업자가 활동자원으로 필요한 것으로 산정할 수 있다.

(5) 데이터 분석

잠재적 결정사항에 대해 다른 선택사항을 고려하면 더 적절한 의사결정을 할 수 있다. 예를 들면 중급작업자 2명을 10일 동안 투입하는 것에 대한 대안으로 특급작업자 1명을 4일 동안 투입하여 작업을 수행하는 것을 고려한다. 각 선택에서 기간, 비용, 품질 등 결과에 대해 분석하여 최적의 선택을 할 수 있다. 이런 것을 대안 분석이라고 한다. 활동자원 산정 프로세스의 수행과정에서 인력, 장비, 설비, 재료 등의 조달, 구매를 통한 프로젝트 자원의 결정에 여러 가지 경우 중에서 하나를 선택하여 결정하게 된다.

(6) 프로젝트관리 정보시스템(PMIS)

프로젝트 수행에 필요한 자원 유형과 투입 수량을 산정하고 수행기간, 예상비용, 자원 통제 등의 관리업무에 자원관리 소프트웨어를 사용하면 효율적으로 수행할 수 있다.

(7) 회의

프로젝트관리자는 프로젝트에 참여하는 여러 이해관계자들과 필요한 팀 자원의 노력수준(LoE)과 기량수준, 필요한 자재수량 산정 과정에서 회의를 통해 최적의 의사결정을 할 수 있다.

9.2.3 활동자원 산정: 산출물

(1) 자원 요구사항

각 활동에 투입할 자원의 유형, 수준, 수량을 파악하여 프로젝트 완료를 위해 필요한 모든 자원의 종류와 수량을 산정한다.

(2) 산정 기준서

프로젝트관리자는 산정된 활동자원 요구사항의 산정 근거를 제시해야 한다. 산정 근거에 필요한 항목에는 산정방법, 산정도구, 산정할 때의 가정과 제약사항, 산정치의 신뢰도 범위, 산정치와 관련된 리스크 문서 등이 있다.

(3) 자원분류체계(RBS)

활동자원 산정에서 정리된 필요 자원을 범주와 유형별로 분류하고 계층적으로 분류하여 정리한 것을 자원분류체계(Resource Breakdown Structure)라고 한다. 프로젝트 수행 과정에서 RBS를 사용하면 자원의 획득, 투입, 통제 활동을 효율적으로 수행할 수 있다.

RBS의 사례를 아래 그림에 표시하였다.

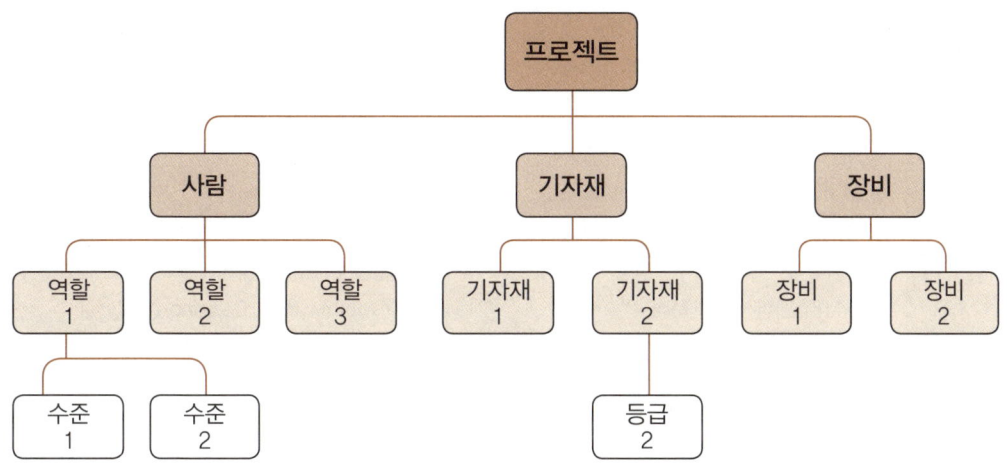

▲ 자원분류체계(RBS) 샘플

(4) 프로젝트 문서 업데이트

활동자원산정 프로세스를 수행하면 활동 속성, 가정사항 기록부, 교훈 관리대장 문서를 업데이트 할 수 있다.

9.3 자원 확보(Acquire Resources)

> **프로세스 정의**
> 작업패키지를 산출하기 위해 투입하기로 계획한 팀원, 설비, 장비, 자재, 보급품 및 기타 자원을 조직 내부나 외부로부터 확보하는 프로세스이다.

프로세스 기능

자원관리 계획서에 정의된 기준에 따라 각 활동에 계획된 자원을 획득하여 투입한다. 이 프로세스는 모든 작업패키지가 완료될 때까지 지속적으로 수행한다.

■ **자원 확보 프로세스의 투입물, 도구 및 기법, 산출물**

	항목	
투입물	1) 프로젝트관리 계획서 • 자원관리 계획 • 조달관리 계획 • 원가 기준선 2) 프로젝트 문서 • 프로젝트 일정 • 자원 달력 • 자원 요구사항 • 이해관계자 관리대장 3) 기업환경요인 4) 조직 프로세스 자산	1) Project Management Plan • Resource Management Plan • Procurement Management Plan • Cost Baseline 2) Project Documents • Project Schedule • Resource Calendars • Resource Requirements • Stakeholder Register 3) Enterprise Environmental Factors 4) Organizational Process Assets
도구 및 기법	1) 의사결정 • 다기준 의사결정 분석 2) 대인관계 및 팀 기술 • 협상 3) 사전배정 4) 가상 팀	1) Decision Making • Multicriteria Decision Analysis 2) Interpersonal and Team Skills • Negotiation 3) Pre-Assignment 4) Virtual Teams
산출물	1) 실물 자원배정표 2) 프로젝트팀 배정표 3) 자원 달력 4) 변경 요청 5) 프로젝트관리 계획서 업데이트 • 자원관리 계획 • 원가 기준선 6) 프로젝트 문서 업데이트 • 교훈 관리대장 • 프로젝트 일정 • 자원분류체계 • 자원 요구사항 • 리스크 관리대장 • 이해관계자 관리대장 7) 기업환경요인 업데이트 8) 조직 프로세스 자산 업데이트	1) Physical Resource Assignments 2) Project Team Assignments 3) Resource Calendars 4) Change Requests 5) Project Management Plan Updates • Resource Management Plan • Cost Baseline 6) Project Documents Updates • Lessons Learned Register • Project Schedule • Resource Breakdown Structure • Resource Requirements • Risk Register • Stakeholder Register 7) Enterprise Environmental Factors Updates 8) Organizational Process Assets Updates

> **TIP**
> - 해당 프로젝트에 소요되는 자원은 프로젝트 수행조직의 내·외부로부터 조달한다.
> - 내부 자원은 기능조직 또는 자원 관리자로부터 획득하고 배정한다.
> - 외부 자원은 조직의 조달 프로세스를 기준으로 필요한 자원을 획득한다.
> - 프로젝트관리팀은 단체교섭 협약, 하도급업체 직원 활용, 매트릭스 프로젝트 환경, 대내·외 보고 체계 등을 준수하거나 활용한다.

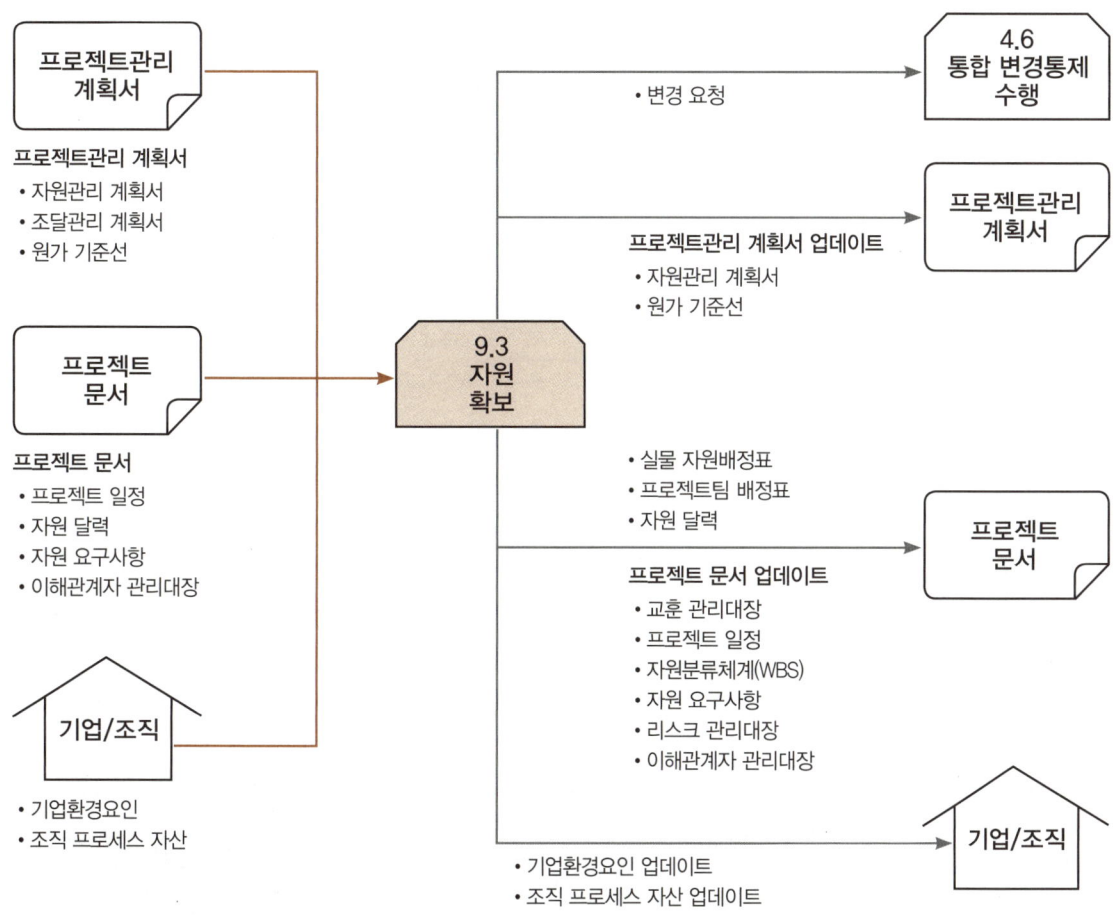

▲ 자원 확보 프로세스의 정보 흐름도

> **프로세스 해설**
> - 자원관리 계획서와 자원 요구사항 및 자원 달력을 사용하여 필요한 자원 확보를 한 후 실물 자원배정표에 정리한다.
> - 인적자원과 관련해서 이해관계자 관리대장을 참조하여 결정한 후, 이러한 내용을 토대로 프로젝트팀 배정표를 만든다.
> - 변경 요청이 발생하면 공식적인 절차에 따라 (4.6)통합 변경통제 수행 프로세스로 투입한다.
> - 자원 확보 프로세스에 나오는 여러 가지 문서들은 수정/보완될 경우 모두 업데이트 한다.

9.3.1 자원 확보: 투입물

(1) 프로젝트관리 계획서
자원 확보 프로세스 수행을 위해 프로젝트관리 계획서의 구성 요소 중에서 자원관리 계획서, 조달관리 계획서, 원가 기준선 등을 주로 활용한다.

(2) 프로젝트 문서
프로젝트 일정, 자원 달력, 자원 요구사항, 이해관계자 관리대장 등의 문서를 주로 활용한다.

(3) 기업환경요인
조직 자원에 대한 기존 정보, 시장 여건, 조직 구조 및 지리적 위치 등을 참조하고 준수해야 한다.

(4) 조직 프로세스 자산
프로젝트 자원 확보, 할당, 배정을 위한 정책과 절차, 선례정보와 교훈 저장소 등을 주로 활용하고 참조한다.

9.3.2 자원 확보: 도구와 기법

(1) 의사결정
프로젝트관리자는 자원 확보 프로세스에서 여러 가지 자원 확보 방법 중에서 결정해야 한다. 선택과정에서 자원의 가용성, 비용, 능력 등을 고려하여야 한다. 여러 요소를 분석하여 최적으로 의사결정을 하는 것을 다기준 의사결정이라고 한다. 팀 자원을 선정할 때 고려해야 하는 요소로는 경험, 지식, 기량, 태도, 국제적 요인 등이 있다.

(2) 대인관계 및 팀 기술
프로젝트관리자나 프로젝트관리팀은 필요한 자원을 확보하기 위한 협상이 필요한 경우가 많다. 협상해야 할 대상에는 기능조직 관리자, 수행조직 내 다른 프로젝트관리팀, 외부 조직 및 공급업체 등이 있다.

(3) 사전배정
팀 자원과 물적 자원을 필요한 시기보다 미리 프로젝트에 배정되는 경우를 사전배정이라 한다. 한 자원에 대해 여러 프로젝트에서 경쟁하는 경우나, 고도의 전문경험을 가진 인력이 필요한 경우 발생한다.

(4) 가상 팀
프로젝트팀 구성원이 같은 장소에서 업무를 수행하지 않고 지리적으로 다른 위치에서 프로젝트를 수행한다. 정보통신기술을 기반으로 다양한 의사소통 기술을 이용하여 가상의 공간을 구성하여 진행한다. 다양한 국적의 전문가로 구성된 프로젝트팀이 동일 장소에서 프로젝트에 참여하기 어려운 경우에 적절한 방법이다. 가상 팀이나 분산 팀의 관리에서는 의사소통이 원활하게 되도록 관리하는 것이 중요하다.

9.3.3 자원 확보: 산출물

(1) 물적 자원 배정표
프로젝트에 투입될 자재, 장비, 설비, 기타 물적 자원에 대한 정보를 기록한 문서이다.

(2) 프로젝트팀 배정표
프로젝트에 투입될 팀원 목록, 역할, 담당업무를 기록한 문서이다.

(3) 자원 달력
프로젝트에 필요한 각각의 인적 자원의 가용일, 근무 교대 시간, 정상 근무 시작 및 종료 시간, 주말과 공휴일 등의 정보를 기록한 문서이다.

(4) 변경 요청
자원 확보 프로세스를 수행하는 과정에서 일정의 변경, 원가의 변동 등의 변경해야 할 사항이 발생하는 경우 변경 요청서를 제출해야 한다. 변경 요청은 통합 변경통제 수행 프로세스에서 처리한다.

(5) 프로젝트관리 계획서 업데이트
자원 확보 프로세스를 수행하면 프로젝트관리 계획서의 자원관리 계획서와 원가 기준선 문서가 주로 업데이트 될 수 있다.

(6) 프로젝트 문서 업데이트
자원 확보 프로세스를 수행하면 프로젝트 문서들 중에서 주로 교훈 관리대장, 프로젝트 일정, 자원분류체계(RBS), 자원 요구사항, 리스크 관리대장, 이해관계자 관리대장 등의 문서가 업데이트 된다.

(7) 기업환경요인 업데이트
자원 확보 프로세스를 수행하면 조직 내 자원 가용성, 조직에서 사용된 소모성 자원의 총량 등의 기업환경요인 구성 요소를 주로 업데이트 한다.

(8) 조직 프로세스 자산 업데이트
자원 확보 프로세스를 수행하면 주로 자원 확보, 배정 및 할당과 관련된 문서 등의 조직 프로세스 자산을 업데이트 한다.

9.4 팀 개발(Develop Team)

프로세스 정의

프로젝트 작업성과 향상을 위해 팀원들의 역량을 개선하고, 프로젝트팀 내부의 협력체계, 팀 분위기를 개선하기 위한 프로세스이다.

> **프로세스 기능**
>
> 팀원 간 협력체계를 개선하고, 팀원의 역량을 향상시키며 팀원들에게 동기 부여, 팀원 이탈을 감소시켜 프로젝트 성과를 향상 시킨다.

■ 팀 개발 프로세스의 투입물, 도구 및 기법, 산출물

	항목	
투입물	1) 프로젝트관리 계획서 • 자원관리 계획 2) 프로젝트 문서 • 교훈 관리대장 • 프로젝트 일정 • 프로젝트팀 배정표 • 자원 달력 • 팀 헌장 3) 기업환경요인 4) 조직 프로세스 자산	1) Project Management Plan • Resource Management Plan 2) Project Documents • Lessons Learned Register • Project Schedule • Project Team Assignments • Resource Calendars • Team Charter 3) Enterprise Environmental Factors 4) Organizational Process Assets
도구 및 기법	1) 동일 장소 배치 2) 가상 팀 3) 의사소통 기술 4) 대인관계 및 팀 기술 • 갈등 관리 • 영향력 행사 • 동기 부여 • 협상 • 팀 구성 5) 인정과 보상 6) 교육 7) 개인 및 팀 평가 8) 회의	1) Colocation 2) Virtual Teams 3) Communication Technology 4) Interpersonal and Team Skills • Conflict Management • Influencing • Motivation • Negotiation • Team Building 5) Recognition and Rewards 6) Training 7) Individual and Team Assessments 8) Meetings
산출물	1) 팀 성과 평가서 2) 변경 요청 3) 프로젝트관리 계획서 업데이트 • 자원관리 계획 4) 프로젝트 문서 업데이트 • 교훈 관리대장 • 프로젝트 일정 • 프로젝트팀 배정표 • 자원 달력 • 팀 헌장 5) 기업환경요인 업데이트 6) 조직 프로세스 자산 업데이트	1) Team Performance Assessments 2) Change Requests 3) Project Management Plan Updates • Resource Management Plan 4) Project Documents Updates • Lessons Learned Register • Project Schedule • Project Team Assignments • Resource Calendars • Team Charter 5) Enterprise Environmental Factors Updates 6) Organizational Process Assets Updates

> **TIP**
> - 프로젝트관리자는 우수한 팀 성과를 달성하고 프로젝트 목표를 충족하기 위해 프로젝트팀을 구축, 유지, 동기 부여, 격려하는 능력을 보유하여야 한다.
> - 프로젝트관리자는 도전적 과제와 기회를 제공하고 필요에 따라 시기 적절한 피드백과 지원을 제공하며 성과를 인정 및 보상하여, 팀워크를 촉진하고 팀에 지속적으로 동기를 부여하는 환경을 조성해야 한다.
> - 프로젝트관리자는 효과적인 팀 성과를 창출하기 위해 효과적인 의사소통 구현, 팀 구성 기회 확보, 팀원 간 신뢰 구축, 건설적인 방식의 갈등 관리, 협력적인 문제 해결 장려, 협력적인 의사결정을 장려해야 한다.

■ 팀 개발 주요 내용

- 글로벌 환경의 문화적 다양성이 존재하는 프로젝트 운영에서 프로젝트관리자는 팀원 간에 다양한 업계 경험을 보유하고 다양한 언어를 사용하는 경우가 있으며, 업무 수행 시 원래 소속 조직과 다른 '팀 언어'를 구사하거나 문화규범을 따르고 이해해야 한다.
- 문화의 차이를 이해하고 프로젝트 생애주기 전반에 걸쳐 프로젝트팀을 개발 및 유지하는 데 주력하면서 상호신뢰 속에서 협력하는 환경을 프로젝트팀 전체는 조성돼야 한다.
- 팀원의 기량, 기술적 역량, 전체 팀 분위기 및 프로젝트 성과가 프로젝트팀 개발을 통해 향상되며, 프로젝트 생애 동안 팀원 사이에 효과적이고 원활한 의사소통이 필요하다.
- 효과적인 팀 개발을 설명하기 위해 사용되는 모델 중 하나가 터크맨 사다리로, 프로젝트팀의 발달과정을 5단계로 구분한다.

단계	내용
형성	팀이 구성되고, 팀원들이 모여 프로젝트 자체, 팀원별 공식적 역할과 담당업무를 파악하는 단계이다. 팀원들이 마음을 열지 않고 개인적인 경향을 보인다.
스토밍	팀이 프로젝트작업을 시작하는 단계이다. 팀원들이 자신과는 다른 생각과 행동방식에 혼란이 발생하고 사기가 떨어질 수 있다.
표준화	팀원들이 협력하고, 팀워크 향상을 위해 행동을 조정한다. 팀원 간 신뢰를 쌓기 시작한다.
수행	팀워크가 좋은 상태이고, 조직된 팀 단위로 효과적으로 운영된다. 팀원들이 상호 의존적이며, 원활하고 효과적으로 이슈를 해결한다.
해산	인도물이 완료되고 인계된다. 종료 프로세스의 일부로 팀원이 프로젝트에서 해산한다.

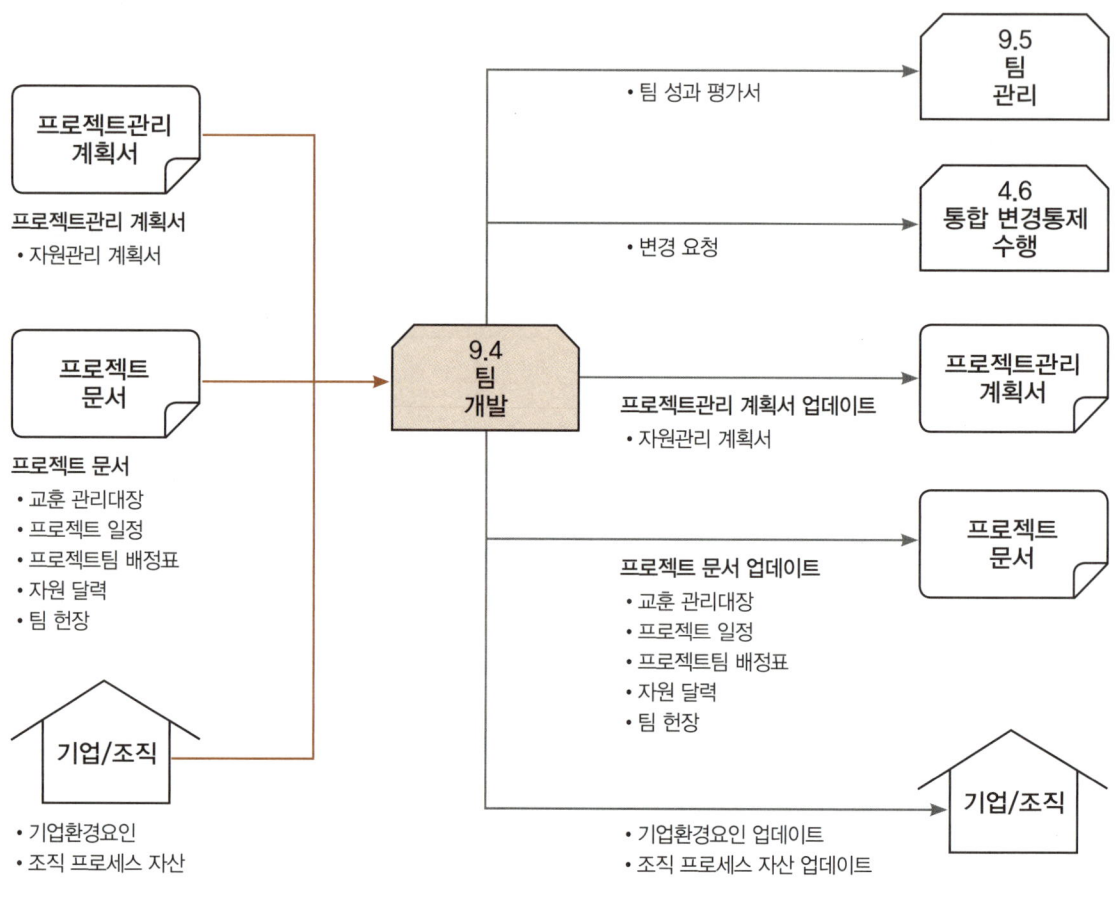

▲ 팀 개발 프로세스의 정보 흐름도

> **프로세스 해설**
> - 팀 개발이 끝나면 팀 성과 평가서를 참고하여 팀을 관리한다.
> - 팀 개발을 통해 자원관리 계획서, 교훈 관리대장, 프로젝트 일정, 프로젝트팀 배정표, 자원 달력 및 팀 헌장을 업데이트 한다.

9.4.1 팀 개발: 투입물

(1) 프로젝트관리 계획서

위해서 프로젝트관리 계획서의 구성요소 중에서 주로 자원관리 계획서를 참고한다.

(2) 프로젝트 문서

주로 교훈 관리대장, 프로젝트 일정, 프로젝트팀 배정표, 자원 달력 및 팀 헌장을 활용한다.

(3) 기업환경요인

인적자원관리 정책, 팀원 기량, 역량과 전문지식, 팀원의 지리적 분포 등의 기업환경요인을 참고한다.

(4) 조직 프로세스 자산

주로 선례정보와 교훈 저장소 등을 활용한다.

9.4.2 팀 개발: 도구와 기법

(1) 동일 장소 배치

프로젝트팀의 팀원을 중요한 프로젝트에서는 동일 장소에 배치하여 수행한다. 한 프로젝트에서 전략적으로 중요한 시기에 한시적으로 사용하거나, 프로젝트의 처음부터 완료될 때까지 모든 팀원이 동일 장소에서 수행한다.

(2) 가상 팀

통신 기술을 활용하여 가상의 공간을 마련하고 프로젝트 팀원 간 업무협력, 의사소통을 한다. 팀원들이 동일 장소에 모일 수 없는 상황이거나 비용절감 등의 이유로 가상 팀으로 프로젝트를 수행한다.

(3) 의사소통 기술

업무 협력, 문제 해결, 갈등관리, 협의 등은 프로젝트의 효율적 완료를 위해 필요한 요소이다. 이런 업무의 기반은 의사소통이며, 의사소통의 방법은 대면회의, 인터뷰, 이메일, 전화 등 매우 다양하다. 최신 정보통신 기술을 활용한 새로운 통신장치들을 활용하면 더 효율적인 의사소통을 할 수 있다.

(4) 대인관계 및 팀 기술

팀 개발 프로세스에서 대인관계와 팀 관리를 위해 주로 아래와 같은 기술을 사용한다.

구분	내용
갈등관리	프로젝트관리자는 팀 목표 달성을 위해 필요한 시점에 적절한 방법으로 갈등을 제거해야 한다.
영향력 행사	상호 신뢰를 유지하면서 이슈를 해결하고 합의하기 위해 관련된 핵심정보를 수집하고 배포한다.
동기 부여	팀원들이 행동해야 할 이유를 제공한다. 의사결정에 팀원들을 참여시키고 자율적으로 업무를 수행하도록 하여 팀과 팀원에게 동기를 부여한다.
협상	팀원 간 협상은 프로젝트 요구에 대한 합의를 도출하고, 팀원 간에 신뢰와 화합을 도모한다.
팀 구성	팀원 간 관계를 개선하고 협력적인 작업 환경을 구성하는 활동이다. 팀 구성 활동은 현황검토 회의에서 다룰 대인관계 기술 향상을 위해 현장 밖에서 전문적으로 진행되는 이벤트에 이르기까지 다양하다.

(5) 인정과 보상

프로젝트팀 또는 각 팀원의 좋은 성과에 대해 인정하고 보상하는 것은 팀워크를 향상 시킨다. 팀원 보상을 위한 최초 계획은 자원관리 계획수립 프로세스에서 개발되며, 보상은 대상 팀원이 좋아할 욕구를 충족시키면 효과가 크다.

(6) 교육

프로젝트에 참여하는 모든 팀원은 현지의 프로젝트 환경과 필요지식과 경험을 이해하고 프로젝트 팀원의 역량을 높이기 위해 설계된 모든 활동이 교육에 포함되며, 교육은 공식적 또는 비공식적 형태로 제공된다.

(7) 개인 및 팀 평가

프로젝트관리자와 프로젝트팀은 개인 및 팀을 평가하여 강점과 약점을 파악할 수 있다. 프로젝트관리자가 팀원의 태도, 욕구, 바람을 확인하여 팀원에 대한 이해, 신뢰, 의사소통 향상 활동에 참조한다. 프로젝트관리자는 개인 및 팀 평가를 하여 팀의 생산성을 높일 수 있다.

(8) 회의

팀 개발을 위해 프로젝트관리자는 프로젝트 킥오프 미팅, 팀 구성회의, 팀 개발회의 등을 수행한다.

9.4.3 팀 개발: 산출물

(1) 팀 성과 평가

프로젝트관리자는 팀의 성과를 주기적으로 평가하여 팀에게 적절한 피드백을 제공해야 한다. 팀 성과를 평가할 때 사용할 수 있는 평가 척도의 예로 팀 목표 달성률, 팀원 이직률, 팀 리스크 감소율 등이 있다.

(2) 변경 요청

팀 개발 프로세스를 수행한 결과로 변경이 필요한 경우 프로젝트관리자는 변경통제 프로세스에 변경 요청을 한다.

(3) 프로젝트관리 계획서 업데이트

팀 개발 프로젝트를 수행하면 프로젝트관리 계획서의 구성 요소 중에서 주로 자원관리 계획서를 업데이트 한다.

(4) 프로젝트 문서 업데이트

교훈 관리대장, 프로젝트 일정, 프로젝트팀 배정표, 자원 달력과 팀 헌장을 업데이트 할 수 있다.

(5) 기업환경요인 업데이트

직원 개발 계획 기록과 기량 평가가 해당된다.

(6) 조직 프로세스 자산 업데이트

교육 요구사항 및 인사평가가 포함된다.

9.5 팀 관리(Control Team)

프로세스 정의
프로젝트팀을 효과적으로 관리하여 프로젝트 성과를 최적화 하고, 팀원들과 피드백을 하면서 문제와 이슈를 해결하고, 팀의 변경사항 등의 팀을 관리하는 프로세스이다.

프로세스 기능
- 팀 관리를 통하여 팀원의 행동에 영향을 미치고, 갈등을 관리하며, 이슈를 해결한다.
- 프로젝트 전반에 걸쳐 팀 관리 프로세스가 수행한다.

■ 팀 관리 프로세스의 투입물, 도구 및 기법, 산출물

	항목	
투입물	1) 프로젝트관리 계획서 • 자원관리 계획 2) 프로젝트 문서 • 이슈 기록부 • 교훈 관리대장 • 프로젝트팀 배정표 • 팀 헌장 3) 작업성과 보고서 4) 팀 성과 보고서 5) 기업환경요인 6) 조직 프로세스 자산	1) Project Management Plan • Resource Management Plan 2) Project Documents • Issue Log • Lessons Learned Register • Project Team Assignments • Team Charter 3) Work Performance Reports 4) Team Performance Assessments 5) Enterprise Environmental Factors 6) Organizational Process Assets
도구 및 기법	1) 대인관계 및 팀 기술 • 갈등관리 • 의사결정 • 감정지능 • 영향력 행사 • 리더십 2) 프로젝트관리 정보시스템	1) Interpersonal and Team Skills • Conflict Management • Decision Making • Emotional intelligence • Influencing • Leadership 2) Project Management Information System
산출물	1) 변경 요청 2) 프로젝트관리 계획서 업데이트 • 자원관리 계획 • 일정 기준선 • 원가 기준선 3) 프로젝트 문서 업데이트 • 이슈 기록부 • 교훈 관리대장 • 프로젝트팀 배정표 4) 기업환경요인 업데이트	1) Change Requests 2) Project Management Plan Updates • Resource Management Plan • Schedule Baseline • Cost Baseline 3) Project Documents Updates • Issue Log • Lessons Learned Register • Project Team Assignments 4) Enterprise Environmental Factors Updates

> **TIP**
> 프로젝트관리자는 팀 성과의 향상을 위하여 팀워크를 개선하고 프로젝트팀, 이해관계자와의 의사소통, 갈등관리, 협상, 문제 해결 등을 관리해야 한다. 프로젝트관리자의 리더십이 중요하다.

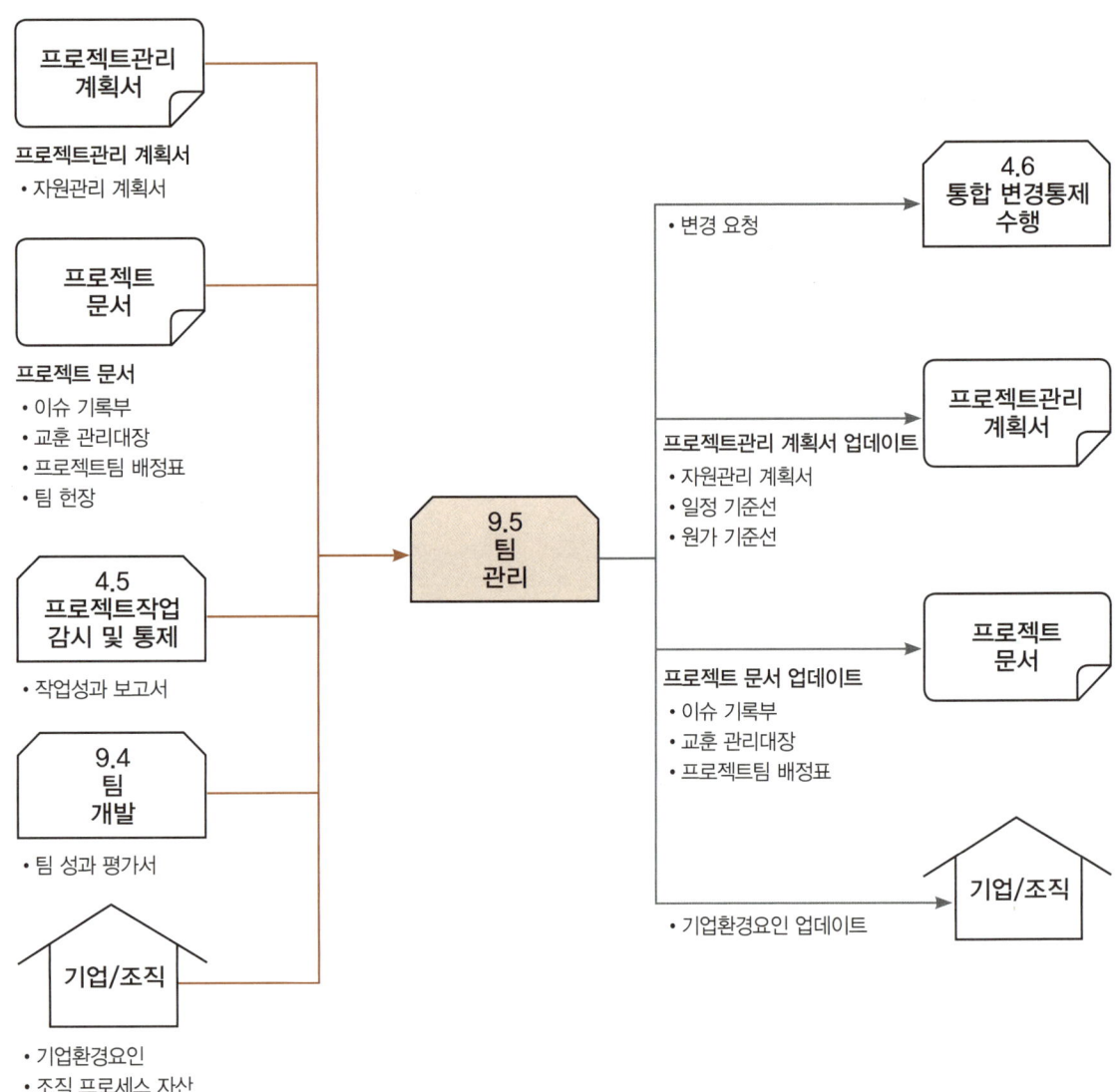

▲ 팀 관리 프로세스의 정보 흐름도

> **프로세스 해설**
> - (4.5)프로젝트작업 감시 및 통제 프로세스로부터 나온 작업성과 보고서에는 팀 관리를 위해 필요한 여러 가지 조치들이 포함되는데, 필요할 경우 변경 요청을 하게 되고 공식적인 절차에 따라 (4.6)통합 변경통제 수행 프로세스를 거친다.
> - (9.4)팀 개발 프로세스로부터 팀 성과 평가서가 나오면 그 내용을 통해 부족한 팀원에게는 교육을 통해 해결해주고, 주기적으로 문제를 해결하기 위한 방안들이 자원관리 계획서에 추가되어야 한다.

9.5.1 팀 관리: 투입물

(1) 프로젝트관리 계획서

팀 관리 프로세스를 수행할 때 프로젝트관리 계획서의 구성 요소 중에서 주로 자원관리 계획서를 참고한다.

(2) 프로젝트 문서

이슈 기록부, 교훈 관리대장, 프로젝트팀 배정표 및 팀 헌장의 프로젝트 문서를 활용한다.

(3) 작업성과 보고서

작업성과 보고서는 프로젝트작업 감시 및 통제 프로세스에서 산출되는 문서이다. 프로젝트의 의사결정 사항, 조치사항, 현황 파악을 위한 프로젝트 문서이다. 작업성과 보고서에는 프로젝트의 현재 상황과 프로젝트의 미래 상황을 예측하는 정보가 정리되어 있다. 작업성과 보고서의 내용을 바탕으로 팀 성과를 평가하고 팀에 적절한 피드백을 제공할 수 있다.

(4) 팀 성과 평가서

팀의 이슈, 갈등관리, 의사소통 등의 문제를 해결하기 위해서 주기적으로 팀 성과를 평가하고 피드백을 하여 개선 활동을 수행한다.

(5) 기업환경요인

팀 관리 프로세스를 수행하기 위해 기업환경요인 중에서 주로 인적자원관리 정책을 참고한다.

(6) 조직 프로세스 자산

팀 관리에서 감사장, 유니폼, 조직의 특전 등의 조직 프로세스 자산을 활용할 수 있다.

9.5.2 팀 관리: 도구와 기법

(1) 대인관계 및 팀 기술

팀 관리 프로세스에서 주로 사용하는 대인관계 및 팀 기술은 다음과 같다.

구분	내용
갈등관리	프로젝트팀 관리의 성패는 프로젝트관리자의 갈등해결 능력에 좌우되며, 갈등해결 방식을 결정할 때 아래의 항목을 고려한다. • 갈등의 중요성과 강도 • 갈등 해결에 대한 시간적 압박 • 갈등에 연루된 사람의 상대적인 권한 • 좋은 관계 유지의 중요성 • 장기적 또는 단기적으로 갈등 해결에 대한 동기 부여

구분	내용
갈등관리	갈등을 해결하는 기법으로 다음과 같이 5가지가 있다. • 철회 및 회피(Withdraw/Avoid): 실제나 잠재적인 갈등 상황에서 후퇴하고, 철저히 준비하기 위해 이슈를 타인이 처리하도록 둔다. • 해결 및 수용(Smooth/Accommodate): 차이가 있는 영역보다 일치하는 영역을 강조하고, 조화와 관계 유지가 가능한 요구에 맞추고 양보한다. • 타협 및 화해(Compromise/Reconcile): 일시적 또는 부분적으로 갈등을 해결하기 위해 모든 당사자들을 어느 정도 만족시킬 해결책을 모색한다. • 강행 및 지시(Force/Direct): 상대에게 자신의 관점을 일방적으로 강요한다. 일반적으로 비상사태를 해결하기 위해 상급자가 강행하는 방식으로 한쪽에게만 득이 되는 해결책을 제시한다. • 협업 및 문제 해결(CollaboRate/Problem Solve): 여러 측면에서 다양한 관점과 통찰력을 통합한다. 합의와 소속감을 이끌어내기 위해 협력하는 태도와 개방적인 대화가 요구된다.
의사결정	의사결정 과정에서 고려해야 할 사항은 아래와 같다. • 도달할 목표에 초점을 맞춘다. • 의사결정 프로세스를 따른다. • 환경 요인을 연구한다. • 가용 정보를 분석한다. • 팀의 창의력을 촉진한다. • 리스크를 고려한다.
감성지능	개인감성, 집단의 군중감성을 식별하고 평가 및 관리하는 능력으로 팀에서 감성지능을 이용한다. 팀원의 행동과 정서를 파악하여 관리한다. 팀과 개인의 문제를 살피고 이슈 처리와 지원을 통해 긴장을 해소하고 협력을 증대한다.
영향력 행사	영향력 행사의 주된 기량에는 다음과 같은 것이 있다. • 설득력 • 핵심과 입장을 명확히 밝히는 능력 • 최고 수준의 능동적이며 효과적인 경청 태도 • 모든 상황에서 다양한 관점 인식 및 고려 • 상호 신뢰를 유지하면서 이슈를 처리하고 합의에 도달하기 위해 관련 정보 수집
리더십	프로젝트관리자와 책임자들이 리더십을 발휘하여 팀원들에게 동기를 부여하고 하나의 팀으로 협력과 상호 목적을 달성할 수 있도록 한다.

(2) 프로젝트관리 정보시스템(PMIS)

자원관리 소프트웨어나 일정계획 소프트웨어를 활용하여 효율적으로 업무를 수행할 수 있다.

9.5.3 팀 관리: 산출물

(1) 변경 요청

변경할 사항이 발생하면 변경통제 수행 프로세스에 따라 관리하고 대처한다.

(2) 프로젝트관리 계획서 업데이트

주로 자원관리 계획서, 일정 기준선, 원가 기준선 등을 업데이트 한다.

(3) 프로젝트 문서 업데이트

이슈 기록부, 교훈 관리대장과 프로젝트팀 배정표 등을 업데이트 한다.

(4) 기업환경요인 업데이트

조직 성과 평가에 사용될 투입물 및 직원 기량 등을 업데이트 한다.

9.6 자원 통제(Control Resource)

프로세스 정의

프로젝트에 배정된 자원을 예정대로 사용할 수 있는지 확인하고, 계획 대비 자원 활용률을 비교하며, 필요에 따라 시정조치를 수행하는 프로세스이다.

프로세스 기능

- 배정된 자원이 적시에 프로젝트에 투입되고 더 이상 필요 없는 자원을 해산할 수 있도록 한다.
- 자원통제 프로세스를 프로젝트 전반에 걸쳐서 수행한다.

■ 자원통제 프로세스의 투입물, 도구 및 기법, 산출물

	항목	
투입물	1) 프로젝트관리 계획서 　• 자원관리 계획서 2) 프로젝트 문서 　• 이슈 기록부 　• 교훈 관리대장 　• 실물 자원배정표 　• 프로젝트 일정 　• 자원분류체계(RBS) 　• 자원 요구사항 　• 리스크 관리대장 3) 작업성과 데이터 4) 협약 5) 조직 프로세스 자산	1) Project Management Plan 　• Resource Management Plan 2) Project Documents 　• Issue Log 　• Lessons Learned Register 　• Physical Resource Assignments 　• Project Schedule 　• Resource Breakdown Structure 　• Resource Requirements 　• Risk Register 3) Work Performance Data 4) Agreements 5) Organizational Process Assets

항목		
도구 및 기법	1) 데이터 분석 　• 대안 분석 　• 원가-편익 분석 　• 성과 검토 　• 추세 분석 2) 문제 해결 3) 대인관계 및 팀 기술 　• 협상 　• 영향력 행사 4) 프로젝트관리 정보시스템	1) Data Analysis 　• Alternatives Analysis 　• Cost-benefit Analysis 　• Performance Reviews 　• Trend Analysis 2) Problem Solving 3) Interpersonal and Team Skills 　• Negotiation 　• Influencing 4) Project Management Information System
산출물	1) 작업성과 정보 2) 변경 요청 3) 프로젝트관리 계획서 업데이트 　• 자원관리 계획서 　• 일정 기준선 　• 원가 기준선 4) 프로젝트 문서 업데이트 　• 가정 기록부 　• 이슈 기록부 　• 교훈 관리대장 　• 실물 자원배정표 　• 자원분류체계(RBS) 　• 리스크 관리대장	1) Work Performance Information 2) Change Requests 3) Project Management Plan Updates 　• Resource Management Plan 　• Schedule Baseline 　• Cost Baseline 4) Project Documents Updates 　• Assumption Log 　• Issue Log 　• Lessons Learned Register 　• Physical Resource Assignments 　• Resource Breakdown Structure 　• Risk Register

> **TIP**
> - 자원통제 프로세스를 프로젝트 생애주기 전반에 걸쳐 지속적으로 수행한다. 프로젝트에 필요한 자원을 적시에 올바른 위치에서 올바른 양으로 배정하고 해산하여 프로젝트를 지연 없이 지속적으로 수행한다.
> - 장비, 자재, 설비, 기반시설과 같은 물적 자원을 자원통제 프로세스에서 관리하면 팀 관리 프로세스에서는 팀원을 관리한다.
> - 다음과 같은 자원 통제 활동을 적절히 감시하고 통제한다.
>   - 자원 지출 감시
>   - 부족/여유 자원을 적시에 식별 및 처리
>   - 계획 및 프로젝트 요구에 따른 자원 사용과 해산
>   - 관련 자원에 대한 이슈가 발생하는 경우 해당 이해관계자에게 통지
>   - 자원 활용 변경을 야기할 수 있는 요인에 대한 영향력 행사
>   - 실제로 발생하는 변경 관리

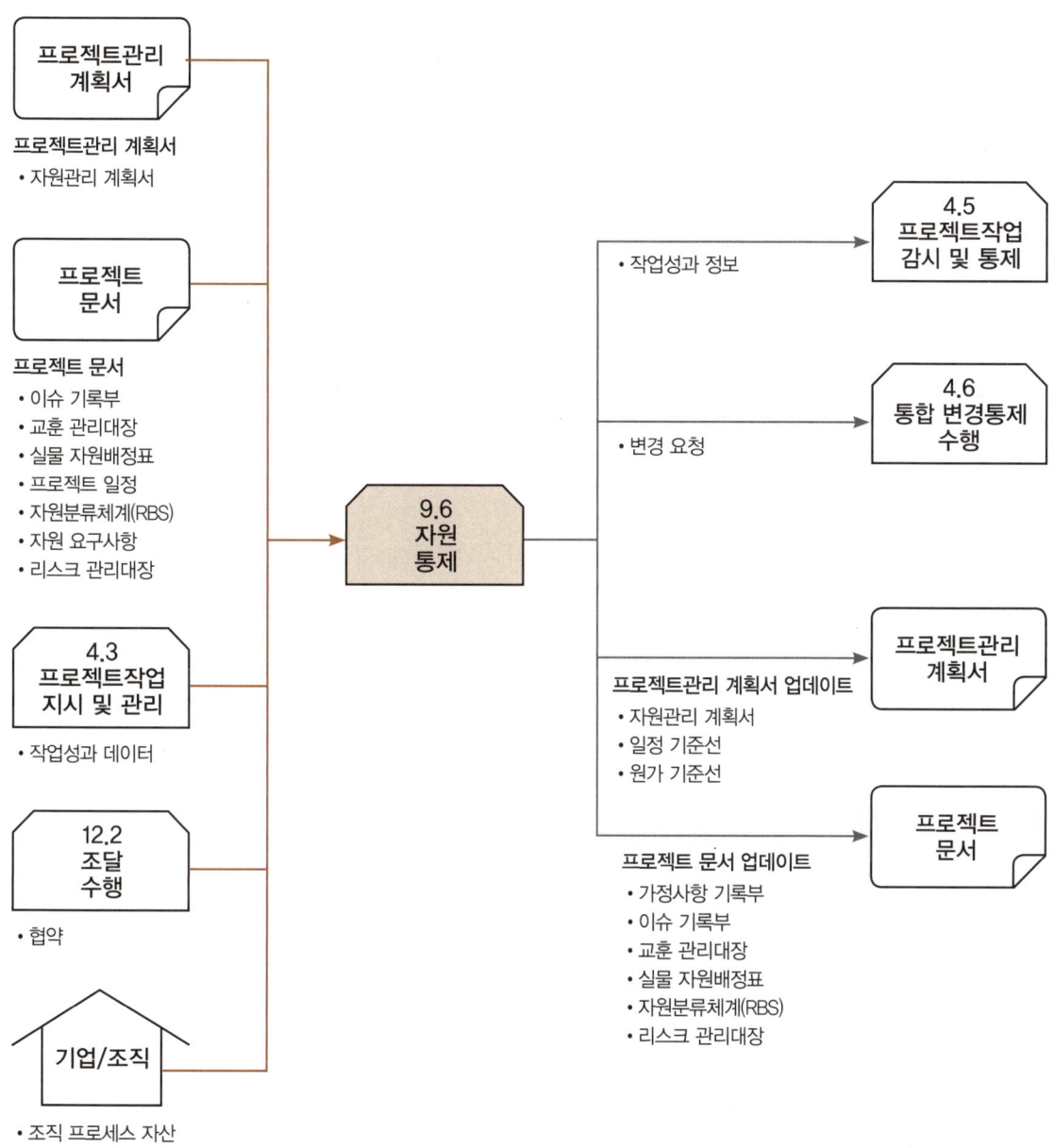

▲ 자원통제 수행 프로세스의 정보 흐름도

> **프로세스 해설**
>
> - 작업성과 데이터는 자원 통제 프로세스를 거쳐 작업성과 정보로 변환되어 (4.5)프로젝트작업 감시 및 통제 프로세스로 투입된다.
> - 외부 업체와 협약한 내용은 자원관리 계획서에 업데이트 한다.

9.6.1 자원 통제: 투입물

(1) 프로젝트관리 계획서
프로젝트관리자와 프로젝트팀은 자원 통제를 수행할 때 자원관리 계획서를 참조한다.

(2) 프로젝트 문서
주로 이슈 기록부, 교훈 관리대장, 실물 자원배정표, 프로젝트 일정, 자원분류체계(RBS), 자원 요구사항, 리스크 관리대장 등을 참조한다.

(3) 작업성과 데이터
사용된 자원의 수, 유형과 같은 프로젝트 상태에 대한 데이터를 고려한다.

(4) 협약
프로젝트에서 협약은 조직 외부로부터 자원을 조달하는 기준이다. 협약에 없는 자원의 추가 수요나 자원 관련 이슈가 발행하는 경우 별도의 절차를 정의한다.

(5) 조직 프로세스 자산
자원 통제 및 배정에 대한 정책, 수행조직 내에서 이슈를 처리하기 위한 보고 체계, 과거 유사 프로젝트에서 습득한 교훈 저장소 등이 포함된다.

9.6.2 자원 통제: 도구 및 기법

(1) 데이터 분석
주로 대안 분석, 비용-편익 분석, 성과검토, 추세 분석 기법을 사용한다.

(2) 문제 해결
자원 통제 과정에서 문제가 발생되거나 발견되면 프로젝트관리자는 다음과 같은 단계에 따라 문제를 처리해야 한다.

① 문제 식별: 무엇이 문제인지 인식한다.

② 문제 정의: 문제를 작은 단위로 분할하여 관리한다.

③ 조사: 문제와 관련된 데이터를 수집한다.

④ 분석: 문제의 근본 원인을 정리한다.

⑤ 해결: 최선의 해결방법을 선정한다.

⑥ 솔루션 점검: 문제가 해결되었는지 확인한다.

(3) 대인관계 및 팀 기술

자원통제 프로세스에서는 소프트 스킬(Soft Skill)이라고 하는 대인관계 및 팀 기술을 사용한다. 주로 협상, 영향력 행사와 같은 기술을 사용한다. 프로젝트관리자는 물적 자원을 추가로 획득할 때 자원의 변경, 자원 조달 비용 등에서 관련 이해관계자와 협상을 수행한다. 자원관련 문제를 해결하고 자원을 적시에 조달하는 과정에서 관련된 이해관계자에게 영향력을 행사할 수 있다.

(4) 프로젝트관리 정보시스템(PMIS)

프로젝트관리 정보시스템에는 자원 활용을 감시하고 통제하는 데 활용하고 업무효율을 향상시켜 성공적인 프로젝트를 완료하고 지속적으로 유지·관리하는 데 도움이 된다.

9.6.3 자원 통제: 산출물

(1) 작업성과 정보

자원통제 프로세스를 수행하면 자원관리 계획서의 자원 투입계획과 실제 투입된 자원 데이터를 비교하여 프로젝트작업의 진행 정보를 산출할 수 있다. 작업 진행 정보를 작업성과 정보 문서로 정리한다.

(2) 변경 요청

자원통제 프로세스를 수행 결과로 변경해야 할 사항이 발견될 수 있다. 변경 요청은 통합 변경통제 수행 프로세스에 따라 관리되고 검토되어 해결 및 처리한다.

(3) 프로젝트관리 계획서 업데이트

프로젝트관리 계획서의 구성 요소 중에서 주로 자원관리 계획서, 일정 기준선 및 원가 기준선 등을 업데이트 한다.

(4) 프로젝트 문서 업데이트

가정사항 기록부, 이슈 기록부, 교훈 관리대장, 실물 자원배정표, 자원분류체계(RBS), 리스크 관리대장 등을 업데이트 한다.

예상문제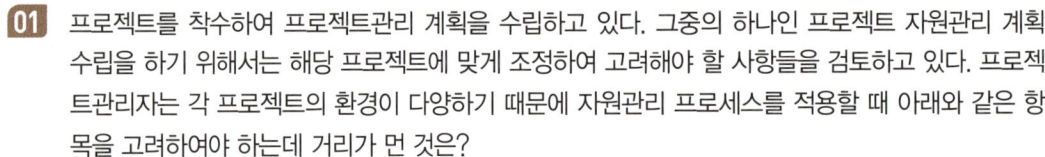

01 프로젝트를 착수하여 프로젝트관리 계획을 수립하고 있다. 그중의 하나인 프로젝트 자원관리 계획 수립을 하기 위해서는 해당 프로젝트에 맞게 조정하여 고려해야 할 사항들을 검토하고 있다. 프로젝트관리자는 각 프로젝트의 환경이 다양하기 때문에 자원관리 프로세스를 적용할 때 아래와 같은 항목을 고려하여야 하는데 거리가 먼 것은?

A. 다양성
B. 물리적 위치
C. 팀원의 확보
D. 팀원 철수 계획

해설

프로젝트 자원관리 수행 시의 조정 고려사항으로는 다양성, 물리적 위치, 산업 특화 자원, 팀원의 확보, 팀 관리 및 생애주기 접근 방식을 고려한다.

정답: D

02 프로젝트 자원관리 프로세스를 순서적으로 바르게 나열한 것은?

A. 프로젝트 자원 계획수립→활동자원 산정→자원 확보→팀 개발→팀 관리→자원 통제
B. 프로젝트 자원 계획수립→자원 확보→활동자원 산정→팀 개발→팀 관리→자원 통제
C. 프로젝트 자원 계획수립→활동자원 산정→팀 개발→자원 확보→팀 관리→자원 통제
D. 프로젝트 자원 계획수립→활동자원 산정→자원 확보→팀 관리→팀 개발→자원 통제

해설

프로젝트 자원관리 프로세스는 9.1 프로젝트 자원 계획수립(Plan Resource Management), 9.2 활동자원 산정(Estimate Activity Resources), 9.3 자원 확보(Acquire Resources), 9.4 팀 개발(Develop Team), 9.5 팀 관리(Manage Team), 9.6 자원 통제(Control Team)의 프로세스로 수행된다.

정답: A

03 프로젝트관리자가 프로젝트 자원관리 계획서를 수립하고 있다. 자원관리 계획수립의 도구 및 기법으로 책임배정 매트릭스를 활용하게 되었다. 작업패키지 또는 활동과 팀원 간의 관계를 나타내는 항목으로 책임배정 매트릭스를 작성한다. 가장 바르게 책임배정 항목을 나열한 것은?

A. R=Responsible(담당), A=Accountable(책임), P=Plan(계획), I=Inform(알림)
B. R=Responsible(담당), A=Analysis(분석), C=Consult(상담), I=Inform(알림)

C. A=Accountability(책임), T=Transfer(전가), C=Consult(상담), I=Inform(알림)

D. R=Responsible(담당), A=Accountable(책임), C=Consult(상담), I=Inform(알림)

> **해설**
>
> 책임배정 매트릭스(Responsibility Assignment Matrix, RAM)는 R=Responsible(담당), A=Accountable(책임), C=Consult(상담), I=Inform(알림)으로 주로 구성된다.
>
> 정답: D

04 프로젝트를 성공적으로 종료하기 위해서는 프로젝트관리 계획서의 중요한 부분을 차지하고 있는 자원관리 계획서가 있다. 자원관리 프로세스의 첫 번째로 수행하게 되는 자원관리 계획수립의 산출물로써 자원관리 계획서가 있다. 이 계획서에 구성되는 항목으로 거리가 먼 것은?

A. 자원 식별   B. 역할 및 담당업무

C. 팀 헌장   D. 프로젝트 조직도

> **해설**
>
> 자원관리 계획서는 자원관리 계획수립 프로세스의 산출물이며, 여기에는 자원 식별, 자원 확보, 역할 및 담당업무, 프로젝트 조직도, 프로젝트팀 자원관리, 교육, 팀 개발, 자원 통제, 인정 계획 등이 있다.
>
> 정답: C

05 프로젝트 자원관리를 효과적으로 수행하기 위해서 여러 가지 프로세스별로 자원관리 업무를 수행하고 있다. 프로젝트 작업을 수행하는 데 필요한 팀원 및 자재, 장비 또는 보급품의 종류와 수량을 산정하는 프로세스는 자원관리 프로세스 중에 어느 프로세스에 해당하는가?

A. 프로젝트 자원관리 계획수립   B. 활동자원 산정

C. 자원 확보   D. 팀 개발

> **해설**
>
> 프로젝트 자원관리 업무에는 6개의 프로세스가 있다. 프로젝트작업을 수행하는 데 필요한 팀원 및 자재, 장비 또는 보급품의 종류와 수량을 산정하는 자원관리 프로세스는 활동자원 산정 프로세스에서 하게 된다.
>
> 정답: B

06 프로젝트관리 업무에 참여하는 기술자들이 자원확보 프로세스를 진행하고 있다. 자원확보 프로세스의 산출물로는 물적 자원 배정표, 프로젝트팀 배정표, 자원 달력, 변경 요청, 프로젝트관리 계획서 및 문서 업데이트 등이 있다. 이를 도출하기 위해서는 여러 가지 자원 확보를 위한 도구와 기법이 활용되어야 한다. 이와 거리가 먼 것은?

A. 의사결정
B. 대인관계 및 팀 기술
C. 조직관리 역량
D. 가상 팀

> **해설**
> 프로젝트 자원관리의 세 번째 프로세스로 자원 확보가 있다. 자원확보 프로세스의 도구와 기법으로는 의사결정, 대인관계 및 팀 기술, 사전배정과 가상 팀이 있다.
>
> 정답: C

07 중이온 가속기를 개발하고 있는 프로젝트관리자가 프로젝트를 수행하면서 의사소통이 원활한 팀 개발이 되도록 많은 노력을 기울이고 있다. 프로젝트관리자가 효과적인 팀 개발을 하면서 의사결정을 다양하게 하게 되는데, 이때 고려해야 할 사항과 거리가 먼 것은?

A. 이해관계자 관리에 초점을 맞춘다.
B. 의사결정 프로세스를 따른다.
C. 환경 요인을 연구한다.
D. 도달할 목표에 초점을 맞춘다.

> **해설**
> 프로젝트관리자가 의사결정 과정에서 고려해야 할 사항은 다음과 같다.
> 1) 도달할 목표에 초점을 맞춘다.   2) 의사결정 프로세스를 따른다.
> 3) 환경 요인을 연구한다.   4) 가용 정보를 분석한다.
> 5) 팀의 창의력을 촉진한다.   6) 리스크를 고려한다.
>
> 정답: A

08 프로젝트의 성공을 위해 프로젝트관리자는 팀 개발에 많은 노력을 집중하고 있다. 팀 개발 프로세스의 도구와 기법으로 동일 장소 배치, 가상 팀, 의사소통 기술, 대인관계 및 팀 기술, 인정과 보상, 교육, 개인 및 팀 평가 등이 활용된다. 이 중에서도 대인관계 및 팀 기술이 매우 많은 영향을 미치고 있다. 팀 개발 프로세스에서 대인관계와 팀 관리를 위해 주로 활용되는 기술을 바르게 나열한 것은?

A. 갈등관리, 영향력 행사, 통계 분석, 가상 팀 관리, 팀 구성
B. 갈등관리, 영향력 행사, 동기부여, 협상, 팀 구성
C. 인성관리, 적성 검사, 통계 분석, 가상 팀, 팀 구성
D. 인성관리, 영향력 행사, 적성 검사, 가상 팀, 팀 구성

> **해설**
> 프로젝트 자원관리를 위해 수행하는 팀 개발 프로세스에서 대인관계와 팀 관리를 위해 주로 사용하는 기술은 갈등관리, 영향력 행사, 동기부여, 협상 및 팀 구성을 주로 활용한다.
>
> 정답: B

09 프로젝트 자원관리 프로세스의 다섯 번째로 팀 관리 업무를 수행하게 된다. 팀 관리 프로세스에서 주로 사용되는 대인관계 및 팀 기술은 프로젝트의 성공에 많은 영향을 미치게 된다. 팀 관리 프로세스의 대인관계 및 팀 기술로는 갈등관리, 의사결정, 감성지능, 영향력 행사 및 리더십이 주로 활용된다. 이 중에 팀 간에 갈등이 문제가 되어 프로젝트 수행에 많은 장애가 되고 있다. 이런 갈등을 해결하기 위한 기법으로 크게 5가지의 갈등관리 기술이 활용되고 있다. 이와 거리가 먼 것은?

A. 철회 및 회피   B. 해결 및 수용
C. 타협 및 화해   D. 동업 및 갈등 분석

> **해설**
> 팀 관리를 효과적으로 잘 하기 위한 도구 및 기법 중에 대인관계 및 팀 기술이 있다. 여기서 갈등을 해결하는 기법 5가지는 철회 및 회피, 해결 및 수용, 타협 및 화해, 강행 및 지시, 협업 및 문제 해결 등이 있다.
>
> 정답: D

10 프로젝트관리자가 자원통제 업무를 수행하는 과정에 있다. 이 과정에서 자원통제가 원활하지 못하고 여러 곳에서 제대로 자원이 공급되지 못하는 실정이다. 자원통제 과정에서 문제가 발생되거나 발견되면 프로젝트관리자는 여러 단계에 따라 문제를 처리해야 하는데, 그 순서를 바르게 나열한 것은?

A. 문제 식별→문제 정의→조사→분석→해결→솔루션 점검

B. 문제 식별→조사→문제 정의→분석→해결→솔루션 점검

C. 문제 식별→문제 정의→조사→분석→솔루션 점검→해결

D. 문제 식별→조사→문제 정의→분석→솔루션 점검→해결

> **해설**
> 자원통제 과정에서 문제가 발생되거나 발견되면 프로젝트관리자는 다음과 같은 단계에 따라 문제를 처리해야 한다. 1) 문제 식별: 무엇이 문제인지 인식한다. 2) 문제 정의: 문제를 작은 단위로 분할하여 관리할 수 있도록 한다. 3) 조사: 문제와 관련된 데이터를 수집한다. 4) 분석: 문제의 근본 원인을 정리한다. 5) 해결: 최선의 해결방법을 선정한다. 6) 솔루션 점검: 문제가 해결되었는지 확인한다.
>
> 정답: A

CHAPTER

10

프로젝트 의사소통관리
(Project Communication Management)

프로젝트 의사소통관리는 주요 이해관계자들의 프로젝트 정보 요구사항을 충족시키기 위한 정보 수집, 정보 정리, 정보 저장, 정보 전달 활동을 어떻게 할 것인지 전략과 계획을 수립하고 실행하는 관리 작업이다. 프로젝트관리자는 프로젝트를 시작해서 종료할 때까지 중요 이해관계자와 지속적으로 의사소통을 해야 한다. 의사소통은 회의, 보고, 얼굴을 마주보고 하는 대화, 전화, 이메일, SNS 문자대화 등 정보를 직접 주고 받는 활동뿐만 아니라, 정보를 수집하거나 분석, 저장 등의 활동도 포함한다.

10.1 의사소통관리 계획수립
  (Plan Communications Management)
10.2 의사소통관리(Manage Communications)
10.3 의사소통 감시(Monitor Communications)

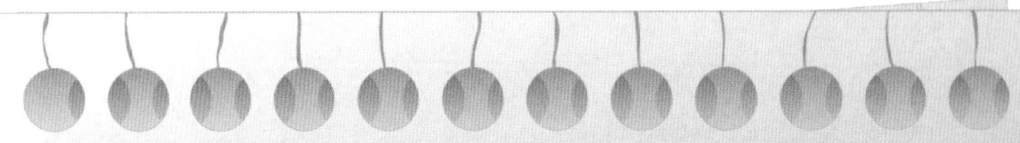

핵심용어

의사소통관리 계획서(Communication Management Plan), 의사소통 방법(Communication Methods), 의사소통 모델(Communication Model), 의사소통 요구사항 분석(Communication Requirement Analysis), 의사소통 형식 평가(Communication Styles Assessment), 의사소통 기술(Communication Technology).

시험출제경향

1. 프로젝트 의사소통의 관리 범위를 이해한다.
2. 프로젝트 의사소통 활동의 종류를 확인한다.
3. 의사소통관리 계획수립의 기준을 이해한다.
4. 이해관계자를 관리하고 관계를 형성하는 데 의사소통이 중요한 방법임을 인지한다.
5. 의사소통관리 프로세스에서 수행하는 관리작업을 이해한다.
6. 의사소통 감시 프로세스의 필요성을 이해한다.

■ 의사소통관리 주요 내용

- 의사소통에서 정보교환 수단

정보교환 방법	설명
서면	일반 종이나 전자문서
구두	얼굴을 마주 보고하는 대화 또는 전화, 화상전화 등을 사용한 원격대화
공식적이거나 비공식적	공문 문서 또는 시스템 활용
제스처	손짓, 몸짓, 목소리의 색깔, 얼굴표정 등
미디어 활용	사진, 행동, 말
용어의 선택	같은 글자라도 다른 의미가 있는 경우와 유사한 소리의 전혀 다른 의미의 용어

- 의사소통의 유형별 분류

프로젝트를 진행하는 과정에서 다양한 종류의 의사소통이 필요하다. 아래 표는 프로젝트 수행과정에서 일어나는 의사소통의 종류를 유형별로 분류한 것이다.

▣ 의사소통 분류

정보교환 방법		설명
프로젝트팀	내부	프로젝트 내부
	외부	고객, 기타 프로젝트, 매체, 일반대중
공식성	공식적	보고서, 메모, 요약서
	비공식적	이메일, 개인 간 대화
화자 간 관계	수직적	조직의 상하 간 대화
	수평적	동료 간 대화
대화 내용	사무적	공식적 대화, 계획된 회의에서의 대화
	비사무적	개인적 대화, 비공개 대화
소통형식	서면	정확성, 보고서, 회의록
	구두	신속성, 구두보고, 대면회의
표현방식	언어적	말, 음성
	비언어적	음성의 높낮이, 손짓, 몸짓, 얼굴표정

- 의사소통의 5C 가이드라인

의사소통 과정에서 전달자와 수신자 사이에 잡음이나 지식, 경험의 차이로 인하여 착오나 오해가 생기기 쉽다. 여러 노력을 통하여 이러한 착오와 오해를 줄일 수는 있지만 완전히 제거할 수는 없다. 구두나 서면 의사소통에서 오해를 줄이기 위한 방법으로 5C를 참고하면 도움이 된다. 다음에 5C 가이드라인을 정리하였다.

■ 의사소통 5C 가이드라인

항목		설명
한글	영어	
정확한 문법과 철자	Correct Grammar and Spelling	잘못된 문법이나 틀린 철자를 사용하면 메시지에 집중하기 어렵고 메시지가 왜곡될 수 있다. 신뢰성도 떨어질 수 있다.
간결한 표현과 과도한 문구 제거	Concise Expression and Elimination of Excess Words	메시지가 간결하고 정확한 표현이면 오해와 착오의 가능성이 감소한다.
독자의 요구에 맞춘 명확한 의도와 표현	Clear Purpose and Expression Directed to the Needs of the Reader	수신자의 요구와 관련된 정보를 메시지에 분명히 포함 시킨다.
논리 정연한 아이디어의 흐름	Coherent Logical Flow of Ideas	메시지 작성 과정에서 논리 정연한 아이디어의 흐름과 아이디어 소개 및 요약과 같은 "표식"을 활용한다.
문구와 아이디어의 흐름 제어	Controlling Flow of Words and Ideas	문구와 아이디어의 흐름을 제어하는 것에 시각적 또는 단순한 요약이 포함될 수 있다.

- 프로젝트 의사소통관리의 추세와 동향

프로젝트 의사소통에서 이해관계자를 중심으로 프로젝트 전략을 수립하고 이해관계자의 가치를 중요한 성공 기준으로 인식하는 경향이 나타나고 있다. 프로젝트의 검토 과정에 이해관계자들을 참여시키고, 이해관계자들의 태도, 이해관계의 변화를 지속적으로 확인한다. 프로젝트 미팅에 이해관계자들을 참여시켜 프로젝트 이슈를 협의하고 의견을 반영한다. 애자일의 일일(Daily) 스탠드업 회의가 좋은 사례이다. 최근에는 SNS 앱을 활용하여 관계 형성, 정보 공유, 정보 배포 그리고 의견 수렴을 효율적으로 수행하는 경향이다. 의사소통의 수단과 목적에 따라 다양한 방법을 사용하려는 시도가 증가하고 있다.

- 프로젝트 환경에 따른 의사소통관리의 조정

프로젝트의 환경에 따라 이해관계자가 프로젝트팀 내부에 있는지 또는 외부에 있는지에 따라 적절한 의사소통 수단과 주기를 선정해야 한다. 프로젝트팀이 동일 장소에 있는지 또는 서로 다른 위치에 있는지에 따라서도 의사소통 방법을 조정해야 한다. 프로젝트에서 사용할 수 있는 의사소통 기술을 고려하여 최적의 수단을 선택해야 하고, 프로젝트팀 또는 이해관계자가 다양한 언어를 사용하는 경우에는 의사소통의 주 언어를 명확하게 결정해야 한다. 조직의 지식데이터베이스가 존재하고, 사용되는지에 따라 적절한 의사소통 프로세스를 결정해야 한다.

- 애자일/적응형 환경을 위한 고려사항

프로젝트 환경의 불확실성이 크고 변화가 빠른 경우에 프로젝트관리자는 팀원, 이해관계자와 더 자주 신속하게 의사소통을 해야 한다. 팀원들에게 프로젝트 상황을 더 자주 체크하도록 해야 하며, 프로젝트 현황을 투명하게 공개하고 이해관계자와 정기적으로 협의하는 것이 좋다.

- 의사소통관리 프로세스 개요

프로젝트 의사소통관리는 주요 이해관계자의 정보요구사항, 관계유지 개선을 위하여 필요한 의사소통을 확인하여 프로젝트 환경을 고려한 의사소통관리 계획을 수립하고 실행하는 프로세스와 프로젝트 진행과정에서 의사소통이 계획된 대로 진행되고 있는지 확인하는 감시 활동 프로세스로 구성된다.

■ 의사소통관리 프로세스의 기능

프로세스 그룹	프로세스	내용
기획	10.1 의사소통관리 계획수립	이해관계자를 관리하거나 요구사항을 충족시키기 위하여 필요한 의사소통 채널을 확인하고 의사소통 방식을 계획하는 프로세스
실행	10.2 의사소통관리	계획된 의사소통을 실행하기 위해 정보를 수집, 정리, 저장, 배포하는 프로세스
감시 및 통제	10.3 의사소통 감시	계획대로 의사소통이 실행되는지, 이해관계자들의 정보 요구사항이 충족되고 있는지 확인하는 프로세스

프로젝트 의사소통관리 프로세스를 수행하기 위해 필요한 투입물(문서, 정보, 데이터)과 프로세스에서 작성해야 하는 산출물(문서, 정보, 데이터)을 정리한 것이다. 프로세스를 수행하기 위해 사용할 수 있는 도구와 기법도 표시되어 있다.

■ 의사소통관리 프로세스 개요

프로세스	투입물	도구 및 기법	산출물
10.1 의사소통관리 계획수립	1) 프로젝트헌장 2) 프로젝트관리 계획서 3) 프로젝트 문서 4) 기업환경요인 5) 조직 프로세스 자산	1) 전문가 판단 2) 의사소통 요구사항 분석 3) 의사소통 기술 4) 의사소통 모델 5) 의사소통 방법 6) 대인관계 및 팀 기술 7) 데이터 표현 8) 회의	1) 의사소통관리 계획서 2) 프로젝트관리 계획서 업데이트 3) 프로젝트 문서 업데이트
10.2 의사소통 관리	1) 프로젝트관리 계획서 2) 프로젝트 문서 3) 작업성과 보고서 4) 기업환경요인 5) 조직 프로세스 자산	1) 의사소통 기술 2) 의사소통 방법 3) 의사소통 스킬 4) 프로젝트관리 정보시스템 5) 프로젝트 보고 6) 대인관계 및 팀 기술 7) 회의	1) 프로젝트 의사소통 2) 프로젝트관리 계획서 업데이트 3) 프로젝트 문서 업데이트 4) 조직 프로세스 자산 업데이트

프로세스	투입물	도구 및 기법	산출물
10.3 의사소통 감시	1) 프로젝트관리 계획서 2) 프로젝트 문서 3) 작업성과 데이터 4) 기업환경요인 5) 조직 프로세스 자산	1) 전문가 판단 2) 프로젝트관리 정보시스템 3) 데이터 표현 4) 대인관계 및 팀 기술 5) 회의	1) 작업성과 정보 2) 변경 요청 3) 프로젝트관리 계획서 업데이트 4) 프로젝트 문서 업데이트

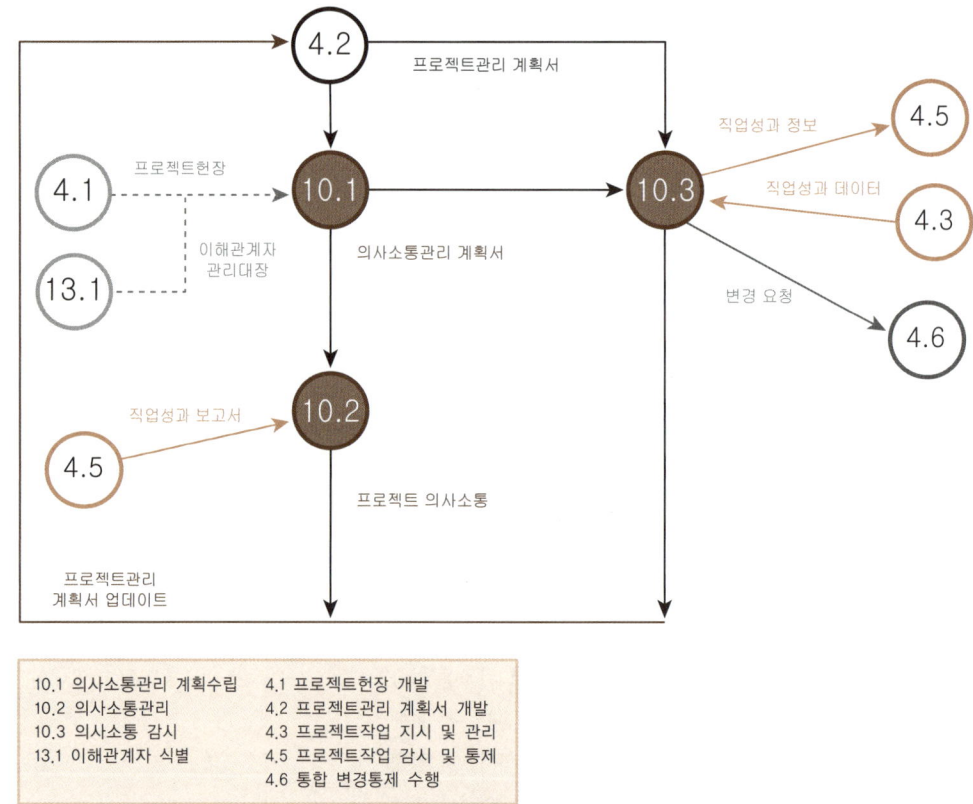

▲ 의사소통관리 프로세스 흐름도

10.1 의사소통관리 계획수립(Plan Communications Management)

프로세스 정의

의사소통 요구사항, 필요한 의사소통, 의사소통 대상을 파악하고 제공해야 할 정보의 특성과 제공 주기를 고려하여 적합한 전달방법을 계획하는 관리 프로세스이다.

> **프로세스 기능**
>
> 이해관계자에게 적절한 프로젝트 정보를 제공하거나 이해관계자를 프로젝트 활동에 참여시키기 위한 전략을 세우고 이를 실행하기 위한 계획을 수립한다. 의사소통은 프로젝트가 시작해서 끝날 때까지 수행되어야 한다. 이해관계자와의 관계를 유지·개선하고 지원을 받기 위해서는 적시에 정보를 제시하고 이해관계자의 참여를 유도해야 한다.

■ 의사소통관리 계획수립 프로세스의 투입물, 도구 및 기법, 산출물

구분	항목	

투입물	1) 프로젝트헌장
	2) 프로젝트관리 계획서
	  • 자원관리 계획서
	  • 이해관계자 참여 계획서
	3) 프로젝트 문서
	  • 요구사항 문서
	  • 이해관계자 관리대장
	4) 기업환경요인
	5) 조직 프로세스 자산
		1) Project Charter
		2) Project Management Plan
		  • Resource Management Plan
		  • Stakeholder Engagement Plan
		3) Project Documents
		  • Requirements Documentation
		  • Stakeholder Register
		4) Enterprise Environment Factors
		5) Organizational Process Assets

도구 및 기법	1) 전문가 판단
	2) 의사소통 요구사항 분석
	3) 의사소통 기술
	4) 의사소통 모델
	5) 의사소통 방법
	6) 대인관계 및 팀 기술
	  • 의사소통양식 평가
	  • 정치적 인식
	  • 문화적 인식
	7) 데이터 표현
	  • 이해관계자 참여평가 매트릭스
	8) 회의
		1) Expert Judgement
		2) Communication Requirements Analysis
		3) Communication Technology
		4) Communication Models
		5) Communication Methods
		6) Interpersonal and Team Skills
		  • Stakeholder Engagement Plan
		  • Political Awareness
		  • Cultural Awareness
		7) Data Representation
		  • Stakeholder Engagement Assessment Matrix
		8) Meetings

산출물	1) 의사소통관리 계획서 2) 프로젝트관리 계획서 업데이트 3) 프로젝트 문서 업데이트	1) Communications Management Plan 2) Project Management Plan Updates 3) Project Documents Update

> **TIP**
>
> 의사소통관리 계획수립 프로세스는 계획수립 프로세스에 속해 있는 다른 프로세스에 영향을 주기 때문에 계획 프로세스 중에서 초기에 수행되어야 한다.

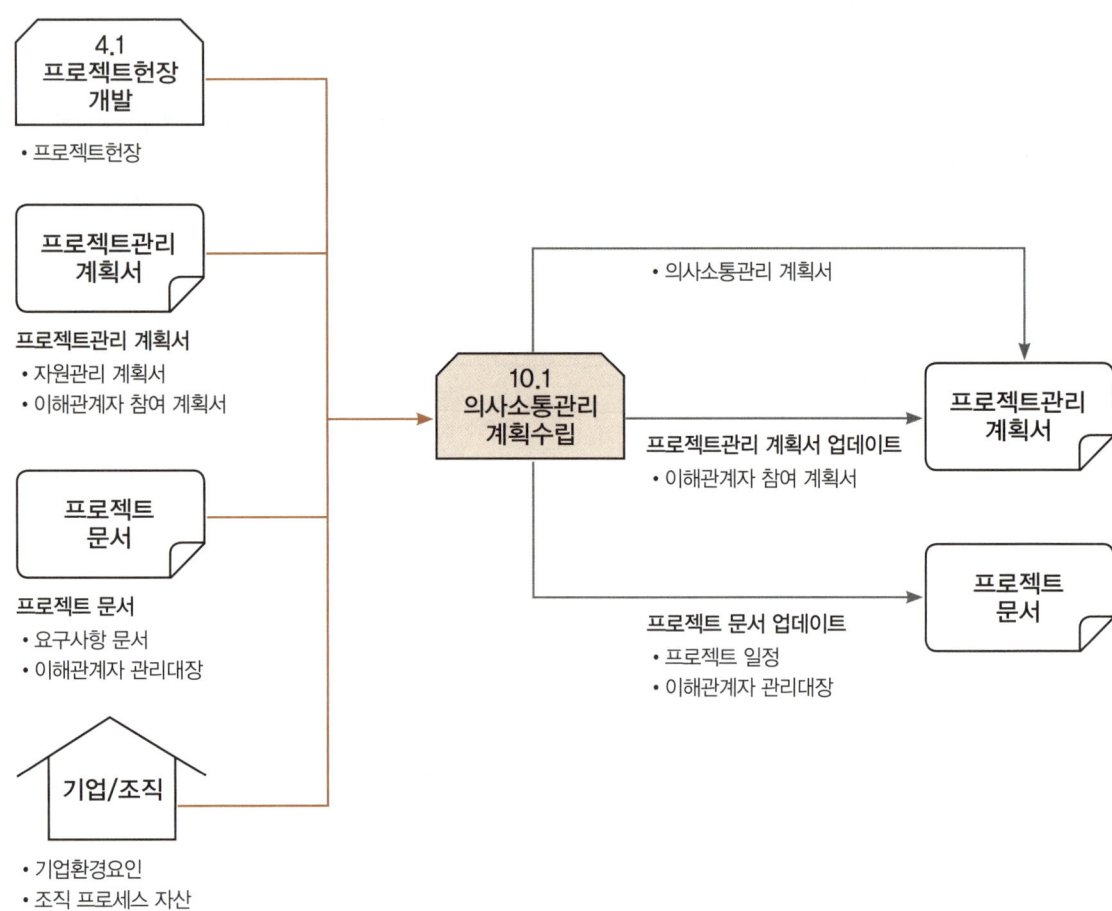

▲ 의사소통관리 계획수립 프로세스의 정보 흐름도

> **프로세스 해설**
>
> 의사소통관리 계획수립 프로세스에서 산출된 의사소통관리 계획서는 4.2 '프로젝트관리 계획수립' 프로세스의 입력물로 투입되어 다른 관리계획서와 상충되는 요소는 없는지 통합적으로 검토되고 조정되어 프로젝트관리 계획서에 포함된다.

10.1.1 의사소통관리 계획수립: 투입물

(1) 프로젝트헌장

이해관계자 목록이 있고, 프로젝트 수행에서 각 이해관계자들의 역할과 책임 사항이 정리되어 있다.

(2) 프로젝트관리 계획서

프로젝트관리 계획서는 계획 프로세스가 반복적으로 수행되면서 점차 상세하게 정리된다. 의사소통관리 계획서를 작성할 때 도움이 되는 아래와 같은 정보가 있다.

- 자원관리 계획서: 인적 자원, 팀 자원의 프로젝트에 참여하는 일정과 역할, 의사소통 사항을 포함한다.

- 이해관계자 참여 계획서: 프로젝트 이해관계자를 프로젝트 생애주기 동안 참여시키기 위한 계획, 전략을 포함하고 있다. 이해관계자를 관리하기 위해서는 의사소통이 원활해야 한다.

(3) 프로젝트 문서
- 요구사항 문서: 이해관계자로부터 수집한 요구사항에는 직접적인 의사소통 요구와 요구사항을 충족시키기 위해서 필요한 간접적인 의사소통 요구가 기술되어 있다.
- 이해관계자 관리대장: 이해관계자 이름, 이해관계자의 태도 등의 이해관계자 정보를 기반으로 필요한 의사소통을 파악할 수 있다.

(4) 기업환경요인
- 의사소통 윤리, 보안과 관련된 조직의 정책과 절차
- 구축된 의사소통 채널, 도구 및 시스템
- 이해관계자들의 리스크에 대한 태도
- 조직의 문화와 정치적 환경

(5) 조직 프로세스 자산
- 과거 수행한 유사한 프로젝트의 선례 정보
- 유사 프로젝트의 이해관계자, 의사소통 관련 문서와 데이터
- 프로젝트에서 활용할 수 있는 의사소통 시스템

10.1.2 의사소통관리 계획수립: 도구 및 기법

(1) 전문가 판단
의사소통관리 계획을 수립하기 위해서는 조직 내에서 의사소통 기술, 의사소통관련 규정과 절차에 대해 알고 있어야 한다. 중요 이해관계자와 관련된 정치, 권력 요소의 환경, 문화에 대해 이해하고 있어야 하고 정보보안, 보안 정책에 대해서도 명확하게 인지하고 있어야 한다.

(2) 의사소통 요구사항 분석
이해관계자들의 의사소통과 관련한 요구사항을 분석하여 필요한 의사소통을 파악하고 의사소통 형식과 주기, 정보의 수집과 배포 방법을 도출할 수 있어야 한다.

(3) 의사소통 기술
프로젝트 의사소통을 위해서 사용하는 방법은 정보 필요의 긴급성, 기술 가용성과 신뢰성, 사용 편리성, 프로젝트 환경, 정보 보안 수준을 고려하여 선정하여야 한다.

(4) 의사소통 모델

의사소통은 발신자와 수신자로 구성되는 직선형 모델과 피드백 요소가 포함된 대화식 모델로 분류한다.

- **발신자/수신자 의사소통 모델**: 발신자가 메시지를 암호화 하여 통신 매체를 통하여 메시지를 전송하고 수신자는 해독하여 메시지를 확인한다. 이 모델에서 발신자는 수신자가 메시지를 정확하게 인지하였는지는 확인하지 못한다.
- **대화식 의사소통 모델**: 발신자의 메시지가 수신자에게 정확하게 전달되었는지 확인하기 위해서 수신자는 발신자에게 피드백을 하는 것이 필요하다. 발신자는 전달한 메시지를 수신자가 정확하게 이해하였는지 확인할 책임이 있다. 수신자는 수신한 메시지에 대한 응답을 송신자에게 보낼 책임이 있다.

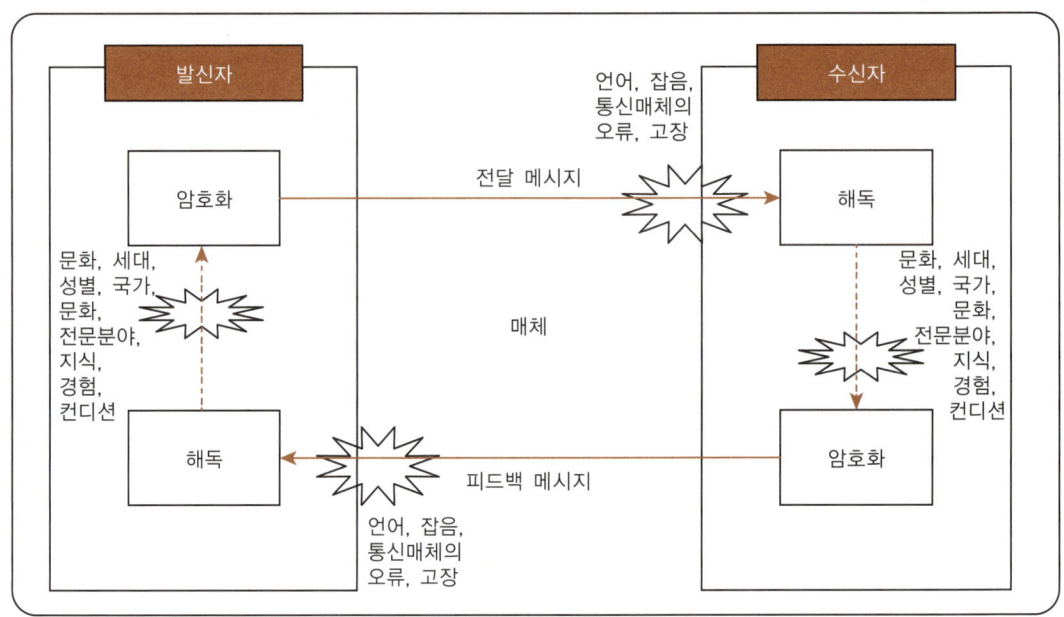

▲ 대화식 의사소통 모델

(5) 의사소통 방법

- **대화식 의사소통**: 실시간으로 참여자 간에 정보를 교환하는 방식으로 대화, 회의, 전화, SNS 등을 사용할 수 있다.
- **전달식 의사소통**: 전달하려는 메시지를 일방적으로 전송, 배포하는 방식이다. 이메일, 팩스, 우편, 방송 등의 방법이 사용된다.
- **유인식 의사소통**: 메시지를 받을 수신자가 많은 경우 송신자는 메시지나 정보를 통신 매체에 저장하고 수신자가 접속하여 메시지를 받아가는 형식이다. 온라인게시판, 블로그, 카페 게시물, 데이터베이스 기반 의사소통 방식이 여기에 해당한다.

(6) 대인관계 및 팀 기술

- **의사소통 양식 평가**: 의사소통 활동에서 더 좋은 방법, 형식, 내용을 찾기 위한 기법으로 비협조적인 이해관계자의 관리 성과를 개선하기 위하여 사용하기도 한다. 이해관계자의 참여도 평가 후 의사소통 양식을 평가하여 의사소통 활동 성과를 개선할 수 있다.
- **정치적 인식**: 프로젝트관리자는 프로젝트의 정치적 환경을 고려하여 적절하고 필요한 의사소통 계획을 수립해야 한다. 프로젝트의 정치적 환경은 공식, 비공식 권력 관계와 주요 이해관계자 간의 의지, 프로젝트에 대한 성향 등으로 구성된다.
- **문화적 인식**: 프로젝트 이해관계자들의 문화적 차이점을 확인하여 적절한 매체와 기술을 사용하여 의사소통관리 계획을 수립해야 한다. 문화적 차이는 의사소통 과정에서 예기치 못한 오해와 갈등을 일으킬 수도 있다.

10.1.3 의사소통관리 계획수립: 산출물

(1) 의사소통관리 계획서

의사소통관리 계획서는 의사소통관리 계획수립 프로세스, 의사소통관리, 의사소통감시를 효과적으로 수행하기 위한 절차와 방법을 정리한 문서이다.

- 의사소통 대상의 개인, 그룹, 단체 정보
- 의사소통 정보의 수집 방법, 전달 방법과 기술
- 의사소통 담당자와 책임자
- 의사소통 주기와 방법
- 의사소통 절차
- 의사소통에서 준수해야 하는 규정 또는 법규

(2) 프로젝트관리 계획서 업데이트

프로젝트관리 계획서를 변경하기 위해서는 정해진 변경통제 프로세스를 거쳐야 한다. 의사소통관리 계획수립과정에서 프로젝트관리 계획서의 내용 변경이 발생할 수 있다.

(3) 프로젝트 문서 업데이트

- **프로젝트 일정**: 의사소통을 위한 활동이 추가되거나 변경될 수 있다.
- **이해관계자 관리대장**: 의사소통관리 계획을 수립하는 과정에서 이해관계자 관리대장의 내용이 변경되거나 추가될 수 있다.

10.2 의사소통관리(Manage Communications)

프로세스 정의

프로젝트의 정보를 수집, 생성, 배포, 저장, 검색, 감시하는 관리 프로세스이다.

프로세스 기능

프로젝트관리자, 프로젝트팀과 이해관계자 사이에 효율적인 정보 교환을 가능하게 한다. 프로젝트팀과 이해관계자와의 관계를 유지·개선 시킨다. 의사소통관리 프로세스는 프로젝트가 종료될 때까지 지속적으로 수행되어야 한다.

■ 의사소통관리 프로세스의 투입물, 도구 및 기법, 산출물

구분	항목	
투입물	1) 프로젝트관리 계획서 • 자원관리 계획서 • 의사소통관리 계획서 • 이해관계자 참여 계획서 2) 프로젝트 문서 • 변경 기록부 • 이슈 기록부 • 교훈 관리대장 • 품질 보고서 • 리스크 보고서 • 이해관계자 관리대장 3) 작업성과 보고서 4) 기업환경요인 5) 조직 프로세스 자산	1) Project Management Plan • Resource Management Plan • Communications Management Plan • Stakeholder Engagement plan 2) Project Documents • Change Log • Issue Log • Lessons Learned Register • Quality Report • Risk Report • Stakeholder Register 3) Work Performance Reports 4) Enterprise Environmental Factors 5) Organizational Process Assets
도구 및 기법	1) 의사소통 기술 2) 의사소통 방법 3) 의사소통 스킬 • 의사소통 역량 • 피드백 • 비언어 • 프레젠테이션 4) 프로젝트관리 정보시스템 5) 프로젝트 보고 6) 대인관계 및 팀 기술 • 적극적 경청 • 갈등관리 • 문화적 인식 • 회의관리 • 네트워킹 • 정치적 인식 7) 회의	1) Communication Technology 2) Communication Methods 3) Communication Skills • Communication Competence • Feedback • Nonverbal • Presentations 4) Project Management Information System 5) Project Reporting 6) Interpersonal and Team Skills • Active Listening • Conflict Management • Cultural Awareness • Meeting Management • Networking • Political Awareness 7) Meetings

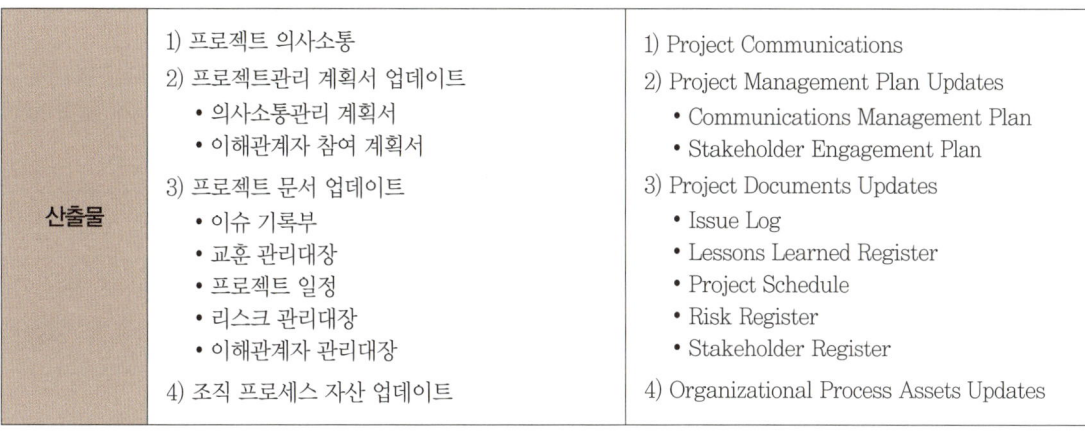

산출물	1) 프로젝트 의사소통
	2) 프로젝트관리 계획서 업데이트
	  • 의사소통관리 계획서
	  • 이해관계자 참여 계획서
	3) 프로젝트 문서 업데이트
	  • 이슈 기록부
	  • 교훈 관리대장
	  • 프로젝트 일정
	  • 리스크 관리대장
	  • 이해관계자 관리대장
	4) 조직 프로세스 자산 업데이트
		1) Project Communications
		2) Project Management Plan Updates
		  • Communications Management Plan
		  • Stakeholder Engagement Plan
		3) Project Documents Updates
		  • Issue Log
		  • Lessons Learned Register
		  • Project Schedule
		  • Risk Register
		  • Stakeholder Register
		4) Organizational Process Assets Updates

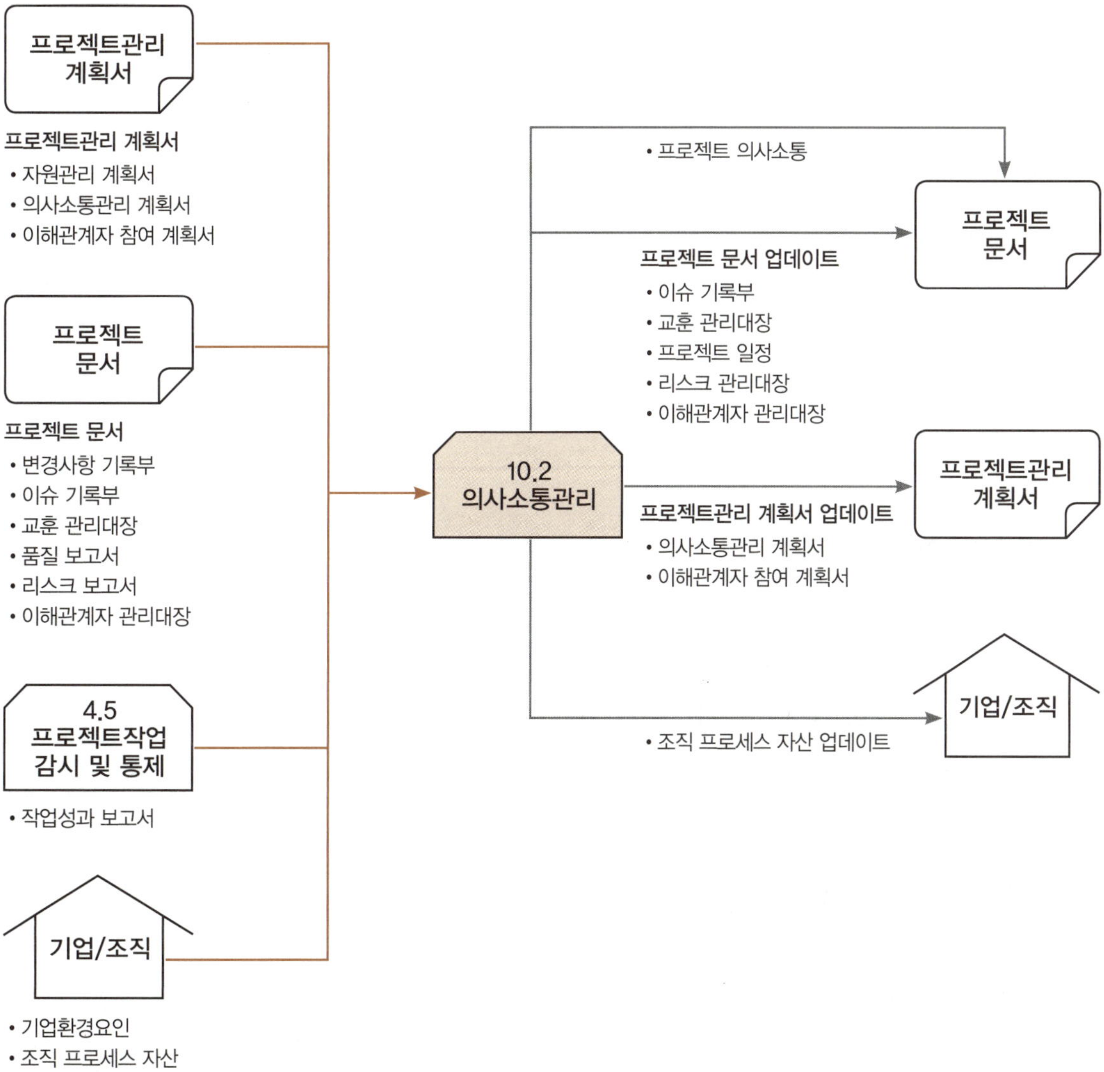

▲ 의사소통관리 프로세스의 정보 흐름도

> **프로세스 해설**
>
> 의사소통관리 프로세스에서 산출한 프로젝트 의사소통 결과정보를 프로젝트 문서에 기록하고, 교훈, 리스크 등의 데이터는 해당 관리 문서에 업데이트 한다. 프로젝트관리 계획서도 의사소통관리 프로세스 수행 후 도출된 수정사항으로 업데이트 한다.

효과적인 의사소통관리를 위해서 다음과 같은 사항을 고려해야 한다.

- 발신자-수신자 모델: 발신자는 수신자로부터의 피드백을 확인하여 착오나 오해를 제거할 수 있도록 한다.
- 매체의 선택: 발신자와 수신자의 여건을 고려하여 가장 적절한 의사소통 수단을 선정한다.
- 문체: 전달할 정보를 작성할 때는 문장의 형태, 문장의 구조, 적절한 어휘의 선택이 중요하다.
- 회의 관리: 회의를 통하여 의사소통을 할 경우에 사전에 회의 주제를 명확하게 정리하여 참석자에게 사전에 배포하고, 회의에 참석할 수 있도록 유도한다. 회의에서 발생하는 갈등을 인지하여 해결할 수 있도록 한다.
- 프레젠테이션: 여러 사람에게 발표를 하는 경우에 사전에 철저한 준비를 하고, 발표 시에는 시각자료를 활용하고 표정, 몸짓에 유의한다.
- 촉진: 프로젝트관리자는 회의나 워크숍에서 참여자들이 관심과 열정을 유도하고 최적의 합의가 이루어 질 수 있도록 촉진해야 한다.
- 적극적 경청: 이해관계자가 발표나 주장을 할 경우 적극적으로 경청하여 의도를 파악해야 하며, 적절한 피드백을 제공해야 한다.

10.2.1 의사소통관리: 투입물

(1) 프로젝트관리 계획서
- 자원관리 계획서: 인력관리, 물적 자원관리에 필요한 의사소통 관련 계획이 포함되어 있다.
- 의사소통관리 계획서: 의사소통을 위한 관리계획을 수립한다.
- 이해관계자 참여 계획서: 이해관계자를 프로젝트 수행에 참여시키기 위한 방법을 포함한다.

(2) 프로젝트 문서
- 변경사항 기록부: 변경사항 관련 모든 정보가 기록된 문서로, 관련된 이해관계자에게 변경정보를 전달할 때 참고할 수 있다.
- 이슈 기록부: 발생한 이슈와 조치사항, 조치 결과 등에 대한 정보를 이해관계자에게 전달할 때 참고할 수 있다.
- 교훈 관리대장: 프로젝트를 시작하여 현재까지 기록된 시행착오, 아이디어, 노하우 등의 교훈이 기록되어 있다. 의사소통을 관리할 때 참고할 수 있다.

- 품질 보고서: 품질 이슈, 품질관리 프로세스, 품질 조치사항 등에 대한 정보를 관련 담당자, 이해관계자에게 전달할 때 참고할 수 있다.
- 리스크 보고서: 프로젝트 리스크와 관련된 현황 정보가 기록되어 있다. 리스크 관련 정보를 이해관계자에게 전달할 때 참고할 수 있다.
- 이해관계자 관리대장: 의사소통이 필요한 이해관계자를 선정하고 소통방법을 확인할 때 참고할 수 있다.

(3) 작업성과 보고서

의사소통관리 계획서에 따라 프로젝트 작업성과 보고를 계획된 이해관계자에게 할 때 사용한다. 프로젝트 작업성과 보고서에는 프로젝트의 전 관리영역의 현황을 종합하여 보고한다.

(4) 기업환경요인
- 규정 또는 정책
- 주어진 의사소통 매체, 시스템
- 정해진 의사소통 프로세스

(5) 조직 프로세스 자산
- 과거 프로젝트의 의사소통관리 문서
- 저장되어 있는 의사소통 문서

10.2.2 의사소통관리: 도구 및 기법

(1) 의사소통 기술

의사소통에서 이해관계자의 지리적 위치, 정보 보안의 수준, 해당 의사소통의 채널 수 등을 고려하여 적절한 의사소통 기술을 사용한다.

(2) 의사소통 방법

대화식, 전달식 그리고 유인식 방법 등이 있다. 이해관계자의 환경과 의사소통 상황에 따라 유연하게 선택한다.

(3) 의사소통 기법

전달하려는 메시지를 명확하게 하고, 적절한 피드백을 하며, 표정, 손짓 발짓 등도 고려해야 한다. 이해관계자를 대상으로 적절한 설명을 통하여 프로젝트 현황을 설명하는 것이 필요하다.

(4) 프로젝트관리 정보시스템

프로젝트관리 소프트웨어, 정보통신기술의 장치 그리고 소셜 미디어를 사용하여 효율적으로 의사소통을 할 수 있다.

(5) 프로젝트 보고

이해관계자에 따라 적절한 수준의 프로젝트 진행상황, 이슈, 리스크 등의 정보를 수집하여 배포한다. 보고 대상에 따라 간결한 요약 보고나 상세 보고를 할 수 있다.

(6) 대인관계 및 팀 기술

의사소통에서는 적극적인 경청, 갈등관리, 문화적, 정치적 환경 인식, 여러 이해관계자와의 네트워킹이 필요하다.

(7) 회의

의사소통에서 많이 사용하는 방법이 회의인데, 회의를 효율적으로 수행하는 절차는 다음과 같다.

① 회의 주제를 정리하여 참가자에게 사전에 배포한다.
② 공지된 일정에 따라 회의가 시작되고 끝나도록 한다.
③ 참가 대상인원이 모두 참가하는지 확인한다.
④ 회의 주제에서 벗어 나지 않도록 한다.
⑤ 회의에서 요구사항, 기대사항, 이슈, 리스크, 갈등 등을 협의한다.
⑥ 회의 결과에서 정리된 조치사항에 대한 담당을 명확하게 기록한다.

10.2.3 의사소통관리: 산출물

(1) 프로젝트 의사소통

의사소통을 통하여 성과보고서, 인도물의 상태, 일정진행률, 비용 집행 현황, 보고자료, 기타 정보 등이 산출될 수 있다.

(2) 프로젝트관리 계획서 업데이트

의사소통을 실행하면 의사소통관리 계획서나 이해관계자 참여계획서의 변경이 필요할 수 있다. 프로젝트 관리 계획서의 변경은 변경통제 프로세스에 따라 요청하여 승인을 받은 후 수행되어야 한다.

(3) 프로젝트 문서 업데이트

의사소통 수행 결과로 이슈 기록부, 교훈 관리대장, 프로젝트 일정, 리스크 관리대장 그리고 이해관계자 관리대장과 같은 프로젝트 문서를 업데이트 할 수 있다.

10.3 의사소통 감시(Monitor Communications)

프로세스 정의
의사소통관리 계획서의 의사소통 활동이 계획대로 수행되고 있는지, 이해관계자의 새로운 정보 요구사항은 조치되고 있는지 확인하는 프로세스이다.

프로세스 기능
프로젝트를 수행하는 과정에서 의사소통은 프로젝트관리자, 프로젝트팀과 이해관계자를 연결하는 중요한 활동이다. 의사소통관리 계획서에 따라 의사소통이 이루어지도록 지속적, 주기적으로 의사소통 결과를 확인한다.

■ 의사소통 감시 프로세스의 투입물, 도구 및 기법, 산출물

구분	항목	
투입물	1) 프로젝트관리 계획서 • 자원관리 계획서 • 의사소통관리 계획서 • 이해관계자 참여 계획서 2) 프로젝트 문서 • 이슈 기록부 • 교훈 관리대장 • 프로젝트 의사소통 3) 작업성과 데이터 4) 기업환경요인 5) 조직 프로세스 자산	1) Project Management Plan • Resource Management Plan • Communications Management Plan • Stakeholder Engagement Plan 2) Project Documents • Issue Log • Lessons Learned Register • Project Communications 3) Work Performance Data 4) Enterprise Environmental Factors 5) Organizational Process Assets
도구 및 기법	1) 전문가 판단 2) 프로젝트관리 정보시스템 3) 데이터 분석 • 이해관계자 참여 평가 매트릭스 4) 대인관계 및 팀 기술 • 관찰/대화 5) 회의	1) Expert Judgement 2) Project Management Information System 3) Data Analysis • Stakeholder Engagement Assessment Matrix 4) Interpersonal and Team Skills • Observation/Conversation 5) Meetings
산출물	1) 작업성과 정보 2) 변경 요청 3) 프로젝트관리 계획서 업데이트 • 의사소통관리 계획서 • 이해관계자 참여 계획서 4) 프로젝트 문서 업데이트 • 이슈 기록부 • 교훈 관리대장 • 이해관계자 관리대장	1) Work Performance Information 2) Change Requests 3) Project Management Plan Updates • Communications Management Plan • Stakeholder Engagement plan 4) Project Documents Updates • Issue Log • Lessons Learned Register • Stakeholder Register

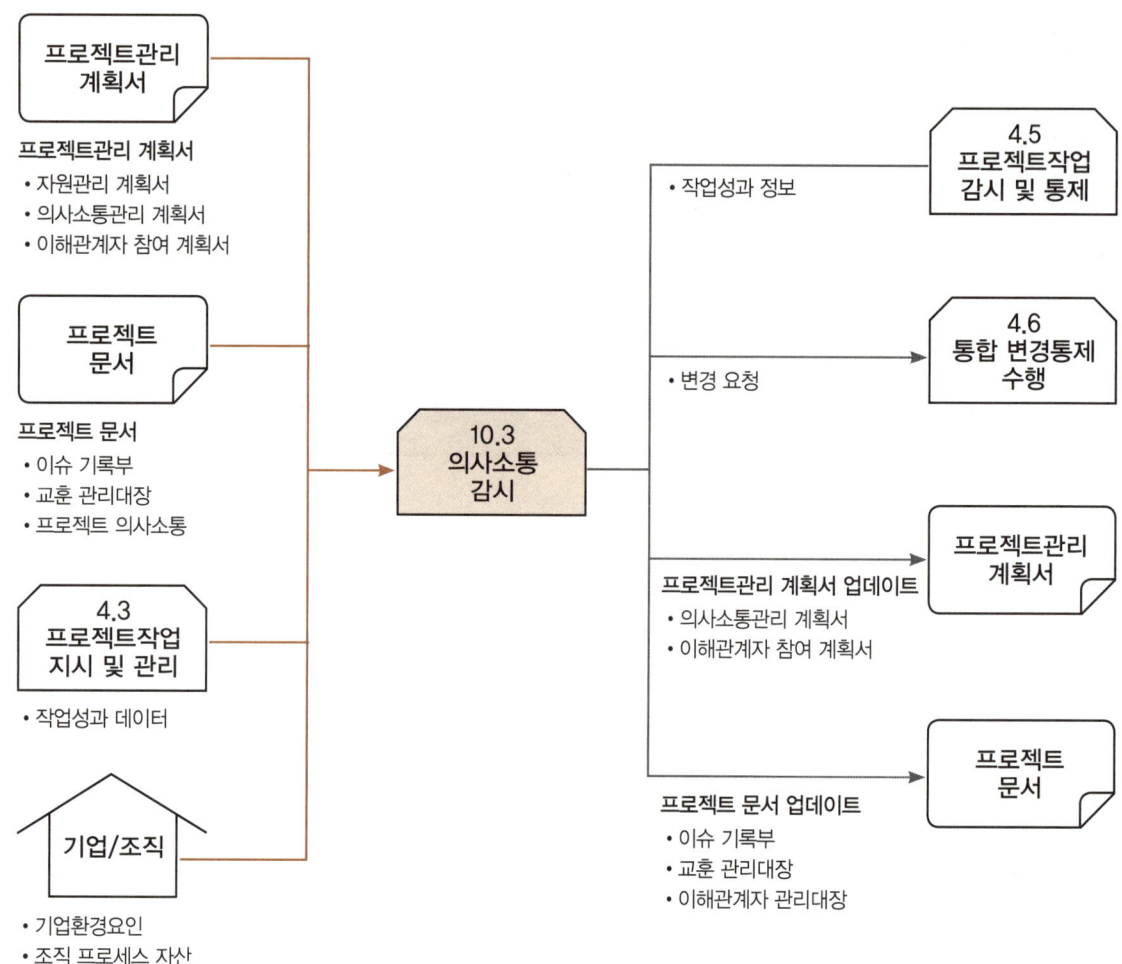

▲ 의사소통 감시 프로세스의 정보 흐름도

> **프로세스 해설**
>
> 의사소통감시 프로세스에서 산출된 작업성과 정보는 (4.5)프로젝트작업 감시 및 통제 프로세스의 입력물로 투입되어 작업성과 보고서로 통합된다. 의사소통감시 활동에서 변경해야 할 사항이 발견되면 (4.6)통합 변경통제 수행 프로세스에서 검토되고 승인되어 프로젝트관리 계획서나 프로젝트 문서에 반영된다.

프로젝트에 대한 고객 만족도 조사, 의사소통 관련 교훈, 프로젝트팀 관리, 이슈 기록부, 이해관계자 참여 평가 매트릭스 등의 방법을 사용하여 의사소통이 계획대로 수행되고 있는지 또는 중요 이해관계자들 프로젝트 정보를 적절하게 제공받고 있는지 등을 확인한다.

의사소통 활동의 효과를 높이기 위하여 의사소통 프로세스를 반복적으로 수행할 수 있다. 의사소통관리 계획서를 수정하거나 의사소통을 효율적으로 관리할 수 있게 한다. 반복적 활동을 수행하여 의사소통관리 계획서나 관리활동이 점진적으로 개선되어 간다.

10.3.1 의사소통 감시: 투입물

(1) 프로젝트관리 계획서
의사소통이 계획대로 수행되고 있는지 확인하기 위하여 프로젝트관리 계획서의 자원관리 계획서, 의사소통관리 계획서, 이해관계자 참여 계획서 등의 내용을 참조할 수 있다.

(2) 프로젝트 문서
의사소통을 감시하기 위하여 이슈 기록부, 교훈 관리대장, 프로젝트 의사소통 문서를 참고할 수 있다.

(3) 작업성과 데이터
의사소통 활동 결과로 측정된 작업성과 데이터를 참고한다.

10.3.2 의사소통 감시: 도구 및 기법

(1) 전문가 판단
의사소통 감시 활동을 위해서는 관련 데이터나 문서를 분석하여 의사소통 이슈나 문제를 도출할 수 있는 전문적 지식, 경험을 가진 전문가가 필요하다.

(2) 프로젝트관리 정보시스템
의사소통 활동에 프로젝트관리 정보시스템을 사용하는 경우, 정보시스템에는 의사소통 관련 문서, 정보, 데이터가 저장되어 있다. 이 데이터를 분석하여 의사소통을 계획대로 수행하고 있는지 확인할 수 있다.

(3) 데이터 표현
의사소통 활동의 결과 데이터의 분석을 위해 그래픽 도구를 활용하여 이슈와 문제점을 발견할 수도 있다.

(4) 대인관계 및 팀 기술
의사소통이 원활하게 수행되고 있는지 확인하기 위하여 주요 이해관계자들과 대화를 하거나 이해관계자를 관찰함으로써 확인할 수 있다. 이해관계자 또는 프로젝트 팀원들과 다양한 기법을 사용하여 의사소통의 이슈나 문제점을 도출할 수도 있다.

(5) 회의
프로젝트 팀원, 고객, 이해관계자 들과 대면 회의, 화상회의, 소셜 미디어 기반 대화를 수행할 수도 있다.

10.3.3 의사소통 감시: 산출물

(1) 작업성과 정보
의사소통 활동과정에서 측정된 작업성과 데이터와 의사소통관리 계획서를 비교하여 의사소통이 계획대로 수행되고 있는지에 대한 정보이다.

(2) 변경 요청

의사소통 감시 활동의 결과로 의사소통관리 계획서의 내용 변경을 해야 할 수도 있다. 변경 요청을 하여 변경통제 프로세스가 수행되도록 한다. 이해관계자의 의사소통 요구사항이 변경되었거나, 계획된 의사소통 프로세스가 원활하지 않을 경우 변경 요청을 하여 개선할 수 있다.

(3) 프로젝트관리 계획서 업데이트

의사소통 감시 활동에서 의사소통관리 계획서의 변경 또는 이해관계자 참여 계획서의 변경이 필요하다고 생각되는 경우 변경 요청을 하여 개선한다.

(4) 프로젝트 문서 업데이트

의사소통 감시 활동의 결과로 이슈 기록부에 새로운 이슈를 등록할 수도 있고, 교훈 관리대장에 새로운 교훈을 추가할 수도 있다. 이해관계자 관리대장에 새롭게 식별한 이해관계자를 추가하거나, 이해관계자 관리대장의 이해관계자 정보를 변경할 수도 있다.

예상문제 ▶▶ 10장 프로젝트 의사소통관리

01 의사소통관리 계획서에 따라 프로젝트 정보를 생성, 수집, 배포, 저장 및 검색하고, 최종 처리하며, 이해관계자에게 전달할 정보가 적절히 생성, 수신 및 이해되는지 확인하는 활동은 어느 프로세스에서 수행하는가?

   A. 의사소통관리
   B. 의사소통관리 계획수립
   C. 의사소통 감시
   D. 성과 보고

   > **해설**
   > 의사소통을 위해 정보를 수집, 배포, 관리하는 활동은 의사소통관리 프로세스에서 수행한다.
   >
   > 정답: A

02 한 제조기업의 ERP시스템을 구축하는 프로젝트가 실행단계에 있다. 프로젝트관리자가 고객의 담당 임원과 면담을 하던 중에 임원이 프로젝트 상황에 대해 잘 모르고 있는 것을 알았다. 그 동안 담당 임원에게 이메일을 통하여 프로젝트 상황보고서를 전달하였다. 하지만 담당 임원은 이메일을 잘 보지 않고 구두로 프로젝트 상황을 알고 싶어 하는 것을 확인하였다. 프로젝트관리자가 수행한 활동은 다음 중 어떤 프로세스에 해당되는가?

   A. 의사소통관리
   B. 통합 변경통제 수행
   C. 요구사항 수집
   D. 의사소통 감시

   > **해설**
   > 의사소통관리는 회의, 보고, 발표 등 의사소통 활동을 수행하는 프로세스이다. 의사소통 감시는 의사소통이 계획대로 진행되고 있는지 확인하는 프로세스이다.
   >
   > 정답: D

03 회사 설립 후 30여년 간 전자통신 장비를 개발, 생산 공급하는 제조기업이 업무 생산성 향상을 위하여 업무 프로세스 혁신 프로젝트를 하고 있다. 프로젝트는 외부 비즈니스 프로세스 혁신 컨설팅 전문 회사를 통하여 진행하고 있고, 프로젝트관리자는 PMP자격을 가지고 있고, 비즈니스 혁신 프로젝트의 베테랑으로 소문이 난 유능한 PM이다. 이 PM은 가끔 사장실을 방문하여 사장과 차를 마시며 프로젝트에 대한 여러 가지 의견을 교환한다. 이러한 의사소통 방식의 특성이 가장 적절하게 나열된 것은 어느 것인가?

A. 내부 소통-공식 소통-구두 소통

B. 외부 소통-비공식 소통-구두 소통

C. 내부 소통-비공식 소통-서면 소통

D. 외부 소통-공식 소통-서면 소통

> **해설**
> PM은 프로젝트팀 외부의 고객사 사장과의 대화를 하고 있으므로 외부 소통, 계획된 미팅이 아니므로 비공식 소통, 대면 대화이기 때문에 구두 소통에 해당된다.
>
> 정답: B

04 의사소통과 정보 교환을 촉진하기 위해 사용하는 의사소통 모델은 프로젝트들 간은 물론이고 한 프로젝트 내에서도 여러 단계마다 다를 수 있다. 가장 완전한 의사소통을 위한 모델로 적절한 것은?

A. 암호화-메시지 전달-해독-수신 확인-응답

B. 메시지 전달-해독-수신 확인-응답-암호화

C. 해독-수신 확인-응답-암호화-메시지 전달

D. 수신 확인-응답-암호화-메시지 전달-해독

> **해설**
> 전달자는 메시지를 암호화 하고 메시지를 매체를 통하여 전달한다. 수신자는 수신된 메시지를 해독하여 확인하고 응답(피드백)함으로써 완전한 의사소통 사이클이 완성된다.
>
> 정답: A

05 프로젝트 이해관계자에게 프로젝트 정보를 전달하기 위한 방법은 매우 다양할 수 있다. 프로젝트 환경에 따라 적절한 의사소통 기술을 선택해야 한다. 다음의 요인 중에서 가장 우선순위가 낮은 것은 어떤 요소인가?

A. 정보 필요의 긴급성   B. 가용 기술

C. 프로젝트 예산의 규모   D. 정보의 민감성과 기밀성

> **10장 프로젝트 의사소통관리**

> **해설**
> 프로젝트 수행에서 의사소통은 성공적인 프로젝트 수행에 중요한 요소이다. 의사소통 기술을 선택할 때 정보의 긴급성, 정보 보안의 수준, 가용한 의사소통 기술 등이 중요한 요소이다. 프로젝트 예산은 적절한 의사소통 기술을 선택할 때 나열되어 있는 항목 중에서 우선순위가 제일 낮다.
>
> 정답: C

06 의사소통관리 계획서에는 프로젝트 의사소통을 위한 여러 요소가 포함되어야 한다. 다음 중에서 의사소통관리 계획서에 있는 요소 중에서 가장 적절하지 않은 것은 무엇인가?

A. 이해관계자 의사소통 요구사항

B. 프로젝트 작업패키지 목록

C. 필요한 정보의 배포 기간과 주기, 가능한 경우에 수신 확인 알림 또는 회답

D. 정보 전달을 담당하는 책임자

> **해설**
> A, C 그리고 D는 의사소통관리 계획서에 반드시 포함되어야 하는 항목이다. 프로젝트 작업패키지는 프로젝트 WBS에 포함된다.
>
> 정답: B

07 한 프로젝트관리자가 프로젝트를 실행하는 과정에서 주요 이해관계자들에게 프로젝트의 전체적인 진행상황을 발표하려고 한다. 이 프로젝트관리자가 발표자료를 작성할 때 가장 중요하게 참고해야 할 프로젝트 문서는 어느 것인가

A. 프로젝트 의사소통   B. 작업성과 정보

C. 작업성과 보고서   D. 리스크 관리대장

> **해설**
> 작성성과 보고서에는 프로젝트의 여러 관리 영역별 현황정보가 정리되어 있다. 프로젝트 의사소통은 의사소통 활동의 산출물이다.
>
> 정답: C

08 프로젝트 의사소통 방법 중에서 둘 이상의 당사자 간에 대면 또는 전화 등의 방법을 사용하여 실시간 정보를 주고 받는 방법이다. 특정 주제에 대해 참여자의 피드백을 확인할 수 있고, 가장 빠르게 상대의 의견을 확인할 수 있는 방법은 무엇인가?

    A. 유인식 의사소통   B. 전달식 의사소통

    C. 대화식 의사소통   D. 관찰식 의사소통

> **해설**
>
> 유인식 의사소통은 대규모 수신자에게 많은 정보를 전달할 때 사용하는 방법이고, 전달자와 수신자가 동시간 대에 연결되지 않아도 된다. 전달자는 수신자의 의견을 확인하기 위해서는 별도의 활동이 필요하다. 전달식 의사소통은 전달자와 수신자가 각자 편리한 시간에 의사소통 활동을 할 수 있기 때문에 편리하지만 의사소통 결과를 확인하기 위해서는 시간이 많이 소요된다. 대화식 의사소통은 전달자와 수신자가 같은 시간에 연결되어 대화하는 방법으로 상호 의견을 주고 받으면 상대의 반응(피드백)을 빠르게 확인할 수 있다.
>
> 정답: C

09 자동 세차기를 주문 받아 개발하여 납품하는 회사에서 고속도로 휴게소에 설치할 자동 세차기를 대량으로 주문 받았다. 고객사는 고속도로 휴게소에 세차기 운영을 6개월 후부터 시작하려고 계획하고 있고, 이 사업에서 큰 수익을 기대하고 있다. 고객사 사장은 세차기를 개발하는 과정에서 매달 개발 진행 상황을 PM이 직접 자신에게 보고하라고 강하게 요구하고 있다. 고객사는 서울에 있고 개발사는 경남 창원에 있다. 프로젝트 계획을 수립하는 과정에서 프로젝트관리자는 의사소통관리 계획을 수립하고 있다. 다음 중에서 가장 적절한 의사소통관리 계획은 무엇인가?

    A. 매달 프로젝트 현황보고서를 작성하여 이메일로 고객사 담당자에서 전달하고, 담당자가 사장에게 보고하도록 계획한다.

    B. 프로젝트관리 정보시스템을 사용하여 고객사 사장이 프로젝트 진행현황을 확인할 수 있도록 계획한다.

    C. 매달 프로젝트 현황 보고서를 작성하여 고객사 사장에게 전송하고, 프로젝트관리자가 전화로 사장에게 프로젝트 현황을 설명하는 것으로 계획한다.

    D. 매달 프로젝트 현황보고서를 작성하여, 프로젝트관리자가 고객사 사장을 방문하여 설명하는 활동으로 계획한다.

> **해설**
> 고객의 의사소통 요구사항과 프로젝트의 중요성을 인지하고 매달 프로젝트관리자가 고객사를 방문하여 직접 설명하고 의견을 듣는 것이 가장 적절한 의사소통관리 계획이다.
>
> 정답: D

10 중동의 한 기업에서 발주한 발전소 건설 프로젝트를 수주한 회사에서 프로젝트의 수익을 극대화하려고 노력 중이다. 인건비 절감을 위하여 동남아시아 여러 국가로부터 근로자를 채용하여 프로젝트에 투입하기로 하였다. 이 프로젝트의 프로젝트관리자가 의사소통 계획을 수립할 때 고려해야 할 요소들로 가장 적절하게 정리된 것은?

A. 의사소통 언어, 문화적 차이, 개인적 차이
B. 의사소통 매체, 의사소통 주기, 의사소통 기술
C. 작업자의 위치, 작업자의 지식, 작업자별 인건비 수준
D. 프로젝트 예산, 프로젝트 리스크, 프로젝트 요구사항

> **해설**
> 다양한 언어와 문화를 가진 팀원으로 구성된 프로젝트에서는 구성원들의 언어, 문화적 차이, 개인적인 차이를 고려하여 의사소통 계획을 수립해야 한다.
>
> 정답: A

MEMO

CHAPTER 11

프로젝트 리스크관리
(Project Risk Management)

프로젝트의 리스크는 프로젝트 목표 달성에 긍정적이거나 부정적인 영향을 줄 수 있는 사건이나 상황을 말한다. 리스크는 프로젝트에 불확실성을 증가시키기 때문에 가능하면 사전에 발견하여 적절한 대응계획을 수립하는 것이 좋다. 프로젝트의 불확실성이 크면 프로젝트 이해관계자가 프로젝트 결과물을 활용하여 이익을 크게 하기 어렵기 때문이다. 프로젝트 목표 달성에 긍정적인 영향을 주는 리스크는 발생 확률을 높이거나 영향을 크게 하는 조치가 바람직하고, 부정적인 영향을 주는 리스크는 발생 확률을 낮추거나 영향을 줄이는 방향으로 조치가 취해지는 것이 좋다.

11.1 리스크관리 계획수립(Plan Risk Management)

11.2 리스크 식별(Identify Risks)

11.3 정성적 리스크 분석 수행(Perform Qualitative Risk Analysis)

11.4 정량적 리스크 분석 수행(Perform Quantitative Risk Analysis)

11.5 리스크 대응 계획수립(Plan Risk Responses)

11.6 리스크 대응 실행(Implement Risk Responses)

11.7 리스크 감시(Monitor Risks)

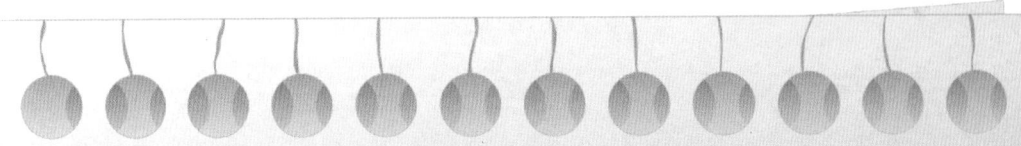

핵심용어

리스크 감사(Risk Audit), 리스크 감시(Monitor Risks), 리스크 공유(Risk Sharing), 리스크 관리대장(Risk Register), 리스크 범주(Risk Category), 리스크 보고서(Risk Report), 리스크 분류(Risk Categorization), 리스크 상부보고(Risk Escalation), 리스크 선호도(Risk Appetite), 리스크 수용(Risk Acceptance), 리스크 식별(Identify Risks), 리스크 전가(Risk Transference), 리스크 한계선(Risk Threshold), 리스크 활용(Risk Exploiting), 리스크 회피(Risk Avoidance), 리스크 검토(Risk Review), 리스크 대응 실행(Implement Risk Responses), 리스크분류체계(RBS; Risk Breakdown Structure), 몬테카를로 시뮬레이션(Monte Carlo Simulation), 전체 프로젝트 리스크(Overall Project Risk)

시험출제경향

1. 프로젝트 리스크의 정의를 이해한다.
2. 프로젝트 리스크관리 프로세스의 핵심 개념을 이해한다.
3. 리스크 관리대장에 포함되는 항목과 기능을 이해한다.
4. 리스크 평가 절차와 평가가 필요한 이유를 이해한다.
5. 리스크 발생 확률과 영향도에 대한 개념을 이해한다.
6. 정량적 리스크 분석 수행에서 사용할 수 있는 기법을 이해한다.
7. 부정적 리스크에 대한 대응전략 5가지를 이해한다.
8. 긍정적 리스크 대응계획 유형 5가지를 이해한다.
9. 리스크 감시의 개념을 설명할 수 있다.

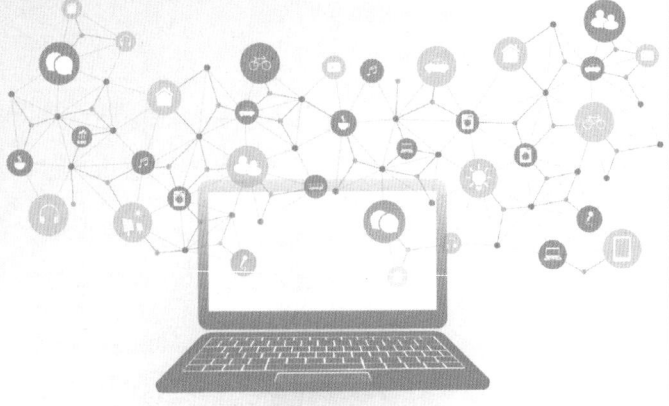

■ 프로젝트 리스크관리의 주요 개념

프로젝트 리스크를 얼마나 효율적으로 관리하는가에 따라 프로젝트 성과가 달라진다. 프로젝트에 리스크가 발생하면 특정 목표에 영향을 주는 것도 있고, 여러 부문에 영향을 주는 리스크도 있다. 리스크의 효율적인 관리를 위해서는 각 리스크가 어느 정도 수준의 리스크인지 알고 있어야 한다. 프로젝트 리스크 수준은 개별 프로젝트 리스크와 포괄적 프로젝트 리스크로 구분할 수 있다.

◨ 프로젝트 리스크의 수준

리스크 수준	개념
개별 프로젝트 리스크 (Individual Project Risk)	프로젝트 목표에 긍정적이거나 부정적인 영향을 줄 수 있는 사건이나 상황
포괄적 프로젝트 리스크 (Overall Project Risk)	여러 복합적인 불확실한 상황, 환경으로 인해 발생하거나, 프로젝트 결과물로 인해 이해관계자에 미치는 부정적이거나 긍정적인 전반적인 영향

> **전문가 TIP**
>
> 프로젝트 리스크는 시작할 때부터 프로젝트가 종료될 때가지 계속해서 나타나기 때문에 리스크관리 프로세스는 지속적으로 반복적으로 수행해야 한다. 새로운 리스크가 나타나지 않는지, 기존의 리스크 발생 확률이 변하거나 영향이 달라지지는 않는지 감시해야 한다.

■ 프로젝트 리스크관리 동향

리스크 유형	내용
사건 리스크 (Event Risks)	특정 상황의 발생이 프로젝트 목표에 영향을 주는 경우 예) 협력업체의 파산으로 인한 부품 공급 일정 지연
비사건 리스크 (Non-event Risks)	특정 상황의 발생 없이 목표에 영향을 주는 상황. 리스크라고 인식하기가 어려움 • **가변성 리스크(Variability Risk)** 설정 목표에 미달하거나 초과하는 상황. 미래 추정의 불확실성으로 인해 발생 예1) 시제품의 기능 시험에서 예상보다 많은 불량 발생 예2) 생산설비의 생산효율이 목표보다 높게 측정되는 경우 • **모호성 리스크(Ambiguity Risk)** 특정 상황이 발생할 것인지 판단하기 어려운 상황의 리스크. 모호함은 프로젝트의 불확실성을 증가시킴 예) 정치적 역학 관계에 따라 정부 정책의 변경

■ 프로젝트 환경에 따른 리스크관리의 조정

리스크관리 프로세스는 프로젝트의 상황과 여건에 따라 적절한 수준으로 수행해야 한다. 고려해야 하는 요소는 프로젝트 규모, 프로젝트의 복잡성, 프로젝트의 중요성, 개발 방법 등이다.

■ 애자일/적응형 환경을 위한 고려사항

프로젝트의 가변성이나 모호성이 큰 경우에는 적응형 방법으로 프로젝트를 수행하는 것이 더 효율적일 수 있다. 점진적으로 결과물의 범위를 확장하여 변화의 폭을 좁히거나 모호성을 극복할 수 있다.

▣ 리스크관리 프로세스의 기능

프로세스 그룹	프로세스	내용
기획	11.1 리스크관리 계획수립	프로젝트 리스크관리 작업을 어떻게 수행할 것인지를 계획하는 프로세스
	11.2 리스크 식별	프로젝트 수행에서 발생할 가능성이 있는 리스크를 찾아 내고 발생 원인을 정리하여 문서화 하는 프로세스
	11.3 정성적 리스크 분석 수행	식별된 리스크의 발생 가능성(확률)과 발생했을 때 목표에 미치는 영향을 평가하여 대응조치의 우선순위를 결정하는 프로세스
	11.4 정량적 리스크 분석 수행	개별 리스크의 프로젝트 목표에 대한 영향의 정도와 불확실성의 정도를 정량화 하는 프로세스
	11.5 리스크 대응 계획수립	각 리스크의 분석 데이터를 기반으로 리스크의 발생 확률이나 영향도를 변경할 수 있는 방안을 수립하여 합의를 도출하는 프로세스
실행	11.6 리스크 대응실행	합의된 리스크 대응 계획을 실행하는 프로세스
감시 및 통제	11.7 리스크 감시	프로젝트가 수행되는 전 과정에서 리스크 대응계획의 실행을 확인하고, 리스크 프로세스가 효율적으로 실행되는지 평가하는 프로세스

▣ 리스크관리 프로세스 개요

프로세스	투입물	도구 및 기법	산출물
11.1 리스크관리 계획수립	1) 프로젝트헌장 2) 프로젝트관리 계획서 3) 프로젝트 문서 4) 기업환경요인 5) 조직 프로세스 자산	1) 전문가 판단 2) 데이터 분석 3) 회의	1) 리스크 관리 계획서

프로세스	투입물	도구 및 기법		산출물
11.2 리스크 식별	1) 프로젝트관리 계획서 2) 프로젝트 문서 3) 협약 4) 조달문서 5) 기업환경요인 6) 조직 프로세스 자산	1) 전문가 판단 2) 데이터 수집 3) 데이터 분석 4) 대인관계 및 팀 기술 5) 촉발(prompt) 목록 6) 회의		1) 리스크 관리대장 2) 리스크 보고서 3) 프로젝트 문서 업데이트
11.3 정성적 리스크 분석 수행	1) 프로젝트관리 계획서 2) 프로젝트 문서 3) 기업환경요인 4) 조직 프로세스 자산	1) 전문가 판단 2) 데이터 수집 3) 데이터 분석 4) 대인관계 및 팀 기술	5) 리스크 분류 6) 데이터 프레젠테이션 7) 회의	1) 프로젝트 문서 업데이트
11.4 정량적 리스크 분석 수행	1) 프로젝트관리 계획서 2) 프로젝트 문서 3) 기업환경요인 4) 조직 프로세스 자산	1) 전문가 판단 2) 데이터 수집 3) 대인관계 및 팀 기술 4) 불확실성 표현 5) 데이터 분석		1) 프로젝트 문서 업데이트
11.5 리스크 대응계획 수립	1) 프로젝트관리 계획서 2) 프로젝트 문서 3) 기업환경요인 4) 조직 프로세스 자산	1) 전문가 판단 2) 데이터 수집 3) 대인관계 및 팀 기술 4) 위협에 대한 전략 5) 기회에 대한 전략	6) 우발사태 대응전략 7) 포괄적 프로젝트 리스크에 대한 전략 8) 데이터 분석 9) 의사결정	1) 변경 요청 2) 프로젝트관리 계획서 업데이트 3) 프로젝트 문서 업데이트
11.6 리스크 대응 실행	1) 프로젝트관리 계획서 2) 프로젝트 문서 3) 조직 프로세스 자산	1) 전문가 판단 2) 대인관계 및 팀 기술 3) 프로젝트관리 정보시스템		1) 변경 요청 2) 프로젝트 문서 업데이트
11.7 리스크 감시	1) 프로젝트관리 계획서 2) 프로젝트 문서 3) 작업성과 데이터 4) 작업성과 보고서	1) 데이터 분석 2) 감사 3) 회의		1) 작업성과 정보 2) 변경 요청 3) 프로젝트관리 계획서 업데이트 4) 프로젝트 문서 업데이트 5) 조직 프로세스 자산 업데이트

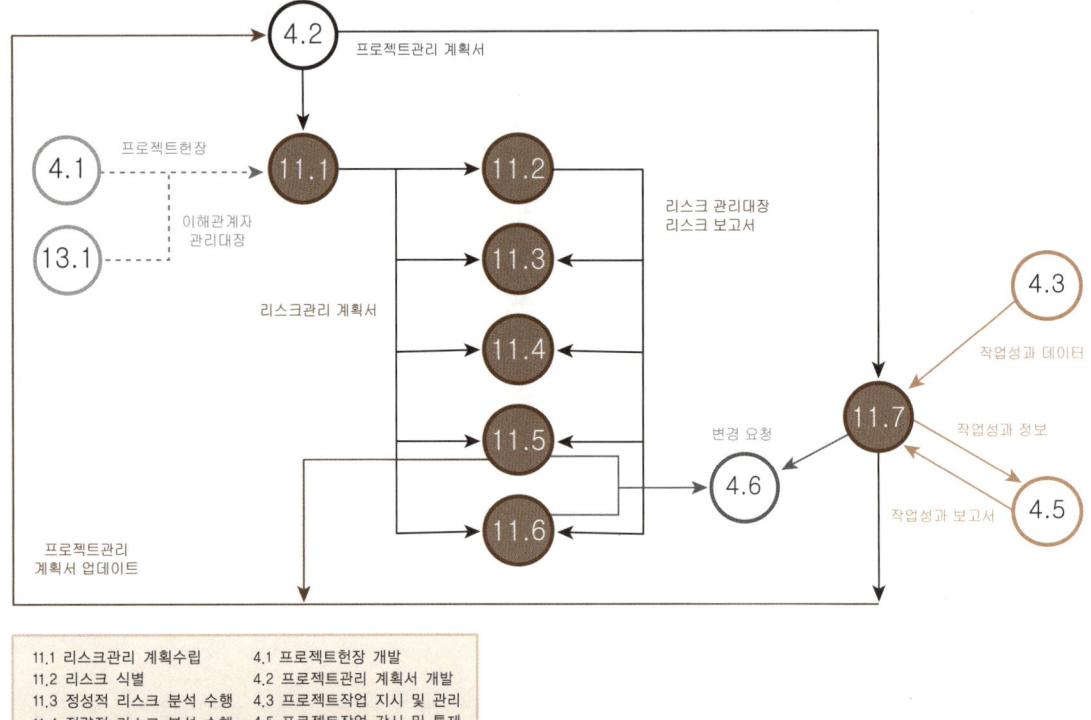

▲ 리스크관리 프로세스 흐름도

11.1 리스크관리 계획수립(Plan Risk Management)

프로세스 정의

프로젝트 리스크관리 작업을 어떻게 수행할 것인지를 계획하는 프로세스이다. 리스크를 어떻게 찾아내고, 어떤 기준으로 평가하고 분석할 것인지, 대응계획을 수립하는 기준, 실행, 감시 절차 등을 기술한다.

프로세스 기능

리스크관리 수준이 프로젝트의 중요성에 따라 적절한 수준으로 관리되는지를 조직과 이해관계자가 확인할 수 있도록 한다. 전략적으로 중요성이 높지 않은 프로젝트의 리스크를 관리하기 위하여 지나치게 많은 비용을 지출할 계획은 조직이나 고객으로부터 인정 받지 못할 것이다.

■ 리스크관리 계획수립 프로세스의 투입물, 도구 및 기법, 산출물

구분	항목	
투입물	1) 프로젝트헌장 2) 프로젝트관리 계획서 　• 모든 구성요소 3) 프로젝트 문서 　• 이해관계자 관리대장 4) 기업환경요인(EEF) 5) 조직 프로세스 자산(OPA)	1) Project Charter 2) Project Management Plan 　• All Components 3) Project Documents 　• Stakeholder Register 4) Enterprise Environment Factors 5) Organizational Process Assets
도구 및 기법	1) 전문가 판단 2) 데이터 분석 　• 이해관계자 분석 3) 회의	1) Expert Judgement 2) Data Analysis 　• Stakeholder Analysis 3) Meetings
산출물	1) 리스크관리 계획서	1) Risk Management Plan

> **전문가 TIP**
>
> 리스크관리 계획수립 프로세스는 계획수립 프로세스에 속해 있는 다른 리스크관리 프로세스를 수행하는 데 기준을 제시하므로 계획 프로세스 중에서 초기에 수행되어야 한다.

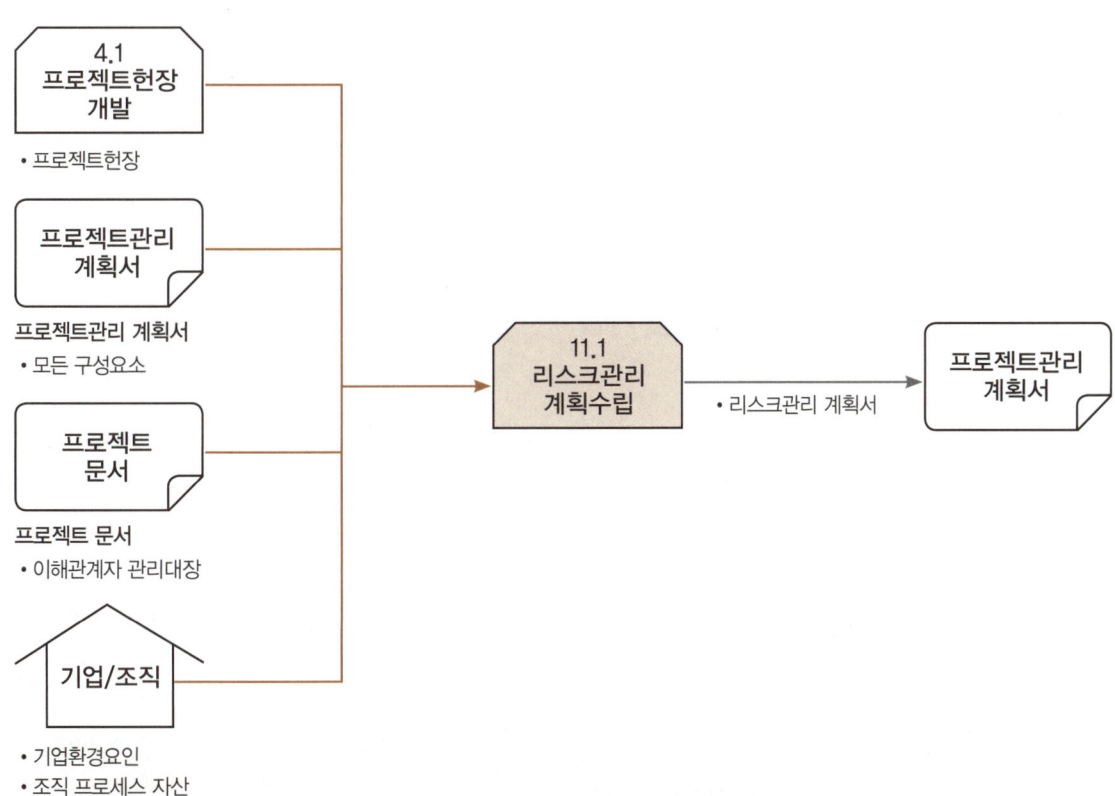

▲ 리스크관리 계획수립 프로세스의 정보 흐름도

> **프로세스 해설**
>
> 리스크관리 계획수립 프로세스에서 산출된 리스크관리 계획서는 (4.2)프로젝트관리 계획수립 프로세스의 입력물로 투입되어 다른 관리계획서와 상충되는 요소는 없는지 통합적으로 검토되고, 조정되어 프로젝트관리 계획서에 포함된다.

11.1.1 리스크관리 계획수립: 투입물

(1) 프로젝트헌장

프로젝트의 개요, 개략적인 요구사항과 전반적인 리스크가 기술되어 있다.

(2) 프로젝트관리 계획서

리스크관리 계획서를 작성할 때 프로젝트관리 계획서에 있는 다른 영역의 관리 계획들의 내용을 고려하여 관리 수준과 관리 방향을 적절하도록 해야 한다.

(3) 프로젝트 문서

이해관계자 관리대장: 이해관계자의 태도와 프로젝트에서의 역할이 정리되어 있다. 리스크관리 활동에서 이해관계자의 역할과 책임을 정의할 수 있다.

(4) 기업환경요인

리스크관리 계획을 수립할 때 프로젝트의 리스크 한계선을 고려해야 한다.

(5) 조직 프로세스 자산

리스크관리 계획수립 활동에서 과거 유사 프로젝트의 리스크관리 계획서나 리스크관리 계획서의 템플릿, 리스크관리 절차서 등을 참조할 수 있다.

11.1.2 리스크관리 계획수립: 도구 및 기법

(1) 전문가 판단

리스크관리 계획을 수립하기 위해서는 조직 내에서 리스크관리 관련 규정과 절차에 대해 알고 있어야 한다. 프로젝트의 중요성, 요구사항을 고려하여 리스크관리 수준과 절차를 조정하고 정의해야 한다.

(2) 데이터 분석

프로젝트의 주요 이해관계자들의 리스크 선호도를 확인하기 위해 이해관계자 분석 기법을 사용할 수 있다.

(3) 회의

고객, 협력업체, 공공기관 등의 주요 이해관계자가 참여하는 리스크관리 계획 회의를 진행할 수 있다. 프로젝트관리자는 리스크관리 절차, 관리 수준, 방법론 등을 회의 참석자 의견을 수렴하여 정리할 수 있다.

11.1.3 리스크관리 계획수립: 산출물

리스크관리 계획수립 프로세스를 수행하면 다음과 같은 산출물이 생산되며, 각 산출물의 특성은 다음과 같다.

(1) 리스크관리 계획서

리스크관리 계획서는 프로젝트를 시작해서 종료할 때까지 수행하는 리스크관리 활동의 방법과 기준을 설명한다. 주요 항목은 다음과 같다.

- 리스크 전략
- 리스크관리 방법론
- 리스크관리 참여자의 역할과 담당업무
- 리스크관리 자금 계획
- 리스크관리 활동 일정
- 리스크 범주: 여러 식별된 리스크를 분류하여 프로젝트 리스크 체계도를 리스크분류체계(RBS)를 구성한다.

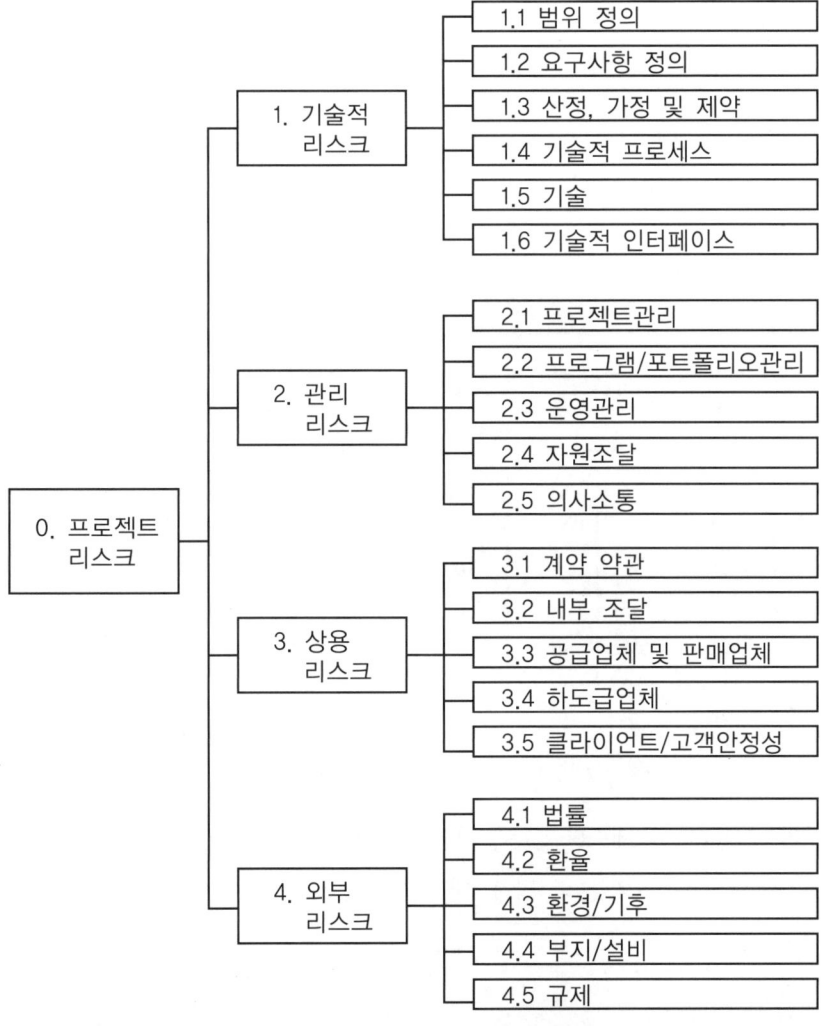

▲ 리스크분류체계 사례 중 일부

- **이해관계자 리스크 선호도**: 리스크관리 계획서에 기록되며, 프로젝트 목표의 리스크 한계선으로 명시되어야 한다.
- **리스크 확률-영향 정의**: 각 리스크의 확률 수준과 영향 크기에 대한 척도는 프로젝트 이해관계자의 리스크 선호도와 프로젝트 규모에 따라 조정되고 결정된다. 리스크 확률-영향 정의의 한 샘플이 아래 표에 제시되어 있다.

- **확률 - 영향 정의의 사례**

척도	확률	+/- 프로젝트 목표에 미치는 영향		
		시간	원가	품질
매우 높음	〉70%	6개월 초과	50억 원 초과	전체 기능에 매우 큰 영향
높음	51 ~ 70%	3 ~ 6개월	10억 ~ 50억 원	전체 기능에 큰 영향
보통	31 ~ 50%	1 ~ 3개월	5억 원 ~ 10억 원	주요 기능에 다소 영향
낮음	11 ~ 30%	1 ~ 4주	1억 원 ~ 5억 원	전체 기능에 작은 영향
매우 낮음	1 ~ 10%	1주	1억 원 미만	보조 기능에 작은 영향
0	〈1%	변화 없음	변화 없음	기능에 변화 없음

- **확률-영향 매트릭스**: 여러 리스크들 중에서 중요도 우선순위를 결정하기 위하여 사용하는 매트릭스의 한 예가 아래에 표시되어 있다.

		위협(Threats)					기회(Opportunities)				
확률	매우 높음 0.90	0.045	0.09	0.18	0.36	0.72	0.72	0.36	0.18	0.09	0.045	매우 높음 0.90
	높음 0.70	0.035	0.07	0.14	0.28	0.56	0.56	0.28	0.14	0.07	0.035	높음 0.70
	보통 0.50	0.024	0.05	0.10	0.20	0.40	0.40	0.20	0.10	0.05	0.024	보통 0.50
	낮음 0.30	0.015	0.03	0.06	0.12	0.24	0.24	0.12	0.06	0.03	0.015	낮음 0.30
	매우 낮음 0.10	0.005	0.01	0.02	0.04	0.08	0.08	0.04	0.02	0.01	0.005	매우 낮음 0.10
		매우 낮음 0.05	낮음 0.10	보통 0.20	높음 0.40	매우 높음 0.80	매우 높음 0.80	높음 0.40	보통 0.20	낮음 0.10	매우 낮음 0.05	
		부정적 영향					긍정적 영향					

- **보고 형식**: 리스크관리 프로세스의 결과 문서의 형식과 전달방법을 기술한다.
- **리스크 추적**: 발견된 리스크의 분석, 평가, 대응계획, 대응조치 실행, 현황 측정 방법 등에 대해 기술한다.

11.2 리스크 식별(Identify Risks)

프로세스 정의

프로젝트 수행에서 발생할 가능성이 있는 리스크를 찾아 내고 발생 원인을 정리하여 문서화 하는 프로세스이다.

프로세스 기능

프로젝트의 목표 달성에 영향을 줄 수 있는 리스크를 발견하고 발생 원인을 찾아내 효율적으로 리스크를 관리할 수 있도록 한다.

■ 리스크 식별 프로세스의 투입물, 도구 및 기법, 산출물

구분	항목	
투입물	1) 프로젝트관리 계획서 • 요구사항관리 계획서 • 일정관리 계획서 • 원가관리 계획서 • 품질관리 계획서 • 자원관리 계획서 • 리스크관리 계획서 • 범위 기준선 • 일정 기준선 • 원가 기준선 2) 프로젝트 문서 • 가정사항 기록부 • 원가 산정치 • 기간 산정치 • 이슈 기록부 • 교훈 관리대장 • 요구사항 문서 • 자원 요구사항 • 이해관계자 관리대장 3) 협약 4) 조달 문서 5) 기업환경요인(EEF) 6) 조직 프로세스 자산(OPA)	1) Project Management Plan • Requirement Management Plan • Schedule Management Plan • Cost Management Plan • Quality Management Plan • Resource Management Plan • Risk Management Plan • Scope Baseline • Schedule Baseline • Cost Baseline 2) Project Documents • Assumption Log • Cost Estimates • Duration Estimates • Issue Log • Lessons Learned Register • Requirements Documentation • Resource Requirements • Stakeholder Register 3) Agreements 4) Procurement Documentation 5) Enterprise Environmental Factors 6) Organizational Process Assets
도구 및 기법	1) 전문가 판단 2) 데이터 수집 • 브레인스토밍 • 점검목록 • 인터뷰 3) 데이터 분석 • 원인 분석 • 가정 및 제약 분석	1) Expert Judgement 2) Data Gathering • Brainstorming • Checklists • Interviews 3) Data Analysis • Root Cause Analysis • Assumption and Constraint Analysis

구분	항목	

도구 및 기법	• SWOT 분석
	• 문서 분석
	4) 대인관계 및 팀 기술
	  • 촉진
	5) 촉발(Prompt) 목록
	6) 회의
		• SWOT Analysis
		  • Document Analysis
		4) Interpersonal and Team Skills
		  • Facilitation
		5) Prompt Lists
		6) Meetings

산출물	1) 리스크 관리대장
	2) 리스크 보고서
	3) 프로젝트 문서 업데이트
	  • 가정사항 기록부
	  • 이슈 기록부
	  • 교훈 관리대장
		1) Risk Register
		2) Risk Report
		3) Project Documents Updates
		  • Assumption Log
		  • Issue Log
		  • Lessons Learned Register

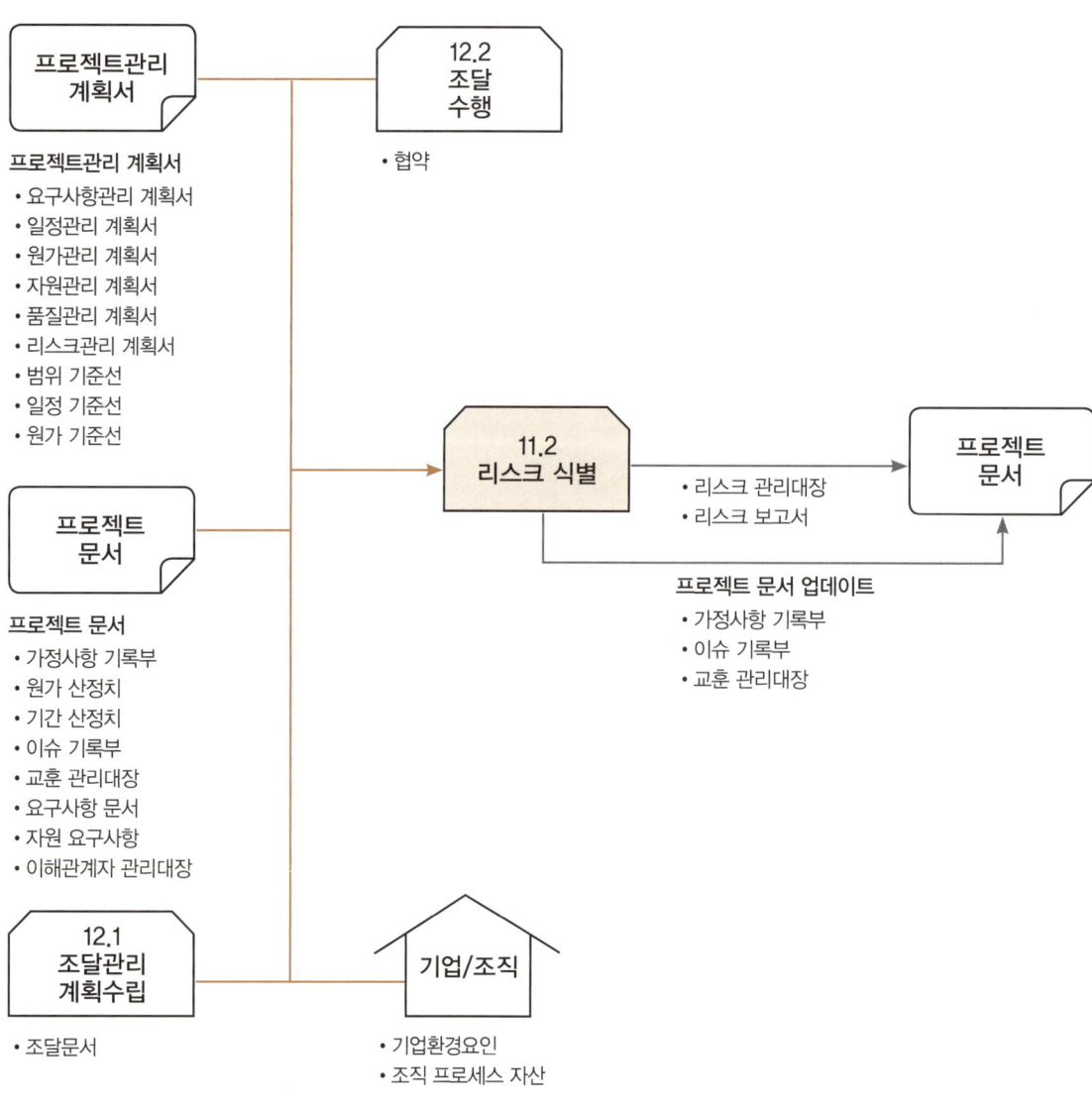

▲ 리스크 식별 프로세스의 정보 흐름도

> **프로세스 해설**
>
> 리스크 식별 프로세스에서 산출된 리스크 관리대장은 프로젝트 문서로 통합되어 다른 프로세스를 수행하는 데 투입물로 사용된다. 예를 들면 조달관리 계획수립 프로세스를 수행할 때 리스크 관리대장은 중요한 참고 문서 중의 하나이다.

> **전문가 TIP**
>
> - 프로젝트 리스크를 찾아 내는 활동에는 프로젝트관리자와 프로젝트 팀원뿐만 아니라 리스크 전문가, 고객, 외부의 관련분야 전문가, 사용자, 유사 프로젝트 경험자 등의 주요 이해관계자를 참여시키는 것이 좋다.
> - 리스크 식별활동은 프로젝트를 수행하는 과정에서 프로젝트의 상황이 변경되기 때문에 반복적으로 수행해야 한다.

11.2.1 리스크 식별: 투입물

(1) 프로젝트관리 계획서

리스크 식별 활동에서 참고할 수 있는 프로젝트관리 계획서의 구성 요소는 다음과 같다.

- 요구사항관리 계획서
- 일정관리 계획서
- 원가관리 계획서
- 품질관리 계획서
- 자원관리 계획서
- 리스크관리 계획서
- 범위 기준선
- 일정 기준선
- 원가 기준선

(2) 프로젝트 문서

- 가정사항 기록부: 목표 수립, 관리계획수립 과정에서 설정된 가정사항, 제약사항이 기록되어 있다.
- 원가 산정치: 프로젝트 산출물을 산출하기 위해 추정되는 원가. 적절하지 않을 경우 리스크를 발생시킬 수 있다.
- 기간 산정치: 프로젝트 산출물을 산출하기 위해 추정되는 활동기간. 적절하지 않을 경우 리스크를 발생시킬 수 있다.
- 이슈 기록부: 프로젝트의 이슈가 원인이 되어 새로운 리스크를 발생시킬 수 있다.
- 교훈 관리대장: 프로젝트를 시작하면서부터 기록된 교훈이 정리되어 있다.

- 요구사항 문서: 요구사항이 원인이 되어 발생할 수 있는 리스크가 있을 수 있다.
- 자원 요구사항: 프로젝트 수행에 필요한 자원의 항목, 소요량이 원인이 되어 발생하는 리스크가 있을 수 있다.
- 이해관계자 관리대장: 선정된 이해관계자 목록과 정보가 포함되어 있다. 이해관계자는 리스크의 발생 원인이 될 수도 있고, 리스크 대응에 필요한 역할을 수행할 수도 있다.

(3) 협약

협약서(계약서)에는 협약의 내용, 범위, 일정, 계약 방식, 패널티 조건 등 리스크 발생 원인이 될 수 있는 사항이 포함되어 있을 수 있다.

(4) 조달문서

외부로부터 필요한 구성품을 획득하는 경우 RFP, 제안서, 계약서, 견적서 등의 조달수행 과정에서 산출되는 문서이다.

(5) 기업환경요인

프로젝트 수행과정에 영향을 주거나 준수해야 하는 요인으로 리스크의 발생 원인이 되는 경우도 있다.

(6) 조직 프로세스 자산

유사 프로젝트의 리스크 관리대장, 리스크 기록부, 리스크관리 계획서 등의 문서가 있을 수 있다.

11.2.2 리스크 식별: 도구 및 기법

(1) 전문가 판단

관련 분야의 전문가로 개별 리스크와 포괄 리스크를 식별하고 원인을 확인하거나 정보를 제공할 수 있다. 프로젝트관리자는 적절한 전문가를 참여시킬 수 있도록 한다.

(2) 데이터 수집

데이터 수집 기법	설명
브레인스토밍 (Brainstorming)	개별, 포괄적 리스크를 식별하고 원인을 도출. RBS를 토대로 자유로운 분위기에서 진행한다.
점검목록 (Checklist)	확인하거나 고려해야 할 항목들의 집합이다. 과거 프로젝트에서 작성되고 업데이트 된다. 여러 조직, 산업, 프로젝트에서 사용한 점검목록을 참조하여 개발할 수 있다.
인터뷰 (Interviews)	유사 프로젝트의 경험자, 관련 분야 전문가 또는 핵심 이해관계자 등을 인터뷰하여 리스크를 식별하거나 발생 원인을 찾아낼 수 있다.

(3) 데이터 분석

데이터 분석 기법	설명
근본원인 분석 (Root Cause Analysis)	문제를 발생시키는 근본원인을 찾아내어 적절한 대응 방안을 수립한다.
가정 및 제약사항 분석 (Assumption and Constraint Analysis)	프로젝트 미래 환경의 불확실성으로 프로젝트의 목표와 관리계획은 가정과 제약사항을 토대로 개발된다. 적절하지 않은 가정사항이나 제약 사항은 리스크로 작용할 수 있다.
SWOT 분석	프로젝트의 강점과 약점, 기회와 위협을 분석한다.
문서 분석	프로젝트 문서의 내용이 불확실하거나 모호한 경우 리스크로 발전할 가능성이 있다.

(4) 촉발(Prompt) 목록

개별 리스크를 발생시키거나 포괄적 리스크의 원인이 될 수 있는, 사전에 도출된 목록이다.

- PESTLE
  - Political(정치적)
  - Economic(경제적)
  - Social(사회적)
  - Technological(기술적)
  - Legal(법적)
  - Environmental(환경적)

- TECOP
  - Technical(기술적)
  - Environmental(환경적)
  - Commercial(상업적)
  - Operational(운영적)
  - Political(정치적)

- VUCA
  - Volatility(휘발성)
  - Uncertainty(불확실성)
  - Complexity(복잡성)
  - Ambiguity(모호성)

11.2.3 리스크 식별: 산출물

(1) 리스크 관리대장

도출된 리스크에 대한 여러 정보가 기술된다. 리스크 관리대장 문서의 형식은 리스크관리 계획서에서 지정한다. 리스크 식별 프로세스 이후에 진행되는 프로세스를 통하여 정보가 업데이트될 수 있다.

■ 리스크 관리대장 구성 예

항목	설명
리스크 이름	개별적 리스크 또는 포괄적 리스크의 이름
리스크 원인	리스크의 발생 원인
잠재적 리스크 담당자	식별단계에서는 담당 예정자이고, 정성적 리스크 분석 수행에서 확정한다.
잠재적 리스크 대응목록	식별단계에서 기록할 수 있고, 리스크 대응 계획수립 프로세스에서 확정한다.

(2) 리스크 보고서

리스크관리 프로세스를 수행하면서 진행 결과를 리스크 보고서에 정리할 수 있다. 프로세스가 진행되면서 점진적으로 구체화되며, 리스크 보고서의 내용은 리스크관리 계획서에서 지정될 수 있다.

(3) 프로젝트 문서 업데이트

리스크 식별 프로세스를 수행하면 가정사항 기록부, 이슈 기록부, 교훈 관리대장 등이 업데이트될 수 있다.

11.3 정성적 리스크 분석 수행(Perform Qualitative Risk Analysis)

프로세스 정의

식별된 리스크의 발생 가능성(확률)과 발생했을 때 목표에 미치는 영향을 평가하여 대응조치의 우선순위를 결정한다.

프로세스 기능

식별한 리스크들의 중요도에 따라 우선순위를 정하여, 더 중요한 리스크에 우선적으로 대응하고 조치하여 리스크 관리를 효율적으로 할 수 있도록 한다.

■ 정성적 리스크 분석 수행 프로세스의 투입물, 도구 및 기법, 산출물

구분	항목	
투입물	1) 프로젝트관리 계획서 • 리스크관리 계획서 2) 프로젝트 문서 • 가정사항 기록부 • 리스크 관리대장 • 이해관계자 관리대장 3) 기업환경요인(EEF) 4) 조직 프로세스 자산(OPA)	1) Project Management Plan • Risk Management Plan 2) Project Documents • Assumption Log • Risk Register • Stakeholder Register 3) Enterprise Environmental Factors 4) Organizational Process Assets

구분	항목	
도구 및 기법	1) 전문가 판단 2) 데이터 수집 　• 인터뷰 3) 데이터 분석 　• 리스크 데이터 품질 평가 　• 리스크 확률-영향평가 　• 기타 리스크 모수 평가 4) 대인관계 및 팀 기술 　• 촉진 5) 리스크 분류 6) 데이터 표현 　• 확률-영향 매트릭스 　• 계층구조형 도표 7) 회의	1) Expert Judgement 2) Data Gathering 　• Interviews 3) Data Analysis 　• Risk Data Quality Assessment 　• Risk Probability and Impact Assessment 　• Assessment of Other Risk Parameters 4) Interpersonal and Team Skills 　• Facilitation 5) Risk Categorization 6) Data Representation 　• Probability and Impact Matrix 　• Hierarchical Charts 7) Meetings
산출물	1) 프로젝트 문서 업데이트 　• 가정사항 기록부 　• 이슈 기록부 　• 리스크 관리대장 　• 리스크 보고서	1) Project Documents Updates 　• Assumption Log 　• Issue Log 　• Risk Register 　• Risk Report

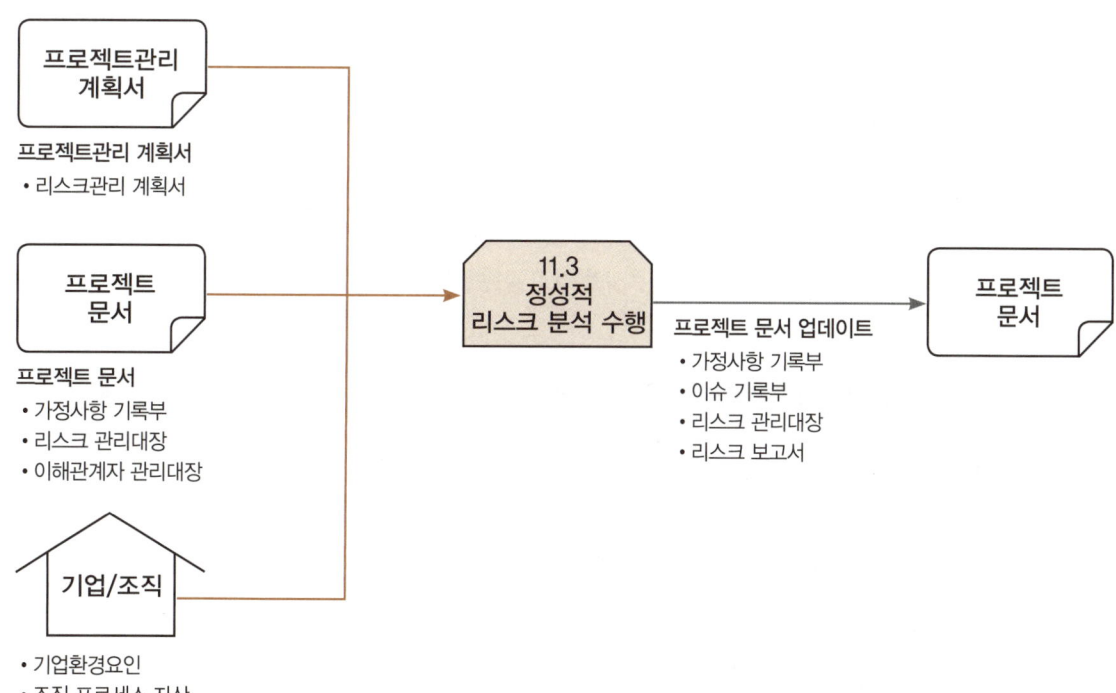

▲ 정성적 리스크 분석 수행 프로세스의 정보 흐름도

> **프로세스 해설**
>
> 정성적 리스크 분석 수행 프로세스의 주요 산출물은 리스크 관리대장이고, 이 문서에는 등록된 각 리스크들을 분석, 평가한 확률, 영향 평가데이터가 기록되고, 이를 토대로 리스크의 우선순위를 결정한다.

정성적 리스크 분석 수행 프로세스는 리스크 관리대장에 등록된 각 리스크들의 발생 확률과 발생 시 목표에 미치는 영향을 참여자의 경험과 지식을 바탕으로 평가한다. 리스크 분석 평가 회의를 주관하는 사람은 편견없이 평가할 수 있도록 주의해야 한다.

> **전문가 TIP**
>
> PMBOK에서는 프로젝트 환경은 변화함으로 정성적 리스크 분석 수행 프로세스를 여러 번 수행하는 것을 권고하고 있다. 애자일 방법을 사용하는 경우에는 각 단위 작업(이터레이션 또는 스프린트)을 시작하기 전에 수행하는 것을 권장한다.

11.3.1 정성적 리스크 분석 수행: 투입물

(1) 프로젝트관리 계획서

리스크관리 계획서가 포함되어 있고, 정성적 리스크 분석을 위한 담당, 기간, 예산, 일정 등이 정의되어 있다.

(2) 프로젝트 문서

정성적 리스크 분석 수행 프로세스를 수행하기 위해서 식별한 리스크 정보가 기록되어 있는 리스크 관리대장, 리스크 분석 평가에 필요한 프로젝트 가정사항 기록부, 그리고 리스크 관리 활동에 필요한 인적 자원을 확인할 수 있는 이해관계자 관리대장 문서를 참고할 수 있다.

11.3.2 정성적 리스크 분석 수행: 도구 및 기법

(1) 전문가 판단

정성적 리스크 분석 수행 활동을 위해서는 관련 데이터나 문서를 분석하여 리스크를 평가할 수 있는 전문적 지식, 경험을 가진 전문가가 필요하다.

(2) 데이터 수집

리스크를 분석하고 평가하기 위해서 미팅, 인터뷰 등의 방법을 사용하여 관련 정보나 자료를 수집할 수 있다.

(3) 데이터 분석

수집된 데이터를 분석할 때 사용할 수 있는 방법은 다음과 같다.

데이터 분석 기법	설명
리스크 데이터 품질평가	• 수집된 데이터의 완전성, 객관성, 관련성, 적시성과 같은 품질지표를 기준으로 품질을 평가 • 품질평가는 전문가 회의 또는 설문조사 등을 사용 • 항목별 품질평가와 전체 품질점수를 산정 확인
리스크 확률-영향 평가	• 리스크 확률: 발생 가능성 • 리스크 영향: 일정, 원가, 품질, 범위 등에 미치는 영향 • 확률-영향 평가는 전문가 회의 또는 설문조사 등을 사용
기타 리스크 모수 평가	정성적 리스크 분석 프로세스에서 각 리스크의 발생 확률, 영향에 대한 평가뿐만 아니라 다음과 같은 특성을 분석하여 향후 대응활동에 참조함. (긴급성, 근접성, 휴면성, 관리성, 통제성, 확인가능성, 연결성, 전략적 영향, 관련성)

> **전문가 TIP**
>
> 확률이나 영향이 낮게 평가된 리스크는 리스크 관리대장에 감시 목록으로 이동하여 프로젝트가 끝날 때까지 지속적으로 재평가하는 것이 좋다. 프로젝트 환경이나 상황의 변화에 따라 평가 결과도 바뀔 수 있기 때문이다.

(4) 리스크 분류

리스크분류체계(RBS)를 사용하여 각 리스크가 영향을 미치는 영역을 분석하거나, 리스크로 인하여 불확실성이 커지는 항목을 확인할 수 있다. 리스크분류체계를 활용하면 프로젝트 리스크가 프로젝트에 미치는 영향과 불확실성 영역에 대한 전체적인 파악을 할 수 있다.

(5) 데이터 표현

데이터 표현 기법	설명
확률-영향 매트릭스	• 각 리스크의 발생 확률과 발생했을 때 프로젝트 목표(범위, 일정, 원가, 품질)에 영향을 미치는 정도를 도식화한 상관관계 매트릭스
계층구조형 도표	• 확률-영향 매트릭스 기법 외에도 다른 지표를 사용하면 리스크에 대한 다른 측면의 분석을 할 수 있음. • 리스크의 확인가능성, 발생시점에 대한 근접성, 그리고 리스크 영향의 크기의 세 개 지표를 사용하여 분석하는 사례를 다음 버블차트로 표시하였음.

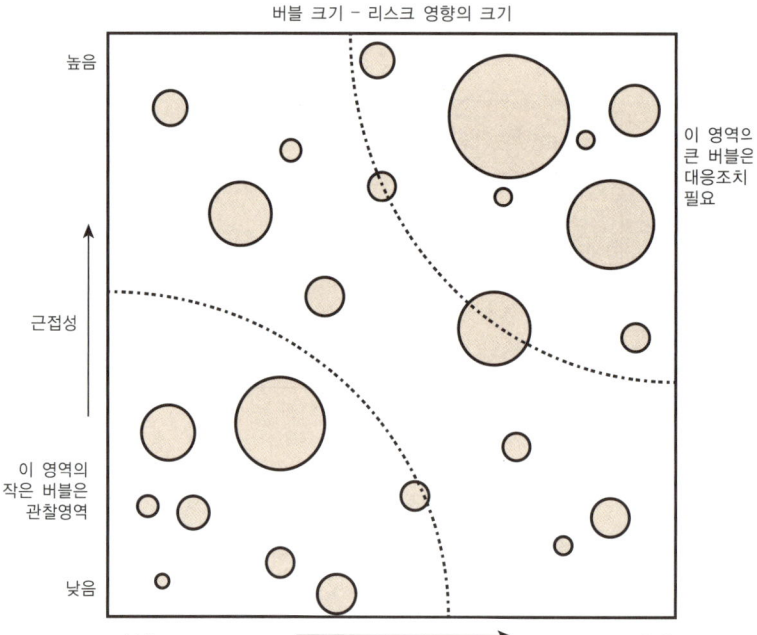

▲ 버블차트 예 근접성, 확인가능성, 영향도

> **전문가 TIP**
>
> 이 책은 PMBOK에서 기술한 투입물, 도구 및 기법, 산출물 중에서 프로세스를 수행하는 데 중요한 항목을 중심으로 설명하였고, 일부 반복되는 항목은 학습의 효율을 위해 생략하였다. 독자는 PMP, CAPM 시험을 준비할 때 이 책과 PMBOK을 같이 학습하는 것이 좋다.

11.3.3 정성적 리스크 분석 수행: 산출물

(1) 프로젝트 문서 업데이트

- **리스크 관리대장**: 리스크 발생 확률, 영향평가, 우선순위점수, 리스크 담당자, 긴급성, 근접성 등의 분석, 평가 데이터가 기록된다.
- **리스크 보고서**: 정성적 리스크 분석 결과를 반영하여 프로젝트 리스크를 요약한 정리보고서가 작성될 수 있다.
- **이슈 기록부**: 분석과정에서 새로운 이슈를 기록하거나 기존에 등록된 이슈의 정보를 업데이트할 수 있다.
- **가정사항 기록부**: 분석과정에서 기존 가정사항 정보를 업데이트하거나 새로운 가정사항을 식별하여 등록할 수 있다.

11.4 정량적 리스크 분석 수행(Perform Quantitative Risk Analysis)

프로세스 정의
개발 리스크의 프로젝트 목표에 대한 영향의 정도와 불확실성의 정도를 정량화 하는 프로세스이다.

프로세스 기능
리스크가 프로젝트 목표에 미치는 영향을 정량화하여 적절한 수준의 리스크 대응계획을 수립할 수 있도록 한다.

■ 정량적 리스크 분석 수행 프로세스의 투입물, 도구 및 기법, 산출물

구분	항목	
투입물	1) 프로젝트관리 계획서 • 리스크관리 계획서 • 범위 기준선 • 일정 기준선 • 원가 기준선 2) 프로젝트 문서 • 가정사항 기록부 • 산정 기준서 • 원가 산정치 • 원가 예측치 • 기간 산정치 • 마일스톤 목록 • 자원 요구사항 • 리스크 관리대장 • 리스크 보고서 • 일정 예측 3) 기업환경요인(EEF) 4) 조직 프로세스 자산(OPA)	1) Project Management Plan • Risk Management Plan • Scope Baseline • Schedule Baseline • Cost Baseline 2) Project Documents • Assumption Log • Basis of Estimates • Cost Estimates • Cost Forecasts • Duration Estimates • Milestone List • Resource Requirements • Risk Register • Risk Report • Schedule Forecasts 3) Enterprise Environmental Factors 4) Organizational Process Assets
도구 및 기법	1) 전문가 판단 2) 데이터 수집 • 인터뷰 3) 대인관계 및 팀 기술 • 촉진 4) 불확실성 표현 5) 데이터 분석 • 시뮬레이션 • 민감도 분석 • 의사결정나무 분석 • 영향관계도	1) Expert Judgement 2) Data Gathering • Interviews 3) Interpersonal and Team Skills • Facilitation 4) Representations of Uncertainty 5) Data Analysis • Simulations • Sensitivity Analysis • Decision Tree Analysis • Influence Diagrams
산출물	1) 프로젝트 문서 업데이트 • 리스크 보고서	1) Project Documents Updates • Risk Report

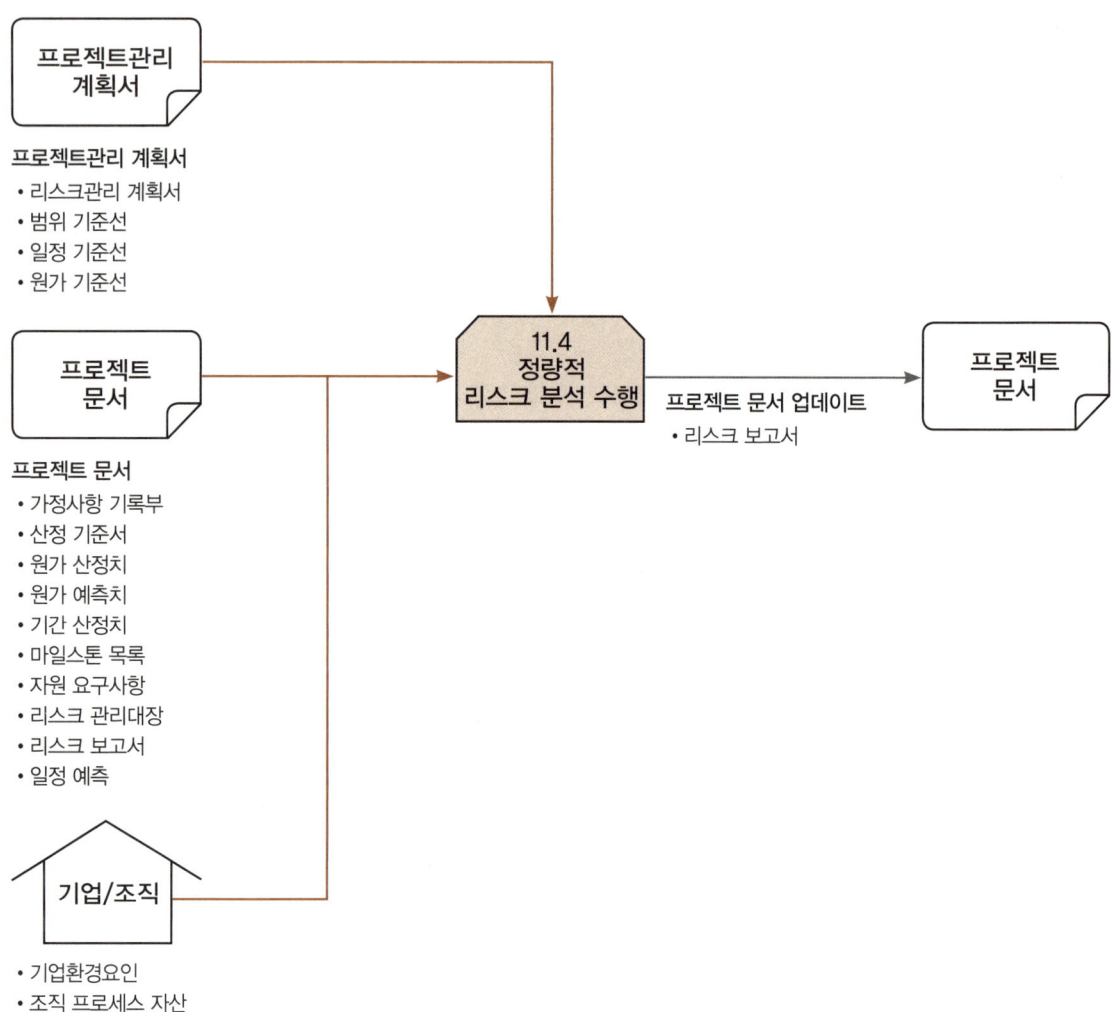

▲ 정량적 리스크 분석 수행 프로세스의 정보 흐름도

> **프로세스 해설**
>
> 정량적 리스크 분석 수행 프로세스의 수행결과에서 산출되는 수치화 된 리스크 영향의 크기와 불확실성 정도의 데이터는 적절한 수준의 리스크 대응계획을 수립하는 데 참고할 수 있다. 분석데이터를 종합 정리하여 리스크 보고서를 업데이트 한다.

정량적 리스크 분석 수행 프로세스를 수행하기 위해서는 전문지식과 시뮬레이션 소프트웨어 등이 필요하다. 일반적으로 추가 일정과 비용이 필요하다. 정량적 리스크 분석을 수행하면 해당 리스크로부터 프로젝트가 어느 정도 영향을 받는지 수치로 추정되기 때문에 대응계획을 수립할 때 적절한 소요기간, 대응 예산을 산정할 수 있다.

> **전문가 TIP**
>
> PMBOK에서 정량적 리스크 분석 수행 프로세스는 대규모, 복잡하고 전략적으로 중요한 프로젝트에서 수행하기를 권고하고 있다. 비교적 규모가 작은 소규모의 프로젝트에서는 생략할 수 있다.

11.4.1 정량적 리스크 분석 수행: 투입물

(1) 프로젝트관리 계획서

- 리스크관리 계획서: 정량적 리스크 분석 수행 프로세스의 수행 여부, 수행 자원 그리고 수행 방법이 기술되어 있다.
- 범위 기준선, 일정 기준선, 원가 기준선: 개별적 또는 포괄적 리스크의 불확실성 평가의 기초 정보를 제공한다.

(2) 프로젝트 문서

가정사항 기록부, 산정 기준선, 원가 산정치, 원가 예측치, 기간 산정치, 마일스톤 목록, 자원 요구사항, 리스크 관리대장, 리스크 보고서, 일정 예측치 등의 문서가 정량적 리스크 분석 수행에 투입될 수 있다.

11.4.2 정량적 리스크 분석 수행: 도구 및 기법

(1) 전문가 판단

정량적 리스크 분석 수행 활동을 위해서 분석모델의 수치 입력물로 변환하거나 적절한 모델링 기법을 선정하고 이용할 수 있는 전문적 지식이 필요하다.

(2) 데이터 수집

리스크를 정량적으로 분석하고 평가하기 위해서 미팅, 인터뷰 등의 방법을 사용하여 관련 정보나 자료를 수집할 수 있다.

(3) 불확실성 표현

프로젝트의 각 활동의 수행 소요기간, 소요비용, 자원 소요량은 예측을 통하여 산정하기 때문에 불확실성이 있다. 예측치는 단일 수치이지만 수행 결과는 예측한 수치와 정확하게 일치하지 않고 더 많거나 적게 될 것이다. 예상되는 예측치의 변동 가능한 범위를 불확실성의 범위로 사용할 수 있고, 예측치의 범위는 여러 전문가, 경험자, 실무자들의 의견으로 산정할 수 있다. 예측치를 한 숫자로 표시하는 것을 결정론적 산정, 불확실성의 범위 또는 달성 가능성의 비율로 표시하는 것을 확률론적 산정이라고 한다.

(4) 데이터 분석

정량적 리스크 분석 데이터 분석 기법	설명
시뮬레이션	특정 리스크가 목표에 미치는 영향을 평가하기 위하여 시뮬레이션 특히 몬테카를로 분석 기법을 수행하여 확률적 달성 가능성을 산정
민감도 분석	프로젝트 전체 또는 단일 작업패키지 산출에 미치는 여러 요인들의 긍정적, 부정적 영향의 크기를 도표로 표시. 영향의 크기에 따라 내림차순으로 나열하면 회오리바람 모양을 나타내어 토네이도 다이어그램이라고도 함.
의사결정나무 분석	특정 사안에 대한 의사결정을 위하여 결과에 영향을 주는 각 선택 요인을 확률과 영향의 크기를 곱하여 더 유리한 요인으로 결정하는 기법
영향관계도	최종 결과에 영향을 주는 요인들의 상호 관계를 표현한 다이어그램

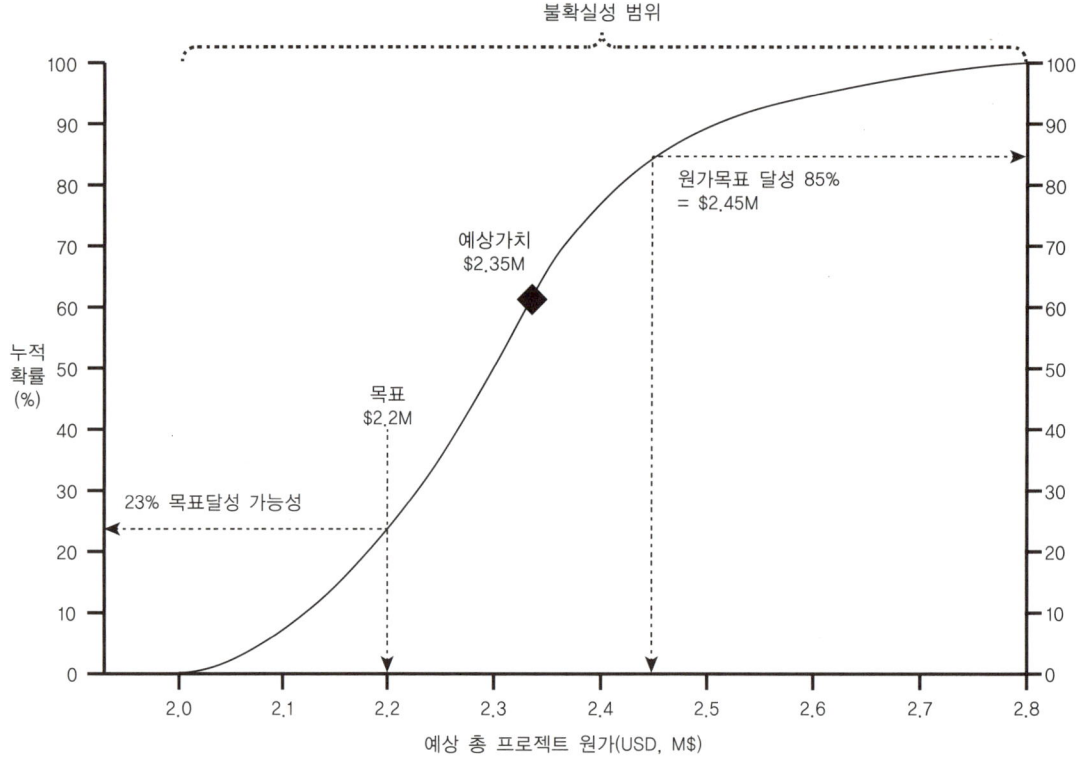

▲ 시뮬레이션 사례: 정량적 원가 리스크 분석에 따른 S-곡선

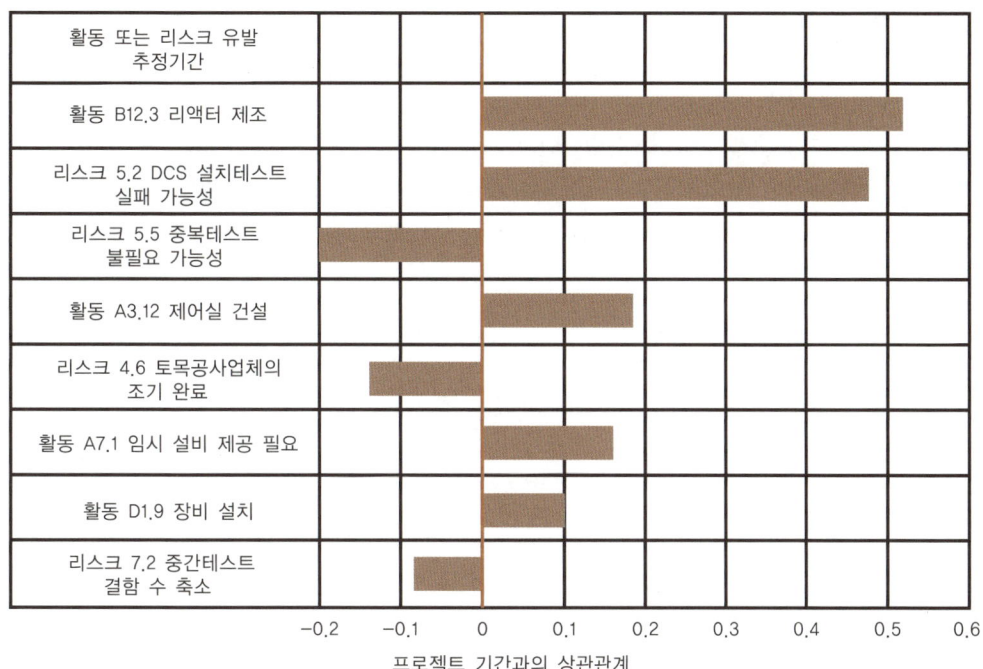

▲ 민감도 분석 사례: 토네이도 다이어그램

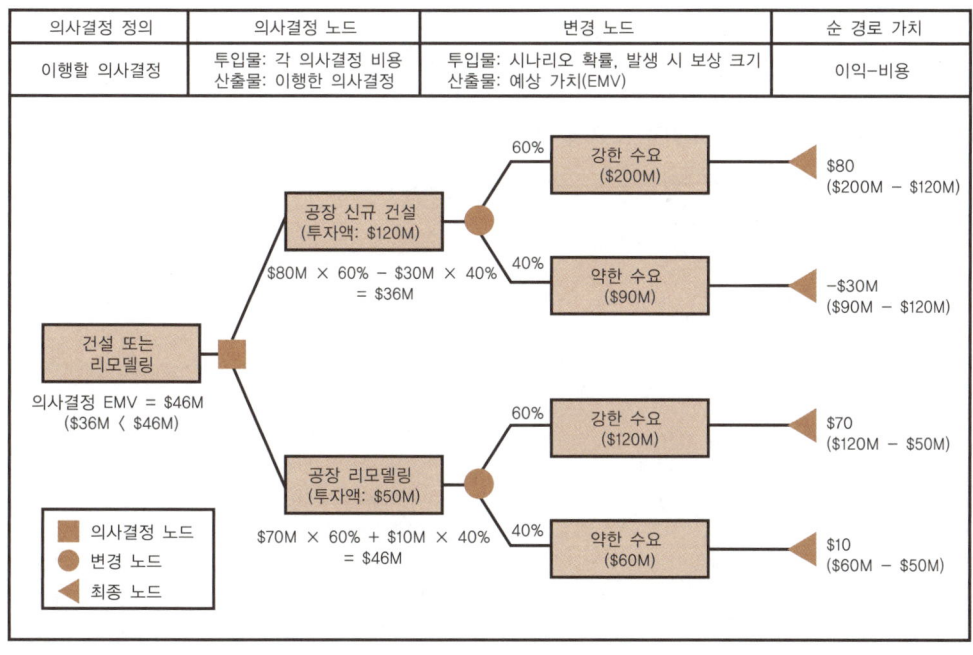

▲ 의사결정나무 사례

> **전문가 TIP**
>
> 확률이나 영향이 낮게 평가된 리스크는 리스크 관리대장에 감시 목록으로 이동하여 프로젝트가 끝날 때까지 지속적으로 재평가하는 것이 좋다. 프로젝트 환경이나 상황의 변화에 따라 평가 결과도 바뀔 수 있기 때문이다.

11.4.3 정량적 리스크 분석 수행: 산출물

(1) 프로젝트 문서 업데이트

정량적 리스크 분석 수행 프로세스를 수행하면 리스크 보고서의 내용이 업데이트될 수 있다. 포괄적인 리스크 노출도 측정치, 리스크의 확률론적 분석 결과, 리스크 우선순위 목록, 정량적 리스크 분석 측정치의 추세 정보, 적절한 리스크 대응 방안에 대한 정보 등이 추가될 수 있다.

11.5 리스크 대응 계획수립(Plan Risk Responses)

프로세스 정의

각 리스크의 분석 데이터를 기반으로 리스크의 발생 확률이나 영향도를 변경할 수 있는 방안을 수립하여 합의를 도출한다.

프로세스 기능

긍정적 리스크는 발생 확률을 높이거나 영향을 높일 수 있는 방안을 마련하고, 부정적 리스크는 발생 확률을 낮추거나 영향을 줄일 수 있는 방안을 수립한다. 수립된 대응 계획은 이해관계자와 협의를 거쳐 합의한다. 대응 방안은 리스크 분석 데이터를 기준으로 적절한 수준의 기간, 비용이 투입될 수 있도록 하는 것이 필요하다.

■ 리스크 대응 계획수립 프로세스의 투입물, 도구 및 기법, 산출물

구분	항목	
투입물	1) 프로젝트관리 계획서 • 자원관리 계획서 • 리스크관리 계획서 • 원가 기준선 2) 프로젝트 문서 • 교훈 관리대장 • 프로젝트 일정 • 프로젝트팀 배정표 • 자원 달력 • 리스크 관리대장 • 리스크 보고서 • 이해관계자 관리대장 3) 기업환경요인(EEF) 4) 조직 프로세스 자산(OPA)	1) Project Management Plan • Resource Management Plan • Risk Management Plan • Cost Baseline 2) Project Documents • Lessons Learned Register • Project Schedule • Project Team Assignments • Resource Calendars • Risk Register • Risk Report • Stakeholder Register 3) Enterprise Environmental Factors 4) Organizational Process Assets

구분	항목	

도구 및 기법	1) 전문가 판단
	2) 데이터 수집
	  • 인터뷰
	3) 대인관계 및 팀 기술
	  • 촉진
	4) 위협에 대한 전략
	5) 기회에 대한 전략
	6) 우발사태 대응전략
	7) 포괄적 프로젝트 리스크 전략
	8) 데이터 분석
	  • 대안 분석
	  • 비용-편익 분석
	9) 의사결정
	  • 다기준 의사결정 분석
		1) Expert Judgement
		2) Data Gathering
		  • Interviews
		3) Interpersonal and Team Skills
		  • Facilitation
		4) Strategies for Threats
		5) Strategies for Opportunities
		6) Contingent Response Strategies
		7) Strategies for Overall Project Risk
		8) Data Analysis
		  • Alternatives Analysis
		  • Cost-Benefit Analysis
		9) Decision Making
		  • Multicriteria Decision Analysis

산출물	1) 변경 요청
	2) 프로젝트관리 계획서 업데이트
	  • 일정관리 계획서
	  • 원가관리 계획서
	  • 품질관리 계획서
	  • 자원관리 계획서
	  • 조달관리 계획서
	  • 범위 기준선
	  • 일정 기준선
	  • 원가 기준선
	3) 프로젝트 문서 업데이트
	  • 가정사항 기록부
	  • 원가 예측치
	  • 교훈 관리대장
	  • 프로젝트 일정
	  • 프로젝트팀 배정표
	  • 리스크 관리대장
	  • 리스크 보고서
		1) Change Requests
		2) Project Management Plan Updates
		  • Schedule Management Plan
		  • Cost Management Plan
		  • Quality Management Plan
		  • Resource Management Plan
		  • Procurement Management Plan
		  • Scope Baseline
		  • Schedule Baseline
		  • Cost Baseline
		3) Project Documents Updates
		  • Assumption Log
		  • Cost Forecasts
		  • Lessons Learned Register
		  • Project Schedule
		  • Project Team Assignments
		  • Risk Register
		  • Risk Report

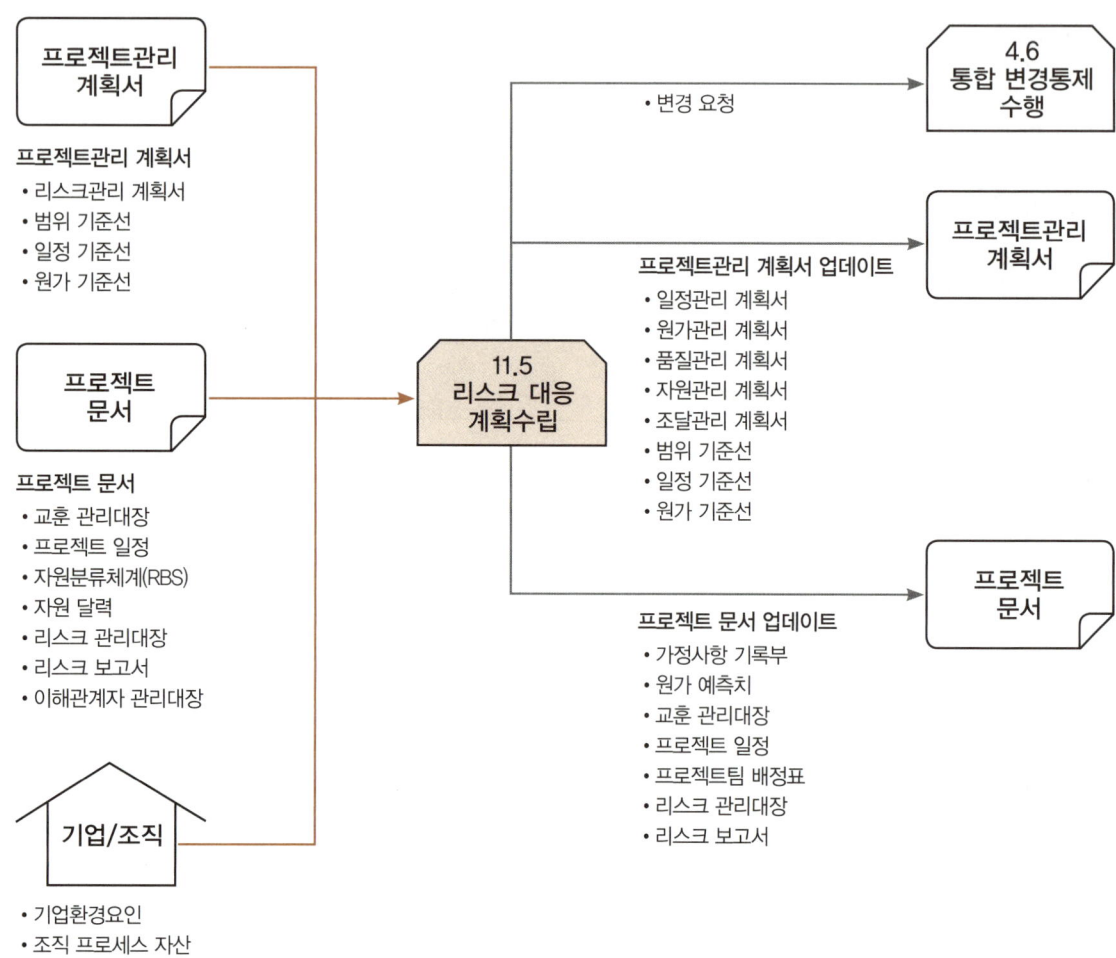

▲ 리스크 대응 계획수립 프로세스의 정보 흐름도

프로세스 해설

리스크 대응 계획수립 프로세스의 주요 산출물 중의 하나가 리스크 관리대장이고, 이 문서에는 각 리스크에 대한 대응계획이 기록된다. 수립된 대응계획들은 여러 관리계획과 프로젝트 범위, 일정, 원가 목표에 영향을 줄 수 있다.

프로젝트관리자는 프로젝트의 규모와 특성을 고려하여 적절한 대응계획을 수립해야 한다. 수립된 대응계획은 관련된 이해관계자와 협의하고 합의하여야 한다. 해당 리스크로 인해 영향을 받는 고객, 리스크 대응계획을 수행할 담당자 등이 해당된다.

수립된 대응계획을 실행한 결과가 기대에 미치지 못하는 경우 우발사태계획(Contingency Plan 또는 Fallback Plan)을 수립하여 실행한다. 우발사태 예비비(Contingency Reserve)는 여유 일정이나 여유 원가로 우발사태 발생에 대비하여 준비한다. 2차 리스크(Secondary Risk)는 대응계획을 실행할 결과로 인해 발생하는 리스크이다.

11.5.1 리스크 대응 계획수립: 투입물

(1) 프로젝트관리 계획서
- 자원관리 계획서: 리스크 대응계획의 실행에 투입할 자원을 관리하는 방법을 기술하고 있다.
- 리스크관리 계획서: 리스크 대응계획을 수립할 때 리스크관리 계획서에 기술되어 있는 리스크관리의 역할과 책임, 리스크 한계선 등의 정보를 참고할 수 있다.
- 원가 기준선: 우발사태에 대비하기 위한 우발사태 예비비(Contingency Reserve)에 대한 데이터가 있다.

(2) 프로젝트 문서
- 교훈 관리대장: 현 프로젝트를 수행하는 과정에서 얻은 교훈은 앞으로의 리스크에 대응하기 위한 계획수립에 도움이 된다.
- 프로젝트 일정: 리스크 대응계획의 수행일정을 계획할 때 다른 프로젝트 활동을 참고한다.
- 프로젝트팀 배정표: 리스크 대응활동을 담당할 인력 자원 정보를 제공한다.
- 자원 달력: 리스크 대응활동에 투입할 자원의 일정 정보를 제공한다.
- 리스크 관리대장: 식별되고 평가된 리스크 목록과 여러 정보가 포함되어 있다.
- 리스크 보고서: 리스크 대응전략을 결정할 때 참고할 리스크 노출도 정보를 제공한다.
- 이해관계자 관리대장: 프로젝트 이해관계자 중에서 리스크 대응 활동의 담당자를 지정할 수 있다.

11.5.2 리스크 대응 계획수립: 도구 및 기법

(1) 전문가 판단
위협 대응전략, 기회 대응전략, 우발사태 대응전략, 포괄적 리스크 대응전략 등에 대한 전문지식, 경험을 가진 전문가를 참여시키는 것이 필요하다.

(2) 데이터 수집
적절한 리스크 대응 계획을 수립하기 위해서 자료나 전문가, 팀원들로부터 데이터를 수집한다. 전문가나 이해관계자로부터 인터뷰를 통하여 데이터를 수집할 수 있다.

(3) 대인관계 및 팀 기술
이해관계자로부터 대응 계획수립에 필요한 정보를 수집하거나 지원을 얻을 때 필요하다. 촉진(Facilitation)은 미팅이나 인터뷰를 진행할 경우 효과적으로 필요한 정보나 지원을 받기 위해 필요한 역량이다.

(4) 위협에 대한 전략

프로젝트 목표에 부정적인 영향을 줄 것으로 예상되는 위협에 대한 대응전략은 다섯 가지로 분류할 수 있다.

위협 대응 유형	설명
에스컬레이션 (Escalate)	리스크의 부정적 영향이 프로젝트의 범위를 초과하는 경우, 프로젝트관리자는 프로젝트팀이나 프로젝트 스폰서의 동의를 받아 상위의 관리자(프로그램관리자 또는 포트폴리오관리자 등)에게 보고한다.
회피 (Avoid)	리스크 발생 확률을 0%로 만들기 위한 대응계획이다. 이 대응 유형은 많은 비용이 들거나 기간이 오래 걸리는 경우가 많기 때문에 우선순위가 높은 리스크를 관리할 때 사용하는 것이 좋다.
전가 (Transfer)	제3자에게 리스크의 책임을 넘기는 대응 유형이다. 보험, 보증, 보장, 외주처리 등이 이러한 사례이다.
완화 (Mitigate)	리스크 발생 확률이나 영향을 수용할 만한 수준으로 낮추기 위한 대응 계획이다.
수용 (Accept)	리스크 우선순위가 낮거나 적절한 수준의 대응 방법이 없는 경우에 선택할 수 있는 방법이다. 우발사태 예비비(예산, 기간)를 미리 준비할 수도 있다.

(5) 기회에 대한 전략

프로젝트 목표에 긍정적인 영향을 줄 것으로 예상되는 기회에 대한 대응전략은 다섯 가지로 분류할 수 있다.

위협 대응 유형	설명
에스컬레이션 (Escalate)	리스크의 긍정적 영향이 프로젝트의 범위를 초과하는 경우, 프로젝트관리자는 프로젝트팀이나 프로젝트 스폰서의 동의를 받아 상위의 관리자(프로그램관리자 또는 포트폴리오 관리자 등)에게 보고한다.
활용 (Exploit)	리스크 발생 확률을 100%로 만들기 위한 대응계획이다. 팀에서 가장 능력 있는 팀원을 배정하여 일정 목표를 달성하거나, 좋은 성능의 장비를 투입하여 품질 목표를 달성하는 등의 방법이다.
공유 (Share)	기회로부터 발생하는 이익을 제3자와 공유하는 방법이다. 합작투자, 파트너십, 특수목적 회사 등의 유형이다.
증대 (Enhance)	리스크 발생 확률이나 영향을 높이기 위한 대응 계획이다.
수용 (Accept)	리스크 우선순위가 낮거나 적절한 수준의 대응 방법이 없는 경우에 선택할 수 있는 방법이다. 발생 시 기회 활용을 위한 우발사태 예비비(예산, 기간)를 미리 준비할 수도 있다.

(6) 우발사태 대응전략

정해진 사건이나 상황이 발생하였을 경우 실행할 대응 계획을 우발사태 대응계획(Contingency Plan 또는 Fallback Plan)이라고 한다.

(7) 포괄적 프로젝트 리스크에 대한 전략

포괄적 리스크는 프로젝트에 전체적인 영향을 줄 수 있는 리스크이다. 포괄적 리스크에 대한 대응은 개별 리스크와 같이 부정적인 경우와 긍정적인 경우에 따라 대응할 수 있다.

(8) 데이터 분석

리스크 대응 방법의 적절성을 판단하기 위한 분석 방법으로 다음과 같은 분석을 수행할 수 있다.

- 대안 분석: 여러 리스크 대응 방법 중에서 대응 방법의 특성, 전제조건 등을 비교하여 최선의 대응 방법을 선택할 수 있다.
- 비용-편익 분석: 대응 계획의 결과로 나타난 영향의 변화량을 실행원가로 나눈 비율을 비용대비 효과라고 한다. 비율이 높을수록 효과적인 대응 방법이다.
  - 비용대비 효과 = 영향의 변화량 / 추정 실행 원가

(9) 의사결정

리스크 대응 계획을 선택할 때는 프로젝트에 미치는 여러 요소들을 확인해야 하며, 이런 방법은 다기준 의사결정 분석의 한 유형이다. 대응계획에 효과, 투입 비용, 자원 가용성, 시간적 제약, 2차 리스크 등 여러 요소에 대한 검토를 해야 한다.

11.5.3 리스크 대응 계획수립: 산출물

(1) 변경 요청

리스크 대응 계획수립 프로세스를 수행하면 프로젝트 목표(범위 기준선, 일정 기준선, 원가 기준선)의 변경이 필요할 수도 있고, 앞서 작성된 여러 관리계획서의 수정이 필요할 수도 있다. 변경 요청은 통합 변경 통제 수행 프로세스에서 처리된다.

(2) 프로젝트관리 계획서 업데이트

리스크 대응 계획수립 프로세스 수행 결과로 변경될 수 있는 프로젝트 관리계획서 요소는 다음과 같다.

- 일정관리 계획서
- 원가관리 계획서
- 품질관리 계획서
- 자원관리 계획서
- 조달관리 계획서
- 범위 기준선
- 일정 기준선
- 원가 기준선

(3) 프로젝트 문서 업데이트

- 가정사항 기록부
- 원가 예측치
- 교훈 관리대장
- 프로젝트 일정
- 프로젝트팀 배정표
- 리스크 관리대장: 각 리스크의 대응 계획이 리스크 관리대장에 기록된다. 대응계획의 구체적인 활동계획, 리스크 인식 조건, 징후, 사전 경고 신호 등의 기준이 기록될 수 있다. 리스크 대응계획을 수행하기 위해 필요한 예산을 기록할 수 있고, 예상되는 2차 리스크를 기록할 수 있다.
- 리스크 보고서

11.6 리스크 대응 실행(Implement Risk Responses)

프로세스 정의

합의된 리스크 대응 계획을 실행하는 프로세스이다.

프로세스 기능

사전에 조치하고 사후에 계획된 활동을 수행하여 긍정적 리스크로부터 최대의 이익을 볼 수 있도록 하고, 부정적 리스크의 영향은 최소화할 수 있다.

■ 리스크 대응 실행 프로세스의 투입물, 도구 및 기법, 산출물

구분	항목	

투입물	1) 프로젝트관리 계획서
	  • 리스크관리 계획서
	2) 프로젝트 문서
	  • 교훈 관리대장
	  • 리스크 관리대장
	  • 리스크 보고서
	3) 조직 프로세스 자산(OPA)
		1) Project Management Plan
		  • Risk Management Plan
		2) Project Documents
		  • Lessons Learned Register
		  • Risk Register
		  • Risk Report
		3) Organizational Process Assets

도구 및 기법	1) 전문가 판단
	2) 대인관계 및 팀 기술
	  • 영향력 행사
	3) 프로젝트관리 정보시스템
		1) Expert Judgements
		2) Interpersonal and Team Skills
		  • Influencing
		3) Project Management Information System

구분	항목	
산출물	1) 변경 요청 2) 프로젝트 문서 업데이트 　• 이슈 기록부 　• 교훈 관리대장 　• 프로젝트팀 배정표 　• 리스크 관리대장 　• 리스크 보고서	1) Change Request 2) Project Documents Updates 　• Issue Log 　• Lessons Learned Register 　• Project Team Assignments 　• Risk Register 　• Risk Report

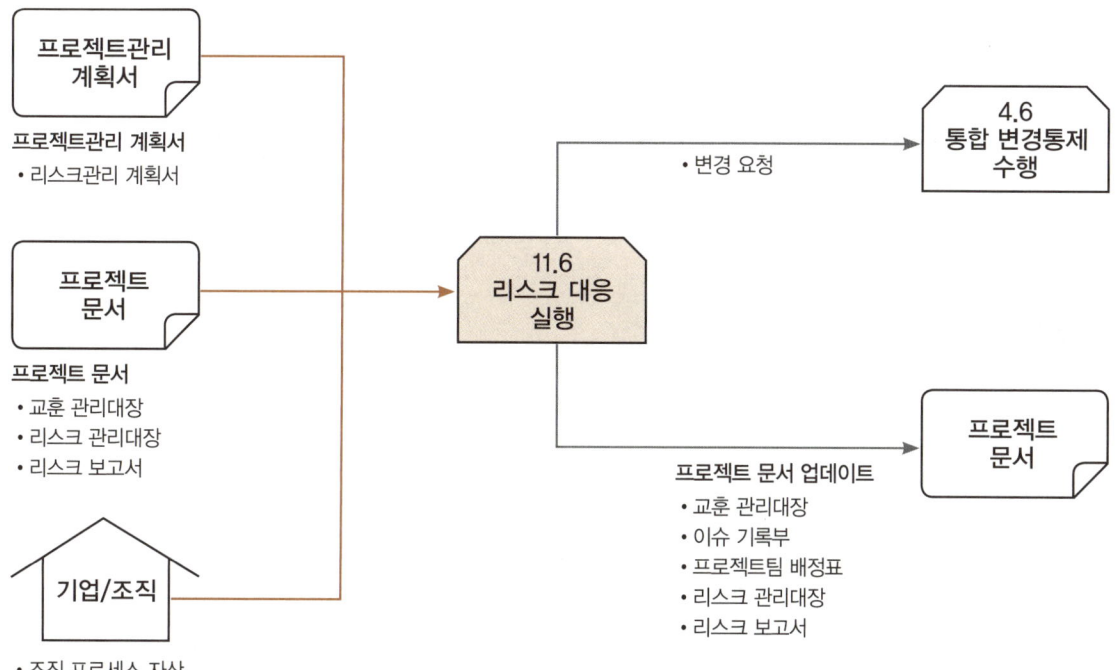

▲ 리스크 대응 실행 프로세스의 정보 흐름도

프로세스 해설

리스크 대응 실행 프로세스의 결과로 확인된 변경이 필요한 사항(프로젝트 목표, 프로젝트관리 계획서 등)을 변경하기 위하여 변경 요청을 하고, 이 요청은 통합 변경통제 수행 프로세스에서 처리한다.

전문가 TIP

리스크 대응 실행 프로세스는 계획된 리스크 대응 계획이 실행되도록 한다.

11.6.1 리스크 대응 실행: 투입물

(1) 프로젝트관리 계획서

리스크 대응 실행 프로세스는 프로젝트관리 계획서에 있는 리스크관리 계획서의 내용을 참고하여 수행한다.

(2) 프로젝트 문서

리스크 식별 활동에서 참고할 수 있는 프로젝트 문서는 교훈 관리대장, 리스크 관리대장, 리스크 보고서 등이 있다.

11.6.2 리스크 대응 실행: 도구 및 기법

(1) 전문가 판단

리스크 대응 계획을 수행할 때 진행 상황의 적절성을 확인하고 수정할 수 있는 전문지식이 필요하다.

(2) 대인관계 및 팀 기술

리스크 대응 계획을 수행하는 과정에서 프로젝트 이해관계자들에게 영향력을 행사하여 효과적으로 실행될 수 있도록 할 수 있다.

(3) 프로젝트관리 정보시스템(PMIS)

리스크 대응 계획은 PMIS에 기록되어 프로젝트 전체 일정, 자원, 예산 등의 관리 요소들을 통합, 관리할 수 있다.

11.6.3 리스크 대응 실행: 산출물

(1) 변경 요청

리스크 대응 실행 프로세스를 실행한 결과로 기존 프로젝트 목표나 관리계획서의 업데이트가 필요한 경우 변경 요청을 할 수 있다.

(2) 프로젝트 문서 업데이트

리스크 대응 실행 프로세스를 수행하면 이슈 기록부, 교훈 관리대장, 프로젝트팀 배정표, 리스크 관리대장, 리스크 보고서 등을 업데이트 할 수 있다.

11.7 리스크 감시(Monitor Risks)

프로세스 정의

프로젝트를 수행하는 전 과정에서 리스크 대응계획의 실행을 확인하고, 리스크 프로세스가 효율적으로 실행되는지 평가하는 프로세스이다.

프로세스 기능

리스크 관리 활동이 프로젝트 상황에 맞추어 효율적으로 진행될 수 있도록 한다. 프로젝트관리자는 프로젝트 리스크 상황을 고려하여 적절한 의사결정을 할 수 있게 된다.

■ 리스크 감시 프로세스의 투입물, 도구 및 기법, 산출물

구분	항목	
투입물	1) 프로젝트관리 계획서 • 리스크관리 계획서 2) 프로젝트 문서 • 이슈 기록부 • 교훈 관리대장 • 리스크 관리대장 • 리스크 보고서 3) 작업성과 데이터 3) 작업성과 보고서	1) Project Management Plan • Risk Management Plan 2) Project Documents • Issue Log • Lessons Learned Register • Risk Register • Risk Report 3) Work Performance Data 4) Work Performance Report
도구 및 기법	1) 데이터 분석 • 기술적 성과 분석 • 예비비 분석 2) 감사 3) 회의	1) Data Analysis • Technical Performance Analysis • Reserve Analysis 2) Audits 3) Meetings
산출물	1) 작업성과 정보 2) 변경 요청 3) 프로젝트관리 계획서 업데이트 • 해당 구성 요소 4) 프로젝트 문서 업데이트 • 가정사항 기록부 • 이슈 기록부 • 교훈 관리대장 • 리스크 관리대장 • 리스크 보고서 5) 조직 프로세스 자산 업데이트	1) Work Performance Information 2) Change Requests 3) Project Management Plan Updates • Any Component 4) Project Documents Updates • Assumption Log • Issue Log • Lessons Learned Register • Risk Register • Risk Report 5) Organizational Process Assets Updates

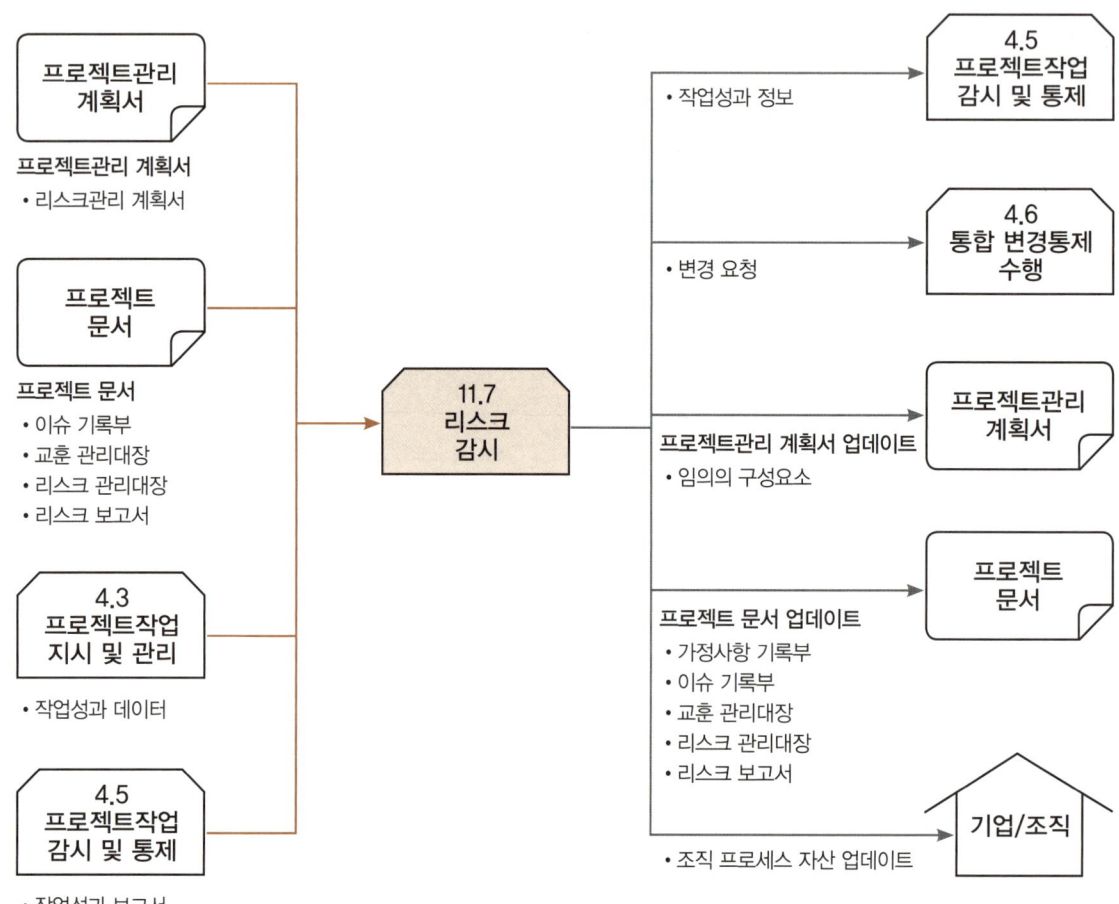

▲ 리스크 감시 프로세스의 정보 흐름도

> **프로세스 해설**
>
> 리스크 감시 프로세스에서는 리스크 관련 작업성과 데이터를 분석하여 작업성과 정보를 산출하고, 프로젝트작업 감시 및 통제 프로세스로 전달하여 작업성과 보고서를 구성한다. 이 프로세스의 수행과정에서 확인된 변경이 필요한 사항(프로젝트 목표, 프로젝트관리 계획서 등)을 변경하기 위하여 변경 요청을 하고, 이 요청은 (4.6)통합 변경통제 수행 프로세스에서 처리한다.

리스크 감시 프로세스에서는 전반적인 리스크관리를 위하여 프로젝트 수행과정에서 다음과 같은 사항을 지속적으로 감시해야 한다.

- 리스크 대응계획 실행 결과의 효과 확인
- 각 리스크의 발생 확률, 영향도의 변경 여부
- 새로운 리스크의 발생 여부
- 리스크 관리 방법의 적절성 여부
- 프로젝트 가정사항이 적절한지 여부
- 리스크관리 정책과 절차가 준수되고 있는지 여부

- 일정이나 원가에 대한 우발사태 예비비의 적절성 여부
- 프로젝트 전략의 유효성 여부

11.7.1 리스크 감시: 투입물

(1) 프로젝트관리 계획서
리스크 감시 프로세스를 수행하는 데 필요한 기준이 리스크관리 계획서에 기술되어 있다. 프로젝트관리 계획서에 있는 리스크관리 계획서의 내용을 참고하여 수행한다.

(2) 프로젝트 문서
리스크 감시 활동에서 참고할 수 있는 프로젝트 문서는 이슈 기록부, 교훈 관리대장, 리스크 관리대장, 리스크 보고서 등이 있다.

(3) 작업성과 데이터
프로젝트작업 지시 및 관리 프로세스의 산출물로 리스크와 관련된 데이터가 리스크 감시 활동을 위해 필요하다.

(4) 작업성과 보고서
프로젝트작업 감시 및 통제 프로세스의 산출물로 프로젝트의 전체적인 성과 결과를 목표와 비교 분석하여, 리스크 대응계획의 성과가 있는지 어느 정도인지 확인할 수 있다. 획득가치관리(EVM: Earned Value Management)의 원가 차이, 일정 차이 등이 이런 정보 중의 일부이다.

11.7.2 리스크 감시: 도구 및 기법

(1) 데이터 분석
리스크 감시 프로세스에서 수집된 데이터를 분석할 때 사용할 수 있는 데이터 분석기법에는 기술적 성과 분석, 예비 분석 등이 있다.

(2) 감사
리스크 관리 활동의 성과를 확인하기 위한 활동이다. 프로젝트관리자는 리스크관리 계획서의 내용에 따라 정해진 일정에 따라 리스크 감사활동이 진행될 수 있도록 해야 한다. 리스크 검토회의나 리스크 감사회의를 통하여 명확하게 수행될 수 있도록 해야 할 책임이 프로젝트관리자에게 있다.

(3) 회의
리스크 감사를 위해서는 리스크 수행 성과를 분석하거나, 리스크 대응활동 결과에 대한 데이터나 문서를 검토하기 위하여 관련 이해관계자가 모여 협의회의를 진행할 수 있다. 이 회의에서는 새로운 리스크나 2차 리스크를 확인할 수도 있다.

11.7.3 리스크 감시: 산출물

(1) 작업성과 정보

리스크 감사 프로세스에 투입된 리스크 관련 작업성과 데이터를 분석, 평가하여 리스크 대응활동 등의 작업성과를 산출한다.

(2) 변경 요청

리스크 감시 프로세스를 수행하면 프로젝트 목표나 관리계획서를 업데이트 해야 할 필요가 발생할 경우 변경 요청을 할 수 있다. 이 변경 요청은 통합 변경통제 프로세스를 통하여 검토되고 승인 여부가 결정된다.

(3) 프로젝트관리 계획서 업데이트

변경 요청의 결과가 프로젝트관리 계획서의 구성 관리 계획서들 중 일부의 업데이트를 초래할 수도 있다.

(4) 프로젝트 문서 업데이트

리스크 감시 프로세스를 수행하면 가정사항 기록부, 이슈 기록부, 교훈 관리대장, 리스크 관리대장, 리스크 보고서 등이 업데이트될 수 있다.

(5) 조직 프로세스 자산 업데이트

추후 수행 활동 또는 프로젝트에서 선례정보나 교훈으로 참조할 수 있도록 기존의 리스크관리 계획서, 리스크 관리대장, 리스크 보고서 등을 업데이트 할 수 있다.

예상문제 ▶▶ 11장 프로젝트 리스크관리

01 리스크 식별 프로세스에 대한 설명으로 적절하지 않은 것은?

A. 사건을 예측할 수 있도록 프로젝트팀에 제공할 현존 리스크와 관련 지식 및 역량을 문서화한다.
B. 프로젝트관리자, 리스크 전문가, 고객, 외부 해당 문제 전문가 등이 참여하고, 프로젝트팀의 사기를 고려하여 팀원은 참여하지 않는 것이 좋다.
C. 프로젝트가 진행되면서 리스크가 변화 하거나 새로운 리스크가 나타날 수 있기 때문에 반복적으로 수행해야 한다.
D. 리스크 관리대장의 작성은 형식의 일관성을 유지하고 리스크를 명확히 이해할 수 있도록 한다.

> **해설**
> 리스크 식별 프로세스에 프로젝트팀이 참여하면 주인의식과 책임감이 높아지고, 리스크 및 관련 리스크 대응조치에 대해 잘 이해할 수 있게 된다.
>
> 정답: B

02 프로젝트 리스크에 대한 일반적인 설명으로 적절하지 않은 것은?

A. 프로젝트 리스크는 발생한 사건에 대하여 효과적인 처리 방법을 강구한다.
B. 리스크의 원인은 한 가지 이상일 수 있고, 리스크가 발생하면 한 가지 이상의 영향을 미칠 수 있다.
C. 프로젝트 리스크는 프로젝트에 존재하는 불확실성에서 비롯된다.
D. 범위, 일정, 원가, 품질 등의 프로젝트 목표 중 한 가지 이상에 긍정적 또는 부정적인 영향을 줄 수 있다.

> **해설**
> 이미 발생한 사건은 이슈라고 하고, 리스크는 프로젝트 목표에 긍정적이거나 부정적인 영향을 줄 수 있는 사건 상황을 말한다. 즉 리스크는 미래에 발생할 가능성이 있는 사건이다.
>
> 정답: A

03 리스크 감시 프로세스에 대한 설명으로 적절하지 않은 것은?

A. 리스크 관리대장에 있는 리스크가 관리대상이다.

B. 프로젝트 전반에서 리스크 대응계획이 실행되는지 확인하고, 식별된 리스크를 추적한다.

C. 최적화 된 리스크 대응을 위해 프로젝트 생애주기에 걸쳐 리스크에 대한 접근 방식의 효율을 개선한다.

D. 리스크관리 정책 및 절차가 준수되고 있는지 확인한다.

> **해설**
> 리스크 감시 프로세스에서는 리스크 관리대장에 있는 리스크와 새롭게 발견되는 리스크도 관리해야 한다.
>
> 정답: A

04 고층빌딩 신축 프로젝트에서 안전사고 발생에 대비하여 상해보험에 가입하여 만약의 사태에 대비하였다면, 이것은 리스크 대응전략 중 어떤 유형이라고 할 수 있는가?

A. 회피   B. 전가   C. 완화   D. 수용

> **해설**
> 부정적 리스크에 대한 대응 전략은 회피, 전가, 완화, 수용, 에스컬레이션이 있다. 회피는 발생 확률을 0으로 만들거나, 프로젝트에 영향이 미치지 않도록 하는 조치이다. 전가(Transfer)는 리스크 발생 시 영향을 제3자에게 책임을 넘기고, 적절한 보상을 하는 대응방법이다.
>
> 정답: B

05 식별된 리스크 목록, 리스크 발생 원인, 발생 확률, 영향도, 리스크 대응계획 등의 리스크 관련 정보와 데이터가 기록되는 문서를 처음 작성하는 프로세스는 무엇인가?

A. 리스크관리 계획수립   B. 리스크 식별

C. 정성적 리스크 분석 수행   D. 리스크 대응 계획수립

> **해설**
> 리스크 관리대장에는 리스크 목록, 발생 확률, 영향, 대응계획 등의 리스크 정보가 기록되고, 리스크 식별 프로세스에서 처음 작성된다.
>
> 정답: B

06 프로젝트관리자는 리스크관리 프로세스의 적용 방식을 프로젝트의 환경에 따라 적절하게 조정해야 한다. 다음 중에서 적절하지 않은 것은?

A. 일반적으로 프로젝트 규모가 큰 경우에는 세밀한 리스크관리 방법을 적용하는 것이 좋다.

B. 프로젝트에 새로운 기술을 처음 적용하거나, 제품의 수준이 혁신적인 경우에는 프로젝트의 복잡성이 크므로 강력한 리스크관리 접근 방식을 사용하는 것이 바람직하다.

C. 조직에서 전략적으로 중요한 프로젝트를 수행하는 경우에 리스크 수준을 높이는 것이 좋다.

D. 애자일 방식으로 프로젝트를 관리하는 경우에 리스크 식별과 대응계획은 초기에 수행하고 각 반복(Iteration)에서는 리스크 대응계획을 실행하는 것이 좋다.

> **해설**
> 애자일 방식에서는 각 반복(Iteration)마다 리스크 식별, 평가, 대응 계획수립 프로세스를 실행하는 것이 좋다.
>
> 정답: D

07 리스크관리 계획수립 프로세스에서는 리스크관리 계획서를 산출한다. 다음 중에서 리스크관리 계획서의 구성요소로 가장 적절하지 않은 것은?

A. 리스크 목록

B. 리스크 전략

C. 역할과 담당 업무

D. 리스크 범주

> **해설**
> 리스크관리 계획서에는 리스크 전략, 방법론, 역할 및 담당 업무, 자금 조달 관련 규약, 리스크관리 프로세스의 수행시기와 빈도, 리스크 범주, 이해관계자 리스크 선호도, 리스크 확률-영향 정의, 보고형식 등이다. 리스크 목록은 리스크 관리대장에 기록된다.
>
> 정답: A

08 식별한 리스크들을 평가하여 우선순위를 결정할 때 일반적으로 확률-영향 매트릭스를 사용한다. 확률과 영향 정도를 평가하는 기준은 언제 정의하는 것이 좋은가?

A. 리스크 식별 프로세스에서

B. 정량적 리스크 분석 수행 프로세스에서

C. 리스크관리 계획수립 프로세스에서

D. 이해관계자 식별 프로세스에서

> **해설**
>
> 확률-영향 매트릭스는 리스크관리 계획수립 프로세스에서 정의하여 리스크관리 계획서에 기록된다. 리스크관리 계획서는 프로젝트관리 계획서로 통합된다.
>
> 정답: C

09 한 프로젝트에서 리스크관리 활동을 하는 중에 중대한 부정적 리스크가 발견되었다. 이 리스크가 실제로 발생하면 프로젝트뿐만 아니라 회사의 대외 신뢰에 치명적인 타격을 줄 것으로 판단되었다. 이러한 리스크에 대해 프로젝트관리자의 대응으로 가장 적절한 것은 무엇인가?

A. 회사의 신뢰에 영향을 미치지 않도록 프로젝트팀과 전문가와 협의하여 적절한 회피 계획을 수립한다.

B. 국제적인 보험회사에 해당 리스크 발생에 대한 보험을 가입한다.

C. 리스크가 발생하지 않도록 할 수 있는 대응방안을 수립한다.

D. 프로젝트의 범위를 넘어서는 위협이므로 프로그램 관리자에게 보고한다.

> **해설**
>
> 부정적 리스크의 영향이 프로젝트 범위를 벗어나거나 프로젝트관리자의 권한을 넘어서는 경우 프로젝트관리자는 상위 관리자에게 이 사실을 보고해야 한다(에스컬레이션).
>
> 정답: D

10 리스크 감시 프로세스에 대한 설명으로 가장 적절하지 않은 것은?

A. 리스크 관리대장에 있는 리스크를 대상으로 잘 대응하고 있는지 확인하면 프로젝트의 모든 리스크는 잘 관리하고 있는 것이다.

B. 리스크 프로세스의 효율성을 평가한다.

C. 이슈 기록부, 교훈 관리대장, 리스크 관리대장, 리스크 보고서 등의 프로젝트 문서를 투입물로 사용한다.

D. 리스크 감시 프로세스에서 변경이 필요한 사항이 발견되면 변경 요청을 제기한다. 변경 요청은 통합 변경통제 프로세스에서 검토되고 처리된다.

> **해설**
> 리스크 검사 프로세스에서는 리스크 관리대장에 있는 리스크뿐만 아니라 새로운 리스크도 식별하고 관리해야 한다.
>
> 정답: A

MEMO

CHAPTER

12

프로젝트 조달관리
(Project Procurement Management)

프로젝트 조달관리는 프로젝트의 최종 결과물을 산출하기 위해 필요한 일부 또는 전체의 결과물을 조직 외부로부터 획득하기 위해 수행하는 관리 작업이다. 조직과 조직 간의 거래가 이루어지기 때문에 발주, 계약, 평가, 선정, 납품, 감사, 지급 등의 활동이 수반된다. 프로젝트 조달 활동은 프로젝트팀 내에서 수행되기도 하고, 구매 전담 조직의 지원을 받기도 한다.

12.1 조달관리 계획수립
  (Plan Procurement Management)
12.2 조달 수행(Conduct Procurements)
12.3 조달 통제(Control Procurements)

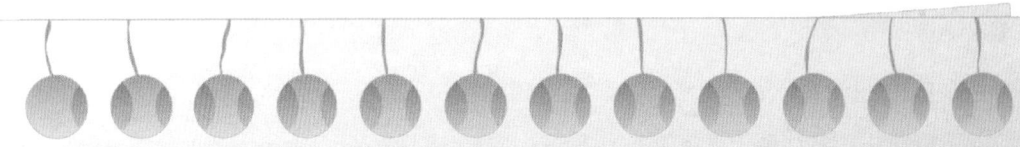

핵심용어

가격조정-조건부 고정가 계약(FPEPA, Fixed Price with Economic Price Adjustment Contract), 견적요청서(RFQ, Request for Quotation), 계약(Contract), 고정가 계약(Fixed-Price Contract), 고정수수료 가산원가 계약(CPFF, Cost Plus Fixed Fee Contract), 공급자 선정기준(Source Selection Criteria), 보상금가산원가 계약(CPAF, Cost Plus Award Fee Contract), 성과금(Incentive Fee), 성과급 가산 고정가 계약(FPIF, Fixed Price Incentive Fee Contract), 성과급가산원가 계약(CPIF, Cost Plus Incentive Fee Contract), 원가정산 계약(CR, Cost-Reimbursable Contract), 입찰 문서(Bid Documents), 입찰자 회의(Bidder Conference), 정보요청서(RFI, Request for Information), 제안요청서(RFP, Request for Proposal), 제작-구매 결정(Make-or-Buy Decisions), 조달 문서(Procurement Documentation), 조달 작업기술서(Procurement Statement of Work), 조달 전략(Procurement Strategy), 협약(Agreements)

시험출제경향

1. 프로젝트 조달의 관리 범위를 이해한다.
2. 프로젝트 조달 계약의 종류와 특성을 이해한다.
3. 조달관리 계획수립 프로세스의 산출물을 이해한다.
4. 조달 수행 절차를 이해한다.

■ 조달관리의 주요 개념

조달 프로세스는 제품이나 서비스를 판매자(Seller)로부터 획득하는 것과 관련된 프로세스이다. 거래의 주체는 개인, 기업, 기관 또는 단체 등이다. 조달 프로세스는 한 조직에서 필요한 제품이나 서비스를 공급 가능한 조직으로부터 거래를 약속, 계약 또는 협약을 체결하고 이행된다. 이 절차와 내용은 상황에 따라 국내법과 국제법을 준수해야 한다.

구매자는 필요한 제품이나 서비스 등의 결과물에 대해 명확하게 판매자에게 알려야 하며, 판매자는 구매자가 원하는 인도물을 합의한 목표(범위, 일정, 원가)대로 준수하여 산출하고 전달하여야 한다. 거래에는 사회적, 문화적 또는 정치적 영향을 받기 때문에 구매자와 판매자는 양쪽의 차이를 고려해야 한다.

구매자와 판매자의 계약 체결 절차와 용어는 산업에 따라 다르다. 계약서, 협약서, SLA(Service Level Agreement), 양해각서, MOA, 발주서 등의 용어가 사용될 수 있다.

프로젝트의 규모와 상황에 따라 모든 산출물을 프로젝트팀에서 제작하는 경우도 있지만, 하나 이상의 구매가 발생하는 경우도 많다. 프로젝트의 규모가 클수록, 기술적으로 복잡할수록 구매가 많아진다.

> **전문가 TIP**
>
> 조달에서 사용하는 용어는 산업에 따라 다르다. 구매자를 인수자, 발주자, 판매자를 계약업체, 판매업체, 서비스업체, 공급업체, 하도급업체 등으로 사용한다.

구매자가 선택한 공급자는 제품이나 서비스를 생산하기 위하여 프로젝트를 수행할 수 있다. 구매자의 프로젝트를 중심으로 프로젝트의 환경을 아래와 같이 설명할 수 있다.

- 구매자는 프로젝트의 중요한 이해관계자이다.
- 프로젝트관리팀은 판매자의 조직 구성원으로 구성되어 프로젝트에 필요한 관리 활동을 수행한다.
- 구매자로부터 받은 제안요청서(RFP), 작업기술서(SOW), 또는 체결된 계약서 등은 프로젝트헌장 개발, 프로젝트관리 계획서 작성 등의 프로세스의 중요 투입물이 될 수 있다.
- 이 프로젝트에서도 조달을 통하여 필요한 제품이나 서비스를 구매할 수도 있다.

> **전문가 TIP**
>
> PMBOK의 조달관리는 구매자 관점에서 프로세스를 설명하고 있다. 조달 대상은 기성품이나 단품이 아닌 공급자가 일정 기간 프로젝트를 통해 결과물을 생산하고 공급하는 경우를 기준으로 하고 있다

조달관리 활동은 소규모 조직이나 작은 프로젝트에서는 프로젝트관리자가 발주, 협상, 계약을 진행하고 결정하기도 한다. 규모가 큰 조직, 대규모 프로젝트에서는 일반적으로 별도의 조달부서(구매팀)에서 조달 업무를 담당한다.

- **분산식 구매**: 프로젝트팀에 속한 팀원이 조달 업무를 담당하는 형태
- **중앙 집중식 구매**: 프로젝트팀 외부의 별도 조직에서 조달 업무를 지원하는 형태

■ **프로젝트 조달관리의 동향**

프로젝트 조달관리를 효율적으로 수행하기 위해 소프트웨어, 관리 기법, 관리 절차 등을 도입하여 활용하고 있다.

- **도구의 진화**: 공급자를 모집하여 선정, 계약하는 과정을 온라인 시스템을 사용하여 공정하고 신속하게 수행하고 있다.
- **리스크관리의 진화**: 공급업체는 계약 체결 시 과업의 범위와 의무 이행 과정에 잠재되어 있는 리스크에 대해 식별, 분석, 평가하여 대응하고 있다.
- **계약 프로세스의 변화**: 인프라 개발, 엔지니어링 분야에서 규모가 큰 메가 프로젝트가 많이 나타나고 있다. 이러한 프로젝트는 계약업체 단독으로 수행하지 않고 여러 나라의 기업으로부터 필요한 제품이나 서비스를 공급받아 수행한다. 국제 계약이 진행되면 계약을 명확하고 공정하게 하기 위하여 국제 표준 계약서(FIDIC)를 사용하고 있다.

> **전문가 TIP**
>
> FIDIC은 FédéRation Internationale Des Ingénieurs-Conseils의 약자로 영어가 아닌 프랑스어이다. FIDIC은 건설산업계에서 표준을 제정하는 국제컨설팅엔지니어링연맹으로, 1915년에 창립되었고 벨기에, 프랑스, 스위스가 창립회원이다. 국제 건설, 엔지니어링, 플랜트 프로젝트에서 쓰이는 표준계약서이다. 국제부흥개발은행(IBRD)이나 아시아개발은행(ADB)과 같은 공적개발원조(ODA) 사업의 대부분이 FIDIC 계약 방식을 채택하고 있다.

- **물류와 공급망 관리의 진화**: 대규모 국제 프로젝트에서는 여러 공급업체로부터 납품을 받아 결과물을 개발한다. 공급업체가 지리적으로 멀리 떨어져 있는 경우에는 완성된 인도물을 운송하는 과정과 기간도 프로젝트 일정에 중요한 고려사항이다. 프로젝트관리팀은 공급업체들의 물류와 2차, 3차 연결 업체들의 관리도 필요하여 다양한 SCM 소프트웨어 도구를 사용하고 있다.
- **기술과 이해관계자 관계**: 프로젝트의 진행 현황을 실시간 영상으로 기록하여 공개함으로써 분쟁을 예방하거나 최소화 하고 있다.
- **시험 참여**: 프로젝트 환경의 특이성과 다양성 때문에 공급자가 사전에 이를 확인할 수 있도록 참여 시킨다. 적절한 공급업체를 선정할 수 있게 되어 프로젝트의 불확실성이 줄어든다.

■ **프로젝트 환경에 따른 조달관리의 조정**

프로젝트의 조달관리는 프로젝트의 환경과 특성에 따라 조정되어야 한다.

- **조달의 복잡성**: 조달의 횟수나 공급업체의 수에 따라 조달의 복잡성이 달라진다.
- **물리적 위치**: 공급업체가 지리적 거리를 고려한다. 다른 나라, 다른 대륙에 있는 경우 고려할 사항이 많아진다.
- **거버넌스와 규제 환경**: 조달관리 계획서 작성 시 프로젝트에 영향을 주는 법, 제도, 규정 등을 고려하여야 한다. 이 요건은 조달 감사, 조달 통제의 기준으로 사용될 수 있다.
- **계약업체의 가용성**: 계약 내용을 이행할 역량의 수준을 고려한다.

■ 애자일/적응형 환경을 위한 고려사항

선정된 판매자를 프로젝트팀에 포함하여 진행할 수도 있다. 이렇게 프로젝트팀을 구성하면 발생할 수 있는 리스크에 효율적으로 대응할 수 있고, 관리된 리스크로부터의 이익을 공유할 수 있다.

대규모 건설, 엔지니어링, 플랜트 프로젝트 등에서는 전체 프로젝트를 애자일로 관리하기보다는 일부 인도물의 개발에 활용하기도 한다.

■ 조달관리 프로세스 개요

프로젝트 조달관리는 조달 품목을 정하고, 구매할 제품이나 서비스의 요구사항을 정의하고, 계약 방식을 정의하는 조달관리계획 프로세스, 공급업체를 선정하여 계약하는 조달수행 프로세스, 그리고 공급자의 프로젝트 수행을 감시하고 통제하는 프로세스로 구성된다.

프로젝트 조달관리 프로세스를 수행하기 위해 필요한 투입물(문서, 정보, 데이터)과 프로세스에서 작성해야 하는 산출물(문서, 정보, 데이터)을 정리한 것이다. 프로세스를 수행하기 위해 사용할 수 있는 도구와 기법도 표시되어 있다.

▫ 조달관리 프로세스의 기능

프로세스 그룹	프로세스	내용
기획	12.1 조달관리 계획수립	조달 품목과 계약 방식을 결정하고 잠재적 공급 가능업체를 식별하고 업체선정 기준을 정의하는 프로세스
실행	12.2 조달 수행	제안요청서를 배포하고 제안서를 받아 평가하여 우선협상대상자를 선정하여 협상, 계약하는 프로세스
감시 및 통제	12.3 조달 통제	계약업체의 계약 이행을 감시하고 통제하는 프로세스

▫ 조달관리 프로세스 개요

프로세스	투입물	도구 및 기법	산출물
12.1 조달관리 계획수립	1) 프로젝트헌장 2) 비즈니스 문서 3) 프로젝트관리 계획서 4) 프로젝트 문서 5) 기업환경요인 6) 조직 프로세스 자산	1) 전문가 판단 2) 데이터 수집 3) 데이터 분석 4) 공급자 선정 분석 5) 회의	1) 조달관리 계획서 2) 조달 전략 3) 입찰 문서 4) 조달 작업기술서 5) 공급자 선정 기준 6) 제작-구매 결정 7) 독립원가 산정치 8) 변경 요청 9) 프로젝트 문서 업데이트 10) 조직 프로세스 자산 업데이트

프로세스	투입물	도구 및 기법	산출물
12.2 조달 수행	1) 프로젝트관리 계획서 2) 프로젝트 문서 3) 조달 문서 4) 판매자 제안서 5) 조달 작업기술서(SOW) 6) 조직 프로세스 자산	1) 전문가 판단 2) 광고 3) 입찰자 회의 4) 데이터 분석 5) 대인관계 및 팀 기술	1) 선정된 판매자 2) 협약 3) 변경 요청 4) 프로젝트관리 계획서 업데이트 5) 프로젝트 문서 업데이트 6) 조직 프로세스 자산 업데이트
12.3 조달 통제	1) 프로젝트관리 계획서 2) 프로젝트 문서 3) 협약 4) 조달 문서 5) 승인된 변경 요청 6) 작업성과 데이터 7) 기업환경요인 8) 조직 프로세스 자산	1) 전문가 판단 2) 클레임 행정관리 3) 데이터 분석 4) 검사 5) 감사	1) 종료된 조달 2) 작업성과 정보 3) 조달문서 업데이트 4) 변경 요청 5) 프로젝트관리 계획서 업데이트 6) 프로젝트 문서 업데이트 7) 조직 프로세스 자산 업데이트

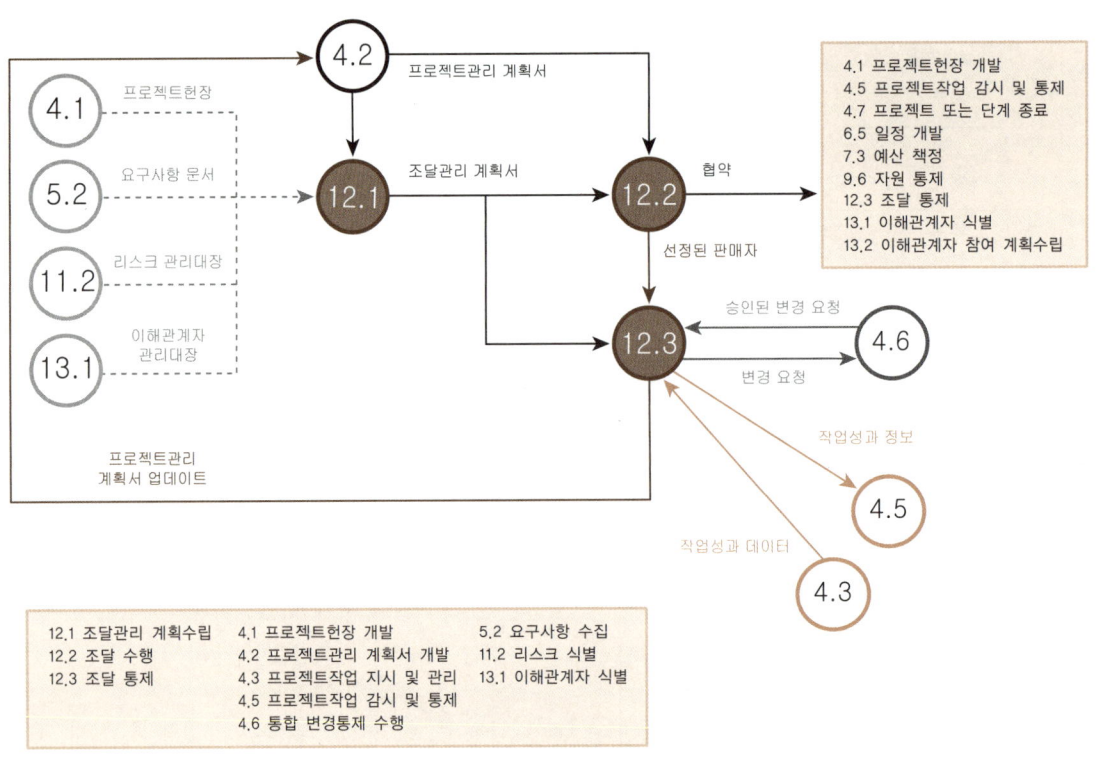

▲ 조달관리 프로세스 흐름도

12.1 조달관리 계획수립(Plan Procurement management)

프로세스 정의
조달 품목과 계약 방식을 결정하고 잠재적 공급 가능업체를 식별하고 업체선정 기준을 정의하는 프로세스이다.

프로세스 기능
프로젝트의 필요 조달 품목과 공급가능 업체선정 기준을 결정하여 적절한 시기에 프로젝트에 공급되어 목표한 품질의 최종 결과물이 목표 예산 내에서 계획한 시기에 완성될 수 있도록 한다.

■ 조달관리 계획수립 프로세스의 투입물, 도구 및 기법, 산출물

구분	항목	
투입물	1) 프로젝트헌장 2) 비즈니스 문서 　• 비즈니스 케이스 　• 편익관리 계획서 3) 프로젝트관리 계획서 　• 범위관리 계획서 　• 품질관리 계획서 　• 자원관리 계획서 　• 범위 기준선 4) 프로젝트 문서 　• 마일스톤 목록 　• 프로젝트팀 배정표 　• 요구사항 문서 　• 요구사항 추적 매트릭스 　• 자원 요구사항 　• 리스크 관리대장 　• 이해관계자 관리대장 5) 기업환경요인(EEF) 6) 조직 프로세스 자산(OPA)	1) Project Charter 2) Business Documents 　• Business Case 　• Benefits Management Plan 3) Project Management Plan 　• Scope Management Plan 　• Quality Management Plan 　• Resource Management Plan 　• Scope Baseline 4) Project Documents 　• Milestone List 　• Project Team Assignments 　• Requirements Documentation 　• Requirements Traceability Matrix 　• Resource Requirements 　• Risk Register 　• Stakeholder Register 4) Enterprise Environment Factors 5) Organizational Process Assets
도구 및 기법	1) 전문가 판단 2) 데이터 수집 　• 시장 조사 3) 데이터 분석 　• 제작-구매 분석 4) 공급자 선정 분석 5) 회의	1) Expert Judgement 2) Data Gathering 　• Market Research 3) Data Analysis 　• Make-or-Buy Analysis 4) Source Selection Analysis 5) Meetings

산출물	1) 조달관리 계획서 2) 조달 전략 3) 입찰 문서 4) 조달 작업기술서 5) 공급자 선정 기준 6) 제작-구매 결정 7) 독립 원가 산정치 8) 변경 요청 9) 프로젝트 문서 업데이트 • 교훈 관리대장 • 마일스톤 목록 • 요구사항 문서 • 요구사항 추적 매트릭스 • 리스크 관리대장 • 이해관계자 관리대장 10) 조직 프로세스 자산 업데이트	1) Procurements Management Plan 2) Procurement Strategy 3) Bid Documents 4) Procurement Statement of Work 5) Source Selection Criteria 6) Make-or-Buy Decisions 7) Independent Cost Estimates 8) Change Requests 9) Project Management Plan Updates • Lessons Learned Register • Milestone List • Requirements Documentation • Requirements Traceability Matrix • Risk Register • Stakeholder Register 10) Organizational Process Assets Updates

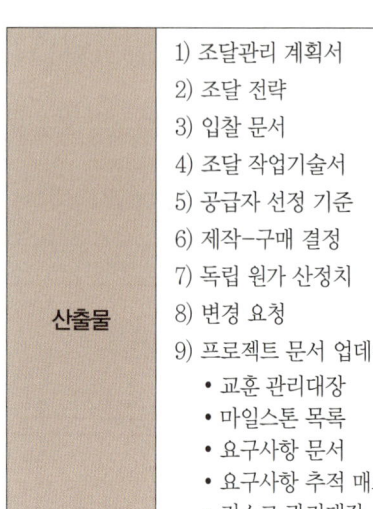

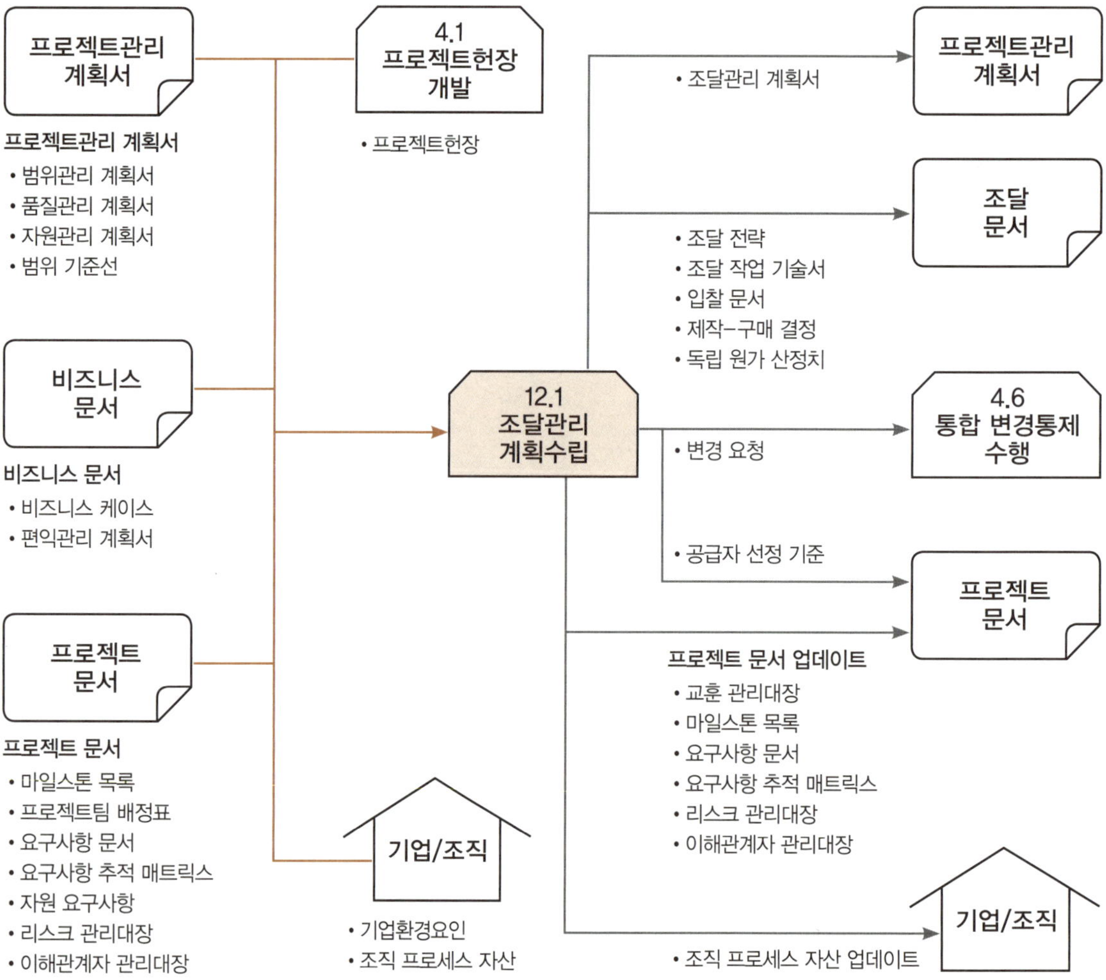

▲ 조달관리 계획수립 프로세스의 정보 흐름도

> **프로세스 해설**
>
> - 조달관리 계획수립 프로세스에서 산출된 조달관리 계획서는 (4.2)프로젝트관리 계획수립 프로세스의 입력물로 투입되어 다른 관리계획서와 상충되는 요소는 없는지 통합적으로 검토되고, 조정되어 프로젝트관리 계획서에 포함된다.
> - 조달을 통하여 확보할 품목을 결정하고, 조달 품목별 조달 전략, 공급자 선정기준, 입찰 문서가 산출되어 각 조달수행 프로세스에서 투입물로 사용된다.
> - 조달관리 활동의 역할과 책임은 조달관리 계획수립 초기에 정의한다. 프로젝트관리자는 팀원의 조달 역량 수준을 확인하여 적절한 팀원을 배정한다. 조달업무를 수행하기 위해서는 법률적 지식과 구매지식 및 경험을 가진 전문가가 필요하다.
> - 조달관리 계획서는 다른 관리 계획서나 범위, 품질, 일정, 원가 목표에 영향을 줄 수 있기 때문에 프로젝트관리자는 통합적 관점에서 조정해야 한다.

12.1.1 조달관리 계획수립: 투입물

(1) 비즈니스 문서
- **비즈니스 케이스**: 프로젝트의 사업적 타당성, 목표한 이익을 달성할 수 있도록 조달 전략을 수립한다.
- **편익관리 계획서**: 프로젝트의 편익(Project benefit)이 실현되는 일정을 기록한다. 조달 일정 수립에 참조한다.

(2) 프로젝트관리 계획서
- **범위관리 계획서**: 공급업체로부터 제공 받을 제품이나 서비스의 관리 방법이 기술되어 있다.
- **품질관리 계획서**: 프로젝트의 최종 결과물이 지켜야 하는 산업표준과 규정이 기술되어 있다. 제안요청서(RFP)에 포함하여 공급업체의 기술력 평가, 업체선정 기준으로 사용하는 것이 좋다.
- **자원관리 계획서**: 조달관리 활동을 통하여 확보해야 할 자원 목록과 관리 방안이 기술되어 있다.
- **범위 기준선**: 범위기술서, WBS, WBS사전으로 구성된다. 작업기술서(SOW)와 위임사항(TOR, Terms Of Reference)을 개발할 때 참고한다.

(3) 프로젝트 문서
- **마일스톤 목록**: 공급자로부터 결과물을 획득해야 할 일정이 명시되어 있다.
- **프로젝트팀 배정표**: 조달활동에 필요한 인력의 역량 정보가 기술되어 있다. 필요한 인력이 없거나 부족한 경우에는 신규 인력을 추가하거나 기존 인력의 훈련, 교육을 수행한다.
- **요구사항 문서**: 획득할 제품이나 서비스의 기술적 요구사항과 보건, 안전, 환경, 법률, 표준 등의 포괄적 항목이 포함된다.
- **요구사항 추적 매트릭스**: 해당 요구사항을 공급받은 결과물이 어떻게 충족하는지 확인할 수 있다. 요구사항의 변경 기록을 검토하여 충족 여부를 확인할 수 있다.
- **자원 요구사항**: 프로젝트 수행에 필요한 자원 요구사항 중에서 조달을 통해 확보할 요구사항 목록과 상세 정보가 기록되어 있다.

- **리스크 관리대장**: 프로젝트 리스크 목록, 리스크 평가 결과, 대응 계획이 기록되어 있다. 조달을 통하여 리스크에 대응할 수도 있고, 조달 활동에서 참고해야 할 리스크 정보가 포함되어 있을 수 있다.
- **이해관계자 관리대장**: 조달과정에서 고려해야 할 이해관계자 정보가 기록되어 있다. 규제기관, 인증기관, 계약관련 담당자 등이 이런 이해관계자에 포함된다.

(4) 기업환경요인

- 공급 가능 판매자와 시장의 평가
- 관련 제품이나 서비스의 정보
- 관련 분야의 규제, 규정, 법률, 시장 관례
- 조직의 계약 관련 규정과 절차
- 조직의 조달관련 규정이나 제도

(5) 조직 프로세스 자산

- **사전심사 통과 판매자 목록**: 사전에 공급가능 업체 목록을 준비하면 업체선정 작업을 신속하게 수행할 수 있다.
- **공식 조달 정책, 절차와 지침**: 조직은 공식적으로 조달 정책, 규정, 절차를 규정하고 있고, 진행 프로세스를 제공한다.
- **계약 유형**: 구매자와 판매자 간에 체결하는 계약은 고정가 계약, 원가정산 계약, 시간자재(TM, Time and Material) 계약이 있다.

계약 유형		설명
고정가 계약 (FP, Fixed-Price Contracts)	확정고정가 계약 (FFP, Firm Fixed Price)	계약단계에서 확정되며, 작업범위가 변경되지 않는 한 가격은 고정. 구매 조직에서 가장 선호하는 유형
	성과급 가산고정가 계약 (FPIF, Fixed Price Incentive Fee)	합의된 목표와 성과와의 차이에 따라 리스크를 구매자와 공급자가 사전에 합의된 비율로 공유하는 계약 유형. 가격상한(Ceiling Price)을 정하고 상한을 초과하는 모든 비용은 판매자가 부담
	가격조정-조건부 고정가 계약 (Fixed Price with Incentive Fee)	계약 기간이 긴 경우, 원가의 변동을 재산정하여 원가, 범위, 일정 등 계약 내용을 조정하는 계약 유형

계약 유형		설명
원가정산 계약 (CR, Cost Reimbursable Contracts)	고정수수료 가산원가 계약 (Cost Plus Fixed Fee)	발생 원가와 관계없이 계약 범위가 변경되지 않는 한 판매자 수수료는 변하지 않는 계약 유형
	성과급 가산원가 계약 (Cost Plus Incentive Fee)	합의된 목표와 성과와의 차이를 구매자와 공급자가 사전에 합의된 비율로 공유하는 계약 유형
	보상금 가산원가 계약 (Cost Plus Award Fee)	공급자 수수료를 구매자의 주관적 판단에 따라 지급하며 공급자는 항의하지 않기로 하는 계약 유형
시간자재 계약 (T&M, Time and Material Contracts)		고정가 계약과 원가정산 계약의 특성을 모두 가지고 있는 복합형 계약 유형. 작업기술서(SOW)를 작성할 시간이나 역량이 없을 경우에 외부로부터 필요한 자원을 구매할 때 사용하는 계약 유형

12.1.2 조달관리 계획수립: 도구 및 기법

(1) 전문가 판단

조달관리 계획을 수립하기 위해서는 조직 내에서 조달 기법, 조달관련 규정과 절차에 대해 알고 있어야 한다. 조달과 관련된 프로젝트 환경적인 요소, 즉 정치, 권력 요소의 환경, 문화에 대해 이해하고 있어야 한다.

(2) 데이터 수집

조달을 통하여 획득하려는 제품이나 서비스와 관련된 정보를 수집한다. 유력한 공급 가능 업체 목록, 공급자별 특성, 시장의 가격과 같은 정보 등이 이러한 데이터이다. 수집된 데이터를 기반으로 제안요청서(RFP) 작성, 공급업체 선정, 협상, 조달 통제 등의 활동에서 참고할 수 있다.

(3) 데이터 분석

수집된 데이터를 분석하여 프로젝트팀에서 제작하는 방법과 외부로부터 구매하는 방법 중에서 품질, 일정, 원가, 리스크 등을 고려하여 최선을 선택할 수 있도록 한다. 제작-구매 분석에서 투자회수 기간, 투자수익률(ROI, Return On Investment), 내부수익률(IRR, Internal Rate of Return), 현금흐름 할인법, 순현재가치(NPV, Net Present Value), 편익-비용 분석(BCA, Benefit Cost Analysis) 등의 기법을 통하여 프로젝트 요구사항에 적합한 조달관리 계획을 수립할 수 있다.

(4) 공급자 선정 분석

- **최저 원가**: 선행 사례가 많고 요구사항이 명확하며, 산출물이 표준화 되어 있는 경우 사용하는 선정 방식이다.
- **적격 선망 심사**: 조달의 중요도가 낮은 경우 공급자 선정 기간과 비용을 줄이기 위해 잠재적 공급가능 업체 목록을 정하고 회사 신뢰도, 경험, 전문성 등의 평가 항목으로 최종 공급업체를 선정한다.
- **품질기준/최고점 기술제안서**: 제출된 제안서를 분석, 평가하여 우선협상대상자를 선정하고 협상을 통하여 최종 공급업체를 선정한다.
- **품질/원가 기준**: 공급자 선정 시 품질과 원가를 평가 항목으로 사용한다. 프로젝트의 불확실성이 크고 부정적 리스크가 많은 경우 평가 항목 중에서 품질의 비중을 높게 하는 것이 좋다.
- **단일 공급자**: 하나의 공급업체로부터 제안서를 받아 계약한다. 경쟁이 없는 단일 업체와의 계약으로 정당성이 명확할 때 사용할 수 있다.
- **고정 예산**: 제안요청서(RFP)에 조달 예산의 한계를 명확히 공개한다. 공급업체는 RFP에 명시된 요구사항을 주어진 예산 내에서 결과물을 제공할 수 있는지 확인할 수 있어야 한다.

12.1.3 조달관리 계획수립: 산출물

(1) 조달관리 계획서

조달관리 계획서는 조달관리 계획수립 프로세스, 조달 수행, 조달 통제를 효과적으로 수행하기 위한 절차와 방법을 정리한 문서이다. 조달관리 계획서는 프로젝트관리 계획서의 구성요소이다. 아래에 조달관리 계획서에 포함될 수 있는 일부 항목을 나열하였다.

- 조달 프로세스를 다른 통제 프로세스와 통합하는 절차
- 조달 활동 일정
- 조달 활동별 이해관계자의 역할과 책임
- 조달 활동의 제약사항과 가정사항
- 지불 통화

(2) 조달 전략

- **인도 방법**: 결과물의 형태에 따라 인도 방법이 다르다. 무형의 전문 서비스의 경우 서비스 공급업체가 직접 구매업체에 전달할 수 있다. 건물이나 플랜트 설비 등과 같이 유형의 결과물인 경우 결과물의 특성에 따라 인도방법이 다양하다. 예를 들면 턴키, 설계시공(DB, Design Build), 설계시공운영(DBO, Design Build Operate), 시공소유운영양도(BOOT, Build Oven Operate Transfer) 등이 있다.
- **계약지불 유형**: 계약에 기술된 지불 충족 조건과 방법에 따라 구매자는 판매자에게 약정된 비용을 지불한다. 계약 유형에 따라 다음과 같은 특성이 있다.
  - 고정가 계약: 계약 범위가 명확하고 변경가능성이 적을 때 적합

- 가산원가 계약: 요구 범위가 명확하지 않고 변경 가능성이 있을 때 적합
    - 성과급과 보상금 계약: 구매자와 판매자의 목표를 일치시켜 쌍방의 이익을 크게 하고자 할 때 적합
- 조달 단계: 조달 절차, 단계별 정보, 활동 내용, 단계별 목표 등을 명시하고, 각 단계의 성과지표와 완료 기준을 기술한다.

(3) 입찰 문서

잠재적 공급자에게 제안서를 요청할 때 사용하는 문서이다. 입찰이나 견적은 가격을 중심으로 공급자를 선정할 때 사용하고, 제안서는 기술적 역량을 중심으로 공급자를 선정할 때 사용한다.

- 정보 요청서(RFI, Request For Information): 제안 요청서(RFP), 견적 요청서(RFQ) 등의 작성에 필요한 정보를 수집할 때 사용한다.
- 견적 요청서(RFQ, Request For Quotation): 공급업체가 공급할 수 있는 가격과 요구사항 충족 방법에 대한 정보를 수집할 때 사용한다.
- 제안 요청서(RFP, Request For Proposal): 프로젝트에서 필요한 제품이나 서비스를 획득하기 위하여 공급자의 공급 계획을 요청하는 문서이다. 공급자는 구매자의 요구사항을 충족하기 위한 결과물을 개발하기 위한 범위, 일정, 원가 목표와 관리 계획을 작성하여 제출한다.

(4) 조달 작업기술서

제작-구매 분석 결과로 조달을 통하여 획득하기로 결정한 작업패키지를 설명하는 문서이다. 결과물의 기능, 성능 품질 기준, 수량, 성과측정 지표와 기준, 일정 등의 정보를 기술한다. 조달 작업기술서(SOW, Statement Of Work)는 완전하고 명확하게 기술하여야 한다. 계약서에는 위임사항(TOR, Terms Of Reference)이라는 용어를 사용하여 다음과 같은 사항을 명시할 수 있다.

- 공급업체가 납품해야 할 결과물과 합의된 세부 요구사항
- 결과물이 준수해야 하는 규정, 표준
- 인수 확인을 위해 측정하여 제출해야 하는 데이터
- 인도물 제출 일정 및 승인 검사 기간

(5) 공급자 선정기준

구매자는 잠재적 공급자들을 평가 항목을 기준으로 평가하여 최적의 공급자를 선정한다.

- 계약이행 역량과 요구사항 충족 가능성
- 제품 개발 원가와 제품 생애주기 원가
- 제품 개발 기간과 인도 가능 일자
- 기술적 전문성과 프로젝트관리 역량
- 관련된 선행 경험, 실적
- 자원 조달 역량
- 회사의 경영적 재무적 안정성

(6) 제작-구매 결정
프로젝트팀에서 제작하는 경우와 외부에서 조달하는 경우 각각에 대한 손익 분석을 통하여 구매를 결정한다.

(7) 독자적 원가 산정치
잠재적 공급업체가 제시한 원가와 구매자가 별도로 산정한 원가에 차이가 큰 경우 조달 작업기술서(SOW)가 명확하지 않았거나, 제안업체가 요구사항을 명확하게 이해하지 못했을 경우이다.

(8) 변경 요청
조달관리 계획수립 프로세스를 수행한 결과로 앞서 작성된 프로젝트 목표(범위 기준선, 일정 기준선, 원가 기준선)나 여러 관리 계획서, 프로젝트 문서에 변경이 필요할 수 있다. 요청된 변경사항은 (4.6)통합 변경통제 수행 프로세스에서 처리된다.

(9) 프로젝트 문서 업데이트
조달관리 계획수립 프로세스를 수행하면 교훈 관리대장, 마일스톤 목록, 요구사항 문서, 요구사항 추적 매트릭스, 리스크 관리대장, 이해관계자 관리대장 등의 문서가 변경될 수 있다.

(10) 조직 프로세스 자산 업데이트
조달관리 계획수립 프로젝트를 수행하면 조직이 보유하고 있는 기존의 잠재적 공급업체에 대한 정보를 추가하거나 최신 정보로 업데이트할 수 있다.

▣ 조달 문서 비교

조달관리 계획서	조달 전략	작업 기술서	입찰 문서
• 조달작업을 기술하고 다른 프로젝트작업과 통합하는 방법 • 주요 조달 활동 일정표 • 계약관리를 위한 조달 매트릭스 • 모든 이해관계자의 책임 • 조달 가정 및 제약사항 • 관할 사법권과 지불 통화 • 독립 산정치 정보 • 리스크관리 이슈 • 적격 공급자	• 조달 인도 방법 • 협약 유형 • 조달 단계	• 조달 품목에 대한 설명 • 사양서, 품질 요구사항, 성과 매트릭스 • 요구되는 부수적인 서비스 설명 • 인수 방법 및 기준 • 요구되는 성과 데이터와 보고서 • 품질 • 수행 기간과 장소 • 지불 통화, 일정 • 보증 기간	• 정보 요청서(RFI) • 견적 요청서(RFQ) • 제안 요청서(RFP)

12.2 조달 수행(Conduct Procurements)

> **프로세스 정의**
> 제안요청서를 배포하고 제안서를 받아 평가하여 우선협상대상자를 선정하고 협상, 계약하는 프로세스이다.

> **프로세스 기능**
> 프로젝트에서 필요한 제품이나 서비스를 공급할 최적의 판매업체를 선정한다. 요구사항을 명확하게 전달하고, 잠재적 공급업체의 요구사항 충족 방안과 대가를 평가하여 필요한 결과물을 획득할 수 있다.

■ 조달관리 프로세스의 투입물, 도구 및 기법, 산출물

구분	항목	
투입물	1) 프로젝트관리 계획서 • 범위관리 계획서 • 요구사항관리 계획서 • 의사소통관리 계획서 • 리스크관리 계획서 • 조달관리 계획서 • 형상관리 계획서 • 원가 기준선 2) 프로젝트 문서 • 교훈 관리대장 • 프로젝트 일정 • 요구사항 문서 • 리스크 관리대장 • 이해관계자 관리대장 3) 조달 문서 4) 판매자 제안서 5) 기업환경요인 6) 조직 프로세스 자산	1) Project Management Plan • Scope Management Plan • Requirement Management Plan • Communication Management Plan • Risk Management Plan • Procurements Management Plan • Configuration Management Plan • Cost Baseline 2) Project Documents • Lessons Learned Register • Project Schedule • Requirement Documentation • Risk Register • Stakeholder Register 3) Procurement Documentation 4) Seller Proposals 5) Enterprise Environmental Factors 6) Organizational Process Assets
도구 및 기법	1) 전문가 판단 2) 광고 3) 입찰자 회의 4) 데이터 분석 • 제안서 평가 5) 대인관계 및 팀 기술 • 협상	1) Expert Judgement 2) Advertising 3) Bidder Conferences 4) Data Analysis • Proposal Evaluation 5) Interpersonal and Team Skills • Negotiation

구분	항목	
산출물	1) 선정된 판매자 2) 협약 3) 변경 요청 4) 프로젝트관리 계획서 업데이트 　• 요구사항관리 계획서 　• 품질관리 계획서 　• 의사소통관리 계획서 　• 조달관리 계획서 　• 범위 기준선 　• 일정 기준선 　• 원가 기준선 5) 프로젝트 문서 업데이트 　• 교훈 관리대장 　• 요구사항 문서 　• 요구사항 추적 매트릭스 　• 자원 달력 　• 리스크 관리대장 　• 이해관계자 관리대장 4) 조직 프로세스 자산 업데이트	1) Selected Sellers 2) Agreements 3) Change Requests 4) Project Management Plan Updates 　• Requirement Management Plan 　• Quality Management Plan 　• Communication Management Plan 　• Procurements Management Plan 　• Scope Baseline 　• Schedule Baseline 　• Cost Baseline 3) Project Documents Updates 　• Lessons Learned Register 　• Requirement Documentation 　• Requirement Traceability Matrix 　• Resource Calendar 　• Risk Register 　• Stakeholder Register 4) Organizational Process Assets Updates

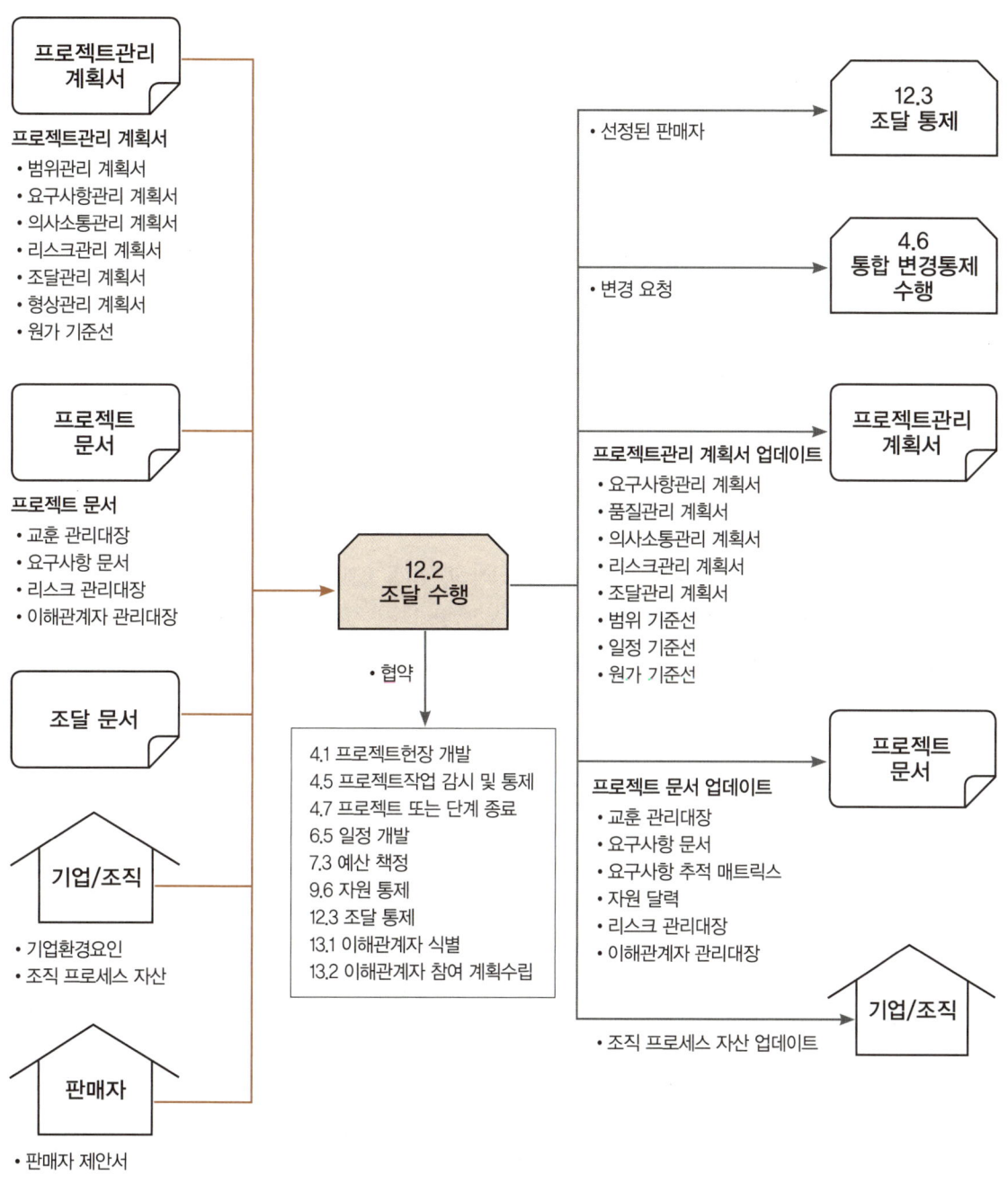

▲ 조달수행 프로세스의 정보 흐름도

> **프로세스 해설**
>
> 조달수행 프로세스에서는 최적의 공급가능 업체를 선정하여 계약(협약)을 체결한다. 선정된 판매자 정보와 협약서는 조달 통제 프로세스의 핵심 투입물로 조달이 계획대로 진행될 수 있도록 한다.

12.2.1 조달 수행: 투입물

(1) 프로젝트관리 계획서
- 범위관리 계획서: 공급자의 작업을 관리하는 데 필요한 기준을 제공한다.
- 요구사항관리 계획서: 요구사항을 충족할 수 있도록 하기 위한 관리 방법을 기술한다.
- 의사소통관리 계획서: 공급자와의 의사소통 관련 관리 기준을 제공한다.
- 리스크관리 계획서: 조달과 관련된 리스크를 관리하기 위한 기준을 제공한다.
- 형상관리 계획서: 조달과 관련한 문서들의 형상을 관리하고 통제하기 위한 관리 기준을 제공한다.
- 원가 기준선: 조달 품목에 배정된 원가 정보가 제공된다.

(2) 프로젝트 문서
- 교훈 관리대장: 프로젝트를 시작하여 현재까지 기록된 시행착오, 아이디어, 노하우 등의 교훈이 기록되어 있다. 조달을 수행할 때 참고할 수 있다.
- 프로젝트 일정: 조달 품목이 프로젝트에 투입되어야 할 일자 정보를 제공한다. 제안요청서를 통하여 잠재적 공급자가 개발 일정을 수립할 때 참고하도록 한다.
- 요구사항 문서: 판매자가 공급할 결과물의 기능적, 기술적 요구사항과 프로젝트의 최종 결과물과 과정에서 준수해야 할 법률, 제도, 규정, 표준 등의 항목이 포함된다.
- 리스크 관리대장: 지금까지 식별, 평가, 대응계획이 수립된 리스크 정보는 조달 수행과정에서 참고해야 한다.
- 이해관계자 관리대장: 조달 수행과정에 영향을 주거나 받을 수 있는 이해관계자 목록과 정보를 제공한다.

(3) 조달 문서
- 입찰 문서: 정보 요청서(RFI), 견적 요청서(RFQ), 제안 요청서(RFP) 등과 같은 문서이다.
- 조달 작업기술서: 잠재적 공급자가 제안서를 작성하는 데 필요한 상세하고 명확한 요구사항, 가정사항, 제약사항 등이 설명되어 있는 문서이다.
- 독립원가 산정치: 제안자가 제출한 견적의 적절성을 판단하기 위하여 사용된다.
- 공급자 선정기준: 여러 잠재적 공급자 중에서 최적의 공급자를 선정할 때 사용하는 평가항목이다.

(4) 판매자 제안서
가격 제안서와 기술 제안서로 구성되며, 모범적 실무사례(Best Practice 또는 Good Practice)를 요구할 수 있다. 공급자 선정기준을 사용하여 제안서의 내용을 평가하여 최적의 공급자를 선정한다.

12.2.2 조달 수행: 도구 및 기법

(1) 전문가 판단

조달 수행과정에서 조달 절차, 제안서 평가, 협상, 계약 체결 등의 활동을 위하여 전문 지식이나 경험을 가진 개인이나 조직을 참여시킬 수 있다.

(2) 공고

잠재적 공급자 또는 판매자를 물색하기 위하여 인쇄매체, 온라인 시스템 등의 미디어를 활용할 수 있다.

(3) 입찰자 회의

입찰에 참여하는 잠재적 판매자들에게 제안 요청서, 견적 요청서에 있는 요구사항 등의 내용을 설명하고, 협의하는 회의이다. 제안에 참여하는 공급자들은 구매자의 요구사항이나 기타 조달 조건, 조달 환경에 대하여 세부적으로 파악해야 한다.

(4) 데이터 분석

제안에 참여한 업체들의 여러 데이터를 수집하고 분석하여 최적의 공급업체를 선정할 수 있다.

(5) 대인관계 및 팀 기술

우선협상대상자로 선정된 업체와 계약 체결을 위한 구체적인 협상을 해야 한다. 계약을 체결하기 전에 구매자와 공급자는 여러 조건에 대해 명확하게 이해하고 합의해야 한다.

12.2.3 조달 수행: 산출물

(1) 선정된 판매자

업체선정 기준 항목에 따라 평가된 잠재적 공급업체 중에서 조직의 전결 규정에 명시되어 있는 최종 승인자는 평가 결과를 기준으로 공급업체를 결정할 수 있다.

(2) 협약

판매자와 구매자가 쌍방의 조건을 명시한 계약서에 서명함으로써 계약 내용을 이행할 법적 책임을 갖게 된다. 계약서에 포함될 수 있는 주요 항목은 다음과 같다.

- 조달작업 기술서
- 주요 인도물
- 계약 이행 일정
- 가격과 지불 조건
- 품질검사 기준, 인수조건
- 결과물의 품질 보증과 지원 조건

- 성과급과 위약금
- 변경처리 규정
- 계약 해지 조건
- 분쟁 해결 기준

(3) 변경 요청

조달 수행의 결과물 프로젝트의 범위 기준선, 일정 기준선, 원가 기준선 등의 목표와 여러 관리 계획서의 내용이 변경될 수 있다. (4.6)변경 요청은 통합 변경통제 수행 프로세스에서 처리된다.

(4) 프로젝트관리 계획서 업데이트

- 요구사항관리 계획서: 조달 수행과정에서 공급자의 요청 또는 제안에 의해 요구사항 또는 요구사항 관리 방법이 변경될 수 있다.
- 품질관리 계획서: 품질관리 방법, 품질 지표 등이 변경될 수 있다.
- 의사소통관리 계획서: 판매자와의 의사소통 방식 협의에 의해 관리 방식이 변경될 수 있다.
- 리스크관리 계획서: 리스크관리 계획서 내에 있는 리스크 재평가 주기나 방법, 참여자 등의 관리 계획이 변경될 수 있다.
- 조달관리 계획서: 조달관리 계획서상의 조달 통제, 지급 방법 등의 내용이 변경될 수도 있다.
- 범위 기준선: 공급업체와의 협상에서 작업기술서, 작업패키지, WBS 사전의 항목이나 내용의 변경이 필요할 수 있다.
- 일정 기준선: 공급업체와의 협의에서 결과물의 산출 일정이 변경될 수 있다.
- 원가 기준선: 공급업체와 협의, 계약하는 과정에서 원가의 변동이 발생할 수 있다.

(5) 프로젝트 문서 업데이트

조달수행 프로세스를 수행하면 교훈 관리대장, 요구사항 문서, 요구사항 추적 매트릭스, 자원 달력, 리스크 관리대장 그리고 이해관계자 관리대장과 같은 프로젝트 문서가 업데이트 될 수도 있다.

(6) 조직 프로세스 자산 업데이트

조달 수행의 결과로 기존의 조달 프로세스, 업체선정 기준, 조달 문서, 공급 가능 업체 정보 등이 추가되거나 최신 정보로 수정될 수 있다.

12.3 조달 통제(Control Procurements)

> **프로세스 정의**
> 계약업체의 계약 이행을 감시하고 통제하는 프로세스이다.

> **프로세스 기능**
> 계약 업체의 변경 요청에 대응하고, 시정조치를 수행하고, 계약을 종결하는 활동을 수행한다. 판매자와 구매자가 체결된 계약서의 내용대로 이행될 수 있도록 한다.

■ 조달통제 프로세스의 투입물, 도구 및 기법, 산출물

구분	항목	
투입물	1) 프로젝트관리 계획서 • 요구사항관리 계획서 • 리스크관리 계획서 • 조달관리 계획서 • 변경관리 계획서 • 일정 기준선 2) 프로젝트 문서 • 가정사항 기록부 • 교훈 관리대장 • 마일스톤 목록 • 품질 보고서 • 요구사항 문서 • 요구사항 추적 매트릭스 • 리스크 관리대장 • 이해관계자 관리대장 3) 협약 4) 조달 문서 5) 승인된 변경 요청 6) 작업성과 데이터 7) 기업환경요인(EEF) 8) 조직 프로세스 자산(OPA)	1) Project Management Plan • Requirement Management Plan • Risk Management Plan • Procurement Management Plan • Change Management Plan • Schedule Baseline 2) Project Documents • Assumption Log • Lessons Learned Register • Milestone List • Quality Reports • Requirements Documentation • Requirements Traceability Matrix • Risk Register • Stakeholder Register 3) Agreements 4) Procurement Documentation 5) Approved Change Requests 6) Work Performance Data 7) Enterprise Environmental Factors 8) Organizational Process Assets
도구 및 기법	1) 전문가 판단 2) 클레임 행정관리 3) 데이터 분석 • 성과 검토 • 획득가치 분석 • 추세 분석 4) 검사 5) 감사	1) Expert Judgement 2) Claims Administration 3) Data Analysis • Performance Reviews • Earned Value Analysis • Trend Analysis 4) Inspection 5) Audits

구분	항목	

산출물	1) 종료된 조달
	2) 작업성과 정보
	3) 조달문서 업데이트
	4) 변경 요청
	5) 프로젝트관리 계획서 업데이트
	  • 리스크관리 계획서
	  • 조달관리 계획서
	  • 일정 기준선
	  • 원가 기준선
	6) 프로젝트 문서 업데이트
	  • 교훈 관리대장
	  • 자원 요구사항
	  • 요구사항 추적 매트릭스
	  • 리스크 관리대장
	  • 이해관계자 관리대장
	7) 조직 프로세스 자산 업데이트
		1) Closed Procurements
		2) Work Performance Information
		3) Procurement Documentation Updates
		4) Change Requests
		5) Project Management Plan Updates
		  • Risk Management Plan
		  • Procurements Management Plan
		  • Schedule Baseline
		  • Cost Baseline
		6) Project Documents Updates
		  • Lessons Learned Register
		  • Resource Requirements
		  • Requirements Traceability Matrix
		  • Risk Register
		  • Stakeholder Register
		7) Organizational Process Assets Updates

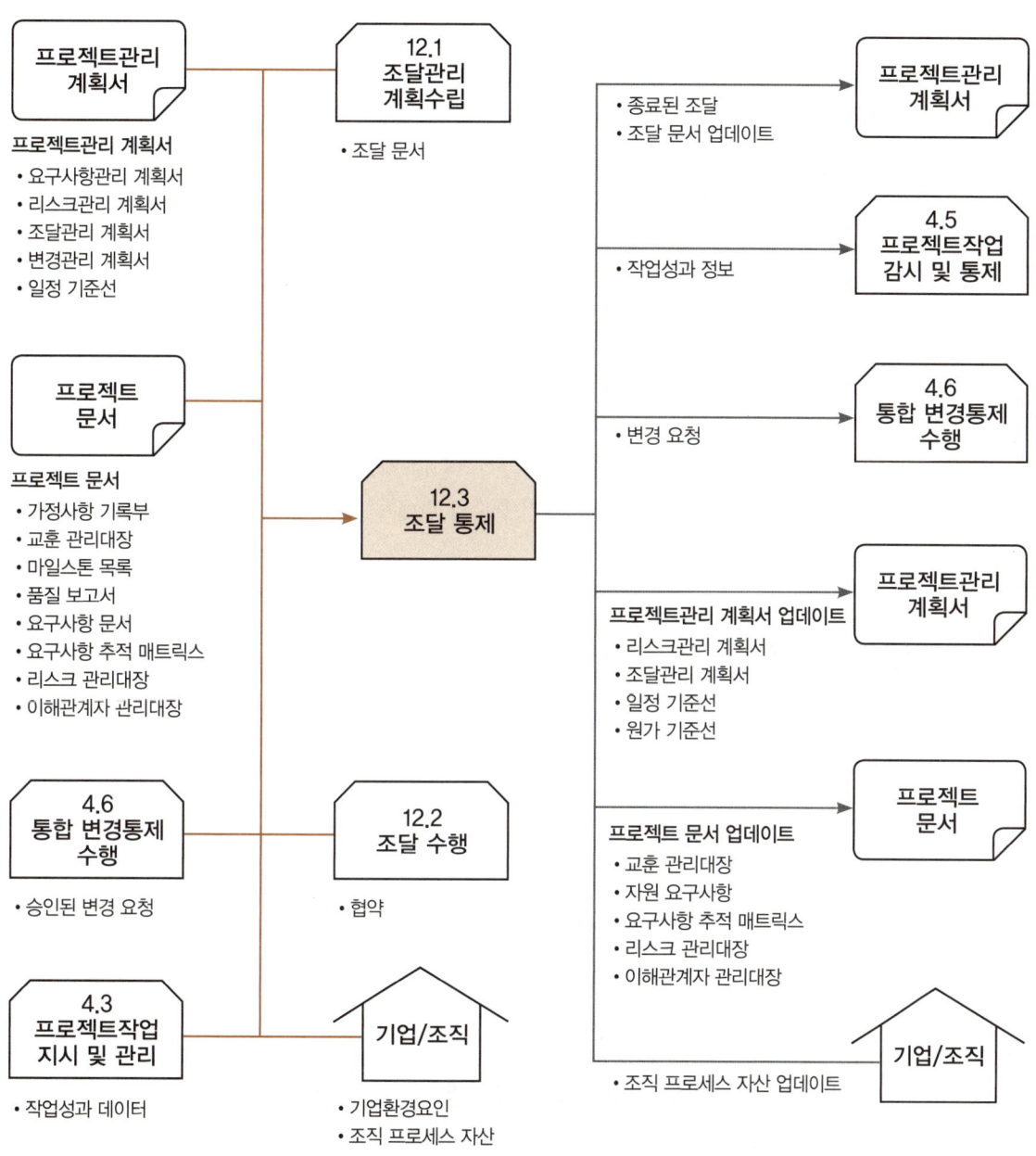

▲ 조달통제 프로세스의 정보 흐름도

> **프로세스 해설**
>
> 조달통제 프로세스를 수행하면 해당 조달이 종료되고, 이 정보는 조달 문서에 기록된다. 작업성과 정보는 프로젝트작업 감시 및 통제 프로세스의 입력물로 투입되어 작업성과 보고서로 통합된다. 조달 통제 활동에서 변경해야 할 사항이 발견되면 (4.6)통합 변경통제 수행 프로세스에서 검토되고 승인되어 프로젝트관리 계획서나 프로젝트 문서에 반영된다.

조달 계약은 법적 통제를 받기 때문에 행정적 업무가 많다. 이런 계약행정 업무는 프로젝트 팀원이 수행하기도 하고 프로젝트팀 외부에 있는 별도 조직이 수행하기도 한다. 계약행정 업무활동에는 다음과 같은 요소가 포함될 수 있다.

- 조달관련 데이터의 수집, 저장, 관리
- 조달 계획과 조달 일정의 상세 작업
- 조달 데이터의 분석과 보고서 작성, 보고
- 조달 관련 환경의 감시
- 청구된 계산서에 대한 지급

조달 통제 활동은 독립적으로 수행하며 신뢰성 확보가 중요하다. 조달 통제 활동은 조직의 윤리강령, 법률자문, 부패방지 등 조직의 대외 신뢰도에 중요한 요소이다. 판매자에게 대금이 적절하게 지급되는지 감시하는 것도 조달 통제 활동이다. 계약서에 명시된 지급조건에 따라 판매자로부터의 제품이나 서비스를 확인하고 대가가 적절하게 지불되는지 확인한다.

12.3.1 조달 통제: 투입물

(1) 프로젝트관리 계획서

조달통제 프로세스를 수행하기 위하여 요구사항관리 계획서, 리스크관리 계획서, 조달관리 계획서, 변경관리 계획서, 그리고 일정 기준선 등의 프로젝트관리 계획서에 포함되어 있는 정보를 참조 할 수 있다.

(2) 프로젝트 문서

조달 통제에서는 가정사항 기록부, 교훈 관리대장, 마일스톤 목록, 품질 보고서, 요구사항 문서, 요구사항추적 매트릭스, 리스크 관리대장, 이해관계자 관리대장 등의 조달 문서를 참고할 수 있다.

(3) 협약

조달수행에서 판매자와 체결한 계약서이다. 계약서에는 쌍방이 합의한 이행 사항들이 명시되어 있다.

(4) 조달 문서

작업기술서, 지불정보, 공급자의 작업성과 정보, 프로젝트 계획서, 그리고 의사소통 문서 등이 포함된다.

(5) 승인된 변경 요청

다른 여러 프로세스에서 요청된 변경사항이 (4.6)통합 변경통제 수행 프로세스에서 처리되고 승인되면 조달 통제 활동을 수행할 때도 승인된 변경사항을 반영해야 한다.

(6) 작업성과 데이터

조달이 계획대로 관리되고 있는지 기술성과, 진행 중인 활동, 완료된 활동, 지급된 비용 등의 데이터를 분석하여 확인한다.

(7) 기업환경요인

조달 통제 활동에 영향을 줄 수 있는 항목에는 계약변경통제 시스템, 시장 여건, 지급 규정, 조직의 구매 윤리 규정 등이 있다.

12.3.2 조달 통제: 도구 및 기법

(1) 전문가 판단

조달 통제 활동을 위해서 금융, 엔지니어링, 공급망 관리 등 관련 분야의 전문지식, 법률적 지식, 클레임 관련 행정처리와 관련된 전문 지식이 필요할 수 있다.

(2) 클레임 행정관리

구매자와 판매자가 합의하지 않은 변경으로 인한 보상을 요구하는 것을 클레임이라고 한다. 클레임을 협상, 합의하지 않으면 분쟁으로 발전하고, 법의 결정을 받는 경우도 있다.

(3) 데이터 분석

- 성과 검토: 조달관련 성과데이터, 예를 들면 품질, 자원, 일정 등의 데이터를 기준과 비교 분석한다.
- 획득가치분석(EVA, Earned Value Analysis): 범위, 일정, 원가의 기준선과 성과를 비교하여 차이를 분석할 수 있다.
- 추세 분석: 주기적으로 데이터를 측정하여 측정값이 시간의 흐름에 따라 변화하는 패턴을 분석하면 개선되고 있는지 아닌지를 확인할 수 있다. 예를 들면 획득가치관리(EVM, Earned Value Management)의 SPI, CPI를 지속적으로 측정하면 프로젝트의 일정 효율, 원가효율 추세를 확인할 수 있다.

(4) 검사

공급자가 수행하는 작업에 대한 체계적인 검토 활동이다. 결과물에 대한 검토, 작업환경에 대한 검사 등이 검사 활동의 사례이다.

(5) 감사

공급자가 수행하는 조달작업 프로세스에 대한 체계적인 평가 작업이다. 감사 활동은 공급자가 계약 내용을 이행할 수 있는 것을 보증하기 위한 사전 활동이다.

12.3.3 조달 통제: 산출물

(1) 종료된 조달

구매자는 판매자가 계약 내용을 전부 완료하였거나, 더 이상 진행할 수 없다고 판단될 때 조달을 종료할수 있다. 조달 종료 요건은 계약서에 명시되고, 조달관리 계획서에 기술된다. 구매자는 조달 종료 통지서를 판매자에게 전달함으로써 조달종료 프로세스를 시작한다. 조달이 종료되기 위해서는 계약 쌍방이 종료에 합의하거나, 법적인 판단으로 종료되었음을 선언할 수 있다.

(2) 작업성과 정보
작업성과 데이터와 프로젝트관리 계획서의 범위, 일정, 원가 기준선 등의 목표와 비교하여 작업성과가 계획대로 수행되었는지 작업성과 정보를 기술한다.

(3) 조달 문서 업데이트
승인된 변경 요청에 의해 계약서가 변경될 수 있고, 판매자의 기술 문서, 보고 문서, 작업성과 정보, 지불 기록 등의 문서가 업데이트 될 수 있다.

(4) 변경 요청
조달통제 프로세스를 수행하면 프로젝트 목표, 프로젝트관리 계획서의 부속관리 계획서 중 일부가 업데이트 될 수 있다.

(5) 프로젝트관리 계획서 업데이트
프로젝트관리 계획서에 포함되어 있는 리스크관리 계획서, 조달관리 계획서, 일정 기준선, 원가 기준선 등의 내용이 업데이트 될 수 있다.

(6) 프로젝트 문서 업데이트
교훈 관리대장, 자원 요구사항, 요구사항 추적 매트릭스, 리스크 관리대장, 이해관계자 관리대장 등의 문서가 업데이트 될 수 있다.

(7) 조직 프로세스 자산 업데이트
- 지불 일정표와 지불 요청서
- 판매자 성과 평가 문서
- 사전심사 통과 판매자 목록
- 교훈 저장소
- 조달 파일

예상문제 ▶▶ 12장 프로젝트 조달관리

01 프로젝트 조달 결정사항을 문서화 하고, 조달 방식을 구체화 하며, 참여자격을 갖춘 판매자를 식별하는 프로세스로, 외부에서 조달할지 여부와 외부 조달의 경우 확보 대상, 확보 방법, 필요한 양, 필요한 시기를 결정하는 프로세스의 산출물이 아닌 것은?

A. 공급자 선정기준
B. 제작-구매 결정
C. 선정된 판매자
D. 조달작업 기술서

해설

지문의 설명은 조달관리 계획수립 프로세스에 대한 것이다. 선정된 판매자는 조달수행 프로세스에서 산출된다.

정답: C

02 프로젝트 범위 기준선으로부터 개발되며, 프로젝트 범위에서 관련 계약에 포함되는 부분만을 정의한다. 참여자격을 갖춘 판매자가 제품, 서비스 또는 결과물을 제공할 역량이 있는지 판단하기 충분하도록 상세한 수준으로 조달품목에 대해 기술한다. 상세 수준은 품목의 성격, 구매자의 요구 또는 예상되는 계약 형태에 따라 다를 수 있다. 이 문서에는 사양, 원하는 수량, 품질 수준, 성과 데이터, 이행 기간, 작업 장소 및 기타 요구사항이 포함될 수 있다. 명확하고 간결하며 완전하게 작성해야 하며, 성과보고 또는 조달된 품목에 대한 프로젝트 사후운영 지원 등의 필요한 모든 부수적인 서비스에 대한 설명도 기술한다. 이 문서는 무엇인가?

A. 조달관리 계획서
B. 조달작업 기술서
C. 공급자 선정기준
D. 제작-구매 결정

해설

조달작업 기술서를 설명하고 있다.

정답: B

03 원가정산 계약과 고정가 계약 두 가지 측면을 결합한 복합형 계약이다. 정확한 작업기술서를 신속히 기술할 수 없을 때, 팀원 증원, 전문가 영입 등의 계약에서 사용된다. 이 유형의 계약은 계약미정 상태로 남아서 구매자의 원가 상승이 발생할 수 있다는 점에서 원가정산 계약과 비슷하다. 이 계약 방식은?

A. 성과급 가산 고정가 계약(FPIP)
B. 성과급 가산원가 계약(CPIF)
C. 보상금 가산원가 계약(CPAF)
D. 시간자재 계약(T&M)

> **해설**
> 시간-자재(Time & Material) 계약에 대한 설명이다. 많은 조직에서 원가의 무제한 상승을 방지하기 위해 모든 T&M 계약에 상한값과 기한을 정해 놓고 있다.
>
> 정답: D

04 한 프로젝트의 모든 산출물을 고객이 검사하고 인수하여 프로젝트가 공식적으로 완료되었다. 이런 상황에서 고객이 추가 작업을 원한다면 프로젝트관리자는 어떻게 하는 것이 적절한 대응인가?

A. 프로젝트가 종료되었으므로, 추가 작업에 대하여 정중히 거절한다.

B. 추가 작업에 대한 일정, 예산을 산정하여, 전 계약에 추가하여 진행한다.

C. 경영진에 보고하여 승인을 받은 후 추가 작업을 진행한다.

D. 추가 작업에 대한 새로운 계약을 체결하여 진행한다.

> **해설**
> 프로젝트가 공식적으로 종료되었으므로, 추가 작업에 대해서는 새로운 계약을 수행하여 진행한다.
>
> 정답: D

05 건설 프로젝트에서 작업자의 위치인식 기능과 유해가스가 유출되면 감지하여 경고하는 스마트 헬멧을 개발하는 프로젝트가 시작되었다. 헬멧에는 위치인식 소프트웨어와 가스센서로부터 데이터를 받아 처리하는 소프트웨어는 전문 개발업체를 선정하여 조달하려고 한다. 해당 소프트웨어 개발 업체를 선정하기 위한 선정기준은 언제 작성해야 하는가?

A. 조달관리 계획수립

B. 제안요청서(RFP) 배포 직전

C. 업체 평가 전

D. 외부에 공개할 필요 없으므로 PM이 적절한 시점을 결정

> **해설**
> 공급업체 선정 기준은 조달관리 계획수립 프로세스에서 작성하는 것이 좋다.
>
> 정답: A

06 조달작업 기술서가 미흡하고 명확하지 않았거나, 응찰하는 판매자들이 조달작업 기술서를 정확히 이해하지 못했거나, 응찰 능력이 부족한지 판단하기 위하여, 조달품목에 대해 조달 조직은 제안된 응찰에 대한 기준값으로 사용할 산정치를 독자적으로 산출하거나 외부 전문가에게 의뢰하여 산정한다. 이것은 무엇에 대하여 설명하고 있는가?

A. 입찰자 회의
B. 제안서 평가기법
C. 독립 산정
D. 전문가 판단

> **해설**
> 구매자는 판매자가 요구사항을 제대로 이해하였는지, 적절하게 제안하였는지 확인하기 위해 독자적으로 예상 소요 기간과 예상 비용을 알고 있어야 한다.
>
> 정답: C

07 장기간 지속되는 관계에 적합한 계약 유형으로 판매자의 계약이행 기간이 몇 년간 지속될 때 사용한다. 고정가 계약의 일종이면서 특정 상품의 원가 상승(또는 하락), 인플레이션 변동 등의 여건 변동에 따라 계약가에 적용할 최종 조정을 미리 정의한 특별 조항이 추가되는 계약 방식은?

A. 확정 고정가 계약(FFP)
B. 성과급 가산 고정가 계약(FPIF)
C. 가격조정-조건부 고정가 계약(FP-EPA)
D. 보상금 가산원가 계약(CPAF)

> **해설**
> 고정가 계약이면서 계약기간이 긴 경우에 환율 변동, 원자재가격 변동, 인플레이션 등으로 원가의 변동폭이 큰 경우에 양쪽이 정해진 기간마다 원가를 재산정하여 조정하는 계약 방식을 가격조정-조건부 고정가 계약(FP-EPA)이라고 한다.
>
> 정답: C

08 협약은 구매자의 요구사항을 충족하기 위한 결과물을 판매자가 제공하고, 구매자는 그에 대한 대가를 판매자에게 제공하는 것을 약속하는 법적 구속력이 있는 문서이다. 협약서의 구성 요소로 가장 적절하지 않은 것은?

A. 조달작업 기술서나 주요 인도물에 대한 설명

B. 해지 조항과 분쟁해결 방법

C. 가격과 지불조건

D. 리스크 목록과 대응계획

> **해설**
> 일반적으로 협약서에는 리스크 목록이나 대응계획이 포함되지 않는다. 리스크 관련 정보는 판매자가 제안서를 작성하면서 식별, 분석, 대응계획을 수립한다.
>
> 정답: D

09 조달수행 프로세스에서는 최적의 공급업체를 선정한다. 다음의 조달수행 절차로 가장 적절한 것은?

A. 조달작업 기술서 작성 → 입찰 공고 → 판매자 제안서 접수 → 업체 평가 → 종합 평가 → 협상 → 계약

B. 입찰 공고 → 판매자 제안서 접수 → 조달작업 기술서 작성 → 업체 평가 → 종합 평가 → 협상 → 계약

C. 조달작업 기술서 작성 → 업체 평가 → 종합 평가 → 협상 → 입찰 공고 → 판매자 제안서 접수 → 계약

D. 계약 → 입찰 공고 → 판매자 제안서 접수 → 업체 평가 → 종합 평가 → 협상 → 조달작업 기술서 작성

> **해설**
> 조달작업 기술서 작성 → 개략적인 비용 산정 → 입찰 공고 → 적격판매 후보업체 목록 → 입찰서 발행 → 판매자 제안서 접수 → 제안 평가 → 비용 평가 → 종합 평가 → 협상 → 계약의 순서로 조달은 수행된다.
>
> 정답: A

10 어떤 프로젝트에서 조달 결정사항을 문서화 하고 조달방식을 구체화하며 잠재적 공급가능업체를 식별하는 활동을 하고 있다. 이 프로젝트는 지금 어떤 과정을 진행하고 있는가?

A. 착수 프로세스 그룹
B. 계획 프로세스 그룹
C. 실습 프로세스 그룹
D. 감시 및 통제 프로세스 그룹

해설

조달 결정사항의 문서화, 조달방식 결정, 공급 가능업체 식별은 조달관리 계획수립 프로세스에서 하는 활동이다. 조달관리 계획수립 프로세스는 계획 프로세스 그룹에 속한다.

정답: B

MEMO

CHAPTER 13

프로젝트 이해관계자 관리
(Project Stakeholder Management)

프로젝트의 성공은 이해관계자를 어떻게 관리하는가에 따라 큰 영향을 받는다. 프로젝트관리자는 이해관계자를 파악하고, 이해관계자를 프로젝트 활동에 참여시키고, 이해관계자의 요구사항을 충족시키기 위한 관리 활동을 해야 하며, 각 이해관계자가 프로젝트에 미치는 영향이나 프로젝트로부터 이해관계자가 받는 영향을 파악하여 적절한 이해관계자 관리 계획을 수립하여 실행한다. 프로젝트관리자와 프로젝트관리팀은 프로젝트의 전 생애주기 동안 주요 이해관계자와 지속적으로 소통하여 이해관계자에 의해서 발생할 수 있는 리스크를 관리해야 하고, 이해관계자의 요구사항을 확인하고 요구사항의 변경을 관리할 수 있어야 한다.

13.1 이해관계자 식별(Identify Stakeholders)
13.2 이해관계자 참여 계획수립(Plan Stakeholder Engagement)
13.3 이해관계자 참여 관리(Manage Stakeholder Engagement)
13.4 이해관계자 참여 감시(Monitor Stakeholder Engagement)

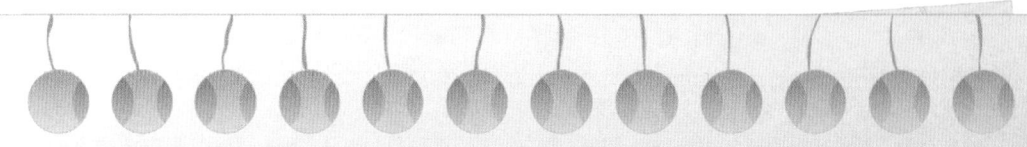

핵심용어

이해관계자 참여관리 계획서(Stakeholder Engagement Plan), 이해관계자 참여 감시(Monitor Stakeholder Engagement), 이해관계자 참여 평가 매트릭스(Stakeholder Engagement Assessment Matrix), 이해관계자 참여 계획수립(Plan Stakeholder Engagement), 이해관계자 참여 관리(Manage Stakeholder Engagement), 대인관계 및 팀 기술(Interpersonal and Team Skills), 이해관계자 관리대장(Stakeholder Register), 이해관계자 식별(Identify Stakeholders), 이해관계자 분석(Stakeholder Analysis), 이해관계자(Stakeholder)

시험출제경향

1. 프로젝트 이해관계자 용어의 정의를 정확하게 이해한다.
2. 이해관계자 관리대장의 용도를 이해한다.
3. 식별한 이해관계자의 우선순위를 결정하는 기법을 이해한다.
4. 이해관계자가 프로젝트에 미치는 영향의 유형을 파악한다.
5. 이해관계자의 참여가 중요한 프로세스를 알고 있다.
6. 이해관계자의 참여가 프로젝트에 미치는 영향을 이해한다.

■ **프로젝트 이해관계자 관리의 중요 개념**

프로젝트에는 프로젝트의 진행과정이나 결과물에 영향을 미치거나 영향을 받는 이해관계자가 존재한다. 이해관계자에 따라 긍정적인 영향을 주거나 영향을 받을 수도 있고, 부정적인 영향을 주거나 받을 수도 있다. 이해관계자의 프로젝트에 대한 태도나 마음은 프로젝트와의 관계에 따라 협조적일 수도 있고 비협조적일 수도 있다. 이해관계자들 간의 이해관계가 상충되어 다툼이 발생할 수 있다. 이러한 상황은 프로젝트 추진에 장애가 될 수도 있다.

프로젝트관리자가 프로젝트를 성공적으로 수행하기 위해서는 주요 이해관계자를 파악하고, 주요 이해관계자의 요구사항을 파악하여 충족해야 한다. 이해관계자의 요구사항은 프로젝트가 산출해야 하는 제품이나 서비스에 영향을 주기도 하고, 프로젝트관리 계획에 영향을 주기도 한다. 프로젝트관리자는 이해관계자가 프로젝트 활동에 적절하게 참여하여 이해관계자의 요구사항이 충족될 수 있도록 하고, 이해관계자로부터의 이슈사항을 조기에 확인하여 대응해야 한다.

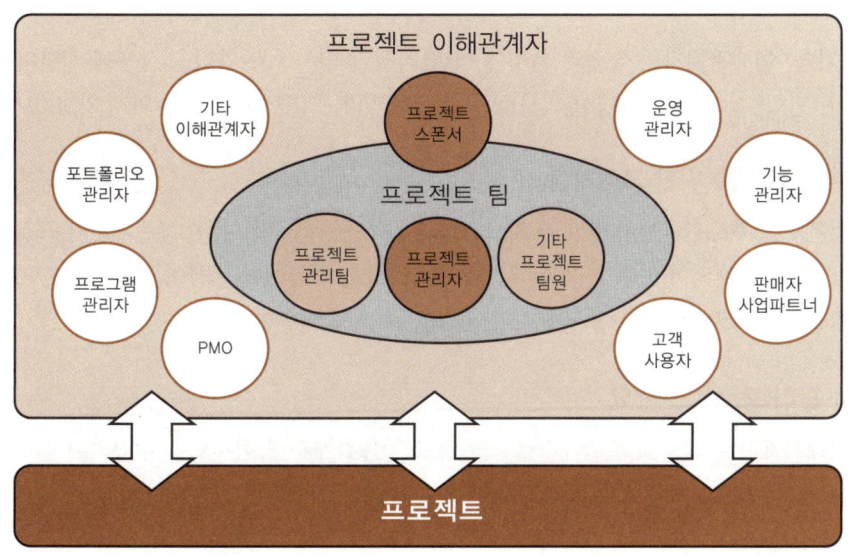

▲ 프로젝트 이해관계자 구성도

■ **프로젝트 이해관계자 관리의 동향**

현대 사회는 개인과 개인, 개인과 조직, 조직과 조직 간의 관계가 점점 복잡해 지고 있기 때문에 프로젝트를 수행할 때 다양한 이해관계가 형성된다. 회사의 모든 임직원, 주주, 인·허가 기관, 로비단체, 환경단체, 금융기관, 언론, 프로젝트팀뿐만 아니라 프로젝트의 진행과정이나 결과물로부터 영향을 받을 것이라고 생각하는 개인, 단체까지도 이해관계자에 포함시키고 있다.

프로젝트관리자는 프로젝트를 수행할 때 다음과 같은 이해관계자 관리 전략을 참고하는 것이 좋다.

- 범위를 한정하지 않고 모든 분야의 이해관계자를 식별한다.
- 모든 프로젝트 팀원은 이해관계자 참여 관리에 참여하도록 한다.
- 이해관계자 분석 활동은 정기적으로 또는 변경 발생 시 한다.

- 식별한 이해관계자들의 프로젝트에 미치는 영향의 정도를 기준으로 우선순위를 결정하여 중요한 이해관계자를 적극적으로 관리한다.
- 프로젝트관리자는 이해관계자의 이익과 프로젝트의 목표가 충돌되지 않도록 사전에 파악하고 조정하는 것이 좋다.
- 중요 이해관계자로부터 발생할 수 있는 리스크를 사전에 식별하여 대응하도록 한다.

■ 프로젝트 환경에 따른 이해관계자 관리의 조정

프로젝트관리자는 이해관계자의 다음과 같은 특성을 이해하고 프로젝트관리 활동을 적절하게 조정할 수 있어야 한다.

- 이해관계자의 다양성: 이해관계자의 수, 이해관계자의 문화적 다양성을 확인한다.
- 이해관계자 관계의 복잡성: 프로젝트와 이해관계자, 이해관계자 간의 서로 상충되는 이해관계가 존재한다.
- 의사소통 기술: 이해관계자의 특성과 환경에 따라 적절한 의사소통 방법을 사용해야 한다. 대면 미팅, SNS, 우편, 전화, 이메일 등 다양한 의사소통 방법이 있다. 의사소통의 시기와 주기도 고려해야 한다.

■ 애자일/적응형 환경을 위한 고려사항

애자일 방법은 프로젝트관리에서 정보나 자료의 공유, 공개를 강조한다. 이해관계자가 프로젝트의 현재 정보를 알고 있고, 공개되어 있는 경우 이해관계자의 적극적인 참여를 이끌어 낼 수 있다. 프로젝트를 수행하면서 매일 프로젝트 진행상황을 공유하고 리스크, 이슈에 대응한다.

■ 이해관계자 관리 프로세스 개요

프로젝트 이해관계자 관리는 이해관계자를 식별하고 이해관계자 참여계획을 수립하여 이해관계자가 참여하도록 한다. 이해관계자 참여 감시 프로세스에서는 이해관계자가 참여계획에 따라 프로젝트 활동에 참여하는지 확인한다.

▣ 이해관계자관리 프로세스의 기능

프로세스 그룹	프로세스	내용
착수	13.1 이해관계자 식별	프로젝트의 진행과정이나 결과물에 영향을 주거나 받는 이해관계자를 찾아내어 문서화 하는 프로세스
기획	13.2 이해관계자 참여 계획수립	프로젝트 활동에 중요 이해관계자가 참여하는 방식과 일정 계획을 수립하는 프로세스
실행	13.3 이해관계자 참여 관리	프로젝트 활동에 중요 이해관계자가 참여하도록 하고 결과를 측정하여 문서화 하는 프로세스
감시 및 통제	13.4 이해관계자 참여 감시	이해관계자 참여 활동의 결과를 확인하고 계획과의 차이를 확인하여 계획대로 참여할 수 있도록 조치하는 프로세스

프로젝트 이해관계자 관리 프로세스를 수행하기 위해 필요한 투입물(문서, 정보, 데이터)과 프로세스에서 작성해야 하는 산출물(문서, 정보, 데이터)을 정리한 것이다. 프로세스를 수행하기 위해 사용할 수 있는 도구와 기법도 표시되어 있다.

▣ 이해관계자 관리 프로세스 개요

프로세스	투입물	도구 및 기법	산출물
13.1 이해관계자 식별	1) 프로젝트헌장 2) 비즈니스 문서 3) 프로젝트관리 계획서 4) 프로젝트 문서 5) 협약 6) 기업환경요인 7) 조직 프로세스 자산	1) 전문가 판단 2) 데이터 수집 3) 데이터 분석 4) 공급자 선정 분석 5) 회의	1) 이해관계자 관리대장 2) 변경 요청 3) 프로젝트 문서 업데이트 4) 조직 프로세스 자산 업데이트
13.2 이해관계자 참여 계획수립	1) 프로젝트헌장 2) 프로젝트관리 계획서 3) 프로젝트 문서 4) 협약 5) 조달작업 기술서(SOW) 6) 조직 프로세스 자산	1) 전문가 판단 2) 데이터 수집 3) 데이터 분석 4) 의사결정 5) 데이터 표현 6) 회의	1) 이해관계자 참여관리 계획서
13.3 이해관계자 참여 관리	1) 프로젝트관리 계획서 2) 프로젝트 문서 3) 기업환경요인 4) 조직 프로세스 자산	1) 전문가 판단 2) 의사소통 기술 3) 대인관계 및 팀 기술 4) 기본 규칙 5) 회의	1) 변경 요청 2) 프로젝트관리 계획서 업데이트 3) 프로젝트 문서 업데이트
13.4 이해관계자 참여 감시	1) 프로젝트관리 계획서 2) 프로젝트 문서 3) 작업성과 데이터 4) 기업환경요인 5) 조직 프로세스 자산	1) 데이터 분석 2) 의사결정 3) 데이터 표현 4) 의사소통 스킬 5) 대인관계 및 팀 기술 6) 회의	1) 작업성과 정보 2) 변경 요청 3) 프로젝트관리 계획서 업데이트 4) 프로젝트 문서 업데이트

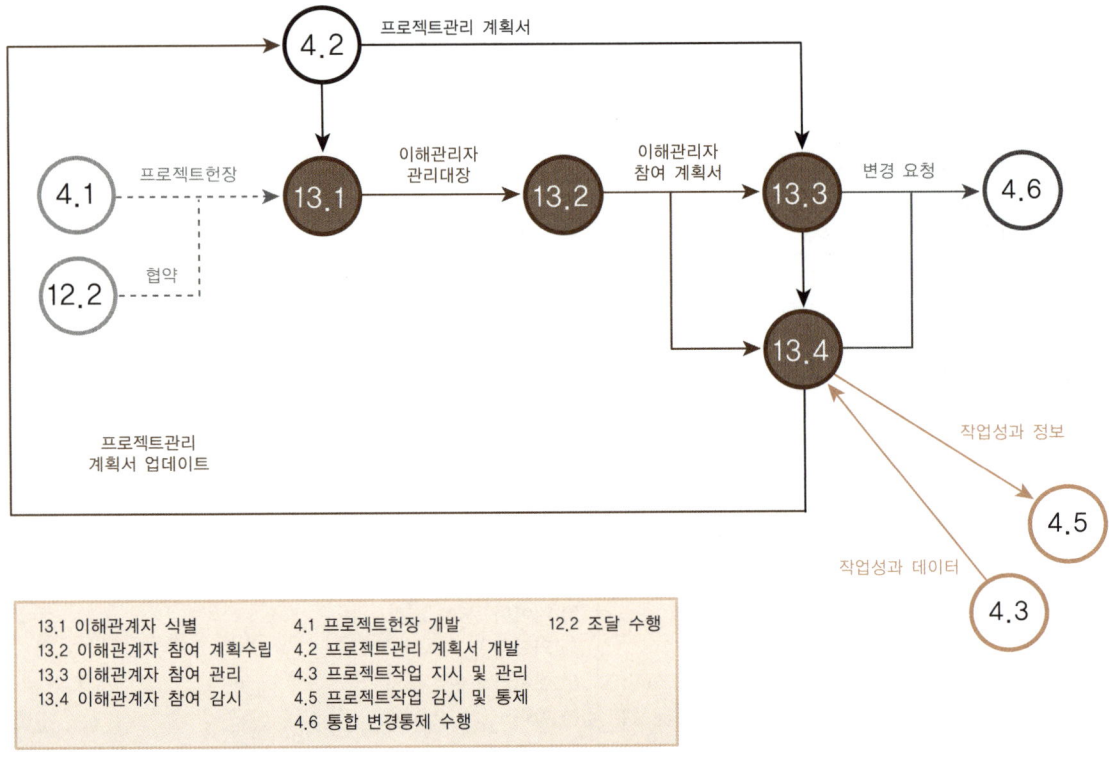

▲ 이해관계자 관리 프로세스 흐름도

13.1 이해관계자 식별(Identify Stakeholders)

프로세스 정의

이해관계자를 식별하고 이해관계자, 참여도, 영향력 등 이해관계자가 프로젝트에 미치는 영향을 분석하여 이해관계자 관리대장을 작성한다.

프로세스 기능

프로젝트팀이 이해관계자를 알게 하고 영향도가 높은 이해관계자를 결정하여 효율적으로 이해관계자를 관리할 수 있게 한다.

■ 이해관계자 식별 프로세스의 투입물, 도구 및 기법, 산출물

구분	항목	

투입물	1) 프로젝트헌장
	2) 비즈니스 문서
	  • 비즈니스 케이스
	  • 편익관리 계획서
	3) 프로젝트관리 계획서
	  • 의사소통관리 계획서
	  • 이해관계자 참여 계획서
	4) 프로젝트 문서
	  • 변경사항 기록부
	  • 이슈 기록부
	  • 요구사항 문서
	5) 협약
	6) 기업환경요인(EEF)
	7) 조직 프로세스 자산(OPA)
		1) Project Charter
		2) Business Documents
		  • Business Case
		  • Benefits Management Plan
		3) Project Management Plan
		  • Communication Management Plan
		  • Stakeholder Engagement Plan
		4) Project Documents
		  • Change Log
		  • Issue Log
		  • Requirements Documentation
		5) Agreements
		6) Enterprise Environment Factors
		7) Organizational Process Assets

도구 및 기법	1) 전문가 판단
	2) 데이터 수집
	  • 설문지 및 설문조사
	  • 브레인스토밍
	3) 데이터 분석
	  • 이해관계자 분석
	  • 문서 분석
	4) 데이터 표현
	  • 이해관계자 매핑/표현
	5) 회의
		1) Expert Judgement
		2) Data Gathering
		  • Questionnaires and Surveys
		  • Brainstorming
		3) Data Analysis
		  • Stakeholder Analysis
		  • Document Analysis
		4) Data Representation
		  • Stakeholder Mapping/Representation
		5) Meetings

산출물	1) 이해관계자 관리대장
	2) 변경 요청
	3) 프로젝트관리 계획서 업데이트
	  • 요구사항관리 계획서
	  • 의사소통관리 계획서
	  • 리스크관리 계획서
	  • 이해관계자 참여 계획서
	4) 프로젝트 문서 업데이트
	  • 가정사항 기록부
	  • 이슈 기록부
	  • 리스크 관리대장
		1) Stakeholder Register
		2) Change Requests
		3) Project Management Plan Updates
		  • Requirements Management Plan
		  • Communications Management Plan
		  • Risk Management Plan
		  • Stakeholder Engagement Plan
		3) Project Documents Updates
		  • Assumption Log
		  • Issue Log
		  • Risk Register

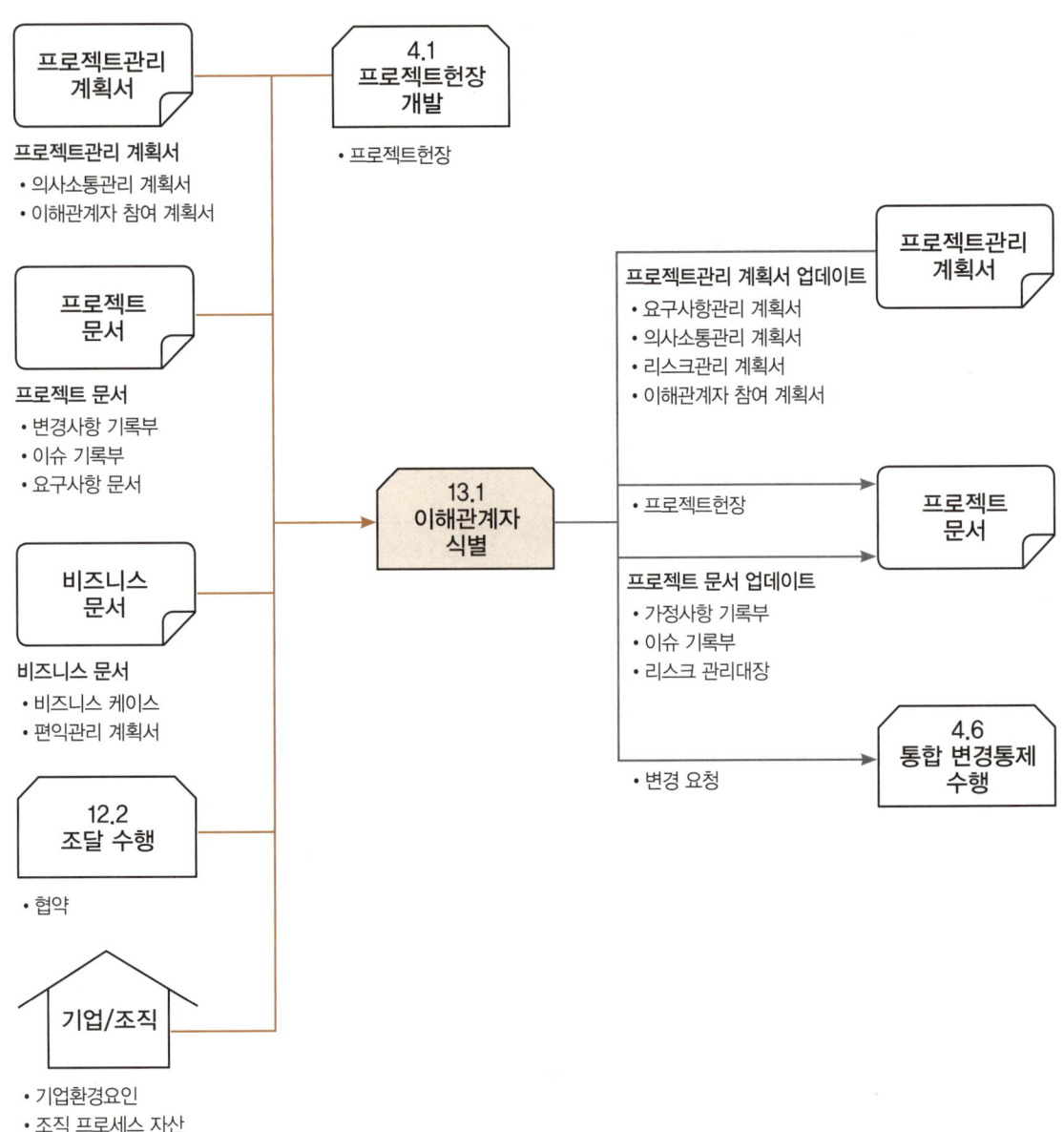

▲ 이해관계자 식별 프로세스의 정보 흐름도

프로세스 해설

이해관계자 식별 프로세스에서는 이해관계자 관리대장을 산출한다. 이해관계자 관리대장은 이해관계자 참여 계획수립 프로세스에 투입되고, 의사소통관리 계획수립, 요구사항 수집, 리스크관리 계획수립 등 여러 프로세스의 입력물로 투입된다.

13.1.1 이해관계자 식별: 투입물

(1) 프로젝트헌장
프로젝트헌장에 주요 이해관계자 목록과 정보가 포함될 수 있다.

(2) 비즈니스 문서
- 비즈니스 케이스: 프로젝트 목표가 기술되고, 목표에 영향을 주거나 받는 이해관계자를 식별하는 데 참고한다.
- 편익관리 계획서: 프로젝트의 편익(Project Benefit)이 실현되는 일정을 기록한다. 프로젝트의 편익에 영향을 주거나 영향을 받는 이해관계자를 확인할 수 있다.

(3) 프로젝트관리 계획서
이해관계자 식별 프로세스는 프로젝트를 수행하는 동안 여러 번 수행하는 것이 좋다. 프로젝트 착수 시점에는 프로젝트관리 계획서가 없지만 이후 반복 수행과정에서는 입력물로 투입될 수 있다.
- 의사소통관리 계획서: 의사소통관리 계획과 이해관계자 관리는 밀접한 관계가 있다.
- 이해관계자 참여관리 계획서: 참여관리 계획서의 내용에서 새로운 이해관계자를 식별할 수 있거나, 이해관계자 정보를 추가할 수 있다.

(4) 프로젝트 문서
프로젝트 초기에는 프로젝트 문서가 존재하지 않지만 반복되는 이해관계자 식별 프로세스에서는 프로젝트 문서를 입력물로 참고할 수 있다.
- 변경사항 기록부: 새로운 이해관계자가 등록되거나 이해관계의 변경 정보가 기록되어 있다.
- 이슈 기록부: 등록되어 있는 이슈로부터 원인이 되는 이해관계자를 식별할 수도 있다.
- 요구사항 문서: 요구사항을 충족하기 위해서 관련된 이해관계자를 식별할 수 있다.

(5) 협약
계약서의 내용을 이행하기 위해서 소통해야 할 이해관계자를 식별할 수 있다.

(6) 기업환경요인
- 관련 법률, 제도, 규정
- 산업표준
- 산업분야의 관례, 관습, 동향
- 설비와 자원의 지리적 위치와 분포

(7) 조직 프로세스 자산
- 과거 수행한 유사한 프로젝트의 이해관계자 관리대장 선례 정보
- 유사 프로젝트의 이해관계자 관련 문서와 데이터
- 이해관계자 관리대장 템플릿
- 프로젝트에서 활용할 수 있는 이해관계자 관리 시스템

13.1.2 이해관계자 식별: 도구 및 기법

(1) 전문가 판단
- 조직의 정치적 역학 관계, 권력 구조의 이해
- 프로젝트에서 준수해야 하는 법, 제도, 규정, 표준에 대한 이해
- 프로젝트 결과물이 사용되는 여건, 조건에 대한 이해

(2) 데이터 수집
- 설문조사: 많은 사람을 대상으로 대량의 정보와 데이터를 수집할 수 있다.
- 브레인스토밍: 관련 분야 전문가들이 모여 아이디어를 내고 정리하는 기법으로 짧은 시간에 많은 아이디어를 수집할 수 있다. 브레인라이팅(Brain Writing) 기법은 향상된 브레인스토밍 기법으로 참여자의 아이디어를 기록하는 과정을 통하여 아이디어를 수집하는 방법이다. 발표가 서툰 사람이 있거나, 이해관계가 있는 경우 남의 눈치를 보지 않고 아이디어를 낼 수 있는 기법이다.

(3) 데이터 분석
식별한 이해관계자와 관련된 데이터를 분석하여 이해관계자의 영향도, 태도, 관리전략 등을 수립하는 데 참고할 수 있다.
- 이해관계: 프로젝트의 과정이나 결과에 영향을 주거나 받는 요인. 정신적, 금전적, 신뢰 등의 항목에서 이해관계가 있을 수 있다.
- 권리: 프로젝트에 대한 법적, 도덕적 권리이다.
- 소유권: 이해관계자의 재산, 자산과 관계가 있을 수 있다.
- 지식, 기여: 이해관계자는 프로젝트로부터 지식의 발전을 이룰 수도 있고, 기여활동을 통하여 정신적 만족을 추구할 수도 있다.

(4) 데이터 표현

- 권력-관심도 배치도: 이해관계자가 프로젝트에 대해 가지고 있는 권력과 관심도를 분석하여 이해관계자의 중요도를 분류할 수 있다.

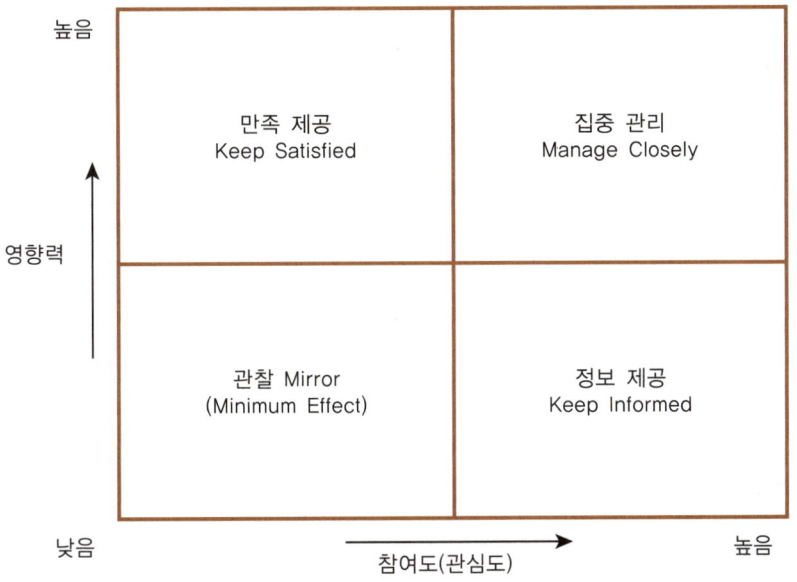

▲ 이해관계자 분류 기법: Power-Interest Matrix

- 이해관계자 큐브: 배치도를 3차원 모델로 발전시켜 이해관계자를 분석하여 적절한 참여 전략을 수립할 때 사용할 수 있다.
- 현저성 모델: 권력, 긴급성, 적합성을 요소로 이해관계자를 분류한다.

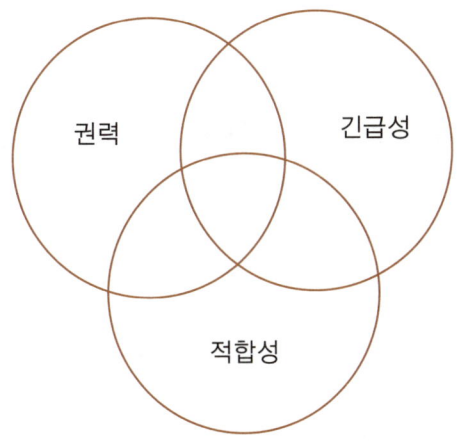

▲ 현저성 모델

- **영향력의 방향**: 상향, 하향, 외향, 측면방향 등의 유형으로 이해관계자를 분류한다.
- **우선순위**: 이해관계자가 많은 경우 이해관계자의 중요도에 따라 우선순위를 정하여 우선순위가 높은 이해관계자를 우선하여 관리하는 전략을 사용할 수 있다.

13.1.3 이해관계자 식별: 산출물

(1) 이해관계자 관리대장

이해관계자 식별 프로세스의 중요 산출물은 이해관계자 관리대장이다. 이해관계자 관리대장에는 개인 신상정보, 평가정보, 이해관계자 유형 등의 정보가 기록된다.

(2) 변경 요청

이해관계자 식별 프로세스를 반복적으로 수행하면 기존에 작성된 프로젝트 목표나 프로젝트 관리계획서의 변경이 필요할 수 있다. 변경 요청은 (4.6)통합 변경통제 프로세스에서 처리된다.

(3) 프로젝트관리 계획서 업데이트

요구사항관리 계획서, 의사소통관리 계획서, 리스크관리 계획서, 이해관계자 참여관리 계획서가 업데이트 될 수 있다. 프로젝트 초기에는 프로젝트관리 계획서를 작성하지 않지만, 작성된 이후에 수행하는 이해관계자 식별 프로세스를 통하여 업데이트할 수 있다.

(4) 프로젝트 문서 업데이트

이해관계자 식별 프로세스 수행 결과로 가정사항 기록부, 이슈 기록부, 리스크 관리대장을 업데이트 할 수 있다.

13.2 이해관계자 참여 계획수립(Plan Stakeholder Engagement)

프로세스 정의

이해관계자 식별과정에서 수집된 정보를 기준으로 프로젝트 수행에 이해관계자를 참여할 수 있도록 하기 위한 계획을 수립한다.

프로세스 기능

이해관계자를 프로젝트에 참여시킴으로써 이해관계자와 의사소통이 원활해지고, 이해관계자의 요구사항을 충족시킬 수 있다.

■ 이해관계자 참여 계획수립 프로세스의 투입물, 도구 및 기법, 산출물

구분	항목	

투입물	1) 프로젝트헌장
	2) 프로젝트관리 계획서
	  • 자원관리 계획서
	  • 의사소통관리 계획서
	  • 리스크관리 계획서
	3) 프로젝트 문서
	  • 가정사항 기록부
	  • 변경 기록부
	  • 이슈 기록부
	  • 프로젝트 일정
	  • 리스크 관리대장
	  • 이해관계자 관리대장
	4) 협약
	5) 기업환경요인(EEF)
	6) 조직 프로세스 자산(OPA)
		1) Project Charter
		2) Project Management Plan
		  • Resource Management Plan
		  • Communication Management Plan
		  • Risk Management Plan
		3) Project Documents
		  • Assumption Log
		  • Change Log
		  • Issue Log
		  • Project Schedule
		  • Risk Register
		  • Stakeholder Register
		4) Agreements
		5) Enterprise Environmental Factors
		6) Organizational Process Assets

도구 및 기법	1) 전문가 판단
	2) 데이터 수집
	  • 벤치마킹
	3) 데이터 분석
	  • 가정 및 제약 분석
	  • 원인 분석
	4) 의사결정
	  • 우선순위 지정/등급 지정
	5) 데이터 표현
	  • 마인드매핑
	  • 이해관계자 참여 평가 매트릭스
	6) 회의
		1) Expert Judgement
		2) Data Gathering
		  • Benchmarking
		3) Data Analysis
		  • Assumption and Constraint Analysis
		  • Root Cause Analysis
		4) Decision Making
		  • Prioritization/Ranking
		5) Data Representation
		  • Mind Mapping
		  • Stakeholder Engagement Assessment Matrix
		6) Meetings

산출물	1) 이해관계자 참여 계획서	1) Stakeholder Engagement Plan

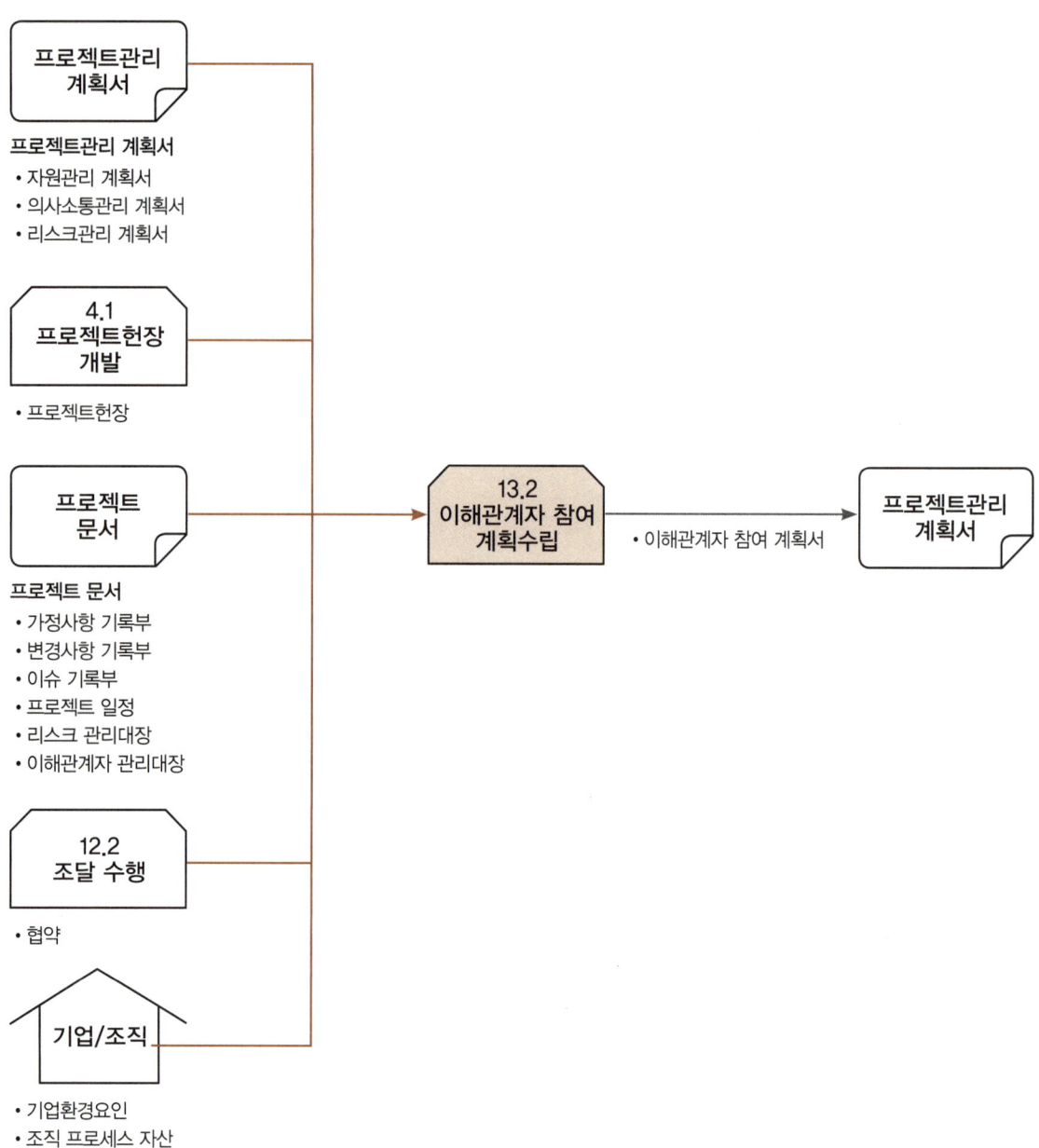

▲ 이해관계자 참여 계획수립 프로세스의 정보 흐름도

> **프로세스 정의**
> 이해관계자 참여 계획수립 프로세스에서 산출된 이해관계자 참여 계획서는 프로젝트관리 계획서에 추가된다.

이해관계자 참여 관리계획은 프로젝트 생애주기 초반에 개발되어야 하며, 이해관계자의 변동이 있을 경우 업데이트 된다. 이해관계자 참여 계획서가 수정되는 상황의 사례를 일부 제시하였다.

- 프로젝트의 새로운 단계를 시작할 때
- 고객사 조직의 변경이 발생했을 때
- 조직의 정치적 상황의 변화로 권력 구조가 바뀌었을 때
- 리스크 대응활동으로 프로젝트 상황이 변경되었을 때

13.2.1 이해관계자 참여 계획수립: 투입물

(1) 프로젝트헌장
프로젝트 초반에 전체적이고 개략적인 프로젝트의 목적, 배경, 목표 등이 기술된다.

(2) 프로젝트관리 계획서
이해관계자 참여 계획수립 프로세스를 수행하기 위해서는 프로젝트관리 계획서의 자원관리 계획서, 의사소통관리 계획서, 리스크관리 계획서 등의 내용을 참조하는 것이 좋다.

(3) 프로젝트 문서
- 가정사항 기록부: 가정사항, 제약사항이 기록되어 있다.
- 변경사항 기록부: 승인된 변경사항을 기록하고, 여러 관리계획서를 업데이트 한다.
- 이슈 기록부: 발생한 이슈와 조치사항, 조치 결과 등이 이해관계자 참여 계획서에 영향을 줄 수 있다.
- 프로젝트 일정: 프로젝트 활동 수행 시기에 따라 이해관계자 참여 일정을 조정한다.
- 리스크 관리대장: 리스크 대응계획은 이해관계자 참여 계획서 작성에 중요한 고려 사항이다.
- 이해관계자 관리대장: 이해관계자 목록과 정보가 기록되어 있다. 이해관계자 참여 계획수립에 중요한 정보를 포함하고 있다.

(4) 협약
계약서의 내용을 이행하기 위해 필요한 이해관계자 참여사항을 식별하여 참여 계획서에 반영할 수도 있다.

13.2.2 이해관계자 참여 계획수립: 도구 및 기법

(1) 전문가 판단
이해관계자 참여 계획을 수립하기 위하여 조직 내·외부에 존재하는 정치, 권력의 구조를 이해할 수 있어야 하고, 프로젝트 환경과 영향을 주는 문화를 파악할 수 있어야 한다.

(2) 데이터 수집
이해관계자 참여 계획서를 작성할 때 필요한 데이터와 정보를 수집한다.

(3) 데이터 분석

가정 및 제약 분석, 근본원인 분석 등의 기법을 사용하여 데이터를 분석한다.

(4) 의사결정

이해관계자의 데이터를 분석하여 우선순위와 등급을 지정한다. 이해관계자의 프로젝트에 대한 영향력의 크기에 따라 우선순위를 결정한다.

(5) 데이터 표현

수집된 데이터를 분석하기 위하여 다음과 같은 표현 기법을 사용할 수 있다.

- 마인드매핑: 이해관계자 목록, 이해관계자 특성, 정보, 이해관계자 간의 관계 등을 시각화 할 수 있다.
- 이해관계자 참여 매트릭스: 이해관계자의 프로젝트에 대한 관심과 참여도에 따라 비인지형, 저항형, 중립형, 지원형, 주도형 등으로 분류할 수 있다. 이해관계자 참여 평가 매트릭스를 사용하여 이해관계자의 현재 상태와 프로젝트에서 요구하는 상태를 확인하여 차이를 식별할 수 있다. 현재 수준과 목표 수준과의 차이를 줄이기 위한 이해관계자 참여 계획을 수립하는 것이 좋다.

▣ 이해관계자 참여 평가 매트릭스

이해관계자	비인지형	저항형	중립형	지원형	주도형
이해관계자1	C			D	
이해관계자2			C	D	
이해관계자3				C / D	
C=현재상태, D=요구되는 상태					

13.2.3 이해관계자 참여 계획수립: 산출물

(1) 이해관계자 참여 계획서

이해관계자 참여 계획서에는 프로젝트 활동에 주요 이해관계자가 참여 방법, 의사소통 방법, 요구사항 충족 방법, 이해관계자와의 관계 개선 방법 등을 기술하여 관리한다. 이해관계자를 효율적으로 관리할 수 있는 계획이 수립된다.

13.3 이해관계자 참여 관리(Manage Stakeholder Engagement)

> **프로세스 정의**
> 이해관계자의 요구사항과 기대사항을 충족시키기 위하여 이해관계자와 소통하고, 프로젝트 활동에 참여하도록 하는 프로세스이다.

> **프로세스 기능**
>
> 프로젝트 이해관계자의 요구사항과 기대사항을 충족시키기 위한 적절한 활동을 하여, 이해관계자와의 관계를 개선하고 적절한 지원과 협력을 받을 수 있도록 한다.

■ 이해관계자 참여관리 프로세스의 투입물, 도구 및 기법, 산출물

구분	항목	
투입물	1) 프로젝트관리 계획서 　• 의사소통관리 계획서 　• 리스크관리 계획서 　• 이해관계자 참여 계획서 　• 변경관리 계획서 2) 프로젝트 문서 　• 변경사항 기록부 　• 이슈 기록부 　• 교훈 관리대장 　• 이해관계자 관리대장 3) 기업환경요인 4) 조직 프로세스 자산	1) Project Management Plan 　• Communication Management Plan 　• Risk Management Plan 　• Stakeholder Engagement Plan 　• Change Management Plan 2) Project Documents 　• Change Log 　• Issue Log 　• Lessons Learned Register 　• Stakeholder Register 3) Enterprise Environmental Factors 4) Organizational Process Assets
도구 및 기법	1) 전문가 판단 2) 의사소통 기법 　• 피드백 3) 대인관계 및 팀 기술 　• 갈등관리 　• 문화적 인식 　• 협상 　• 관찰/대화 　• 정치적 인식 4) 기본 규칙 5) 회의	1) Expert Judgement 2) Communication Skills 　• Feedback 3) Interpersonal and Team Skills 　• Conflict Management 　• Cultural Awareness 　• Negotiation 　• Observation/Conversation 　• Political Awareness 4) Ground Rules 5) Meetings
산출물	1) 변경 요청 2) 프로젝트관리 계획서 업데이트 　• 의사소통관리 계획서 　• 이해관계자 참여 계획서 3) 프로젝트 문서 업데이트 　• 변경사항 기록부 　• 이슈 기록부 　• 교훈 관리대장 　• 이해관계자 관리대장	1) Change Requests 2) Project Management Plan Updates 　• Communication Management Plan 　• Stakeholder Engagement Plan 4) Project Documents Updates 　• Change Log 　• Issue Log 　• Lessons Learned Register 　• Stakeholder Register

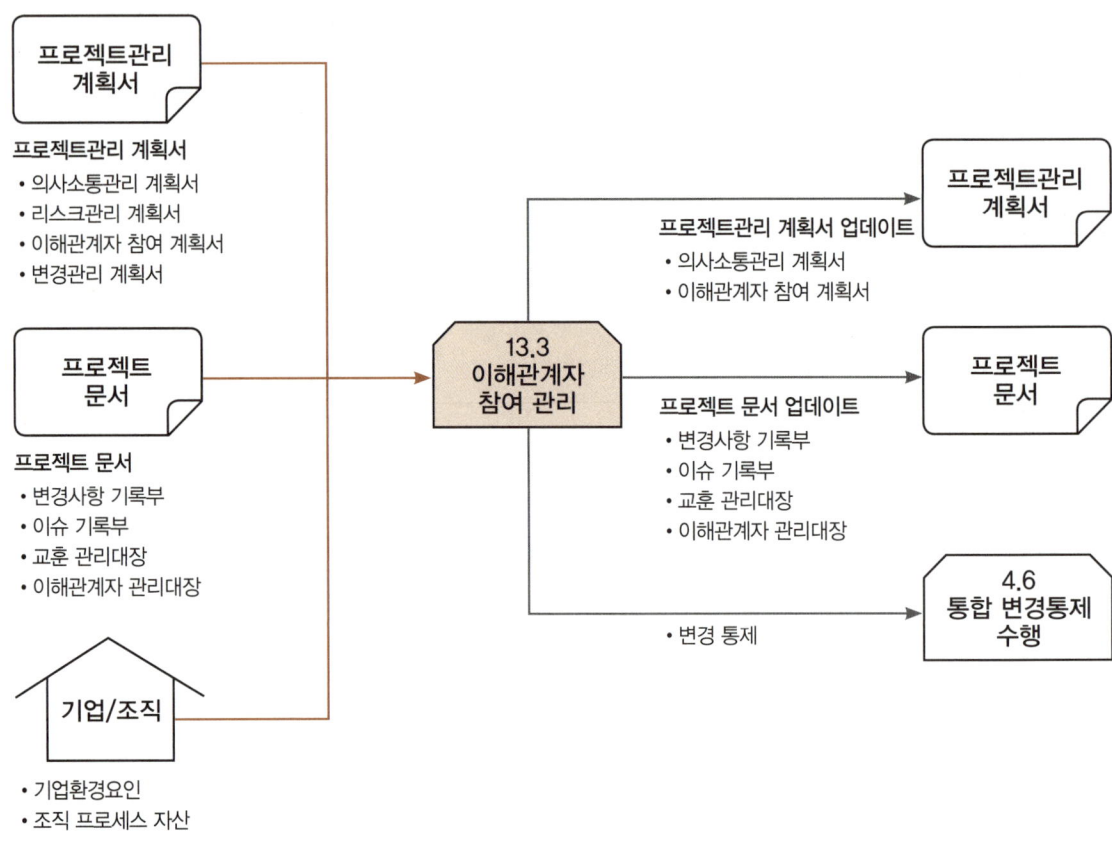

▲ 이해관계자 감시 프로세스의 정보 흐름도

> **프로세스 해설**
>
> 이해관계자 참여관리 프로세스를 수행하면 이해관계자 참여 계획서에 따라 이해관계자가 프로젝트 활동에 참여한다. 변경해야 할 사항이 있으면 변경 요청을 하고, (4.6)통합 변경통제 수행 프로세스에서 처리된다.

이해관계자 참여 프로세스에서 수행하는 활동에는 관련된 중요 이해관계자의 참여를 유도하고, 의사소통을 통하여 이해관계자의 요구사항과 기대사항을 충족시키며, 향후 발생할 수 있는 잠재적 리스크를 예방하거나 사전에 대응조치를 실행할 수 있도록 한다.

13.3.1 이해관계자 참여 관리: 투입물

(1) 프로젝트관리 계획서

이해관계자 참여관리 프로세스의 수행을 위해서 프로젝트관리 계획서에 포함되어 있는 의사소통관리 계획서, 리스크관리 계획서, 이해관계자 참여관리 계획서, 변경관리 계획서 등을 투입물로 사용할 수 있다.

(2) 프로젝트 문서

이해관계자 참여관리 프로세스 수행을 위해 변경사항 기록부, 이슈 기록부, 교훈 관리대장, 이해관계자 관리대장 등의 문서를 참고한다.

13.3.2 이해관계자 참여 관리: 도구 및 기법

(1) 전문가 판단

이해관계자 참여 관리를 수행하기 위해서는 프로젝트 조직 내부·외부의 정치적 역학관계, 권력 구조에 대한 전문적 지식이 필요하다. 프로젝트 환경과 문화에 대한 지식, 이해관계자 분석, 평가 기법, 의사소통 전략, 요구사항관리, 변경사항관리 등에 대한 지식이 필요하다.

(2) 의사소통 기술

이해관계자와의 의사소통을 통하여 요구사항, 기대사항을 파악할 수 있으면 협상, 갈등 관리 등을 수행할 수 있다. 이해관계자의 의견을 수집하는 방법에는 공식적·비공식적 대화, 회의, 보고, 설문조사 등의 방법을 사용할 수 있다.

(3) 대인관계와 팀 기술

프로젝트팀과 이해관계자, 이해관계자들 간의 관계를 유지, 개선하기 위해서는 여러 가지 기법과 관리 사항이 있다. 갈등관리, 문화적 차이 인식, 협상, 관찰과 대화, 정치적 상황 인식 등이 이러한 요인이다.

(4) 기본 규칙

프로젝트관리자는 프로젝트팀과 이해관계자들이 프로젝트에 참여하고 활동하기 위해 지켜야 할 기본적인 규칙을 정의해야 한다.

13.3.3 이해관계자 감시: 산출물

(1) 변경 요청

이해관계자 참여관리 프로세스의 수행 결과로 프로젝트 목표와 프로젝트관리 계획서의 내용 변경을 해야 할 수도 있다. 변경 요청은 (4.6)통합 변경통제 프로세스에서 처리한다.

(2) 프로젝트관리 계획서 업데이트

이해관계자 참여 관리 활동을 통하여 의사소통관리 계획서, 이해관계자 참여 계획서의 변경이 필요하다고 생각되는 경우 변경 요청을 하여 업데이트 한다.

(3) 프로젝트 문서 업데이트

변경사항 기록부, 이슈 기록부, 교훈 관리대장, 이해관계자 관리대장 등의 프로젝트 문서가 이해관계자 참여관리 프로세스를 수행한 결과로 업데이트될 수 있다.

13.4 이해관계자 참여 감시(Monitor Stakeholder Engagement)

> **프로세스 정의**
> 이해관계자와의 관계가 유지, 개선되고 있는지 감시하고, 이해관계자 참여 계획을 조정하는 프로세스이다.

> **프로세스 기능**
> 프로젝트의 환경 변화에 따라 이해관계자 참여가 유지되고 개선될 수 있도록 하고, 이해관계자 참여활동이 효율적이고 효과적으로 이루어 지도록 한다.

■ 이해관계자 참여 감시 프로세스의 투입물, 도구 및 기법, 산출물

구분	항목	
투입물	1) 프로젝트관리 계획서 • 자원관리 계획서 • 의사소통관리 계획서 • 이해관계자 참여 계획서 2) 프로젝트 문서 • 이슈 기록부 • 교훈 관리대장 • 프로젝트 의사소통 • 리스크 관리대장 • 이해관계자 관리대장 3) 작업성과 데이터 4) 기업환경요인(EEF) 5) 조직 프로세스 자산(OPA)	1) Project Management Plan • Resource Management Plan • Communication Management Plan • Stakeholder Engagement Plan 2) Project Documents • Issue Log • Lessons Learned Register • Project Communications • Risk Register • Stakeholder Register 3) Work Performance Data 4) Enterprise Environmental Factors 5) Organizational Process Assets
도구 및 기법	1) 데이터 분석 • 대안 분석 • 원인 분석 • 이해관계자 분석 2) 의사결정 • 다기준 의사결정 분석 • 투표 3) 데이터 표현 • 이해관계자 참여평가 매트릭스 4) 의사소통 스킬 • 피드백 • 프레젠테이션 5) 대인관계 및 팀 기술 • 적극적 경청 • 문화적 인식 • 리더십 • 네트워킹 • 정치적 인식 6) 회의	1) Data Analysis • Alternatives Analysis • Root cause Analysis • Stakeholder Analysis 2) Decision Making • Multicriteria Decision Analysis • Voting 3) Data Representation • Stakeholder Engagement Assessment Matrix 4) Communication Skills • Feedback • Presentations 5) Interpersonal and Team Skills • Active Listening • Cultural Awareness • Leadership • Networking • Political Awareness 6) Meetings

구분	항목	
산출물	1) 작업성과 정보 2) 변경 요청 3) 프로젝트관리 계획서 업데이트 　• 자원관리 계획서 　• 의사소통관리 계획서 　• 이해관계자 참여 계획서 4) 프로젝트 문서 업데이트 　• 이슈 기록부 　• 교훈 관리대장 　• 리스크 관리대장 　• 이해관계자 관리대장	1) Work Performance Information 2) Change Requests 3) Project Management Plan Updates 　• Resource Management Plan 　• Communication Management Plan 　• Stakeholder Engagement Plan 4) Project Documents Updates 　• Issue Log 　• Lessons Learned Register 　• Risk Regiater 　• Stakeholder Register

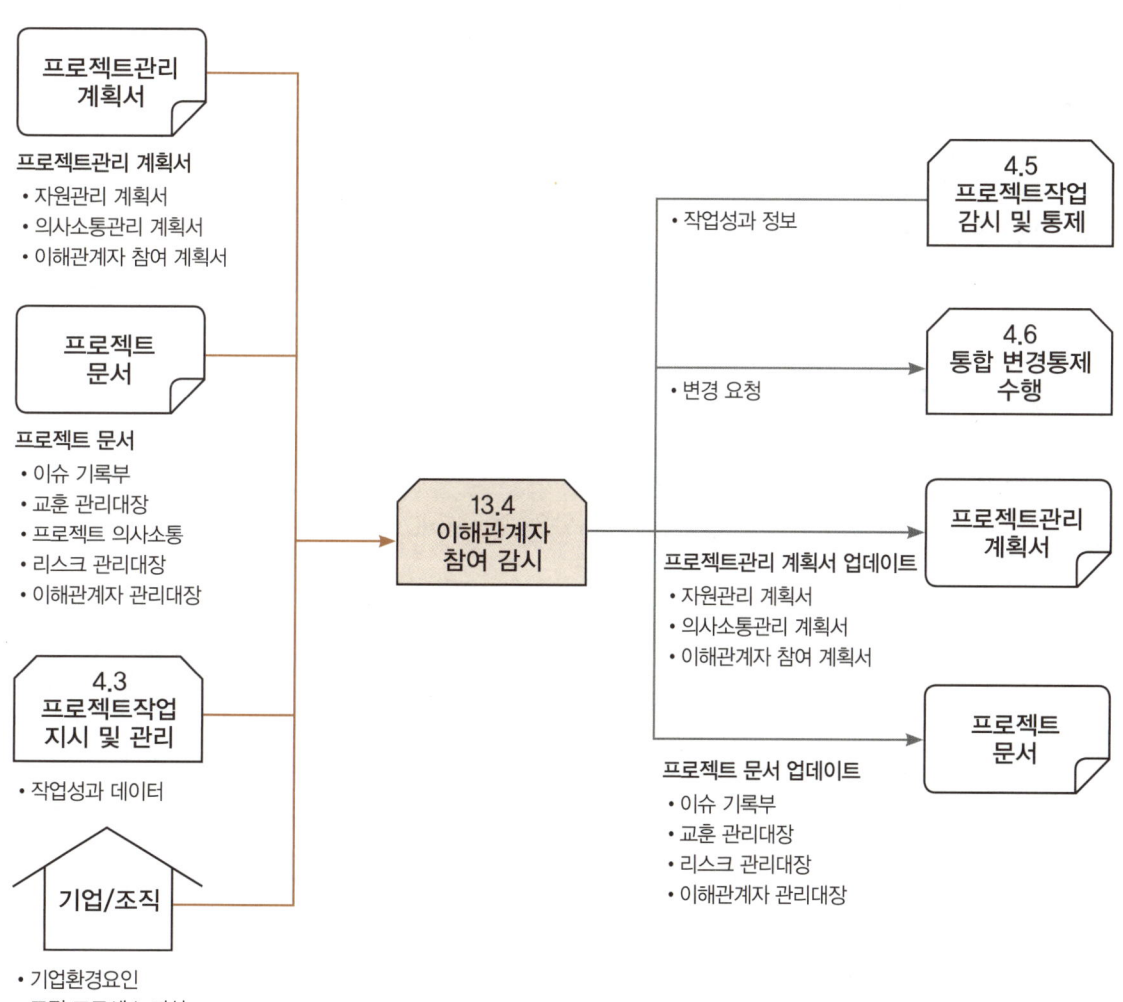

▲ 이해관계자 참여 감시 프로세스의 정보 흐름도

> **프로세스 해설**
>
> 이해관계자 참여감시 프로세스를 수행하면 이해관계자와 관련된 작업성과 데이터로부터 작업성과 정보를 산출한다. 이 정보는 (4.5)프로젝트작업 감시 및 통제 프로세스로 전달되어 의사소통관리 프로세스를 통하여 주요 이해관계자들에게 전달된다.

13.4.1 이해관계자 참여 감시: 투입물

(1) 프로젝트관리 계획서

이해관계자 참여감시 프로세스의 수행을 위해서 프로젝트관리 계획서에 포함되어 있는 자원관리 계획서, 의사소통관리 계획서, 이해관계자 참여관리 계획서, 변경관리 계획서 등을 투입물로 사용한다.

(2) 프로젝트 문서

이해관계자 참여관리 프로세스 수행을 위해 이슈 기록부, 교훈 관리대장, 프로젝트 의사소통, 리스크 관리대장, 이해관계자 관리대장 등의 문서를 참고한다.

(3) 작업성과 데이터

(4.3)프로젝트작업 지시 및 관리 프로세스에서 산출된다. 이해관계자 참여와 관련된 데이터가 포함된다.

13.4.2 이해관계자 참여 감시: 도구 및 기법

(1) 데이터 분석

이해관계자 참여와 관련된 데이터를 분석하는 기법은 대안 분석, 근본원인 분석, 이해관계자 분석 기법 등이 있다.

(2) 의사결정

- **다기준 의사결정 분석**: 이해관계자의 여러 정보를 분석하여 적절한 의사결정을 한다.
- **투표**: 이해관계자 간의 의견이 합의되지 않는 경우 많은 지지를 받는 항목으로 결정한다.

(3) 데이터 표현

수집된 데이터로부터 정보를 도출할 때 데이터를 시각화 하면 더 정확하고 상세한 정보를 얻을 수 있다. 이해관계자 참여평가 매트릭스 등이 이러한 기법의 예이다.

(4) 의사소통 기술

- **피드백**: 이해관계자의 의견을 확인하여 의사소통이 정확하고 원활하게 수행되고 있는지 알 수 있다.
- **프레젠테이션**: 프로젝트의 이슈, 상황을 이해관계자에게 설명한다.

(5) 대인관계와 팀 기술

프로젝트팀과 이해관계자, 이해관계자들 간의 관계를 유지, 개선하기 위해서는 여러 가지 기법과 관리 사항이 있다. 갈등관리, 문화적 차이 인식, 협상, 관찰과 대화, 정치적 상황 인식 등이 이러한 요인이다.

13.4.3 이해관계자 참여 감시: 산출물

(1) 작업성과 정보

작업성과 데이터와 프로젝트 목표 또는 계획과 비교하고 차이를 도출하여 작업성과 정보를 산출한다. 작업성과 정보는 프로젝트작업 감시 및 통제 프로세스의 입력물로 투입되어 작업성과 보고서가 작성될 수 있도록 한다.

(2) 변경 요청

이해관계자 참여감시 프로세스의 수행 결과로 프로젝트 목표와 프로젝트관리 계획서의 내용 변경을 해야 할 수도 있다. 변경 요청은 (4.6)통합 변경통제 프로세스에서 처리한다.

(3) 프로젝트관리 계획서 업데이트

이해관계자 참여 감시 활동을 통하여 자원관리 계획서, 의사소통관리 계획서, 이해관계자 참여 계획서의 변경이 필요하다고 생각되는 경우 변경 요청을 하여 업데이트 한다.

(4) 프로젝트 문서 업데이트

변경사항 기록부, 이슈 기록부, 교훈 관리대장, 리스크 관리대장, 이해관계자 관리대장 등의 프로젝트 문서가 이해관계자 참여감시 프로세스를 수행한 결과로 업데이트될 수 있다.

예상문제 ▶▶ 13장 프로젝트 이해관계자 관리

01 프로젝트 생애주기 전반에 이해관계자의 요구사항, 기대사항을 충족하기 위해 이해관계자와 의사소통 및 협력하고, 발생하는 이슈를 처리하며, 프로젝트 활동에 관련 이해관계자의 참여를 유도하는 프로세스는 무엇인가?

　A. 이해관계자 식별　　　　　　　　B. 이해관계자 관리 계획수립
　C. 이해관계자 참여 관리　　　　　　D. 이해관계자 참여 통제

> **해설**
> 주요 이해관계자와 소통하고 프로젝트 활동에 참여시키는 등의 활동은 이해관계자 참여 관리(Manage Stakeholder Engagement)이다.
>
> 정답: C

02 생산성 향상을 위하여 자동화 설비를 도입하여 생산공정을 개선하는 프로젝트를 진행하고 있다. 이 프로젝트의 PM이 이해관계자를 분석해 보니 생산공정 운영 책임자가 이번 프로젝트에 대해 부정적인 태도를 보이고 있는 것으로 판단되었다. 이 책임자는 프로젝트에 반드시 필요한 공정 전문가이다. 프로젝트관리자는 어떻게 관리하는 것이 가장 적절한 관리 방법인가?

　A. 고객사에 얘기하여 프로젝트에 협조적인 책임자로 교체를 요구한다.
　B. 고객사 책임자와 대화, 정보 제공을 하고 프로젝트를 이해할 수 있게 하여 중립형 또는 주도형으로 변화시키는 계획을 수립한다.
　C. 어쩔 수 없으므로 그대로 가면서 관찰한다.
　D. 무시하고 다른 담당자와 진행한다.

> **해설**
> 프로젝트관리자는 이해관계자의 프로젝트에 대한 태도를 개선하기 위한 노력을 해야 한다. 대화, 설득, 토론, 워크숍, 공청회 등 다양한 방법을 사용할 수 있다.
>
> 정답: B

03 다음은 한 프로젝트에 관련되어 있는 개인, 조직들이다. 이 중에서 프로젝트 이해관계자에 속하는 것은?

A. 고객사 책임자
B. 협력업체 담당자
C. 프로젝트 결과물 사용자
D. 모두

> **해설**
> 이해관계자는 프로젝트에 영향을 주거나 받을 수 있는 모든 개인이나 조직, 단체를 말한다.
>
> 정답: D

04 이해관계자의 요구사항, 이해관계, 프로젝트 성공에 미칠 수 있는 영향력 등의 분석 결과를 토대로, 프로젝트 생애주기에 걸쳐 이해관계자의 효율적인 참여를 유도하기 위한 관리 전략을 개발하는 프로세스로, 프로젝트의 이해관계를 뒷받침하기 위해 프로젝트 이해관계자와의 원활한 소통에 필요한 명확한 실행계획을 제공한다. 이 프로세는 어떤 프로세스인가?

A. 의사소통관리 계획
B. 이해관계자 참여 계획수립
C. 이해관계자 참여 관리
D. 이해관계자 통제

> **해설**
> 이해관계자 참여 계획수립 프로세스에 대한 설명이다.
>
> 정답: B

05 프로젝트 이해관계자에 대한 설명으로 가장 적절하지 않은 것은?

A. 이해관계자는 프로젝트에 영향을 주거나 받을 수 있는 모든 개인이나 조직을 포함한다.
B. 프로젝트에 대한 이해관계자 만족도를 중요한 프로젝트 목표로 관리하는 것이 좋다.
C. 계획수립에서 이해관계자로부터 요구사항을 수집한다.
D. 프로젝트를 실행할 때 프로젝트관리자는 이해관계자와 거리를 두어 프로젝트에 간섭을 줄이는 것이 효과적이다.

> **해설**
> 프로젝트관리자는 프로젝트를 시작해서 끝낼 때까지 이해관계자와 소통하고 적절한 정보를 제공하며 의견을 듣고 조율하는 것이 좋다.
>
> 정답: D

06 이해관계자 관리대장을 산출하는 프로세스에 대한 설명으로 가장 적절하지 않은 것은?

A. 이해관계자 참여 계획수립 프로세스에서 이해관계자 관리대장을 작성한다.
B. 프로젝트헌장이 작성되어 승인되는 시점을 전후로 작성한다.
C. 프로젝트나 조직에 중대한 변경이 발생하면 실행한다.
D. 한 단계를 새로 시작할 때 수행해야 한다.

> **해설**
> 이해관계자 관리대장은 이해관계자 식별 프로세스에서 산출하고, 프로젝트헌장이 완성될 때 시작한다. 프로젝트 착수 프로세스 그룹에서 시작한다. 이해관계자 참여 계획수립 프로세스는 계획 프로세스 그룹에 속한다.
>
> 정답: A

07 프로젝트 이해관계자 요구사항과 기대사항을 관리하기 위하여 사용하는 대인관계 기술로 적절하지 않은 것은?

A. 신뢰 구축
B. 변경에 대한 저항 극복
C. 갈등 회피
D. 적극적인 경청

> **해설**
> 이해관계자의 요구사항을 관리할 때 갈등은 피하지 않고 문제 해결, 타협 등 적절한 방법으로 극복해야 한다.
>
> 정답: C

08 이해관계자 참여 계획수립 과정에서 이해관계자 참여 평가 매트릭스를 사용하면 적절한 이해관계자 참여 계획을 수립하는 데 도움이 된다. 이해관계자 참여 평가 매트릭스에 대한 설명으로 가장 적절하지 않은 것은?

A. 이해관계자의 현재 참여도와 프로젝트 완료에 필요한 목표 참여도를 비교할 수 있다.
B. 이해관계자를 비인지형, 저항형, 중립형, 지원형, 주도형으로 분류한다.
C. 프로젝트에 대한 태도가 부정적인 이해관계자를 식별하여 프로젝트에서 배제하기 위한 도구이다.
D. 프로젝트관리자는 현재 수준과 목표 수준 간의 차이를 좁히기 위한 계획을 마련해야 한다.

> **해설**
> 이해관계자 참여 평가 매트릭스는 이해관계자의 현재 수준과 필요 수준을 파악하여 적절한 이해관계자 참여 계획을 수립하기 위한 도구이다. 부정적인 이해관계자는 태도 변화를 유도할 수 있는 계획을 마련해야 한다.
>
> 정답: C

09 의사소통 기술 중의 하나로 이해관계자가 정보를 제대로 받았는지, 정보를 제대로 이해했는지 확인하기 위해 해당 이해관계자로부터 응답을 받는 것을 무엇이라고 하는가?

A. 프레젠테이션 B. 피드백
C. 네트워킹 D. 적극적 경청

> **해설**
> 중요한 정보, 메시지를 전달할 때는 수신자가 제대로 받았는지, 이해했는지 확인하기 위하여 해당 이해관계자로부터 피드백을 받아야 한다.
>
> 정답: B

10 이해관계자 관리대장에 대한 설명으로 가장 적절하지 않은 것은?

A. 이해관계자 식별 프로세스의 산출물이다.
B. 이해관계자별로 프로젝트에 미치는 영향, 주요 요구사항, 이름, 역할, 직위 등의 가능한 한 상세한 정보를 기록한다.
C. 모든 이해관계자와 이해관계자 관리대장을 공유하여 투명하게 관리하도록 하는 것이 좋다.
D. 이해관계자를 내부/외부, 권력/이해관계, 상향/하향 등으로 분류하여 기록한다.

> **해설**
> 이해관계자 관리대장에는 민감할 수 있는 정보가 포함되어 있기 때문에 프로젝트관리자는 이 문서의 관리와 보안에 주의하여야 한다.
>
> 정답: C

PART 3

최종점검
모의고사 200제

Part 3은 최신 경향에 맞추어 만든 시험 문제로 수험 공부를 완료한 수험생들이 최종 정리할 수 있도록 하였다. 점점 상황 문제가 많이 나오고 있고 계산 문제가 10문제 이내로 줄어 들어 국내 수험생들에게는 불리한 조건에서 합격률을 높일 수 있도록 정리한 문제이니, 시험 보기 직전에 총정리하는 마음으로 풀어 보면 본인의 실력을 확인할 수 있으리라 믿는다.

최종점검 모의고사 200제

01 진행 중인 한 프로젝트의 팀원이 이해관계자들과 프로젝트 진행 성과 보고회의를 하고 있다. 프로젝트 진행 성과가 지난 분기보다 좋지 못한 것으로 드러났다. 프로젝트관리자는 이 팀원과 이해관계자들로부터 성과 미달에 대한 여러 의견을 들었다. 프로젝트관리자가 다음에 해야 할 활동은 무엇인가?

A. 의사소통 기법이 적절했는지 확인한다.

B. 변경 요청서를 작성하고 의사소통관리 계획서를 업데이트 한다.

C. 이해관계자들의 피드백을 기록한다.

D. 피드백에 따라 관련 문서가 업데이트 되었는지 확인한다.

02 한 프로젝트가 프로젝트관리 계획서를 승인 받고 Kick-off 미팅을 진행하였다. 프로젝트에 투입될 장비 중 하나가 예정된 일정보다 늦게 프로젝트에 투입될 수 있을 것이라는 소식을 들었다. 프로젝트팀에서는 어떤 문서를 확인해야 하는가?

A. 조직 절차와 규정
B. 이해관계자 관리대장
C. 조달관리 계획서
D. 리스크 관리대장

03 고객의 요청에 의해 기존 제품의 성능을 개선한 플라스틱 사출장비를 개발하고 있다. 5명의 엔지니어와 두 곳의 협력업체가 참여하고 있으며 프로젝트는 잘 진행되고 있다. 내일부터 고객과 장비에 대한 검사를 진행하여 고객이 만족하는 경우 장비를 인계하고 프로젝트 종료 프로세스를 진행할 예정이다. 현재 이 프로젝트의 상황으로 가장 적절한 설명은?

A. 개선된 사출장비에 대한 내부 품질 통제는 완료되었다.

B. 최종 결과물에 대한 이해관계자의 영향력이 점점 커지고 있다.

C. 고객 인수검사와 관련한 리스크가 증가하고 있다.

D. 협력업체 두 곳은 이제 프로젝트에서 빠져도 문제가 없을 것이다.

04 전략적으로 매우 중요한 프로젝트의 일정을 개발하고 예산을 결정하고 있다. 중요 작업패키지의 활동 기간을 3점 산정기법을 사용하여 산정하였고, 활동자원 요구사항을 파악하였다. 프로젝트의 목표를 달성할 확률을 확인하려고 한다. 가장 적절한 기법은?

A. 공정중첩단축법(Fast Tracking)을 사용하여 확인한다.

B. 몬테카를로 시뮬레이션을 수행한다.

C. 자원평준화를 실시한다.

D. 델파이 기법을 사용하여 확인한다.

05 개발 프로젝트에서 프로젝트관리자는 이해관계자들로부터 수집한 요구사항의 내용을 팀원들과 프로젝트의 목적과 일치하는지 확인하고 있다. 일부 요구사항 중에서 프로젝트헌장에 명시된 제품범위와 맞지 않는다는 것을 확인하였다. 프로젝트관리자는 이 이슈를 어떻게 처리해야 하는가?

A. 스폰서에게 보고하고, 스폰서가 거부하면 요구사항을 거부한다.
B. 해당 요구사항의 영향을 평가하고, 프로젝트헌장을 업데이트하기 위한 변경 요청서를 작성한다.
C. 모든 이해관계자를 모아 회의를 열고, 투표를 하여 다수의 의견에 따른다.
D. 조직의 절차와 정책에 따라 수행하고, 요구사항 문서를 업데이트 한다.

06 프로젝트 주요 이해관계자들로부터 요구사항을 수집하였다. 프로젝트팀에서 다음에 수행하는 프로세스에서 해야 할 작업으로 가장 적절하지 않은 것은?

A. 요구사항 중에서 수용할 것과 제외할 것을 분리한다.
B. 수용하기로 한 요구사항에 대한 상세한 내용을 정리한다.
C. 요구사항을 수행하는 데 예상되는 기간을 산정한다.
D. 요구사항의 충족 조건을 명확히 한다.

07 한 프로젝트가 현재 60%의 진행률을 보이고 있다. 프로젝트는 현재 SV=$215,000, CV=$30,000이다. 이 프로젝트의 관리자는 팀 성과 평가, 팀 관찰과 대화를 통하여 인지한 사항을 기준으로 팀원관리 계획서를 점검하고 있다. 이 프로젝트가 다음에 할 관리활동으로 가장 적절한 것은?

A. 리스크 관리대장 업데이트
B. 팀의 교육 수행
C. 인적자원관리 계획서의 역할과 책임 업데이트
D. 팀 성과 평가서 작성

08 프로젝트 생애주기는 프로젝트의 착수에서부터 종료될 때까지 일련의 단계를 말한다. 프로젝트 생애주기에 대한 설명으로 가장 적절하지 않은 것은?

A. 예측형 생애주기는 프로젝트를 시작할 때 제품과 인도물이 정의되며, 변경은 엄격하게 통제된다.
B. 적응형 생애주기는 시작단계에서 상세 범위가 정의되고, 한 번의 과정으로 제품이 개발된다.
C. 일반적으로 작업실행단계에서 프로젝트 원가와 인력이 프로젝트에 제일 많이 투입된다.
D. 프로젝트 리스크와 불확실성은 프로젝트 초반에 크지만 프로젝트가 진행되면서 줄어든다.

09 프로젝트관리자, 팀원, 스폰서가 참여하는 프로젝트 현황보고 회의를 준비하는 과정에서 TCPI가 1.10에서 1.02로 감소한 것을 확인하였다. 프로젝트관리자가 해야 할 관리 활동으로 가장 적절한 것은?

A. 공정중첩단축법(Fast Tracking)을 사용하여 일정을 단축한다.

B. 리스크 관리대장의 리스크 목록을 확인하고, 관리 예비비 잔량을 확인한다.

C. 비용 효율이 증가하였으므로 비용지출을 정상화한다.

D. 개발 효율 향상 활동 등을 통하여 원가를 절감하는 노력을 계속 수행한다.

10 프로젝트는 여러 단계로 분할할 수 있으며, 각 단계는 논리적으로 연관된 프로젝트 활동들로 구성되고 한 가지 이상의 인도물을 산출한다. 프로젝트 단계에 대한 설명으로 가장 적절하지 않은 것은?

A. 프로젝트를 관리, 기획, 통제하기 쉬운 논리적 하위단계로 더 세분할 수 있다.

B. 일반적으로 단계의 종료는 단계 검토, 단계 평가, 단계 심사 등의 미리 정해진 종료 승인에 따라 진행된다.

C. 단계와 단계를 순차적으로 수행하면 불확실성이 감소하고 전체 일정도 감소한다.

D. 단계와 단계를 중첩해서 수행하면 추가 자원이 필요할 수 있고, 리스크가 증가할 수 있다.

11 프로젝트 생애주기(lifecycle)의 특성에 대한 설명으로 가장 적절하지 않은 것은?

A. 프로젝트에 투입되는 예산의 규모는 일반적으로 시작단계에서 완만하게 증가하다가 작업이 실행되면서 급격히 증가하고 종료단계에서는 다시 증가폭이 감소하는 경향이 있다.

B. 프로젝트의 리스크의 수는 초반에 많지만 진행되면서 일반적으로 감소한다.

C. 프로젝트의 불확실성은 시작단계에서는 크고 진행되면서 감소한다.

D. 프로젝트의 변경 비용은 초반에는 많이 들지만, 결과물이 완성되어가면서 변경 비용은 감소한다.

12 프로젝트에서 필요한 자원을 제공하고 프로젝트를 성공으로 이끌 책임이 있는 사람이나 집단으로서, 상위 경영진의 대변인 역할을 수행하며, 착수 프로세스에서 프로젝트가 공식적으로 승인될 때까지 프로세스를 이끌며, 프로젝트헌장 수립에서 중요한 역할을 수행하는 사람(단체)을 무엇이라고 하는가?

A. 프로젝트관리자 B. 프로젝트 스폰서
C. 프로젝트 고객 D. 사용자

13 프로젝트관리 프로세스에 대한 설명으로 적절하지 않은 것은?

A. 프로젝트 프로세스는 프로젝트관리 프로세스와 제품중심 프로세스로 구분한다.

B. 프로젝트관리 프로세스는 프로젝트의 효과적인 흐름을 유지하는 프로세스이다.

C. 제품중심 프로세스는 프로젝트 산출물을 상세하게 기술하고 산출한다.

D. 프로젝트 관리프로세스와 제품중심 프로세스는 프로젝트 생애주기 동안 서로 영향을 주지 않고 독립적으로 수행된다.

14 기획 프로세스 그룹에 대한 설명으로 적절하지 않은 것은 어느 것인가?

A. 기획 프로세스는 프로젝트 생애주기 동안 한 번 수행된다.

B. 프로젝트 전체 업무를 정의하고 목표를 정의하고 구체화하며, 확정된 목표 달성을 위한 활동을 개발하는 프로세스들로 구성된다.

C. 프로젝트관리 계획서를 산출한다.

D. 프로젝트를 성공적으로 완료하기 위한 작업의 과정, 절차를 정의하고 기술한다.

15 프로젝트관리자가 작업패키지 검사에서 수행하고 있는 테스트 절차와 기준이 적절한지 확인하고 있다. 또 계획된 품질 비용은 적절한지도 검토하고 있다. 이 관리활동은 무엇인가?

A. 품질관리 계획수립
B. 품질 보증
C. 품질 통제
D. 리스크관리 계획수립

16 신제품 개발 프로젝트에서 제품의 기능에 대해 협의하고 있다. 경쟁사 제품에 비해 탁월한 기능을 추가하려고 하는데, 프로젝트 팀원 중에는 이 기능을 개발해 본 경험이 없다. 팀원들을 통해 기술확보를 할 것인가, 외부의 전문업체에 의뢰할 것인가를 결정해야 한다. 기능의 품질을 확보하고 개발 일정을 맞추기 위하여 외부의 전문업체에 의뢰하기로 하였다. 이 상황을 가장 적절하게 설명한 것은?

A. 조달 수행

B. 리스크 대응 계획수립 중 회피

C. 리스크 대응 계획수립 중 전가

D. WBS 사전 개발

17 제품 개발 프로젝트에서 제품 설계가 완료되어 시제품을 제작하는 과정을 진행 중이다. 주요 이해관계자가 제품의 일부 기능 변경을 요구하였다. 이 변경으로 일정이 4주 정도 지연되고, 비용도 추가될 것으로 예상된다. 이 변경의 폭은 프로젝트관리자의 권한을 넘어서는 정도이다. 이 프로젝트관리자가 취해야 할 다음 활동은 무엇인가?

 A. 해당 이해관계자와 협의하여 절대적으로 필요한 기능인 경우 수용한다.

 B. 변경 요청서를 작성한다.

 C. 요구사항으로 프로젝트가 받는 구체적인 영향을 파악하고 대안을 마련한다.

 D. 스폰서에게 이해관계자와 협의해 줄 것으로 요청한다.

18 프로젝트 요구사항을 수집하기 위하여 주요 이해관계자가 모여서 제품 요구사항을 정의하는 집중토론하는 방식으로 여러 분야에 걸쳐 수행되는 기능 요구사항을 신속히 정의하고 이해관계자들 간 이견을 조정하는 데 유용한 기법이다. 참여자 간에 신뢰를 구축하고 긴밀한 관계 형성과 활발한 대화를 촉진하여 이해관계자들의 합의를 유도할 수 있으며, 조기에 이슈를 발견하여 조속히 해결할 수 있다. 이 방법은 무엇인가?

 A. 인터뷰 B. 핵심 전문가 그룹 좌담회

 C. 심층 워크숍 D. 브레인스토밍

19 다음은 요구사항 수집에 대한 설명이다. 적절하지 않은 것은?

 A. 요구사항 수집은 프로젝트관리팀 내에서 프로젝트헌장, 계약서 등의 문서만을 검토하여 수집한다.

 B. 제품, 서비스 또는 결과물에 인도해야 할 조건이나 기능이 요구사항에 포함된다.

 C. 스폰서와 고객, 그 밖에 이해관계자의 요구 및 기대사항을 정량화하여 수치로 명시하는 것이 좋다.

 D. 요구사항은 작업분류체계(WBS)의 기반이 된다.

20 진행 중인 프로젝트의 성과에 대하여 이해관계자와 의사소통하고 있다. 이해관계자가 한 작업패키지의 개발과 지원을 누가 하는지 알고 싶다고 한다. 어떤 문서를 확인해야 하는가?

 A. 계층형 프로젝트 조직도

 B. 리스크 관리대장의 리스크 담당자

 C. 이슈 관리대장

 D. RACI 매트릭스

21 WBS를 작성할 때 고려해야 할 사항을 설명하고 있다. 가장 적절하지 않은 것은?

A. 인도물 또는 하위 구성요소의 작업을 가장 기본적인 요소로 세분해야 한다.

B. WBS 구성요소는 검증 가능한 제품, 서비스 또는 결과물을 나타낸다.

C. 개요도, 조직도 또는 계층 구조 분할을 식별할 수 있는 형태로 WBS를 구성한다.

D. 최대한 상세하게 분할하는 것이 생산성 향상, 자원의 효율적 사용, 데이터 통합에 유리하다.

22 완료된 작업패키지를 고객에게 전달하여 인수를 요청하였다. 고객은 검사 후 완료된 작업패키지가 기대 수준에 도달하지 않아 인수할 수 없다고 하였다. 고객의 기대사항을 충족시키려면 해당 작업패키지를 수정해야 하는데 기간과 비용이 상당하게 추가되어야 할 것으로 판단된다. 프로젝트관리자는 이러한 상황을 사전에 예방하려면 다음 중 어떤 프로세스를 더 잘 수행했어야 하는가?

A. 리스크 식별과 리스크 분석

B. 품질 통제와 범위 검수

C. 일정계획과 원가 산정

D. 요구사항 수집과 범위 정의

23 일정 제약, 지정일자 또는 기타 일정 목표를 충족하기 위해 프로젝트 범위를 축소하는 일 없이 일정기간을 단축하기 위해 사용하는 기법과 특징을 잘 설명한 것은?

A. 공정압축법: 리스크 증가, 원가 상승 초래, 공정중첩단축법: 재작업 증가, 리스크 증가

B. 공정압축법: 리스크 감소, 원가 감소, 공정중첩단축법: 재작업 증가, 리스크 증가

C. 공정압축법: 리스크 감소, 원가 감소, 공정중첩단축법: 재작업 감소, 리스크 감소,

D 공정압축법: 리스크 증가, 원가 상승 초래, 공정중첩단축법: 재작업 감소, 리스크 감소

24 작업 제품이 문서화 된 표준을 준수하는지 판별하기 위해 제품을 조사하는 활동이다. 이 결과에는 보통 측정치가 포함되며 모든 수준에서 실시할 수 있다. 단일 활동의 결과에 대해 수행하기도 하고 프로젝트의 최종 제품에 대해 수행할 수도 있다. 검토, 동료 검토, 감사 또는 워크스루라고 하는 이것은 무엇인가?

A. 통계적 표본 추출   B. 검사

C. 품질 감사   D. 프로세스 분석

25 프로젝트 팀원들에게 허용되는 행동에 내포된 기대사항을 설정한다. 초기부터 명확한 지침을 정하면 오해를 줄이고 생산성을 높일 수 있다. 행동강령, 의사소통, 협동작업 또는 회의 예절 등에 관해 논의함으로써 팀원들이 서로에게 갖는 중요한 가치를 발견할 수 있다. 이것이 설정된 후에는 전체 프로젝트 팀원이 공동으로 시행 책임을 진다. 이것은 무엇에 대한 설명인가?

    A. 인정과 보상
    B. 교육훈련
    C. 기본규칙
    D. 대인관계

26 프로젝트팀 개발을 설명하기 위해 사용되는 모델 중 하나가 터크맨 사다리(Tuckman, 1965; Tuckman & Jensen, 1977)로, 프로젝트팀의 발전 단계는 5단계로 구성된다. 일반적인 팀 발달 순서는?

    A. 형성–스토밍–표준화–수행–해산
    B. 스토밍–형성–표준화–수행–해산
    C. 형성–표준화–스토밍–수행–해산
    D. 표준화–형성–수행–스토밍–해산

27 계약에 의해 시작된 프로젝트에서 고객의 추가 요구사항이 있어 변경 요청서를 작성하여 통합 변경통제 프로세스를 통하여 승인을 받았다. 영향을 받는 프로젝트관리 계획서의 모든 구성요소를 업데이트하였고 프로젝트 문서도 업데이트 하였다. 프로젝트관리자가 다음에 할 일은?

    A. 프로젝트 미래를 예측하기 위하여 추세 분석을 실시한다.
    B. 리스크 식별활동을 수행한다.
    C. 작업이 변경된 계획대로 수행되고 있는지 확인한다.
    D. 작업성과 보고서를 작성한다.

28 프로젝트 초기에 이해관계자를 식별하여 이해관계자 관리대장에 기록하였다. 계획수립 과정에서 이해관계자 관리대장의 내용을 기준으로 이해관계자 참여관리 계획서를 작성하였다. 이해관계자 관리대장의 구성요소로 적절하지 않은 것은?

    A. 이해관계자의 현재 참여 수준과 요구되는 참여 수준
    B. 이해관계자의 요구사항과 기대사항
    C. 이해관계자의 소속, 유형
    D. 이해관계자의 영향력, 관심도

29 한 프로젝트관리자가 조직관리에 X이론을 믿고 있다. 이 프로젝트관리자가 팀원들에게 동기부여하기 위하여 수행할 것으로 예상하는 활동과 거리가 먼 것은?

　A. 높은 성과자에 대한 승진 보상

　B. 적절한 교육과 추가 휴가를 부여하여 자율적 업무 수행 분위기 조성

　C. 낮은 성과자에 대한 패널티 부여

　D. 좋은 결과를 낸 팀원에 대한 금전적 보상

30 일정 모델의 논리 네트워크 경로에서 일정계획에 유연성이 허용되는 기간을 결정하고 프로젝트의 최소 기간을 산정하는 데 사용된다. 전체 프로젝트에서 가장 긴 경로를 나타내는 일련의 활동 순서로, 최단 프로젝트 기간을 결정하는 방법은 무엇인가?

　A. 주공정법(CPM)　　　　　　　　B. 일정 네트워크 분석

　C. 주공정 연쇄법　　　　　　　　　D. 자원 최적화 기법

31 프로젝트의 성공에 대한 설명으로 가장 적절하지 않은 것은?

　A. 프로젝트관리자와 경영진 사이에 승인된 범위, 시간, 원가, 품질, 리스크 제약 안에서 프로젝트의 완성도로 프로젝트의 성패를 판단해야 한다.

　B. 프로젝트 성공에 대한 판단은 권한을 가진 이해관계자가 승인한 프로젝트 기준선과 성과를 비교하여 결정한다.

　C. 프로젝트 성공과 실패의 기준이 되는 프로젝트 기준선은 프로젝트팀에서 설정하여 고객에게 통보한다.

　D. 프로젝트관리자는 프로젝트 기준선 내에서 프로젝트를 완수할 책임을 가진다.

32 기업환경요인에 대한 설명이다. 가장 적절하지 않은 것은 어느 것인가?

　A. 프로젝트에 참여하는 기업의 내부 및 외부 환경요인이다.

　B. 프로젝트관리 옵션을 보강하거나 제약할 수 있다.

　C. 선례정보나 프로젝트관리 템플릿 등이 여기에 속하는 항목이다.

　D. 많은 기획프로세스들의 투입물로써 프로젝트관리 계획에서 고려해야 하는 요인이다.

33 한 프로젝트가 초기 기획프로세스를 수행 중이다. 현재 활동원가를 산정하고 있는데, 원가 산정의 정확도를 계획대로 80% 정도로 산정하려고 생각하고 있다. 주요 이해관계자인 재무팀장은 프로젝트의 범위가 구체적이므로 정확도를 90% 이상으로 요구하고 있다. 팀원들은 현재 상황이라면 80% 정도가 적절하다고 주장하고 있다. 이런 상황이 된 주요 원인은?

A. 관련 이해관계자를 참여시켜 협의하고 다수결로 결정했어야 한다.

B. 원가관리계획을 수립할 때 재무팀장을 참여시켰어야 한다.

C. 과거 선례정보를 참고했어야 한다.

D. 재무팀장과 팀원이 같이하는 회식을 했어야 한다.

34 프로젝트를 수행 중인 한 프로젝트관리자는 다른 프로젝트들과 인력 조달 부문에서 경쟁 상태에 있어 필요 인력 확보가 어려운 상태이다. 프로젝트관리자가 우선 해야 할 일은?

A. 프로젝트 스폰서에 지원 요청하여 조달

B. 네트워킹 활동을 수행하여 조달

C. 인사팀에 요청하여 조직 외부에서 조달

D. 관련 기능부서장과 협상하고 영향력 행사

35 핵심 이해관계자의 추가 요구가 있어 변경 요청을 하였고, 변경 요청이 승인되었다. 이 요구사항으로 범위 기준선을 변경해야 한다. 프로젝트관리자가 해야 할 활동으로 가장 적절하지 않은 것은?

A. 관련된 프로젝트 문서를 업데이트 한다.

B. 변경사항을 추적 관리한다.

C. 변경되는 문서들의 형상관리를 하여 최종 버전의 문서가 프로젝트에서 사용되도록 한다.

D. 일정 기준선과 원가 기준선을 업데이트 한다.

36 마케팅팀에서 제안한 프로젝트의 채택여부를 결정하기 위한 선정위원회가 열리고 있다. 제안한 프로젝트의 타당성 분석 보고서는 초기 투자비용이 $1,000,000이고, 미래 수익의 NPV는 3년 동안 $180,000, $420,000, $530,000라고 한다. 현재 이자율을 약 5%로 추정하고 있다. 이 프로젝트를 어떻게 생각하는가?

A. 3년간의 NPV 합이 이자율을 고려하면 초기 투자비용보다 적으므로, 이 프로젝트를 하지 않는 것이 좋다.

B. 3년간의 NPV 합이 초기 투자비용보다 크므로, 이 프로젝트는 수행하지 않는 것이 좋다.

C. NPV는 이미 이자율을 반영하고 있고 초기 투자비용보다 3년간 NPV합이 크므로 수행하는 것이 좋다.

D. 이 정보만으로는 결정하기 어렵다.

37 프로젝트 조직 구조에 대한 설명으로 가장 적절하지 않은 것은 어느 것인가?

A. 기능조직은 직원마다 직속상관이 한 명 있으며, 보통 전문영역에 따라 분류된다.

B. 약한 매트릭스 조직에서 프로젝트관리자는 프로젝트 촉진자나 조정자의 역할을 수행한다.

C. 균형 매트릭스 조직에서 프로젝트관리자에게 프로젝트 예산관리의 전권을 주지는 않는다.

D. 프로젝트 전담조직에서 프로젝트관리자는 기능관리자와 프로젝트 의사결정 권한을 분담한다.

38 다음 중에서 조직 프로세스 자산(Organizational Process Assets)이라고 할 수 없는 것은 어느 것인가?

A. 해당 산업 분야의 규정

B. 과거에 수행한 프로젝트관리 계획서

C. 회사 데이터베이스에 저장되어 있는 프로젝트 문서

D. 선례 프로젝트 정보

39 작업성과 데이터는 프로젝트작업의 활동을 수행하는 동안 식별된 실제 관찰 및 측정 데이터를 말한다. 다음 중에서 작업성과 데이터로 볼 수 없는 것은?

A. 실제 원가, 실제 기간

B. 품질 및 기술 성과 측정치

C. 완료시점 예산 산정치

D. 일정 활동의 시작 및 종료 날짜, 변경 요청 횟수, 발생한 결함 수

40 현재 8명이 진행 중인 프로젝트에 새로운 단계가 시작되어 4명이 프로젝트팀으로 투입되었다면, 의사소통 채널 수는 얼마나 증가했는가?

A. 28개 B. 38개

C. 66개 D. 132개

41 프로젝트 팀원 중의 하나가 담당한 작업패키지를 산출하는 데 필요한 기술과 경험이 부족한 것으로 파악되어 기술이 뛰어난 새로운 엔지니어를 새로 채용하였다. 그런데 이 엔지니어의 특이한 성격으로 인해 팀워크에 문제가 생길 것으로 예상된다. 이것은 다음 중 어떤 것에 해당하는가?

    A. 새로운 리스크   B. 2차 리스크

    C. 잔존 리스크   D. 알 수 없는 리스크

42 다음의 계약 유형 중에서 판매자에게 가장 큰 리스크가 있는 것은?

    A. 확정 고정가 계약(FFP)   B. 성과급 가산 고정가 계약(FPIP)

    C. 성과급 가산원가 계약(CPIF)   D. 보상금 가산원가 계약(CPAF)

43 착수 프로세스를 마치고 계획 프로세스를 시작하는 프로젝트에 프로젝트관리자가 새롭게 임명되어 투입되었다. 이 프로젝트관리자는 프로젝트 목표와 관리계획을 수립하려고 한다. 확인해야 하는 중요한 두 문서는?

    A. 이해관계자 참여관리 계획서와 프로젝트 기준선

    B. 이해관계자 참여관리 계획서와 요구사항 문서

    C. 이해관계자 관리대장과 프로젝트헌장

    D. 프로젝트헌장과 요구사항 문서

44 한 프로젝트의 프로젝트관리자가 기술과 경험도 뛰어나지만 팀원들과 잘 소통하고 팀원들은 프로젝트관리자를 존경하고 있다. 팀원들은 프로젝트관리자의 리더십을 믿고 있다. 이러한 마음을 토대로 형성되는 권력은 어떤 유형인가?

    A. 공식적 권력(formal power)   B. 보상적 권력(reward power)

    C. 준거적 권력(referent power)   D. 전문적 권력(expert power)

45 다음 중에서 프로젝트팀 개발 방법으로 가장 적절하지 않은 것은 어느 것인가?

    A. 프로젝트 초반에 소프트 스킬 교육을 실시한다.

    B. 프로젝트 워크숍을 실시한다.

    C. 정기적으로 성과를 평가하여 성과가 좋은 팀원에게 보상하는 제도를 시행한다.

    D. 팀원들이 최대한 자유롭게 일할 수 있도록 어떤 규정도 만들지 않는다.

46 프로젝트팀의 엔지니어 중의 일부가 이번 프로젝트를 수행하는 데 필요한 새로운 기술이 부족하다고 판단되어, 외부 전문기관에서 교육훈련을 받도록 하였다. 이 교육훈련을 위하여 지출된 비용의 유형은?

A. 예방비용
B. 평가비용
C. 내부 실패원가
D. 외부 실패원가

47 프로젝트의 계획 프로세스들을 수행하고 있다. WBS초안을 산출하였고, 일정, 원가가 개발되었다. 자원관리 계획서, 프로젝트 팀원 배정, 품질관리 계획서 등도 작성되었다. WBS를 승인 받아 확정하려고 한다. 다음의 활동 중에서 WBS 승인 신청 전에 해야 할 활동은?

A. 리스크관리 계획수립

B. 리스크 분석 이후 리스크 대응 계획수립

C. 리스크 재평가와 리스크 감사

D. 범위관리 계획서, 요구사항관리 계획서 확정

48 프로젝트의 여러 작업패키지들을 본격적으로 산출하고 있는데, 품질 통제에서 여러 가지 결함이 나타나고 있다. 산출물의 결함을 유발하는 여러 원인들 중에서 주요 요인을 추출할 때 사용할 수 있는 가장 좋은 도구는?

A. 파레토 다이어그램

B. 관리도

C. 피시본 다이어그램

D. 산점도

49 한 영업직원이 관리해오던 고객으로부터 제안요청서(RFP)를 받았다. 다음의 활동 중에서 이 영업 직원이 가장 먼저 해야 할 것은?

A. 제안팀을 구축하여 제안서 작성을 준비한다.

B. 견적서를 작성한다.

C. 프로젝트에 대한 개략적인 내용과 타당성 분석 보고서를 작성한다.

D. 프로젝트 수행 계획을 수립한다.

50 제조 공정 개선을 위한 프로젝트를 진행하고 있는 중에 제조팀에 책임자가 새로 임명되었다. 제조팀장은 프로젝트의 핵심 이해관계자로 프로젝트에 적극적으로 참여할 수 있도록 해야 한다. 프로젝트관리자는 신임 제조팀장의 적극적인 참여를 유도하기 위해 어떻게 하는 것이 최선인가?

A. 대인관계 기술과 관리 기술을 활용하여 신임 제조팀장의 요구사항을 적극 수용한다.

B. 제조팀장의 역할과 책임에 맞는 프로젝트 업무를 요청한다.

C. 프로젝트의 배경, 목적, 추진 이유 등 회사와 프로젝트의 전략적 연계성에 대해 설명한다.

D. 지금까지의 프로젝트 진행 상황과 이슈를 정리하여 이메일로 송부한다.

51 4차 산업혁명의 주요 기술인 AI, 빅데이터, IOT 기술을 채택하여 원격 재난경보 시스템을 개발하는 프로젝트를 진행하고 있다. 새로운 기술이 많이 필요하기 때문에 여러 리스크를 식별할 때 활용할 수 있는 도구로써 가장 거리가 먼 것은?

A. 델파이 기법   B. 피시본 다이어그램
C. 브레인스토밍   D. 몬테카를로 시뮬레이션

52 프로젝트에서 작업패키지 제작에 필요한 간단한 물품을 구입하기 위하여 판매자에게 P/O(Purchase Order)를 발송하였다. 이 계약을 확정하기 위해 필요한 활동은?

A. 판매자에게 조달담당자의 연락처를 알려 준다.

B. 지불조건, 계약조항, 적용법률 등에 대한 협상을 진행한다.

C. 판매자가 P/O를 접수하였고 수락하는지 확인한다.

D. 계약서를 준비하여 판매자와 계약을 체결한다.

53 ISO9000에서는 현대적 품질관리를 다음과 같이 설명하고 있다. 적절하지 않은 것은?

A. 고객의 기대사항을 파악, 평가 및 정의하고 관리하여 고객의 기대사항을 충족시키는 것이다.

B. 실수를 예방하는 원가는 일반적으로 검사비용, 시정조치 비용 원가보다 훨씬 많이 든다.

C. 슈와트(Shewhart)가 정의하고 데밍(Deming)이 보완한 PDCA(Plan-Do-Check-Act, 계획-시행-점검-조치) 주기를 통하여 지속적으로 개선한다.

D. 성공을 위해서는 프로젝트 팀원이 모두 참여해야 한다. 그렇지만 품질에 관한 책임 중에서 적격 역량의 적합한 자원을 공급할 책임은 경영진에게 있다.

54 한 공장의 생산 공정에서 사용될 자동화 설비를 $2,100,000에 제작하여 공급하기로 계약하고, 개발하고 있는 프로젝트의 일정이 계획 기간에서 70%가 지나고 있다. 현재 시점에서 계획가치(Plan Value)가 $1,500,000이고, 실제 완료된 작업의 가치(Earned Value)는 $1,200,000이고, 여기에 지금까지 투입된 원가는 $1,800,000이라면, 이 프로젝트의 VAC는 얼마인가? (단, 현재까지 프로젝트에 발생한 상황이 향후에도 계속될 것으로 가정한다)

A. −$1,050,000
B. $1,050,000
C. $2,100,000
D. −$2,100,000

55 어떤 프로젝트의 EVM을 이용한 프로젝트 현황보고서의 그림이다. 이 프로젝트의 현재 상황을 잘 설명하고 있는 것은?

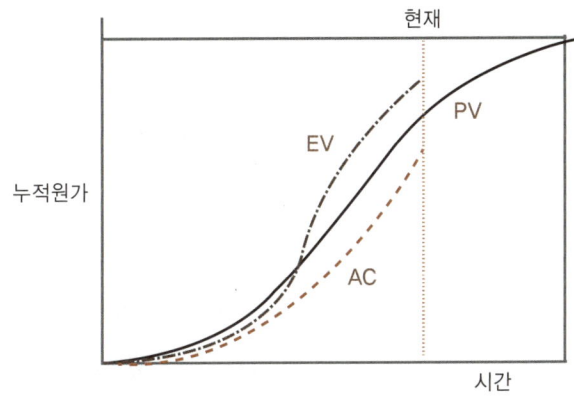

A. 일정은 계획보다 앞서고 있고, 예산은 계획보다 절감되고 있다.
B. 일정은 계획보다 앞서고 있고, 예산은 계획보다 초과 지출되고 있다.
C. 일정은 계획보다 지연되고 있고, 예산은 계획보다 절감되고 있다.
D. 일정은 계획보다 지연되고 있고, 예산은 계획보다 초과 지출되고 있다.

56 가용 공급량과 자원 요구량 사이 균형유지 목표를 지키면서 자원제약에 근거하여 시작일과 종료일을 조정하는 기법이다. 동일한 기간에 한 가지 자원을 둘 이상의 활동에 배정한 공유 자원 또는 중요한 필수 자원을 과도하게 할당했거나 일정한 기간 또는 제한된 수량에 한하여 사용할 수 있는 경우에 사용하는 자원 최적화 기법은?

A. 자원 평활화
B. 가정 시나리오 분석
C. 시뮬레이션
D. 자원 평준화

57 한 프로젝트의 네트워크 다이어그램이다. 이 프로젝트를 완료하기 위해 필요한 기간은 얼마인가?

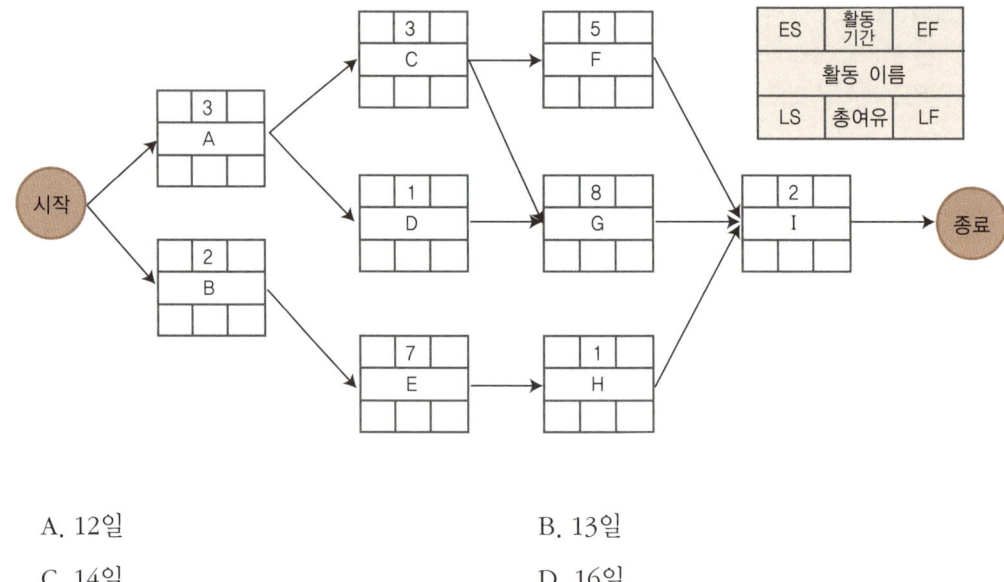

A. 12일
B. 13일
C. 14일
D. 16일

58 다음은 우발사태 예비비(Contingency Reserve)를 설명하고 있다. 잘못된 설명은?

A. 우발사태 예비비는 프로젝트에 대한 원가 기준선 및 전체 자금조성 요구사항에 포함되지 않는다.

B. 식별된 리스크에 대해 배정되고 우발사태 또는 완화 대응책이 마련되는 원가 기준선 내의 승인된 예산이다.

C. 프로젝트에 영향을 미칠 수 있는 '예측 가능한 리스크(Known-unknown)'를 처리하기 위한 예산의 일부로 보기도 한다.

D. 우발사태 예비비는 산정된 원가의 백분율 또는 고정된 수치이거나 정량적 분석 방법을 이용하여 산출할 수 있다.

59 프로젝트 거버넌스는 조직의 거버넌스 모델에 맞춰 조정되며 프로젝트 생애주기에 적용되는 관리감독 기능을 말한다. 다음 중에서 프로젝트 거버넌스에 대한 설명으로 적절하지 않은 것은?

A. 프로젝트관리자와 팀에 프로젝트관리 구조, 프로세스, 의사결정 모델, 도구를 제공한다.

B. 리스크가 크고 복잡한 프로젝트에서 매우 중요하다.

C. 프로젝트 수행을 위한 역할과 책임사항, 수행업무를 정의한다.

D. 프로젝트 거버넌스 방식은 회사 규정에 정의되며, 프로젝트관리자는 이를 준수해야 한다.

60 착수 프로세스 그룹에 대한 설명이다. 적절하지 않은 설명은?

A. 프로젝트 타당성을 평가하기 위하여 평가 프로세스가 수행되기도 한다.

B. 이해관계자의 기대사항을 조율하고, 이해관계자에게 프로젝트 범위와 목표를 제시한다.

C. 착수프로세스는 프로젝트 스폰서와 예비 PM만 참여하여 진행하는 것이 좋다.

D. 프로젝트 초기 범위가 정의되고, 초기 재원이 충당된다.

61 프로젝트 작업 지시 및 관리 프로세스에서 여러 가지 요인에 의해 변경 요청을 할 수 있다. 변경 요청은 문서, 인도물 또는 기준선의 변경을 공식적으로 요청하는 조치이다. 승인된 변경 요청은 관련 문서, 인도물 또는 기준선을 대체하며 프로젝트관리 계획서의 다른 부분에 대한 업데이트를 유발할 수 있다. 변경 요청이 발생하는 요인으로 적절하지 않은 것은?

A. 프로젝트작업의 성과를 프로젝트관리 계획과 맞추는 것을 목적으로 하는 활동인 시정조치

B. 프로젝트작업의 미래 성과를 프로젝트관리 계획서에 맞추는 것을 목적으로 하는 예방조치

C. 부적합한 제품 또는 제품의 구성요소를 수정하기 위한 활동인 결함 수정

D. 프로젝트관리팀의 편리를 위하여 임의로 프로젝트 목표, 문서, 계획 등을 변경하는 업데이트

62 프로젝트 요구사항을 수집하는 과정이다. 여러 이해관계자가 모여 있는데, 짧은 시간에 다양한 요구사항을 수집하려고 한다. 가장 적절한 기법은?

A. 델파이 기법

B. 브레인스토밍

C. 몬테카를로 시뮬레이션

D. 3점 산정 기법

63 'FF+3d'로 표시된 두 활동(선행 활동A, 후행 활동B) 간의 관계를 바르게 설명한 것은 어느 것인가?

A. 활동A는 활동B가 끝나야 끝날 수 있는 관계이고, 활동B 종료 3일 후에 활동A를 완료한다.

B. 활동A는 활동B가 시작되어야 시작할 수 있는 관계이고, 활동A 시작 후 15일 후에 활동B를 시작한다.

C. 활동B는 활동A가 끝나야 끝날 수 있는 관계이고, 활동A 종료 3일 후에 활동 B를 완료한다.

A. 활동B는 활동A가 끝나야 끝날 수 있는 관계이고, 활동A 종료 3일 전에 활동 B를 완료한다.

64 프로젝트의 일정을 개발하고 있다. 작업패키지를 산출하기 위한 활동을 식별하고, 기간을 산정하고, 자원 산정, 선·후행 관계를 정의하였다. 이 프로젝트는 일정 목표 달성이 가장 중요한 성공요인이다. 일정 목표를 관리하기 위하여 주공정법(CPM)을 사용하려고 한다. 주 공정(Critical Path)에 대한 설명 중에서 적절하지 않은 설명은?

A. 총 여유(total float)가 0인 활동들로 이어진 경로이다.

B. 주 공정을 1주일 단축하면 프로젝트 완료일자가 1주일 단축된다.

C. 한 프로젝트에서 주 공정은 하나 이상 있는 경우도 있다.

D. 총 여유는 한 활동의 늦은 시작일자에서 빠른 시작일자를 뺀 값과 같다.

65 한 프로젝트관리자가 새로 시작하는 프로젝트의 성공을 위하여 프로젝트 룸에 책상과 의자 등을 교체하고 인테리어 공사를 하여 작업환경을 개선하려고 한다. 이렇게 하면 팀원들의 책임감과 도전의식이 높아져서 생산성이 높아질 것으로 기대하고 있다. 이 프로젝트관리자는 다음의 동기부여 이론 중에서 어떤 이론을 참고하는 것이 좋겠는가?

A. 매슬로우의 욕구 5단계 이론

B. 허즈버그의 위생요인과 동기요인

C. 맥그리거의 X이론과 Y이론

D. 맥클랜드의 성취동기 이론

66 한 고객이 요구한 기능의 생산설비를 개발-제작하여 10개월 내 완료하여 공급하는 것으로 하고 30억 원 확정고정가로 계약하였다. 계약 전 손익분석 보고서에 따르면 재료비 15억 원, 인건비 10억 원이 소요될 것으로 예측되어 5억 원의 이익을 얻을 것으로 분석되었다. 만일 국제 원자재 가격 상승과 환율 변화로 인하여 재료비가 초기 예상보다 5억 원이 추가되어 20억 원이 투입되었고, 기간은 1개월을 단축한 9개월에 완료하여 인건비가 9억 원이 투입되었다면, 이 공급사가 구매사로부터 받을 금액은?

A. 30억 원 B. 34억 원
C. 35억 원 D. 40억 원

67 빅데이터를 정리하는 프로젝트를 수행하고 있는 프로젝트관리자는 프로젝트에 참여하는 이해관계자 모두가 적극적으로 참여하여 성공적인 프로젝트를 수행하기를 바라고 있다. 현재의 프로젝트 진척도는 약 3% 정도로 거의 초기 단계에 있다. 프로젝트관리자는 프로젝트 전 생애 동안 모든 이해관계자들을 효과적으로 참여시키고자 많은 노력을 기울이고 있다. 이와 거리가 먼 것은?

A. 이해관계자들에게 현황을 검토하게 하고 피드백을 유도한다.

B. 프로젝트에서 요구되는 사항에 대해 주기적으로 검토할 수 있게 한다.

C. 모든 이해관계자들을 리스크 담당자로 임명하여 내용을 알고 소속감을 갖게 한다.

D. 성과보고서를 이해관계자 모두에게 공유한다.

68 국방산업 분야에서 무기를 개발하는 초대형 프로젝트를 수행하고 있다. 이와 같이 대형 프로젝트를 수행하는 조직에서 포트폴리오, 운영부문, 프로그램, 프로젝트들이 프로젝트 수행조직의 모두에게 영향을 미치는 전략과 부합하도록 하는 체계를 얘기하고 있다. 이런 형태의 관리를 무엇이라고 하는가?

A. 조직 프로젝트관리(Operational Project Management)

B. 프로젝트관리(Project Management)

C. 프로그램관리(Program Management)

D. 포트폴리오관리(Portfolio Management)

69 해외 대형프로젝트를 수행하는 본부조직에서 제철소를 건설하고 있다. 그 조직의 품질정책 및 프로젝트관리 계획서를 기반으로 수행하는 프로젝트의 품질감사를 수행한다. 조직의 품질관리 팀장과 팀원들이 참여하고 있다. 프로젝트 전반에 대한 품질감사를 진행하고 있다. 이런 품질감사로 확보할 수 있는 조직의 이점과 관계가 먼 것은 어느 것인가?

A. 효율적 업무관리를 위한 조직관리 프로세스 개선

B. 프로젝트관리자와 팀원들 간에 승인된 변경 요청이 절차에 따라 바로 수행되는지 확인

C. 프로젝트를 수행하는 조직이 본부의 정책과 맞게 수행되고 있는지 검증

D. 프로젝트 전반의 품질측정을 위한 품질 매트릭스 방향 결정

70 프로젝트관리를 위해 외주업체의 품질을 검사하기 위하여 외주업체를 방문하여 생산한 제품 품질에 대해 4,000개를 전수 조사하였다. 조사결과를 1주일 뒤에 전달 받았고 외주업체로부터 이번 조사에 대한 불만사항을 다수 받았다. 실제 예상보다 조사비용이 많고 기간이 길어서 문제가 되었다고 한다. 아래 중 가장 문제가 되었다고 판단되는 것은 무엇인가?

A. 품질검사의 사전 조사에 대한 통보가 없었다.

B. 품질계획서의 내용대로 조사를 하지 않았다.

C. 점검표, 히스토그램 등의 품질도구를 사용하지 않았다.

D. 생산품에 대한 조사를 모두 하여 정확성을 높이려 했기 때문이다.

71 필리핀에서 복합화력발전소 건설프로젝트를 수행하고 있다. 프로젝트 품질관리자가 공급자인 판매자의 제조 공장을 방문하여 터빈의 제작을 15개월 내로 완료하기로 계약한 최종제품의 합부 판정을 위한 검사를 진행하고 있다. 검사가 요구사항을 만족할 경우에는 품질관리자는 검사를 승인하는 공식문서에 사인하게 된다. 고객 프로세스 관점에서 볼 때 공급자는 본 프로세스가 어디에 해당되며, 품질관리자는 무엇을 수행하였다고 볼 수 있나?

A. 공급자는 범위 확인, 품질관리자는 조달 통제에 해당된다.

B. 공급자는 조달 통제, 품질관리자는 범위 확인이다.

C. 공급자는 프로젝트 감시, 품질관리자는 범위 확인이다.

D. 공급자는 조달 수행, 품질관리자는 조달 통제이다.

72 교육과정을 개발하는 프로젝트를 추진하고 있다. 프로젝트관리자로서 참여하는 팀원들과 의사소통기술, 방법, 모델, 성과보고, 조직의 정보관리시스템 등을 개발하여 프로젝트 비용, 진도관리, 성과물 현황 등에 대한 정보를 배포, 공유 및 이해관계자에게 확인하는 업무를 수행한다. 이 프로세스를 수행하기 위한 것과 거리가 먼 것은?

A. 의사소통관리 계획서

B. 작업성과 보고서

C. 프로젝트 범위 기술서

D. 조직 프로세스 자산, 기업환경요인

73 신재생에너지를 생산하는 프로젝트를 수행하고 있다. 프로젝트관리자는 리스크관리 계획서를 바탕으로 리스크 식별을 우선 진행하였다. 확률 및 영향평가를 실시하여 우선순위를 결정하였다. 이들 중에 확률과 영향이 크지 않은 것을 리스크 관리대장의 주요 감시대상 리스트에 기록하였고, 프로젝트를 수행하면서 계속해서 리스크 현황을 확인한다. 우선순위가 높은 리스크에 대해서는 어떻게 실행하는가?

A. 프로젝트의 여건에 따라 정성적 분석을 하고 리스크 관리대장을 업데이트 한다.

B. 리스크 대응계획을 수립하고, 대응전략을 수립하여 리스크 관리대장에 기록한다.

C. 리스크 계획을 작성하여 리스크를 재평가 하고, 이 정보를 리스크 관리대장에 기록한다.

D. 프로젝트의 여건에 따라 정량적 분석을 수행하거나, 리스크 대응계획을 수립하여 수행한 결과에 대해 리스크 관리대장을 업데이트 한다.

74 이란에 정유공장 건설 프로젝트관리를 총괄하고 있는 프로젝트관리자로서 계약서에 포함되어 있는 프로젝트의 최종성과물을 계획부터 인도할 때까지 전체 단계의 프로세스를 효율적이며 지속적으로 수행하고 있다. 프로젝트관리자는 인도물의 품질, 의사소통의 중요성, 이해관계자의 참여 전략 및 점검사항들에 대해 프로젝트에 참여하는 팀원들에게 프로젝트관리 교육을 실시하려고 한다. 프로젝트관리자는 어떤 것을 수행하고 있는 것인가?

A. 실행단계의 지시 및 관리 프로세스

B. 감시 및 통제 프로세스

C. 실행단계의 품질보증 프로세스

D. 실행단계의 프로젝트 조직 구성

75 브라질 제철소건설 프로젝트를 수행하고 있는 프로젝트관리자가 조달 책임자인 A씨와 조달담당자인 B씨와 함께 조달문서 가이드를 작성하고, 조달 계약형식을 턴키 방식으로 진행하기로 결정하였다. 그리고 그것을 실행하기 전에 구매분석을 실행하였다. 프로젝트관리자는 이 프로세스에서 어떤 것을 도출할 것인가?

A. 조달관리 계획서, 협약, 선택된 판매자, 제작 및 구매 결정, 조달문서

B. 조달관리 계획서, 조달문서, 조달작업 기술서, 공급자 선정 기준, 제작 및 구매 결정, 변경 요청서

C. 조달관리 계획서, 선택된 판매자, 입찰자 초청회의, 공급자 선정 기준, 제작 및 구매 결정

D. 조달관리 계획서, 조달문서, 제작 및 구매 결정, 조달작업 기술서, 계약, 입찰초청 회의

76 중국 치수이 지역에 요소비료공장을 건설하고 있다. 프로젝트관리자는 이해관계자 관리대장, 이해관계자 참여 계획서를 기준으로 이해관계자의 참여관리 프로세스를 수행하고 있다. 다음 중 이 프로세스에서 프로젝트관리자가 수행하는 업무와 거리가 먼 것은?

A. 이슈관리 대장을 만든다.

B. 추가 이해관계자를 식별한다.

C. 추가적인 기능을 제안하여 이해관계자를 만족 시킨다.

D. 변경관리 대장의 내용을 기준으로 이해관계자와 협의한다.

77 이란의 아살루에 지역에 가스플랜트를 건설하는 프로젝트를 진행하고 있다. 총 프로젝트 기간이 50개월이다. 20개월이 지난 후 현재의 공정진도가 계획 대비 20% 이상 지연되고 있다. 프로젝트관리자는 지연되는 것을 만회하기 위하여 작업자, 기자재 및 장비의 추가 투입을 고려하고 있다. 지연을 만회하기 위한 공정관리 기법을 바르게 설명한 것이 아닌 것은?

A. 최소한의 부가 비용으로 최대한의 기간 단축을 위해 자원과 기간의 상관관계를 분석하고, 주 공정 경로의 작업들에 대하여 자원 추가 투입으로 일정 단축 방법인 공정압축법(crashing)을 적용한다.

B. 보통 순차적으로 행해지는 활동들을 동시에 수행하는 방법인 공정중첩단축법(Fast Tracking)은 일반적으로 재작업이나 위험이 증가될 수 있다.

C. 공정압축법은 반드시 실행 가능한 대안들을 도출해 내는 것은 아니며 종종 직접비가 증가될 수 있다.

D. 공기를 단축하는 방법에는 공정압축법, 공정중첩단축법 및 연동기획 방법의 세 가지가 있다.

78 공공 프로젝트 일환으로 도로에 가로등을 설치하는 프로젝트를 진행하고 있다. 이 프로젝트를 성공적으로 완료하기 위해서는 각 활동의 작업에 대해 자원을 배정하여야 한다. 자원을 배정하기 위해서 여러 가지 고려해야 할 사항과 거리가 먼 것은?

A. 실제 상황을 더 정확하게 일정에 반영하기 위해서 자원 제약사항을 반영한다.

B. 작업에 대한 책임을 각각 부여하여야 하고, 작업량을 관리하여 특정자원이 작업을 과중하게 부담하지 않도록 조정한다.

C. 초과 할당된 자원이 있으면 배정된 작업에 자원을 더 추가하거나 작업을 재배정하여 자원의 작업량을 조절한다.

D. 전체 프로젝트 비용에서 가장 큰 부분을 차지하는 자원에 대해 비용관리를 중점적으로 관리한다.

79 아프리카 남아공에 종합사업관리시스템을 개발하는 프로젝트를 국내의 협력업체와 현지업체 간에 공동으로 참여하여 진행하고 있다. 프로젝트관리자는 프로젝트를 수행하면서 두 팀 간의 갈등을 해결하기 위해 여러 가지 방안을 검토하고 모색하고 있다. 본 갈등을 해결하고 이들 팀 간에 프로젝트를 완전히 완료할 때까지 갈등이 다시 발생하지 않게 하려면 어떤 방법의 갈등 해결방안을 선택할 수 있는지 아래 중에서 가장 최적의 방법을 고르시오.

A. 협업 B. 수용
C. 타협 D. 무시

80 평창동계올림픽에서 공연을 준비하는 프로젝트를 수행하고 있는 프로젝트관리자가 다양한 이해관계자의 참여를 효율적으로 하고자 한다. 본 프로젝트의 효과적인 수행을 위해서는 프로젝트관리자와 참여하는 팀원들의 대인관계기술이 중요하다. 프로젝트관리자가 언제 참여하는 팀원들에 대한 리더십을 나타내고 팀구성 활동을 추진하게 되는지 아래에서 맞는 것을 선택하시오.

A. 프로젝트 초기에만 진행한다.

B. 프로젝트 착수부터 종료할 때까지 진행한다.

C. 형성기, 규범기, 혼돈기, 해산기에서 진행한다.

D. 수행단계, 혼돈기, 종료단계에서 진행한다.

81 신약개발을 추진하고 있는 프로젝트관리자, D씨는 프로젝트에 참여하는 팀원들과 회의를 진행하고 있다. D씨는 각 팀별로 지난 6개월 간의 활동사항에 대해 분석보고를 받고, 수정 및 고쳐야 할 사항에 대해 설명하고 있다. 그리고 각 팀장과 팀원들에게 각 팀에서 해야 할 일을 재배치하고 있다. 따라서 매우 장시간 동안 회의를 하게 되는 결과를 매번 초래하고 있다. 무엇이 잘못되었는지 파악하고 있는데, 다음 중 어느 것이 가장 가까운가?

A. 프로젝트 자원에 대한 할당이 제대로 되지 않아서 소통에 문제가 발생했다.

B. 각 팀장과 팀원들이 의사소통관리 계획서 작성에 참여하지 않았고, WBS 작성이 적절하지 않았으며, RACI매트릭스 작성이 명확하지 않았다.

C. 프로젝트관리자 D씨는 보상과 인정에 대한 계획이 완전하지 못했고 리더십이 부족했다.

D. 프로젝트 범위관리 계획서, 자원배정표, 활동기간 산정치가 제대로 완료되지 못했다.

82 국제공항을 건설하는 대형 프로젝트를 건설하고 있다. 여기에 속해 있는 상당한 규모의 전산개발 프로젝트를 수행하는 프로젝트관리자가 프로젝트 초기에 프로젝트헌장에 명시되어 있는 이해관계자 목록을 파악 및 분석하고 있다. 초기 이해관계자 목록을 통해 새로운 정보를 이해관계자들로부터 확인한 결과 추가 이해관계자들이 약 100명 이상으로 아주 많을 것으로 예상된다. 이 경우에 프로젝트관리자가 우선 해야 할 사항은 다음 중 어느 것인가?

A. 전산개발 프로젝트를 수행하기 위한 이해관계자 전체의 요구사항을 효과적으로 집계할 방법을 파악하고 연구한다.

B. 협조가 어려울 것으로 예상되는 이해관계자에 대해서 먼저 어떻게 만족을 유도할 것인지 대책을 수립한다.

C. 이해관계자 중에 영향력이 미미한 이해관계자를 분류하여 목록에서 제거하는 작업을 먼저 진행한다.

D. 이해관계자를 내부와 외부 이해관계자로 구분하고 외부고객을 배제 시킨 후 내부자부터 이해관계자 관리에 참여를 유도하고, 그 다음에 외부고객에 대한 참여전략과 영향력을 분석하여 프로젝트 생애주기 동안 관리한다.

83 신발제작회사에서 새로운 아이템의 신발을 연구개발하고 있다. 프로젝트관리자가 개발기간의 중간 정도 지나면서 프로젝트의 진도를 파악하고자 한다. SV가 30, 실제 투입된 비용(AC)이 250이며, CV는 50이다. TCPI가 0.85이다. 앞으로 4개월 후에 신발개발 프로젝트가 완료될 것으로 예상하고 있다. BAC(당초예산)는 얼마가 될까요?

  A. 600.3
  B. 583.3
  C. 205
  D. 458.3

84 아부다비의 담수설비 프로젝트를 진행하고 있는 프로젝트관리자가 복잡하고 처리가 곤란한 설비의 설치공사가 자체기술로 어려운 점을 인식하고 있다. 따라서 리스크의 영향이 상당히 클 것으로 예상하고 있다. 이에 프로젝트관리자는 이 작업을 프로젝트 범위에서 완전히 제거하기 위하여 관련된 이해관계자를 만나 계속해서 협의를 진행하고 있다. 한편으로는 이 설비의 각 분야 전문가들과 협의하여 이 리스크를 제거하고자 다양한 준비와 대응 방법에 대해 파악하고 분석하고 있다. 이 리스크 대응활동에 대하여 프로젝트관리자가 선택하고 있는 리스크 대응전략은 다음 중 어느 것인가?

  A. 수용
  B. 회피
  C. 전가
  D. 브레인스토밍

85 건물을 지을 때 콘크리트 양생 기간이 2~3일 걸리기 때문에 화학 용품을 넣고 온도를 올릴 경우 20~30분 만에 콘크리트가 굳는다는 것을 알아 새로 지을 집에 적용하기로 결정하였다. 이는 리스크의 긍정적 대응방안 중 어디에 해당하는가?

  A. Exploit(활용)
  B. Enhance(증대)
  C. Share(공유)
  D. Accept(수용)

86 우주선을 개발하는 프로젝트를 진행하고 있다. A팀장은 이번 프로젝트 조직의 생산 총괄을 담당하고 있다. 본 프로젝트의 프로젝트관리자에게는 제일 중요한 이해관계자이기도 하다. A팀장은 이전에 유사한 프로젝트를 수행하는 데 있어서도 중요한 이해관계자로서 리스크관리에 대한 전문가적 역량을 가지고 있다. A팀장은 본 프로젝트에 대해서 아주 잘 알고 있다. 그리고 이 프로젝트의 성공여부도 A팀장의 영향력이 크게 작용한다. 따라서 프로젝트관리자는 A팀장에 대한 참여방침과 전략을 수립하였다. 이런 전략은 어느 문서에 정립되어 기록되어야 하는가?

  A. 이해관계자 관리대장
  B. 리스크 관리대장
  C. 리스크 및 이슈 관리대장
  D. 이해관계자 참여 계획서

87 인공지능 의사를 개발하는 프로젝트에 설계관리 책임자로 참여하고 있는 D팀장은 리스크관리 전문가이기도 하다. D팀장은 과거의 유사 프로젝트에 대해서도 잘 이해하고 있으며, 프로젝트의 효과적인 관리에 영향이 큰 이해관계자이기도 하다. 프로젝트관리자는 D팀장을 이 프로젝트에 참여시켜 성공적인 프로젝트가 되도록 참여전략을 수립하고 있다. D팀장을 프로젝트에 참여시키는 가장 효과적인 전략은 무엇인가?

A. 리스크관리 전문가이므로 프로젝트의 초기단계부터 리스크관리 계획, 분석실행 및 리스크 감시 및 통제프로세스에 참여하도록 전략을 수립한다.

B. 프로젝트 초기부터 프로젝트관리 전담팀에 배치하여 프로젝트에 적극적으로 참여하도록 한다.

C. 프로젝트 의사소통계획에 적극 참여시켜 의사소통을 통한 리스크관리를 전 이해관계자와 효과적으로 할 수 있도록 전략을 수립한다.

D. 경영진과 협의하면 프로젝트관리에 많은 영향력을 미칠 수 있으므로 D팀장의 프로젝트 참여를 제외 시킨다.

88 주상복합아파트를 건설하는 프로젝트를 수행하고 있는 D씨는 프로젝트 팀원으로서 변경 요청서 작성 없이 일부 아파트공사의 범위를 추가하였고, 또한 기능을 더 좋은 것으로 하였다. 프로젝트관리자는 이에 대한 D씨의 조치에 많은 불만을 얘기하고 책임을 부가하려고 한다. 이와 관련하여 프로젝트관리자와 팀원들이 회의를 진행하기로 결정하였다. 프로젝트의 발주처와 주요 이해관계자에게도 이 상황을 통보하였다. 이러한 상황에 대해 프로젝트관리자가 즉시 실행해야 하는 것은 무엇인가?

A. 공식적으로 변경 요청서를 작성하여 변경통제위원회에서 최종 결정하도록 한다.

B. 프로젝트 참여자가 모두 모여 품질 통제와 범위 확인을 다시 한다.

C. 초기에 계획된 범위대로 추가한 작업 범위를 일괄적으로 삭제한다.

D. 프로젝트 범위 변경에 의한 프로젝트의 영향을 확인한다.

89 A씨는 중국 귀주성에 요소비료공장을 건설하는 프로젝트에 참여하여 신규프로젝트의 프로젝트관리자로서 업무를 수행하고 있으며, 프로젝트 스폰서와 주요 이해관계자들과 협의하여 프로젝트 착수를 준비하고 있다. 프로젝트 착수를 위해서 프로젝트헌장을 먼저 작성하여야 한다. 이때 프로젝트관리자가 하지 않아도 되는 것은 다음 중 어느 것인가?

A. 프로젝트 범위 기술서를 요약 및 작성한다.

B. 프로젝트 평가 및 주요 인도물을 식별한다.

C. 주요 이해관계자들과 손익을 분석하여 공유한다.

D. 이해관계자 요구사항, 주요 리스크, 제약사항 등을 식별하고 반영하여 착수를 준비한다.

90 원자력 발전소 건설을 위한 파일럿 원자로를 제작하는 프로젝트를 추진하고 있는 프로젝트관리자가 프로젝트 종료시점이 얼마 남지 않은 상황에서 프로젝트의 진행사항을 파악 및 분석하고 있다. SPI=0.98, CPI=1.03으로 파악 되었다. 앞으로 1개월 후에 프로젝트의 최종 인도물인 원자로에 대한 성능보장 시험 후 인계가 이루어질 예정이다. 이 시점에서 프로젝트관리자가 가장 집중적으로 관리하여야 할 프로세스는 다음 중 어느 것인가?

 A. 리스크관리   B. 일정 통제
 C. 범위 확인   D. 원가 분석

91 게임기를 개발하는 비교적 짧은 기간의 프로젝트를 수행하고 있다. 이 프로젝트의 총 프로젝트 기간은 6개월이다. 현재의 진도율을 분석한 결과 SPI=1.02, CPI=1.03이므로 이 프로젝트의 일정과 원가는 양호하다고 볼 수 있다. 이런 가운데 일부의 프로젝트 이해관계자들이 본 프로젝트의 최종 인도물에 대하여 충분히 만족하지 못하고 있는 실정이다. 이들 이해관계자들을 만족시키기 위해서는 약 20일 정도 공기가 지연될 것으로 예상된다. 이런 상황을 사전에 발생하지 않게 하려면 어떠한 프로세스를 수행하여야 하는지 다음 중에서 맞는 것은?

 A. 일정표 개발   B. 범위 정의
 C. 범위 통제   D. 일정 통제

92 신약 개발 프로젝트를 수행하고 있는 C씨는 프로젝트관리 경험을 많이 가지고 있다. C씨는 프로젝트관리자로서 프로젝트 조직 내에서 수행업무가 안정적으로 진행되고 있는지를 분석하면서 확인하고 있다. C씨가 프로젝트의 프로세스들이 모두 정해진 한계 내에서 바르게 수행되고 있는지를 확인하기 위해서 사용하는 가장 적절한 방법은?

 A. 관리도   B. 산점도
 C. 이시카와도   D. 친화도

93 대학 교실에 강의를 위한 영상기구를 설치하는 프로젝트를 수행하고 있는 프로젝트관리자가 판매자와 협의하여 계약을 체결하고 외주 처리하였다. 계약방식은 FPIF이다. 본 프로젝트는 약 4개월로 짧은 기간 수행된다. 구매조달의 제품 범위가 종료되고 업무가 완료 되었다고 판단한 판매자가 남은 기성 금액을 지급해 줄 것을 요청하였다. 구매자의 외주 업무 담당자는 판매자가 설치한 제품이 만족할 수 없다고 재작업을 요청하였다. 프로젝트관리자가 판매자와의 계약서를 확인하였다. 이런 상황에 대한 관련 문구는 없었다. 프로젝트관리자는 어떻게 조치 해야 하나?

A. 남은 기성 금액을 지급한다.

B. 계약서를 변경하기 위한 변경 요청서를 작성하여 협의한다.

C. 계약을 변경하기 위한 사전 협의를 이해관계자들과 진행한다.

D. 작업성과와 불만족 항목을 정리하고 변경통제위원회와 협의하여 결정한다.

94 전기시스템을 설치하는 프로젝트를 수행하면서 프로젝트관리 프로세스의 하나인 프로젝트작업 지시 및 관리 프로세스에서 최종 인도물을 제작하고 있다. 이 프로세스와 직접적으로 관련되어 서로 작용하는 프로세스로 간주하기 어려운 것은 다음 중 어느 것인가?

A. 프로젝트 종료
B. 품질 통제
C. 통합 변경통제 수행
D. 품질 보증

95 외딴 섬에 소형 자가 발전소를 건설하는 프로젝트에 참여한 C씨가 프로젝트를 완료한 후 다른 프로젝트에 참여하고 있다. 최근에 프로젝트의 주요 이해관계자가 최종 프로젝트 제품을 사용한 후에 몇 가지 불만사항을 전달해 왔다. 담당 프로젝트관리자가 C씨에게 이를 처리해 줄 것을 요청하였다. 그런데 C씨는 이미 다른 프로젝트에 참여하고 있으므로 업무를 수행하기는 어려운 실정이다. C씨는 함께 근무하였던 팀원의 팀장에게 이 사실을 알렸다. 팀장은 팀원들이 해결책을 찾을 수 있도록 업무수행을 의뢰하고 문의하였다. 이런 방식으로 프로젝트를 수행하는 조직의 형식은 어떤 것일까?

A. 균형 매트릭스
B. 강한 매트릭스
C. 프로젝트 전담조직
D. 기능조직구조

96 A씨가 상파울루에 가로등을 설치하는 프로젝트의 새로운 프로젝트관리자로 업무를 시작하였다. 전임 프로젝트관리자가 개인사정으로 일을 그만두게 되었다. A씨가 업무를 시작하면서 프로젝트의 현황을 파악하니 두 명의 프로젝트 참여자가 프로젝트관리자의 승인 없이 휴가를 떠났다는 것을 알게 되었다. 그리고 다른 세 명은 다른 본부의 프로젝트에 배정될 것이라는 것을 알게 되었다. 한편 일부 팀원들이 본인들의 업무 일정을 제대로 알지 못하고 있었다. 이런 여러 상황을 종합해 볼 때 프로젝트관리자는 프로젝트의 효과적인 수행을 위하여 무엇을 먼저 해야 할까요?

A. 팀원관리 계획서를 검토 및 업데이트 한다.

B. 프로젝트 참여자의 역할과 담당 업무를 재조정한다.

C. 프로젝트의 자원 배정과 자원활용 일정을 재조정한다.

D. 책임배정표를 업데이트 한다.

97 프린터를 제작하여 판매하는 프로젝트를 수행하고 있는 프로젝트관리자는 A씨와 B씨가 필요한 장비 구매에 대해 의견이 엇갈리고 있다는 것을 발견하였다. 이들이 이런 의견을 내는 것은 자신들이 속해 있는 기능부서에 불리한 영향이 없도록 하기 위한 노력을 하고 있기 때문이다. 프로젝트관리자는 이런 갈등을 해소해 보려고 제작 및 구매에 대한 분석을 하도록 지시 하였다. A씨와 B씨는 상황을 종합 분석하여 구매가 더욱 생산적이라는 결론에 도달하게 되었다. 하지만 이 두 사람은 구매하는 것으로 원칙적으로 동의하였지만, 임대를 하는 것이 좋을지, 새로운 장비를 구매해야 할지에 대한 갈등 상황에 놓여있다. 구매할 경우 $240,000 비용이 들것으로 보이며, 임대할 경우는 $6,000(/월)가 소요된다. 장비의 감가삼각비는 정액법을 사용하여 매년 같은 금액으로 5년 동안 차감된다. 5년 이후의 잔존가치는 0이 된다. 만약 이 프로젝트에서 36개월 동안 이 장비를 사용하고 잔존가로 다시 판매할 수 있다면, 프로젝트관리자는 다음 중 무엇을 선택할 것인가?

A. 시장조사 및 분석 결과를 감안할 때 잔존가로 재판매가 가능하므로 구매로 결정한다.

B. 잔존가치를 고려하여 판매를 할 수 있을지라도 계산해 보면 임대가 일반적으로 유리하다.

C. 재판매가 가능하도록 프로젝트 상황에 맞게 잔존가 산정방식을 변경해서라도 반드시 구매로 결정한다.

D. 위에 설명한 상황만으로 임대 혹은 구매결정을 한다는 것은 어렵다고 판단된다.

98 중국의 정보화 설비를 개선하는 프로젝트를 수행하고 있다. 프로젝트관리자는 팀원들과 프로젝트 리스크 관리대장을 기초로 하여 아래와 같은 리스크의 확률과 영향을 산출하였다. 이 데이터로 확인하기 어려운 항목은?

구분	확률	영향
리스크 A	40%	-$60,000
리스크 B	10%	-$120,000
리스크 C	60%	-$90,000

A. 프로젝트를 수행하면서 중점적으로 관리해야 하는 항목을 인식한다.

B. 임기응변 계획을 위한 분석을 한다.

C. 정량적으로 리스크 분석을 위한 자료로 활용한다.

D. 프로젝트 수행 중에 필요한 우발사태 예비비로 활용한다.

99 영화를 촬영하는 프로젝트를 수행하고 있는 프로젝트관리자가 프로젝트관리 팀원들과 함께 기능부서장들과 프로젝트의 효과적인 수행을 위해 필요한 자원투입에 대해 확인하고 있다. 확인 결과를 토대로 팀원과 자원을 투입하고 있다. 이와 관련한 상호 작용하는 프로세스로써 관계가 적은 것은?

A. 활동자원 산정을 한다.

B. 예산 책정을 한다.

C. 이해관계자를 식별한다.

D. 일정 개발을 한다.

100 성과가 거의 없는 팀원에게 성과에 대한 비공식적인 대화를 통해 피드백을 주었는데, 2달이 지나도 똑같은 실수를 반복하였다. 프로젝트관리자로서 어떻게 의사소통을 해야 할까?

A. 공식 문서   B. 공식 구두

C. 비공식 문서   D. 비공식 구두

101 부산의 인근 바닷가에 전망이 좋은 아파트건설 프로젝트를 수행하고 있다. 프로젝트관리자는 프로젝트가 진행되면서 원가 산정을 잘 할 수 있다는 것을 알고 있다. 프로젝트 계획수립 시의 원가 산정의 정확도를 약 −10%~+25%로 산정할 경우, 프로젝트헌장 개발 당시의 원가 산정의 정확도는 어느 수준일까?

A. −25%~+75%   B. −25%~+5%

C. −5%~+10%   D. −10%~+10%

102 문제 101번의 원가 산정의 정확도 구간은 무엇을 의미하고 있는가?

A. 수행하는 조직의 프로젝트 리스크 허용 범위

B. 프로젝트 스폰서와 프로젝트관리자가 예상하는 관리예비비 허용치

C. 프로젝트관리자가 예상하는 우발사태 예비비 허용치

D. 프로젝트관리자가 산정하는 프로젝트 원가의 불확실성 정도

103 통신장비를 개발하는 프로젝트 팀원들이 모여서 프로젝트를 성공적으로 진행하기 위해 협의하고 있다. 프로젝트관리자인 D씨는 프로젝트의 여러 가지 상황에 적용되도록 프로젝트 참여기술자들과 함께 눈앞에 자세한 정보를 가지고 수행하는 업무에 대한 계획수립은 자세히 계획하고, 좀더 시간이 걸리는 업무들에 대해서는 상위 레벨로만 계획하고, 나중에 정보가 더 구체화 되면 점진적으로 구체화하는 방법으로 작업을 진행하려고 한다. 이런 업무 접근방법을 무엇이라고 하는가?

A. 연동기획

B. 범위 정의

C. 공정중첩단축법

D. 공정압축법

104 보안장치를 설치하는 프로젝트의 초기에 업무를 총괄하는 C씨는 얼마 전에 프로젝트관리자로 임명되었다. 프로젝트가 승인되고 이 프로젝트는 조직의 전략적 계획에 따라 수행된다. 현 단계에서는 조직의 주요 생산 프로세스를 개선하는 것이 목적이다. 주요 이해관계자들을 분류하고, 수행 단계별 영향과 권한 등을 파악하고 분석하며, 이들에 대한 참여전략도 함께 수립하고 있다. 참여전략 수립 이후에 이해관계자들과 프로젝트관리자가 일반적으로 수행해야 하는 업무라고 보기 어려운 것은 다음 중에서 어느 것인가?

A. 참여하는 모든 이해관계자들의 이익 분석을 실시한다.

B. 이해관계자들 사이에 발생할 수 있는 갈등을 분석하고 해결한다.

C. 프로젝트 수행에 요구되는 사항을 이해관계자와 협의하고 협상을 진행한다.

D. 변화관리에 저항하는 이해관계자나 참여자들에게 상호 극복할 수 있는 방안을 마련한다.

105 신규 프로젝트로 기술자를 양성하여 해외 프로젝트에 참여시키는 인력양성 프로젝트를 수행하고 있다. 프로젝트관리자는 프로젝트의 성공에 대한 역량이 다방면으로 요구된다. 특히 리더십과 프로젝트 관리 역량에 성공여부가 달려있다고 할 수 있다. 아래 열거한 내용 중에 본 프로젝트를 수행하는 프로젝트관리자의 관리능력으로 간주 될 수 있는 것은?

A. 팀원들에게 동기부여를 하고 팀원들의 능력을 개발한다.

B. 비전, 미션 및 방향을 제시하고 관리한다.

C. 지속적으로 이해관계자 모두가 기대하고 만족하는 주요 결과물을 산출한다.

D. 프로젝트 참여기술자들에게 비전을 잘 알 수 있게 한다.

106 종합사업관리시스템의 개발 책임자로 지명된 프로젝트관리자 D씨는 프로젝트관리에 대한 효과적인 방법을 검토하고 있다. 이 프로젝트는 외부조직에서 제안하여 수행하는 프로젝트이다. 그래서, 품질요구사항이 상당히 높다. 일정도 상당히 긴급하게 진행되고 있다. 프로젝트 팀원 중에 C씨는 주요 인도물 완료를 위해 반드시 필요한 인력이다. 얼마 전 C씨의 관리팀장으로부터 C씨를 조직에서 우선순위가 앞서는 프로젝트에 투입하게 될 것이라고 연락을 받았다. 프로젝트관리자는 이런 상황에서 해결방안을 모색하고 있다. 누구에게 도움을 요청하는 것이 가장 효과적인가?

    A. 주요 고객   B. 대표이사
    C. 스폰서   D. 기능관리자

107 프로젝트관리자가 프로젝트관리 계획서를 작성하고 있다. 일정관리 계획서와 품질관리 계획서를 우선 작성하고 있다. 그 다음에 자원 식별, 자원 확보, 역할 및 담당업무, 프로젝트 조직도, 프로젝트팀 자원관리, 교육, 팀 개발, 자원 통제, 인정 계획 등이 포함된 문서를 작성하고 있다. 이들이 포함된 문서의 이름은 무엇인가?

    A. 자원관리 계획서   B. 품질관리 계획서
    C. 일정관리 계획서   D. 자원배분 계획서

108 이란에서 VE 전문가 자격을 가진 기술자를 양성하는 프로젝트를 진행하고 있다. 이를 총괄하는 프로젝트관리자는 VE에 대한 전문지식이 부족하지만 영어가 잘 되는 A씨를 강의자로 선정하였다. 그런데, 현지 발주처의 진행팀장이 VE에 대한 전문지식이 없는 강사는 원하지 않는다고 하여 다른 VE전문강사 중에 영어도 잘하면서 VE기술을 가진 다른 전문강사인 C씨를 전문강사로 활동하도록 조치하였다. 이것은 다음 중 어디에 해당하는가?

    A. 시정조치   B. 프로세스 개선
    C. 예방조치   D. 시나리오 분석

109 프로젝트관리자가 프로젝트에 참여하는 이해관계자들에게 매월 7일 이내 획득가치기법(EVM)을 사용하여 성과보고를 설명하도록 하였다. 다음 내용 중에 이해관계자에게 보고하는 내용과 거리가 먼 것은?

    A. 매달 수행한 업무에 대한 성과보고를 한다.
    B. 몇 달 후 수행해야 할 성과예측치가 포함된 추세에 대한 내용이 포함된다.
    C. 과거 분기에 발생한 원가와 실제 수행기간 동안의 성과데이터를 보고한다.
    D. 계획 대비 실적이 현재까지의 수행 진행사항에 대한 내용을 포함한다.

110 통신시스템을 자동화 하는 ICT 프로젝트관리자는 당초 계획했던 일정대로 프로젝트가 잘 수행되어 가고 있다고 판단하고 있다. 그런데 발주처의 프로젝트관리자가 그 지역의 폭풍우로 인해 제품에 대한 인계가 한 달 가량 지연될 것이라고 통보를 하였다. 판매자는 지연에 대한 영향을 기록하려고 한다. ICT 프로젝트관리자가 프로젝트 일정지연에 대한 영향을 기록해야 할 문서는 다음 중 어느 것인가?

A. 클레임 관리대장
B. 프로젝트 공정표
C. WBS
D. 리스크 관리대장

111 지게차를 생산하는 프로젝트를 착수하여 진행하고 있다. 지게차 부품의 품질을 보다 더 향상 시키고 불량을 줄이기 위해 생산라인의 프로세스를 개선하는 프로젝트를 수행하는 프로젝트관리자를 임명하였다. 이 프로젝트의 최종 인도물은 무엇이며, 종료 시에 인계를 누구에게 하는가?

A. 개선된 프로세스를 수행조직 내에서 운영부서 또는 생산부서 등 지정된 이해관계자에게 인계한다.
B. 개선된 자동차 부품을 판매자 및 고객에게 인계한다.
C. 프로젝트 성과보고서를 이해관계자의 기능팀에 인계한다.
D. 프로젝트 조직 내 운영부서에 인계하고, 최종 인도물은 없다.

112 중남미의 한 나라에 대형 제철소를 건설하는 프로젝트를 수행하게 되었다. 프로젝트관리자로서 C씨는 프로젝트 착수회의를 준비하고 있다. 이와 같이 큰 프로젝트에서 착수회의를 진행하기 전에 반드시 수행되어져야 하는 일들이 많다. 아래의 내용 중 거리가 먼 것은 어느 것인가?

A. 중요한 리스크를 식별하고 분석한다.
B. 주요 마일스톤 일정과 예산을 수립한다. .
C. 주요하게 투입될 인적 자원에 대해 식별하고 자원을 확보한다.
D. 팀원에 대한 관찰 및 대화를 한다.

113 대형 게임기를 개발하는 프로젝트를 추진하고 있는 프로젝트관리자가 모든 프로젝트 팀원들을 대상으로 프로젝트관리 교육을 실시하려고 한다. 교육을 실행하는 것은 일부 생산에 필요한 품질개선이 필요하고 그것을 공감대를 가지고 활용해야 하기 때문이었다. 프로젝트관리자는 팀을 나누어서 전체 프로젝트 팀원들이 관련 교육을 받을 수 있도록 계획을 수립하였다. 모든 팀원들에게 이메일 통보를 하여 정보를 공유하였다. 교육과정이 완료되어 각 팀원들에게 교육성과에 대한 평가를 실시하려고 한다. 그러나 참석한 팀원들은 계획에 비해서 90% 정도로 작았다. 10% 정도의 팀원들은 전혀 교육에 참가하지 않았다. 이 상황은 무엇이 문제인가?

A. 프로젝트관리자가 자원 달력을 확인하지 못하고 교육일정을 수립하였다.

B. 프로젝트관리자와 팀원들 간에 의사소통에 문제가 있어서 의사소통이 제대로 되지 않았다.

C. 리스크 관리대장에 기록된 내용을 공유하지 않고 일정을 수립하였다.

D. 프로젝트 참여기술자와 멤버들에 대한 역할과 책임 정의가 명확하지 않은 상태에서 일정계획을 수립하였다.

114 중동에 배관이송 설비를 설치하는 프로젝트를 수행하고 있는 프로젝트관리자가 품질관리를 위해 여러 품질관리 도구를 활용하고 있다. 프로젝트관리자는 인과관계도(fishbone diagram)나 친화도(affinity diagram)를 활용하여 생성되어진 약 30여 개 항목의 논리적인 관계를 표시하여 관련된 문제를 잘 해결하려고 한다. 이러한 기법을 품질도구에서 무엇이라고 하는가?

A. 매트릭스 다이어그램(matrix diagram)

B. 계층도(tree diagram)

C. 연관관계도(interrelationship diagram)

D. 영향도(influence diagram)

115 어느 지방에 바이오매스 발전소를 건설하는 프로젝트를 수행하고 있다. 프로젝트관리자는 본 발전소 건설프로젝트와 관련된 이해관계자들과 리스크 분석을 수행하여 마친 상태이다. 각각의 리스크에 대한 리스크 대응전략을 수립하였다. 프로젝트 수행을 하면서 지방안전법령이 변경되어 일정과 원가에 영향을 끼칠 때 다음 중 어느 것을 수행해야 리스크 대응을 바로 할 수 있는가?

A. 우발사태 계획 실행

B. 일정 및 원가예비비 사용

C. 일정조정 및 원가예비비 사용

D. 임기응변 대책 실행

116 대형 공항을 건설하는 프로젝트의 프로젝트관리자를 담당하고 있는 C씨는 팀원들의 동기부여와 사기진작을 위한 계획을 수립하고 있다. 일부 멤버들에게는 적절한 권한을 부여하고 일부 멤버들에게는 보상과 업적인정 등을 검토하고 있다. 한편으로 조직 내의 동호회에 가입을 희망하는 팀원들에게는 가입할 수 있게 하면 소속감과 연대 등으로 전체적인 프로젝트의 성과 향상에 도움이 될 수 있다고 판단하고 있다. C씨가 신뢰하고 있는 관련 이론은 무엇인지 다음 중에서 고르시오?

A. McClelland's Achievement

B. Maslow's Hierarchy of Needs

C. Expectancy이론

D. Herzberg의 동기부여, 위생요인

117 리조트를 개발하는 프로젝트를 총괄하는 프로젝트관리자 A씨와 개발팀장인 B씨에게 프로젝트 팀원인 C씨는 프로젝트관련 업무를 보고한다. 프로젝트 진도는 현재 70%이다. 계획보다 일정이 10% 정도 지연되고 있다. 그러나 원가투입은 예상보다 적게 투입되어 다행이다. 본 프로젝트의 스폰서는 일정을 단축할 방안을 강구하라고 지시하였다. C씨는 일정 단축을 위하여 조직에서 수행하는 타 프로젝트에서 인력을 지원 받고자 한다. 이러한 인적 자원의 실질적인 지원에 대해 누구와 협의하면 가능하게 할 수 있는가?

A. 관련 기능관리자
B. 스폰서
C. 개발팀장 B씨
D. 필요 인적 자원이 소속한 프로젝트관리자

118 신약개발을 위한 프로젝트에 참여하고 있는 프로젝트관리자는 프로젝트 성공을 위해 많은 노력을 하고 있다. 현재 프로젝트가 한창 진행 중이다. 주요 이해관계자의 변경으로 이해관계자 관리대장과 이해관계자 참여 계획서를 업데이트하려고 한다. 이해관계자관리 계획서에 업데이트되어야 할 내용은 다음 중 어느 것인가?

A. 이해관계자의 영향력 및 권한을 업데이트 한다.
B. 이해관계자의 프로필 분석을 하고 결과를 업데이트 한다.
C. 이해관계자 분석 내용을 업데이트 한다.
D. 이해관계자에게 요구되는 참여 레벨을 업데이트 한다.

119 프로젝트관리자가 수행한 프로젝트의 최종 인도물의 검사가 완료되어 프로젝트 종료 시에 고객에게 인계하려고 하고 있다. 고객 조직의 기능부서장이 인도물의 일부 기능에 불만족을 나타내고 있다. 이렇게 고객의 조직이 불만을 갖게 된 가장 큰 이유는 다음 중에 무엇이라고 생각하는가?

A. 주요 이해관계자가 식별되지 않은 경우와 참여하지 않은 경우이다.
B. 프로젝트헌장의 승인이 제대로 이루어지지 않았다.
C. 프로젝트 의사소통관리 계획서에 의사소통 기술과 방법에 문제가 있다.
D. 프로젝트 작업분류체계가 바르지 않았다.

120 베트남에 리조트를 건설하면서 방송시설 프로젝트를 수행하기 위해 프로젝트관리자인 B씨는 소속된 팀원 및 관련 이해관계자들과 함께 프로젝트관리 계획을 수립하고 있다. 프로젝트관리자가 프로젝트 일정과 원가를 확정하기 위해서 반드시 수행해야 하는 것으로 보기 어려운 것은 무엇인가?

A. 프로젝트의 식별된 리스크 분석 및 대응계획을 수립한다.

B. 프로젝트의 이해관계자 식별 및 이해관계자 참여를 유도한다.

C. 범위를 정의하고 WBS를 확정한다.

D. 프로젝트 수행을 위해 조직 내부고객과의 공식 계약

121 발주처와 계약자가 범위 설정이 어려운 프로젝트를 복잡한 계약에 의해서 3년째 진행하고 있다. 발주처가 무리하게 설계변경을 요구하고 있고, 발주처의 요구대로 할 경우 프로젝트가 많이 지연될 것으로 예상되어 조직의 프로젝트 운용이 어려울 것으로 예상된다. 이런 상황 속에서 프로젝트관리자는 복잡한 협상 한가운데에 있다. 그때 상대편이 "비행기 시간이 돼서 우리는 한 시간 안에 일을 마쳐야 한다"라고 말한다. 다음 협상전략 중에 어떤 것을 사용하는 것이 적절한가?

A. 좋은 사람, 나쁜 사람을 구분하는 전략을 활용한다.

B. 지연 전략을 활용한다.

C. 마감 전략을 활용한다.

D. 극단의 요구를 하는 전략을 활용한다.

122 공공기관에서 공원을 조성하는 프로젝트를 추진하기 위하여 프로젝트관리자를 외부에서 공모하여 선정하였다. 이 프로젝트관리자는 과거의 유사프로젝트를 참조하여 어떻게 하면 효과적으로 프로젝트 멤버를 확보할 수 있는지를 확인하고 있다. 과거의 정보에 의하면, 여러 가지 환경적 요인으로 항상 지연되는 경우가 많고 비효율적으로 진행되었다는 것을 알았다. 프로젝트관리자는 4개월 이내에 프로젝트에 참여할 팀원들의 상당수를 확보해야 한다. 이러한 쉽지 않은 여건 속에서 프로젝트관리자가 취해야 할 액션으로 거리가 먼 것은 다음 중 어느 것인가?

A. 계획 대비 지연 발생이 예상되면 즉시 조치 가능한 방안을 계획하여 진행한다.

B. 기능관리자에게 자신의 의견을 적극적으로 질의하고 해결한다.

C. 본 프로젝트와 관계하고 있는 스폰서와 상황을 적극적으로 협의하고 지원을 요청한다.

D. 대표 기능부서팀장에게 자원 히스토그램을 공유한다.

123 지하에 기름을 공급하는 배관설치 프로젝트를 수행하고 있는 프로젝트관리자는 프로젝트 수행 중에 파이프를 연결하기 위한 주요 배관부품들의 일부가 부식되었다는 것을 보고 받았다. 이 부식 상황은 전혀 예상하지 못했던 사항으로 대응계획을 수립하지 못했다. 프로젝트관리자와 팀원들은 프로젝트 계약서와 사양서를 확인하여, 프로젝트 수행에 대한 요구사항을 만족시키면서 부식된 밸브를 사용하지 않고, 다른 대안을 활용하여 프로젝트를 진행할 예정이다. 사양서를 바탕으로 진행하면 처리가 가능할 것으로 판단된다. 성공적인 프로젝트 수행을 위하여 프로젝트관리자는 변경 요청서를 작성하여 변경통제위원회에 송부할 것이다. 이 변경 요청서가 포함하는 것은 다음 중 어느 것인가?

A. 베이스라인 업데이트
B. 예방 및 본상 조치
C. 시정조치
D. 결함 수정 및 변경 요청

124 프로젝트 참가인력을 충분히 활용하기 어려운 지역에서 프로젝트를 수행하고 있다. 프로젝트관리자는 팀원들의 동기부여를 위해 Herzberg의 동기자(motivators)와 위생요인(hygiene factors)을 활용하여 진행하려고 한다. 프로젝트관리자는 어떤 방법으로 이 이론을 부작용 없이 효과적으로 적용할 수 있을지를 고민하고 있다. 다음 중 가장 적절한 방안은 무엇일까?

A. 프로젝트 상황에 적용하여 동기자와 위생요인을 변경하여 팀원들에게 적용 및 활용한다.
B. 프로젝트관리자는 성과평가에 의하여 고성과자는 위생, 저성과자는 동기자를 적용한다.
C. 프로젝트 구성이 수행단계에는 위생요인을, 초기엔 동기자를 적용하여 팀원들에게 동기부여를 한다.
D. 프로젝트에 참여할 멤버들에 대한 개인적 성향을 우선 파악하고, 개별적으로 동기자 및 위생요인의 방법을 다양하게 적용한다.

125 산업이 발전되지 않은 지역에 발전소를 건설하는 프로젝트를 수행하고 있다. 많은 근로자를 교육시켜서 프로젝트에 참여하게 하여야 한다. 프로젝트관리자인 A씨는 프로젝트팀의 회의를 진행하고 있다. A씨는 회의를 위한 아젠다를 미리 참석자에게 통보하였다. 팀원들과 기본규칙을 만들었다. 회의는 당초 계획한대로 2시간 정도 진행되고 있다. 그런데 회의 진행 중에 A씨가 지난 프로젝트에서 힘들었던 점 등을 교훈으로 정리하여 개선할 사항을 발표하고 있는데, 몇몇 팀원들이 회의 중에 집중하지 못하고 있음을 알았다. A씨는 이런 상황을 방지하려면 무엇을 하여야 했는가?

A. 몸동작, 표정, 손짓 등 비언어적인 의사소통을 병행하여 강조해야 했다.
B. 만들어진 기본규칙을 계속해서 업데이트해야 했다.
C. 참여한 팀원들에게 적절한 보상과 인정을 실시해야 했다.
D. 멤버들이 회의시간을 지키고, 아젠다를 간단하게 작성해야 했다.

126 송유관 설치 프로젝트를 수행하고 있는 프로젝트관리자는 프로젝트 수행 중에 배관을 연결하는 밸브들의 일부가 도난 당했다는 것을 보고 받았다. 이 도난 상황은 전혀 예상하지 못했던 사항으로 대응계획을 수립하지 못했다. 프로젝트관리자와 팀원들은 프로젝트 계약서와 사양서를 확인하여, 프로젝트 수행에 대한 요구사항을 만족하면서 도난 당한 밸브를 사용하지 않고, 다른 대안을 활용하여 프로젝트를 진행할 예정이다. 사양서를 바탕으로 진행하면 처리가 가능할 것으로 판단된다. 프로젝트관리자가 실행하고 있는 것은 다음 중 어느 것인가?

A. 우발사태 계획수립
B. 임기응변의 실행
C. 리스크 분석 및 대응 실행
D. 리스크 대응 계획수립

127 도심터미널을 건설하는 대형 프로젝트를 추진하고 있는 프로젝트관리자는 도심을 연결하는 철도공사를 외주처리하기로 하였다. 조직의 추천 자료에 의해 선정된 여러 협력업체에 조달문서를 송부하려고 한다. 선정된 협력업체 중에 프로젝트관리자와 잘 아는 친구의 업체가 포함되어 있다는 것을 알게 되었다. 그런데 그 회사는 이 분야의 업체 중에 실적이 좋고 신뢰가 있는 회사로 소문나 있다. 프로젝트관리자는 이런 경우에 어떻게 판단하고 업무를 수행해야 하는가?

A. 프로젝트관리자는 상위관리자에게 이런 상황에 대해 알리고 지침을 받아 업무를 처리한다.
B. 이해관계자들 사이에 문제가 될 수 있으므로 친구의 업체에는 조달문서를 송부하지 않는다.
C. 현재는 진행 중이므로 친구 회사에 조달문서를 송부하고 공정하게 처리한다.
D. 프로젝트관리자가 친구와 협의하여 어려운 상황을 설명하고, 친구에게 특혜를 줄 수 없고 공정하게 처리해야 한다고 설명한다.

128 도로공사를 수행하는 프로젝트에 참여하고 있는 B씨는 프로젝트 수행 중에 일부 남는 자재를 개인적으로 도용하여 사용하였다. 프로젝트관리자와 프로젝트 감사에 의해 이 사실이 알려 지게 되었다. B씨는 기술관리부서의 중요한 인물이다. 프로젝트관리자와 프로젝트 감사는 B씨와 B씨의 팀장과도 매우 친분이 좋다. 이런 상황에서 바른 해결 방안은 무엇인가?

A. 경찰에 신고하여 법적인 조치가 진행되도록 한다.
B. B씨가 도용한 남은 자재는 필요 없는 자재이므로 이번 일에 대해 간단히 경고 조치하고, 다음에 이런 일이 발생하지 않도록 정식으로 경고한다.
C. B씨의 팀장에게 통보하고 처리 방안을 협의한다.
D. B씨가 도용한 남은 자재의 원가를 계산하고, B씨에게 보상 요청을 한다.

129 오일을 저장하기 위한 탱크를 설치하는 프로젝트에 참여하고 있는 품질관리자는 일부 작업 프로세스가 부가가치를 향상 시키지 못하고 비효율적으로 운영되고 있다는 것을 프로세스 분석을 하여 알게 되었다. 프로세스 개선을 하지 않고 계속할 경우에는 향후 문제점이 많이 발생할 수 있기 때문에 예방조치를 수행하려고 한다. 이와 같은 예방조치를 하려면 품질관리자는 다음 중 어떤 것을 우선적으로 수행해야 하는가?

A. 파레토도로 주요 문제점을 파악한다.

B. 품질통제 측정치를 확인한다.

C. 프로젝트의 계약서를 확인하고 처리방향을 결정한다.

D. 이사카와도 등을 사용하여 근본 원인을 분석한다.

130 대형 건물의 조경을 수행하고 있는 프로젝트에 참여하고 있는 프로젝트관리자는 프로젝트의 교훈이 아주 중요하다는 것을 잘 알고 있다. 과거에 수록되어 조직의 프로세스 자산으로 지속적인 관리를 하고 있는 교훈들은 기술적인 분야로 많이 치중되어 있다. 프로젝트를 수행한 프로젝트관리자의 의결사항, 조치사항 등과 같은 프로젝트관리상의 문제점, 개선점, 시정조치들을 결정했던 원인에 대한 분석된 자료가 거의 없었다. 이러한 상황에서 프로젝트관리자는 프로젝트 수행 중 교훈 작성을 위하여 다음 중 어떻게 하는 것이 가장 바람직한 것인가?

A. 리스크 관리대장의 사안들을 집중관리하고, 여러 사항들이 조치 되었다는 것을 확인하고, 이것을 교훈에 기록할 수 있도록 한다.

B. 교훈이 계속적으로 업데이트 될 수 있도록 확인을 한다.

C. 참여하는 모든 이해관계자들이 참여하여 교훈을 작성하고 기록할 수 있도록 해야 한다.

D. 프로젝트관리자가 교훈 생성의 책임자로, 각 프로세스별 생성교훈을 확인하고 처리한다.

131 유황을 이송하는 설비 프로젝트를 수행하고 있는 프로젝트관리자로 A씨가 선정되었다. 이 프로젝트는 계획대로 수행되지 않고 있다. 프로젝트의 문제점에 대해 스폰서와 의논을 진행하고 있던 중에 주요 프로젝트의 요구사항 변경이 필요하다는데 의견을 같이하게 되었다. 스폰서는 이런 사항에 대해 기능관리자들에게 프로젝트를 지원하여 줄 것을 요청하였다. 프로젝트관리자인 A씨는 다음 중 무엇을 먼저 해야 하는가?

A. 고객을 만나서 요구사항 변경의 필요성과 영향 등을 이해시키는 데 노력한다.

B. 프로젝트에 참여하는 팀원들과 회의를 통해 변경사항에 대한 영향을 파악하고 변경 요청서를 작성한다.

C. 프로젝트의 범위 기준선과 원가 기준선을 확인하고 당초 계획과의 차이점을 분석하고 대안을 발굴한다.

D. 정성적 혹은 정량적 리스크 분석을 한 후 이슈 관리대장과 리스크 관리대장에 정리하여 해결방안을 모색한다.

132 신도시를 개발하는 대형 프로젝트가 진행되고 있다. 조직의 프로젝트 선택위원회에서 생산프로세스 개선을 위하여 본 프로젝트가 선정되었고, A씨는 프로젝트관리자로 선정되었다. 프로젝트를 수행하면서 관련 부서와 팀원들의 많은 협조가 필요한 상황이다. A씨는 프로젝트를 수행하면서 경영진과 기능 팀장들의 지원을 확보하기 위해서 우선적으로 수행해야 하는 것은 다음 중 어느 것인가?

A. 주요 이해관계자의 영향력과 권한을 파악하고, 리스크 관리대장을 사용하고 관리한다.
B. 프로젝트관리자는 측정 가능한 프로젝트 목적을 산정하고 조직의 전략적 계획과 연계한다.
C. 프로젝트 조직의 경영진과 의사소통을 효과적으로 할 수 있는 방안을 결정한다.
D. 이해관계자로부터 식별된 잔존 리스크에 대한 분석과 대응방안을 마련하여 리스크 관리계획을 철저히 한다.

133 여러 개의 플랜트로 구성된 복합 프로젝트를 추진하는 가운데 A씨는 프로젝트관리자로 임명되었다. 세 번째 단계의 인도물이 성공적으로 완료되어 단계 종료를 하려고 준비하고 있다. 단계 종료를 하는 경우에 아직 조달 종료가 되지 않은 판매자가 제기한 해결되지 않은 클레임 사항을 기간 내에 처리하여야 한다. 이를 위해서는 다음 중 어느 것이 가장 바람직한 방안이 될 것인가?

A. 전문 변호사를 선임하여 법적 소송을 검토한다.
B. 대안적 분쟁해결을 수행한다.
C. 관련 있는 타 부서로 이관하여 지속적으로 클레임관리를 한다.
D. 프로젝트의 단계가 종료 되기 전에 조달 협상을 수행한다.

134 당신은 프로젝트관리자로 일 하고 있고 사내 PMO와 돈독한 관계를 유지하고 있다. 전략기획본부에 입사 동기가 있는 당신은 조만간 회사에서 새로운 업체와 제일 큰 프로젝트를 시작할 것이라는 이야기를 들었고, 당신이 최적임자로 추천 되었다는 이야기를 듣고 무척 기뻤다. 이 이야기를 듣고 사내 PMO에게 조언을 구했더니 PMO는 당신에게 작은 업체와 일을 할 때 사용했던 것과 같은 동일한 계약서를 사용하라고 한다. 당신이 다음에 해야 할 최선의 행동은 무엇인가?

A. 같은 계약서를 가지고 와서 업체에게 사인하라고 요청한다.
B. 같은 계약서를 가지고 와서 본인의 계약내용대로 수정하여 업체와 협의한다.
C. 다른 프로젝트관리자로부터 조언을 듣고 개인적으로 새로운 계약서를 만들어 업체와 협의한다.
D. 법무팀과 조달 부서팀으로부터 조언을 듣고 계약서를 작성한 뒤 업체와 협의한다.

135 당신은 정부 기관에서 일하고 있고 군사 프로젝트를 맡아 진행하고 있다. 최근에 바뀐 군사정책으로 인해 프로젝트는 정보시스템, 내부 절차, 표준화 된 양식에 대해 많은 변화가 필요하다는 것을 알고 있다. 이를 위해 당신이 작업을 진행한 후 산출물로 남는 것은 무엇인가?

A. 여러 가지 인도물, 시정조치, 결함 수정

B. 추천된 시정조치, 예상치, 요청된 변경사항

C. 승인된 변경 요청, 거절된 변경 요청, 여러 가지 인도물

D. 최종 제품, 서비스, 결과에 따른 계약 완료 절차

136 당신은 진행하고 있는 세 개의 프로젝트 중에서 하나의 프로젝트에 대해 WBS를 작업패키지 레벨까지 완료하라는 명을 받았는데, 4단계까지 완료한 후에 5단계로 나누어야 하는 과정에서 정보가 부족함을 느꼈다. 당신이 해야 할 다음 행동은 무엇인가?

A. 계속 나눌 수 있도록 스폰서에게 프로젝트 범위를 변경해 달라고 스폰서에게 요청한다.

B. 불충분한 정보에 대해서는 프로젝트 리스크로 식별한 후 문서화한다.

C. 프로젝트를 지연시키지 않기 위해 불충분한 단계의 범위에 대해서 가장 타당한 가정을 만들어 사용한다.

D. 불충분한 단계를 사용하여 가능한 수준까지 WBS를 분해하고 충분한 정보가 얻어지면 다시 계획을 세우는 방법을 사용한다.

137 프로젝트의 전체 원가를 계산하기 위해 사용하는 유사 산정이나 모수 산정 방식은 언제 가장 정확하고 신뢰할 수 있는가?

A. 그 방식은 경험이 있는 한 명의 전문가가 여러 변수들을 모으고 계산해서 결정할 때 최선의 결과치를 얻는다.

B. 그 방식은 단지 비슷한 프로젝트를 해야만 되고, 실제적으로 유사한 이전의 프로젝트와 거의 같은 프로젝트를 산정할 때 최선의 결과치를 얻는다.

C. 가정, 제약조건, 3점 산정의 한계가 프로젝트팀에 의해서 평가되고 논의 되어져 최종 결론에 도달할 때 최선의 결과치를 얻는다.

D. 여러 변수가 정량화 되고 정확한 과거 정보를 바탕으로 계산하였을 때 그 방식은 사이즈에 상관없이 최선의 결과치를 얻는다.

138 프로세스 개선 계획서는 고객에게 가치를 더 부여하기 위해서 필요 없는 내용을 식별/분석/제거하는 과정을 거치게 된다. 이를 위해 프로세스 개선 계획서가 분석하는 내용이 아닌 것은 무엇인가?

  A. 프로세스 경계

  B. 프로세스 형상

  C. 향상되는 업적의 목표

  D. 형상관리

139 당신 회사는 프로젝트관리 국제 표준 이행 가이드(ISO21500)를 따르는 회사로 프로젝트 품질 감사를 매달 한 번씩 받기로 합의한 상태이다. 프로젝트의 시작 이래 매달 프로젝트 품질 감사는 정상적으로 이루어졌는데, 지난 달 아무런 연락도 없이 프로젝트 품질 감사가 이루어지지 않았다. 이에 대응하기 위한 당신의 최선의 행동은 무엇인가?

  A. 감사가 오지 않은 것에 대해서 그럴만한 이유가 있기 때문이라고 생각하고 다음달까지 기다린다.

  B. 과거에 아무런 문제가 없었기 때문에 하는 일에만 열중한다.

  C. 프로젝트 품질 감사를 이번에는 왜 안 왔는지 연락해서 계획대로 월간 감사를 하라고 요청한다.

  D. 즉각적으로 품질관리 부서장에게 보고하여 오지 않았다는 사실을 이야기 한다.

140 당신 회사의 PMO는 모든 프로젝트의 예산에서 +/- 5% 내외의 차이만 인정하고 있다. 한 달에 연속해서 두 번 이상 이 범위를 벗어나지 않는다면 그는 그 차이를 받아들이고 있는데, PMO가 사용하는 품질 도구는 무엇인가?

  A. Fishbone Diagram

  B. Control Chart

  C. Flowcharting

  D. DOE

141 프로젝트 초기에 프로젝트팀의 교육 요구사항을 식별하고 프로젝트팀의 효율성을 향상시키기 위해 효율적인 의사소통 프레임을 만들었다. 이러한 행동은 일반적으로 어느 프로세스에서 이루어지는가?

  A. 자원 계획수립   B. 프로젝트팀 확보

  C. 프로젝트팀 개발   D. 프로젝트팀 관리

142 당신은 신약을 개발하는 프로젝트의 관리자로 현재 보상 프로그램을 만드는 과정에 있다. 프로젝트 스폰서는 프로젝트가 완료되는 시점에 팀 업적의 성공을 보상하고 싶다고 전해왔다. 현재 상황에서 당신이 취해야 할 최선의 대응방법은 무엇인가?

  A. 이러한 방법은 프로젝트의 완료시점에 사기가 더 진작되므로 스폰서의 요청대로 진행한다.
  B. 프로젝트 생애주기 전체를 통해 팀 멤버에게 보상하는 것이 더 바람직하다고 한다.
  C. 프로젝트가 성공인지를 알기 위해 기다려 보는 접근 방법이 필요하다고 한다.
  D. 프로젝트팀이 보상 시스템 중에서 현금을 제일 선호한다는 것을 말한다.

143 당신의 조직에서 프로젝트 업적 평가는 년간 업적 평가의 투입물로 사용되고 있다. 프로젝트관리자로서 당신은 프로젝트 업적 평가를 실행하는 책임이 있다. 당신의 프로젝트 멤버가 년간 업적 평가에서 좋은 결과를 받기 위해서 당신이 취할 수 있는 최선의 행동은 무엇인가?

  A. 모든 팀 멤버들의 긍정적인 업적 행동에 초점을 맞춘다.
  B. 프로젝트 생애주기를 통해 중간에 공식적인 평가를 한 후 모두 합한다.
  C. 모든 프로젝트팀 멤버들을 위한 도전과 공격적인 목표를 만든다.
  D. 기회가 왔을 때마다 공식적이든 비공식적이든 팀을 코칭한다.

144 프로젝트 실행단계에서 프로젝트팀 멤버 중 한 명은 연말이 다가 오면 출산 휴가를 떠난다고 공식적인 주간 미팅에서 이야기를 하였다. 프로젝트관리자는 어떤 프로세스를 사용하여 인적 자원 변경을 관리하는 것이 타당한가?

  A. 통합 변경통제 수행
  B. 인적 자원계획 개발
  C. 프로젝트팀 개발
  D. 프로젝트팀 관리

145 프로젝트 스폰서가 제안하기를 Vendor를 뽑는 위원회는 정량적인 기준으로만 평가를 해야 한다고 하였다. 아래의 어떤 기준이 이러한 평가 방식으로부터 해당이 되지 않는가?

  A. 각 요구 조건에 가중치를 적용한다.
  B. 각 기준에 모든 Vendor들의 우선순위를 정한다.
  C. 이전 프로젝트의 규모에 따라 각 Vendor들의 우선순위를 정한다.
  D. 핵심적인 리더로부터 전문가 의견들을 모은다.

146 당신은 전 사원들을 위한 교육자료를 업체에 맡기기 위해서 제안서를 제출해 달라고 요청을 했는데, 받아 보니 산정이 너무 넓어서 어떻게 해야 할지 막막한 상황이다. 프로젝트관리자로서 취해야 할 최선의 행동은 무엇인가?

A. 가장 최소 가격 산정을 한 업체로 결정한다.
B. 가장 높은 가격 산정을 한 업체로 결정한다.
C. 개인적인 산정과 비슷한 업체로 결정한다.
D. 당신과 친한 업체로 결정한다.

147 당신은 외부 Vendor를 이용하여 프로젝트를 진행하고 있는 프로젝트관리자로 인적 자원에 대한 컨설팅을 의뢰한 상태인데, 계약서를 보았더니 당신 조직에 영향력이 굉장히 크다는 것을 알았다. 만일 법무팀에 구체적인 내용에 대해서 확인을 한 후 프로젝트를 진행할 경우 프로젝트는 지연될 수 있는 상태이다. 당신이 취해야 할 최선의 행동은 무엇인가?

A. 프로젝트헌장에 그렇게 하도록 이미 승인을 받았기 때문에 계약서에 사인한다.
B. 프로젝트 스케줄에 지연을 요청한 후에 법무팀이 계약서를 검토한 결과를 가지고 진행한다.
C. 의심스러운 부분은 계약서에서 지우고 지연을 피하기 위해 계약서에 사인한다.
D. 계약서를 가지고 무엇을 해야 하는지 법적인 자문을 구하고 스케줄에 얼마나 영향력을 주는지 분석한다.

148 당신은 Vendor에 의해서 진행된 초기 프로토타입 테스트가 실패로 끝나자 다른 선택이 없어서 계약을 중단하기로 하였다. 당신이 취해야 할 다음 행동은 무엇인가?

A. 상호 계약 관계를 중단하고 프로젝트를 종료 시킨다.
B. Vendor의 프로토타입 테스트가 실패했으니 모든 책임을 그 쪽으로 돌린다.
C. 계약서에 명시된 것처럼 계약 중단에 들어가는 비용을 지불한다.
D. 초기 중단에 필요한 계약서의 조항들을 검토한다.

149 당신은 회사에서 여태껏 진행하지 못한 가장 큰 프로젝트를 맡아 몹시 흥분한 상태이다. 그 역할을 맡은 직후에 그것을 성공적으로 수행할 경험이 없다는 것을 깨달았다. 만일 그 프로젝트를 하지 않겠다고 하면 당신은 회사에서 당신의 경력을 인정받지 못할 것이다. 프로젝트의 성공을 위해서 당신은 최선을 다해 무엇이라도 할 것이고 역량이 부족한 것처럼 보이지 않게 하려고 한다. 당신이 취해야 할 최선의 행동은 무엇인가?

A. 필요한 스킬을 얻기 위해 특별한 교육 훈련을 계획한다.
B. 당신을 도와줄 멘토를 찾아 도와달라고 요청한다.
C. 핵심 이해관계자에게 부족한 역량에 대해서 통보한다.
D. 부족한 부분을 만회하기 위해 휴일 근무를 한다.

150 프로젝트의 팀원 중 핵심 역할을 하는 친구가 다음 달에 퇴사를 하겠다고 연락을 해 왔다. 이유를 물어보니 이민 신청 허가가 나서 급하게 가게 되었다고 한다. 사내에서는 대치할 자원이 없고 이 팀원이 없을 경우 프로젝트는 존폐 위기에 처하게 되어 있다. 프로젝트관리자로서 당신은 이 사실을 스폰서에게 보고 하였더니 깨진 유리창의 법칙을 이야기 하면서 스스로 해결하라고 하였다. 스폰서가 말하고자 하는 것을 가장 잘 묘사한 것은 무엇인가?

A. 핵심 팀원이 나갈 때마다 해결을 해주면 문제가 발생할 때마다 또 찾아 올 테니 스스로 알아서 해결하라는 의미이다.
B. 핵심 팀원이 나가게 되는 것을 그냥 방치하면 또 다른 팀원도 쉽게 나가니, 나가지 못하게 막으라는 의미이다.
C. 핵심 팀원이 나가게 되는 리스크를 생각하고 그럴 경우 다른 팀원들에게 영향력이 미칠 수 있으니 미리 대응계획을 세우라는 의미이다.
D. 다른 팀원들이 동요되지 않도록 소문 나지 않게 잘 처리하라는 의미이다.

151 프로젝트관리자인 당신은 팀원 중 한 명이 언제나 제출해야 할 인도물을 며칠씩 늦게 제출한다는 것을 발견하였다. 주 공정 경로상에 있는 그 팀원의 인도물이 늦어질 경우 문제가 있을 것으로 판단하여 이메일로 미리 통보하려고 했을 때 우연히 그 팀원을 복도에서 만나 이번에는 정시에 보내달라고 요청하였다. 그 팀원은 그러겠다고 약속을 했는데 당일이 되어서 연락을 했을 때 그 팀원은 자리를 비웠고 도착해야 할 인도물은 예전처럼 도착하지 않았다. 이 문제를 피하기 위해서 프로젝트관리자가 취해야 할 최선의 행동은 무엇이었을까?

A. 인도물이 정시에 도착하지 않을 경우 모든 책임을 져야 한다고 이야기 한다.
B. 의사소통계획서에 정시에 보내달라고 요청을 한다.
C. 공식적인 문서로 팀원에게 요청을 한 후 상황을 살핀다.
D. 팀원의 직속 상사에게 대신 인도물을 받아 달라고 요청을 한다.

152 신제품 개발을 하고 있는 프로젝트는 경쟁사와 똑같은 제품을 개발하고 있기 때문에 보안에 더 신경을 쓰느라 프로젝트에서 진행된 내용을 핵심 팀원들과 스폰서에게만 보고를 하고 있었다. 프로젝트관리자가 아침에 출근해 메일을 열어 보니 본사 감사팀에서 핵심 팀원 중 한 사람이 경쟁사와 만나는 것을 보았고, 우리의 자료가 경쟁사에 흘러 들어간 것 같다고 전해왔다. 이럴 경우 프로젝트관리자가 해야 할 첫 번째 행동은?

A. 스폰서에게 팀원의 행동을 보고하고 회사의 법무팀과 상의한 후 팀원은 해고 시킨다.

B. 팀원에게 어떤 내용을 넘겼는지 다그쳐서 넘긴 정보를 확인하고 개발 프로젝트의 상황에 영향력이 없다면, 다시는 이런 일이 없도록 주의 시킨다.

C. 경쟁사에 우리의 귀중한 정보가 흘러 들어 갔다는 내용은 확실하지 않으므로 무시한다.

D. 핵심 팀원에게 받은 메일을 재전송 시킨 후 본인의 의견을 정리해서 답변해 달라고 요청한다.

153 기존 프로젝트에서 가장 일을 열심히 했다고 보상을 받은 한 명의 팀원이 팀의 인기투표에서도 1등을 했었다. 그는 언제나 팀원들에게 친절하고 프로젝트의 목표에 따라 자기의 업무를 완성시키는 데 최선을 다했다. 이런 이유로 인해 회사에서는 이 팀원을 차기 프로젝트의 관리자로 임명하였는데, 어떠한 이유 때문이었을까?

A. Management By Objectives이다.

B. 맥그리거의 Y 이론이다.

C. The Halo Effect(후광효과)이다.

D. 기대이론이다.

154 당신은 지금까지 경험이 없는 새로운 프로젝트를 진행하기로 하였다. 스폰서는 당신에게 이 프로젝트는 신제품으로서 중요한 장비를 발주해야 가능한 상태라는 것과 세 벤더 중 하나의 벤더와 빨리 계약을 해야 된다고 말했다. 다른 PM을 찾을 수도 없고 경험이 있는 사람도 없는 상황에서 당신이 해야 할 최선의 행동은 무엇인가?

A. 세 벤더에게 제안요청서(Request For Proposal)를 보내어 제출하라고 한 후 검토하기 시작한다.

B. 프로젝트헌장을 작성한다.

C. 팀원을 선발한다.

D. 리스크를 식별한다.

155 지금까지 해 본 경험이 없는 프로젝트를 맡아서 팀원들과 계획단계를 모두 완료하고 기준선을 설정한 후 최종 승인을 받기 위해서 스폰서와 핵심 이해관계자들과 리뷰 미팅을 할 때 스폰서가 1년이 걸리는 일정을 추가 예산 없이 9개월로 줄이라고 하면서, 9개월 이상이 걸린다면 경쟁사의 제품이 먼저 나오기 때문에 의미가 없다고 한다. 당신은 이런 상황에서 프로젝트관리자로서 어떻게 답을 해야 하는가?

A. 추가 예산이 없을 경우 일정을 그렇게 줄일 수는 없으니 프로젝트를 포기하는 것이 바람직하다고 조언한다.
B. 직원을 오버타임으로 일 하게 해서 일정을 줄일 생각으로 알겠다고 한다.
C. 업무 범위를 줄이거나 품질 기준을 낮추어서 일정을 줄일 생각으로 알겠다고 한다.
D. 공정중첩단축법(Fast Tracking) 기법을 사용해서 일정을 줄이겠다고 한다.

156 당신이 관리하고 있는 프로젝트팀은 대응해야 할 프로젝트 리스크를 모두 식별하였고, 리스크 관리대장에 식별된 리스크 모두를 기록하여 두었다. 프로젝트팀은 식별된 리스크에 대한 대응 계획을 모두 세웠는데, 몇 달 동안 일어날 것 같지는 않지만 발생할 확률은 무척 높은 것으로 고려되는 식별된 리스크의 가장 타당한 대응은 무엇인가?

A. 기술적인 성과 측정
B. 리스크 감사(audit)
C. 획득가치관리
D. 회피

157 당신은 프로젝트관리자로 막 임명이 되어 스폰서로부터 작업기술서를 받았다. 스폰서는 이 프로젝트는 변경통제위원회 구성이 필요하지 않다고 하였다. 프로젝트관리자로서 당신이 해야 할 일은?

A. 프로젝트의 특성상 변경이 필요하지 않은 경우는 없으므로 스폰서의 말을 무시한다.
B. 스폰서가 시켰으므로 구성하지 않고 만일 필요하다면 스폰서에게 다시 물어 본다.
C. 프로젝트헌장 작성 시 제약조건에 변경통제위원회 구성을 하지 않겠다고 명시한다.
D. 리스크가 발생할 수 있으므로 리스크 대장에 정리해서 둔다.

158 프로젝트관리자로서 팀원들과 초기 일정계획을 만들었고, 식별된 리스크에 대해서 발생가능성과 영향력에 대한 결과를 일정에 모두 포함시켜 일정계획을 만들고 이해관계자들과 미팅을 잡아 놓은 상태이다. 그런데 팀원 한 명이 프로젝트관리자인 당신에게 찾아와 조만간 퇴사를 할 수도 있다고 이야기했다. 이럴 때 프로젝트관리자가 취해야 할 최선의 방법은 무엇인가?

A. 퇴사를 하지 않도록 최선을 다해 잘해주고 프로젝트가 끝날 때 특별 보상을 해 주겠다고 약속한다.

B. 스폰서에게 이야기한 후 새로운 팀원을 뽑고 리스크 관리대장에 퇴사할 경우 발생할 리스크를 정리해 둔다.

C. 최종적으로 결론이 난 것이 아니므로 일정대로 미팅을 하되 팀원에게 퇴사 시 미리 이야기 해 달라고 요청한다.

D. 퇴사를 하기 전에 본인의 업무를 미리 하도록 요청한다.

159 대형사고가 발생하기 전에 그와 관련된 수많은 경미한 사고와 징후들이 반드시 존재한다는 법칙으로, 큰 사고가 일어나기 전 일정 기간 동안 여러 번의 경고성 징후와 전조들이 있다는 사실을 입증한 법칙은 무엇인가?

A. 1만 시간의 법칙
B. 깨진 유리창의 법칙
C. 무관용 원칙
D. 하인리히 법칙

160 새로운 제품을 개발하여 업체에게 납품을 완료한 상태이다. 프로젝트관리자는 다음 프로젝트를 선정하기 위한 작업을 하고 있는 중 업체에서 전달된 제품이 제대로 작동하지 않고 있다는 이야기를 들었다. 프로젝트관리자는 조사 결과 핵심 팀원으로부터 퇴사한 팀원 한 명이 맡아서 진행했던 프로그램에 문제가 있었다는 사실을 들었다. 이 상황에서 프로젝트관리자가 제일 먼저 검토해야 할 문서는 무엇인가?

A. 제품완료 보고서
B. 조달관리 계획
C. 리스크관리 계획
D. 의사소통관리 계획

161 프로젝트를 시작한 지 얼마 안되어 경쟁사에서 개발하려고 한 제품이 출시되었다는 뉴스를 접했다. 스폰서에게 이 사실을 보고했더니 당장 다른 제품으로 개발하라고 한다. 프로젝트관리자가 취할 최선의 방법은 무엇인가?

A. 진행하고 있는 프로젝트를 중단하고 이해관계자에게 내용을 전달하고 현재까지 진행상황을 문서화한 후 팀원들과 새로운 프로젝트헌장을 작성한다.

B. 진행하고 있는 프로젝트를 중단하고 진행하던 내용은 의미가 없으므로 폐기시키고 팀원들과 새로운 프로젝트헌장을 작성한다.

C. 프로젝트 범위 내용을 바꾸어 팀원들과 다시 계획을 세우고, 이해관계자들에게 통보한 후 기준선을 만들어서 허락을 받고 실행한다.

D. 프로젝트 범위 내용을 바꾸어 팀원들과 다시 계획을 세우고, 새로운 기준선을 만들기 위해 변경통제위원회에 그 내용들을 설명한 후 실행한다.

162 새로운 암 치료제를 개발하는 프로젝트에서 지금까지 국내에서는 한 번도 사용하지 못한 재료를 사용하려고 한다. 당신은 프로젝트관리자로서 새로운 재료의 사용을 프로젝트에 성공적으로 도입할 수 있도록 하기 위해 어떤 예방 조치를 취하려고 하는데, 다음 중 어떤 조치가 최선의 예방정책인가?

A. 새로운 재료를 개발한 개발자를 프로젝트 팀원으로 영입한다.

B. 추가로 재료를 더 구매해서 잘못될 경우 사용할 수 있도록 한다.

C. 팀원들에게 새로운 재료를 잘 사용하면 보상을 해 준다고 한다.

D. 새로운 재료를 구매할 때 프로젝트팀이 잘 사용할 수 있도록 교육을 요청한다.

163 새로 시작하는 프로젝트에는 4명의 제품 설계 엔지니어가 필요하다. 당신은 프로젝트관리자로서 현재 조직 내에 이 프로젝트를 위한 가용 자원이 없다는 것을 발견하였다. 현재 이 시나리오를 가장 잘 묘사한 것은 어느 것인가?

A. 자원 요구사항 B. 자원 제약조건
C. 리스크 D. 가정

164 프로젝트를 시작할 때 프로젝트 스폰서는 프로젝트의 진행상황을 획득가치관리(Earned Value Management)를 이용하여 매주 보고해 달라는 요청을 했었다. 프로젝트를 실행할 때 정상적으로 프로젝트가 진행되고 있다는 것을 알게 된 스폰서는 프로젝트관리자인 당신에게 격주로 진행상황을 보고해도 좋다고 하였다. 이 상황에서 당신은 어떤 프로젝트관리 계획을 업데이트하여야 하는가?

A. 프로젝트관리 계획 B. 범위관리 계획
C. 의사소통관리 계획 D. 성과관리 계획

165 프로젝트관리자로서 당신은 팀원들과 현재 활동 목록을 만들고 있는 중이다. 갑자기 PMO로부터 걸려온 전화를 받았을 때 비슷한 프로젝트가 3년 전에 성공적으로 진행되었다는 이야기를 들었다. 관련 자료를 얻기 위해 사내 프로젝트 보관소에 접속하여 보니 진행 중인 프로젝트에서 필요로 하는 많은 정보가 있었다. 당신은 팀원들과 상의 끝에 현재 진행 중인 프로젝트를 위한 하나의 템플릿으로써 이전 프로젝트 정보를 사용하기로 하였다. 이 템플릿이란 여러 가지 정보를 내포하고 있는데, 해당하지 않는 것은 무엇인가?

A. 활동 속성들을 받아 들인다.

B. 대표하는 마일스톤을 식별한다.

C. 활동기간 산정을 쉽게 해준다.

D. 반복적인 활동에 대한 모수 산정을 가능하게 해준다.

166 프로젝트의 계획단계에서 팀원들과 활동 목록을 만들고 있는 중에 스폰서로부터 전화가 와서 배분된 노력(Apportioned Effort)이 들어가는 활동들에 대해 따로 정리해 달라는 요청을 받았다. 배분된 노력이란 무엇인가?

A. 프로젝트에서 Start to Start로 시작하는 활동

B. 프로젝트 범위에 정의된 소프트웨어를 개발하는 활동

C. 컴퓨터 바이러스 방지 프로그램을 업데이트하는 활동

D. 팀원들을 관리하는 활동

167 신금속 소재를 이용하여 안경테를 만들 경우 부러지거나 휘지 않은 장점이 있다고 하여 개발 중인 프로젝트의 관리자이다. 개발이 완료되어 가는 시점에서 불량률이 10% 이내로 줄어들지 않아 고민 중이다. 스폰서는 당신에게 무조건 일주일 내에 불량률을 7% 이하로 줄이라고 한다. 당신이 이 문제를 해결하기 위해 해야 할 최선의 방안은 무엇인가?

A. 불량의 원인을 찾기 위해 이시가와 다이어그램을 이용한다.

B. 모든 불량에 대해 조사한 후 제일 큰 불량률이 무엇인지 알기 위해 파레토 차트를 이용한다.

C. 런 차트를 이용하여 언제 불량률이 나타나는지 확인부터 하는 것이 급선무이다.

D. 품질 통제를 하기 위해 전수 검사를 하는 것이 중요하다.

168 당신은 프로젝트관리자로서 팀원들과 의사소통계획을 작성하고 있다. 이 의사소통계획에는 스폰서의 요청에 따라 진행된 성과 측정, 예상되는 완료 일정 및 추가 비용에 대해 항상 보고서에 포함시켜 고객들에게 송부해 달라는 요청을 받았었다. 프로젝트관리자로서 얼마나 자주 보고서를 작성해야만 하는가?

A. 정기적으로 혹은 예외가 적용될 때는 언제든지

B. 일주일에 한 번

C. 마일스톤 목록에 따라

D. 스폰서가 요청할 때마다

169 프로젝트는 계획단계에서 스폰서와 이해관계자로부터 승인을 받아 기준선을 설정한 후 실행단계에서 진행 중이다. 프로젝트관리자로서 당신은 팀원들과 정기적인 미팅을 진행하고 있었다. 항상 시작할 때 식별된 리스크에 대한 변화를 감시 및 통제를 하고 있었는데, 한 명의 팀원이 임기응변(workarounds)을 실행하겠다고 한다. 임기응변(workarounds)은 무엇의 예인가?

A. 시정조치　　　　　　　　　　B. 예방조치

C. 변경 요청　　　　　　　　　　D. 빈약한 프로젝트관리

170 고객과의 계약이 최종 확정되어 프로젝트가 진행되고 있었다. 프로젝트 팀원 한 명이 고객 회사가 조만간 부도가 난다는 사실을 알고 조용히 연락을 해왔다. 프로젝트관리자로서 당신이 해야 할 최선의 방법은 무엇인가?

A. 스폰서에게 이야기 한 후 팀원들과 함께 프로젝트를 정리하기 시작한다.

B. 함부로 사실을 발설하지 말라고 팀원에게 경고한 후 사실인지 직접 확인하기 시작한다.

C. 프로젝트 팀원들과 사실을 공유한 후 프로젝트를 정리하겠다고 스폰서에게 보고한다.

D. 프로젝트는 계속 진행하고 팀원들과 같이 계약서를 분석한 후 대응방안을 마련한다.

171 전사적 인트라넷 구조를 설치하기 위한 프로젝트가 거의 완료단계에 있었다. 지금까지 아무런 문제없이 진행되어 정상적으로 완료가 될 것으로 생각되었으나 팀원 중 한 명이 시스템에서 지금까지 보지 못했던 버그를 발견하였다. 이 버그로 인해 전사적으로 시스템을 설치할 경우 시스템이 정상적으로 작동하지 않을 수도 있다는 리스크를 식별하였다. 프로젝트관리자로서 다음에 취할 최선의 행동은?

A. 리스크 대응 계획을 세워 발생할 가능성과 영향력을 완화 시킨다.

B. 리스크 정성 분석을 실시한다.

C. 임기응변(Workarounds)을 실행한다.

D. 발생할 가능성과 영향력을 분석하여 추가 예산을 잡아달라고 한다.

172 얼마 전 미국의 유명 여배우가 BRCA1 유전자를 가지고 있어 보험에 가입한 후 난소암과 유방암의 원인이 될 수 있다면서 가슴 절제 수술을 받았다. 발병확률이 높기 때문에 여배우로서 힘든 결정을 했는데, 다음 리스크 대응 방안 중 어디에 속하는가?

A. 수용　　　　　　　　　　　B. 회피
C. 완화　　　　　　　　　　　D. 전가

173 프로젝트 회의 중에 두 명의 팀원이 사이가 안 좋더니 결국 싸움이 일어났다. 그다지 중요하지 않은 기능을 가지고 서로 자기가 옳다고 주장하면서 일어난 사건이었다. 이때 PM이 취해야 할 첫 번째 행동은 무엇인가?

A. 두 사람을 조용히 불러 두 사람이 문제를 해결하도록 한다.

B. 두 사람을 조용히 불러 앞으로 싸우면 둘 다 팀을 떠나라고 한다.

C. 두 사람을 조용히 불러 해결할 수 있도록 조언을 하고, 그래도 안되면 스폰서에게 해결을 요청한다.

D. 스폰서 혹은 기능 조직 관리자에게 해결을 요청한다.

174 진행하고 있는 프로젝트는 휴대폰 화면을 곡면 처리 하는 장비를 개발하는 것이다. 이 장비 개발을 위해 10개 업체로부터 크고 작은 부품들을 구매해야 하는데, 일부 품목은 특수 제작을 해야 하는 상황이다. 프로젝트관리자로서 당신은 스폰서로부터 WBS를 만들 때 모든 이해관계자들을 한 장소에 불러서 같이 진행해 달라는 요청을 받았다. WBS를 진행하기 전 프로젝트관리자가 해야 할 업무는 무엇일까?

    A. 품질 기준 확보   B. 구매 품목 평가
    C. 활동 목록 만들기   D. 자원 요구사항 작성

175 당신은 7개국에서 동시에 팀원들이 참여하고 있는 글로벌 팀을 이끌고 있는 프로젝트관리자다. 현재 가상(Virtual) 팀과 프로젝트 활동기간 산정을 진행하고 있다. 이 프로젝트는 지리적인 요소로 인해 모든 팀 멤버들을 회의에 참여시켜야 하므로 의사소통방식을 결정하는 것이 중요하다. 다음 중 활동기간 산정을 할 때 고려하지 않아도 되는 요소는 무엇인가?

    A. 자원 달력   B. 프로젝트 달력
    C. 시간 차이로 인한 회의 시간 결정   D. 주 공정 경로

176 팀원 한 명이 프로젝트를 시작할 때 몬테카를로 시뮬레이션의 용도를 물어왔다. 다음 중 가장 적절한 설명을 나타낸 것은 무엇인가?

    A. 프로젝트에 투입되어야 할 인력의 산정   B. 각 활동들의 산정치
    C. 품질 활동의 문제점을 식별   D. 리스크의 전조(Signal)

177 프로젝트팀이 리스크 식별을 하는 도중 팀원 한 명이 급한 일이 있어서 외부에 나갔다가 들어왔다. 프로젝트팀은 리스크와 관련된 미팅을 계속하고 있었는데 화이트 보드에 이상한 그림이 있어서 무엇인지 물었더니, 프로젝트관리자는 여러 위험 중 프로젝트 목표에 가장 큰 영향을 미치는 위험을 식별하는 기법이라고 했다. 다음 보기 중 무엇인가?

    A. 의사결정나무   B. 몬테카를로 시뮬레이션
    C. 민감도 분석   D. 확률 영향력 매트릭스

178 리스크 대응 계획의 긍정적 위험을 묘사한 것은 무엇인가?

    A. 보험을 가입하여 위험을 전가하는 것
    B. 프로젝트팀에 꼭 필요한 핵심 인력을 투입하는 것
    C. 프로토타입 제품을 만들어 보는 것
    D. 프로젝트 범위를 명확하게 하는 것

179 식별된 리스크에 정성적, 정량적 분석을 통해 대응계획까지 모두 세웠고 필요한 예산도 50만불로 설정하였고 승인도 받아 프로젝트 예산에 포함시켰다. 프로젝트의 실행단계가 모두 완료되어갈 때 프로젝트관리자가 조사를 해 보았더니, 식별된 리스크의 예비비로 잡은 금액을 거의 사용하지 않고 프로젝트의 리스크가 발생하지 않는 것으로 나타났다. 이런 상황에서 50만불은 어떻게 사용되어지나?

A. 예비비이기 때문에 프로젝트의 다른 이슈에 할당하여 사용한다.
B. 예비비이기 때문에 프로젝트의 추가 위험이 발생하면 사용한다.
C. 발생하지 않은 리스크에 대한 예비비는 회사에 반납한다.
D. 프로젝트관리자의 권한으로 우수 팀원의 보상에 사용할 수 있다.

180 프로젝트 일정 개발이 완료되어가고 있을 때 고객 중 한 명이 범위 추가를 요청하였다. 아무리 생각해도 전체적인 스케줄에 영향을 미치는 것 같지는 않았다. 그럼에도 불구하고 프로젝트관리자는 리스크 관리를 위해 일정 개발에 추가 시간을 부과하였다. 이를 가장 잘 설명한 것은 무엇인가?

A. 리스크관리는 범위 변경이 있으면 언제나 발생하기 때문이다.
B. 리스크관리는 프로젝트관리자의 판단으로 결정한다.
C. 리스크관리를 추가하는 것은 변경이 미미하면 무시하여야 하는데, 프로젝트관리자가 잘못 추가하였다.
D. 리스크관리를 추가하는 것은 프로젝트관리자가 버퍼를 숨기기 위해 행하는 일반적인 방법이다.

181 당신은 프로젝트관리자로서 현재 판매되고 있는 골프 공에 무지개색 컬러를 입히는 프로젝트를 진행하고 있다. 프로젝트헌장을 승인 받아 계획단계에 접어들었을 때 팀원 중 한 명이 비슷한 프로젝트가 2년 전에 거의 완성단계까지 갔다가 시장성으로 인해 중단되었다는 것을 들었다. PMO에게 연락을 해보니 그 프로젝트는 성공적이었다고 하던데, 이 프로젝트로부터 어떠한 정보를 사용하는 것이 가장 최선인가?

A. 기존 프로젝트의 전체 계획 B. 기존 프로젝트의 R&R
C. 기존 프로젝트의 팀 구조 D. 기존 프로젝트 팀원 전부

182 팀원들과 프로젝트 일정을 만들고 있었다. 자원을 산정할 때 현재 회사에는 없지만 프로젝트 진행 시 실행단계에서 3개월 동안 품질 전문가가 필요하다는 것을 알았다. 이것은 다음 중 무엇의 예인가?

A. 자원 제약(Resource Constraints) B. 자원 요구사항(Staffing Requirements)
C. 리스크 관리대장(Risk Register) D. 계약 조건(Contractor Requirements)

183 프로젝트관리자로서 지금까지 경험하지 않은 프로젝트를 진행하고 있는데, 스폰서가 이해관계자로부터 어떤 정보를 기대하고 어떤 문서를 정리해서 누구에게 보냈는지 질문해왔다. 프로젝트관리자가 스폰서에게 보내야 할 문서는 무엇인가?

A. 역할과 책임(R&R) 매트릭스

B. 범위관리 계획서

C. 의사소통관리 계획서

D. 이해관계자관리 계획서

184 당신은 컴퓨터 시뮬레이션 프로그램을 개발하고 있는 프로젝트관리자다. 프로젝트 팀원들과 지난 8개월 동안 밤을 새워가면서 프로그램을 거의 완성하였다. 그런데 갑자기 밤에 내린 폭우로 천장이 무너지면서 그동안 개발하며 모아 놓은 서버의 데이터가 거의 날아가 버렸다. 개인적으로 사용하고 있는 컴퓨터에는 자료의 보안 때문에 하드 디스크가 없는 상태였다. 당신은 이런 상황을 막기 위해서 무엇을 했어야만 했는가?

A. 보험에 가입했어야 했다.

B. 갑작스런 천재지변으로 인해 발생할 수 있는 위험을 식별 및 그에 대한 대응 계획수립을 했어야 했다.

C. 외부에 같은 서버를 추가로 설치 및 관리했어야 했다.

D. 만일의 상황에 대비해 추가 예산을 잡아 놓았어야 했다.

185 회사 급여 시스템을 보강하는 프로젝트가 시작되었다. 사원들은 아무런 근거 없이 급여 시스템을 보강하는 것이 장기적으로 급여를 내리기 때문에 당장 그만두어야 한다고 주장했다. 당신은 프로젝트관리자로서 노조로부터 연락을 받았다. 노조는 팀원 선정 시 노조원으로 일 하고 있는 사람들 중 몇 사람을 팀원으로 추가해 줄 것을 요청하였다. 노조는 프로젝트에서 현재 어떤 역할을 하고 있는지 가장 잘 묘사한 것은 무엇인가?

A. 노조는 자원 제약으로 간주되었다.

B. 노조는 관리 제약으로 간주되었다.

C. 노조는 이해관계자로 간주되었다.

D. 노조는 핵심 팀 멤버로 간주되었다.

186 당신은 경험이 없는 프로젝트관리자로서 새롭게 시작하는 마케팅 프로젝트를 맡아서 일하게 되었다. 스폰서는 당신에게 주 공정 경로를 이용한 프로젝트 스케줄보다는 네트워크 다이어그램을 만들기 위해 Critical Chain 방법으로 스케줄을 개발하라고 하였다. 다음 중 Critical Chain 방법은 주 공정 경로 방식과 어떤 점에서 다른 것인가?

 A. 예상하지 못한 위험들의 실현가능성이 구체화될 것이다. 따라서 주도적인 행동이 필요하다.
 B. 관리를 잘 할 경우 프로젝트 전체 기간 동안 버퍼를 따로 관리하기 때문에 프로젝트 버퍼가 고정된 채로 남아있을 것이고 스케줄이 현저하게 줄어들 수 있다.
 C. 자원의 의존성이 크다. 비숙련 자원의 경우 문제가 발생할 확률이 매우 크고 전체 일정에 영향을 미친다.
 D. 버퍼를 따로 관리하기 때문에 리스크에 대한 해결 능력이 상대적으로 용이하다.

187 프로젝트 팀원들과 프로젝트 계획을 세우고 있는 중으로 범위기술서를 가지고 팀원들과 WBS를 실시하고 있는 중이다. WBS의 최소 단위인 작업패키지까지 모두 완료된 상태이다. 프로젝트관리자는 다음에 무엇을 해야 하는가?

 A. 리스크관리 계획에 의거 리스크를 식별하여야 한다.
 B. 작업패키지의 순서를 정하기 위해 네트워크 다이어그램을 만들어야 한다.
 C. 작업패키지를 더 관리하기 쉬울 정도로 나누어 놓는다.
 D. 고객에게 완성된 작업패키지를 보내 최종 확인을 받는다.

188 프로젝트 팀원들의 성격이 각기 달라서 미팅때마다 상대방을 배려하지 않고 서로 자기 주장만 하다 보니 고성이 들리고 특별한 주제도 없이 각기 다른 주제를 이야기한다. 당신은 프로젝트관리자로서 효과적인 미팅의 규칙을 만들려고 한다. 어느 것이 가장 효과적인 방법인가?

 A. 서로 상대방을 배려하는 마음으로 회의를 할 수 있도록 프로젝트관리자가 회의를 통제한다.
 B. 미리 회의시간을 보내준다.
 C. 미팅에 꼭 필요한 사람만 필요한 시간에 올 수 있도록 회의의 목적을 분명히 해 둔다.
 D. 회의 의제(Agenda)와 미팅의 규칙을 미리 만들어서 팀원에게 배포한다.

189 프로젝트가 고객의 요구조건을 모두 만족시키는 산출물을 만들어서 보여주었다. 시작할 때부터 깐깐한 고객은 외부 고객 담당 팀원과의 미팅때마다 제품에 포함하지 않은 내용을 추가해 달라고 지속적으로 담당자를 괴롭혔다. 이 팀원이 더 이상 못 참겠다면서 프로젝트관리자를 방문하여 상황을 설명하면서 좋은 방도를 요청하였다. 프로젝트관리자와 팀원이 계획단계에서 미흡하게 진행한 것은 무엇인가?

A. 고객이 깐깐할 경우 그런 일들은 항상 일어나므로 특별한 잘못은 없다.
B. 이해관계자 식별 및 전략 계획이 미흡했다.
C. 프로젝트 내에서 할 일과 아닌 일의 경계를 정확하게 정의하는 것이 부족했다.
D. 리스크 식별을 더 했어야 했다.

190 프로젝트관리자로서 팀원들과 리뷰한 후 변경 요청을 한 업무가 변경통제위원회에 의해 최종 승인이 되었다는 것을 알게 되었다. 당신은 범위 기준선과 다음 중 어느 문서를 가장 먼저 업데이트해야 하는가?

A. 원가 기준선
B. 품질 기준선
C. 리스크관리 계획서
D. 변경 관리대장

191 3개국 7개 사이트에서 모두 모여 전체 프로젝트 계획을 같이 세웠다. 초기 일정을 완료한 후 리스크를 같이 식별하였으나 시간 관계상 대응방안을 마련하지 못했다. 프로젝트관리자로서 미팅 시간에 식별된 리스크에 대응방안을 마련하던 중 일부 식별된 리스크의 대응방안에서 담당자들의 이견으로 인해 미팅이 중단되는 상황이 빈번하게 발생하였다. 프로젝트관리자가 원인을 알아 보았으나 전문적인 내용이어서 도저히 어떻게 된 일인지 가늠하기가 어려운 상태에서 프로젝트관리자가 리스크 대응방안을 완료하기 위해 취해야 할 최선책은 무엇인가?

A. 명목집단 기법
B. 역장 분석
C. 델파이 기법
D. 브레인스토밍

192 프로젝트 실행단계가 완료되고 실행단계 리뷰 미팅을 스폰서와 핵심 이해관계자와 같이 진행하고 있었다. 당신은 고객이 요구한대로 모든 산출물을 완료했고 고객도 승인을 했으니 곧 프로젝트를 완료하겠다고 했다. 이때 핵심 이해관계자인 품질 부서장은 본인이 아무런 확인도 하지 않았기 때문에 프로젝트를 완료할 수 없다고 한다. 현재의 상황에서 무엇이 잘못 되었는가?

A. 고객의 요구사항을 모두 완료하였고 고객으로부터 승인을 받았으니 아무런 문제가 없다.
B. 고객의 요구사항을 똑바로 했는지 내부 검증을 받았어야 했는데 간과했다.
C. 고객의 요구사항을 정확하게 문서화 하지 않아서 이런 일이 발생했다.
D. 고객의 요구사항을 제대로 이행하지 못해 발생했다.

193 당신은 프로젝트관리자로서 이해관계자들의 요구사항을 수집하고 있는 중이다. 요구사항수집 프로세스의 도구 및 기법에서 조기에 고객의 피드백을 받을 수 있는 가장 효과적인 방법은 무엇인가?

A. 설문조사
B. 핵심 전문가 그룹
C. 문서 분석
D. 프로토타입

194 당신은 국내에서 제일 높은 빌딩을 건설하기 위한 프로젝트관리자로서 임명되었다. 팀원들과 프로젝트 스케줄을 개발할 때 감리사와 전기, 배관, 안전성에 대한 시간도 반영하였다. 감리사는 프로젝트에서 무슨 형태의 의존성으로 고려될 수 있는가?

A. 의무적 의존관계
B. 임의적 의존관계
C. 내부적 의존관계
D. 외부적 의존관계

195 조직 내에서 신제품 개발을 위해 필요한 검사장비를 조직의 모든 프로젝트에서 공통으로 사용하고 있다. 프로젝트관리자로서 다른 프로젝트와 아무런 마찰 없이 언제, 얼마나 오랫동안 이 장비를 현재 진행중인 프로젝트에 사용할 수 있는지 결정하기 위해 필요한 문서는 무엇인가?

A. 자원 달력
B. 프로젝트 스케줄
C. 프로젝트 범위 기술서
D. 의사소통관리 계획서

196 이해관계자를 식별하는 프로세스는 어느 프로세스에서 이루어지나?

A. 착수 프로세스
B. 착수 프로세스와 계획 프로세스
C. 착수 프로세스와 모니터링 프로세스
D. 종료 프로세스를 제외한 모든 프로세스 그룹

197 글로벌 프로젝트를 맡아 달라는 요청이 있었다. 스폰서는 전체 이해관계자들이 100명이 넘어갈 만큼 많으니 이해관계자 관리를 잘 하라고 요청하였다. 당신의 책임이 아닌 것은 무엇인가?

A. 주요한 이해관계자를 주의 깊게 선별한다.
B. 이해관계자들의 요구조건을 문서화하여 서명을 받아낸다.
C. 이해관계자들이 언제 어떤 방식으로 참여해야 하는지 알아낸다.
D. 이해관계자들의 의사소통방식을 효과적으로 관리할 수 있는 방안을 마련한다.

198 고객에게 최종 산출물을 전달하는 과정에서 고객이 특정한 이유도 없이 무조건 승인을 해주지 않은 상황이다. 친한 사람을 통해 들은 이야기로는 이 고객이 마지막 회의에서 프로젝트 팀원으로부터 무시를 당하여 기분이 무척 안 좋았다고 귀띔을 해 주었다. 이러한 상황에서 회사에서는 최종 승인을 받지 않아 돈이 입금되지 않아 난리이다. 이 문제를 해결하는 최선의 방안은 무엇인가?

A. 사고를 친 팀원에게 직접 가서 사과하고 승인을 받아오라고 한다.

B. 정상적으로 최종 산출물을 주었는데 개인적인 감정으로 승인을 안 해주기 때문에 소송을 걸겠다고 통보하고 그래도 안 주면 계약서 내용에 명시된 것처럼 소송을 통해 해결한다.

C. 계약서에 명시된 대로 소송을 걸기 전에 공식적으로 클레임을 한 후 협상, 조정, 중재의 순으로 해결하려고 노력하고 마지막으로 소송을 거는 것이 바람직하다.

D. 법무 팀에 연락해서 해결을 종용한다.

199 마케팅 회의에서 요즘 매출이 급격히 줄어 들고 있다는 소식을 접했다. 당신은 이 제품을 개발한 프로젝트의 관리자로서 분기별 진행하는 마케팅 회의에 참석해 달라는 요청을 받았다. 미팅에 참석했을 때 정확한 원인은 경쟁사의 신제품이 출시되었고 경쟁사의 기능적인 면과 가격이 훨씬 좋기 때문이라고 분석되었다. 이를 위해 당신은 브레인스토밍으로 이 문제를 해결해 보자고 제안했다. 브레인스토밍의 내용과 다른 것은?

A. 상대방의 의견에 이의를 제기하지 않는다.

B. 상대방의 의견에 편승해서 아이디어를 가능하면 많이 내 놓는다.

C. 이미 경험을 했던 아이디어는 제외한다.

D. 틀려도 좋으니 일단 아이디어를 많이 내라고 한다.

200 당신은 새로 시작하는 신약개발의 프로젝트관리자로서 착수단계에서 여러 명의 고객과 이해관계자들을 프로젝트에 포함시켰다. 스폰서는 프로젝트 목표를 달성하기 위해 최고급의 팀원들로 구성된 프로젝트팀에 왜 복잡하게 여러 명의 고객과 이해관계자들을 포함시켜야 하는지 이해를 못했다. 이 상황을 가장 잘 설명한 것은 무엇인가?

A. 프로젝트팀의 목표에 대한 제약 조건과 리스크에 대해서 같이 공유하고 싶어서

B. 프로젝트관리자의 권위를 알려서 향후 발생할 문제점을 미연에 방지하기 위해서

C. 프로젝트 계획을 작성할 때 고객과 이해관계자의 요구사항을 반영하기 위해서

D. 고객과 이해관계자의 프로젝트에 대한 관심도를 높이기 위해서

CHAPTER 14 | 정답 및 해설 |

1. **정답:D** 프로젝트관리자가 해야 할 일은 이해관계자들의 피드백에 따라 관련 문서가 업데이트 되었는지 확인하는 것이다. 이해관계자로부터 피드백은 이미 받았고, 보고 되었기 때문에 피드백 자체는 기록되어 있을 것이다.

2. **정답:D** 리스크관리 활동이 잘 되었다면 이에 대한 대응 방법도 리스크 관리대장에 있을 것이다.

3. **정답:A** 범위 확인 프로세스 진행 전이다. 품질 통제 프로세스에서 검증된 인도물을 범위 확인 프로세스에서 고객의 검사를 받고 인계한다.

4. **정답:B** 프로젝트 목표 달성 가능성을 확인하기 위해서는 몬테카를로 시뮬레이션을 사용하여 달성 확률을 확인할 수 있다.

5. **정답:A** 프로젝트 수행에서 프로젝트관리자의 범위를 초과하는 이슈는 상위 조직에 보고하여 결정을 따른다(에스컬레이션).

6. **정답:C** 다음에 범위 정의 프로세스가 진행된다. 활동기간은 활동기간 산정 프로세스에서 진행한다.

7. **정답:B** 질문의 핵심은 팀원들의 성과 평가, 관찰과 대화를 통하여 팀 개발 활동을 진행하는 것으로 팀의 교육이 여기에 해당한다.

8. **정답:B** 적응형 생애주기에서 제품은 여러 번의 반복을 거쳐 완성되며, 각 반복이 시작될 때 반복 범위에 대해서 자세한 범위가 정의된다.

9. **정답:D** TCPI가 줄어들기는 하였지만, TCPI > 1.0 이면 아직 원가초과 상태이다. 원가절감을 위해 계속 노력해야 한다.

10. **정답:C** 순차관계로는 전체 일정이 단축되지 않는다.

11. **정답:D** 변경 비용은 프로젝트가 진행될수록 증가한다.

12. **정답:B** 프로젝트 스폰서에 대한 설명이다.

13. **정답:D** 프로젝트관리 프로세스와 제품중심 프로세스는 프로젝트 생애주기 동안 서로 중첩되고 상호작용한다.

14. **정답:A** 프로젝트 생애주기에 걸쳐 중대한 변경이 발생하면 하나 이상의 기획 프로세스를 재검토해야 하며, 경우에 따라 착수 프로세스도 일부 재검토해야 할 수도 있다. 이와 같이 프로젝트관리 계획서를 점진적으로 구체화 하는 과정을 점진적 구체화라고 하며, 기획 및 문서화 작업이 반복적이며 지속적인 활동임을 의미한다.

15. **정답:B** 품질이 지속적으로 안정되도록 프로세스, 기준, 비용 등을 점검하는 활동이 품질보증이다.

16. **정답:C** 발생할 수 있는 리스크의 영향을 제3자에게 전가하고 상응하는 대가를 지불하는 리스크 대응 방법 중 하나이다.

17. **정답:B** 프로젝트관리자는 변경사항이 권한을 넘어서는 경우 변경 요청서를 작성하여 변경통제위원회의 결정을 받는다.

18. **정답:C** 심층 워크숍에 대한 설명이다.

19. 정답:A 요구사항 수집은 문서 검토뿐만 아니라 주요 이해관계자와의 대면회의, 워크숍 등의 방법으로 수집한다.

20. 정답:D RACI 매트릭스에는 각 작업패키지, 활동별 담당자, 책임자, 보고자, 지원자 등의 역할과 책임사항을 기록한다.

21. 정답:D 작업 분할 수준이 상세할수록 작업에 대한 계획, 관리 및 통제 역량이 향상된다. 그러나 지나친 분할은 관리 작업의 생산성 저하, 자원의 비효율적 사용, 작업 수행 효율 저하, WBS의 여러 계층 간 데이터 통합의 어려움을 초래할 수 있다.

22. 정답:D 범위 확인 프로세스에서 발생한 상황이다. 작업패키지를 재작업 하기 위해서는 통합 변경통제 수행 프로세스를 통해 시정조치를 수행한다. A도 답이라고 할 수 있지만, 질문은 더 근본적인 원인을 파악하여 사전에 예방할 수 있는 프로세스를 묻고 있다.

23. 정답:A 공정압축법은 리스크가 증가하고 자원 추가로 원가가 상승한다. 공정중첩단축법(Fast Tracking)은 재작업이 증가하고 리스크가 증가할 수 있다.

24. 정답:B 검사에 대한 설명이다.

25. 정답:C 기본규칙(Ground Rule)에 대한 설명이다.

26. 정답:A 팀은 형성기-스토밍(혼돈기)-표준화기-수행-해산으로 발달된다.

27. 정답:C 승인된 변경 요청에 따라 관련된 문서가 업데이트되고, 프로젝트관리자는 프로젝트가 변경된 내용대로 수행되고 있는지 확인해야 한다.

28. 정답:A 이해관계자의 현재 참여 수준과 요구되는 참여 수준은 이해관계자 참여 계획서의 구성요소이다.

29. 정답:B X이론은 사람은 기본적으로 일하기 싫어하기 때문에 금전적 보상이나 처벌을 통하여 동기부여를 한다는 이론

30. 정답:A 주공정법(CPM)에 대한 설명이다.

31. 정답:C 프로젝트 기준선은 프로젝트팀에서 설정, 고객의 승인을 받아야 한다.

32. 정답:C 선례정보나 템플릿은 조직 프로세스 자산에 해당된다.

33. 정답:B 원가 산정 정확도는 원가관리 계획서에 기록되며, 이때 주요 이해관계자를 참여시켜 결정해야 한다.

34. 정답:D 이런 상황에서는 우선 내부 협의, 협상을 통한 조달을 모색하고, 여의치 않으면 외부 조달을 한다.

35. 정답:D 범위 기준선이 변경된다고 해서 일정 기준선과 원가 기준선이 꼭 변경되어야 하는 것은 아니다.

36. 정답:C NPV는 미래가치를 이자율을 기준으로 현재가치로 환산한 것이다. 초기 투자비용은 $1,000,000이고 3년간 NPV의 합은 $1,130,000이므로 투자할 수 있다.

37. 정답:D 프로젝트 전담조직에서 프로젝트관리자는 상당한 수준의 독립성과 권한을 갖고 있다.

38. 정답:A 산업분야의 규정은 기업환경요인에 속하는 항목이다.

39. 정답:C 작업성과 데이터는 프로젝트작업의 활동을 수행하는 동안 식별된 실제 관찰 및 측정 데이터이다. 작업성과 데이터의 예로는 보고된 실제 작업 완성률(%), 품질 및 기술 성과 측정치, 일정 활동의 시작 및 종료 날짜, 변경 요청 횟수, 발생한 결함 수, 실제 원가, 실제 기간 등이 있다.

40. 정답:B 8명일 때: $(8 \times 7)/2 = 28$개, $8 + 4 = 12$명 $= (12 \times 11)/2 = 66$개, 늘어난 채널수는 $66 - 28 = 38$개이다.

41. 정답:B 식별된 리스크에 대한 대응 계획의 실행으로 발생하는 리스크를 2차 리스크라고 한다.

42. 정답:A 확정 고정가 계약은 계약서에 명시된 결과물을 산출하는 데 추가되는 원가는 판매자의 부담이다. 판매자는 계약 시 결과물의 범위를 명확하게 파악해야 한다.

43. 정답:C 착수프로세스 그룹에서는 프로젝트헌장과 이해관계자 관리대장을 작성한다.

44. 정답:C 공식적 권력: PM이라는 공식적인 위치에서 나오는 권력 / 보상적 권력: 승진, 급여, 인상 / 준거적 권력: 존경하고 닮고 싶어하는 마음에서 발생하는 권력

45. 정답:D 여러 사람이 같이 일하기 위해서는 기본 규정(Ground Rule)이 필요하다. 기본 규정이 없으면 팀 내 갈등이 발생하기 쉽다.

46. 정답:A 작업자 교육은 결함이 발생하는 것을 원천적으로 방지하기 위한 예방비용이다.

47. 정답:B WBS를 확정하기 전에 리스크 대응 계획 수립을 해야 한다. 리스크 대응계획으로 WBS에 새로운 작업패키지가 추가될 수도 있다.

48. 정답:A 파레토 다이어그램은 결함 발생 빈도별로 표시하는 그래프이다.

49. 정답:C 프로젝트를 착수할 때 프로젝트의 타당성 분석을 먼저 해야 한다.

50. 정답:C 제조팀장은 프로젝트의 핵심 이해관계자이고, 결과물을 사용하는 부서의 책임자이므로 프로젝트의 추진 배경과 회사의 전략적 목적을 이해할 수 있도록 하여 적극적인 참여를 유도한다.

51. 정답:D 몬테카를로 시뮬레이션은 식별된 리스크의 발생 확률을 추정하기 위한 도구이다.

52. 정답:C P/O는 고정가 계약의 한 형태로 일방계약의 형식을 가지고 있다. 판매자가 P/O를 접수하고 이를 수락하면 계약은 체결된 것으로 한다.

53. 정답:B 검사보다 예방이 우선이다. 품질이란 검사의 대상이 아니라 계획 및 설계를 거쳐 프로젝트관리 또는 프로젝트 인도물에 구현해야 하는 것이다. 실수를 예방하는 원가는 일반적으로 검사를 통해 또는 사용 중에 발견되는 실수를 시정하는 원가보다 훨씬 적다.

54. 정답:B BAC = 2,100,000, EV = 1,200,000, AC = 1,800,000 / EAC = BAC/CPI, CPI = EV/AC = (2/3)
EAC = 2,100,000 / (2/3) = 3,150,000 / VAC = BAC − EAC = 2,100,000 − 3,150,000 = −1,050,000

55. 정답:A 일정편차(SV) = EV − PV / 원가편차(CV) = EV − AC

56. 정답:D 자원 평준화는 가용 공급량과 자원 요구량 사이 균형유지 목표를 지키면서 자원제약에 근거하여 시작일과 종료일을 조정하는 기법이다.

57. 정답: D 프로젝트 경로별 소요 기간은 다음과 같다.
A-C-F-I=13 / A-C-G-I=16 / A-D-G-I=14 / B-E-H-I=12

58. 정답: A 우발사태 예비비는 식별된 리스크에 대한 예비비로, 프로젝트관리자에 의해 준비된다. 원가 기준선에 포함된다.

59. 정답: D 프로젝트 거버넌스 방식은 프로젝트관리 계획서에 기술한다.

60. 정답: C 착수과정에서 스폰서와 고객, 그 외 다른 이해관계자들이 참여하면 성공 기준에 대한 공감대가 형성되고, 참여 비용이 절감되며, 일반적으로 인도물 인수율과 고객을 포함한 이해관계자의 만족도가 향상된다.

61. 정답: D 절차에 따라 변경 요청이 발생해야 된다. 팀의 편리를 위해 업데이트 할 수는 없다.

62. 정답: B 짧은 시간에 많은 아이디어를 수집할 때는 브레인스토밍이 적절한 기법이다.

63. 정답: C Finish to Finish 관계

64. 정답: B 프로젝트에 여러 개의 주 공정이 있을 수 있고, 주 공정은 아니지만 주 공정과 기간 차이가 1 주일 이내인 경로가 있는 경우에는 완료 일자의 단축이 1주일보다 적을 수도 있다.

65. 정답: B 허즈버그의 위생요인과 동기요인: 위생요인의 부족은 불만이 증가하고 충족되더라도 동기부여가 되지 않는다.

66. 정답: A FFP 확정고정가 계약은 가격의 변동이 없다.

67. 정답: D 조직 내의 모든 이해관계자에게 성과보고가 발송될 수도 있고 안될 수도 있다. 따라 성과보고서의 공유가 적극적인 이해관계자의 참여 전략은 아니다.

68. 정답: A 해당 조직의 프로젝트관리에 대한 설명이다. 조직프로젝트관리는 프로젝트, 포트폴리오, 프로그램, 운영부문이 서로 어떻게 유기적으로 조직의 전략목표를 달성하는 기본 방향과 틀을 제공한다.

69. 정답: D 품질관리 계획수립의 결과물로 품질관리계획서와 함께 품질 매트릭스가 산출된다. 프로세스 개선 계획서 및 보조계획서 등이 품질감사의 투입물로 활용된다.

70. 정답: D 샘플링에 의한 통계적 품질검사의 장점을 활용하지 않았다. 전수검사는 많은 비용과 시간이 소요된다.

71. 정답: B 품질관리자는 고객입장에서 판매자의 최종 결과물 검사이므로 범위 확인이 된다. 판매자는 조달통제 프로세스에서의 업무를 수행한다.

72. 정답: C 의사소통관리 프로세스의 투입물에 해당되며, 프로젝트 범위 기술서는 직접적으로 영향을 미치지 않으므로 투입되지 않는다.

73. 정답: D 리스크 정성분석을 한 뒤에 정량분석을 하게 된다. 이 분석결과와 대응계획들을 리스크 관리대장에 기록한다.

74. 정답: A 프로젝트관리자는 품질보증 및 프로젝트팀 개발을 포함한 전반적인 프로젝트 실행 단계의 업무를 수행하고 있다. 이것은 통합관리 지식영역의 실행단계인 지시 및 관리 프로세스에 해당된다.

75. 정답:B 조달관리 계획수립 프로세스의 결과물에 대한 항목에 해당된다.

76. 정답:C 이해관계자를 추가적인 기능을 제공하여 만족시키는 것은 골드플레이팅(Gold Plating)이 될 수 있다. 일반적인 프로젝트에서는 하면 안 되는 활동이다.

77. 정답:D 공기를 단축하는 방법에는 공정압축법과 공정중첩단축법(Fast Tracking)의 두 종류가 있다. 연동기획 방법은 점진적 구체화를 해가는 작업방법의 하나이다.

78. 정답:D A와 B는 자원 배정 시 고려할 사항이다. C 역시 자원 배정 시 고려할 자원의 최적화에 대한 설명이다. D가 자원 배정과 가장 거리가 멀다.

79. 정답:A 일반적으로 상호 윈-윈을 할 수 있는 방안을 가장 먼저 고려해야 한다. 선진국에서도 가장 권장하는 기법이 협업이다.

80. 정답:B 대인관계기술은 프로젝트 시작부터 종료 시까지 리더십을 발휘하게 된다.

81. 정답:B 의사소통관리 계획서, WBS, RACI매트릭스, 팀관리 계획서, 역할과 책임을 효과적으로 배분하지 못했다고 볼 수 있다. 다른 답안은 팀관리와 거리가 먼 내용들이다.

82. 정답:A 파악 및 분류된 이해관계자가 많을 경우는 분류된 이해관계자들의 기대 및 요구사항, 권한과 영향력을 확인 할 수 있는 방법과 전략을 검토하는 것이 우선시 되어야 한다.

83. 정답:B TCPI<1. 따라서 TCPI=(BAC-EV)/(BAC-AC), CV=EV-AC, EV=300, TCPI 공식에 대입하면, 0.85=(BAC-300)/(BAC-250), (BAC-300)=0.85(BAC-250), (1-0.85)BAC=300-0.85×250, BAC=(300-0.85×250)/0.15 계산하면 BAC는 583.3

84. 정답:B 리스크 영향력이 크다고 판단하는 것을 프로젝트관리자가 제거하기 위한 전략을 택하고 있으므로, 리스크 회피가 정답이다.

85. 정답:A 새로운 기술을 도입하여 일정을 당기는 것은 활용에 해당한다.

86. 정답:D 이해관계자에 대한 전략 및 방침은 이해관계자 참여 계획서에 포함된다. 이해관계자 관리대장에는 각 이해관계자의 신상정보 및 상세정보에 대한 정보들이 기록된다.

87. 정답:A 리스크관리 전문가이므로 가능한 리스크관리 분야에 적극적으로 참여하도록 프로젝트관리자가 프로젝트관리 전략 및 리스크관리 전략을 수립하는 것이 프로젝트 성과에 기여한다.

88. 정답:D 현재의 문제는 Scope Creep으로 봐야 하며, 이런 문제가 발생하였을 경우에는 이 변경으로 인해 타 공정의 범위뿐만 아니라 일정, 원가, 품질, 리스크 등에 대한 종합적인 검토와 영향을 파악해야 한다.

89. 정답:A 프로젝트 범위 기술서는 범위 정의 프로세스에서 산출물로 생성된다.

90. 정답:C 최종 인도물을 곧 인도할 예정이므로 범위 확인이 먼저 해야 할 업무로 파악된다. 범위 확인은 발주처인 고객과 함께 검사를 진행하는 것으로 인도물에 문제가 발생하면 변경 요청을 하게 되고, 고객이 만족하면 승인된 인도물로 인계한다.

91. 정답:B 단기간에 수행하는 프로젝트이므로 원가와 일정관리에 유리하다. 인도물과 관계되는 것은 제품의 범위관련 문제이다. 짧은 기간의 프로젝트 수행으로 범위 통제에는 큰 문제가 없는 것으로 간주되며, 이해관계자의 파악 및 주요 요구사항의 집계 등이 예측되므로 범위 정의에 해당한다.

92. 정답: A 각각의 프로세스가 통제한계 내에 있는지 밖에 있는지를 확인 방법은 관리도이다.

93. 정답: A 계약형식의 범위가 명확하기 때문에 수행 중 범위가 변경되지 않았고, 구매자가 품질검사를 완료하였다는 것 자체가 판매자의 계약이행에는 문제가 없다고 판단된다. 이런 경우는 기성을 지급해야 한다. 이것은 구매자의 귀책사유이다.

94. 정답: A 품질 보증은 프로젝트작업 지시 및 관리가 통합기능을 수행하며 연관된다. 통합 변경 통제 수행은 변경 요청서 및 승인된 변경 요청서 수행과 관련 있다. 품질 통제는 인도물 검사와 관련하여 연관되고 상호작용한다.

95. 정답: A 프로젝트관리자가 전담 배치된 것은 프로젝트 전담조직 혹은 균형매트릭스 조직이다. 기능팀장이 관련업무를 진행하는 것으로 언급되고 있으므로 균형 매트릭스가 합리적인 선택이다.

96. 정답: A 팀원들이 자신의 업무를 제대로 알고 인적 자원 획득이 필요하다는 내용은 팀원관리 계획서에 포함되어 있다.

97. 정답: A 36개월 임대비용 216,000, 구매비용 240,000, 재판매가 96,000, 36개월 이후에 재판매하면, 프로젝트 비용은 240,000-96,000=144,000이 된다. 따라서 구매가 임대보다 유리하다.

98. 정답: B 확률과 영향이 전문가 판단 혹은 다른 정량적인 구체적인 수치로 산출하므로 리스크 정량적 분석이 된다. 따라서, 임기응변(Work-around)적인 계획을 위한 분석은 아니다.

99. 정답: C 프로젝트팀 확보 프로세스이며 결과물인 자원 달력은 예산 책정, 일정 개발, 활동자원 산정 등에 필요한 투입물이 된다.

100. 정답: A 팀원의 성과에 대해 비공식 구두 방법을 통해 이야기 해도 효과가 없을 경우에는 공식 문서로 의사소통을 하는 것이 맞다.

101. 정답: A 기획단계 원가 산정의 정확도가 $-10\sim+25\%$이면 착수단계는 $-25\%\sim+75\%$ 정도가 합리적이다.

102. 정답: D 원가 산정의 구간 정확도는 프로젝트관리자가 원가를 산정할 때의 불확실성 또는 리스크를 표시하고 있다.

103. 정답: A 연동기획에 대한 정의를 설명하고 있다. 점진적 구체화는 프로젝트, 프로세스, 단계의 인도물에 적용된다고 보는 것이 합리적이다.

104. 정답: A 이해관계자의 이익분석은 참여전략 수립 여부와 관계없이 프로젝트 목적과 식별된 이익을 성공적으로 완수할 수 있는지 여부를 확인하는 것으로, 기존에 식별된 이익이 불가능할 경우 다른 이익을 식별하여 이익을 추가하거나, 식별된 이익을 업데이트하는 데 사용된다.

105. 정답: C 프로젝트관리는 프로젝트의 이해관계자들이 만족하는 기대 결과를 얻어내는 목표이다. 나머지 항목은 리더십 등에 포함될 수 있다.

106. 정답: C 스폰서는 프로젝트 착수부터 종료 시까지 중요한 역할을 수행한다. 예산 및 자원에 대한 지원업무를 수행한다.

107. 정답: A 자원관리 계획서는 자원관리 계획수립의 프로세스의 결과물이며, 여기에는 자원 식별, 자원 확보, 역할 및 담당업무, 프로젝트 조직도, 프로젝트팀 자원관리, 교육, 팀 개발, 자원 통제, 인정 계획 등이 있다.

108. 정답:C 현재는 일정이 연장이나 지연되지 않은 상태이다. 문제를 사전에 예방하기 위한 조치로 예방조치 혹은 리스크 완화로 볼 수 있다.

109. 정답:C 획득가치기법(EVM)의 PV, AC, EV, SV, CV, SPI 및 CPI 등을 사용하여 보고하는 것은 보기 C를 빼고 모두 해당된다.

110. 정답:D 발주처의 상황으로 프로젝트 지연이 예상된다. 프로젝트 일정이 지연될 수 있는 리스크가 발생하였다. 이에 대한 영향을 분석하는 것은 리스크 관리대장에 업데이트되어 저장된다.

111. 정답:A 지게차 부품의 품질을 높이는 게 주요 목적으로 생산프로세스를 개선하고자 프로젝트를 기획하게 되었다. 이 프로젝트의 수행목적은 개선된 프로세스가 된다. 따라서 개선된 프로세스가 최종 인도물이 된다. 이것을 운영부서 또는 생산부서에 지정된 이해관계자에게 인계해야 한다.

112. 정답:D A, B, C 항목은 프로젝트를 착수하기 전에 준비해야 할 사항이며, 팀원 관찰 및 대화는 이미 평소에 진행하고 있는 것으로 해당 사항과 거리가 멀다.

113. 정답:A 프로젝트관리자가 팀 개발을 위해 일정 수립을 하는 경우는 반드시 해당 팀원들의 휴가 및 이동에 대한 자원 달력을 확인해야 한다.

114. 정답:C 품질관리에 필요한 품질보증 도구의 하나인 연관관계도에 대한 설명이다.

115. 정답:D 식별되지 않았거나 계획되지 않았던 리스크가 발생할 경우에는 임기응변 대책을 실행해야 한다. 이 경우는 시정조치 등으로 프로젝트 문서 및 관리계획서가 변경될 수 있다. 여기서는 예상 못한 상황이기에 임기응변 대책을 실행한다.

116. 정답:A McClelland's Achievement 이론에는 개인별 선호항목에 따라 Achievement, Affiliation, Power로 구분한다.

117. 정답:A 조직구조가 매트릭스 구조이다. 이 조직구조와 기능조직 구조에서는 인적 자원에 대한 책임이 우선적으로 기능관리자에 있다.

118. 정답:D 참여레벨 결정사항은 참여계획서에, 나머지는 이해관계자 관리대장에 업데이트한다.

119. 정답:A 초기 이해관계자관리 계획수립 시에 이해관계자가 누락되었거나 요구사항이 집계되지 않은 경우이다.

120. 정답:D 프로젝트 내의 내부고객과는 통상적으로 협상의 형태로 프로젝트를 수행한다.

121. 정답:C 시간이 촉박한 상황으로 전개되므로 '마감'전략으로 대응하는 것이 바람직하다.

122. 정답:D 프로젝트관리자는 문제 해결을 위해 능동적인 자세로 대응해야 하며, 주요항목과 정보 등에 대해 통보형식의 일방적인 의사소통은 바람직하지 않다.

123. 정답:C 이미 문제가 발생되어서 예방조치는 아니므로 시정조치를 해야 하는 상황임을 알 수 있다.

124. 정답:D 일반적으로 동기부여는 프로젝트 수행 전체기간에 걸쳐 행해지며, 모든 동기부여는 개인적인 선호와 성향 등을 우선 파악하면서 진행한다.

125. 정답:A 집중이 잘 안될 경우는 몸동작, 표정, 손짓 등 비언어적인 의사소통을 하는 것이 비교적 집중을 유도하는 데 도움이 된다.

126. **정답 : B** 문제의 상황은 당초 전혀 예측이 되지 않았다. 따라서 대응계획이 수립되지 않았다. 임기응변 실행이 맞다.

127. **정답 : A** 현재의 상황으로 보아서는 프로젝트관리자의 친구 업체가 개입되면 이해관계가 생길 가능성이 크므로, 이 사실을 조직의 상위관리자에게 통보하거나 협의하여 지침을 받고 프로젝트업무를 수행하는 것이 합당하다.

128. **정답 : A** 이 문제의 상황은 B씨가 법규정을 어긴 것으로 가벼운 성과 불량 같은 문제가 아니다. 명확하게 법을 어겼으므로 친분과 관계없이 법적인 조치로 적법하게 처리하는 것이 바람직하다.

129. **정답 : D** 예방조치를 위해서는 우선적으로 근본 원인에 대한 분석을 해야 한다. 이 방법으로는 이사카와도나 흐름도 등을 활용한다.

130. **정답 : C** 보통 생각으로 모든 선택이 정답이 될 수도 있다. 본 문제의 상황으로 판단하면, 과거 프로젝트에서는 모든 이해관계자들이 참여하지 않고 교훈 생성, 저장 등의 업데이트 시에 기술적인 분야의 이해관계자로 한정된 것 같다. 가능하면 많은 이해관계자들이 참여하는 것이 바람직하다.

131. **정답 : A** 정답을 찾기가 쉬운 문제가 아니며, 프로젝트관리자가 가장 먼저 해야 할 사항으로는 스폰서와 주요 프로젝트 요구사항에 대한 변경 필요성을 같이함으로, 문제를 고객에게 설명하고 이해 시키는 것이 우선적으로 수행된다.

132. **정답 : B** 기본적으로 경영진과 기능관리자의 효율적인 참여와 지원이 조직의 전략적 계획과 상응한다는 것이다. 구체적인 주요 이해관계자들의 요구사항이 이런 프로젝트 목적에 부합해야 한다.

133. **정답 : D** 최종적으로 아직 조달이 종료되지 않았다. 따라서 조달 협상이 남아 있음을 알 수가 있다. 조달 협상에 의해 해결하는 것이 가장 합리적이다.

134. **정답 : D** 계약과 관련된 업무는 프로젝트의 성공과 실패에 굉장히 중요한 업무이므로 사내 법무팀 혹은 조달업무를 관리하는 팀으로부터 조언을 듣고 계약서를 작성한 뒤 업체와 협의하는 것이 제일 바람직하다.

135. **정답 : A** 당신은 실행단계에 있다. 따라서 '프로젝트작업 지시 및 관리' 프로세스의 산출물을 생각한다면 인도물, 작업성과 데이터, 변경 요청, 프로젝트관리 계획서 업데이트, 프로젝트 문서 업데이트를 생각할 수 있다.

136. **정답 : D** 정확한 정보를 얻을 수 있는 레벨까지만 계획을 세우고 미래의 불분명한 정보는 상위 레벨까지만 계획을 세운다.

137. **정답 : D** 유사 산정과 모수 산정 방식에서 정확도를 얻기 위해서는 과거 정보의 정확도와 프로젝트 모델의 크기에 따른 비율, 그리고 정량화 된 요인을 바탕으로 결정한다.

138. **정답 : D** 형상관리는 프로세스 개선 계획서의 일부가 아니다.

139. **정답 : C** 매달 한 번씩 정기적으로 품질 감사를 받기로 합의한 상태이므로 만일 오지 않았다면 연락을 해서 계획대로 진행해 달라고 요청해야 한다.

140. **정답 : B** PMO가 모든 프로젝트를 관리할 때 연속해서 두 번 이상 범위가 벗어나지 않도록 관리하기 위해서는 지속적인 데이터 수집이 필요하므로 Control Chart가 유일한 방법이다.

141. **정답:C** 팀의 효율성을 향상시키기 위해 효율적인 의사소통 프레임을 만드는 것은 '프로젝트팀 개발' 프로세스에서 만들어진다.

142. **정답:B** 팀 업적에 대한 보상을 하는 제일 좋은 방법은 프로젝트 생애주기 전체를 통해서 하는 것이 최선이다.

143. **정답:D** 모든 답이 가능하다. 그러나 프로젝트 관리자는 공식적, 비공식적으로 프로젝트 생애주기 내내 팀원들이 개인적이면서 프로젝트 목표에 더 집중할 수 있도록 코칭 하는 것이 제일 좋은 방법이다.

144. **정답:A** 변경 요청은 통합 변경통제 수행 프로세스를 따라 진행된다.

145. **정답:D** 전문가 의견들을 모으는 것은 정성적인 기준은 될 수 있으나 정량적으로 표시할 수는 없다.

146. **정답:C** 최소의 산정을 한 경우는 정확하게 업무 범위를 이해하지 못한 것으로 생각하므로 개인적인 산정을 기준으로 비슷한 금액을 제출한 업체로 결정하는 것이 최선의 행동이다.

147. **정답:D** 계약이 프로젝트의 범위에 들어 가기 때문에 조직에 커다란 영향력이 미친다고 생각하면 법무팀의 도움을 받아 확인을 하는 것이 필요하다.

148. **정답:D** 프로젝트가 중간에 종료될 경우 계약서의 내용을 검토하여 계약서에 명시된 내용대로 처리될 수 있도록 하는 것이 옳다.

149. **정답:C** 윤리강령의 책임에 대해 말하자면 자신이 할 수 있는 경우에만 일을 받을 수 있으며, 그렇지 않을 경우 이를 스폰서 혹은 핵심 이해 관계자에게 미리 알려야 한다.

150. **정답:C** 깨진 유리창의 법칙은 유리창처럼 사소한 것들을 깨진 채 방치해두면 나중에는 큰 범죄로 이어진다는 범죄 심리학 이론으로, 핵심 팀원이 나가게 될 경우 그냥 나가게 내버려 두면 다른 팀원들에게 영향을 미칠 수 있으므로 프로젝트관리자로서 이런 경우를 대비해 리스크관리를 잘 하라는 의미이다.

151. **정답:C** 팀원이 항상 잊어 버리고 인도물을 늦게 주기 때문에 주 공정 경로에 있는 인도물인 경우는 미리 공식적인 문서로 작성해서 상기시켜 주는 것이 옳다.

152. **정답:D** 감사팀의 의견을 무시하는 것은 리스크가 너무 크다. 일단 이러한 사실에 대해 진위 여부를 따져 보는 것이 좋은데, 그런 경우 본인에게 직접 묻는 것이 제일 바람직하다.

153. **정답:C** 팀원이 업무를 잘 했기 때문에 프로젝트관리자로서도 업무를 잘 할 것으로 믿는 것은 후광효과 때문이다.

154. **정답:D** 프로젝트헌장을 작성하는 것이 첫 번째 행동이겠지만 지금 상황에서 최선의 행동은 중요한 장비를 구매하기 전에, 어떤 리스크가 있는지 확인 후 대응방안을 마련하고 그 후에 프로젝트헌장을 작성해도 무방하다.

155. **정답:D** 프로젝트관리자로서 일정을 줄이기 위해 최선을 다하지 않고 프로젝트를 포기하는 것은 바람직하지 않다. 일단 위험은 증가되더라도 업무를 중첩 시켜서(Fast Tracking) 최선을 다하는 것이 옳다.

156. **정답:D** 발생할 확률이 높지만 당분간 일어나지 않을 경우 회피가 리스크의 부정적 대응으로 가장 적합하다.

157. 정답: C 변경통제위원회의 구성이 필요하지 않다면 프로젝트헌장에 명시하여 모든 이해관계자들과 공유할 수 있도록 해야 한다.

158. 정답: C 현재의 일정대로 프로젝트는 진행하되, 떠날 경우 발생할 수 있는 리스크를 정리해 두고 미리 언급해 달라고 요청하는 것이 바람직하다.

159. 정답: D 하인리히 법칙은 1931년 하인리히가 교통사고와 관련된 수많은 통계를 정리하다가 큰 사고는 우연히 또는 어느 순간 갑작스럽게 발생하는 것이 아니라, 그 이전에 반드시 경미한 사고들이 반복되는 과정 속에서 발생한다는 것을 실증적으로 밝힌 법칙으로 1:29:300 법칙으로 알려져 있다.

160. 정답: B 계약과 관련하여 발생할 수 있는 상황을 적어 놓은 조달관리 계획서의 내용을 확인해야 한다.

161. 정답: A 프로젝트 범위 만을 바꾸어 다시 계획을 만들거나 새로운 기준선을 만들어서 변경통제위원회에 요청을 하고 다시 진행하기보다는, 프로젝트를 중단시키고 새로운 프로젝트로 진행하는 것이 맞다.

162. 정답: D 최선의 예방 정책은 새로운 재료를 어떻게 사용해야 하는지 알 수 있도록 팀원들에게 교육을 시키는 것이다.

163. 정답: A 자원 요구사항이란 필요한 자원의 식별을 의미한다.

164. 정답: C 의사소통관리 계획은 이해관계자들에 의해 요구되는 정보를 포함하는 문서로 의사소통의 빈도수, 형태, 받는 사람, 정보가 보내어지는 시기와 방법, 전달할 때 보고서의 수준 등이 바뀔 때 업데이트 한다.

165. 정답: D 모수 산정은 이러한 템플릿을 이용해서 얻는 것이 아니고, 정확한 통계 자료를 기본으로 얻는 것이다.

166. 정답: D 배분된 노력은 작업패키지의 완료를 위해 도움을 주는 업무이지만 더 작게 나눌 수 없는 업무를 말하며, 팀원들을 관리하는 활동이 여기에 속한다.

167. 정답: B 짧은 시간 안에 불량률을 줄이기 위해서는 파레토 차트를 사용하여 모든 불량 원인을 조사한 후에 제일 큰 불량률의 원인을 해결하면 좋을 것 같다.

168. 정답: A 빈도수에 대한 의견 없이 보고서를 제출해 달라고 했을 때는 특별한 이야기가 없을 때 정기적으로 보내달라는 의미가 있는 것이라 볼 수 있고, 긴급한 상황에서는 따로 요청할 수도 있다고 본다.

169. 정답: A 임기응변(Workarounds)은 예상하지 못한 사건의 발생을 해결하기 위해 개발된 계획하지 않은 대응 계획이기 때문에 시정조치에 해당한다.

170. 정답: D 공식적인 답변을 받지 않았을 때는 원칙대로 프로젝트를 진행하면서 부도가 날 경우를 대비해 계약서를 확인하고 대응방안을 마련한 후 스폰서에게 말하는 것이 순서이다.

171. 정답: B 리스크를 식별한 후에는 정성적 분석을 하는 것이 맞다.

172. 정답: C 암에 걸려 죽을 수 있기 때문에 가슴 절제 수술을 받았으므로 완화이다.

173. 정답: A 두 명의 팀원이 갈등을 일으켰을 때 프로젝트관리자는 첫 번째로 두 사람이 스스로 해결하도록 해야 한다.

174. **정답:B** WBS를 만들기 전에 범위기술서가 나와야 하고, 그 이후 구매할 품목을 평가해야 한다.

175. **정답:D** 주 공정 경로는 프로젝트 스케줄에서 각 활동들의 연결 경로 중에서 제일 시간이 오래 걸리는 경로를 말하는 것으로, 활동기간 산정 프로세스를 할 때는 고려할 필요가 없다.

176. **정답:D** 프로젝트 리스크의 정량적 분석(리스크의 전조)은 몬테카를로 분석을 통해 알 수 있다.

177. **정답:C** 민감도 분석은 프로젝트 목표에 미치는 영향력을 상대적으로 표시한 위험을 식별하는 기법으로 일명 토네이도 다이어그램이라고 한다.

178. **정답:B** 프로젝트팀에 꼭 필요한 핵심인력을 투입하는 것은 긍정적 리스크의 대응전략인 활용에 속한다.

179. **정답:C** 발생하지 않은 리스크에 대한 예비비는 회사에 반납하고, 추가 위험이 식별된다면 다시 예비비를 승인 받아야 한다.

180. **정답:A** 일정에 영향을 미치지 않은 범위 변경이라도, 이 작은 변경으로 인해 어떤 내용들이 바뀌는지 추가로 분석할 필요가 있다.

181. **정답:B** 모든 정보가 필요하다. 그러나 최선의 정보는 프로젝트에서 정의한 팀원들의 역할과 책임을 통하여 전체적인 업무를 유추할 수 있다.

182. **정답:B** 자원 요구사항은 프로젝트에서 자원의 역할을 의미하고, 자원의 역할이란 자원이 필요하다는 의미이다.

183. **정답:C** 스폰서가 요청한 내용은 이해관계자들과 의사소통을 어떻게 하는지 물어본 것이므로 의사소통관리 계획서를 보면 알 수 있다.

184. **정답:B** 천재지변으로 인해 발생할 수 있는 위험을 식별하고 대응계획을 세우는 것이 가장 바람직하다. 비용이 많이 들어가면 안 된다.

185. **정답:C** 프로젝트의 산출물에 관심이 있어서 노조원을 팀원으로 넣어 달라고 요청한 것은 이해관계자로 간주하는 것이 맞다.

186. **정답:D** Critical Chain 방식은 각 활동이 가지고 있는 버퍼들을 하나로 모아 관리하기 때문에 각 활동에 대한 여유시간이 없어서 리스크에 대한 실현가능성이 높아져 리스크가 발생했을 때 해결 능력이 어렵게 된다.

187. **정답:C** 작업패키지는 WBS의 최소 단위이지만 산출물 중심으로 되어 있기 때문에 일단 이 작업패키지들을 완료하기 위해 필요한 활동들을 정의하는 것이 중요하다.

188. **정답:D** 회의 의제(Agenda)와 미팅의 규칙을 미리 보내 주었다면 이런 문제는 쉽게 해결되었을 것이다.

189. **정답:C** 범위를 정의할 때 상호간에 오해의 소지가 없도록 애매 모호한 경계선을 정확하게 결정해야 하는 것이 우선되어야 한다.

190. **정답:D** 변경 요청이 받아 들여졌을 경우 제일 먼저 업데이트해야 될 문서는 변경 관리대장이다.

191. **정답:C** 델파이 기법은 전문가들이 비대면 방식으로 의견을 수렴하고, 수렴된 의견을 모든 사람들에게 다시 보내는 방법을 반복해서 최종 결론을 얻는 방법이므로, 글로벌 팀의 전문적인 내용을 포함한 리스크의 대응방안을 마련할 때 유용하다.

192. 정답:B 품질 통제 프로세스는 고객의 요구조건이 정확하게 진행되었는지 확인하는 프로세스인데, 진행하지 않았다는 이야기다.

193. 정답:D 프로토타입의 제품 모형을 미리 만들어 고객에게 보낸 후, 고객으로부터 피드백을 받아 부족한 점을 수집하고 다시 프로토타입 개정을 통하는 것이 가장 효과적이다.

194. 정답:D 외부적 의존관계는 프로젝트 활동과 프로젝트 이외 활동 사이의 관계를 포함하므로 보통 프로젝트팀의 통제권 밖에 있다. 감리사는 감독하고 관리하는 사람으로 프로젝트팀의 통제 밖에 있다.

195. 정답:A 검사 장비가 언제 이용될 수 있는지를 알기 위해서는 자원 달력이 필요하다.

196. 정답:D 이해관계자는 프로젝트 생애주기 동안 반복적으로 식별해야 하고, 다섯 개의 프로세스 그룹에서 종료를 제외한 모든 프로세스 그룹에 존재한다.

197. 정답:A 이해관계자를 선별해서 식별하는 것은 잘못된 일이다.

198. 정답:C 계약서에 명시한 대로 움직이는 것이 제일 좋은 방법이다. 개인적인 감정을 해결하기 위해 다른 조치를 취하는 것은 잘못된 것이다.

199. 정답:C 브레인스토밍을 시작할 때는 이미 경험을 했든, 틀렸든 나온 아이디어를 모두 모아야 하는 것이 원칙이다. 어떤 경우라도 미팅에서 나온 아이디어에 대해 이의를 제기하면 많은 아이디어를 모을 수 없다.

200. 정답:C 프로젝트팀의 착수단계에서 그들의 요구사항을 반영하기 위해서 절대적으로 필요하다.

OK PMP

2018. 6. 4. 초 판 1쇄 인쇄
2018. 6. 11. 초 판 1쇄 발행

> 저자와의
> 협의하에
> 검인생략

지은이	강신봉, 김정수, 차기호
펴낸이	이종춘
펴낸곳	BM 주식회사 성안당
주소	04032 서울시 마포구 양화로 127 첨단빌딩 5층(출판기획 R&D 센터) 10881 경기도 파주시 문발로 112 출판문화정보산업단지(제작 및 물류)
전화	02) 3142-0036 031) 950-6300
팩스	031) 955-0510
등록	1973. 2. 1. 제406-2005-000046호
출판사 홈페이지	www.cyber.co.kr
ISBN	978-89-315-8258-1 (13000)
정가	32,000원

이 책을 만든 사람들

책임	최옥현
진행	최창동
본문 디자인	인투
표지 디자인	박현정
홍보	박연주
국제부	이선민, 조혜란, 김해영
마케팅	구본철, 차정욱, 나진호, 이동후, 강호묵
제작	김유석

이 책의 어느 부분도 저작권자나 BM 주식회사 성안당 발행인의 승인 문서 없이 일부 또는 전부를 사진 복사나 디스크 복사 및 기타 정보 재생 시스템을 비롯하여 현재 알려지거나 향후 발명될 어떤 전기적, 기계적 또는 다른 수단을 통해 복사하거나 재생하거나 이용할 수 없음.

■ 도서 A/S 안내

성안당에서 발행하는 모든 도서는 저자와 출판사, 그리고 독자가 함께 만들어 나갑니다.
좋은 책을 펴내기 위해 많은 노력을 기울이고 있습니다. 혹시라도 내용상의 오류나 오탈자 등이 발견되면 **"좋은 책은 나라의 보배"**로서 우리 모두가 함께 만들어 간다는 마음으로 연락주시기 바랍니다. 수정 보완하여 더 나은 책이 되도록 최선을 다하겠습니다.
성안당은 늘 독자 여러분들의 소중한 의견을 기다리고 있습니다. 좋은 의견을 보내주시는 분께는 성안당 쇼핑몰의 포인트(3,000포인트)를 적립해 드립니다.
잘못 만들어진 책이나 부록 등이 파손된 경우에는 교환해 드립니다.

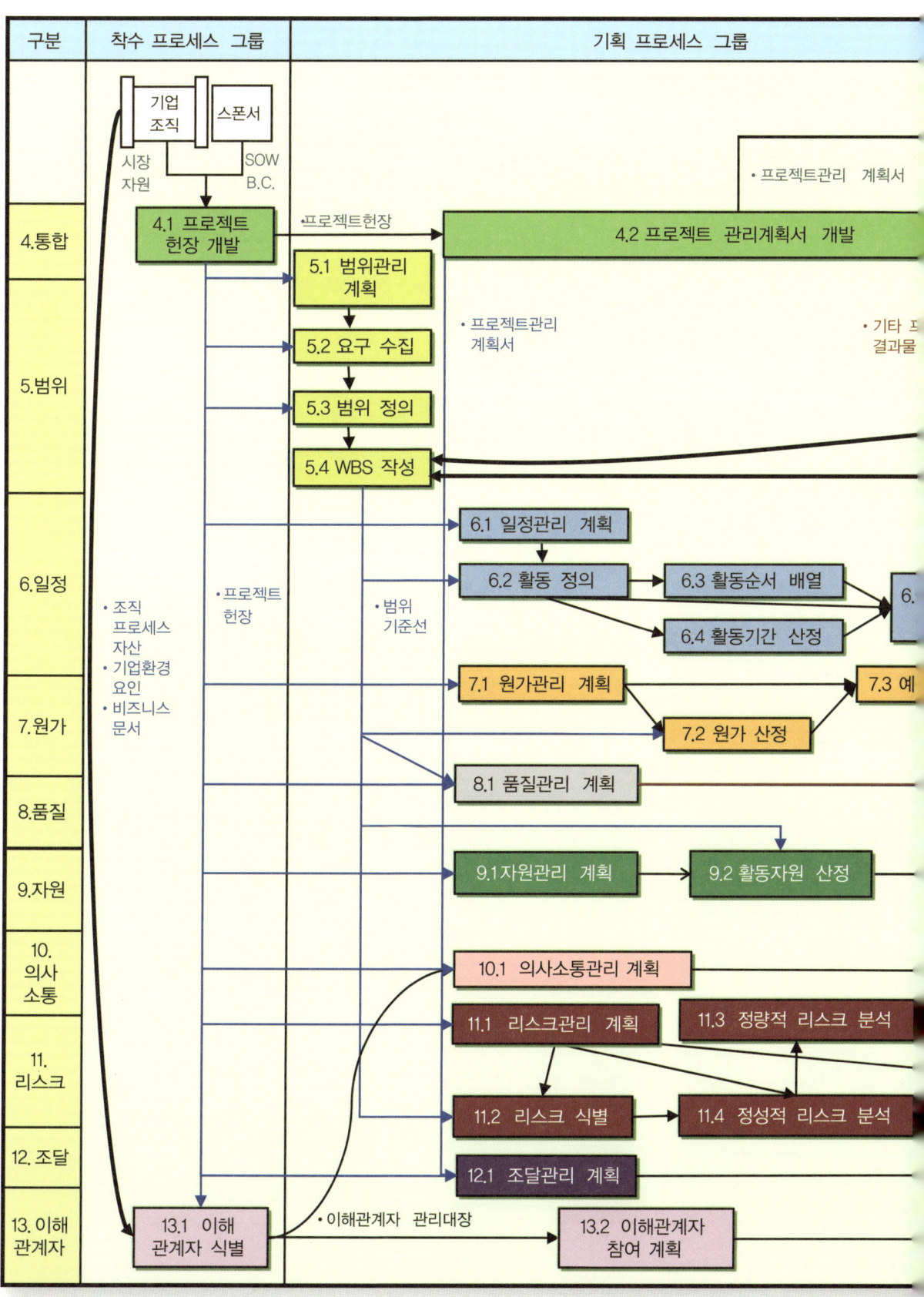

PMBOK 6 th edition

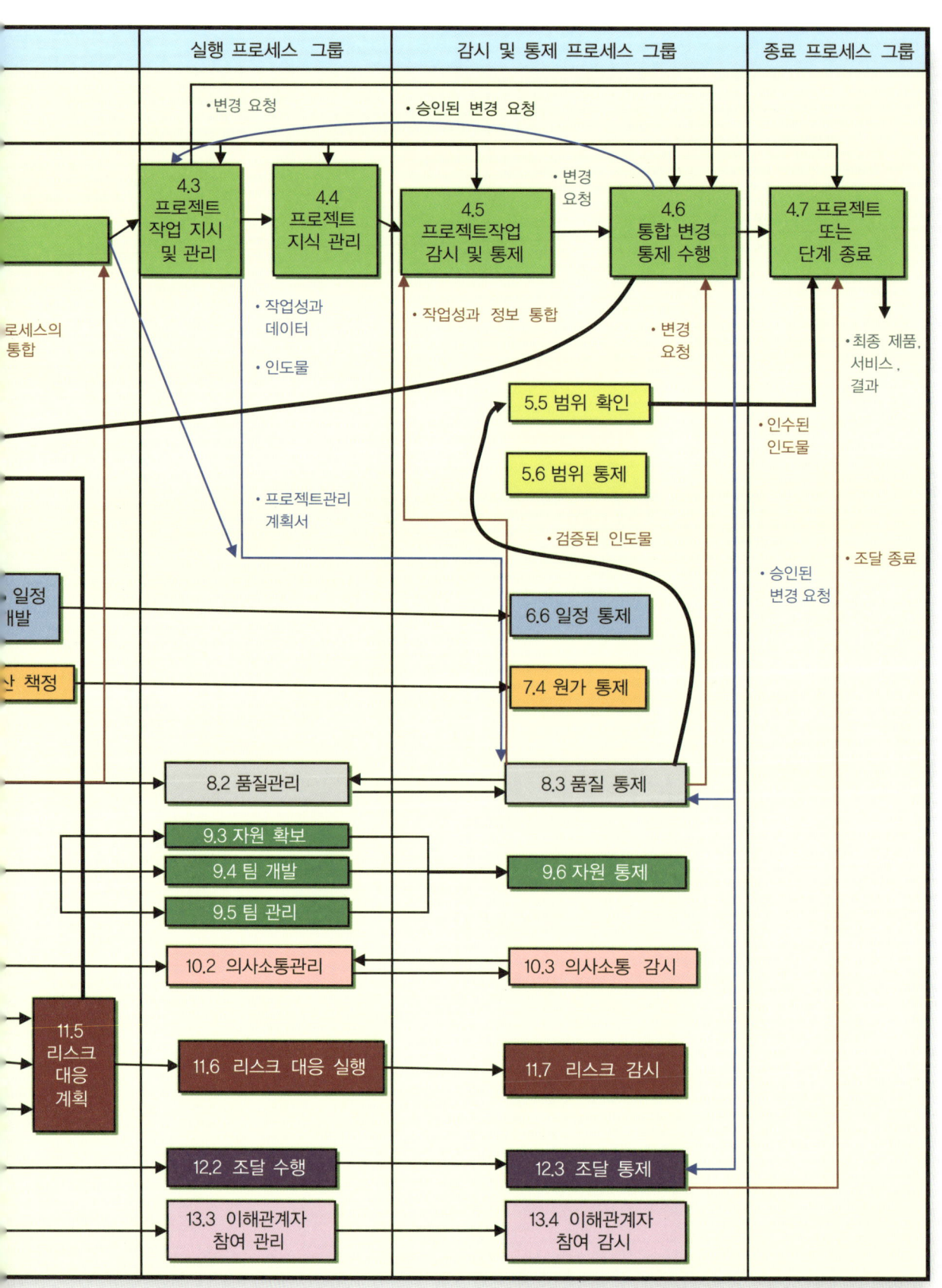